Aspectos Polêmicos do Novo Código de Processo Civil

Aspectos Polêmicos do Novo Código de Processo Civil

VOLUME I

2018

Organização:
Helder Moroni Câmara
Lúcio Delfino
Luiz Eduardo Ribeiro Mourão
Rodrigo Mazzei

ASPECTOS POLÊMICOS DO NOVO CÓDIGO DE PROCESSO CIVIL
VOLUME I
© Almedina, 2018

ORGANIZAÇÃO: Helder Moroni Câmara, Lúcio Delfino, Luiz Eduardo Ribeiro Mourão, Rodrigo Mazzei
DIAGRAMAÇÃO: Almedina
DESIGN DE CAPA: FBA
ISBN: 978-85-8493-391-4

Dados Internacionais de Catalogação na Publicação (CIP)
(Câmara Brasileira do Livro, SP, Brasil)

Aspectos polêmicos do novo código de processo
civil, volume I / organização Helder Moroni
Câmara...[et al.]. -- São Paulo : Almedina,
2018..
Vários autores.
Outros organizadores: Lúcio Delfino, Luiz Eduardo
Ribeiro Mourão, Rodrigo Mazzei.
Bibliografia.
ISBN 978-85-8493-391-4

1. Processo civil 2. Processo civil - Brasil
3. Processo civil - Leis e legislação - Brasil
I. Câmara, Helder Moroni. II. Delfino, Lúcio.
III. Mourão, Luiz Eduardo Ribeiro. IV. Mazzei,
Rodrigo.

18-18716 · CDU-347.9(81)(094.4)

Índices para catálogo sistemático:

1. Brasil : Código de processo civil 347.9(81)(094.4)
2. Código de processo civil : Brasil 347.9(81)(094.4)

Cibele Maria Dias - Bibliotecária - CRB-8/9427

Este livro segue as regras do novo Acordo Ortográfico da Língua Portuguesa (1990).

Todos os direitos reservados. Nenhuma parte deste livro, protegido por copyright, pode ser reproduzida, armazenada ou transmitida de alguma forma ou por algum meio, seja eletrônico ou mecânico, inclusive fotocópia, gravação ou qualquer sistema de armazenagem de informações, sem a permissão expressa e por escrito da editora.

Setembro, 2018

EDITORA: Almedina Brasil
Rua José Maria Lisboa, 860, Conj.131 e 132, CEP: 01423-001 São Paulo | Brasil
editora@almedina.com.br
www.almedina.com.br

SUMÁRIO

NORMAS FUNDAMENTAIS

1. **Abuso do Direito Processual no Novo Código de Processo Civil**
   Carlos Henrique Soares 11

2. **Os atos dos sujeitos processuais no CPC/15**
   Antônio Carvalho Filho 33

3. **Os atos processuais eletrônicos no CPC/15**
   Antônio Carvalho Filho 57

4. **O Levante contra o Art. 489, § 1º, incisos I a VI, CPC/2015: o autoritarismo nosso de cada dia e a resistência à normatividade constitucional**
   Diego Crevelin de Sousa
   Lúcio Delfino 67

5. **A regra interpretativa da primazia do mérito e o formalismo processual democrático**
   Dierle Nunes
   Clenderson Rodrigues da Cruz
   Lucas Dias Costa Drummond 85

6. **A fundamentação dos provimentos jurisdicionais no novo Código de Processo Civil: avanços e retrocessos**
   Flávio Quinaud Pedron
   Rafael de Oliveira Costa 123

7. As condições da Ação no Novo Código de Processo Civil
Arlete Inês Aurelli — 147

8. Processo jurisdicional, República e os institutos fundamentais do direito processual
Glauco Gumerato Ramos — 169

9. Solução consensual de conflito no novo Código de Processo Civil
Humberto Theodoro Júnior — 191

10. A Mediação e a Conciliação no CPC de 2015
Jorge Tosta — 219

11. Razões pelas quais a ponderação no NCPC é inadequada e inconstitucional
Lenio Luiz Streck — 239

12. A Jurisdição no Estado Constitucional: o instituto da arbitragem como atividade jurisdicional
Mônica Pimenta Júdice — 253

13. Princípio da colaboração no Processo Civil
Ricardo Marcondes Martins — 277

14. Cláusulas Gerais e os limites à atuação Judicial no Novo CPC
Lígia de Souza Frias — 301

15. Precedentes, CPC/15 e o processo penal: breves considerações
Rodrigo Mazzei
Maira Ramos Cerqueira — 319

16. Breve ensaio sobre a postura dos atores processuais em relação aos métodos adequados de resolução de conflitos
Rodrigo Mazzei
Bárbara Seccato Ruis Chagas — 339

17. Por Uma Reflexão Sobre a Teoria Quinaria da Ação, no Processo Civil Brasileiro Reformado
Mirna Cianci — 363

NEGÓCIOS JURÍDICOS PROCESSUAIS

18. Negócios jurídicos processuais atípicos no CPC-2015
Fredie Didier Jr.   377

19. O negócio jurídico processual: um novo capítulo no Direito das Garantias – o exemplo da propriedade fiduciária
Marco Paulo Denucci Di Spirito   397

TUTELA PROVISÓRIA

20. Estabilização da Tutela de Urgência
Adriano Soares da Costa   453

21. A Estabilização da Tutela Antecipada no Novo Código de Processo Civil
Cristiane Druve Tavares Fagundes   475

22. Tutela provisória de urgência: premissas doutrinárias questionáveis e negligência da historicidade que resultam em equívocos legislativos
Mateus Costa Pereira   493

23. Aspectos polêmicos da estabilização da tutela
Gledson Marques de Campos / Marcos Stefani (co-Autor)   515

24. Notas sobre a tutela provisória no CPC
Leonardo Carneiro Da Cunha   529

SOBRE OS AUTORES   553

NORMAS FUNDAMENTAIS

Abuso do Direito Processual no Novo Código de Processo Civil[1]

CARLOS HENRIQUE SOARES

1. Introdução

As reflexões sobre a técnica de repressão ao abuso do direito processual apresentadas no presente texto, serão feitas levando em consideração a técnica processual moderna, qual seja, aquela que *"importa na superação do critério de aplicação da justiça do tipo salomônico, inspirada apenas na sabedoria, no equilíbrio e nas qualidades individuais do julgador, ou na sensibilidade extremada do juiz[2](...)"*. Isso significa que buscaremos estabelecer parâmetros processuais, mediante uma técnica processual, que possibilite uma qualidade nas decisões e uma repressão ao abuso processual, mesmo não estando diante de um juiz que concentre os melhores dotes intelectuais.

A expressão *abuso de direito* é atualmente considerada pelos juristas como sendo o mau uso ou uso excessivo ou extraordinário do direito. Isso significa, que a expressão *abuso do direito* nos remete a ideia de que alguém está exercendo um ato ilícito, em razão de um excesso. Assim, a expressão, de forma isolada, quer informar ao intérprete que o justo é exercer o direito, nem mais (abuso), nem menos (aquém).

Etimologicamente, a expressão em latim *abusos* e *abuti* não possuíam a ideia de mau uso, mas significava um *uso intenso*, um aproveitamento completo da coisa

---

[1] Este texto foi adaptado do texto publicado do texto escrito por Carlos Henrique Soares, no capítulo 8, intitulado *Abuso del Derecho Procesal Brasileño*, publicado no livro *Processo Democrático y Garantismo Procesal*, Coordenado por Carlos Henrique Soares, Glauco Gumerato Ramos, Guido Aguila Grados, Mónica Bustamante Rúa y Ronaldo Brêtas de Carvalho Dias, publicado entre as páginas 134/151, pela Editora Arraes em co-parceria com a Editora Astrea, 2015.

[2] GONÇALVES, Aroldo Plínio. *Técnica Processual e teoria do processo*. Rio de Janeiro: Aide, 1992, p. 45.

ou do direito[3]. Falar em abuso de direito, etimologicamente, significa o uso completo do direito, em todas as suas formas e modalidades. Ou seja, o uso intenso do direito. Isso não sofria punição e nem era considerado ilegal.

Em termos atuais, a expressão *abuso do direito* obteve nova conotação, significando o excesso dos limites do poder da faculdade (*facultas* agendi) que o direito objetivo (*normas* agendi) confere ao indivíduo, na qualidade de sujeito de direito (*sui iuris*)[4].

Segundo sustenta Helena Najjar Abdo:

> Muitos doutrinadores enxergam na consagrada locução 'abuso do direito' uma contradição intrínseca. De fato, a combinação não é das mais felizes, pois dá margem a variadas interpretações, tanto em razão da imprecisão técnica do termo abuso quanto da amplitude do termo direito. Todavia, quando se atenta para o fato de que o direito de que se abusa é evidentemente o direito subjetivo, a contradição tende a desaparecer: abusa-se do direito subjetivo, ou seja, da faculdade que a norma (direito objetivo) confere ao indivíduo (sujeito de direitos).[5]

No direito brasileiro, a expressão *abuso do direito* já se encontra sedimentada e consagrada, querendo informar aquele que extrapola os limites de atuação do direito subjetivo, ou seja, o abuso da faculdade ou ao poder conferido ao indivíduo pela norma de direito positivo, a qual reconhece a prevalência de um interesse juridicamente protegido.

2. Elementos caracterizadores do abuso do direito

Colocada a questão sobre a utilização da expressão *abuso de direito*, verificamos a necessidade indicar quais são os elementos que concorrem para a verifica da existência do abuso do direito.

São três os elementos que concorrem para a caracterização do abuso do direito, quais sejam: *a) **a aparência de legalidade**; b) **preexistência de um direito subjetivo** e c) **o fato de que o abuso do direito se referir ao exercício do direito e não ao direito em si***[6]. O que fica em discussão, essencialmente, sobre o abuso do direito é justamente a questão do *elemento subjetivo*, qual seja, o **dolo** ou a **culpa** para a sua verificação. Para quem defende a teoria subjetiva do abuso do direito, o elemento dolo ou culpa são indispensáveis, já para quem defende a teoria objetiva do abuso do direito, esses elementos subjetivos são desnecessários ou irrelevantes.

---

[3] ROTONDI, Mario. *L'abuso di diritto – "AEmulatio".* Pádua: Cedam, 1979, p. 37/38.
[4] ABDO, Helena Najjar. *O abuso do processo.* São Paulo: Editora Revista dos Tribunais, 2007, p. 32.
[5] ABDO, Helena Najjar. *O abuso do processo.* São Paulo: Editora Revista dos Tribunais, 2007, p. 32.
[6] ABDO, Helena Najjar. *O abuso do processo.* São Paulo: Editora Revista dos Tribunais, 2007, p. 37.

O atual Código Civil brasileiro, em seu artigo 187, elegeu a opção pela *teoria objetiva* do abuso do direito. A sua redação é nesse sentido: *"Art. 187. Também comete ato ilícito o titular de um direito que, ao exercê-lo, **excede** manifestamente os limites impostos pelo seu fim econômico ou social, pela boa-fé ou pelos bons costumes."*

O artigo 187 do Código Civil indica outro elemento para a caracterização do abuso do direito, qual seja, **aquele que age excedendo os limites impostos pela lei, no que tange aos fins econômicos e sociais, pela boa-fé e pelos bons costumes**. Esse artigo, na verdade, é uma cláusula geral do direito civil.

A boa-fé também se encontra constitucionalmente prevista no Brasil, no inciso I do art. 3º, o qual prevê, expressamente, que a República Federativa do Brasil tem por objetivo *"construir uma sociedade livre, justa e solidária"*. Interpretando-se tal dispositivo constitucional, pode-se dizer que o mesmo está *"elevando a um grau máximo o dever de cooperação e lealdade no trato social"*.

O abuso de direito está relacionado diretamente com o combate a **aparência de licitude**. Isso significa que o caminho para aferir um ato abusivo é mais complexo, pois, num primeiro momento, deve-se quebrar a falsa ideia de licitude que paira sobre o referido ato.

Pela leitura do referido artigo 187 do Código Civil, verificamos que o direito brasileiro estabelece critérios para a configuração do abuso do direito, quais sejam: *a)* **que o abuso do direito é um ato ilícito;** *b)* **esse ato ilícito deve ser praticado pelo titular do direito subjetivo;** *c)* **que tenha sido excedido os limites impostos pelo seu fim econômico ou social, pela boa-fé ou pelos bons costumes** e *d)* **que tenha sido o ato ilícito abusivo manifesto.**

Assim, verificando a ocorrência desses elementos acima indicados, o agente (titular do direito subjetivo) causador ficará com a obrigação de indenizar, nos termos do art. 187[8] e 927[9] do Código Civil, lembrando que tal indenização, deve ser medida na medida pela extensão do dano, nos termos do art. 944 do Código Civil[10].

3. Abuso do direito processual

O abuso do direito processual é uma variação do abuso de direito. As normas de direito material e as normas processuais possuem objetos diferentes. Enquanto as primeiras buscam estabelecer direitos e deveres para as pessoas, sujeitos de direitos, as normas processuais, no entendimento de Aroldo Plínio Gonçalves

---

[7] VICENZI, Brunela Vieira de. A Boa-fé no Processo Civil. São Paulo: Atlas, 2003, p. 163.

[8] Brasil. Código Civil, art. 187. Também comete ato ilícito o titular de um direito que, ao exercê-lo, excede manifestamente os limites impostos pelo seu fim econômico ou social, pela boa-fé ou pelos bons costumes.

[9] Brasil. Código Civil, art. 927. Aquele que, por ato ilícito (arts. 186 e 187), causar dano a outrem, fica obrigado a repará-lo.

[10] Brasil. Código Civil, art. 944. A indenização mede-se pela extensão do dano.

é justamente aquela *"que disciplina a jurisdição e seu instrumento de manifestação, o processo (...)[11]"*

Assim, levando em consideração os parâmetros para a fixação do abuso de direito, podemos estabelecer também parâmetros para a verificação do abuso de direito processual, bem como, a melhor técnica para sua repressão.

O Código de Processo Civil brasileiro de 1939 já demonstrava a preocupação com o abuso do direito processual em suas linhas gerais. Conforme se verifica na análise conjunta dos art. 3º. e 63 desse Código (1939), o abuso era caracterizado pela verificação do seguintes elementos: *dolo, temeridade, fraude, emulação, capricho, erro grosseiro, violência, protelação da lide, falta do dever de dizer a verdade e o anormal uso do poder de disposição do processo[12].*

Pelo que se verifica no CPC de 1939, constata-se a presença do elemento subjetivo, ou seja, a intenção do sujeito para a prática do ato processual abusivo. No entanto, tal necessidade do elemento subjetivo foi revogada pelo Código de Processo Civil de 1973, sugerindo critérios objetivos para a verificação do abuso do direito processual[13].

O Código de Processo Civil de 1973 aboliu a expressão *abuso do direito processual* e utilizou a expressão *litigância de má-fé* e *responsabilidade processual*. Assim, passou a disciplinar do mesmo modo do CPC anterior (1939), o caráter reprovável dos sujeitos processuais que abusam dos direitos processuais[14].

É importante lembrar, que violar uma regra de direito processual não é abusivo *per se*. Isso significa que a violação de uma norma processual não significa o mau uso do direito processual e muito menos pode ser caracterizado como um ato abusivo. Ou seja, se caso o recorrente interpõe um recurso ao invés de outro,

---

[11] GONÇALVES, Aroldo Plínio. *Técnica Processual e teoria do processo.* Rio de Janeiro: Aide, 1992, p. 58.

[12] CASTRO FILHO, José Olímpio de. Abuso do Direito no Processo Civil. 2.Ed. Rio de JaneiroJaneiro: Editora Forense, 1960, p. 88.

[13] No direito estrangeiro, verificamos que os países tratam de forma diferenciada a questão do abuso de direito processual. Na França, por exemplo, existem regras claras e gerais concernentes ao abuso de direito processual e investindo a corte com o poder de sancionar abusos. Na extremidade oposta, há sistemas jurídicos internacionais nos quais o direito não fala abertamente do abuso de direito processual, mas algumas disposições gerais falam de lealdade e honestidade como padrões para a conduta processual das partes (ver, e.g., art. 88 do Código de Processo Civil italiano). TARUFFO, Michele. *Abuso de direitos processuais: padrões comparativos de lealdade processual (relatório geral).* Revista de Processo, São Paulo. ano 34, n. 177, p. 155, nov/2009.

[14] Conforme esclarece Patrícia de Deus Lima, o novo Código de Processo (1973) demonstra a preocupação do legislador em conferir eticidade ao processo, para ela: *"as regras processuais éticas delineariam esboço muito nítido do princípioda probidade processual, cujos desdobramentos, no processo, fariam detodos os sujeitos processuais (isto é, juiz, partes, terceiros, auxiliares da justiça, ministério público, etc) seus legítimos destinatários."* (LIMA, Patrícia Carla de Deus. Abuso do direito e tutela ética do processo .231 f. Dissertação (Mestrado em Direito Econômico e Social) – Centro de Ciências Jurídicas e Sociais, Pontifícia Universidade Católica, Orientador: Francisco Carlos Duarte. Curitiba, 2006, p. 180).

isso, por si só não é um ato abusivo, mas somente um ato equivocado, um erro grosseiro, que não causa prejuízo a parte contrária e nem impede o regular andamento do processo. No entanto, um ato processual passa a ser *abusivo* quando o mesmo recurso, é interposto, não com o fim específico de alterar a decisão jurisdicional, mas simplesmente, para retardar ou impedir a execução ou cumprimento da sentença, com manifesto propósito protelatório.

Ronaldo Brêtas de Carvalho Dias, entende que o abuso do direito processual possui semelhanças com a *fraude processual* mas com ela não se confunde. O abuso do direito distingue-se da fraude à lei, embora, se comparadas, certos traços semelhantes sejam percebidos. Há fraude com a realização, por meios lícitos, de fins que a lei não permite sejam atingidos diretamente, porque contrários ao seu preceito. No abuso de direito sobressai apenas irregularidade no exercício direito, aí resultando dano ou constrangimento para terceiro. Enquanto a sanção, na hipótese de fraude, necessariamente será a nulidade do ato, no abuso do direito consistirá principalmente, na obrigação de indenizar o prejuízo[15].

Pedro de Albuquerque sustenta que o abuso do direito e a litigância de má-fé não se confundem. Segundo ele, as principais diferenças estariam no fato de que o abuso do direito possui natureza objetiva e pressupõe a existência de dano, enquanto para a verificação da má-fé é imprescindível o elemento subjetivo e a aferição de dano não é essencial[16]. Isso significa dizer, que no caso de litigância de má-fé, o importante é a verificação de uma conduta reprovável, do ponto de vista processual e da lealdade processual e da boa fé, mas se houver ainda, danos ou prejuízos, os mesmos, devem ser indenizados. A litigância de má-fé permite a punição pelo Judiciário através de multa processual, mas em casos excepcionais, também a condenação em indenização por danos morais e materiais, nos termos do Código Civil (art. 927 do CC).

Abusa do direito processual, o sujeito que aparentemente, exerce o contraditório e a ampla defesa, mas busca com isso simplesmente, causar prejuízos a dignidade da prestação jurisdicional e aos interesses da parte contrária no cumprimento das decisões jurisdicionais e das normas processuais, em flagrante deslealdade processual.

O dever de lealdade processual não deve ser levado em consideração, apenas entre as partes litigantes, mas sobretudo, por todos os sujeitos processuais, incluindo os Juízes, membros do Ministério Público e terceiros, isso pode ser lido pelo artigo 4ª. do CPC/2015.

---

[15] DIAS, Ronaldo Brêtas de Carvalho. *Fraude no Processo Civil*. Belo Horizonte: Del Rey, 1998, p. 34.

[16] ALBUQUERQUE, Pedro de. Responsabilidade Processual por Litigância de Má-fé, Abuso de Direito e Responsabilidade Civil em virtude de actos praticados no processo. Coimbra: Almedina, 2006, p. 92.

Cândido Rangel Dinamarco afirma que:

> o Código de Processo Civil brasileiro, que se mostra particularmente empenhado em cultuar a ética no processo, traz normas explícitas quanto aos limites da combatividade permitida e impõe sanções à deslealdade; o dever de manter comportamentos condizentes com os mandamentos éticos está sintetizado na fórmula ampla e genérica proceder com lealdade e boa-fé, (...)[17]

As partes, assim, devem, exercer o contraditório e a ampla defesa, mas não podem, em nome desses exercício, abusar, em flagrante e manifesta intenção de protelar a prestação jurisdicional ou atrapalhar que as decisões sejam devidamente cumpridas e executadas.

Celso Hiroshi Iocohama explica que

> a expressão lealdade se confundirá com a ***boa-fé objetiva***, pois que ser leal significa estar de acordo com determinados padrões de conduta que independem da concepção particular do sujeito. Isto quer dizer que ninguém é honesto somente porque acredita sê-lo. É preciso que tal concepção se projete na visão social e, diante dela, sejam observados os elementos existentes para o preenchimento do modelo padrão de honestidade/lealdade. Logo, a boa-fé subjetiva não pode ser confundida com a noção de lealdade, pois, se há importância para o estudo da primeira e sua conotação jurídica, a lealdade vista do ângulo exclusivo do sujeito para o qual é atrelada não tem qualquer relevância[18].

Infelizmente, não coadunamos com Celso Hiroshi sobre o princípio da lealdade processual e boa-fé. Quando se procura por padrões de lealdade processual e boa fé processual, devemos encontrar as respostas, justamente com a observância do respeito às normas processuais e o procedimento e com o seu devido desenvolvimento previsto em lei. Isso significa dizer que a lealdade processual e boa-fé processual são conceitos que devem estar intimamente ligados à observância do devido processo legal (constitucional) e nunca a questões de moralidade ou eticidade. Defender a lealdade processual e a boa-fé processual não tem o objetivo de proteger a parte inocente da parte faltante, mas tem o objetivo de proteger o processo e a dignidade da prestação jurisdicional.

O abuso do direito processual aparece no momento em que o sujeito processual age dissimuladamente, sob a aparência de um exercício regular de seu direito, o resultado que pretende é ilícito ou reprovável, uma vez que posterga a prestação jurisdicional, causando prejuízos inimagináveis à parte contrária e à dignidade do judiciário e de sua atividade.

---

[17] DINAMARCO, Cândido Rangel. *A reforma da reforma*. 2. ed. São Paulo: Malheiros, 2002, p. 56.
[18] IOCOHAMA, Celso Hiroshi. *Litigância de má-fé e lealdade processual*. Curitiba: Juruá, 2006, p. 45.

É bom ressaltar, que na violação de uma norma processual, a sanção será o aquela prevista no próprio ordenamento jurídico processual. Isto significa que se houver a interposição de uma defesa fora do prazo, verificamos a violação de uma norma processual e tal violação acarreta a revelia do réu, com a presunção de verdade sobre os fatos narrados na petição inicial. No entanto, quando verificamos o abuso do direito processual, estamos diante de uma prática processual que se afasta de sua finalidade com o manifesto propósito de retardar a prestação jurisdicional e interferir no direito da parte contrária[19]. No ato processual abusivo não há qualquer direito sendo exercido, é somente um ato aparentemente lícito, mas com propósitos de causar prejuízos ao regular andamento processual e à prestação jurisdicional, bem como, os interesses da parte contrária. Assim, o agente abusador dos direitos processuais deve, a um só tempo, ser sancionado com pena pecuniária (multa), bem como, reparar os danos causados à parte contrária, se assim ficar constatado o dano. É o que o Código de Processo Civil chama de *responsabilidade processual por litigância de má-fé*.

4. Responsabilidade processual por litigância de má-fé

A *responsabilidade processual por litigância de má-fé*[20] se constitui no dever de reparar os danos causados a uma parte pela outra em razão de prática de atos processuais abusivos e que atrasam a prestação jurisdicional.

Verificada qualquer atitude dos sujeitos no sentido de evitar a atuação jurisdicional eficiente, efetiva e eficaz, poderá a parte faltante (litigante de má-fé) ser multada e responsabilizada civilmente, com a condenação em pagamento de indenização por sua conduta antijurídica.

O ato abusivo, no âmbito processual, é aquele que possui a aparência de normalidade e legalidade, mas o objetivo pretendido, não é lícito, se não, causar prejuízo a outra parte ou ao andamento regular do procedimento e da dignidade da prestação jurisdicional. É o que chamamos de *desvio de finalidade* do ato processual. O abuso do direito processual, segundo estudos de Cordopatri, seria a violação do dever de lealdade e probidade, isto é, na distorção cometida pela parte ao empregar o instrumento processual ou ao praticar ato processual válido[21].

---

[19] TARUFFO, Michele. *Abuso de direitos processuais: padrões comparativos de lealdade processual (relatório geral).* Revista de Processo, São Paulo. ano 34, n. 177, p. 166, nov/2009.

[20] Cf. explica D'Plácido e Silva, *"a expressão derivada do baixo latim malefacius [que tem mau destino ou má sorte], empregada na terminologia jurídica para exprimir tudo que se faz com entendimento da maldade ou do mali que nele se contém. A má-fé, pois, decorre do conhecimento do mal, que se encerra no ato executado, ou do vício contido na coisa, que ser quer mostrar como perfeita, sabendo-se que não o é [...] A má-fé opõe-se à boa-fé, indicativa dos atos que se praticam sem maldade ou contravenção aos preceitos legais. Ao contrário, o que se faz contra a lei, sem justa causa, sem fundamento legal, com ciência disso, é feito de má-fé."* SILVA, De Plácido e. Vocabulário Jurídico. Atualizadores Nagib Slaibi Filho e Geraldo Magela Alves. 15ª ed., Rio de Janeiro: Forense, 1998, pág. 131.

[21] CORDOPATRI, Francesco. *L'abuso del processo.* Pádua: Cedam, 2000, v.2, p. 487/488.

Segundo podemos verificar no Código de Processo Civil brasileiro (1973), em seu art. 16, determina que *responde por perdas e danos aquele que pleitear de má-fé como autor, réu ou interveniente*. Esse artigo estabelece o que a teoria da responsabilidade processual em razão da litigância de má-fé, ou seja, da possibilidade de determinar, pelo próprio juízo da demanda, a condenação da parte que litiga de má-fé, em pagamento de indenização pelo seu ato processual abusivo, bem como, em multa, para indicar que sua atitude é reprovável do ponto de vista processual.

O Código de Processo Civil brasileiro (1973) utilizou da metodologia discriminatória e enumerativa, para indicar, quais são os atos processuais considerados de má-fé, e portanto, passíveis de sancionamento processual e de reparação. Assim, segundo verificamos no art. 17 do CPC, reputa-se litigante de má-fé, aquele que:

a) deduzir pretensão ou defesa contra texto expresso de lei ou fato incontroverso;
b) alterar a verdade dos fatos;
c) usar do processo para conseguir objetivo ilegal;
d) opuser resistência injustificada ao andamento do processo;
e) proceder de modo temerário em qualquer incidente ou ato do processo;
f) provocar incidentes manifestamente infundados;
g) interpuser recurso com intuito manifestamente protelatório[22].

Verificamos que o art. 17 do CPC (1973) foi repetido no Novo Código de Processo Civil de 2015, nos arts. 79 e 80[23].

O art. 80 do Código de Processo Civil brasileiro de 2015 estabelece diversos comportamentos processuais reprováveis, e que se verificarmos, a presença do elemento dolo, devemos punir o agente, do ponto de vista processual, como

---

[22] PROCESSUAL CIVIL. ADMINISTRATIVO. INTERPOSIÇÃO DE RECURSO. LITIGÂNCIA DE MÁ-FÉ NÃO VERIFICADA. MULTA AFASTADA. RECURSO ESPECIAL CONHECIDO E PROVIDO.1. **O Superior Tribunal de Justiça firmou entendimento no sentido de que não se presume a litigância má-fé quando a parte se utiliza dos recursos previstos em lei, sendo necessária, em tais hipóteses, a comprovação da intenção do recorrente de obstruir o trâmite regular do processo, nos termos do art. 17, VI, do CPC.2. Incabível a condenação por litigância de má-fé quando a parte, na primeira oportunidade que lhe é conferida, interpõe agravo de instrumento contra decisão que fixou honorários advocatícios em execução não embargada**.3. Recurso especial conhecido e provido para afastar a condenação da recorrente ao pagamento de multa por litigância de má-fé.(REsp 749629/PR, Rel. MIN. ARNALDO ESTEVES LIMA, QUINTA TURMA, julgado em 16/05/2006, DJ 19/06/2006, p. 193).

[23] CPC/2015 – Art. 79. Responde por perdas e danos aquele que litigar de má-fé como autor, réu ou interveniente. Art. 80. Considera-se litigante de má-fé aquele que: I – deduzir pretensão ou defesa contra texto expresso de lei ou fato incontroverso; II – alterar a verdade dos fatos; III – usar do processo para conseguir objetivo ilegal; IV – opuser resistência injustificada ao andamento do processo; V – proceder de modo temerário em qualquer incidente ou ato do processo; VI – provocar incidente manifestamente infundado; VII – interpuser recurso com intuito manifestamente protelatório.

também, do ponto de vista de direito material, com a reparação dos prejuízos, nos termos do art. 927 do Código Civil.

É bom ressaltar, que as condutas processuais previstas no art. 80 do Código de Processo Civil de 2015, podem simplesmente, gerar uma sanção pecuniária, com a aplicação apenas de multa, como também, se verificado o dano, aplicar a teoria da responsabilidade civil e determinar o ressarcimento pelos prejuízos materiais e morais causados à parte contrária. Assim, um ato processual pode ser apenas um ilícito processual e gerar a aplicação de multa, mas não causar prejuízos à parte contrária, o que portanto, não justificaria a condenação em indenização por danos morais e materiais. É o que está previsto no art. 81 do Código de Processo Civil Brasileiro.

Informa, sobre o tema litigância de má-fé e abuso de direito, Cândido Rangel Dinamarco, que:

> Ao disciplinar a repressão à deslealdade das partes mediante normas referentes à litigância de má-fé (arts. 16-18) e ao contemp of court (arts. 600-601), o Código de Processo Civil arrola algumas condutas ilícitas e estabelece sanções à sua prática (arts. 16-18 e 600-601). Depreende-se de cada uma dessas figuras o dever de comportar-se de modo contrário, porque cada uma delas contém em si, pelo lado negativo, a especificação de um aspecto inerente ao dever de lealdade[24].

Deve se tratar, pois, que as condutas tipificadas como de má-fé podem ser realizadas de modo ativo ou passivo (omissivo, portanto), e optou, nosso legislador, por numerar de forma taxativa as hipóteses de litigância de má-fé, diferentemente, do que ocorre no Código de Processo Civil alemão (artigo 138) e do Código de Processo Civil italiano (art. 88).

O art. 80, inciso I do CPC/2015, traz a indicação de **vedação das partes de deduzir pretensão ou defesa contra texto expresso de lei ou fato incontroverso**. Isso significa que as partes têm, constitucionalmente, o direito de ação e de defesa, para movimentar a jurisdição e a aplicação do direito material. No entanto, não é permitido, buscar tal direito de ação ou de defesa, sabidamente, quando a lei não acoberta ou protege tal pretensão ou quando o fato que se opõe é um fato cujo o qual não existe contradição pelas partes. Assim, litiga de má-fé o sujeito que busca a declaração ou condenação de outrem, ou reconhecimento de algum direito, em juízo, com texto de lei claramente se posicionando ao contrário do pretendido. Talvez, um exemplo simples sobre tal hipótese de litigância de má-fé, seria o ajuizamento de ação para buscar receber dívidas de jogo, que são, pelo ordenamento jurídico brasileiro, impossíveis de ser exigidas. Lado outro, há uma

---

[24] DINAMARCO, Cândido Rangel. *Instituições de direito processual civil*. vol. 3. 3ª ed., São Paulo: Malheiros, 2009, pág. 265.

linha bastante tênue entre a caracterização da litigância de má-fé, por dedução ou apresentação de defesa contra texto expresso de lei ou fato incontroverso, e a questão de interpretação de lei diversa do que entende a maioria dos Tribunais. Isso significa que a dedução de ação ou a apresentação de defesa que busque uma interpretação diferente para determinado artigo de lei não pode ser considerado um ato processual abusivo. Apenas estamos diante do livre exercício do direito de ação.

O art. 80, inciso II do CPC, indica que reputa litigante de má-fé aquele que no processo *alterar a verdade dos fatos*. Nesse ponto, precisamos em primeiro lugar indicar que estamos diante de uma cláusula de litigância de má-fé geral e muito aberta, do ponto de vista hermenêutico. A verdade que se refere o presente inciso do artigo 80 é a *verdade processual*. A verdade processual significa a dedução de pretensão ou defesa com a devida demonstração dos mesmos com provas. Quanto as partes, no momento de dedução de pretensão ou de defesa, alteram a verdade dos fatos, significa dizer que estão buscando provar algo que não existiu ou que não ocorreu efetivamente e que as provas foram feitas mediante fraude, emulação, erro ou vício. Altera a verdade dos fatos, por exemplo, quem instrui as testemunhas para que informe fatos que nunca ocorreram, num claro objetivo de buscar o reconhecimento dos argumentos deduzidos na pretensão na defesa. Cândido Rangel Dinamarco afirma que: *"O inc. II do art. 80 sanciona transgressão intencional do dever de veracidade quanto aos fatos. As inveracidades só são contrárias à ética quando acompanhadas da intenção de falsear os fatos, caracterizando-se assim como mentiras[25]".*

O art. 80, inciso III do CPC estabelece que atua em litigância de má-fé *as partes que usam o processo para conseguir objetivo ilegal.* Verifica-se, nesse inciso, a preocupação do legislador com o desvio de finalidade da norma. Assim, esse inciso busca reprimir aqueles que se utilizam do processo com o objetivo de obter direito ou vantagem que a norma proíbe.

O art. 80, inciso IV do CPC determina que litiga de má-fé a parte que *opuser resistência injustificada ao andamento do processo.* Trata-se de um dispositivo normativo processual que reprimi a conduta comissiva e omissiva das partes que impedem a duração razoável do processo, conforme estabelece o art. 6º. do CPC/2015 e art. 5º. Inciso LXXVIII da Constituição da República do Brasil. Opor resistência injustificada ao andamento do processo, significa colocar obstáculos ao regular curso do processo. Isso significa que manifestações impertinentes e fora do prazo são exemplos e formas de se opor ao regular andamento do processo e atentam contra a celeridade processual e contra a dignidade da justiça.

---

[25] DINAMARCO, Cândido Rangel. *Fundamentos do processo civil moderno.* 5ª ed., São Paulo: Malheiros, 2002, p. 268.

O art. 80, inciso V do CPC determina que a parte responde por litigância de má-fé quando **proceder de modo temerário em qualquer incidente ou ato do processo**. Temerário é o ato da parte contrário imprudente, que não observas nas normas processuais e legais. Age de forma temerária quem provoca um incidente processual apenas para paralisar o processo ou para impedir os efeitos da preclusão. Age de forma temerária, quem não pratica ato processual irresponsável, apenas para evitar prejuízos processuais para as partes. Assim, um bom exemplo de ato temerário seria a interposição de dois recursos, contra a mesma decisão, sendo que a primeira já havia se pronunciado sobre o seu não cabimento e a segunda, é uma conduta temerária, que busca desviar a finalidade da norma e evitar a preclusão.

O art. 80, inciso VI do CPC determina que responde por litigância de má-fé a parte que **provocar incidentes manifestamente infundados.** Incidentes infundados são incidentes inexistentes, do ponto de vista formal e legal. Podemos informar que a palavra incidente, indicado nesse inciso é utilizado de forma genérica, querendo referenciar, ainda, qualquer conduta ativa ou passiva das partes no objetivo de atrasar a prestação jurisdicional. Isso significa que a oposição de *embargos de terceiros*, por exemplo, que obviamente, pode paralisar o procedimento principal, pode ser caracterizado como sendo um incidente manifestadamente infundado, se ao final, for considerado um ato apenas com o intuito de evitar a prestação jurisdicional ou retardar seu julgamento.

Por fim, o art. 80, inciso VII do CPC estipula que responde por litigância de má-fé a parte que interpõe **recurso manifestadamente protelatório**. Recurso protelatório é aquele que não tem o objetivo de reformar a decisão, mas sim, apenas de protelar o transito em julgado ou a preclusão de uma decisão. O recurso protelatório é apresentado como um recurso destituído de fundamentos para reformar a decisão e em flagrante comportamento da parte em evitar e impedir a execução e cumprimento da decisão judicial.

As condutas previstas no art. 80 do CPC são condutas objetivas e possuem o objetivo de balizar o julgador no objetivo de reprimir as condutas antijurídicas em claramente contrárias aos interesses processuais e a duração razoável do processo, nos termos do art. 6º. do CPC/2015. No entanto, verificando a ocorrência de uma das hipóteses indicadas no art. 80 do CPC/2015, surge a seguinte questão a ser enfrentada, qual seja: *qual seria a melhor técnica para que o processo possa reprimir as condutas antijurídicas praticadas pelos sujeitos processuais, em litigância de má-fé?* Tentaremos responder a seguinte indagação, no próximo capítulo.

5. Técnica de repressão ao abuso de direito processual (litigância de má-fé)

Segundo afirma Rosemiro Pereira Leal, a *técnica* é essa atividade humana que abrange a capacidade de conjunção do mundo da realidade com o mental e a consequente expressão de pensamentos abstratos organizados (teoria) sobre o contexto dessa realidade[26].

Assim, quando nos referirmos à técnica de repressão ao abuso de direito processual, estamos querendo indicar o conjunto de procedimentos pelos quais o direito transforma em regras claras e práticas as diretivas da política jurídica de repressão à litigância de má-fé.

Nesse sentido, para que possamos responder a indagação sobre a melhor técnica para a repressão do abuso de direito processual precisamos antes de mais nada estabelecer os seguintes pressupostos para nossas reflexões.

O **primeiro.** É o processo um instrumento de garantias processuais fundamentais, isso significa dizer que o mesmo se constitui de um espaço de discussão e debate, e o contraditório e ampla defesa são princípios estruturantes, e que não podem ser suprimidos.

O **segundo.** O princípio do contraditório é elemento indispensável a existência do processo e portanto não é possível a ocorrência do exercício da jurisdição e da repressão do abuso de direito processual sem a sua observância.

Na palavras de Fazzalari, o processo é um procedimento com a garantia de participação das partes para a obtenção do ato final, em contraditório, devendo os participantes do processo se entenderem como autores da decisão judicial (provimento)[27].

É bom ressaltar, nas palavras de Aroldo Plínio Gonçalves: que:

> O contraditório não é apenas 'a participação dos sujeitos do processo. O contraditório é a garantia de participação, em simétrica paridade, das partes, daqueles a quem se destinam os efeitos da sentença, daqueles que são "interessados", ou seja, aqueles sujeitos do processo que suportarão os efeitos do provimento e da medida jurisdicional que o Estado vier a impor.[28]

Explicando melhor, reforça o autor supra citado que:

> O contraditório não é o "dizer" e o "contradizer" sobre matéria controvertida, não é a discussão que se trava no processo sobre a relação de direito material, não é a polêmica que se desenvolve em torno dos interesses divergentes sobre o conteúdo do ato final. Constitui-se, necessariamente, da igualdade de oportunidade no processo, é a igual oportunidade de tratamento, que se funda na liberdade

---

[26] LEAL, Rosemiro Pereira. **Teoria Geral do Processo – Primeiros Estudos**. 7ª. Ed. Rio de Janeiro: Forense, 2008, p. 43/44.

[27] FAZZALARI, Elio. *Istituzioni di diritto processuale*. 6. ed., Padova: CEDAM, 1992, p. 82-83.

[28] GONÇALVES, Aroldo Plínio. *Técnica Processual e teoria do processo*. Rio de Janeiro: Aide, 1992, p. 120-124.

de todos perante a lei. É essa igualdade que compõe a essência do contraditório enquanto garantia de simétrica paridade de participação no processo.[29]

Elio Fazzalari caracteriza a estrutura do **contraditório** com os seguintes elementos: *a)* participação dos destinatários do ato final na fase preparatória do processo; *b)* simétrica paridade destes interessados; *c)* mútua implicação de seus atos; relevância de tais atos para o ato final.[30]

Nesse sentido o contraditório é a garantia da participação das partes, em simétrica igualdade, é a igual oportunidade de igual tratamento, que se funda na liberdade de todos perante a lei. E tal participação das partes não significa que tenha de ser atual, mas uma participação potencial, convertendo assim, o direito em ônus. Tanto é assim que Marcelo Galuppo lembra a possibilidade de o interessado, na produção do provimento, deixar de participar, por vontade própria, da formação deste ato. Bem como o fato de não se exigir a existência de controvérsia, sendo possível, por exemplo, que o réu (contrainteressado) concorde com a pretensão do autor. Aliás, o próprio Direito brasileiro prevê e estimula essa possibilidade, ao tornar obrigatória, na maioria dos processos, a tentativa de conciliação por parte do juiz. Pode-se mesmo afirmar que a nova sistemática brasileira erige em primeiro dever do juiz a tentativa de, na qualidade de "mediador", fazer com que se restabeleça racionalmente, no âmbito de uma comunidade real de comunicação, o diálogo, ou seja, o discurso entre autor e réu.[31]

Sobre o assunto, assevera Didier Junior:

> Não adianta permitir que a parte, simplesmente, participe do processo; que ela seja ouvida. Apenas isso não é o suficiente para que se efetive o princípio do contraditório. É necessário que se permita que ela seja ouvida, é claro, mas em condições de poder influenciar a decisão do magistrado. Se não for conferida a possibilidade de a parte influenciar a decisão do magistrado – e isso é poder de influência, poder de interferir na decisão do magistrado, interferir com argumentos, interferir com ideias, com fatos novos, com argumentos jurídicos novos; se ela não puder fazer isso, a garantia do contraditório estará ferida. É fundamental perceber isso: o contraditório não se implementa, pura e simplesmente, com a ouvida, com a participação; exige-se a participação com a possibilidade, conferida à parte, de influenciar no conteúdo da decisão.[32]

---

[29] GONÇALVES, Aroldo Plínio. *Técnica Processual e teoria do processo*. Rio de Janeiro: Aide, 1992, p. 127.

[30] FAZZALARI, Elio. *Istituzioni di diritto processuale*. 6. ed., Padova: CEDAM, 1992, p. 82.

[31] GALUPPO, Marcelo Campos. *Elementos para uma compreensão metajurídica do processo legislativo*. Disponível em: Http://marcelogaluppo.sites.uol.com.br/elementos_para_uma_compreensão_met.htm. Acesso em: 5 maio 2003.

[32] DIDIER, Jr. Fredie. *Curso de Direito Processual Civil*: Teoria Geral do Processo e Processo de Conhecimento. **Salvador:** JusPodivm, 2008, p. 45.

Na verdade, o contraditório significa a garantia da proibição da decisão surpresa, ou seja, decisões que não sofreram o devido debate pelas partes. Que não foi garantido o efetivo direito de participação, que é muito mais do que apenas dizer e contradizer nos autos, mas sobretudo, o direito de influenciar o resultado da decisão com argumentações, fatos e provas.

Lebre de Freitas afirma que:

> a proibição da chamada decisão-surpresa tem sobretudo interesse para as questões, de direito material ou de direito processual, de que o tribunal pode conhecer oficiosamente: se nenhuma das partes as tiver suscitado, com concessão à parte contrária do direito de resposta, o juiz – ou o relator do tribunal de recurso – que nelas entenda dever basear a decisão, seja mediante o conhecimento do mérito seja no plano meramente processual, deve previamente convidar ambas as partes a sobre elas tomarem posição, só estando dispensado de o fazer em casos de manifesta desnecessidade.[33]

Assim, entendendo o contraditório como um princípio que veda uma decisão surpresa, temos que entender que o art. 81 do CPC, deve ser aplicado de outra maneira pelos Tribunais. Segundo, estabelece o artigo, *o juiz, de ofício, ou a requerimento, condenará o litigante de má-fé a pagar multa que deverá ser superior a um por cento e inferior a 10% do valor corrigido da causa, a indenizar a parte contrária pelos prejuízos que esta sofreu e a arcar com os honorários advocatícios e com os honorários advocatícios e com todas as despesas que efetuou.*

Uma leitura descomprometida do princípio do contraditório, pode levar o intérprete e julgador a entender que bastaria, em suas convicções pessoais, a verificação de um comportamento das partes caracterizados como litigante de má-fé, para lhe impor a penas de multa e condenação em perdas e danos apresentados e permitidos pelo art. 81 do CPC brasileiro.

No entanto, a melhor técnica para a repressão do abuso de direito processual e consequentemente a litigância de má-fé, não seria a aplicação de ofício pelo julgador das hipóteses previstas enumerativas e exaustivas no art. 80 do CPC, pois assim, estaria vedando o contraditório, entendido como garantia de vedação a uma decisão surpresa, e contrariando o art. 6º. e 10º. do CPC/2015.

Em nome da garantia do contraditório, verificando o juiz que ocorreu algumas das hipóteses previstas no art. 80 do CPC/2015, deve abrir, ainda que incidentalmente, nos próprios autos do procedimento ou em procedimento próprio, uma discussão paralela, entre as partes, sobre a ocorrência ou não de algumas das hipóteses de litigância de má-fé e seus eventuais danos. Isso significa dizer, que se o julgador tomar a decisão pela aplicação de algumas punição por litigância

---

[33] LEBRE DE FREITAS, José. Introdução ao processo civil: conceito e princípios gerais à luz do código revisto. Coimbra: Coimbra Editora, 1996, p. 103.

de má-fé, sem que haja o devido respeito ao contraditório, essa decisão estaria vedando a participação em contraditório, e seria, do ponto de vista **constitucional-democrático**, uma decisão passível de anulação, por absoluta falta de garantia do contraditório e da ampla defesa.

É claro que não basta apenas que o julgador, no momento da verificação da litigância de má-fé, oportunize às partes, vista dos autos para que possam sobre ela se pronunciar, há a necessidade, também, atendendo ao disposto no art. 5º., inciso LV da Constituição da República, a ampla defesa, com a garantia de produção de todas as provas necessárias para demonstra ou não a ocorrência de umas das hipóteses previstas no art. 80 do CPC/2015.

Assim, a melhor técnica para a repressão do abuso do direito processual pode ser indicada pela abertura de uma discussão profunda e dialógica sobre a sua ocorrência e os eventuais danos que tal conduta ocasionou. Somente assim, seria possível aplicar com eficiência todas as repercussões que estão previstas no art. 81 do CPC/2015. O que não pode faltar, é o devido respeito ao contraditório e ampla defesa, bem como, é vedado ao julgador, de ofício, aplicar penas processuais, pelas hipóteses verificadas no art. 80 do CPC/2015, sem a oportunizar a devida manifestação e provas pelas partes interessadas no resultado do julgamento, por estar em contrariedade com as normas fundamentais do novo Código de Processo Civil e dar cabo ao cumprimento do art. 5º. Inciso LV da Constituição da República.

A aplicação automática, de ofício, isolada do julgador de uma das condutas ilícitas praticadas pelas partes no processo e previstas no art. 80 do CPC/2015, fica muito difícil ao julgador aplicar efetivamente o artigo 81 do CPC/2015. Portanto, não se consegue outra coisa, sem o contraditório, do que a aplicação da multa. Indenização e danos morais e materiais são impossíveis de ser fixados sem a devida discussão e produção de prova, pois como determina o art. 944 do Código Civil, o dano se mede pela sua extensão.

Estamos defendendo o contraditório e ampla defesa, em nome do processo democrático. Sem o devido contraditório, fica praticamente impossível, que tal condenação em indenização se realize, bem como, a quantificação dos prejuízos causados pela parte infratora ou litigante de má-fé.

No Código de Processo Civil de 1973 e nos Tribunais brasileiros não verificamos a preocupação para evitar a *decisão-surpresa* resguardar a garantia do contraditório e da ampla defesa. Pelo contrário, o que notamos, na prática cotidiana forense brasileira é que em nome da celeridade, decisões surpresas são proferidas a todo momento, sem o devido contraditório, o que entendemos estar violando diretamente a Constituição. Apenas para demonstrar o que informamos, citamos algumas decisões do Superior Tribunal de Justiça, que aplicam, de forma automática e autoritariamente, o art. 17 do CPC/1973, correspondente ao art. 80 do

CPC/2015, se entender sobre a necessidade de oportunizar as partes, o necessário contraditório, com base apenas na convicção pessoal do julgador. Vejamos:

> AGRAVO REGIMENTAL. AGRAVO EM RECURSO ESPECIAL. LOCAÇÃO. PRORROGAÇÃO DO PRAZO. FIANÇA. NOVAÇÃO. RATIFICAÇÃO DA GARANTIA PELO FIADOR. EXONERAÇÃO. NÃO OCORRÊNCIA. LITIGÂNCIA DE MÁ-FÉ. CONFIGURAÇÃO. AFASTAMENTO. SÚMULA 7/STJ. 1. Na prorrogação do contrato de locação, havendo cláusula expressa de responsabilidade do garante após a prorrogação do contrato, este deverá responder pelas obrigações posteriores, a menos que tenha se exonerado na forma dos artigos 1.500 do Código Civil de 1916 ou 835 do Código Civil vigente. 2. Na hipótese, o Tribunal de origem identificou a ratificação expressa do fiador para estender a garantia fiduciária quando da novação. Não incidência da Súmula 214/STJ. Precedentes. 3. **A aplicação das penas do art. 17, I e II, do CPC, deu-se pela manifestação de fatos comprovadamente inverídicos, situação que não guarda semelhança com o simples exercício do direito de defesa**. Rever tais fundamentos fáticos, somente com reexame do conjunto probatório, medida de impossível realização no âmbito do recurso especial, haja vista o óbice do enunciado 7 da Súmula desta Corte. 4. Agravo regimental a que se nega provimento[34].

Repare, que na presente decisão, o Superior Tribunal de Justiça entendeu que a aplicação do art. 17 do CPC/1973 (correspondente ao art. 80 do CPC/2015) não necessita da observância do contraditório e da ampla defesa, bastando para tanto, que o julgador, em análise discricionária e solipsista, decida sobre a ocorrência ou não de litigância de má-fé.

Outra decisão do Superior Tribunal de Justiça sobre a aplicação automática do art. 17 do CPC (correspondente ao art. 80 do CPC/2015) à parte faltante é essa:

> RECONSIDERAÇÃO EM AGRAVO REGIMENTAL EM RECURSO ORDINÁRIO. RECURSO INTERPOSTO CONTRA DECISÃO MONOCRÁTICA. NÃO CONHECIMENTO. LITIGÂNCIA DE MÁ-FÉ. INTENÇÃO PROTELATÓRIA. MULTA. 1. Nos termos do art. 105, II, "b", da Constituição Federal, não cabe interposição de recurso em mandado de segurança no âmbito desta Corte Superior contra decisão monocrática de relator. 2. **Sendo evidente a intenção protelatória do exercício da jurisdição, mediante a interposição de recursos e petições desprovidos de razão e notoriamente incabíveis, cabível a cominação de multa nos termos do art. 18 c/c o art. 17, VI e VII do CPC**. 3. Pedido de reconsideração improvido[35].

---

[34] Superior Tribunal de Justiça. AgRg no AREsp 242.123/SP, Rel. Ministra MARIA ISABEL GALLOTTI, QUARTA TURMA, julgado em 08/10/2013, DJe 23/10/2013.

[35] Superior Tribunal de Justiça. RCD no RMS 39.985/PA, Rel. Ministro LUIS FELIPE SALOMÃO, QUARTA TURMA, julgado em 01/10/2013, DJe 11/10/2013.

Neste acórdão do Superior Tribunal de Justiça, mais uma vez, verificamos o desrespeito ao contraditório e ampla defesa, na condenação em litigância de má-fé, por parte do Superior Tribunal de Justiça. Entendemos que mesmo nos casos em que os autos já se encontrarem em sede recursal, o cumprimento ao contraditório deve ser observado. Isso significa que neste aspecto, não poderia o relator, ter aplicado a pena prevista no art. 18 do CPC, com similar correspondência no art. 81 do CPC/2015, apenas com base em entendimento formado e consolidado pelo anteriores votos e convicções formadas em seu trabalho junto ao Tribunal. Deveria, mesmo em sede recursal, instaurar, um micro procedimento de discussão e de demonstração de ocorrência ou não da litigância de má-fé. Do contrário e da forma que foi feita, mesmo informando a evidência de que houve a interposição de recurso manifestamente protelatório, entendemos que estamos diante de uma decisão arbitrária e inconstitucional, em bases democráticas.

Portanto, dentro da constitucionalidade democrática e pelo novo Código de Processo Civil de 2015, especialmente os artigos 6º. e 10º., e para o respeito ao contraditório e da ampla defesa, é preciso que o debate sobre o abuso do direito processual seja efetivamente discutido. Além, devemos permitir a amplitude de produção de prova e as discussões sobre a prática de atos de má-fé e de dolo pelas partes, bem como os prejuízos causados, para fins de indenização. Do contrário, qualquer condenação em litigância de má-fé é um ato de autoritarismo e antidemocrático, o que desrespeita frontalmente a Constituição da República do Brasil.

Os Tribunais brasileiros terão que mudar sua postura solipsista e conservadora, não podendo aplicar o art. 81 do CPC/2015 *ex ofício* sob pena de violação ao contraditório, a ampla defesa, ao estado democrático, à cooperação judicial e a vedação de decisão surpresa, o que em nosso entendimento, impede a decisão sobre a responsabilidade processual sem o devido debate e produção de prova necessário para tal. Ou se garante o art. 10º. do CPC/2015 e o aplica em conjunto com o art. 81 do CPC/2015, ou teremos o desvirtuamento do novo Código de Processo Civil que irá repetir práticas antigas e antidemocráticas, o que não se espera com esse novo instrumento normativo processual e pela vigência incondicional do art. 1º. da CR/88.

6. Conclusão

Pelos considerações acima expostas, podemos afirmas as seguintes conclusões sobre o abuso do direito processual e a sua técnica de repressão, quais sejam:

a) A expressão abuso de direito é atualmente considerada pelos juristas como sendo o mau uso ou uso excessivo ou extraordinário do direito. Isso significa, que a expressão abuso do direito nos remete a ideia de que alguém está exercendo um ato ilícito, em razão de um excesso. Assim, a expressão, de forma isolada, quer informar ao intérprete que o justo é exercer o direito, nem mais (abuso), nem menos (aquém). Etimologicamente, a expressão em latim abusos e abuti não possuíam a ideia de mau uso, mas significava um uso intenso, um aproveitamento completo da coisa ou do direito. Em termos atuais, a expressão abuso do direito obteve nova conotação, significando o excesso dos limites do poder da faculdade (facultas agendi) que o direito objetivo (normas agendi) confere ao indivíduo, na qualidade de sujeito de direito (sui iuris).

b) Pela Código Civil, art. 187 e 188, verificamos que o direito civil brasileiro estabeleceu os critérios para que possa ser configurado o abuso do direito, quais sejam: *a)* que o abuso do direito é um ato ilícito; *b)* esse ato ilícito deve ser praticado pelo titular do direito subjetivo; *c)* que tenha sido excedido os limites impostos pelo seu fim econômico ou social, pela boa-fé ou pelos bons costumes e *d)* que tenha sido o ato ilícito abusivo manifesto.

c) Violar uma regra de direito processual não é abusivo per se. Isso significa que o mau uso do direito processual não é um ato abusivo. Ou seja, se caso o recorrente interpõe um recurso ao invés de outro, isso, por si só não é um ato abusivo, mas somente um ato equivocado, um erro grosseiro, que não causa prejuízo a parte contrária e nem impede o regular andamento do processo. No entanto, um ato processual passa a ser abusivo quando o mesmo recurso, é interposto, não com o fim específico de alterar a decisão jurisdicional, mas simplesmente, para retardar ou impedir a execução ou cumprimento da sentença.

d) Violar um regra de direito processual pode ter duas consequências. A primeira é uma consequência eminentemente processual, uma punição para a parte faltante estritamente dentro dos limites das faculdades, poderes e possibilidades das normas processuais. Assim, a ausência de apresentação de defesa no prazo correto é uma violação de norma processual e gera um ônus processual, qual seja, a revelia e a presunção de verdade sobre os fatos articulados pelo autor. No entanto, ocorre o abuso do direito processual, quando temos um ato aparentemente lícito, mas seus objetivos são reprováveis do ponto de vista da lealdade processual e boa-fé. Assim, abusando do direito processual, temos a possibilidade de aplicação de multa ou ainda a reparação dos danos.

e) A boa-fé e lealdade processual não são elencos caracterizadores de uma moralidade ou eticidade processual, mas sim de elementos vinculados à observância do devido processo legal. Abusa do direito processual quem, de ma-fé, busca empregar um conduta processual com o objetivo de causar contrariedade à marcha processual, à eficácia das decisões e até mesmo à dignidade da justiça e da prestação jurisdicional. Toda litigância de má-fé é um abuso do direito processual. O abuso é gênero e a litigância é espécie. O dever de lealdade processual não deve ser levado em consideração, apenas entre as partes litigantes, mas sobretudo, por todos os sujeitos processuais, incluindo os juízes, membros do ministério público e terceiros.

f) O Código de Processo Civil brasileiro (1973) utilizou da metodologia discriminatória e enumerativa, para indicar, quais são os atos processuais considerados de má-fé, e portanto, passíveis de sancionamento processual e de reparação. É a mesma adotada pelo Código de Processo Civil de 2015.

g) A melhor técnica para a repressão do abuso de direito processual e consequentemente a litigância de má-fé, não seria a aplicação de ofício pelo julgador, pois assim, estaria vedando o contraditório como garantia de vedação a uma decisão surpresa. Em nome da garantia do contraditório, verificando o juiz que aconteceu algumas das hipóteses previstas no art. 80 do CPC/2015, deve abrir, ainda que incidentalmente, nos próprios autos do procedimento, uma discussão paralela, entre as partes, sobre a ocorrência ou não da litigância de má-fé e seus eventuais danos. Isso significa dizer, que se o julgador, tomar a decisão pela aplicação de algumas punição por litigância de má-fé, sem que haja o devido respeito ao contraditório, essa decisão estaria vedando a participação, e seria, do ponto de vista democrático, uma decisão passível de anulação, por absoluta falta de garantia do contraditório e da ampla defesa. É claro que não basta apenas que o julgador, no momento da verificação da litigância de má-fé, abra às partes, vista dos autos para que possam sobre ela se pronunciar, há a necessidade, também, atendendo ao disposto no art. 5º., inciso LV da Constituição da República, a ampla defesa, com a garantia de produção de todas as provas necessárias para demonstra ou não a ocorrência de umas das hipóteses previstas no art. 80 do CPC. Não vislumbramos a necessidade de abertura de um incidente processual para a caracterização e verificação da ocorrência da litigância de má-fé, no entanto, se isso for necessário, para evitar prejuízo às partes, e as argumentações, verificamos que não existe nada no ordenamento jurídico brasileiro que desaconselhe tal prática. Se a discussão será feita nos próprios autos ou em incidente processual, isso revela uma preocupação com a economia processual. No entanto, o que não pode faltar, é o devido respeito ao contraditório e ampla defesa, bem como, é vedado ao julgador, de ofício, aplicar penas processuais, pelas hipóteses verificadas no art. 80 do CPC, sem a oportunizar a devida manifestação e provas pelas partes interessadas no resultado do julgamento.

h) Quando temos a verificação de um ato processual abusivo, com intuito de atrasar o processo e ferir a dignidade da justiça e sua prestação jurisdicional, estamos diante de uma violação de um direito fundamental, e a violação de um direito fundamental deve ser punido de forma enérgica, com a aplicação de multa e indenização para ser pago pelo agressor, pois é inconcebível, que direitos fundamentais seja flagrantemente violados pelas partes com o objetivo escuso de lesar a credibilidade do Judiciário e da parte contrária. Infelizmente, o que observamos no Brasil, é que a presente discussão sobre a violação de direitos fundamentais e a possibilidade de reparação e aplicação de multa processual ainda está caminhando bem devagar, do ponto de vista prático. Apesar de grande parte da doutrina defender a possibilidade e até necessidade de responsabilizar o Estado pelas violações da garantia constitucional da duração razoável do processo, no Brasil ainda há grande resistência dos tribunais em condenar o Estado a indenizar o jurisdicionado nos casos.

i) Os Tribunais brasileiros terão que mudar sua postura solipsista e conservadora, não podendo aplicar o art. 81 do CPC/2015 ex ofício sob pena de violação ao contraditório, a ampla defesa, ao estado democrático, à cooperação judicial e a vedação de decisão surpresa, o que em nosso entendimento, impede a decisão sobre a responsabilidade processual sem o devido debate e produção de prova necessário para tal. Ou se garante o art. 10º. do CPC/2015 e o aplica em conjunto com o art. 81 do CPC/2015, ou teremos o desvirtuamento do novo Código de Processo Civil que irá repetir práticas antigas e antidemocráticas, o que não se espera com esse novo instrumento normativo processual e pela vigência incondicional do art. 1º. da CR/88.

7. Referências

ABDO, Helena Najjar. *O abuso do processo*. São Paulo: Editora Revista dos Tribunais, 2007.

ALBUQUERQUE, Pedro de. Responsabilidade Processual por Litigância de Má-fé, Abuso de Direito e Responsabilidade Civil em virtude de actos praticados no processo . Coimbra: Almedina, 2006.

BRASIL. Código Civil.

BRASIL. Constituição Federal.

BRASIL, Código de Processo Civil de 1973.

BRASIL, Código de Processo Civil de 2015.

BRASIL. STJ. AgRg no AREsp 242.123/SP, Rel. Ministra MARIA ISABEL GALLOTTI, QUARTA TURMA, julgado em 08/10/2013, DJe 23/10/2013.

BRASIL. STJ. RCD no RMS 39.985/PA, Rel. Ministro LUIS FELIPE SALOMÃO, QUARTA TURMA, julgado em 01/10/2013, DJe 11/10/2013.

BRASIL. STJ. REsp 442428/RS, Rel. MIN. CARLOS ALBERTO MENEZES DIREITO, TERCEIRA TURMA, julgado em 22/05/2003, DJ 30/06/2003, p. 240.

BRASIL. STJ. REsp 749629/PR, Rel. MIN. ARNALDO ESTEVES LIMA, QUINTA TURMA, julgado em 16/05/2006, DJ 19/06/2006, p. 193.

BRASIL. STJ. RMS 27.868/DF, Rel. Ministra LAURITA VAZ, QUINTA TURMA, julgado em 25/10/2011, DJe 11/11/2011.

BRASIL. TJRS. AI 70017272626, 8ª Câmara Cível do TJRS, REL. Des. CLAUDIR FIDE-LIS FACCENDA. J 16.11.2006.

BRASIL. TJSC. Apelação cível nº 2005.027514-5, SANTA cível nº 2005.027514-5, SANTA CATARINA, 2008.

BRASIL. TJSC. Apelação cível nº 2007.003529-3, SANTA 2007.003529-3, SANTA CATA-RINA, 2009.

BRÊTAS C. DIAS, Ronaldo. Direito ao Advogado. *Revista Jurídica Consulex*, ano VII, n. 150, 15 abr. 2003.

CANOTILHO, José Joaquim Gomes. *Direito constitucional e teoria da constituição*. 7 ed. Coimbra: Almedina, 2003.

CASTRO FILHO, José Olímpio de. Abuso do Direito no Processo Civil. 2.Ed. Rio de JaneiroJaneiro: Editora Forense, 1960.

CORDOPATRI, Francesco. *L'abuso del processo*. Pádua: Cedam, 2000, v.2.

DIAS, Ronaldo Brêtas de Carvalho. *Fraude no Processo Civil*. Belo Horizonte: Del Rey, 1998.

DIAS, Ronaldo Brêtas de Carvalho. Responsabilidade do Estado para Função Jurisdicional. Editora Del Rey. Belo Horizonte. 2004.

DIDIER, Jr. Fredie. *Curso de Direito Processual Civil*: Teoria Geral do Processo e Processo de Conhecimento. **Salvador:** JusPodivm, 2008.

DINAMARCO, Cândido Rangel. *A reforma da reforma*. 2. ed. São Paulo: Malheiros, 2002.

DINAMARCO, Cândido Rangel. *Fundamentos do processo civil moderno*. 5ª ed., São Paulo: Malheiros, 2002.

DINAMARCO, Cândido Rangel. *Instituições de direito processual civil*. vol. 3. 3ª ed., São Paulo: Malheiros, 2009.

FAZZALARI, Elio. *Istituzionidadirittoprocessuale*. 6. ed., Padova: CEDAM, 1992.

GALUPPO, Marcelo Campos. *Elementos para uma compreensão metajurídica do processo legislativo*. Disponível em: Http://marcelogaluppo.sites.uol.com.br/elementos_para_uma_compreensão_met.htm. Acesso em: 5 maio 2003.

GONÇALVES, Aroldo Plínio. *Técnica Processual e teoria do processo*. Rio de Janeiro: Aide, 1992.

IOCOHAMA, Celso Hiroshi. *Litigância de má-fé e lealdade processual*. Curitiba: Juruá, 2006.

LEAL, Rosemiro Pereira. **Teoria Geral do Processo – Primeiros Estudos**. 7ª. Ed. Rio de Janeiro: Forense, 2008.

LEBRE DE FREITAS, José. Introdução ao processo civil: conceito e princípios gerais à luz do código revisto. Coimbra: Coimbra Editora, 1996.

LIMA, Patrícia de Deus Lima. Abuso do direito e tutela ética do processo .231 f. Dissertação (Mestrado em Direito Econômico e Social) – Centro de Ciências Jurídicas e Sociais, Pontifícia Universidade Católica, Orientador: Francisco Carlos Duarte. Curitiba, 2006.

ROTONDI, Mario. *L'abuso di diritto – "AEmulatio"*. Pádua: Cedam, 1979.

SARAIVA, Paulo Lopo. *O advogado não pede*. Advoga. Campinas: Edicamp, 2002.

SILVA, De Plácido e. *Vocabulário Jurídico*. Atualizadores Nagib Slaibi Filho e Geraldo Magela Alves. 15ª ed., Rio de Janeiro: Forense, 1998.

SOARES, Carlos Henrique. *Abuso del Derecho Procesal Brasileño*. p. 134-151. In: SOARES, Carlos Henrique (coord.) (et al.). *Proceso Democrático y Garantismo Procesal*, Belo Horizonte: Arraes Editores, 2015.

TARUFFO, Michele. *Abuso de direitos processuais: padrões comparativos de lealdade processual (relatório geral)*. Revista de Processo, São Paulo. ano 34, n. 177, nov/2009.

TUCCI, José Rogério Cruz e. Garantias Constitucionais do Processo Civil: Homenagem aos 10 anos da Constituição Federal de 1988. 1ª edição. 2ª tiragem. Editora Revista dos Tribunais. São Paulo. 1999.

VICENZI, Brunela Vieira de. A Boa-fé no Processo Civil. São Paulo: Atlas, 2003.

Os atos dos sujeitos processuais no CPC/15

ANTÔNIO CARVALHO FILHO

1. Atos das partes e dos terceiros

Todos os sujeitos, além das partes[1], autor e réu, os eventuais terceiros[2], que participem do processo podem realizar atos processuais no desenvolvimento do processo. Deste modo, muito embora os arts. 200 a 202 do NCPC estejam disciplinando os "atos das partes" é necessário frisar que se aplicam não apenas aos atos realizados por esses sujeitos, mas também em relação aos terceiros, pelo que tudo que se disser a partir de agora no estudo deste tópico se aplica à eles.

Esses atos podem ser de 4 (quatro) espécies: *a)* atos postulatórios; *b)* atos instrutórios; *c)* atos dispositivos e; *d)* atos reais ou materiais[3].

Os *atos postulatórios* são todos aqueles em que as partes buscam obter o pronunciamento do juiz a respeito da controvérsia de mérito ou então sobre o desenvolvimento do processo. Os dois atos postulatórios mais comuns são a petição inicial e a contestação, mas também podemos citar os recursos, o requerimento de denunciação da lide ou do chamamento ao processo, o pedido de provas, o pleito de redesignação de audiência etc.

---

[1] Sobre o conceito de partes ver: Ovídio A. Baptista da Silva *et al.*, Teoria geral do processo civil, RT, pp. 123/127; Luiz Rodrigues Wambier *et al.*, Curso avançado de processo civil, vol. 1, RT, p. 319; Luiz Guilherme Marinoni *et alii*, Novo curso de processo civil, vol. 2, RT, p. 78/81; Antonio Carlos de Araújo Cintra *et alii*, Teoria geral do processo, Malheiros, pp. 293/294.

[2] O Ministério Público atuando como *custos legis*, o litisdenunciado, os assistentes simples e o litisconsorcial, o chamado ao processo, o sócio da pessoa jurídica no pedido de desconsideração da personalidade jurídica e o *amicus curiae.*

[3] *Cf.* Ovídio A. Baptista da Silva *et al.*, Teoria geral do processo civil, RT, pp. 192/193; Leonardo Greco, Instituições de processo civil, vol. I, pp. 277/283; Luiz Rodrigues Wambier *et al.*, Curso avançado de processo civil, vol I, pp. 261/264; Humberto Theodoro Junior, Curso de direito processual civil, vol. I, pp. 480/481.

Os *atos instrutórios* são aqueles que a parte pretende demonstrar o acerto de suas alegações de fato, trazendo ou produzindo provas nos autos. Assim, o encarte de prova documental que acompanhe a petição inicial ou a contestação, o depoimento pessoal, a apresentação de quesitos e a manifestação acerca do laudo pericial são exemplos típicos desses atos.

Por sua vez, os *atos dispositivos* são aqueles através dos quais a parte abdica de algum direito, vantagem ou posição processual ou mesmo material (no processo). É o que ocorre nos pedidos de desistência da ação ou do recurso, renúncia ao direito, transação, desistência de algum prazo, dispensa de testemunha, submissão ao pedido etc.

Já ou *atos reais ou materiais* são aqueles em que há a realização de uma conduta processual concreta pela própria parte, como o comparecimento em audiência, a firma de algum termo em juízo, o pagamento das custas e despesas processuais etc.

Como estabelecido no art. 200 do CPC/15, os atos das partes quanto à manifestação da vontade decorrem de declarações unilaterais ou bilaterais. As *declarações unilaterais* são as produzidas pela manifestação da vontade de apenas uma das partes, enquanto as *declarações bilaterais* são aquelas produzidas por ambas as partes. Neste ponto, é interessante notar que as declarações bilaterais podem ser tomadas por instrumentos processuais diversos, vale dizer, não precisam constar da mesma peça processual (petição, ata, termo etc.).

Interessante notar, que em determinadas situações poderemos ter a produção de atos processuais plurilaterais. É o caso, por exemplo, da apresentação e aprovação do plano de recuperação judicial pelos credores (Lei nº 11.101/2005) e da transação que inclui terceiro em sua disposição.

Veja, que os atos processuais das partes ocorrem por comissão ou omissão. Exemplo típico de ato processual bilateral por omissão de uma das partes é o pedido de desistência da ação pelo autor após a citação do réu (art. 485, § 4º, do CPC), que intimado silencia. Tal silêncio, ato omissivo por sua essência, caracteriza-se como concordância com o pleito de desistência da parte autora.

Em regra, os atos processuais das partes geram efeitos imediatamente, caracterizando, como constante no texto legal, a constituição, a modificação ou a extinção de direitos processuais.

Ainda, a prática do ato processual, em regra, acarreta o fenômeno da preclusão consumativa, caracterizada pela impossibilidade de repetir ou aditar o ato respectivo; e da preclusão lógica, como sendo o impedimento da realização de ato processual contrário ao realizado anteriormente.

Oportuno assertar que os atos das partes, em regra, independem de homologação judicial para surtir efeitos, como acontece com o pagamento, a desistência de prazo, a renúncia ao direito, a desistência do recurso[4] etc[5]. No tocante à desistência do recurso no regime do CPC/15 não haverá impedimento para o conhecimento da questão cuja repercussão geral já tenha sido reconhecida e daquele objeto de julgamento de recursos extraordinários ou especiais repetitivos (art. 998, parágrafo único), tendo em vista a formação de precedente obrigatório a partir de tal deliberação (art. 927, III).

No entanto, como bem observa Barbosa Moreira

> a desnecessidade de homologação não significa exclusão de toda e qualquer atuação do juiz (ou do tribunal). É obvio que este há de conhecer do ato e exercer sobre ele o normal controle sobre os atos processuais em geral. A diferença em relação às hipóteses de ato dependente de homologação reside em que, nestas, o pronunciamento judicial tem natureza constitutiva, acrescenta algo de novo, e é ele que desencadeia a produção dos efeitos, ao passo que, aqui, toda a eficácia remonta à desistência, cabendo tão-só ao juiz ou ao tribunal apurar se a manifestação de vontade foi regular e – através de pronunciamento meramente declaratório – certificar os efeitos já operados.[6-7]

Todavia, por opção legislativa, a desistência da ação (art. 485, VIII, do CPC/15) somente produzirá efeitos após a respectiva homologação judicial (art. 200, parágrafo único, do CPC/15). Isso se justifica, porque após a citação a desistência necessita da concordância, expressa ou tácita, do requerido.

---

[4] PROCESSUAL CIVIL. RECURSO. DESISTENCIA. DESNECESSIDADE DE HOMOLOGAÇÃO. IMPOSSIBILIDADE DE RETRATAÇÃO FRENTE AOS IMEDIATOS EFEITOS DA DESISTENCIA. EXTINÇÃO DO PROCEDIMENTO RECURSAL.
INAPLICAÇÃO DE NORMA REGIMENTAL DE HOMOLOGAÇÃO (ART. 34, IX, RI/STJ). ARTS. 3., 158 E 501, CPC.
1. A DESISTENCIA REGULARMENTE MANIFESTADORA, NÃO COMPORTANDO CONDIÇÃO OU TERMO, INDEPENDENTE DO RECORRIDO, SALVO PARA FRANQUEAR RECURSO DIVERSO (PRINCIPIO DA FUNGIBILIDADE), OPERA EFEITOS PROCESSUAIS IMEDIATOS, INEXISTENTE RECURSO PENDENTE, PROPICIANDO A COISA JULGADA, OBICE A EVENTUAL RETRATAÇÃO (ARTS. 158 E 501, CPC).
(omissis)
(REsp 7.243/RJ, Rel. Ministro MILTON LUIZ PEREIRA, PRIMEIRA TURMA, julgado em 07/06/1993, DJ 02/08/1993, p. 14214)

[5] Enunciado 133 do FPPC: (art. 190; art. 200, parágrafo único) Salvo nos casos expressamente previstos em lei, os negócios processuais do art. 190 não dependem de homologação judicial.
Enunciado 260 do FPPC: (arts. 190 e 200) A homologação, pelo juiz, da convenção processual, quando prevista em lei, corresponde a uma condição de eficácia do negócio.
Enunciado 261 do FPPC: (arts. 190 e 200) O art. 200 aplica-se tanto aos negócios unilaterais quanto aos bilaterais, incluindo as convenções processuais do art. 190.

[6] José Carlos Barbosa Moreira, Comentários ao código de processo civil, vol. V, 11ª ed., p. 333.

[7] No mesmo sentido, Fernando da Fonseca Gajardoni et alii, Teoria geral do processo – comentários ao CPC de 2015, parte geral, p. 657.

O STJ possui precedente que permite a retratação da desistência da ação antes de sua homologação (AgRg no MS 18.448/DF[8]) justamente porque o ato não gera efeitos antes do pronunciamento judicial respectivo. Todavia, entendemos que esta não é a melhor solução. A homologação judicial é mera condição de eficácia da desistência da ação realizada e vincula o juiz à análise apenas de sua regularidade, mas não do conteúdo em si[9]. Deste modo, entendemos que a conclusão mais consentânea com o regime de preclusões e os deveres anexos à boa-fé objetiva (art. 5º do CPC), seja a impossibilidade de retratação da parte autora após tal manifestação unilateral.

2. Direitos e deveres das partes e terceiros em razão dos atos processuais

O art. 201 do CPC/15 estabelece como direito das partes, terceiros ou qualquer outro auxiliar extraordinário, a exigência de recibo de petições, arrazoados, papéis e documentos que entregarem em cartório. Trata-se, pois, de prova acerca da prática de determinado ato processual. É tranquila sua aplicação no âmbito do processo físico, pois representa ato natural e corrente o protocolo das petições e papeis em geral que são entregues na repartição.

A comprovação de que trata o art. 201 do NCPC pode assumir diversas formas: autenticação mecânica na cópia que ficará em poder da parte (forma mais comum), recibo manuscrito, etiquetagem comprobatória da entrega lançada na via documental que permanecerá com a parte etc.[10]

No entanto, a mesma realidade não se retrata no processo eletrônico. A depender da plataforma utilizada, as partes não recebem qualquer recibo de protocolo dos atos processuais realizados, o que traz certa insegurança acerca de eventuais defeitos de comunicação que o ambiente virtual pode oferecer. Com efeito, é de bom alvitre, que o poder judiciário adeque seus sistemas para ofertar

---

[8] PROCESSUAL CIVIL. MANDADO DE SEGURANÇA. RETRATAÇÃO DA DESISTÊNCIA AINDA NÃO HOMOLOGADA POR SENTENÇA. POSSIBILIDADE. ANISTIA DE MILITAR. ANULAÇÃO. ILEGALIDADE. CONCESSÃO DE LIMINAR QUE SUSPENDE A INTERRUPÇÃO NO PAGAMENTO DO BENEFÍCIO, DADA A AUSÊNCIA, EM JUÍZO PROVISÓRIO, DE JUSTA CAUSA.
1. Em 3.5.2012, mesma data em que o pedido liminar foi deferido, o impetrante protocolou petição onde manifestou desistência da impetração.
2. Seis dias após, em 9.5.2012, aviou nova petição, na qual expressamente se retratou do anterior pedido.
3. Ao contrário das demais declarações unilaterais de vontade das partes, o artigo 158, parágrafo único, do CPC prescreve que a desistência da ação somente produz efeitos quando homologada por sentença.
4. Na circunstância acima narrada, portanto, admite-se a retratação da desistência manifestada.
(*omissis*)
10. Agravo Regimental não provido.
(AgRg no MS 18.448/DF, Rel. Ministro HERMAN BENJAMIN, PRIMEIRA SEÇÃO, julgado em 27/06/2012, DJe 22/08/2012)

[9] Luiz Rodrigues Wambier *et al.*, Curso Avançado de Processo Civil, vol. 1, RT, p. 263.

[10] Teresa Arruda Alvim Wambier *et alii*, Primeiros Comentários ao Novo Código de Processo Civil, RT, p. 367.

às partes e terceiros mecanismos suficientes que viabilizem a comprovação da prática dos atos processuais, tais como página de confirmação, código de protocolo, e-mail de confirmação etc.

Por outro lado, todos que têm contato com os autos possuem o dever de mantê-lo integro, abstendo-se de promover qualquer inovação ou supressão em atos já realizados. Trata-se do dever de *incolumidade* dos autos processuais, pois caracterizam-se, a partir de sua autuação, como documento público.

Não é por outro motivo que o art. 202 do CPC/15 estabelece a vedação para o lançamento de cotas marginais ou interlineares nos autos. As *cotas marginais* são escritos lançados fora do local adequado, muitas vezes ao lado do texto já consolidado, ou então alterações realizadas com o fim de modificar o sentido, induzir a erro, ou acrescentar informações anteriormente inexistentes (REsp 708.441/RS). As *cotas interlineares* são os escritos lançados entre as linhas dos textos que materializam os atos processuais.

Pensamos que qualquer outra observação ou destaques por sublinhados, círculos, marca-textos etc., que não forem produzidos pelo próprio autor da peça violam o mencionado dever de incolumidade.

Necessário notar, outrossim, que tais anotações devem ter o condão de alterar materialmente o sentido do texto, confundir juízes e partes, ou então chamar a atenção ou desfiar o foco de determinado argumento.

Eventuais *cotas autônomas* que produzem atos processuais próprios, mesmo que lançadas nas margens de determinada peça, não serão alcançadas pela regra ora examinada. Exemplo típico é a ciência aposta pelos advogados e pelo ministério público acerca de determinado pronunciamento ou ato processual anterior.

Constatada, contudo, a violação ao dever de incolumidade dos autos, o juiz deve intimar as partes para manifestação a respeito do fato, em razão do dever de consulta (art. 10, do CPC), e posteriormente determinará que se risquem as cotas marginais ou interlineares. Identificado o seu produtor, seja ele parte, advogado, terceiro ou servidor público cabe ao magistrado impor multa correspondente à metade do salário mínimo vigente no momento da aplicação da sanção processual (art. 202, *in fine*, do CPC/15), que será convertida em favor do Estado ou da União (art. 78, § 3º, do NCPC).

Em tempo, é plenamente possível a cumulação da multa prevista no art. 202 do CPC/15 e a condenação da parte ou do terceiro autor da inserção ilegal como litigante de má-fé (arts. 79 e 80 do CPC), desde que seu comportamento se enquadre em uma das hipóteses de responsabilidade processual. A multa do art. 202 do NCPC visa punir o violador do dever de incolumidade dos autos, enquanto a responsabilidade processual do art. 80 do CPC/15 sanciona o comportamento ímprobo no processo[11].

---

[11] Teresa Arruda Alvim Wambier *et alii*, Breves Comentários ao novo código de processo civil, RT, p. 620.

3. Atos do juiz e dos tribunais

O julgador, seja ele juiz em primeiro ou segundo grau, realiza inúmeros atos na condução do processo. Os mais destacados são os atos decisórios, sentenças, decisões interlocutórias e os respectivos acórdãos e/ou decisões monocráticas, todavia existem inúmeros outros que não receberam atenção mais detalhada do CPC. Assim, os atos do juiz e dos tribunais podem ser decisórios e não decisórios[12].

3.1. Atos decisórios

Os *atos decisórios* são aqueles que contêm ou expressam o pronunciamento judicial a respeito de *questões*[13], seja para extinção do processo, de uma de suas fases, ou durante o seu curso. São realizados através das decisões interlocutórias e da sentença, em primeiro grau de jurisdição e pelas decisões monocráticas e acórdãos, nos tribunais. Veremos em tópico específico (item 4, *infra*) o conceito desses atos decisórios e suas circunstâncias.

3.2. Atos não decisórios

Os *atos não decisórios* são aqueles que o magistrado pratica na condução e direcionamento do processo, sem conteúdo decisório, visando o seu fim por decorrência do princípio do impulso oficial (arts. 2º e 139 do CPC), podendo ser de mera movimentação, de instrução ou de documentação.

Os despachos (art. 203, § 3º, do CPC) representam os principais atos deste gênero. Esse tipo de pronunciamento é irrecorrível (art. 1.001 do CPC) diante da ausência de qualquer interesse em sua revisão.

Importante notar que o novo diploma processual partiu para a conceituação do despacho de forma residual, estabelecendo que se o pronunciamento não se enquadrar como decisão interlocutória ou sentença será despacho. A doutrina e a jurisprudência vêm entendendo ainda que o despacho não pode causar *gravame* ou *prejuízo*[14] para a parte, caso contrário deve ser considerado como decisão interlocutória[15-16].

---

[12] Outros doutrinadores preferem uma classificação mais detalhada, indicado que os atos dos juízes são de 5 espécies, atos decisórios, atos de movimentação, atos de instrução, atos de coação e os atos de documentação (Leonardo Greco, Instituições de processo civil, vol. I, pp. 268/276).

[13] Fredie Didier Jr. *et alii*, Curso de direito processual civil, vol. II, p. 304; Leonardo Greco, Instituições de processo civil, vol. I, p. 268

[14] Teresa Arruda Alvim Wambier *et alii*, Breves comentários ao novo código de processo civil, p. 628.

[15] Humberto Theodoro Junior, Curso de direito processual civil, vol. I, p. 490; Teresa Arruda Alvim Wambier *et alii*, Breves comentários ao novo código de processo civil, p. 628, Luiz Rodrigues Wambier *et al.*, Curso Avançado de Processo Civil, vol. 1, RT, p. 269.

[16] PROCESSO CIVIL. DECISÃO INTERLOCUTÓRIA. DESPACHO. DISTINÇÃO. DOUTRINA. DESPACHO QUE DETERMINA A INTIMAÇÃO DA PARTE. AUSÊNCIA DE CONTEÚDO DECISÓRIO E DE GRAVAME. ART. 162, §§ 2º E 3º, CPC. RECURSO DESACOLHIDO.

Nas pegadas de Wambier e Talamini, entendemos que a maneira

mais objetiva de fazer essa distinção é promover uma verificação com dois momentos distintos: primeiro, se ante o assunto apresentado, poderia ou não o juiz agir de uma ou outra forma. Se duas ou mais opções se apresentarem ao juiz, ele opta por uma, é possível que o ato não seja de simples impulso oficial; segundo, se a opção do juiz traz, em si, carga lesiva ao interesse (em sentido amplo) da parte. Caso positivo, e independentemente da forma que assuma, este ato será uma decisão interlocutória, pois ao optar, o juiz proferiu um julgamento que poderia não causar prejuízo ao interesse se tivesse escolhido o outro caminho."[17]

A pertinência da manutenção do critério do *prejuízo* é criticada por José Miguel Garcia Medina ao asseverar que

A existência de 'gravame' era levada em consideração por conta da circunstância de as interlocutórias serem sempre agraváveis e os despachos serem irrecorríveis; logo, se o pronunciamento, apesar de não ter evidente conteúdo decisório, causasse prejuízo à parte, acabava sendo admitido o agravo. Tal discrímen, à luz do CPC/2015, não tem mais utilidade para se definir se o pronunciamento é ou não recorrível, já que as decisões interlocutórias são agraváveis somente nos casos previstos em lei; não se enquadrando em alguma previsão legal, contra a interlocutória não caberá recurso, assim como ocorre com os despachos.[18]

I – Nos termos dos §§ 2º e 3º do art. 162, CPC, "decisão interlocutória é o ato pelo qual o juiz, no curso do processo, resolve questão incidente" e "são despachos todos os demais atos do juiz praticados no processo, de ofício ou a requerimento da parte, a cujo respeito a lei não estabelece outra forma".
II – A diferenciação entre eles reside na existência ou não de conteúdo decisório e de gravame. Enquanto os despachos são pronunciamentos meramente ordinatórios, que visam impulsionar o andamento do processo, sem solucionar controvérsia, a decisão interlocutória, por sua vez, ao contrário dos despachos, possui conteúdo decisório e causa prejuízo às partes.
III – O pronunciamento judicial que determina a intimação da parte, como no caso, onde inocorre excepcionalidade, é meramente ordinatório e visa impulsionar o feito, sem causar qualquer gravame.
(REsp 195.848/MG, Rel. Ministro SÁLVIO DE FIGUEIREDO TEIXEIRA, QUARTA TURMA, julgado em 20/11/2001, DJ 18/02/2002, p. 448)
PROCESSO CIVIL. RECURSO ESPECIAL. AÇÃO ANULATÓRIA. CUMPRIMENTO DE SENTENÇA. DECISÃO INTERLOCUTÓRIA. DESPACHO MERO EXPEDIENTE. CONTEÚDO DECISÓRIO. GRAVAME À PARTE. AGRAVO. CABIMENTO.
1. Independentemente do nome que se dê ao provimento jurisdicional, é importante deixar claro que, para ele seja recorrível, basta que possua algum conteúdo decisório capaz de gerar prejuízo às partes.
2. Na hipótese, o provimento judicial impugnado por meio de agravo possui carga decisória, não se tratando de mero impulso processual consubstanciado pelo cumprimento da sentença transitada em julgado.
3. Recurso especial provido.
(REsp 1219082/GO, Rel. Ministra NANCY ANDRIGHI, TERCEIRA TURMA, julgado em 02/04/2013, DJe 10/04/2013)
[17] Luiz Rodrigues Wambier *et al.*, Curso Avançado de Processo Civil, vol. 1, RT, p. 269.
[18] José Miguel Garcia Medina, Novo código de processo civil comentado, p. 348.

No entanto, divergimos da posição em tela, pois quer nos parecer que o critério proposto ainda é necessário, mesmo na sistemática do Novo CPC. Inobstante as hipóteses de recursos contra as decisões interlocutórias aparentem estar sob a égide de *numerus clausus*, como propõe o art. 1.015 do CPC/15, é necessário notar que aqueles pronunciamentos que não comportarem agravo de instrumento não estarão acobertadas pela preclusão, podendo a insurgência contra elas ser dirigida ao tribunal em preliminar de apelação ou contrarrazões, como preconiza o art. 1.009, § 1º, do CPC/15. Note-se, por oportuno, que apenas as decisões interlocutórias não agraváveis submetem-se a este regime. Com efeito, os meros despachos não estão incluídos nesta hipótese, sendo considerados, como já referido acima, irrecorríveis, por força do art. 1.001 do CPC/15. Deste modo, o pronunciamento que tem aparência de despacho, mas causa prejuízo a uma das partes será considerado como decisão interlocutória, inclusive para os efeitos do art. 1.009, § 1.

O despacho pode ser tomado mesmo que de ofício, pois são pronunciamentos interlocutórios sem conteúdo decisório algum, dão simples andamento ao processo sem causar prejuízo a qualquer uma das partes ou terceiros[19]. É o caso das determinações de intimação das partes e/ou terceiros para ciência de atos processuais ou manifestação (inclusive sobre o dever de consulta – art. 10 do CPC/15), determinação de remessa dos autos a auxiliar do Juízo (perito, contador, partidor, distribuidor) fora da secretaria, determinação de renumeração de folhas e de juntada de peças que chegaram diretamente ao magistrado, determinação de intimação das partes e de testemunhas para comparecimento em juízo, redesignação de audiência em razão da frustração da anterior etc.

O novo CPC ainda possibilita aos servidores do cartório ou secretaria a prática, de ofício ou a requerimento, de atos meramente ordinatórios que poderão, posteriormente, ser revistos pelo magistrado caso sua execução tenha sido equivocada. O código exemplifica os atos ordinatórios pela juntada e a vista obrigatória, todavia existem diversos outros atos processuais que podem ser praticados pelos servidores sem intervenção do julgador.

O ato ordinatório, por conseguinte, dirige-se, como ocorre com os despachos, para a organização do processo visando o seu final.

Há quem diferencie despachos de atos meramente ordinatórios[20] afirmando que o despacho possui *"conteúdo decisório mínimo"* e, portanto, não poderão ser praticados pelos servidores. Por outro lado, os atos meramente ordinatórios não possuem conteúdo decisório algum.

---

[19] Fernando da Fonseca Gajardoni, Teoria geral do processo – comentários ao CPC de 2015, parte geral, p. 664

[20] Teresa Arruda Alvim Wambier *et alii*, Breves comentários ao novo código de processo civil, p. 629.

Com o devido respeito, entendemos que o despacho não possui qualquer conteúdo decisório[21], trata-se, como já referimos acima, de mero ato de organização do processo, havendo, sem a menor dúvida, identidade com os atos ordinatórios que podem ser realizados de ofício pelo servidor. Todavia, por opção legislativa, alguns atos de organização do processo somente podem ser realizados pelo juiz, tais como a redesignação de audiência, a definição do procedimento quando houve cláusula aberta procedimental, dentre outros.

Note-se que o inciso XIV do art. 93 da CR/88, acrescentado pela EC 45/2004 possibilita a delegação aos servidores para a prática de atos de administração e de mero expediente, sem conteúdo decisório, previsão repetida no art. 152, § 1º, do CPC/15. Trata-se de ótima ferramenta de gestão da vara (*court management*) e dos processos (*case management*), pela qual se diminui a centralização do juiz[22] dos atos mera movimentação de processos, distribuindo-os para um número substancialmente maior de pessoas, fazendo com que o processo atinja estágios de maturação decisória em tempo mais curto. Tal modelo visa dar maior dinâmica ao procedimento já previsto em lei, ocasionando a qualificação material da conclusão judicial preponderantemente para os processos que estejam prontos para decisão (interlocutória ou final).

Muito embora o modelo em questão já exista no Brasil desde 1994, quando da inclusão do § 4º no art. 162 do CPC/73, pela Lei 8.952/94, verifica-se que ainda há grande resistência em sua aplicação. Muito juízos sequer possuem a *portaria de delegação de atos não decisórios*. Por outro lado, vários juízos que já expediram a mencionada *portaria* sofrem com a falta de qualificação dos servidores em sua aplicação, ou ainda, com o preconceito de alguns advogados em cumprir eventual *determinação* oriunda do "escrivão". Contudo, é necessário repetir, que a adoção deste modelo de gestão é essencial para a concretização do princípio da duração razoável do processo (art. 5º, LXXVIII, da CR/88 e arts. 4º e 6º do CPC/15)[23].

Neste sentido, quer nos parecer que os atos processuais devidamente disciplinados em lei (intimação para recolhimento de despesas processuais – art. 82 do CPC/15; intimação para o arrolamento de testemunhas quando determinada a audiência de instrução e julgado, sem fixação de prazo pelo juiz – art. 357, § 4º, do CPC/15, intimação do executado acerca da penhora – art. 841 do CPC/15

---

[21] Entendemos que o pronunciamento inicial positivo de cite-se tem natureza de decisão interlocutória.

[22] Leonardo Greco chama a atenção para o modelo inglês antes da *Civil Procedure Rules* de 1999: "Ocorre que essa centralização é uma questão de cunho predominantemente cultura e, portanto, não é facilmente alterada com a simples mudança da lei. Assim, na Inglaterra, até a entrada em vigor da *Civil Procedure Rules*, em 1999, o juiz praticamente não despachava, somente recebendo o processo para tomar grandes decisões, enquanto muitas questões menos relevantes eram resolvidas pelo próprio escrivão (*master*)." (Leonardo Greco, Instituições de processo civil, vol. I, p. 274)

[23] *Cf.* Paulo Hoffman, Razoável duração do processo, pp. 121/127.

etc.), que não podem ser afastados pelo magistrado, devem ser tomados de ofício pelos servidores, mesmo sem qualquer despacho judicial ou delegação de atos neste sentido.

Infelizmente durante o processo legislativo do novo CPC o Senado entendeu por retirar proposta da Câmara dos Deputados[24], que possibilitava ao assessor do juiz, desde que habilitado por delegação própria, proferir despachos[25]. A inovação traria avanços significativos à Justiça Brasileira, pois possibilitaria ao juiz o poder de revisar eventuais despachos equivocados de seus assessores, mas principalmente, aumentaria o tempo-útil do juiz, que se dedicaria, quase que exclusivamente, à sua atividade-fim, qual seja, a decisão.

Além dos despachos, o juiz pratica diversos outros atos processuais sem conteúdo decisório, tais como a presidência de audiências (art. 358 do CPC), a ouvida de peritos, partes e testemunhas (arts. 361, I, II, III, 459, § 1º, e 751 do CPC), a inspeção judicial de pessoas e coisas (art. 481 do CPC) e ainda aqueles outros atos chamados de *"atos administrativos do processo"*, derivados do poder de polícia (art. 360 do CPC), poder disciplinar sobre servidores etc.[26]

Ainda, é interessante notar que o juiz poderá praticar qualquer ato reservado a seus auxiliares diretos. Deste modo, é plenamente possível ao julgador a citação ou a intimação pessoal das partes sempre que as localizarem nas dependências do fórum, podendo, também, realizar a documentação de qualquer outro ato processual com a expedição de termos, mandados ou ofícios.

Com o avanço dos recursos tecnológicos no poder judiciário, o acesso a alguns bancos de dados sensíveis é reservado ao magistrado[27], exclusivamente ou por delegação ao servidor sob sua supervisão, com a prática de atos processuais que visem o cumprimento de decisão judicial anterior, ou mesmo de ato ordinatórios constante em portaria de delegação de poderes.

Existem, ainda, atos que o juiz participa apenas de forma integrativa, como os autos de arrematação (art. 903, do CPC/15) e de adjudicação (art. 877, § 1º,

---

[24] Art. 156. O juiz poderá ser assessorado diretamente por um ou mais servidores, notadamente na:
I – elaboração de minutas de decisões ou votos;
II – pesquisa de legislação, doutrina e jurisprudência necessárias à elaboração de seus pronunciamentos;
III – preparação de agendas de audiências e na realização de outros serviços.
Parágrafo único. O servidor poderá, mediante delegação do juiz e respeitadas as atribuições do cargo, proferir despachos.

[25] Lúcio Delfino *et al.*, Persiste a situação de desdém legislativo dos assessores judiciais, disponível em http://migre.me/qnhis, acesso em 19.06.2015.

[26] Humberto Theodoro Junior, Curso de direito processual civil, vol. I, p. 493.

[27] Como são os casos do Bacenjud (penhora eletrônica de valores pelo BACEN), do Infojud (consulta eletrônica aos dados da receita federal), do Renajud (consulta eletrônica aos dados do DENATRAN), Portaljud (consulta eletrônica ao banco de dados de operadora de telefonia), SIEL (consulta eletrônica ao banco de dados da justiça eleitoral).

do CPC/15), o termo de primeiras declarações do inventário judicial (art. 620 do CPC/15), os formais de partilha (art. 655 do CPC/15), os autos de demarcação e de divisão (arts. 586 e 597/15), o alvará de levantamento de quantia ou de autorização etc.

4. Decisões judiciais – Conceitos e distinções

O estudo acerca das decisões judiciais é dos mais fascinantes que existe em processo civil. A conceituação adequada e a distinção exata das espécies decisórias são de suma importância em nosso sistema jurídico, tendo em vista a utilização, em regra, do princípio da correspondência recursal[28].

4.1. Sentença e decisão interlocutória

O CPC/73 em sua redação original, estabelecia pelo art. 162, § 1º que *"sentença é o ato pelo qual o juiz põe termo ao processo, decidindo ou não o mérito da causa"*, enquanto o § 2º do mesmo dispositivo estabelecia que *"decisão interlocutória é o ato pelo qual o juiz, no curso do processo, resolve questão incidente."*

No tocante à definição legal de *sentença* a doutrina incumbiu-se de tecer inúmeras críticas ao dispositivo[29]. As principais referiam-se: *a)* ao fato de que nem sempre a sentença extinguia o processo, já que somente o alcance de decisão irrecorrível ou então a preclusão temporal ou lógica do recurso teriam por efeito sua extinção. Deste modo, *"tivesse sido conveniente ter o legislador acrescentado a 'extingue o processo', que já consta do texto da lei, a expressão 'ou o procedimento em primeiro grau de jurisdição'"*[30]-[31]; *b)* à impossibilidade de conceituar sentença pelo critério *finalidade*, pois somente há como conceituá-la por seu *conteúdo*. Neste passo, somente haveria sentença nos pronunciamentos proferidos com fundamento nos arts. 267 e 269 do CPC/73[32]-[33]-[34].

---

[28] Barbosa Moreira prefere a expressão "correlação entre os atos impugnáveis e os recursos". (José Carlos Barbosa Moreira, Comentários ao código de processo civil, vol, V, pp. 247/248.)

[29] Egas Dirceu Moniz de Aragão, Comentários ao código de processo civil, vol. 2, p. 52, José Frederico Marques, Manual de direito processual, Bookseller, p. 39, Teresa Arruda Alvim Wambier, Nulidades do processo e da sentença, RT, pp. 21/27; Arruda Alvim, Manual de direito processual civil, RT, versão *ebook*, item 293; Luiz Rodrigues Wambier *et al.*, Curso avançado de processo civil, p. 265/267.

[30] Teresa Arruda Alvim Wambier, Nulidades do processo e da sentença, RT, p. 25.

[31] Luciano Vianna Araújo, em excelente monografia sobre o tema, agrega outros argumentos à crítica apresentada, bem como à solução proposta: "Mas é preciso que se diga: nem ao 'procedimento em primeiro grau'! Admitida a possibilidade de recurso, a sentença não colocava fim ao procedimento em primeiro grau, na medida em que, interposta a apelação, o juiz a recebia, intimava o apelado para responder, determinava o recolhimento do preparo do recurso e, cumpridos todos esses atos, remetia os autos ao órgão *ad quem*." (Luciano Vianna Araújo, Sentenças parciais?, Saraiva, p. 62).

[32] Teresa Arruda Alvim Wambier apresenta duras críticas ao critério finalidade: "Dizer-se que a sentença é o ato do juiz que põe fim ao procedimento em primeiro grau de jurisdição é uma tautologia. Pergunta-se: qual a é o ato do juiz que põe fim ao procedimento em primeiro grau de jurisdição? Responde-se: a

Em decorrência do amplo debate doutrinário acerca do tema e, ainda, como forma de dar "*lógica*" à criação do *processo sincrético* que cindia o processo em duas fases, conhecimento e execução (cumprimento de sentença), o legislador entendeu por alterar o art. 162, § 1º, do CPC/73 pela Lei nº 11.232/2005 e passou a conceituar a *sentença* como o "*o ato do juiz que implica alguma das situações previstas nos arts. 267 e 269 desta Lei*".

Passou-se, por conseguinte, a privilegiar o critério *conteúdo* como o definidor do conceito legal da *sentença*. No entanto a reforma ao invés de resolver a polêmica em torno do pronunciamento, apenas a acirrou. Isso porque ao privilegiar apenas o conteúdo como definidor do conceito legal, passou a permitir, em tese, a existência de *sentenças parciais* sempre que o juiz conhecesse de quaisquer das matérias elencadas nos arts. 267 e 269 no curso do processo[35].

O problema que surgiu a partir daí refere-se a qual o recurso cabível contra a decisão proferida no curso do processo que julgue o processo parcial com fundamento nos arts. 267 e 269 do CPC/73. Como se sabe, por decorrência do princípio da correspondência recursal, o "*código Buzaid*" estabelece que da sentença cabe apelação (art. 513 do CPC/73) e das decisões interlocutórias cabe agravo retido ou de instrumento (art. 522 do CPC/73).

A maioria da doutrina, admitindo ou não a existência de sentenças parciais, estabelece que o recurso cabível contra tal pronunciamento é o agravo de instrumento[36],

---

sentença. Por outro lado, ao se perguntar o que é uma sentença, tem de responder-se que é o ato do juiz que põe fim ao procedimento em primeiro grau de jurisdição. Trata-se, apesar da letra da lei (art. 162, § 1º, do CPC), de uma petição de princípio. Araken de Assis alude, em feliz expressão, à 'vocação extintiva' da sentença, endossando nossa posição no sentido de que a definição legal encerra petição de princípio. No fundo, disse ele, a extinção do processo não se dá pela sentença (ou pelo acórdão), mas pelo exaurimento das vias recursais!" (Teresa Arruda Alvim Wambier, Nulidades do processo e da sentença, RT, p. 24)

[33] *Cf.* Gilberto Gomes Bruschi, Apelação civil, Saraiva, p. 24.

[34] Necessário frisar que o próprio CPC/73 contrariou o conceito legal de sentença, como pronunciamento capaz de extinguir o processo (ou o procedimento em 1º grau), nas hipóteses de sentenças de declaração de insolvência do devedor (art. 761 do CPC/73), a procedência da prestação de contas em sua primeira fase (art. 915, § 2º, do CPC/73). *Cf.* Luciano Vianna Araújo, Sentenças parciais?, Saraiva, p. 63.

[35] Em artigo sobre o tema Bruno Silveira de Oliveira apresenta de forma sistematizada os fundamentos daqueles que defendem a possibilidade de sentenças parciais e daqueles que entendem sua impossibilidade no sistema do CPC/73. *Cf.* Bruno Silveira de Oliveira, A "interlocutória faz de conta" e o "recurso ornitorrinco", RePro 203, RT, pp. 73/95.

[36] *Cf.* Eduardo Arruda Alvim, Direito Processual Civil, 2. ed., RT, p. 607; Arruda Alvim, Manual de direito processual civil, RT, versão *ebook*, item 293; Nelson Nery *et al.*, Código de processo civil comentado e legislação extravagante, RT, versão *ebook*, art. 162, item 18; Gilberto Gomes Bruschi, Apelação Civil, Saraiva, pp. 34/37; Luiz Rodrigues Wambier *et alii*, Breves comentários à nova sistemática processual civil, RT, p. 37; Sidney Pereira de Souza Junior, Sentenças parciais no processo civil: consequências no âmbito recursal, Método, p. 209; Fredie Didier Jr., A terceira etapa da reforma processual civil, Saraiva, p. 71; Luciano Vianna Araújo, Sentenças parciais?, RT, p. 168.

muito embora vozes autorizadas defendam a interposição do recurso de apelação por instrumento[37].

Enquanto a doutrina debatia o assunto, os problemas no plano *pragmático- -processual* sucediam-se em grande escala, seja porque alguns julgadores passaram a proferir sentenças parciais de mérito, as quais, infelizmente, vem sendo objeto de reiterada anulação pelos tribunais[38]; seja porque algumas partes pas-

---

[37] Fábio Milman, O novo conceito legal de sentença e suas repercussões recursais: primeiras experiências com a apelação por instrumento, RePro 150, RT, p. 165, Jorge de Oliveira Vargas, O conceito de sentença e o recurso daquela que não extingue o processo: apelação ou agravo de instrumento, *in*: Aspectos polêmicos e atuais dos recursos cíveis e assuntos afins, RT, p. 157; Bruno Silveira de Oliveira, A "interlocutória faz de conta" e o "recurso ornitorrinco", RePro 203, RT, p. 88; Bruno Garcia Redondo, Sentença parcial de mérito e apelação em autos suplementares, RePro 160, p. 153.

[38] Recentemente, o STJ proferiu o precedente abaixo, entendendo por inadmissível a existência de sentença parcial de mérito sob a égide do CPC/73, salientando, por outro lado, a possibilidade apenas de decisão interlocutória "definitiva de mérito" (*sic*) na hipótese do art. 273, § 6º, do CPC/73, compreendido como "reconhecimento parcial do pedido pelo réu", diante da ausência de contestação de pedido cumulado ou de parte dele.
RECURSO ESPECIAL. PROCESSO CIVIL. REFORMA PROCESSUAL. LEI Nº 11.232/2005. ADOÇÃO DO PROCESSO SINCRÉTICO. ALTERAÇÃO DO CONCEITO DE SENTENÇA. INCLUSÃO DE MAIS UM REQUISITO NA DEFINIÇÃO. CONTEÚDO DO ATO JUDICIAL. MANUTENÇÃO DO PARÂMETRO TOPOLÓGICO OU FINALÍSTICO.
TEORIA DA UNIDADE ESTRUTURAL DA SENTENÇA. PROLAÇÃO DE SENTENÇA PARCIAL DE MÉRITO. INADMISSIBILIDADE. CISÃO INDEVIDA DO ATO SENTENCIAL. ART. 273, § 6º, DO CPC E NOVO CÓDIGO DE PROCESSO CIVIL.
INAPLICABILIDADE.
1. Cinge-se a controvérsia a saber se as alterações promovidas pela Lei nº 11.232/2005 no conceito de sentença (arts. 162, § 1º, 269 e 463 do CPC) permitiram, na hipótese de cumulação de pedidos, a prolação de sentença parcial de mérito, com a resolução definitiva fracionada da causa, ou se ainda há a obrigatoriedade de um ato único para resolver integralmente o mérito da lide, pondo fim a uma fase do processo.
2. A reforma processual oriunda da Lei nº 11.232/2005 teve por objetivo dar maior efetividade à entrega da prestação jurisdicional, sobretudo quanto à função executiva, pois o processo passou a ser sincrético, tendo em vista que os processos de liquidação e de execução de título judicial deixaram de ser autônomos para constituírem etapas finais do processo de conhecimento; isto é, o processo passou a ser um só, com fases cognitiva e de execução (cumprimento de sentença). Daí porque houve a necessidade de alteração, entre outros dispositivos, dos arts. 162, 269 e 463 do CPC, visto que a sentença não mais "põe fim" ao processo, mas apenas a uma de suas fases.
3. Sentença é o pronunciamento do juiz de primeiro grau de jurisdição (i) que contém uma das matérias previstas nos arts. 267 e 269 do CPC e (ii) que extingue uma fase processual ou o próprio processo. Em outras palavras, sentença é decisão definitiva (resolve o mérito) ou terminativa (extingue o processo por inobservância de algum requisito processual) e é também decisão final (põe fim ao processo ou a uma de suas fases). Interpretação sistemática e teleológica, que melhor se coaduna com o atual sistema lógico-processual brasileiro.
4. A novel legislação apenas acrescentou mais um parâmetro (conteúdo do ato) para a identificação da decisão como sentença, pois não foi abandonado o critério da finalidade do ato (extinção do processo ou da fase processual). Permaneceu, dessa forma, no Código de Processo Civil de 1973 a teoria da unidade estrutural da sentença, a obstar a ocorrência de pluralidade de sentenças em uma mesma fase processual.

saram a interpor recurso de apelação contra o pronunciamento que julgava parcialmente o processo com fundamento nos arts. 267 e 269 do CPC, recurso tido por incorreto pela jurisprudência predominante e, por conta disso, não conhecido em razão de *"erro grosseiro"*[39].

Visando por uma pá de cal na celeuma doutrinária existente acerca do conceito legal de sentença, o CPC/15 estabelece em seu art. 203, § 1º, que *"ressalvadas as disposições expressas dos procedimentos especiais, sentença é o pronunciamento por meio do qual o juiz, com fundamento nos arts. 485 e 487, põe fim à fase cognitiva do procedimento comum, bem como extingue a execução"*. Importante frisar que o art. 485 disciplina as hipóteses de julgamento sem análise do mérito, enquanto o art. 487 prevê os casos de julgamento com análise do mérito.

O legislador buscou incluir no mesmo conceito os critérios *conteúdo* (julgamento com base nos arts. 485 e 487) e *finalidade* (põe fim à fase cognitiva do procedimento comum, bem como extingue a execução) no conceito legal de sentença. Estabelece-se que a sentença possui conteúdo predeterminado (arts. 485 e 487 do CPC) e finalidade específica (encerramento da fase de conhecimento ou extinção da execução)[40].

E o que houve com as "sentenças parciais"? Elas existem no novo código?

As "sentenças parciais", consideradas como as decisões proferidas no curso do processo que julgam parcialmente o processo sem ou com o exame de mérito sempre existiram e continuarão a existir, faça o diploma processual referência a elas ou não. Podemos citar, por exemplo, as decisões que entendem pela inexistência parcial de interesse processual de um pedido cumulado, inexistência de

---

5. A sentença parcial de mérito é incompatível com o direito processual civil brasileiro atualmente em vigor, sendo vedado ao juiz proferir, no curso do processo, tantas sentenças de mérito/terminativas quantos forem os capítulos (pedidos cumulados) apresentados pelo autor da demanda.

6. Inaplicabilidade do art. 273, § 6º, do CPC, que admite, em certas circunstâncias, a decisão interlocutória definitiva de mérito, visto que não foram cumpridos seus requisitos. Ademais, apesar de o novo Código de Processo Civil (Lei nº 13.105/2015), que entrará em vigor no dia 17 de março de 2016, ter disciplinado o tema com maior amplitude no art. 356, permitindo o julgamento antecipado parcial do mérito quando um ou mais dos pedidos formulados na inicial ou parcela deles (i) mostrar-se incontroverso ou (ii) estiver em condições de imediato julgamento, não pode incidir de forma imediata ou retroativa, haja vista os princípios do devido processo legal, da legalidade e do tempus regit actum.

7. Recurso especial não provido.

(REsp 1281978/RS, Rel. Ministro RICARDO VILLAS BÔAS CUEVA, TERCEIRA TURMA, julgado em 05/05/2015, DJe 20/05/2015)

[39] Confira-se no STJ: EDcl no AREsp 304741 / MG, REsp 1117144 / RS, AgRg no REsp 1318312 / PR, REsp 1248582 / PR, REsp 1138871 / RO, AgRg no REsp 1095724 / RJ; no TJMG: AC 10069130008803001, AC 10362100110190001, AC 10024093098101001,; no TJRS: AC 70040474231, AC 70040474231 RS, AI 70054500459, AC 70054599790, AC 70043329085; no TRF1: AC 316780420094019199; no TJBA APL 00730280320118050001; no TJRJ APL 38825820008190068.

[40] Teresa Arruda Alvim Wambier, Breves comentários ao novo código de processo civil, RT, p. 625.

legitimidade processual para uma das partes no caso de litisconsórcio, rejeita liminarmente a reconvenção, entende pela prescrição ou pela decadência parcial etc.

Por conta disso, o CPC/15, visando escapar à polêmica iniciada pela reforma do CPC/73 promovida pela Lei nº 11.232/2005, prevê expressamente a possibilidade do julgamento antecipado parcial de mérito (art. 356) e sem o exame de mérito (art. 354, parágrafo único).

Resolvendo definitivamente a questão e pondo fim a inoportunas interpretações literais, estabeleceu-se que o julgamento antecipado parcial de mérito poderá ocorrer não apenas quando o pedido ou parcela dele seja incontroverso (inciso I) diante da ausência de contestação do requerido sobre ele, como também no caso em que ao menos um pedido ou parcela dele possa ser conhecido nos termos do art. 355 do CPC, que estabelece o julgamento antecipado do mérito (antigo julgamento antecipado da lide – art. 330 do CPC/73).

E qual é a natureza jurídica deste pronunciamento?

Para responder a essa questão apresentaremos o conceito legal de decisão interlocutória no CPC/15. O § 2º do art. 203 estabelece que "*decisão interlocutória é todo pronunciamento judicial de natureza decisória que não se enquadre no § 1º.*" Linguisticamente a definição de decisão interlocutória não foi das mais felizes, já que descreve uma coisa a partir da exclusão de outra, no caso da sentença, caracterizando argumento tautológico[41]. No entanto, afastando tal pecha de nosso legislador, quer nos parecer que ele pretendeu ser o mais pragmático possível para fugir das intermináveis discussões havidas anteriormente, principalmente no tocante às sentenças parciais. Deste modo, qualquer outro pronunciamento com carga decisória que não tiver por finalidade o encerramento da atividade cognitiva do procedimento comum ou a extinção da execução será considerada decisão interlocutória.

O pronunciamento que julga parcialmente o processo com fundamento nos arts. 485 (julgamento antecipado parcial sem análise do mérito – art. 354, parágrafo único) e 487 (julgamento antecipado parcial do mérito – art. 356) do CPC/15 será considerada decisão interlocutória, inobstante elas possuam todas as características e o tratamento jurídico de uma sentença no tocante ao sistema recursal, coisa julgada, cumprimento de sentença, rescisória etc.

No final das contas, no plano lógico, estamos chamando *João* de *Gervásio*, mas quer me parecer que foi a forma menos estrepitosa e traumática para que o legislador resolvesse o problema das "*sentenças parciais*".

Essa constatação fez com que parcela da doutrina afirmasse que o único elemento diferenciador entre sentença e decisão interlocutória é sua *finalidade*. Com efeito, se o pronunciamento colocar fim ao procedimento ou ao processo será

---

[41] *idem.*

sentença[42]. Entendo que assiste razão à conclusão no plano puramente dogmático, tendo em vista que qualquer sentença somente poderá ser proferida com a finalidade estabelecida no art. 203, § 1º, do CPC/15, em havendo quaisquer dos conteúdos dos arts. 485 e 487. Trata-se, portanto, de conteúdo imanente ao pronunciamento.

A decisão interlocutória, por outro lado, tem conteúdo "*livre*", bastando ser produzida no curso do processo.

O art. 203, § 1º, do CPC prevê expressa ressalva ao conceito de sentença nos procedimentos especiais. Caso a lei nomine de sentença pronunciamento diverso do definido pela regra em questão, é deste modo que deve ser tratada. Exemplo típico é da sentença que julga a 1ª fase de prestação de contas (art. 550, §§ 4º e 5º, do CPC/15) que reconhece a obrigação de prestar contas e reabre a cognição da causa na 2ª fase, inclusive com a possibilidade de declaração de saldo para uma das partes (art. 552 do CPC/15). Ainda, a sentença em ação demarcatória, que determina o traçado da linha demarcanda (art. 581 do CPC/15), havendo o proferimento de nova sentença homologatória após a efetiva demarcação (art. 587 do CPC/15).

Salientamos que nem todos os processos ou fases dos procedimentos serão extintos por sentenças. Em alguns casos, expressamente previstos em lei, bastará o proferimento de decisão interlocutória para que o processo ou a fase do procedimento alcance o seu fim. É o caso, por exemplo, da decisão interlocutória positiva (de citação) na notificação e na interpelação (art. 729 do CPC/15) e ainda, da decisão interlocutória positiva na monitória quando o requerido não apresenta os embargos monitórios (art. 701 § 2º do CPC/15)[43].

---

[42] Fredie Didier Jr. *et alii*, Curso de direito processual civil, vol. 2, 10ª ed., p. 305; Humberto Theodoro Jr., Curso de direito processual civil, vol. I, 56ª ed., pp. 485/486; Leonardo Greco, Instituições de processo civil, vol. I, 5ª ed., p. 272; José Henrique Mouta Araújo, Pronunciamentos de mérito no CPC/15 e reflexos na coisa julgada, na ação rescisória e no cumprimento de sentença, disponível em http://migre.me/qnUOl, acesso em 20.06.2015.

[43] Em trabalho que está no prelo defendemos essa posição: "Note-se que o CPC/15 caminha paripasso com esse conceito, como se vê no art. 203 § 1º. O novel diploma conceitua a sentença como 'o pronunciamento por meio do qual o juiz, com fundamento nos arts. 485 (sentença sem resolução de mérito) e 487 (sentença com resolução de mérito), põe fim à fase cognitiva do procedimento comum, bem como extingue a execução'.

Não há como conceber, com as escusas aos que pensam de modo diverso, que o julgador profira uma sentença e mande citar o réu para promover a satisfação do autor ou apresente sua defesa, de acordo com a regra legal em tela. Ademais, uma sentença de procedência sem a oportunidade de participação do réu no procedimento caracterizaria ofensa brutal ao princípio do devido processual legal (art. 5º LIV da CR/88). Aderindo aos argumentos de Eduardo Talamini, entendemos que esse pronunciamento inicial não pode se converter, com a inércia do devedor, em sentença. 'A ausência de embargos não tem o condão de deslocar topicamente e alterar a natureza específica da decisão concessiva da tutela monitória. Portanto,

4.2. Recursos contra os pronunciamentos em 1º grau de jurisdição

No tocante aos recursos, o CPC/15 manteve a correspondência entre o recurso de apelação e a sentença (art. 1.009). No entanto, com relação à decisão interlocutória, a correspondência foi mitiga, tendo em vista que o art. 1.015 do CPC/15 impõe aparente rol taxativo para os pronunciamentos que comportam agravo de instrumento, sendo que as interlocutórias não submetidas ao tratamento em questão não precluem[44], podendo a insurgência recursal ser alegada em sede de preliminar de apelação ou contrarrazões (art. 1.009, § 1º, do CPC/15).

Inobstante nossas críticas pontuais acerca da disciplina do art. 1.015 do CPC/15 e, ainda, sobre a possibilidade de sua leitura ampliativa no plano horizontal[45], é importante estabelecer, como fizemos alhures, que o conceito de decisão interlocutória persiste relevante por seus reflexos no âmbito recursal seja para a admissão do recurso de agravo de instrumento, seja para alegação em preliminar de apelação ou respectivas contrarrazões.

Especificamente com relação ao recurso cabível contra a decisão interlocutória que julga parcialmente o processo com exame de mérito ou sem ele, o CPC/15

---

esse provimento pode ter função e eficácia semelhantes à da sentença condenatória no processo comum de conhecimento – mas, nem por isso, é sentença'.

O principal argumento dessa corrente que vê no pronunciamento de início sentença, diz respeito à caracterização da coisa julgada material sobre a decisão em tela no caso de transcurso do prazo para pagamento ou embargos pelo requerido. Essa é umas das grandes controvérsias doutrinárias sobre a monitória.

A coisa julgada não representa qualidade inerente ao ato jurisdicional e tampouco possui escopo essencial do processo . A atribuição da autoridade da coisa julgada decorre de opção política entre dois valores: a segurança, representada pela imutabilidade do provimento, e o ideal de justiça, sempre passível de ser buscado enquanto se permita o reexame do ato.

Quando da inclusão da ação monitória no CPC/73, somente a sentença (ou acórdão) não mais sujeita a recurso seria apta a formar coisa julgada, nos termos do art. 467. Com efeito, os defensores da tese, partindo do efeito desejado – coisa julgada material – em direção do pronunciamento da monitória desatendido pelo devedor, que acarreta a formação do título executivo, foram forçados a entender a decisão em tela como sentença, pois apenas ela seria apta a perfazer a res iudicata.

Com o devido respeito aos eminentes defensores da tese, não se pode partir do efeito (existente ou desejado – coisa julgada) para se conceituar a causa (sentença). Nomeadamente quando essa causa possui conceito legal. Assim, é mais adequado investigar a natureza do pronunciamento de acordo com suas caracterísitcas para se assegurar de quais são os efeitos que ele é capaz de produzir.

Por exclusão, o pronunciamento positivo proferido no procedimento monitório é uma decisão interlocutória. Essa conclusão decorre não só da interpretação da regra constante no art. 162 § 2º do CPC/73, como do novo art. 203 § 2º do CPC/15 que conceitua a interlocutória como qualquer decisão que não configure hipótese de sentença." (Antônio Carvalho Filho, A tutela monitória no CPC/15, *in*: Doutrina selecionada – procedimentos especiais, Juspodivm, no prelo).

[44] *Cf.* por todos o excelente artigo de Zulmar Duarte de Oliveira Jr. acerca do fenômeno da preclusão elástica no CPC/15, Preclusão elástica no Novo CPC, Revista de informação legislativa, n. 190, t. 2, pp. 307/318, disponível em http://migre.me/qorGi, acesso em 20.06.15.

[45] Possibilidade de realizar a analogia para as hipóteses materialmente semelhantes às previstas no dispositivo em comento.

optou por possibilitar o recurso de agravo de instrumento em ambas as hipóteses, como se vê no art. 356, § 5º c/c art. 1.015, II, do CPC/15 para o julgamento antecipado parcial de mérito[46] e art. 354, parágrafo único c/c art. 1.015, XIII, do CPC/15, para o julgamento antecipado parcial sem exame de mérito[47].

Neste particular, estamos de acordo com a posição de Gilberto Bruschi ao sustentar, ainda sob a égide do CPC/73, que este agravo de instrumento será processado perante o tribunal com regras inerentes da apelação[48].

O CPC/15 dispensou a intervenção do revisor no processamento da apelação, já que o relator remeterá os autos ao presidente da câmara (art. 934) para pauta e ainda aplicou a técnica de julgamento infringente para os agravos de instrumento proferidos contra decisão interlocutória que julga antecipadamente o mérito de modo parcial (art. 942, § 3º, II). No entanto, o novel diploma deixou de avançar em pontos significativos no tratamento similar entre os recursos contra as decisões com conteúdo de sentença.

Não se justifica a inexistência de aplicação do art. 942 para as interlocutórias que julgam parcialmente o processo sem análise do mérito (art. 354, parágrafo único, do CPC/15), já que a apelação de que trata o dispositivo em comento não se distingue a sentença correspondente, sendo aplicada tanto para as terminativas (art. 485 do CPC/15), quando para as definitivas (art. 487 do CPC/15).

Ainda, não há previsão para recurso adesivo dos agravos de instrumento dirigidos contra essas decisões interlocutórias (art. 927, II, do CPC/15), já que sua previsão somente se aplica à apelação e ao recurso extraordinário e especial.

Inexiste, da mesma forma, a hipótese de sustentação oral ao agravo de instrumento ora examinado, diante da ausência de sua previsão no art. 937 do CPC/15.

Assim, em aplicação ao princípio constitucional da isonomia, quer nos parecer que se deve aplicar ao agravo de instrumento contra decisão interlocutória terminativa ou definitiva o mesmo tratamento procedimental da apelação, não se aplicando, por conseguinte, o disposto no art. 945 do CPC, que permite o julgamento dos recursos que não admitem sustentação oral em sessão virtual por meio eletrônico.

4.3. Acórdão e decisão monocrática do relator

O art. 204 do CPC/15 estabelece que o acórdão é *"o julgamento colegiado proferido pelos tribunais"*. Os pronunciamentos das turmas recursais, câmaras, câmaras reunidas, turmas, grupos de câmaras, seção, órgão especial, corte especial,

---

[46] FPPC, E. 103: (arts. 1.015, II, 203, § 2o, 354, parágrafo único, 356, § 5o) A decisão parcial proferida no curso do processo com fundamento no art. 487, I, sujeita-se a recurso de agravo de instrumento.

[47] FPPC, E. 154: (art. 354, parágrafo único; art. 1.015, XII) É cabível agravo de instrumento contra ato decisório que indefere parcialmente a petição inicial ou a reconvenção.

[48] Gilberto Gomes Bruschi, Apelação Civil, Saraiva, pp. 37/44.

tribunal pleno e/ou qualquer outro órgão colegiado dos tribunais serão considerados acórdãos.

Por outro lado, há possibilidade em determinados casos de que o relator do recurso profira *decisão monocrática* (art. 932, III à VI, do CPC/15), dispensando assim a submissão da insurgência ao órgão colegiado.

As definições em tela são meramente formais, pois não se preocupam em definir os pronunciamentos no tribunal pelo critério da *finalidade* ou do *conteúdo*.

No entanto, é importante notar que o conteúdo dos acórdãos podem variar sensivelmente, podendo assumir feição de sentença, de decisão interlocutória, ou ainda de julgamento de incidentes, como ocorre na arguição de inconstitucionalidade, na declaração de repercussão geral, na resolução de demandas repetitivas etc.

4.4. Forma dos pronunciamentos judiciais

O art. 205 do CPC/15 estabelece que "os despachos, as decisões, as sentenças e os acórdãos serão redigidos, datados e assinados pelos juízes". No tocante à assinatura, o § 2º do mesmo dispositivo reafirma a possibilidade de assinatura eletrônica, já devidamente prevista no art. 193 do diploma processual.

Importante notar que a assinatura nos pronunciamentos monocráticos, sejam os proferidos em 1º grau de jurisdição ou nos tribunais é requisito instrumental do ato, sendo que sua ausência formal acarreta sua inexistência[49]. No entanto, o vício em questão é plenamente sanável com a aposição da chancela autenticatória do julgador posteriormente[50], sendo que, neste caso, o cartório ou a secretaria deve certificar a ocorrência do saneamento do ato judicial intimando as partes do ocorrido, visando assegurar o controle legítimo da deliberação anteriormente inexistente.

No tocante aos acórdãos entende-se que não é essencial para a existência, validade e eficácia a assinatura de todos os julgadores que participaram de sua formação. Note-se que a lavratura do acórdão, não raras vezes ocorre em momento posterior à sessão de julgamento, circunstância que tornará inevitáveis e até mesmo comuns a falta da assinatura de alguns dos julgadores, nomeadamente em caso de licença, aposentadoria ou falecimento[51]. Não é por outra razão que a assinatura do magistrado na ata da sessão de julgamento é circunstância suficiente para suprir o requisito instrumental em análise. Assim, vem se admitindo, de acordo com a prática corrente dos tribunais, que o acórdão seja subscrito ape-

---

[49] José Miguel Garcia Medina, Novo código de processo civil comentado, RT, p. 352; Humberto Theodoro Jr, Curso de direito processual, vol. I, 56ª ed., p. 494; Ver ainda no STJ: AgRg no Ag 549.734/DF.

[50] Neste sentido Fernando da Fonseca Gajardoni *et alii*, Teoria geral do processo – comentários ao CPC de 2015, parte geral, p. 668.

[51] Humberto Theodoro Jr, Curso de direito processual, vol. I, 56ª ed., p. 495.

nas pela presidente do órgão competente ou do respectivo relator do recurso ou para o acórdão[52].

Outro requisito instrumental é a exigência de que os pronunciamentos sejam vertidos em forma escrita, inclusive os proferidos oralmente, os quais serão *documentados* pelo servidor que assistir ao magistrado na audiência ou na sessão de julgamento, submetendo-os para revisão e assinatura do seu autor (art. 205, § 1º, do CPC). Na prática, no entanto, não é o que acontece no 1ª grau de jurisdição. Por vezes, quando o magistrado profere despacho, decisão interlocutória ou sentença nas audiências realiza verdadeiro (e enfadonho) ditado ao seu secretário, quando não opta por digitar, na ata, suas deliberações.

No entanto, quer nos parecer que a exigência de *"documentação"* dos pronunciamentos judiciais proferidos em audiência deve ser objeto de interpretação sistemática. Note-se, que os atos processuais, independentemente de sua forma, finalidade ou conteúdo, podem ser *produzidos* e *armazenados* por meio eletrônico. Com efeito, existindo meio adequado e seguro para o proferimento de pronunciamentos judiciais, inclusive da sentença, por meio eletrônico com sua gravação por sistema audiovisual, quer nos parecer absolutamente despicienda sua conversão em escrito.

José Miguel Garcia Medina noticia a existência de precedente do TRT/PR que entendeu por válida sentença proferida oralmente e gravada pelo Sistema Fidelis desenvolvida pelo próprio tribunal[53].

---

[52] Neste sentido Fernando da Fonseca Gajardoni *et alii*, Teoria geral do processo – comentários ao CPC de 2015, parte geral, p. 668.

[53] José Miguel Garcia Medina, Novo código de processo civil comentado, RT, pp. 352/353. Segue a ementa do julgado: "TRT-PR-10-07-2012 PROCESSO ELETRÔNICO – DECISÃO JUDICIAL – SENTIDA PELO MAGISTRADO E DITA EM VOZ ALTA – GRAVAÇÃO EM VÍDEO – PERFEITA LEGALIDADE – ATO DEMOCRÁTICO QUE ATENDE AOS PRINCÍPIOS CONSTITUCIONAIS Trata-se de processo totalmente eletrônico que tramita nos termos do art. 8º da Lei 11.419/06 bem como da Instrução Normativa 30/07 do E. TST e ainda da Resolução Administrativa 105/09 do TRT/Pr e Provimento Pres/Correg 02/11 também do TRT/Pr. Tanto a inicial como a contestação foram apresentados em meio eletrônico. As audiências foram realizadas na presença das partes, de seus advogados, do magistrado e do escrivão que lavrou as atas da sessão em documento eletrônico e assinado digitalmente. A sentença foi proferida oralmente e gravada em áudio e vídeo na presença das partes. O escrivão, sob o ditado do Juiz, lavrou a ata onde consta a presença das partes, os atos e fatos da audiência e o dispositivo da sentença líquida proferida pelo magistrado. No momento de realização do ato de transcrição para a ata eletrônica, pelo escrivão e sob o ditado do juiz, nenhuma das partes presentes, tampouco seus advogados suscitaram qualquer contradição. Tudo transcorreu na mais perfeita ordem, convalidado democraticamente pelas partes e seus advogados presentes, atos e fatos devidamente gravados em áudio e vídeo e registrado em ata ditada pelo Juiz e transcrita pelo escrivão. Se alguma novidade há é a utilização do Sistema Fidelis de Gravação de Audiência, desenvolvido pelo Tribunal Regional do Trabalho do Paraná e reconhecidamente eficiente. Tanto é verdade que recebeu no ano de 2010 o Prêmio Innovare diante do Supremo Tribunal Federal. Porém, do ponto de vista da legislação pátria, inexiste qualquer sombra ou dúvida da sua legalidade. O procedimento – registro da audiência e da sentença em áudio e vídeo – com o registro de transcrição

O entendimento ora esposado é o mais adequado com o princípio da duração razoável do processo (arts. 5º, LXXVIII, da CR/88 e arts. 4º e 6º do CPC/15) ao privilegiar o princípio da oralidade[54] para os pronunciamentos judiciais. Note-se, que a documentação da sentença pelo sistema audiovisual é muito mais seguro e eficiente (art. 8º do CPC/15) do que a exigência de sua conversão em texto por um terceiro, auxiliar do juiz.

Bastaria assim, que o servidor que secretariasse o juiz prolator da decisão/ sentença em audiência transcrevesse os termos do dispositivo na ata, sendo que todos os demais elementos (relatório e fundamentação) do pronunciamento permaneceriam registrados eletronicamente em arquivo audiovisual[55].

Certamente, não haveria qualquer prejuízo (*ne pas de nulité sans grief*, art. 283, parágrafo único, do CPC) às partes com a adoção de tal forma de prolação dos pronunciamentos em sentença. Por outro lado, os ganhos seriam muito superiores, principalmente no tocante ao tempo do processo, já que os magistrados que já se sentem seguros para o proferimento de sentença terá mais facilidade, pela dinamicidade própria da verbalização, em gerenciar a escassez de seu tempo, que representa um dos grandes obstáculos para a concretização do princípio da duração razoável do processo.

O último requisito instrumental dos pronunciamentos, estabelecido no art. 205 do CPC/15 é a aposição da data. A previsão, neste ponto, é de mera orientação dos julgadores para que retratem, temporalmente, a época em que a peça foi produzida. De qualquer modo, a data indicada na decisão não trará maiores consequência ao processo, já que enquanto os autos permanecerem em gabinete, mesmo que assinados e datados, o pronunciamento ainda não será público e, por conseguinte, disponível para as partes.

---

dos atos da audiência e transcrição do dispositivo em ata também eletrônica. É absolutamente válido e legal, com forte na lei 11.419/06; no CPCivil, na CLT e nas Resoluções Administrativas do TST e do TRT/Pr. Nas palavras do Desembargador José Eduardo de Resende Chaves Júnior, do TRT/MG, 'O processo eletrônico vai desencadear uma revolução performática no processo judicial. Quanto mais cedo os juristas atentarem para isso, mais cedo poderão contribuir para que essa revolução se dirija para o caminho certo. Do contrário, se continuarem a achar que o computador é apenas uma máquina de escrever com mais recursos, o processo eletrônico será reduzido a mero processo escaneado e, com isso, perderemos a oportunidade histórica de dar um choque tão prometido, quanto diferido de efetividade ao processo judicial.' TRT-PR-00143-2012-872-09-00-3-ACO-30755-2012 – 6A. TURMA; Relator: SÉRGIO MURILO RODRIGUES LEMOS; Publicado no DEJT em 10-07-2012"

[54] *Cf.* por todos Zulmar Duarte de Oliveira Junior, O princípio da oralidade no processo civil, Nuria Fabris; Bento Herculano Duarte e Zulmar Duarte de Oliveira Junior, Princípios do processo civil, noções fundamentais, Método, pp. 88/91.

[55] Com fundamento no art. 199 do CPC/15 entendemos que havendo parte e/ou advogado com deficiência auditiva a degravação da sentença é medida indispensável como forma de se assegurar a *acessibilidade* (o conhecimento) ao pronunciamento.

Assim, somente a data contida na certidão (termo) de recebimento dos autos em cartório ou secretaria, após a devida devolução do gabinete[56], é que importa para afirmar a data em que o pronunciamento foi produzido (publicado).

4.5. "Publicação" em Diário de Justiça Eletrônico

O art. 205, § 3º, do CPC/15 estabelece que "os despachos, as decisões interlocutórias, o dispositivo das sentenças e a ementa dos acórdãos serão publicados no Diário de Justiça Eletrônico".

Em primeiro lugar, entendemos que o legislador deveria ter primado pela correção técnica em diferenciar os conceitos de publicação e intimação.

Publicação, seguindo clássica lição doutrinária, é o momento em que o pronunciamento judicial se torna público, que pode ocorrer por sua verbalização em audiência ou sessão de julgamento ou então com a devolução dos autos para a secretaria.

A intimação, por outro lado, é meio de comunicação processual dirigida às partes e terceiros. Com efeito, a disponibilização de pronunciamento em diário de justiça eletrônico tem por objetivo promover a intimação das partes acerca do seu conteúdo (art. 4º, § 2º, da Lei 11.419/2006)[57].

Assim, quer nos parecer que a intimação das partes em diário de justiça eletrônico apenas se justifica para os processos que tramitem em autos físicos. Isso porque, o art. 5º da Lei 11.419/2006, que permanecerá em vigor mesmo após o início de vigência do CPC/15, estabelece que as intimações nos processos que tramitem em autos virtuais serão realizadas por meio eletrônico, "dispensando-se a publicação no órgão oficial", ou seja, no diário de justiça eletrônico.

Há quem advogue a necessidade de que, mesmo no caso dos processos eletrônicos, haja a "publicação" dos despachos e dos dispositivos das decisões interlocutória e das sentenças no diário de justiça eletrônico, sob o fundamento do princípio da publicidade dos atos processuais em sua vertente externa, voltada à opinião pública (Rechtfertigungstaat[58]).

Com o devido respeito aos defensores da tese, quer nos parecer que tal dever jurídico (disponibilização dos pronunciamentos em diário de justiça eletrônico) não se impõe ao poder judiciário nos processos eletrônicos. Na verdade, a publicidade dos atos processuais impõe ao poder judiciário a criação de mecanismos

---

[56] No processo eletrônico, diante da inexistência de recebimento e juntada pela secretaria, a data que se considera proferida a decisão é a constante no registro do sistema eletrônico, que inclui o momento em que o pronunciamento foi devidamente assinado pelo julgador.

[57] Fernando da Fonseca Gajardoni *et alii*, Teoria geral do processo – comentários ao CPC de 2015, parte geral, p. 668

[58] Teresa Arruda Alvim Wambier *et alii*, Primeiros Comentários ao Novo Código de Processo Civil, Editora RT, p. 349.

suficientes para assegurar aos interessados o pleno acesso aos autos eletrônicos, salvo a existência de segredo de justiça (art. 194 do CPC)[59]-[60].

Com efeito, a disponibilização de pronunciamento em diário de justiça eletrônico apenas se justifica como forma de realizar a intimação das partes e terceiros sobre os atos do processo que tramita em autos físicos; sendo desnecessária a inclusão de correlata matéria quando a tramitação se der por autos virtuais, já que a intimação, neste caso, ocorrerá diretamente para a parte ou interessado por meio eletrônico.

5. Referências

ALVIM, Arruda, Manual de direito processual civil, versão ebook, 1. ed. – São Paulo : Editora Revista dos Tribunais, 2013.

ALVIM, Eduardo Arruda, Direito Processual Civil, Direito processual civil. 2. ed. – São Paulo: Editora Revista dos Tribunais, 2008.

ARAÚJO, José Henrique Mouta, Pronunciamentos de mérito no CPC/15 e reflexos na coisa julgada, na ação rescisória e no cumprimento de sentença, disponível em http://migre.me/qnUOl, acesso em 20.06.2015.

ARAÚJO, Luciano Vianna, Sentenças parciais? – São Paulo : Saraiva, 2011.

BRUSCHI, Gilberto Gomes, Apelação civil : teoria geral, procedimento e saneamento de vícios pelo tribunal – São Paulo : Saraiva, 2012.

CARVALHO FILHO, Antônio, A tutela monitória no CPC/15, *in*: Doutrina selecionada – procedimentos especiais, Juspodivm, no prelo.

CINTRA, Antonio Carlos de Araújo *et alii*, Teoria geral do processo, 16. ed. – São Paulo : Malheiros Editores, 2000.

DELFINO, Lúcio *et al*., Persiste a situação de desdém legislativo dos assessores judiciais, disponível em http://migre.me/qnhis, acesso em 19.06.2015.

DIDIER JR., Fredie *et alii*, Curso de direito processual civil, vol. II, 10. ed. – Salvador : Editora Jus Podivm, 2015.

DIDIER JR., Fredie, A terceira etapa da reforma processual civil – São Paulo : Saraiva, 2006.

DUARTE, Bento Herculano *et alii*, Princípios do processo civil, noções fundamentais – São Paulo : Método, 2012.

GAJARDONI, Fernando da Fonseca *et alii*, Teoria geral do processo – comentários ao CPC de 2015, parte geral – São Paulo : Forense/Método, 2015.

GRECO, Leonardo, Instituições de processo civil, vol. I, 5. ed. – Rio de Janeiro: Forense, 2015.

---

[59] Defendemos essa mesma posição em nosso artigo anterior "Atos processuais eletrônicos no CPC/15" constante desta obra.

[60] Enunciado nº 264 do FPPC: (art. 194) Salvo hipóteses de segredo de justiça, nos processos em que se realizam intimações exclusivamente por portal eletrônico, deve ser garantida ampla publicidade aos autos eletrônicos, assegurado o acesso a qualquer um.

HOFFMAN, Paulo, Razoável duração do processo – São Paulo : Quartier Latin, 2006.

MARINONI, Luiz Guilherme *et alii*, Novo curso de processo civil, vol. 2 – São Paulo : Editora Revista dos Tribunais, 2015.

MARQUES, José Frederico, Manual de direito processual, 1. ed. – Campinas : Bookseller, 1997.

MEDINA, José Miguel Garcia, Novo código de processo civil comentado– São Paulo : Editora Revista dos Tribunais, 2015.

MILMAN, Fábio, O novo conceito legal de sentença e suas repercussões recursais: primeiras experiências com a apelação por instrumento, RePro 150 – São Paulo: Editora Revista dos Tribunais, 2007.

MONIZ DE ARAGÃO, Egas Dirceu, Comentários ao código de processo civil, vol. 2, 7. ed. – Rio de Janeiro : Forense, 1991.

MOREIRA, José Carlos Barbosa, Comentários ao código de processo civil, vol. V, 11ª ed. – Rio de Janeiro : Forense, 2004.

NERY, Nelson *et al.*, Código de processo civil comentado e legislação extravagante, RT, versão ebook, 1. ed. – São Paulo: Editora Revista dos Tribunais, 2013.

OLIVEIRA JUNIOR, Zulmar Duarte de, O princípio da oralidade no processo civil –Porto Alegre : Nuria Fabris, 2011.

_____., Preclusão elástica no Novo CPC, Revista de informação legislativa, n. 190, t. 2, pp. 307/318, disponível em http://migre.me/qorGi, acesso em 20.06.15.

OLIVEIRA, Bruno Silveira de, A "interlocutória faz de conta" e o "recurso ornitorrinco", RePro 203 – São Paulo : Editora Revista dos Tribunais, 2012.

REDONDO, Bruno Garcia, Sentença parcial de mérito e apelação em autos suplementares, RePro 160 – São Paulo: Editora Revista dos Tribunais, 2008.

SILVA, Ovídio Araújo Baptista da *et al.*, Teoria geral do processo civil, 6. ed. – São Paulo : Editora Revista dos Tribunais, 2011.

SOUZA JUNIOR, Sidney Pereira de, Sentenças parciais no processo civil: consequências no âmbito recursal – São Paulo : Método, 2009.

THEODORO JUNIOR, Humberto, Curso de direito processual civil, vol. I, 56. ed. – Rio de Janeiro : Forense, 2015.

VARGAS, Jorge de Oliveira, O conceito de sentença e o recurso daquela que não extingue o processo: apelação ou agravo de instrumento, *in*: Aspectos polêmicos e atuais dos recursos cíveis e assuntos afins, – São Paulo: Editora Revista dos Tribunais, 2007.

WAMBIER, Luiz Rodrigues *et al.*, Curso avançado de processo civil, vol. 1, 15. ed. – São Paulo : Editora Revista dos Tribunais, 2015.

WAMBIER, Teresa Arruda Alvim *et alii*, Breves Comentários ao novo código de processo civil – São Paulo : Editora Revista dos Tribunais, 2015.

_____., *et alii*, Primeiros Comentários ao novo código de processo civil : artigo por artigo, 1. ed. – São Paulo: Editora Revista dos Tribunais, 2015.

WAMBIER, Teresa Arruda Alvim, Nulidades do processo e da sentença, 4. ed. – São Paulo: Editora Revista dos Tribunais, 1997.

Os atos processuais eletrônicos no CPC/15

Antônio Carvalho Filho

1. Introdução

O CPC/15 inaugura disciplina específica acerca dos atos processuais praticados por meio eletrônico. Pelas regras dispostas nos arts. 193 a 199 do CPC/15 o legislador trouxe ao poder judiciário as diretrizes básicas visando a segurança dos atos processuais realizados eletronicamente.

Não há dúvida alguma que a utilização da tecnologia representa instrumento essencial para a dinamização dos trabalhos forenses, que tem por especial função a diminuição dos "tempos neutros" ou "buracos negros" (*blackholes*) do trâmite processual[1] que assolam os diversos cartórios e secretarias Brasil afora. A aplicação de diversos meios eletrônicos tem por essência a manutenção do ato o mais próximo possível de seu estado de produção, como ocorre com os depoimentos audiovisuais gravados, que reproduzem ao juiz que proferirá a sentença e aos demais julgadores que conhecerão dos recursos respectivos a vivacidade da prova colhida.

Necessário frisar, que a Lei nº 11.419/2006, que disciplina o processo eletrônico permanece em vigor. Todavia, eventuais antinomias acerca dos atos processuais eletrônicos, conforme a disciplina do CPC/15, deverão ser afastadas pela derrogação tácita, tendo em vista que o novo diploma é especial e posterior em relação àquele, no tratamento específico dos atos processuais.

O próprio CPC, no parágrafo único do art. 193 possibilita a prática eletrônica dos atos extrajudiciais pelos notários, tabeliães e registradores, observadas as regras estabelecidas no diploma.

---

[1] Cf. Lúcio Delfino e Eduardo José da Fonseca Costa, Persiste a situação de desdém legislativo dos assessores judiciais, disponível em, http://migre.me/qjtvR, acesso em 11.06.15.

2. Princípios e pressupostos para a prática de atos processuais em meio eletrônico

O art. 193 do CPC/15 estabelece a possibilidade da realização dos atos processuais total ou parcialmente pelo meio eletrônico. A regra visa o estímulo à substituição dos meios físicos de produção dos atos do processo, preponderantemente do papel, para atos eletrônicos, nomeadamente os virtuais, através da rede mundial de computadores[2]. Deste modo, os atos podem ser produzidos, comunicados, armazenados e validados por meio eletrônico[3], observadas as regras legais específicas para cada ato.

A realização dos atos processuais por meio eletrônico, seja em processos em tramitação física ou virtual, não pode prescindir do direito fundamental ao processo justo[4]. Não é por outra razão que o art. 194 do CPC/15 impõe ao Poder Judiciário diversos deveres no tocante aos sistemas de automação processual.

Como de regra, os atos processuais eletrônicos devem obediência ao princípio da publicidade, pois constitui garantia fundamental (art. 5º, LV, CR) e dever do Estado-Juiz (art. 93, IX, da CR). Salvo as hipóteses de segredo de justiça (art. 189 do CPC/15) mesmo que parcial ou transitório[5], o acesso aos autos e aos atos

---

[2] Teresa Arruda Alvim Wambier *et. alii*, Breves comentários ao novo código de processo civil, RT, p. 603.

[3] "Por *produzir* o ato processual deve ser entendida a ação de externar originalmente à vontade, exarada desde logo em suporte digital, como ocorre com petições ou sentenças, desde logo criadas em formato digital e assim assinadas e encaminhadas ao processo, inexistindo um prévio original físico que tenha sido vertido para o formato eletrônico. A expressão original do ato é o próprio arquivo de computador, digitalmente assinado. *Comunicação* do ato processual é a ciência que dele se dá a alguém, e pode ser feita digitalmente, como tem sido amplamente praticado em todo o país pode meio do Diário de Justiça Eletrônico. O vocábulo *armazenados* não contém um significado jurídico ou processual claro, sendo aqui empregado em seu sentido de guardar, conservar, manter em depósito. Teria sido melhor, do ponto de vista estritamente terminológico, que se dissesse *autuados*, em vez de *armazenados*, palavra aquela com significado jurídico-processual que melhor denota a ação prevista no texto, mesmo porque esse 'armazenamento' dos autos, organizados e disponibilizados às partes, procuradores e ao público em geral quando não se trata de processo que corra em segredo de justiça, é o que se tem denominado de *autos digitais*. A última das palavras relacionadas no texto em questão já se mostra menos apropriada, eis que destoa de seu significado jurídico. *Validade* é uma qualidade do ato jurídico que preenche os respectivos requisitos, e estes, por sua vez, não guardam necessariamente nenhuma relação com uso de meios digitais. É comum no jargão técnico dos profissionais de informática usar o vocábulo *validação* e seus derivados para designar a ação de testar a conformidade de programas, bases de dados ou arquivos, em confronto com algum padrão de qualidade, especificação técnica ou critério identificados. No sentido estritamente jurídico do termo, não se cogita que atos sejam, no processo, *validados em meio eletrônico*, pois a expressão parece carecer de significado. Pode-se considerar que a conotação desejada a esse termo seja a mesma de *conferidos*, entendendo-se, neste caso, a conferência das assinaturas digitais ou de algum padrão técnico de conformidade em relação a formatos de arquivos ou de suas assinaturas." Teresa Arruda Alvim Wambier *et. alii*, Breves comentários ao novo código de processo civil, RT, pp. 603/604.

[4] Luiz Guilherme Marinoni, Novo código de processo civil comentado, RT, pp. 246/247.

[5] Enunciado nº 265 do FPPC: (art. 194) É possível haver documentos transitoriamente confidenciais no processo eletrônico. (Grupo: Advogado e Sociedade de Advogados. Prazos)

processuais eletrônicos, como já ocorre com os autos físicos, deve ser público, cabendo ao Poder Judiciário as providências necessárias para o cumprimento deste dever.

O processo eletrônico já é uma realidade em inúmeros tribunais da federação, todavia, o cumprimento ao princípio da publicidade no tocante ao acesso dos autos virtuais pelo público em geral está muito longe da realidade. Quando muito a plataforma de processo eletrônico permite apenas o acesso ao andamento dos autos, sem, contudo, possibilitar a visualização ao conteúdo dos atos processuais em geral, petições, pronunciamentos, provas etc.

A garantia de acesso e participação das partes e de seus procuradores nos atos processuais eletrônicos, como estabelecido no *caput* do art. 194 do CPC/15, é apenas uma das facetas do mencionado princípio da publicidade, não se limitando a essa circunstância. Por óbvio, que a participação efetiva das partes e de seus procuradores no processo decorre antes da garantia do devido processo legal, sendo que a publicidade oportunizada pelo acesso aos autos e aos atos processuais, inclusive nos momentos de sua produção, cujo exemplo típico é o da audiência de instrução e julgamento, representa a concretização da garantia em tela. Repita-se, por oportuno, que conforme a dicção do art. 194 do CPC/15, os atos e os autos processuais são públicos e seu acesso é livre a qualquer pessoa. Tal situação é bastante salutar neste novo ambiente inaugurado pelo CPC/15 em que o precedente judicial possui especial tratamento. Pela publicidade dos autos em geral possibilita-se o pleno conhecimento aos advogados e partes em geral a respeito das convicções dos juízes acerca de casos análogos, promovendo a segurança jurídica e possibilitando às partes o controle acerca da estabilidade e integridade das decisões em primeira instância[6-7].

As demais garantias técnico-informáticas estabelecidas no art. 194 são decorrência da Resolução nº 185 do Conselho Nacional de Justiça, que institui o sistema do Processo Judicial Eletrônico (PJe).

Por *disponibilidade* deve-se entender a qualidade do sistema de informática que permanece constantemente em operação, admitindo-se, apenas, meras instabilidades por períodos curtos de tempo. São, por conseguinte, sistemas que trabalham em regime de 24 horas por dia, 7 dias por semana e 365 dias por ano[8]

---

[6] Enunciado nº 263 do FPPC: (art. 194) A mera juntada de decisão aos autos eletrônicos não necessariamente lhe confere publicidade em relação a terceiros. (Grupo: Advogado e Sociedade de Advogados. Prazos).

[7] Enunciado nº 264 do FPPC: (art. 194) Salvo hipóteses de segredo de justiça, nos processos em que se realizam intimações exclusivamente por portal eletrônico, deve ser garantida ampla publicidade aos autos eletrônicos, assegurado o acesso a qualquer um. (Grupo: Advogado e Sociedade de Advogados. Prazos)

[8] Teresa Arruda Alvim Wambier *et. alii*, Breves comentários ao Novo Código de Processo Civil, RT, p. 606.

(art. 8º da Resolução 185 do CNJ[9]). Com efeito, havendo indisponibilidade do sistema por falha técnica por período superior a 60 minutos, ininterruptos ou não, entre às 6h e às 23h, ou qualquer indisponibilidade entre às 23h e às 24h do dia dos prazos vincendos acarretará sua prorrogação para o próximo dia útil (art. 11 da Resolução 185 do CNJ), leitura mais consentânea com o disposto no art. 224, § 1º do CPC/15.

A *independência da plataforma computacional* representa corolário do acesso à justiça. Os sistemas de informática devem ser disponibilizados em padrões ordinários de internet, sem exigir características específicas de software ou hardware que, em tese, possam dificultar a realização do ato por qualquer pessoa habilitada. Esse dever ora imposto ao Poder Judiciário visa, em última análise, garantir ao interessado o acesso aos autos através de qualquer dispositivo capaz de acessar a *internet*, mesmo que através de dispositivos móveis, como *smartphones* e *tablets*. Ainda hoje algumas plataformas de processo eletrônico impedem a assinatura de petições ou de pronunciamentos judiciais através de certificado digital em sistemas operacionais diversos do *"Microsoft Windows"*. Certamente o período de *vacatio legis* do novo diploma processual deverá ser voltado para viabilizar solução para esses e outros problemas que ainda hoje desafiam a independência proposta.

A *acessibilidade* contida no art. 194 refere-se à garantia dúplice.

Uma de natureza objetiva, com a finalidade de assegurar a qualquer pessoa o acesso à informação, disponibilizando, inclusive, os equipamentos necessários para a realização dos atos processuais pelos interessados. A norma já consta da Resolução nº 185 do CNJ, em seu artigo 18[10]. Interessante notar, que a o dispositivo permite ao Poder Judiciário local a celebração de convênios com a OAB ou outras entidades para o compartilhamento das responsabilidades daí decorrentes, como se vê no § 2º do mesmo artigo[11]. O CPC/15 foi ao encontro desta regra, ao estabelecer no art. 198 que as unidades do Poder Judiciário disponibilizarão gratuitamente aos interessado os equipamentos necessários para a prática de atos processuais, bem como para consulta e acesso aos autos virtuais.

---

[9] Art. 8º O PJe estará disponível 24 (vinte e quatro) horas por dia, ininterruptamente, ressalvados os períodos de manutenção do sistema.
Parágrafo único. As manutenções programadas do sistema serão sempre informadas com antecedência e realizadas, preferencialmente, entre 0h de sábado e 22h de domingo, ou entre 0h e 6h dos demais dias da semana.

[10] Art. 18. Os órgãos do Poder Judiciário que utilizarem o Processo Judicial Eletrônico – PJe manterão instalados equipamentos à disposição das partes, advogados e interessados para consulta ao conteúdo dos autos digitais, digitalização e envio de peças processuais e documentos em meio eletrônico.

[11] Art. 18. (*omissis*). § 2º Os órgãos do Poder Judiciário poderão realizar convênio com a Ordem dos Advogados do Brasil (OAB) ou outras associações representativas de advogados, bem como com órgãos públicos, para compartilhar responsabilidades na disponibilização de tais espaços, equipamentos e auxílio técnico presencial.

A regra em questão deve ser interpretada de modo a garantir a quaisquer interessados, mas principalmente às partes e seus advogados, o acesso aos autos virtuais em todos os momentos em que um ato processual deva ser praticado. Ela encerra dever aos tribunais de dotar as salas de audiência, bem como os salões de julgamento colegiado, de computadores (ou qualquer outro dispositivo correlato, como *tablets*) conectados à internet em número suficiente aos participantes do ato. Assim, nas salas de audiência, parece-nos razoável que haja um computador destinado ao Ministério Público, sempre que presente, bem como, ao menos uma máquina para a parte autora e outra para a parte ré, independentemente da existência de litisconsórcio. No caso dos salões de julgamento, quer nos parecer que apenas um computador para o advogado que estiver realizando a sustentação oral é suficiente para a desincumbência do dever em tela. Essa medida visa garantir aos litigantes o acesso à integralidade dos autos no momento da produção de atos processuais probatórios, que são da mais alta relevância. Necessário notar que os autos virtuais não gozam da mesma flexibilidade que o caderno processual físico possui, já que este durante as audiências podem correr de mão em mão.

Uma solução aparentemente simples e extremamente barata e que não causaria abalos à segurança dos sistemas internos dos tribunais, seria a difusão sem fio (*wireless*) de sinal de internet pelos fóruns e tribunais, possibilitando a todos os interessados a consulta dos autos com seus dispositivos pessoais, o que acarretaria o resultado prático equivalente ao acima proposto na maioria absoluta dos autos, diante da popularização dos meios tecnológicos atualmente.

Além de computadores ligados à internet, é indispensável que os tribunais ofereçam *scanners* para a digitalização dos documentos e peças necessários para a instrução das postulações realizadas.

O próprio parágrafo único do art. 198 estabelece que em caso de inexistência dos equipamentos acima referidos será admitida a prática de atos por meio físico ("não eletrônico"). Nesta hipótese a digitalização e juntada das peças nos autos virtuais será de responsabilidade do cartório e/ou secretaria respectiva, desvirtuando uma das principais características do processo eletrônico, que é a redistribuição dos trabalhos meramente burocráticos entre os participantes do processo.

A outra garantia, de natureza subjetiva, tem por escopo a tutela à informação para todos os usuários interessados, independentemente de eventuais necessidades especiais. Neste sentido, o art. 199 do CPC/15 impõe ao Poder Judiciário o dever de garantir o acesso aos seus sítios e sistemas a toda e qualquer pessoa portadora de deficiência devendo possibilitar a prática de atos processuais e, por óbvio sua assinatura. Particularmente com relação aos deficientes visuais a atenção deve ser redobrada. A grande maioria dos *sites* e das plataformas de processo eletrônico dos tribunais não estão preparadas para a acessibilidade em questão. É necessário investir em compatibilidade com "leitores de tela" e programação adequada para que não exista limitação a essas pessoas, além dos obstáculos inerentes da deficiência.

Ainda sobre a acessibilidade, tanto os portadores de necessidades especiais, como os idosos foram objeto de tutela específica na Resolução nº 185 do CNJ, que em seu artigo 18, § 1º, previu a necessidade de auxílio técnico presencial para auxiliar na consulta aos autos digitais, digitalização e envio de peças processuais e de documentos pelo meio eletrônico[12].

A *interoperabilidade* representa consequência lógica do dever anterior. Significa que os sistemas operacionais distintos devem integrar-se e intercomunicar-se sem prejuízo para a prática de atos processuais[13]-[14]. Como bem advertido por Marcacini[15], a interoperabilidade é importante não apenas para garantir o acesso à justiça, mas, inclusive, do ponto de vista financeiro-gerencial do Poder Judiciário (administração pública), evitando com que sistemas informáticos fechados corram o risco de obsolescência precoce quando forem – "e serão!" – substituídas por outras tecnologias mais recentes ou por novas versões dos mesmos produtos.

3. A segurança dos atos processuais em meio eletrônico

O art. 195 do CPC/15 estabelece os requisitos de segurança para a produção e armazenamento dos atos processuais em meio eletrônico. O termo "registro" não foi o melhor empregado, pois gera confusão com o ato registral previsto na Lei nº 6.015/73. Deve-se entender por *registro*, no caso, a *autuação* (juntada da peça nos autos virtuais) do ato processual realizado.

Note-se, que o art. 196 do novel diploma imputa ao CNJ, e supletivamente aos tribunais, a competência administrativa para regulamentar a prática e a comunicação oficial de atos processuais por meio eletrônico, velando, ainda, pela compatibilidade dos sistemas e disciplinando a incorporação progressiva de novos avanços tecnológicos, editando os atos necessários para tais finalidades.

A utilização de padrões abertos está diretamente relacionada com os deveres de independência da plataforma e interoperabilidade, visando assegurar plena acessibilidade aos usuários sem vinculação a tecnologias ou equipamentos que

---

[12] Art. 18. (*omissis*). § 1º Para os fins do caput, os órgãos do Poder Judiciário devem providenciar auxílio técnico presencial às pessoas com deficiência e que comprovem idade igual ou superior a 60 (sessenta) anos.

[13] *Cf.* José Miguel Garcia Medina, Novo Código de Processo Civil Comentado, RT, p. 328; Teresa Arruda Alvim Wambier *et. alii*, Primeiros Comentários ao Novo Código de Processo Civil, RT, p. 361.

[14] *Cf.* Termo de Cooperação Técnica nº 58/2009, firmado por STF, CNJ, STJ, CJF, TST, CSJT, AGU e PGR, que tem por objeto a elaboração e a implantação do padrão nacional de integração de sistemas de processo eletrônico por meio da tecnologia "*Webservice*". Disponível no endereço eletrônico http://migre.me/qkeDS. Acesso em 17.06.2015.

[15] Teresa Arruda Alvim Wambier *et. alii*, Breves comentários ao Novo Código de Processo Civil, RT, p. 607/608.

serão ultrapassados. No entanto, deve-se garantir aos usuários geral, bem como aos utentes que integrem o poder judiciário, a segurança decorrente da autuação do processo em meio físico, impedindo-se burla ou fraude por qualquer pessoa em incluir ou excluir dos autos virtuais qualquer peça ou movimento sem autorização judicial expressa neste sentido.

Deste modo, a regra em questão impõe requisitos de segurança que passaremos a analisar.

A *autenticidade* possui duplo sentido. Refere-se à certeza quanto a autoria do ato processual, possui, pois, relação com a assinatura (autenticidade da assinatura) do usuário que o produziu, ou participou de sua produção (*signer authetication*). O outro sentido diz respeito ao próprio arquivo produzido (*document authentication*), já que a assinatura aposta deve identificar o que foi assinado, tornando protegido contra falsificação (autenticidade do documento ou do arquivo)[16].

Ela possui congruência com o requisito do *não repúdio* (*nonrepudiation*). É importante salientar que a expressão tem emprego corrente nas relações de comércio eletrônico. Ela se refere a um "serviço" que assegura a origem ou a entrega de dados como forma de proteção do remetente contra a negativa de recebimento pelo destinatário (*proof of receipt – POR*), ou para proteger o destinatário contra a negativa de envio pelo remetente (*proof of origin – POO*)[17].

No âmbito do comércio eletrônico o *não repúdio* deve ser entendido como uma prova robusta e material acerca da identidade do signatário da mensagem, bem como acerca da integridade da mensagem em si, visando prevenir a alegação bem sucedida de uma das partes acerca da negativa de origem, envio ou a entrega de uma mensagem e da integridade de seu conteúdo[18].

---

[16] *Cf.* American Bar Association, Digital Signature Guidelines – Legal Infrastructure for Certification Authorities and Secure Electronic Commerce, pp. 7 e 8, disponível em http://migre.me/ql0wu, acesso em 18.06.2015.

[17] "Signer authentication and document authentication are tools used to exclude impersonators and forgers and are essential ingredients of what is often called a **"nonrepudiation service"** in the terminology of the information security profession. A nonrepudiation service provides assurance of the origin or delivery of data in order to protect the sender against false denial by the recipient that the data has been received, or to protect the recipient against false denial by the sender that the data has been sent. Thus, a nonrepudiation service provides evidence to prevent a person from unilaterally modifying or terminating legal obligations arising out of a transaction effected by computer-based means." American Bar Association, Digital Signature Guidelines – Legal Infrastructure for Certification Authorities and Secure Electronic Commerce, p. 8, disponível em http://migre.me/ql0wu, acesso em 18.06.2015.

[18] "Strong and substantial evidence of the identity of the signer of a message and of message integrity, sufficient to prevent a party from successfully denying the origin, submission or delivery of the message and the integrity of its contents." American Bar Association, Digital Signature Guidelines – Legal Infrastructure for Certification Authorities and Secure Electronic Commerce, p. 54, disponível em http://migre.me/ql0wu, acesso em 18.06.2015.

Sua origem, pois, refere-se à criptografia e a autenticidade da assinatura e do arquivo respectivo e a solidez de algoritmos de chave pública.

Significa tão somente que, se tais algoritmos forem hígidos e não contiverem falhas, o fato de uma assinatura digital ser corretamente conferida com o uso de uma dada chave pública implica que tal assinatura só poderia ter sido gerada com a chave privada correspondente. Noutras palavras, não haveria outro meio possível de se chegar a um certo número – a assinatura – sem utilizar um outro número – a chave privada.[19]

O *não repudio* cria uma presunção relativa de que o signatário do ato processual seja o seu efetivo autor. Todavia, o requisito em tela não pode, nem seria constitucional se assim fosse, impedir qualquer pessoa de *"negar"* a autoria de determinado ato processual quando não for o seu efetivo responsável, mesmo que seja proveniente de sua assinatura digital.

A *integridade* exige que o ato processual permaneça nos autos virtuais conforme produzido pelas partes, pelo juiz e seus auxiliares. Refere-se não só à higidez do arquivo em que o ato processual foi instrumentalizado, mas, principalmente, à impossibilidade de inclusão ou exclusão de arquivos no *movimento* ou no *evento* no qual o ato processual foi autuado.

Inobstante o requisito já esteja previsto no art. 12, § 1º, da Lei nº 11.419/2006, existem algumas plataformas de processo eletrônico, como é o caso do PROJUDI/PR, que permitem a qualquer usuário habilitado nos autos virtuais, a inclusão de arquivo em um *movimento* (*evento*) produzido por outro utente, nos 10 (dez) dias posteriores à sua produção. Trata-se, por evidente, de gravíssima falha de segurança que viola a construção cronológica dos atos processuais e as consequências da preclusão consumativa ou temporal.

A *temporalidade* a nosso sentir, é complementar ao requisito de *integridade*. Ela estabelece a necessidade de que o ato processual virtual seja encartado nos autos no momento cronológico de sua produção. Deste modo, não se admite a juntada de ato processual posterior em movimento (ou evento) anterior. É, pois, um requisito de segurança[20].

Note-se que a *conservação* dos arquivos digitais que contêm atos processuais eletrônicos deve utilizar, por óbvio, o melhor custo-benefício existente no momento, sempre promovendo sua atualização e evolução com a finalidade de não propiciar a perda de dados.

---

[19] Teresa Arruda Alvim Wambier *et. alii*, Breves comentários ao Novo Código de Processo Civil, RT, p. 610.

[20] "Há quem veja na temporalidade conteúdo diverso, ao asseverar que a expressão designa o "passar do tempo, a provisoriedade da vida ou dos acontecimentos", sendo também utilizada no âmbito arquivístico como o tempo de permanência de um documento em um arquivo." Teresa Arruda Alvim Wambier *et. alii*, Breves comentários ao novo código de processo civil, RT, p. 609.

Para os processos que tramitam em segredo de justiça, a *confidencialidade* é inerente à própria condição, razão pela qual os meios tecnológicos empregados deverão restringir o acesso dos autos ao público em geral, bem como velar para que nomes e dados pessoais não sejam divulgados nas intimações publicadas em diário de justiça eletrônico, ou o registro dos termos da decisão em outros bancos de dados de consulta pública.

4. Informação e confiabilidade

O art. 197 do CPC/15, impõe aos tribunais a necessidade de divulgação ao público em geral pela *internet* das informações constantes em seus "sistemas de automação". É, por conseguinte, o dever de manter atualizada o andamento dos programas utilizados para a administração do procedimento.

O próprio dispositivo estabelece que as informações lançadas nesses sistemas gozam de presunção de veracidade e confiabilidade, sendo que em caso de erro ou omissão do pessoal administrativo, ou mesmo por problema técnico do sistema, estará configurada a justa causa prevista no art. 223, § 1º, do CPC/15, que viabiliza a concessão de novo prazo para a parte realizar a prática do ato processual respectivo (art. 223, § 2º, do CPC/15).

A previsão em tela concretiza o dever de boa-fé objetiva que deve ser observado também pelo Poder Judiciário, nos termos do art. 5º do CPC. O próprio STJ nos REsp 960.280/RS[21], REsp 1.186.276/RS e REsp 1.324.432/SC firmou orientação neste sentido.

---

[21] RECURSO ESPECIAL. PROCESSUAL CIVIL. INFORMAÇÕES PROCESSUAIS DISPONIBILIZADAS NA PÁGINA OFICIAL DOS TRIBUNAIS. CONFIABILIDADE.
JUSTA CAUSA. ART. 183, § 2º, DO CPC. PRESERVAÇÃO DA BOA-FÉ E DA CONFIANÇA DO ADVOGADO. PRINCÍPIOS DA EFICIÊNCIA E DA CELERIDADE PROCESSUAL. INFORMAÇÃO CONSIDERADA OFICIAL, APÓS O ADVENTO DA LEI N.º 11.419/06.
1. O equívoco ou a omissão nas informações processuais prestadas na página eletrônica dos tribunais configura justa causa, nos termos do art. 183, § 2º, do CPC, a autorizar a prática posterior do ato, sem prejuízo da parte.
2. A confiabilidade das informações prestadas por meio eletrônico é essencial à preservação da boa-fé e da confiança do advogado, bem como à observância dos princípios da eficiência da Administração e da celeridade processual.
3. Informações processuais veiculadas na página eletrônica dos tribunais que, após o advento da Lei n.º 11.419/06, são consideradas oficiais. Precedente específico desta Corte (REsp n.º 1.186.276/RS).
4. RECURSO ESPECIAL PROVIDO.
(REsp 960.280/RS, Rel. Ministro PAULO DE TARSO SANSEVERINO, TERCEIRA TURMA, julgado em 07/06/2011, DJe 14/06/2011)

5. Referências

American Bar Association, Digital Signature Guidelines – Legal Infrastructure for Certification Authorities and Secure Electronic Commerce, disponível em http://migre.me/ql0wu, acesso em 18.06.2015.

MARINONI, Luiz Guilherme *et alii*, Novo código de processo civil comentado – São Paulo: Editora Revista dos Tribunais, 2015.

MEDINA, José Miguel Garcia, Novo código de processo civil comentado– São Paulo: Editora Revista dos Tribunais, 2015.

WAMBIER, Teresa Arruda Alvim *et alii*, Breves Comentários ao novo código de processo civil – São Paulo : Editora Revista dos Tribunais, 2015.

_____., *et alii*, Primeiros Comentários ao novo código de processo civil: artigo por artigo, 1. ed. – São Paulo : Editora Revista dos Tribunais, 2015.

O Levante contra o Art. 489, § 1º, incisos I a VI, CPC/2015: o autoritarismo nosso de cada dia e a resistência à normatividade constitucional

Diego Crevelin de Sousa
Lúcio Delfino

1. Introdução

Lenio Streck notabilizou-se, dentre inúmeras cruzadas contra o senso comum teórico e o praxismo asfixiante, por demonstrar o advento de uma crise de paradigmas quando o velho não morre e o novo não nasce[1].

Exemplo disso é o que ocorre em relação ao abismo existente entre a *normatividade constitucional* e a *prática da fundamentação das decisões judiciais*. Se, de um lado, a CRFB consagra o direito do cidadão de participar efetivamente do processo de formação de todos os atos de poder, estabelecendo, em especial, o direito ao contraditório e a fundamentação das decisões judiciais, de outro, não raro, as decisões judiciais são proferidas sob fundamentação genérica, insuficiente – quando não destituídas de fundamentação. Ninguém ignora que grassa por todos os setores do Judiciário, até mesmo nas Cortes Supremas, o entendimento de que o juiz não está obrigado a responder todas as questões suscitadas pelas partes, quando já tenha fundamento suficiente para embasar a decisão.[2]

Nesse particular, o art. 489, § 1º, incisos I a VI, do CPC/2015[3], ao assumir função contrafática de correção dos equívocos insistentemente cometidos no dia a

---

[1] A propósito, conferir: *Hermenêutica Jurídica e(m) Crise – uma exploração hermenêutica da crise da construção do Direito*. 10ª Ed. Livraria do Advogado: 2011.

[2] Exemplificativamente, conferir: STJ, AgRg no Ag 607.622/RS, 4ª T., j. 15.09.2005, rel. Min. Jorge Scartezzini, *DJ* 10.10.2005.

[3] Art. 489. São elementos essenciais da sentença: I – o relatório, que conterá os nomes das partes, a identificação do caso, com a suma do pedido e da contestação, e o registro das principais ocorrências

dia do foro, enumerou algumas das hipóteses em que as decisões judiciais não serão tidas por fundamentadas.[4]

Ao contrário de ser recebido *exclusivamente* com encômios, o dispositivo despertou grande insatisfação de setores representativos da magistratura brasileira. A Associação dos Magistrados do Brasil – AMB, a Associação dos Juízes Federais do Brasil – AJUFE e a Associação de Nacional dos Magistrados do Trabalho – ANAMATRA, oficiaram à Presidência da República pugnando pelo veto do artigo. Inclusive se reuniram com o Ministro da Justiça para tratar do assunto[5].

Segundo divulgado pelo sítio eletrônico da AMB, "a nossa preocupação é com o impacto que esses itens vão causar no congestionamento da Justiça. Atualmente, temos quase 100 milhões de processos em tramitação no país. Cada magistrado julga, em média, 1,5 mil processos por ano. O Judiciário está no limite"[6].

Ainda conforme as referidas entidades, seu pleito justificar-se-ia porque tais dispositivos "terão impactos severos, de forma negativa, na gestão do acervo de processos, na independência pessoal e funcional dos juízes e na própria produção de decisões judiciais em todas as esferas do país, com repercussão deletéria na razoável duração dos feitos"[7].

Felizmente, a Presidente da República sancionou o dispositivo.

Mas isso não foi o bastante para que tais nichos da magistratura brasileira – que, não incluem, nem representam, todos os nossos juízes, evidentemente – tenham se dado por vencidos. É que, sancionada a Lei 13.105/2015, encontros de magistrados foram realizados e resultaram na edição de enunciados cuja utili-

---

havidas no andamento do processo; II – os fundamentos, em que o juiz analisará as questões de fato e de direito; III – o dispositivo, em que o juiz resolverá as questões principais que as partes lhe submeterem. § 1º Não se considera fundamentada qualquer decisão judicial, seja ela interlocutória, sentença ou acórdão, que: I – se limitar à indicação, à reprodução ou à paráfrase de ato normativo, sem explicar sua relação com a causa ou a questão decidida; II – empregar conceitos jurídicos indeterminados, sem explicar o motivo concreto de sua incidência no caso; III – invocar motivos que se prestariam a justificar qualquer outra decisão; IV – não enfrentar todos os argumentos deduzidos no processo capazes de, em tese, infirmar a conclusão adotada pelo julgador; V – se limitar a invocar precedente ou enunciado de súmula, sem identificar seus fundamentos determinantes nem demonstrar que o caso sob julgamento se ajusta àqueles fundamentos; VI – deixar de seguir enunciado de súmula, jurisprudência ou precedente invocado pela parte, sem demonstrar a existência de distinção no caso em julgamento ou a superação do entendimento.

[4] Sobre a função contrafática do Direito: Nunes, Dierle. A função contrafática do Direito e o Novo CPC. *Revista do Advogado, 126*. São Paulo: AASP, 2015, p. 53-57.

[5] Também foram objeto do pedido de veto os arts. 12, 153 (tratam da ordem cronológica para julgamentos e da publicação/efetivação de pronunciamentos judiciais, respectivamente), § 1º do art. 927 (trata da observância do princípio do contraditório dinâmico e do dever de fundamentação minuciosa em grau recursal) e 942 (trata da técnica de julgamento de apelações não resolvidas por unanimidade).

[6] Conferir: http://novo.amb.com.br/?p=20285, acessado em 09.03.2015.

[7] Conferir: http://www.conjur.com.br/2015-mar-04/juizes-pedem-veto-artigo-cpc-exige-fundamentacao. Acessado em 09.11.2015.

zação como parâmetro interpretativo resultará no esvaziamento do conteúdo do art. 489, § 1º, com reflexos deletérios nos arts. 7º, 8º e 10, todos do CPC/2015[8]-[9]. Embora os pedidos de veto não arrostem diretamente esses últimos, eles não sobreviverão proficuamente em caso de neutralização do art. 489, § 1º. A eficácia ótima de do contraditório depende da sua conjugação funcional com o dever de fundamentação.

Além disso, o mais importante é sublinhar o que realmente esteve (diante do pedido de veto) e está (diante dos enunciados aprovados em encontros de magistrados) em jogo: a própria normatividade da Constituição Federal.

2. Democracia Participativa como legitimadora da atuação jurisdicional

A República Federativa do Brasil constitui-se em Estado Democrático de Direito no qual todo poder emana do povo, que o exerce por meio de seus representantes eleitos ou diretamente (art. 1º, p. único, CRFB). Se o povo é o titular do poder e o exerce por meio de seus representantes eleitos ou diretamente, deve-se reconhecer que o arquétipo constitucional brasileiro consagra também o modelo de democracia participativa[10], vertido, amplamente, na garantia de participação, direta ou indireta, do cidadão no processo de formação das decisões públicas.

[8] Art. 7º É assegurada às partes paridade de tratamento em relação ao exercício de direitos e faculdades processuais, aos meios de defesa, aos ônus, aos deveres e à aplicação de sanções processuais, competindo ao juiz zelar pelo efetivo contraditório. Art. 8º Ao aplicar o ordenamento jurídico, o juiz atenderá aos fins sociais e às exigências do bem comum, resguardando e promovendo a dignidade da pessoa humana e observando a proporcionalidade, a razoabilidade, a legalidade, a publicidade e a eficiência. Art. 9º Não se proferirá decisão contra uma das partes sem que ela seja previamente ouvida. Parágrafo único. O disposto no caput não se aplica: I – à tutela provisória de urgência; II – às hipóteses de tutela da evidência previstas no art. 311, incisos II e III; III – à decisão prevista no art. 701. Art. 10. O juiz não pode decidir, em grau algum de jurisdição, com base em fundamento a respeito do qual não se tenha dado às partes oportunidade de se manifestar, ainda que se trate de matéria sobre a qual deva decidir de ofício.

[9] Estarrecem os enunciados aprovados no "Seminário o Poder Judiciário e o novo CPC", realizado pela Escola de Formação e Aperfeiçoamento de Magistrados – ENFAM, disponíveis no seguinte endereço eletrônico: http://www.enfam.jus.br/wp-content/uploads/2015/09/ENUNCIADOS-VERS%C3%83O-DEFINITIVA-.pdf. Na mesma linha, conferir os enunciados aprovados na Primeira Jornada Sobre o Novo Código de Processo Civil realizado pela Escola Judicial do Tribunal Regional do Trabalho da 18ª Região, que podem ser acessados no seguinte endereço eletrônico: http://www.trt18.jus.br/portal/arquivos/2015/07/relatorio-final.pdf. Para uma análise crítica desses enunciados, especificamente daqueles aprovados pela ENFAM, conferir: STRECK, Lenio Luiz. http://www.conjur.com.br/2015-set-10/senso-incomum-febre-enunciados-ncpc-inconstitucionalidade-ofuro. Acessado em 08.11.2015. No mesmo sentido crítico, confira-se: NUNES, Dierle. DELFINO, Lúcio. http://www.conjur.com.br/2015-set-03/enunciado-enfam-mostra-juizes-contraditorio-cpc. Acessado em 08.11.2015.

[10] Em termos mais completos, já afirmou em outra oportunidade: "O Estado Democrático de Direito é um modelo intencionado a conciliar e superar as colidentes filosofias liberal-burguesa e socialista, que já encamparam as diretrizes ideológicas condutoras de variadas sociedades ocidentais. No Brasil, sua escolha é expressa nos ditames literais do já aludido artigo inaugural da Carta de 1988 (CF, art. 1º). E uma das marcas peculiares a esse paradigma situa-se justamente na criação *democrática* do direito;

Nessa esteira, é correto sustentar que poder estatal legítimo é aquele cuja prática ocorre em conformidade com diretivas adotadas e aceitas pela sociedade, derivada da consensualidade dos ideais, dos fundamentos, crenças e ideologias, tudo a desembocar na elaboração da própria Constituição, efetivo *referente lógico-jurídico-hermenêutico* de todo o sistema normativo. Em termos mais claros: por vivermos em uma sociedade plural que não se assenta sobre uma tábua de valores homogeneamente compartilhados, a única fonte possível de consenso é a Constituição, fruto que é do poder constituinte originário (e, pois, do povo).

Consequentemente, no Estado Democrático de Direito as atividades públicas e as decisões delas oriundas adquirem legitimidade *se* e *quando* forem conformes aos vetores fixados constitucionalmente, desde uma junção criteriológica das posturas teóricas *substancialistas* e *procedimentalistas*[11]. Daí ser apenas aparente a tensão entre jurisdição e democracia: sim, porque se é verdade que aos juízes falta representatividade democrática (afinal, não foram eleitos pelo povo), não é menos correto que o processo, conformado ao modelo de democracia participativa, é (*deve ser*) um ambiente democrático onde os resultados dele oriundos não decorrem do labor solitário da autoridade jurisdicional (solipsismo judicial), mas que também seja fruto do empenho dos demais envolvidos (partes e seus advogados, Ministério Público etc.), que participam e influenciam na construção do provimento jurisdicional do qual são destinatários. Na verdade, as partes são simultaneamente coautoras e destinatárias da decisão. E é esse ambiente processual participativo que confere legitimidade à atuação jurisdicional.

Nessa ordem de ideias, decorrência natural da democracia participativa positivada constitucionalmente é o caráter dialético do processo judicial, assegurador de posição ativa do cidadão na formação das decisões públicas. A Constituição impõe o acatamento ao modelo de democracia deliberativo-procedimental, instituidor da abertura dos *centros de poder* que asseguram aos interessados, independentemente de qualquer consenso, a sua participação na formação das decisões por intermédio de um módulo processual desenvolvido em contraditório paritário, compreendido como garantia de influência e não surpresa (= direito de

---

afinal, vive-se, insista-se nessa ideia, num regime tido por *democrático*. Em última instância, quer isso significar a garantia de que ao povo se assegura a *participação*, direta ou indireta, no processo de formação das *decisões públicas*. Basicamente é o que preconiza o constituinte quando afirma que *todo* poder emana do povo, que o exerce *por meio de representantes* eleitos (democracia representativa), ou *diretamente* (democracia participativa), nos termos desta Constituição (CF, parágrafo único do art. 1º, primeira parte)". (DELFINO, Lúcio. *Direito Processual Civil – artigos e pareceres*. Fórum, 2011, p.35).

[11] Sobre a proposta que busca unir posturas procedimentalistas e substancialistas, sugere-se a leitura do interessante ensaio elaborado por Francisco José Borges Motta e Adalberto Narciso Hommerding: BORGES MOTTA, Francisco José; HOMMERDING, Adalberto Narciso. *O que é um modelo democrático de processo?* Disponível: <http://www.amprs.org.br/arquivos/revista_artigo/arquivo_1383852047.pdf >. Acessado em: 09/03/2015.

debater sobre todos os tópicos relevantes das questões a decidir e de influenciar na construção das decisões judiciais), a cujo respeito não pode se esquivar o julgador[12].

3. Contraditório Dinâmico e sua Conexão com a Fundamentação das decisões

Essa infusão de seiva democrática no âmbito da atividade judicial apresenta-se possível apenas se se encarar o contraditório com feições que superem aquela de cunho meramente formal. Encontra-se defasada a noção de contraditório como garantia de dizer e contradizer (bilateralidade da audiência), endereçada apenas aos litigantes como informação acerca dos atos processuais que se sucedem no curso procedimental e como resistência a esses mesmos atos, mediante impugnações, produção de provas, contraprovas e requerimentos. Ele deve acumular feição substancial, de asseguração de uma atuação ativa das partes, que lhes permita *influir* nos conteúdos (fáticos e jurídicos) das decisões judiciais – as partes não apenas *participam* do processo, mas *animam* seu resultado[13].

Na medida em que se reconhece o direito de influir no convencimento do juiz, fica claro que o contraditório assume outra feição: controlar o poder de julgar. Sim, pois se as partes têm o direito de influir no convencimento do julgador fica fácil perceber, de um lado, que este está obrigado a considerar o diálogo processual no instante em que exarar o provimento, prestando contas às expectativas alimentadas pelas partes ao longo do procedimento, e, de outro lado, que não pode decidir sobre qualquer questão que não tenha sido previamente submetida ao debate entre as partes. Com isso colabora-se para o desígnio, igualmente legitimador, de obstar arbítrios provenientes do órgão jurisdicional[14], combate-se a discricionariedade judicial, afronta-se a ausência de transparência e de previsibilidade, aniquilando as chamadas *decisões-surpresas,* que só se coadunam com o arbítrio e dizimam o ideal democrático[15].

Daí fica fácil antever que essa concepção do contraditório redimensionará, também, o conteúdo do dever de fundamentação das decisões judiciais. Como adverte Lenio Streck, com a precisão costumeira, o dever de fundamentar as decisões (e não somente a decisão final, mas todas) está assentado em um novo patamar de participação no processo, conectado ao controle mesmo das deci-

---

[12] ZANETI JUNIOR, Hermes. *A Constitucionalização do Processo.* 2ª Ed. Atlas, 2014, p. 127 e 158

[13] DELFINO, Lúcio. ROSSI, Fernando Fonseca. Juiz contraditor? *Revista Brasileira de Direito Processual,* 82. Belo Horizonte: Editora Fórum, 2013. p. 229-254.

[14] Segundo Fredie Didier Jr., "falar em processo democrático é falar em processo equilibrado e dialógico. Um processo em que as partes possam controlar-se, os sujeitos processuais tenham poderes e formas de controle previamente estabelecidos. Não adianta atribuir poder, se não houver mecanismos de controle desse poder" *(in Curso de direito processual civil.* 6ª. ed. Salvador: JusPodivm, 2006. v. 1, p. 62).

[15] DELFINO, Lúcio. ROSSI, Fernando Fonseca. Juiz contraditor? *Revista Brasileira de Direito Processual,* 82. Belo Horizonte: Editora Fórum, 2013. p. 229-254.

sões, a depender de uma alteração paradigmática do papel das partes da relação jurídico-processual: o protagonismo judicial deve soçobrar diante de uma adequada garantia do contraditório[16].

Em outros termos, pode-se afirmar que o contraditório limita a cognição do juiz e baliza a extensão da fundamentação nos seguintes moldes: *i)* o que não passou pelo contraditório não pode ser objeto de decisão; *ii)* tudo o que foi submetido ao contraditório (tanto questões de fato quanto questões de direito) deve ser objeto de manifestação expressa do juiz, na fundamentação da decisão.

Eis o entretecimento inexorável entre contraditório e fundamentação das decisões, demonstrando que o esvaziamento do conteúdo normativo do art. 489, § 1º abate inexoravelmente as potencialidades do contraditório substancial explicitado nos arts. 7º, 8º e 10, CPC/2015. Ou seja, o contraditório não será efetivo sem o correlato dever de fundamentação minudente, enquanto essa fundamentação não será profícua se o contraditório for mantido como mera bilateralidade da audiência – daí a *conjugação funcional* adrede referida. Em suma, *é na interação dinâmica e virtuosa do contraditório e da fundamentação das decisões que se terá um processo efetivamente democrático e participativo*. Fora daí, o que se terá é mais do mesmo inautêntico praxismo, hoje desgraçadamente imperante no Brasil.

Nada mais evidente, afinal pouco adiantaria atribuir perfil forte/substancial ao princípio do contraditório sem, em conjunto, redimensionar as coordenadas do dever de fundamentação, dado que só é possível saber se as partes tiveram efetivas chances de influir no convencimento do juiz, e que não foram surpreendidas, caso o julgador demonstre, expressa e motivadamente, que *oportunizou o debate,* ~~ali~~ *enfrentando,* um a um, todos os argumentos e todas as provas apresentados pelas partes, indicando, com a precisão possível, como e em que medida eles tiveram, ou não, aptidão para convencê-lo[17].

Não bastasse isso, o direito é linguagem vertida em texto e todo texto demanda interpretação. Daí que a importância da fundamentação também está em que nela o juiz deve demonstrar que decidiu juridicamente, e não por pressões externas ou mesmo com base no seu próprio senso de justiça. Esse dever mostra-se ainda mais sensível no contexto da aplicação de princípios e de normas abertas (cláusulas gerais e conceitos jurídicos indeterminados), pois, além de ser necessário

---

[16] Hermenêutica, Constituição e Processo, ou de "como discricionariedade não combina com democracia: o contraponto da resposta correta. *In* MACHADO, Felipe Daniel Amorim. CATTONI DE OLIVEIRA, Marcelo Andrade (Coords.). *Constituição e Processo: a contribuição do processo ao constitucionalismo democrático brasileiro.* Del Rey, 2009, p.17.

[17] Aliás, não é debalde advertir que *convencer* não é a mesma coisa que *influir*: *influi* aquilo que é levado em consideração na tomada de decisão e *convence* aquilo que define/conforma a tomada da decisão, sendo certo que o contraditório assegura *influência*, nunca *convencimento* – este depende, sempre, da *qualidade* dos argumentos e demais elementos instrutórios, de acordo com o valor que lhes for racionalmente atribuído dentro do contexto de uso.

franquear às partes a oportunidade de participarem eficazmente da reconstrução do sentido normativo dessas proposições jurídicas, elas são, por sua elevada indeterminação, terreno fértil para toda sorte de voluntarismos, subjetivismos, discricionariedades e autoritarismos. Daí por que a imposição de uma fundamentação exauriente e analítica, que efetivamente dialogue com as partes, representa salutar mecanismo de controle e de contenção do poder de julgar[18].

Parafraseando Dierle Nunes, urge advertir que a existência técnica nas legislações processuais (no plano infraconstitucional) de regras com o teor acima apregoado (i.é. normas que descrevam minuciosamente o perfil substancial do contraditório e da fundamentação das decisões) em nada altera o panorama (talvez mesmo o consolide), porquanto o comando constitucional que prevê o contraditório e institui o Estado Democrático de Direito já impõe a interpretação do contraditório como garantia de influência e não surpresa a permitir a comparticipação dos sujeitos processuais na formação das decisões[19], estabelecendo, por conseguinte, a indissolúvel conexão com a fundamentação como dever de debate, nos moldes já referidos.

Aliás, é exatamente por isso que, em 08.11.2006, no MS 25.787/DF, o STF reconheceu que o art. 5º, LV, CRFB, consagra o perfil dinâmico/substancial do contraditório, devidamente concatenado com o dever de fundamentação das decisões judiciais:

> Em outras ocasiões, tenho afirmado neste Tribunal que a garantia fundamental de defesa não se resume a um simples direito de manifestação no processo. Efetivamente, o que o constituinte pretende assegurar – como bem anota Pontes de Miranda – é uma pretensão à tutela jurídica (Comentários à Constituição de 1967 com a Emenda nº 1, 1969. T. V, p.234) (...) Não é outra a avaliação do tema no direito constitucional comparado. Apreciando o chamado Asprunch auf rechtliches Gehör (pretensão à tutela jurídica) no direito alemão, assinala o Bundesverfassungsgericht que essa pretensão envolve não só o direito de manifestação e o direito de informação sobre o objeto do processo, mas também o direito do indivíduo de ver os seus argumentos

---

[18] Nesse sentido, de modo preciso, leciona Ronaldo Brêtas de Carvalho Dias: "De fato, se a jurisdição somente atua mediante o devido processo constitucional e se o processo é procedimento que se desenvolve em contraditório entre as partes, em condições de paridade, fundamentar a decisão jurisdicional é justificar o órgão estatal julgador, no processo, as razões pelas quais a decisão foi proferida. A justificação assim desenvolvida pelo órgão julgador, porém, não pode ser abstrata, desordenada, desvairada, ilógica, irracional, discricionária ou arbitrária, formulada ao influxo das ideologias, do particular sentimento de justiça, do livre espírito de equidade, do prudente arbítrio ou das convicções pessoais do agente público julgador, marginalizando as questões e os argumentos posicionados pelas partes no processo, porque o julgador não está sozinho no processo, não é seu centro de gravidade e não possui o monopólio do saber." (in *Processo Constitucional e Estado Democrático de Direito*. 2ª ed. Del Rey, 2012, p.132).

[19] NUNES, Dierle José Coelho. *Processo Jurisdicional Democrático*. Juruá, 2012, p. 229.

contemplados pelo órgão incumbido de julgar (Cf. Decisão da Corte Constitucional alemã – BverfGE 70, 288-293 (...)). Daí afirmar-se, corretamente, que a pretensão à tutela jurídica, que corresponde exatamente à garantia consagrada no art. 5º, LV, da Constituição, contém os seguintes direitos: 1) direito de informação (Recht auf Information), que obriga o órgão julgador a informar à parte contrária dos atos praticados no processo e sobre os elementos dele constantes; 2) direito de manifestação(Recht auf Ässerung), que assegura ao defendente a possibilidade de manifestar-se oralmente ou por escrito sobre os elementos fáticos e jurídicos constantes no processo; 3) direito de ver seus argumentos considerados (Recht auf Berücksichtigung), que exige do julgador capacidade, apreensão e isenção de ânimo (Aufnahmefähigkeit und Aufnahmebereitschaft) para contemplar as razões apresentadas (...). Sobre o direito de ver os seus argumentos contemplados pelo órgão julgador (Recht auf Berücksichtigung), que corresponde, obviamente, ao dever do juiz ou da Administração de a eles conferir atenção (Beachtenspflicht), pode-se afirmar que ele envolve não só o direito de tomar conhecimento (Kenntnisnahmepflicht), como o de considerar, séria e detidamente, as razões apresentadas (Erwägungspflicht).

Por todo o exposto, vários enunciados aprovados no Seminário da ENFAM revelam-se incorretos. A título de exemplo, o enunciado n.1 dispõe que "entende-se por "fundamento" referido no art. 10 do CPC/2015 o substrato fático que orienta o pedido, e não o enquadramento jurídico atribuído pelas partes". Esse enunciado está fincado no adágio *iura novit curia* próprio do racionalismo, que equivalia lei e norma. Porém, ele perde qualquer sentido diante da evolução das teorias da norma e da interpretação, enfim do caráter problemático do direito e do modelo de democracia participativa estampado na CRFB. O juiz não é mais o ditador solitário do sentido do direito. Essa atividade deve ser dialogada com as partes, que serão afetadas pela decisão. E o enunciado em questão ignora isso.

Outro enunciado da ENFAM que destacamos é o de n.5, que dispõe: "Na declaração de incompetência absoluta não se aplica o disposto no art. 10, parte final, do CPC/2015". Trata-se de algo teratológico, com a devida vênia. Primeiro, porque nega escancaradamente o que dispõe o art. 10, CPC/2015, bem como tudo aquilo que a doutrina mais qualificada e a jurisprudência comparada já vêm produzindo acerca do contraditório substancial. Segundo, o enunciado parte da falsa premissa de que as hipóteses de competência absoluta sempre demandam pouco esforço cognitivo. Ora, não faltam casos de conflito de competência que ocupam a pauta dos juízes e tribunais pátrios – inclusive das Cortes de cúpula. De modo que a singeleza das hipóteses de competência absoluta não passa de uma caricatura. Seja como for, o cabimento do contraditório não pode oscilar em razão da maior ou menor complexidade da questão a decidir. Ademais, o enunciado em liça atenta claramente contra o disposto no art. 9º, CPC/2015, segundo o qual nenhuma decisão será proferida antes que as partes sejam ouvidas, salvo nas exceções que ele mesmo prevê, dentre as quais não está o reconhecimento da incompetência absoluta.

No fundo, tais enunciados estão criando hipóteses absurdas de inaplicação dos arts. 10 e 489, CPC/2015.

Mais estarrecedor é o enunciado n. 13 da I Jornada sobre o Código de Processo Civil de 2015, realizado pelo Tribunal Regional do Trabalho da 18ª Região: "AINDA QUE SE REPUTE POR CONSTITUCIONAL, REVELA-SE MANIFESTAMENTE INAPLICÁVEL AO PROCESSO DO TRABALHO O DISPOSITIVO DO NOVO CPC QUE EXIGE FUNDAMENTAÇÃO SENTENCIAL EXAURIENTE, COM O ENFRENTAMENTO DE TODOS OS ARGUMENTOS DEDUZIDOS NO PROCESSO PELAS PARTES. O inciso IV, do § 1º, do artigo 489, do Novo CPC, ao exigir fundamentação sentencial exauriente, é inaplicável ao processo trabalhista, seja pela inexistência de omissão normativa, diante do caput do artigo 832, da CLT, seja pela flagrante incompatibilidade com os princípios da simplicidade e da celeridade, norteadores do processo laboral, sendo-lhe bastante, portanto, a clássica fundamentação sentencial suficiente"[20].

Se no Estado Constitucional, "em termos jurídicos, nada pode ser se não for constitucionalmente legítimo"[21], o enunciado é simplesmente absurdo. Ao mesmo tempo em que reconhece a constitucionalidade do dispositivo, nega a sua aplicação por ser incompatível com o processo trabalhista. Ora, como se a Constituição devesse ser interpretada à luz do direito infraconstitucional. Mais, como se os "princípios" do direito processual do trabalho – de duvidosa existência e normatividade! – pudessem definir a extensão e profundidade dos direitos fundamentais processuais estampados expressamente no rol do art. 5º, CRFB.

4. O Alvo da Resistência é a Constituição e não (pelo menos não só) o CPC/2015

Eis o ponto fundamental: quando o CPC/2015 disciplina os princípios do contraditório e da fundamentação das decisões judiciais ele não promove qualquer inovação na ordem jurídica pátria, limitando-se a explicitar pormenorizadamente (desenhando, para os que não entenderam) a normatividade desde-já-sempre decorrente da CRFB.

Fique claro que não estamos diminuindo a importância da novel legislação, no ponto. Muito pelo contrário! Entre nós, infelizmente, o "dever-ser" constitucional vem padecendo da mais solene (e impune!) inefetividade: lá se vão 26

---

[20] http://www.trt18.jus.br/portal/arquivos/2015/07/relatorio-final.pdf. Acessado em 05.04.2016.
[21] STRECK, Lenio. *Hermenêutica Jurídica e(m) Crise. Uma exploração hermenêutica da construção do Direito.* 10ª Ed. Livraria do Advogado: 2011, p.346.

anos sem absorção da normatividade das garantias do contraditório e da fundamentação das decisões, ambas tão caras e essenciais ao processo democrático! Ora, se precisamos de um artigo de lei que expresse com detalhes o conteúdo substancial daquelas garantias (e precisamos mesmo!), então que assim seja. É o legislador apontando equívocos graves da praxe forense, ensinando os profissionais do direito a atuarem, declarando sem peias que estamos fracassando ao insistir em negar a força normativa da Constituição.

O que estamos a dizer é que, com relação aos dispositivos por nós já indicados, a pretensão das associações de magistrados não está apenas contra o CPC/2015: *conscientemente, ou não, ataca frontalmente a própria CRFB*. E não é possível que, em pleno Estado Democrático de Direito, parcela da magistratura pretenda enfraquecer ou manter o *habitus* de flagrante violação das garantias processuais fundamentais. O Estado Democrático de Direito se caracteriza pela controlabilidade dos atos de poder, sendo a fundamentação verdadeiro remédio contra o arbítrio[22]. Insista-se que é na justificação que o Estado Democrático de Direito legitima a sua atuação[23]. Logo, não há razão legítima para a liberação dos juízes dos deveres de respeitar o contraditório como garantia de influência e não surpresa e de fundamentar minuciosamente suas decisões, seja qual for a instância em que atuam, mais ainda num sistema normativo que a cada dia valoriza e fortalece provimentos vinculativos.

5. Inadequada Invocação da Celeridade, da Independência dos Juízes e da Crise do Judiciário como "Razões" para Deixar de Aplicar o art. 489, § 1º, CPC/2015

Consequentemente, não convence invocar a celeridade para justificar o veto e muito menos a edição de enunciados flagrantemente contrários aos dispositivos produzidos democraticamente pelo parlamento. Longe disso!

Primeiro, porque um processo não deve ser célere, mas ter duração razoável (a CRFB não se refere à celeridade, e sim à duração razoável: é preciso antes de interpretar ouvir o que o texto normativo tem a nos dizer), o que pressupõe o tempo necessário ao exercício das garantias processuais fundamentais em sua interação dinâmica. E não dura razoavelmente o processo que solapa os espaços-

---

[22] Maurício Ramires demonstra que a história da exigência de fundamentação da decisão judicial é a história da contenção do arbítrio do julgador: "o ponto de partida da discussão que aqui se apresenta deve ser estabelecido na obrigatoriedade de fundamentação das decisões judiciais, entendida em seu sentido contemporâneo, de garantia contra o arbítrio e a discricionariedade do juiz" (in *Crítica à Aplicação de Precedentes no Direito Brasileiro*. Livraria do Advogado, 2010, p.35).

[23] *"o Estado Democrático de Direito é um estado que se justifica, para encontrar nessa justificação sua legitimidade.* O fator de legitimidade das decisões – e, como consequência, da atividade jurisdicional – é dado por sua fundamentação". (SCHMITZ, Leonard Ziesemer. *Fundamentação das Decisões Judiciais – A crise na construção de respostas no processo civil*. RT, 2015, p.183).

-tempos necessários para uma adequada efetivação do contraditório e da fundamentação das decisões.

Segundo, porque não se está obrigando o juiz a analisar fundamentos absurdos, mas a analisar os fundamentos apresentados. Repare bem: em si mesmo considerado, um fundamento não é bom e nem ruim, viável ou absurdo; um fundamento é um fundamento. A qualificação de ser pertinente ou impertinente, bom ou ruim, viável ou inviável, depende, sempre, de sua análise à luz dos elementos do caso concreto; antes e sem isso ele não pode ser adjetivado. Portanto, quando o juiz diz que um argumento é infundado é porque o analisou! O trabalho intelectivo já foi feito e agora só resta externar as razões da sua conclusão. E convenhamos, em termos de economia leva mais tempo raciocinar do que extravasar as conclusões do raciocínio... Portanto, é a intelecção e não a explicitação das razões de decidir que consome maior tempo. De modo que dispensar essa fundamentação a pretexto de reduzir o tempo da atividade decisória não só é fundamento que não se sustenta, como consiste em permitir que se decida arbitrariamente, algo intolerável no Estado Democrático de Direito.

Terceiro, a quantidade de fundamentos apresentados pelas partes jamais foi causa de morosidade. O que pode *legitimamente* dilatar o tempo do processo é aquele decorrente da produção das provas necessárias ao julgamento (p.ex. perícias ou testemunhas ouvidas em comarcas distantes, via carta precatória). Por outro lado, os processos demoram *injustificadamente* por causa dos seus tempos mortos, normalmente provocados pelas (naturais, ou não) insuficiências pessoais e estruturais da estrutura Judiciária. Já o julgamento, em si – o período de valoração dos fundamentos e provas apresentados – é, ao menos em regra, ; algo de somenos importância na composição do tempo do processo.

Quarto, porque – em linguagem *dworkiana* – o respeito ao contraditório e à fundamentação das decisões é uma questão de princípios (representam direitos constitucionalmente assegurados), enquanto a celeridade processual ambicionada pelo pleito de veto e enunciados já aprovados, vistos sob o aspecto interno (da performance ou fria eficiência)[24], é uma questão de política (definem um objetivo ou uma meta de gestão judiciária a ser alcançada). Só que juízes decidem

---

[24] Sobre as noções de eficácia, efetividade e eficiência, por todos: FONSECA COSTA, Eduardo José da. Noções jurídico-processuais de eficácia, efetividade e eficiência. *Revista de Processo, n. 121*. São Paulo: Revista dos Tribunais, 2005. Sobre a compreensão da eficiência sempre atrelada à efetividades qualitativas decorrentes do devido processo legal, Leonardo Carneiro da Cunha leciona: "A eficiência constitui, na verdade, mais uma qualidade do devido processo legal. O processo devido deve, além de adequado, ser eficiente. O *due process of law* exige que o processo seja adequado e eficiente: haverá eficiência, se houver observância do juiz natural, da isonomia, da duração razoável, do contraditório, da adequação, enfim, o processo deve ser adequado e eficiente." (CUNHA, Leonardo Carneiro da. A previsão do princípio da eficiência no projeto do novo Código de Processo Civil brasileiro. *Revista de Processo, n. 233*. São Paulo: Revista dos Tribunais, 2014).

por princípios, não com base em políticas! Portanto, invocar a celeridade, nesse contexto, é negar a normatividade da CRFB e do CPC/2015 para homenagear posturas utilitaristas. Dito de outro modo, é fazer política ao invés de direito.

Enfim, nada mais que reiterar o óbvio: pretender celeridade a qualquer preço significa apostar fichas em uma filosofia utilitarista de todo estranha às idiossincrasias da atividade jurisdicional, cuja legitimidade depende umbilicalmente do respeito ao devido processo legal[25].

Por outro lado, tampouco é acertado falar em violação da independência dos juízes. Isso só seria possível se considerássemos que ela significa desprezo à responsabilidade política inerente à judicatura, como se julgadores estivessem autorizados a decidir com desprezo à integridade e à coerência do direito, seguindo apelos externos ou seus critérios pessoais de justiça. Mas não. A independência não é (ao menos não exclusiva e nem primordialmente) garantia do juiz, mas do jurisdicionado, que, com ela, tem assegurado que sua causa será decidida com base no direito, ou seja, que o juiz não cederá a qualquer tipo de pressão externa (como da opinião pública(da), da moral, da religião, da economia etc.) e nem ao seu próprio subjetivismo (decido conforme minha consciência). Nessa ordem de ideias, compelir o julgador a respeitar o contraditório e a fundamentação das decisões, em seus perfis de materialidade constitucional, é afirmar, e jamais negar, a tão cara garantia de independência do juiz[26].

---

[25] Vale a advertência de Rosivaldo Toscano dos Santos Júnior: "De um lugar de fala jurídico, não há como se defender a concretização do direito pela perspectiva economicista porque para esta a normatividade é uma externalidade, não há como ser compatibilizada porque está no seu ponto cego. O direito tem uma visão que não se baseia em pura relação custo-benefício – fundamentada em puro utilitarismo. A ordem jurídica de um Estado Democrático de Direito, entendemos nós, tem como o significante principal o respeito a normatividade constitucional (auto-referenicação normativa – ou o que seria do direito se defendesse a normatividade sem, primeiro legitimá-la?), consubstanciada em seus princípios e regras)."(SANTOS JÚNIOR, Rosivaldo Toscano dos. *Controle remoto e decisão judicial. Quando se decide sem decidir.* Rio de Janeiro: Editora Lumen Juris, 2014. p. 169).

[26] Tratando da independência jurídica dos juízes, Rubens R.R. Casara e Antônio Pedro Melchior demonstram que a independência não significa liberdade para o juiz decidir como bem entender, mas sim a garantia, para o juiz, de que não terá de se curvar a qualquer tipo de pressão, e para o cidadão, de que seu caso será decidido à luz do direito, e não em face das oscilações sociopolíticas nem das predileções pessoais do juiz: "O juiz, órgão da Agência Judicial, para bem cumprir sua missão de assegurar os direitos fundamentais, e, sempre que possível, compor ou acomodar litígios, goza de certas garantias à sua independência. Tratam-se de garantias orgânicas, típicas do Estado de direito. Ferrajoli aduz que a independência dos juízes é 'conexa, tanto teórica como historicamente, à confirmação, de um lado, do princípio da estrita legalidade e da natureza cognitiva da jurisdição e, de outro, dos direitos naturais ou fundamentais da pessoa. (...) Cabe aos juízes, de forma precípua, impedir a opressão (o arbítrio e o abuso do poder), pública ou privada, mesmo que com isso contrariem a vontade dos governantes ou mesmo de maiorias de ocasião. (...) A independência jurídica (ou interna) significa a garantia de que o juiz só se subordina à lei constitucionalmente adequada. Isso porque é necessário assegurar a independência do juiz, enquanto indivíduo, para impedir que a autonomia do julgamento acabe comprometida por

Parece claro – e não há como dizer de modo mais ameno – que a ojeriza ao art. 489, § 1º, CPC/2015 é puro ranço autoritário de um exercício autocêntrico do poder, avesso à abertura democrática de produção plural e dialogada dos provimentos.

Não é despropositado dizer que o Judiciário está na linha do limite. Sim, há processos demais e algo deve ser feito. Naturalmente, o caminho é estancar as conhecidíssimas causas do atual volume de demandas: sistemática violação de direitos por parte do poder público e de grande parte dos maiores fornecedores e concessionários de serviços públicos instalados no mercado de consumo. Destarte, não é bom caminho, definitivamente, sabotar o devido processo, cerrando portas para a participação efetiva dos cidadãos, que não raro têm no Judiciário a última esperança de verem realizados seus direitos, inclusive fundamentais.

Aliás, anote-se algo que aparentemente tem sido ignorado por importantes setores da academia: a lei processual não é e nem nunca foi a causa significativa para o ajuizamento de demandas. Processos surgem por conta das irritações havidas no âmbito das relações materiais, e não por causa da lei processual em si. Mesmo quando a lei processual facilita o acesso à justiça – como é o caso das leis que compõem o microssistema dos Juizados Especiais – e acarreta o aumento do número de processos, o que isso revela é existência de demandas reprimidas, ou seja, que algumas tensões presentes nas relações de direito material não eram levadas ao Judiciário. Claro que, alguma medida, esses mecanismos facilitadores estimulam pretensões temerárias, sabidamente despidas de sentido. Porém, não é honesto, até por falta de comprovação empírica, identificar aí um dado substancioso no balanço final de processos em trâmite perante a justiça brasileira. Bem diferentemente, a lei processual pode, isso sim, criar filtros/óbices ilegítimos que agridem aquele direito fundamental. Tudo considerado, ninguém ignora que as causas de redução de processos são culturais. Os provimentos vinculativos, por exemplo, só renderão frutos desejados – dentre eles, reduzir o número de processos – se forem levados a sério pelos tribunais, pois ninguém ignora que o atual cenário de dispersão de entendimentos alimenta o demandismo, pois alimenta a expectativa de encontrar um juiz que "decida conforme a sua consciência", isto é, que siga sua opinião pessoal mesmo quando isolada e mesmo repelida. Num país em que há leis que "pegam" e leis que "não pegam", o tempo dirá se o comando normativo que impõe a observância dos provimentos vinculantes (plano do dever--ser) será transposto para as nossas práticas (plano do ser) – e fica ressaltado o nosso sincero voto de que "pegue"; que assim seja!

---

ataques da própria classe, no próprio seio da magistratura ("confrontos de poderes hierárquicos internos à classe"). (...) Na descoberta da verdade possível, o juiz deve obediência apenas ao devido processo legal, às leis postas em conformidade com a normatividade constitucional" (in *Teoria do Processo Penal Brasileiro. Dogmática e Crítica: Conceitos Fundamentais.* Lumen Juris, 2013, p.159-161).

Portanto, aniquilar a potencialidade do contraditório e da fundamentação das decisões judiciais, além de padecer de profunda inconstitucionalidade, não tem qualquer relação significativa com o tempo de duração e a quantidade de processos.

6. Arrematando e Conclamando

Por todo o exposto, justifica-se a afirmação de que o aspecto problemático envolvendo o pedido de veto e os enunciados já aprovados pelas escolas de magistrados é que eles se voltam contra a CRFB, e não apenas contra o CPC/2015. E claro, vai contra o louvável empenho legislativo de efetivar parcela importante da normatividade constitucional amiúde desprezada no dia a dia do foro. É aterrorizante, pois se trata de manter o estado da arte de violação diuturna de garantias processuais mais elementares de participação na formação dos provimentos jurisdicionais em um Estado Democrático de Direito, o que não pode ser tolerado. Repita-se: a redação minudenciada que se encontra no CPC/2015 a propósito do contraditório e da fundamentação das decisões não é fruto do acaso, e sim uma opção lúcida e consciente feita pelo legislador com a finalidade de fazer valer a Constituição. De modo que aqueles movimentos simbolizam uma triste resposta àqueles que ainda alimentam otimismo na melhora *qualitativa* do sistema de justiça pátrio.

É preciso insistir que o quadro é particularmente grave, pois o Judiciário exerce (deve exercer) justamente a função de guardar a Constituição a bem da cidadania, e não da conveniência de alguns dos seus membros. Se o pedido de veto já era problemático, a aprovação dos enunciados posteriormente a sanção da lei revela-se chocante. Nada mais, nada menos do que profunda demonstração de desrespeito à produção democrática do direito. É absurdo que o poder emane do povo, que o povo, por seus representantes eleitos, altere o direito positivo para efetivar a sua participação direta na formação dos atos do poder Judiciário e alguns membros deste simplesmente não aceitem se submeter à autonomia e império do Direito[27].

---

[27] "Tudo isso é deveras simbólico. Magistrados reunidos para "flexibilizar" amarras que lhes foram impostas pelo novo modelo participativo de processo, surgido de forma legítima, via processo legislativo constitucional. No que diz respeito ao enunciado aludido, a palavra "flexibilizar" é imprópria, pois o que se constata ali é a tentativa patente de limitar, por intermédio de uma estratégia institucional extralegal, as possibilidades democráticas de um comando normativo correspondente a um dos alicerces desse novo CPC. E por que isso? A razão, como já sublinhado, é macular o trabalho legislativo que, na visão daqueles que apoiaram o enunciado, impõe à magistratura amarras excessivamente rígidas. Para nós brasileiros a lei é nada mais que mera sugestão. Gasta-se uma fortuna com o funcionamento do Congresso Nacional e o resultado são textos ficticiamente vinculantes. Aqui se pode tudo e mais um pouco. O "intérprete" não permite que o texto antes lhe diga algo para, só depois, atribuir-lhe sentidos. Textos legais são mudos e camaleônicos, pouco importando seus limites semânticos porque prevalece mesmo é aquilo

De modo que a Presidente da República agiu corretamente ao sancionar o art. 489, § 1º, CPC/2015. Na verdade, não poderia ser diferente. Afinal, o veto presidencial não é ato discricionário do Presidente da República, só podendo ser lançado mediante decisão fundamentada que aponte inconstitucionalidade ou vulneração do interesse público (art. 66, § 1º, CRFB), sob o controle do Congresso Nacional (art. 66, § 4º, CRBF). *In casu*, inconstitucionalidade não há, evidentemente. E tampouco vulneração do interesse público, mesmo porque esse não é um enunciado performático que se amolde a qualquer desígnio do Presidente da República, ao revés, só encontra legitimidade na normatividade constitucional, que, como visto, no caso em tela indica pela manutenção dos dispositivos[28]. De modo que se tivesse havido o veto, teria de ser derrubado pelo Legislativo.

Como já foi dito, porém, o pedido de veto não aplacou o ímpeto contrário ao art. 489, § 1º – e aos arts. 7º, 8º, 9º e 10, CPC/2015, àquele inexoravelmente imbricados, de modo que voltar-se contra um é inevitavelmente atentar contra o outro. Caberá à comunidade jurídica, fiel à normatividade constitucional, exercer uma espécie de defesa intransigente dos direitos da cidadania. Mais do que nunca, será necessário enunciar o limite de modo inequivocamente claro. Advogados em geral, Promotores de Justiça e, felizmente, os Juízes que não cederam ao canto das sereias deverão combater a letargia que pretende manter-se perpetuada na inautenticidade. A resistência deverá se dar tanto no âmbito institucional, através dos respectivos órgãos de classe, como no da atuação difusa do foro. E, especialmente, a doutrina terá, definitivamente, voltar a doutrinar. Mais do que isso, terá de exercer agudamente a função de promover constrangimentos epistemológicos (Lenio Streck), de modo a inviabilizar a manutenção do *status quo*, inautêntico, no mínimo, desde 1988. É preciso coragem para colocar o sino

---

desejado pelo intérprete assujeitador. São espécie de brinquedo gelatinoso, resiliente e maleável, que a tudo tolera, podendo ser comprimido, esticado, partido e aumentado. De novo, e sempre, o problema do ativismo judicial, agora revestido sob a forma de enunciados elaborados por magistrados e que poderão ser empregados amiúde (e acriticamente) no cotidiano forense. O texto legal diz mas a magistratura desdiz. E assim seguimos, caminhando para trás". (Nunes, Dierle. Delfino, Lúcio. http://www.conjur. com.br/2015-set-03/enunciado-enfam-mostra-juizes-contraditorio-cpc. Acessado em 08.11.2015).

[28] Consoante Bernardo Fernandes, "o veto pode ser diferenciado em: 1) Político: ocorre quando o Presidente da República veta o projeto pode entendê-lo contrário ao interesse público. 2) Jurídico: ocorre quando o Presidente da República veta o projeto pode entendê-lo inconstitucional. 3) Político-Jurídico: o projeto de lei é vetado por ser, no entendimento do Presidente, contrário ao interesse público e também inconstitucional. Existem algumas características do veto que são comumente explicitadas. Nesse sentido, o veto pode ser entendido como (...) 2) Motivado e Formalizado: o veto tem de ser fundamentado, pois o mesmo volta para o Congresso Nacional apreciá-lo. Como o Congresso Nacional irá analisá-lo sem saber seus motivos? Se o veto não for motivado, será nulo. Nesse caso, ocorrerá a sanção tácita. Quanto à formalização, quer a mesma dizer que o veto tem que ser sempre reduzido à forma escrita. Se não for escrito (formalizado) e transcorrer o prazo de 15 dias úteis, haverá sanção tácita". (*in Curso de Direito Constitucional*. Lumen Juris, 2010, p.679-680).

no pescoço do gato, demarcando quem aceita as regras do jogo democrático e quem pretende exercer um despotismo movido pelo pueril desejo de fazer valer suas predileções egoísticas.

O convite está feito. É só o começo de uma caminhada que se anuncia hostil, mas que não suporta mais qualquer adiamento. Demarcamos o nosso lugar. Avante, em busca de fixar uma democracia processual séria e efetiva. E mesmo que o CPC/2015 tenha apenas explicitado o que já está entre nós, no plano do *dever-ser*, desde a CRFB de 1988, a superveniência da novel legislação processual estabelece um marco simbólico importante para promover uma mudança capaz de fazer com que definitivamente o novo nasça e que o velho morra.

7. Referências

BORGES MOTTA, Francisco José; HOMMERDING, Adalberto Narciso. *O que é um modelo democrático de processo?* Disponível: <http://www.amprs.org.br/arquivos/revista_artigo/arquivo_1383852047.pdf.

CASARA. Rubens R. R. MELCHIOR, Antonio Pedro. *Teoria do Processo Penal Brasileiro. Dogmática e Crítica: Conceitos Fundamentais.* Lumen Juris, 2013.

CUNHA, Leonardo Carneiro da. A previsão do princípio da eficiência no projeto do novo Código de Processo Civil brasileiro. *Revista de Processo, n. 233.* São Paulo: Revista dos Tribunais, 2014.

DELFINO, Lúcio. ROSSI, Fernando Fonseca. Juiz contraditor? *Revista Brasileira de Direito Processual, 82.* Belo Horizonte: Editora Fórum, 2013.

DELFINO, Lúcio. *Direito Processual Civil – artigos e pareceres.* Fórum, 2011.

DIAS, Ronaldo Brêtas de Carvalho. *Processo Constitucional e Estado Democrático de Direito.* 2ª Ed. Del Rey, 2012.

DIDIER JR, Fredie. *Curso de direito processual civil.* V.1. 6ª. ed. Salvador: JusPodivm, 2006.

FERNANDES, Bernardo. *Curso de Direito Constitucional.* Lumen Juris, 2010, p.679-680

FONSECA COSTA, Eduardo José da. Noções jurídico-processuais de eficácia, efetividade e eficiência. *Revista de Processo, n. 121.* São Paulo: Revista dos Tribunais, 2005.

NUNES, Dierle José Coelho. *Processo Jurisdicional Democrático.* Juruá, 2012.

NUNES, Dierle. DELFINO, Lúcio. http://www.conjur.com.br/2015-set-03/enunciado--enfam-mostra-juizes-contraditorio-cpc.

RAMIRES, Maurício. *Crítica à Aplicação de Precedentes no Direito Brasileiro.* Livraria do Advogado, 2010.

SANTOS JÚNIOR, Rosivaldo Toscano dos. *Controle remoto e decisão judicial. Quando se decide sem decidir.* Rio de Janeiro: Editora Lumen Juris, 2014.

SCHMITZ, Leonard Ziesemer. *Fundamentação das Decisões Judiciais – A crise na construção de respostas no processo civil.* RT, 2015.

STRECK, Lenio. *Hermenêutica Jurídica e(m) Crise. Uma exploração hermenêutica da construção do Direito.* 10ª Ed. Livraria do Advogado: 2011.

STRECK, Lenio. Hermenêutica, Constituição e Processo, ou de "como discricionariedade não combina com democracia: o contraponto da resposta correta. *In* MACHADO, Felipe

Daniel Amorim. CATTONI DE OLIVEIRA, Marcelo Andrade (Coords.). *Constituição e Processo: a contribuição do processo ao constitucionalismo democrático brasileiro.* Del Rey, 2009.

STRECK, Lenio Luiz. http://www.conjur.com.br/2015-set-10/senso-incomum-febre-enunciados-ncpc-inconstitucionalidade-ofuro.

ZANETI JUNIOR, Hermes. *A Constitucionalização do Processo.* 2ª Ed. Atlas, 2014, p. 127 e 158

A regra interpretativa da primazia do mérito e o formalismo processual democrático

DIERLE NUNES
CLENDERSON RODRIGUES DA CRUZ
LUCAS DIAS COSTA DRUMMOND

1. Introdução

Com a aprovação do Novo Código de Processo Civil[1] entra em pauta sua interpretação, especialmente quando se percebe que desde o início a legislação traz um capítulo de normas fundamentais de perfil predominantemente constitucionais.

E com o novo sistema dogmático estruturado faz-se mister a percepção de um formalismo que se adeque às diretrizes do processo democrático, de modo a se evitar que as formas processuais sejam estruturadas e interpretadas em dissonância com os ditames conteudísticos do modelo constitucional de processo.[2]

É nessa quadra que se insere o presente estudo que visa apresentar um perfil interpretativo e prático para a aplicação da norma fundamental descrita no art. 4º do Novo CPC que concebe *a regra interpretativa da primazia do mérito*[3] ou "solução integral do mérito".

---

[1] Lei n. 13.105 de 16 de março de 2015.

[2] BARROS, Flaviane de Magalhães. *O modelo constitucional de processo penal: a necessidade de uma interpretação das reformas do processo penal a partir da Constituição. In*: MACHADO, Felipe Daniel Amorim; CATTONI DE OLIVEIRA, Marcelo Andrade (Coord.). Constituição e processo: a contribuição do processo para o constitucionalismo brasileiro. Belo Horizonte: Del Rey. 2009.

[3] THEODORO JR, Humberto; NUNES, Dierle; BAHIA, Alexandre Melo Franco; PEDRON, Flávio. *Novo CPC: Fundamentos e sistematização*. 2ª Edição. Rio de Janeiro: GEN Forense, 2015. Chamada por boa parcela da processualística brasileira de "princípio da primazia do mérito". Cf. DIDIER, Fredie. *Curso de direito processual civil*. Salvador: Juz Podivm, 2015. v.1. p. 136. Também chamado de "preponderância do mérito": DUARTE, Zulmar. *Preponderância do Mérito no Novo CPC*. Acessível em http://genjuridico.com.

Com a mesma torna-se inaceitável, por exemplo, a jurisprudência defensiva no campo recursal, rigor quase "ritual" na análise de requisitos de admissibilidade intrínsecos e extrínsecos, que busca promover o impedimento da fruição plena de direitos (muitas vezes, fundamentais) e esvaziar o papel garantístico que o processo deve desempenhar na atualidade. O Novo CPC, no entanto, a partir da primazia do mérito, apresenta consideráveis ganhos no campo recursal a partir dos arts. 932, parágrafo único,[4] 938, §1º,[5] 1007,[6] 1.013, §3º[7], 1.017, §3º,[8] 1.029, §3º[9], entre muitos outros.[10]

br/2015/01/23/preponderancia-do-merito-no-novo-cpc/ Negamos o caráter de princípio da norma, pois como se asseverou em outra oportunidade: "Nesse mesmo passo, também não pode a doutrina brasileira começar a inventar princípios que também carecem de lastro normativo. Dworkin (que é um importante autor quando falamos do estudo e das definições contemporâneas sobre o tema) é preciso em afirmar que os princípios são frutos da história institucional de uma dada comunidade, razão pela qual não são inventados por atos criativos individuais, e sim, compreendem um reconhecimento intersubjetivo de uma prática social que espelha uma correção normativa (dizem a respeito do que é correto/lícito e do que é incorreto/ilícito); isto é, princípios estabelecem normas a respeito de direitos que encontram sua base na normatividade constitucional. Perder isso de vista, é correr o risco de desvincular os princípios de sua força normativa e, com isso, desnaturar sua normatividade (para não falar em um discurso banalizador). Paradoxalmente, ao ler textos acerca do Novo CPC já se começa a perceber a alusão a supostos novos princípios sem que o seu idealizador decline qual seria o âmbito de sua correção normativa ou de vinculação com a história institucional da comunidade jurídica brasileira. A simples existência de novas regras não as habilita a serem aplicadas com a dimensão de normas-princípio. Ainda que tal doutrina se mostre bem intencionada, é preciso identificar que o uso argumentativo é que estabelece a diferença entre princípios, regras e diretrizes políticas, já que não se mostra plausível a tese de Alexy de uma distinção estrutural (morfológica ou a priori)." NUNES, Dierle; PEDRON, Flávio. Doutrina deve ter prudência e rigor ao definir princípios do Novo CPC. Disponível em: http://www.conjur.com.br/2015-abr-19/doutrina-prudencia-definir-principios-cpc

[4] "Art. 932. Incumbe ao relator: [...]Parágrafo único Antes de considerar inadmissível o recurso, o relator concederá o prazo de 5 (cinco) dias ao recorrente para que seja sanado vício ou complementada a documentação exigível. Ver: Enunciado 82 do FPPC: É dever do relator, e não faculdade, conceder o prazo ao recorrente para sanar o vício ou complementar a documentação exigível, antes de inadmitir qualquer recurso, inclusive os excepcionais. Enunciado 463 do FPPC: (art. 932, parágrafo único) O art. 932, parágrafo único, deve ser aplicado aos recursos interpostos antes da entrada em vigor do CPC de 2015 e ainda pendentes de julgamento. Enunciado 551 do FPPC: (art. 932, parágrafo único; art. 6º; art. 10; art. 1.003, §6º) Cabe ao relator, antes de não conhecer do recurso por intempestividade, conceder o prazo de cinco dias úteis para que o recorrente prove qualquer causa de prorrogação, suspensão ou interrupção do prazo recursal a justificar a tempestividade do recurso. Enunciado 550 do FPPC: (art. 932, parágrafo único; art. 6º; art. 10; art. 1.029, §3º; art. 1.033; art.1.035) A inexistência de repercussão geral da questão constitucional discutida no recurso extraordinário é vício insanável, não se aplicando o dever de prevenção de que trata o parágrafo único do art. 932, sem prejuízo do disposto no art. 1.033. (Grupo: Recursos (menos os repetitivos) e reclamação).

[5] "Art. 938. A questão preliminar suscitada no julgamento será decidida antes do mérito, deste não se conhecendo caso seja incompatível com a decisão. § 1º Constatada a ocorrência de vício sanável, inclusive aquele que possa ser conhecido de ofício, o relator determinará a realização ou a renovação do ato processual, no próprio tribunal ou em primeiro grau de jurisdição, intimadas as partes" Pontue-se que conforme o enunciados do Fórum Permanente de Processualistas Civis: *Enunciado 199 do FPPC: No*

A REGRA INTERPRETATIVA DA PRIMAZIA DO MÉRITO E O FORMALISMO PROCESSUAL...

processo do trabalho, constatada a ocorrência de vício sanável, inclusive aquele que possa ser conhecido de ofício pelo órgão jurisdicional, o relator determinará a realização ou a renovação do ato processual, no próprio tribunal ou em primeiro grau, intimadas as partes; cumprida a diligência, sempre que possível, prosseguirá no julgamento do recurso. Enunciado n.o 332 do FPPC: Considera-se vício sanável, tipificado no art. 938, §1o, a apresentação da procuração e da guia de custas ou depósito recursal em cópia, cumprindo ao relator assinalar prazo para a parte renovar o ato processual com a juntada dos originais. Enunciado n.o 333 do FPPC: Em se tratando de guia de custas e depósito recursal inseridos no sistema eletrônico, estando o arquivo corrompido, impedido de ser executado ou de ser lido, deverá o relator assegurar a possibilidade de sanar o vício, nos termos do art. 938, §1o."

[6] **Art. 1.007.** No ato de interposição do recurso, o recorrente comprovará, quando exigido pela legislação pertinente, o respectivo preparo, inclusive porte de remessa e de retorno, sob pena de deserção. [...] § 2o A insuficiência no valor do preparo, inclusive porte de remessa e de retorno, implicará deserção se o recorrente, intimado na pessoa de seu advogado, não vier a supri-lo no prazo de 5 (cinco) dias. § 3o É dispensado o recolhimento do porte de remessa e de retorno no processo em autos eletrônicos. § 4o O recorrente que não comprovar, no ato de interposição do recurso, o recolhimento do preparo, inclusive porte de remessa e de retorno, será intimado, na pessoa de seu advogado, para realizar o recolhimento em dobro, sob pena de deserção. 5o É vedada a complementação se houver insuficiência parcial do preparo, inclusive porte de remessa e de retorno, no recolhimento realizado na forma do § 4o. § 6o Provando o recorrente justo impedimento, o relator relevará a pena de deserção, por decisão irrecorrível, fixando-lhe prazo de 5 (cinco) dias para efetuar o prepare. § 7o .O equívoco no preenchimento da guia de custas não implicará a aplicação da pena de deserção, cabendo ao relator, na hipótese de dúvida quanto ao recolhimento, intimar o recorrente para sanar o vício no prazo de 5 (cinco) dias.

[7] Que amplia as hipóteses da aplicação da teoria da causa Madura: "**Art. 1.013.** A apelação devolve- rá ao tribunal o conhecimento da matéria impugnada [...] § 3o Se o processo estiver em condições de imediato julgamento, o tribunal deve decidir desde logo o mérito quando: I reformar sentença fundada no art 485; II decretar a nulidade da sentença por não ser ela congruente com os limites do pedido ou da causa de pedir; III constatar a omissão no exame de um dos pedidos, hipótese em que poderá julgá-lo; IV. decretar a nulidade de senten- ça por falta de fundamentação. § 4º Quando reformar sentença que reconheça a decadência ou a prescrição, o tribunal, se possível, julgará o mérito, examinando as demais questões, sem determinar o retorno do processo ao juízo de primeiro grau."

[8] Art.1.017. [...] § 3o Na falta da cópia de qualquer peça ou no caso de algum outro vício que comprometa a admissibilidade do agravo de instrumento, deve o relator aplicar o disposto no art 932, parágrafo único

[9] "**Art. 1.029.** O recurso extraordinário e o recurso especial, nos casos previstos na Constituição Federal, serão interpostos perante o presidente ou o vice-presidente do tribunal recorrido, em petições distintas que conterão: [...]§ 3o O Supremo Tribunal Federal ou o Superior Tribunal de Justiça poderá desconsiderar vício formal de recurso tempestivo ou determinar sua correção, desde que não o repute grave. Conforme enunciados do FPPC: *"Enunciado n.o 83 do FPPC: Fica superado o enunciado 115 da súmula do STJ após a entrada em vigor do CPC ("Na instância especial é inexistente recurso interposto por advogado sem procuração nos autos"). (Grupo: Ordem dos Processos no Tribunal, Teoria Geral dos Recursos, Apelação e Agravo); Enunciado n.o 219 do FPPC: O relator ou o órgão colegiado poderá desconsiderar o vício formal de recurso tempestivo ou determinar sua correção, desde que não o repute grave. (Grupo: Recursos Extraordinários); Enunciado n.o 220 do FPPC: O Supremo Tribunal Federal ou o Superior Tribunal de Justiça inadmitirá o recurso extraordinário ou o recurso especial quando o recorrente não sanar o vício formal de cuja falta foi intimado para corrigir. (Grupo: Recursos Extraordinários)."*

[10] Cf. texto de abril de 2015: http://justificando.com/2015/04/28/algumas-novidades-do-novo-cpc-em-materia-recursal/

Também o faz ao criar para o magistrado deveres normativos comparticipativos (cooperativos) nos arts. 64, §4º,[11] 139, IX,[12] 317,[13] 352,[14] 488,[15] 700, §5º[16] e igualmente para as partes ao estabelecer um série de ônus argumentativos, como *v.g*, os dos arts. 339,[17] 1.003, §6º.[18]

Em verdade, a própria associação do "procedimento" a "um rito" nos conduz à comparação da forma processual, que possui finalidade e conteúdo necessário, a práticas ligadas a conceitos transcendentais imperscrutáveis, impensáveis em qualquer raciocínio jurídico, no qual toda interpretação e aplicação deva vir embasada em contundente fundamento explicativo.

Daí se enxergar em boa perspectiva a **regra interpretativa da primazia do julgamento do mérito com a busca de um máximo aproveitamento processual legítimo,** encampada desde o art. 4º do Novo CPC,[19] que perpassa toda a redação da nova legislação, no sentido de se fundar um novo formalismo que abandone a antiquíssima premissa do ritual.

Em outra perspectiva, o abandono e esvaziamento do formalismo, constitucionalmente compreendido, em prol de uma concepção ainda vinculada ao dogma socializador do protagonismo judicial, que permitiria ao magistrado sozinho flexibilizar as formas (vezes sim, vezes não) no exercício de um ativismo "seletivo",[20] também merecem ser combatidos, uma vez que toda forma processual guarda

---

[11] Que prevê a potencialidade de aproveitamento das decisões proferidas por juízo incompetente mediante a *translatio judicii*: "**Art. 64.** A incompetência, absoluta ou relativa, será alegada como questão preliminar de contestação: [..] §4º Salvo decisão judicial em sentido contrário, conservar-se-ão os efeitos de decisão proferida pelo juízo incompetente até que outra seja proferida, se for o caso, pelo juízo competente."

[12] "**Art. 139.** O juiz dirigirá o processo conforme as disposições deste Código, incumbindo-lhe:[...] IX. determinar o suprimento de pressupostos processuais e o saneamento de outros vícios processuais."

[13] "**Art. 317.** Antes de proferir decisão sem resolução de mérito, o juiz deverá conceder à parte oportunidade para, se possível, corrigir o vício."

[14] "**Art. 352.** Verificando a existência de irregularidades ou de vícios sanáveis, o juiz determinará sua correção em prazo nunca superior a 30 (trinta) dias."

[15] "**Art. 488.** Desde que possível, o juiz resolverá o mérito sempre que a decisão for favorável à parte a quem aproveitaria eventual pronunciamento nos termos do art 485."

[16] "**Art. 700.** [...]§ 5o Havendo dúvida quanto à idoneidade de prova documental apresentada pelo autor, o juiz intimá-lo-á para, querendo, emendar a petição inicial, adaptando-a ao procedimento comum.

[17] "**Art. 339.** Quando alegar sua ilegitimidade, incumbe ao réu indicar o sujeito passivo da relação jurídica discutida sempre que tiver conhecimento, sob pena de arcar com as despesas processuais e de indenizar o autor pelos prejuízos decorrentes da falta de indicação."

[18] "**Art. 1.003,** [...]§ 6o O recorrente comprovará a ocorrência de feriado local no ato de interposição do recurso."

[19] "**Art. 4º** *As partes têm direito de obter em prazo razoável a solução integral do mérito, incluída a atividade satisfativa.*"

[20] NUNES, Dierle; TEIXEIRA, Ludmila. *Acesso à justiça democrático*. Brasília: Gazeta, 2013.

fundamento numa garantia constitucional, não sendo algo que se encontre sob a escolha subjetiva e contingencial de qualquer dos sujeitos processuais.

Aqui se fala da ideia de uma intervenção gerencial do conflito (*case* e *court mangement*), por todos os sujeitos processuais, no sentido de se promover uma administração/dimensionamento dos conflitos mediante uma análise panorâmica do próprio fenômeno da litigiosidade (plúrima)[21] e de suas causas na atualidade, algo louvável e necessário a ser desempenhado por todos aqueles que militam no sistema processual de aplicação de direitos. Enquanto a processualística não ampliar seus horizontes não trabalharemos com as causas (gatilhos) dos litígios e continuaremos a "enxugar um gelo" interminável.

Ou seja, neste texto o foco será o de se tratar a forma processual em consonância com seu conteúdo adequado de modo que sua aplicação ou flexibilização deva se dar em consonância com um pressuposto material e discursivo (debatido no processo) e não em razão de uma escolha solitária (ou salvacionista) do decisor (de corrigir equívocos das partes).

O Novo CPC, nesses termos, procura atribuir uma responsabilização de todos os sujeitos processuais, mediante uma teoria normativa da comparticipação, de modo a viabilizar uma análise de suas técnicas e formas segundo as bases fundamentais constitucionais, com a finalidade de se prestigiar a primazia do mérito.

Pontue-se que, conquanto o formalismo processual se trate de tema frequentemente mencionado nos estudos do Direito Processual sua abordagem ordinariamente se dá embasada tão só no vetor da celeridade.

Assim, são reiteradas as afirmações ingênuas no sentido de se imputar ao formalismo processual a culpa pela morosidade que acomete os sistemas processuais da atualidade. Por estas mesmas razões é comum ver tal instituto vulgarmente confundido com o "*formalismo excessivo*" ou "*forma pela forma*".

Estas posturas intelectuais se olvidam, em boa parte da vezes, da constatação de que o enorme tempo processual é gasto prioritariamente nos cartórios de juízo, tendo limitada importância o respeito (ou não) da forma/garantia processual nesta situação.[22]

Ocorre, assim, que muitas destas afirmações acabam por não guardar qualquer relação com o sentido científico e objetivo da expressão "*formalismo processual*",

---

[21] Sobre o pluralismo das litigiosidades e de sua abordagem cf. FISS, Owen. The forms of Justice. *Harvard Law review.* v. 93. nov. 1979.

[22] Pesquisa realizada em 2006 em Cartórios da Comarca de São Paulo atesta que: "O tempo em que o processo fica em cartório é grande em relação ao tempo total do processamento. Descontados os períodos em que os autos são levados ao juiz para algum decisão ou retirados por advogados para vista e manifestação, eles ficam nos cartórios por um periodo equivalente a 80% (no cartório A) em 95% (nos cartórios B de C) do tempo total do processamento." MINISTÉRIO DA JUSTIÇA. Análise da gestão e funcionamento dos cartórios judiciais. Brasília, 2007. p. 22.

fazendo com que tais sofismas proliferem em escala geométrica na linguagem forense ou, até mesmo, nos textos acadêmicos.

Assim, após considerar o formalismo, antes de tudo, uma garantia do processo democrático, fica claro que as ondas reformistas muitas vezes incorporam um sentido antiformalista, culminando na desvalorização tanto da forma quanto da técnica processual.

Algumas destas tendências, ainda vinculadas ao pensamento socializador/estatalista, acabam por penalizar o magistrado ao lhe atribuir a função de *engenheiro social solitário,* com capacidade de dimensionar todos os dilemas da sociedade, e acabam potencializando a litigiosidade uma vez que os cidadãos passam a judicializar "tudo" sob a crença que o Judiciário conseguirá, sem infraestrutura e debate, realizar *"escopos sociais e políticos"*[23], como se defende desde Klein[24]. Com isso, mitiga-se a forma e se alargam os poderes do juiz para que este possa alcançar os sobreditos *"valores superiores"*.[25]

Nesta esteira, o problema proposto no presente estudo cinge-se à verificação do tipo de formalismo do processo albergado no Novo Código de Processo Civil e como esse poderá influir e fazer valer *a norma fundamental da primazia do mérito.*

O objetivo é apresentar uma (re)leitura do formalismo processual, agora democrático, e demonstrar que a exigência da forma deve possuir fundamento nos direitos fundamentais, demonstrando que parte da mudança *"qualitativa"* do sistema passa por esta alteração interpretativa e dogmática. Mais do que isso, pretende-se demonstrar que ao se aplicar a nova concepção de formalismo, agora conteudístico, temos ganhos na celeridade processual e temos um procedimento constitucionalizado e democrático de prestigiar o mérito.

Para tanto, é preciso estabelecer a necessária conexão entre o formalismo processual e uma abordagem processual democrática, a partir da observância das garantias constitucionais processuais, bem como dos direitos fundamentais.

Com este objetivo, em um primeiro momento, será realizada uma reconstrução do formalismo processual, a fim de se investigar parcela de suas origens e identificar sua finalidade precípua de limitação do exercício do poder.

Na segunda seção, buscar-se-á estabelecer uma distinção entre a forma, a técnica processual e o formalismo, a fim de se evitar confusões que frequentemente ocorrem no campo desta discussão. Ainda nesta oportunidade será encaminhada uma proposta de um formalismo processual democrático.

---

[23] DINAMARCO, Cândido Rangel. *A Instrumentalidade do Processo.* 15ª ed. São Paulo: Editora Malheiros, 2013. p. 188-208.
[24] KLEIN, Franz. *Zeit-und Geistesströmungen im Prozesse.* Frankfurt am Main: Vittorio Klostermann, 1958.
[25] BEDAQUE, José Roberto dos Santos. *Efetividade do Processo e Técnica Processual.* 3ª ed. São Paulo: Malheiros, 2010. p. 81-84.

Na terceira e última seção, verificar-se-ão as críticas às abordagens realizadas acerca do tema, sob a ótica dos Movimentos de *"Acesso à Justiça"* de viés socializador, de modo a permitir a evidente possibilidade de convivência harmônica entre o formalismo processual democrático e os ditames do Acesso à Justiça Democrático. Esta noção deverá, destarte, figurar como matriz para as cogitações pertinentes ao Novo Código de Processo Civil, sendo que nos proporemos a fazer uma análise crítica de alguns institutos ali constantes.

Por fim, será verificado como o formalismo processual democrático poderá auxiliar metodicamente no máximo aproveitamento da demanda e plena análise cognitiva dos conflitos levados pelos cidadãos ao sistema jurisdicional.

2. Do formalismo processual: uma reflexão sobre sua história e seus fundamentos

Não se pode olvidar que as reflexões sobre o formalismo não são recentes. Por suposto, desafiam uma longa retrospectiva do passado, citando, como exemplo, a proposição de Troller, para quem a primeira explicitação de critérios formais no processo remontam os idos de 150 a.C., através da *Lex Aebutia*.[26]

Entretanto, para fins do presente estudo, cumpre focalizar a importância que o formalismo teve a partir do Liberalismo Processual, bem como quais foram as feições por aquele assumidas durante o período estatalista[27] da Socialização Processual. Isto porque, segundo o saudoso professor Alvaro de Oliveira, que aproveitamos para homenagear com esta singela reflexão deste ensaio, em face de sua passagem, e ser o mesmo, indiscutivelmente, um dos maiores estudiosos do formalismo no Brasil[28], a evolução do formalismo se deu de forma *"helicoidal"* passando por momentos de formalismo extremado, ou em sentido oposto, de seu afastamento completo. **Seguramente, o formalismo acompanha seu tempo, de modo que as relações sociais, o liberalismo e a socialização deixaram seus traços e influíram na sua intensidade.**

Esta correlação paradigmática implica em importante premissa de reflexão ao induzir a necessária análise do formalismo em consonância com seu momento e Estado que se vincula.[29]

Com efeito, o formalismo exacerbado retrata uma época na qual as partes detêm a primazia nas funções processuais. O juiz, de outro lado, tem a sensí-

---

[26] O autor esclarece que no curso da história a revolta pessoal em face do formalismo foi comprimida em prol de uma aclamação coletiva contra o processo dominador (TROLLER, Alois. *Os Fundamentos do Formalismo Processual Civil*. Porto Alegre: Sergio Antônio Fabris Editor, 2009. p. 16).

[27] Tarello, Giovanni. *Dottrine del processo civile*: studi storici sulla formazione del diritto processuale civile. Il Mulino, 1989. p. 17.

[28] Pontue-se que a proposta do professor segue um viés axiológico, que respeitamos, mas não seguimos.

[29] Alvaro de Oliveira, Carlos Alberto. *Do Formalismo no Processo Civil: proposta de um formalismo-valorativo*. 4ª ed. São Paulo: Saraiva, 2010. p. 33.

vel redução de suas funções, apresentando-se como neutro. Em tal período, o formalismo garantiria a fiscalização das ações das partes e principalmente das condutas do juiz. Eleva-se nessa fase o rigor da forma, privilegiando a escritura.

Fazendo remissão à ideologia liberal, Calamandrei asseverou o papel da legalidade na função de preservação do "valor" (para ele) mais caro aos liberais, qual seja, a liberdade. Ali, sobreleva-se a importância do procedimento, enquanto garantia de um debate livre, sem maiores ingerências por parte de terceiros, razão pela qual a forma preponderaria sobre os conteúdos de tais deliberações. Para ele *"o programa dos liberais não diz respeito ao conteúdo das leis, mas quanto a estrutura do mecanismo constitucional que deve servir a criá-las. Nesse sentido, se pode dizer que a escolha liberal está mais para a forma do que para o conteúdo"*(grifo nosso) (tradução livre).[30]

Neste sentido, quanto à função de assegurar a contenção do poder exercido pelo Estado-juízo, Alois Troller advertiu, que, *"se de vez em quando quisermos amaldiçoar o formalismo processual, pensemos que em um importante domínio jurídico ele ata as mãos da arbitrariedade"*[31].

Não obstante ao acima noticiado, verifica-se que a ideia liberal de formalismo acabava por se perverter, na medida em que foi radicalizado e levado às últimas consequências. Isto porque ora recairiam em uma noção de formalismo exacerbado, ora contribuiriam para transformar o processo em um mero jogo amplamente dominado pelas partes, em que o êxito não necessariamente será atribuído a quem tenha razão.[32]

Com isso, o declínio do liberalismo processual, em face da ascensão do movimento de publicização do processo, afigura-se marcante em obras como a de Oskar Bülow que ofertam margem para o denominado *"formalismo moderno"*. O processo passa então a ser reconhecido como uma relação de direito público, no qual o juiz exerce a função estatal, de natureza principal. Essa última fase, que se vale de preceitos socializadores da obra legislativa de Klein,[33] se materializa, segundo Alvaro de Oliveira, pelo processo do bem-estar social.[34] Há nesse

---

[30] No original: *"Il programma dei liberali non riguarda dunque tanto il contenuto delle leggi, quanto Ia struttura del meccanismo costituzionale.che deve servire a crearle"* (CALAMANDREI, Piero. *Non c´è Libertà senza Legalità*. Roma: Laterza, 2013. p. 9-10).

[31] TROLLER, Alois. *Os Fundamentos do Formalismo Processual Civil*. Porto Alegre: Sergio Antonio Fabris Editor, 2009. p. 109.

[32] GOLDSCHMIDT, James. *Os princípios gerais do processo civil*. Belo Horizonte: Lider, 2002. p. 49. CALAMANDREI, Piero. *O processo como um jogo*. Trad. Roberto Claro. Curitiba: Genesis - Revista de Direito Processual Civil, nº 23, janeiro-março de 2002. p. 194-195.

[33] Para uma análise das tendências reformistas de modo mais pormenorizado cf. NUNES, Dierle José Coelho. *Processo Jurisdicional Democrático*. Curitiba: Juruá, 2008.

[34] TROLLER, Alois. *Os Fundamentos do Formalismo Processual Civil*. Porto Alegre: Sergio Antonio Fabris Editor, 2009. p. 75.

período uma preponderância do juiz no processo, que se justificaria na função social do processo. Essa fase marca a socialização do direito processual, que conforme se vê, foi a matriz do direito processual do Brasil, a partir dos Códigos de Processo Civil de 1939, 1973 e das reformas processuais até antes do CPC-2015.

Com a mudança da sociedade, assiste-se ao fortalecimento do Estado em face das partes, época marcada pela ausência de técnica e de consciência do povo em face do poder exercido. O período é marcado pela outorga total do poder ao Estado-Juiz, que é livre para apreciar e julgar o caso, sem que em algumas hipóteses observe as normas procedimentais. O juiz detém uma grande liberdade para o julgamento do litígio e baixo nível de fiscalidade (*accountability*) do exercício de seu múnus. As partes, por outro lado, têm sua participação reduzida (passiva) no procedimento. Portanto, essa fase é marcada, por vezes, pelo arbítrio e decisionismo do Estado-Juiz.

Alvaro de Oliveira, ao tratar desse período, pondera que "*à medida que cresce e intensifica-se o poder e o arbítrio do juiz, enfraquece-se também o formalismo, correlativo elemento de contenção.*"[35]

Nesse contexto, importante ressaltar que os movimentos antiformalistas não se restringiram à socialização processual. Segundo Chase, o marco para expansão do poder discricionário que representou uma guinada do processo estadunidense, no sentido de flexibilização, coincide com o discurso de Roscoe Pound propugnado em 1906. Nesta oportunidade, este pensador apresentou as causas da insatisfação popular com a justiça e que de mais a mais, teve íntima ligação com o liberalismo.[36]

Pound, entre as várias causas de insatisfação, ressaltou que a mais importante e constante insatisfação com todas as leis de todos os tempos é encontrada a partir da operacionalização necessariamente mecânica das regras legais. Menciona em seu discurso que seria necessário afastar-se da lei, a fim de colocar a administração da justiça em contato com as condições morais, sociais e políticas. Diz mais, ressalta que a solidificação da discricionariedade importaria na estabilidade e uniformidade da ação judicial, quando a equidade e a lei natural tornam-se rígidas.[37]

A influência de valores eficientistas no desenvolvimento do direito processual passou por um processo de racionalização tecnocrática da justiça, com ênfase no custo-benefício e da produtividade.[38]

---

[35] TROLLER, Alois. *Os Fundamentos do Formalismo Processual Civil.* Porto Alegre: Sergio Antonio Fabris Editor, 2009. p. 44.

[36] CAPPELLETTI, Mauro; GARTH, Bryant. *Acesso à Justiça.* Porto Alegre: Sergio Antônio Fabris Editor, 1988, p. 121.

[37] POUND, Roscoe. *The Causes of Popular Dissatisfaction with the Administration of Justice. Presented at the anual convention of the American Bar Association in 1906.*

[38] CHASE, Oscar G. *Direito, cultura e ritual. Direito, cultura e ritual.* Trad. Sérgio Arenhart, Gustavo Osna. São Paulo: Marcial Pons, 2014. p. 121

Em nossa visão, o liberalismo econômico norte-americano influenciou sobremaneira a visão dos Tribunais que passaram a ter a necessidade de acompanhar a revolução tecnológica para que tivessem legitimada sua autoridade. Como ressalta Chase, os defensores da liberalização procedimental tinham admiração pelo modelo empresarial da época, buscando um modelo científico, flexível e simples. **Na verdade, uma resposta econômica ao aumento das demandas e a escassez de recursos aplicados no orçamento destinado ao Judiciário na época.**[39] Os Tribunais necessitavam, pela modernidade, apresentar uma nova imagem de eficientes, pragmáticos e sábios; essas condições eram essenciais, em uma sociedade tecnocrática, para o exercício do poder.[40]

No entanto, conforme restou pontuado anteriormente, o que se pretende com o presente estudo é ultrapassar tanto as premissas liberais, quanto sociais, haja vista que após a Constituição Federal de 1988 aboliu-se qualquer cogitação dos Estados sob comento e, consequentemente, suas manifestações nas funções estatais em prol da assunção de uma perspectiva de processo democrático e comparticipativo, que busca promover um equilíbrio de papéis e responsabilidade para todos os sujeitos processuais, mediante um sistema policêntrico[41].

Vive-se o momento da consolidação do Estado Democrático de Direito e a propensa efetivação dos direitos fundamentais, de modo que o processo, com o auxílio do formalismo, no sentido proposto no presente estudo, poderá fortalecer as estruturas para tais fins.

Para tanto, após essa breve reflexão histórico-paradigmática do formalismo processual será possível apresentar uma crítica às propostas que pretendem seu afastamento, que sob uma interpretação tradicional poderiam permitir uma leitura inadequada da proposta do novo Código de Processo Civil.

3. Noções fronteiriças do formalismo processual: distinções com a técnica processual e a proposta de um novo formalismo democrático

Conforme restou salientado anteriormente, tem-se que o formalismo processual assumiu papel histórico de contenção de eventuais arbitrariedades cometidas pelo juiz, de sorte que se concretizou como verdadeira garantia das partes durante a tramitação do processo.

Não é demais recordar, mais uma vez, que a expressão "*formalismo processual*" não está sendo empregada no presente trabalho no modo como comumente é feito, de sorte que não se trata de uma designação pejorativa de observância da "*forma pela forma*".

---

[39] CHASE, Oscar G. *Direito, cultura e ritual. Direito, cultura e ritual*. Trad. Sérgio Arenhart, Gustavo Osna. São Paulo: Marcial Pons, 2014. p. 122-124

[40] CHASE. *Op. Cit.,* p. 125

[41] NUNES, Dierle José Coelho. *Processo Jurisdicional Democrático.* Cit.

De modo aparentemente semelhante à função do formalismo processual descrita por Troller, verifica-se que a Técnica Processual foi concebida como alternativa aos critérios de aplicação do direito que passassem pela subjetividade e *"inteligência individual"* do julgador, substituindo os meios de aplicação da Justiça do tipo salomônico. Com isso, passaria a se considerar uma estrutura normativa que, de forma objetiva, possibilitaria aos membros da sociedade contarem com a mesma segurança em juízo, independentemente das características cognitivas pessoais do juiz[42] (previsibilidade) especialmente quando se percebe a presença em julgamentos dos chamados **vieses cognitivos (*cognitive biases*),**[43] deturpações de julgamento a que qualquer decisor está submetido por inúmeros fatores, como a incerteza ínsita ao julgamento e a exiguidade de tempo.

Como informado em outra sede:

> Estudos empíricos (psicológicos e jurídicos), realizados com magistrados americanos, demonstram que o juiz sofre propensões cognitivas que o induzem a usar atalhos para ajudá-lo a lidar com a pressão da incerteza e do tempo inerentes ao processo judicial. É evidenciado que mesmo sendo experiente e bem treinado, sua vulnerabilidade a uma ilusão cognitiva no julgamento solitário influencia sua atuação. Um exemplo singelo encontrado nas pesquisas, que aclara esta situação, é a propensão do magistrado que indefere uma liminar, a julgar, ao final, improcedente o pedido. Por um efeito de bloqueio ficou demonstrado que o juiz fica menos propenso à mudança de sua decisão mesmo à luz de novas informações ou depois de mais tempo para a reflexão. [....]Todas estas constatações que mostram a autenticidade de preocupações acadêmicas envolvendo a crítica ao solipsismo e protagonismo judiciais, de um lado, e com a busca estratégica de sucesso, inclusive de má-fé, além da atecnia, por parte dos advogados, de outro, demonstram empiricamente a existência do problema e a necessidade de dimensionamento de contramedidas processuais com a finalidade de esvaziar e controlar os comportamentos não cooperativos e contaminados de todos os sujeitos processuais."[44]-[45]

---

[42] GONÇALVES, Aroldo Plínio. *Técnica Processual e Teoria do Processo.* 2ª Ed. Belo Horizonte: Del Rey, 2012. p.37-38.

[43] Para uma introdução sobre o tema: FONSECA COSTA, Eduardo José. Algumas considerações sobre as iniciativas judiciais probatórias. *Revista Brasileira de Direito Processual, 90* (RBDPro 90). Belo Horizonte: Editora Fórum, 2015. p. 153-173.

[44] THEODORO JR., NUNES, BAHIA, PEDRON. Novo CPC – Fundamentos e sistematização. Rio de Janeiro: GEN Forense, 2015, 1a ed. p. 64-65; 87-89, passim.

[45] Levar a sério estes vieses não significa buscar e acatar necessariamente uma concepção de índole realista (realismo jurídico que de modo recorrente aposta na força decisória embasada no discurso positivista da autoridade do decisor para criar o direito), que aqui se rechaça, mas de mediante sua percepção se gerar constrangimentos racionais (embasados numa leitura forte dos princípios processuais constitucionais) para que o uso da linguagem, pelo decisor e partes, se estruture de modo que se desincumbam de seus ônus argumentativos e promova-se a formação dialógica das decisões, impedindo-se escolhas

Em assim sendo e em que pese tanto a forma quanto a técnica processual cumprirem, em alguma medida, a função limitadora acima noticiada, urge alertar que o formalismo tem domínios próprios, de sorte que não há que confundi-lo com aquele outro instituto. Assim, há que se considerar as diversas distinções que se faz acerca do tema ora examinado.

Atendo-se aos estudos feitos acerca do tema em apreço, verifica-se que a forma foi subdividida em seus sentidos amplo e estrito, consoante preconizou Alvaro de Oliveira. Com isso, o referido autor assevera que o formalismo processual, ou forma em sentido amplo, refere-se à organização do processo como um todo, não se confundindo, portanto, com a forma do ato processual individualmente considerado. Em síntese, segundo o autor:

> Forma em sentido amplo investe-se, assim, da tarefa de indicar as fronteiras para o começo e o fim do processo, circunscrever o material a ser formado, e estabelecer dentro de quais limites devem cooperar e agir as pessoas atuantes no processo para o seu desenvolvimento.[46]

---

solitárias e exercícios discricionários do poder. Não se pode negligenciar que algumas correntes realistas denunciam os riscos do decisionismo e buscam criar constrangimentos materiais para os decisores. Just e Assis pontuam "a necessidade de legitimar a decisão interpretativa junto aos seus destinatários, assim como de persuadir os membros de um órgão colegiado, quando for o caso. Tal constituiria uma constrição objetiva que obrigaria a recorrer a argumentos extraídos da verdade do texto (sic), ou, mais genericamente, a fundamentar a decisão afirmando que ela decorre de uma norma. A melhor fundamentação, desse ponto de vista, consistiria em afirmar que não se poderia agir de outro modo, isto é, numa "dissimulação do poder de que deveras se dispõe. 2) O intérprete se veria obrigado, lado outro, a fim de preservar a sua posição relativa no sistema de competências, a levar em conta o modo como os demais atores poderiam exercer suas próprias competências. Num sistema de balanceamento de poderes as normas organizam as relações entre autoridades de tal forma que o poder discricionário de uns dissuade os outros de exercerem desmesuradamente o seu próprio poder discricionário. Por exemplo, uma corte constitucional pode ver-se constrangida a modular os efeitos de sua decisão de forma a não provocar o exercício do poder de reforma que pode ser de seu interesse evitar, de acordo com as circunstâncias. 3) Ao fim, o intérprete seria constrangido a ser coerente com os métodos e os conceitos que utiliza com vistas à manutenção de seu poder de dizer o direito. Poder este que é definido como a capacidade de influenciar o comportamento de outrem, para o que a sua manutenção depende do uso moderado, traduzindo-se pela estatuição de regras gerais e estáveis, uma vez que, se as jurisdições superiores viessem a atribuir qualquer significado a qualquer texto, as jurisdições inferiores e os próprios jurisdicionados não teriam como regular as suas próprias condutas. No exemplo do juiz constitucional, uma sequência de interpretações arbitrárias poderia conduzir a que se colocasse em questão a sua legitimidade, mas, sobretudo, ele não poderia continuar a determinar, como atualmente o faz, o conteúdo de toda a legislação futura" JUST DA COSTA E SILVA, Gustavo; ASSIS, Igor. A teoria dos constrangimentos do raciocínio jurídico e seu teste de verdade: uma análise retroditiva da arguição de descumpri- mento de preceito fundamental no 132/RJ. *Revista Caderno de Relações Internacionais*, vol. 5, no 8, jan-jun. 2014. p. 168. Os próprios autores constatam algumas incongruências no discurso realista e que o projeto estaria inacabado. Preferimos pontuar que o discurso positivista/realista está umbilicalmente ligado a concepções que aposta em virtudes que os decisores, por serem humanos, não conseguem atingir em termos de *fairness*.

[46] ALVARO DE OLIVEIRA, Carlos Alberto. *O formalismo-valorativo no confronto com o formalismo excessivo. In*: Revista de Processo, São Paulo: RT, nº 137, 2006. p. 5.

Já vislumbrando as diversas confusões decorrentes da indistinção entre o formalismo e a técnica processual[47], haja vista o compartilhamento da função reguladora da atividade jurisdicional, verifica-se que Alvaro de Oliveira apressou-se em estabelecer noções individualizadas sobre os institutos mencionados. Com isso, tem-se que o referido autor vislumbrava no formalismo processual um caráter preponderantemente axiológico, permeado por valores culturais da sociedade, momento no qual apresenta a sua tese do formalismo-valorativo.

Igualmente, prossegue elucidando que o caráter valorativo do formalismo processual decorreria do fato de que o Direito seria uma criação cultural do homem, não estando imune, por conseguinte, a influências axiológicas. Por esta razão, afirma que *"a questão axiológica termina por se precipitar no ordenamento de cada sistema e na própria configuração interna do processo, pela indubitável natureza de fenômeno cultural deste e do próprio direito"*.[48] Nesta perspectiva, aborda-se o formalismo processual em relação aos fins e meios que desempenha processualmente. Tal análise leva em consideração que o processo se prestaria, sempre segundo Alvaro, a tutelar os "valores mais importantes", tais como a realização da Justiça material e da paz social, quando se manifesta como um fim. Já quanto aos meios, o processo, associado ao formalismo, se reportaria à necessidade de se consagrar valores como a *"efetividade, a segurança e a organização interna justa do próprio processo (fair trial)".*[49]

Nesta linha de reflexão, denota-se que, na tese do formalismo-valorativo, o traço distintivo do formalismo e da técnica processual revela-se pela existência de um caráter axiológico daquele, em face da neutralidade desta. Isto porque a técnica não se reportaria ao valor das suas finalidades, não valorando, igualmente, a licitude ou ilicitude destas, ao reverso do que ocorre no formalismo de caráter valorativo. Com efeito, Alvaro de Oliveira pondera que o formalismo *"exatamente porque fenômeno cultural, informado por valores, não se confunde com a técnica, que é neutra a respeito da questão axiológica".*[50]

Entretanto, tem-se que tal tese, não obstante à sofisticação das suas cogitações, bem como a sua contribuição para a diferenciação do que sejam técnica e formalismo processual, acaba por recair na noção socializadora (estatalista) do processo e em seus paradoxos. Ademais, acaba por construir um sistema informado por valores (aplicáveis em consonância com a preferência do aplicador) e não por princípios (comandos deontológicos que impõem correção normativa).

---

[47] Neste sentido, cf. BEDAQUE, José Roberto dos Santos. *Efetividade do Processo e Técnica Processual*. 3ª ed. São Paulo: Malheiros, 2010. p. 95.

[48] ALVARO DE OLIVEIRA, Carlos Alberto. *O formalismo-valorativo no confronto com o formalismo excessivo*. In: Revista de Processo, São Paulo: RT, nº 137, 2006. p. 6.

[49] ALVARO DE OLIVEIRA. *Op. Cit.*, p. 9

[50] ALVARO DE OLIVEIRA. *Op. Cit.*, p. 8.

Como se sabe, a Socialização do Processo se inaugura na segunda metade do século XIX tendo como expoentes iniciais Anton Menger e Franz Klein, que apregoavam, entre várias outras características, a existência predominante de uma função social do processo, além de fins políticos e econômicos.[51]

Para a presente discussão, fica clara a aderência de Alvaro de Oliveira às matrizes teóricas acima indicadas, uma vez que, para este autor, caberia aos valores de origem cultural orientar a composição da estrutura processual e de seus respectivos fins. Assim, percebe-se que a noção valorativa do formalismo processual surge como um sintoma natural das noções que outrora nortearam, inclusive, o processo nazifascista, no qual caberia ao juiz transpor os valores da sociedade, realizando uma paz social (valor) a ser engendrada por um atributo pessoal do julgador.[52]

A proposta axiológica acaba desaguando numa opção entre as preferências do aplicador e não em posições deontológicas (do que é devido e correto).

Assim, torna-se forçoso concluir que o aspecto axiológico não se encontra apto para distinguir o formalismo da técnica. Com isso, se faz necessária a consideração de outra vertente de pensamento acerca da diferenciação entre o formalismo e a técnica processual, de modo que possa desgarrar-se das cogitações socializadoras do processo, partindo de premissas principiológicas, ou seja, normativas (deontológicas).

Atendo-se à necessidade de se estabelecer uma distinção entre a técnica e o formalismo processual, ressaltou-se no início desta seção que a técnica processual cumpriria um papel limitador da atividade jurisdicional e dos abusos das partes, uma vez que estabeleceria parâmetros objetivos que orientariam o jul-

---

[51] NUNES, Dierle José Coelho. *Processo Jurisdicional Democrático*. Curitiba: Juruá, 2008. p. 78.

[52] NUNES, Dierle José Coelho. *Processo Jurisdicional Democrático*. Curitiba: Juruá, 2008. p. 90. MAUS, Ingeborg. *Judiciário como superego da sociedade: o papel da atividade jurisprudencial na "sociedade órfã"*. Novos Estudos CEBRAP, n.58, p. 197, nov. 2000. Cumpre aqui salientar que não se pretende aqui atribuir à obra de Alvaro de Oliveira um viés totalitário, mas tão somente ilustrar os riscos que rondam a implementação de um processo socializador, o qual pode facilmente se transformar em um instrumento autoritário de dominação, se encaixado naquela vertente teórica acima descrita. Ainda neste sentido, tem-se que Glauco Gumerato Ramos noticia a ligação existente entre esta linha teórica de realização dos "valores superiores" do ordenamento jurídico com o ativismo judicial, relacionando-o à vertente socializadora do processo, que no Brasil recebeu a alcunha de instrumentalidade do processo, senão veja-se: "*Os defensores do ativismo judicial enxergam o fenômeno processual desde uma perspectiva (ultra)publicista. Na linha argumentativa da chamada instrumentalidade do processo concebem técnicas processuais como categorias jurídicas a serviço da 'pacificação social', do 'processo justo', da 'verdade', da 'justiça', e outros tantos valores de rarefeita densidade tópica. Sim, pois a 'pacificação social', o 'processo justo', a 'verdade', a 'justiça', sempre será aquilo que parecer melhor ao detentor do Poder, no caso, o juiz. Para os ativistas, a figura proeminente do standart processual (=um sujeito imparcial, e dois parciais) é o juiz e a este cabe manejar a jurisdição (=poder).*" (RAMOS, Glauco Gumerato. *Poderes do Juiz – Ativismo (=Autoritarismo) ou Garantismo (=Liberdade) no Novo CPC.* In: ROSSI, Fernando; RAMOS, Glauco Gumerato; GUEDES, Jefferson Carús; DELFINO, Lúcio; MOURÃO, Luiz Eduardo Ribeiro (Coord). O Futuro do Processo Civil no Brasil: Uma Análise Crítica ao Projeto do Novo CPC. Belo Horizonte: Fórum, 2011. p. 706.)

gador no exercício de suas funções assim como evitaria os excessos cometidos pelas partes e advogados (boa-fé objetiva processual). Assim, baseado nas lições de Lalande, verifica-se que Leal ilustrou a técnica como o conjunto de *"procedimentos conjugados e bem orientados para produzir resultados úteis"*.[53] Percebe-se, com isso, que a noção de técnica encontra-se umbilicalmente ligada à ideia de ordenação do proceder, no intuito de se atingir um resultado útil.

A partir dessas noções, tem-se que a técnica processual edificou-se como meio de ordenação normativa da atividade jurisdicional, que se dá pela coordenação de atos processuais. Erige-se, por conseguinte, uma noção de procedimento, o qual será considerado por Fazzalari como uma estrutura técnica e normativa de atos-fatos e posições subjetivas sequenciais que visa à construção do pronunciamento (1958).

Ocorrendo a construção participada da decisão, por intermédio da estrutura normativa do contraditório, tem-se que tal procedimento transmuta-se em processo, segundo a concepção fazzalariana.[54] Igualmente, o processo jurisdicional, enquanto técnica, é visto como uma *"atividade disciplinada por uma estrutura normativa voltada para a preparação do provimento, com a participação, em contraditório de seus destinatários"* a qual visa, igualmente, a construção participada da decisão.[55]

Lado outro, enquanto a técnica processual refere-se à estrutura normativa coordenada dos atos processuais conjuntamente, verifica-se que, ao que parece, a forma concerne especialmente aos atos processuais, seus respectivos atributos e requisitos individualmente. Nesta esteira, a literatura jurídica aponta dois desdobramentos da forma, os quais se reportam ora ao *"revestimento externo do ato, sua feição exterior"*, ora aos requisitos legais prescritos pela norma.[56]

Destarte, fica claro que o traço distintivo da técnica e da forma processual consiste, baseado nas lições acima colacionadas, no papel procedimental que estas desempenham, sendo que a forma processual deverá se referir ao ato individualmente considerado, enquanto que a técnica processual visará ordenar e coordenar tais atos formais.[57] Já quanto aos aspectos que as assemelham não se pode descurar que ambas exercem o papel de limitar os poderes atribuídos ao

---

[53] LEAL, Rosemiro Pereira. *Teoria Geral do Processo: primeiros Estudos*. 6ª Ed. São Paulo: Thomson IOB, 2005. p. 56. GONÇALVES, Aroldo Plínio. *Técnica Processual e Teoria do Processo*. 2ª Ed. Belo Horizonte: Del Rey, 2012. p.16.

[54] FAZZALARI, Elio. *Instituições de Direito Processual*. 8ª Ed. Campinas: Bookseller, 2006. p. 113-119. GONÇALVES, Aroldo Plínio. *Técnica Processual e Teoria do Processo*. 2ª Ed. Belo Horizonte: Del Rey, 2012. p. 88-90, 93 e 147-148.

[55] GONÇALVES. *Op. Cit.*, p. 147-148.

[56] GONÇALVES, Aroldo Plínio. *Nulidades no Processo*. 2ª Ed. Belo Horizonte: Del Rey, 2012. p. 16.

[57] Em sentido francamente diverso: *"o formalismo, ou forma em sentido amplo, não se confunde com a forma do ato processual individualmente considerado"* (ALVARO DE OLIVEIRA, Carlos Alberto. *O formalismo-valorativo no confronto com o formalismo excessivo*. In: Revista de Processo, São Paulo: RT, nº 137, 2006. p. 5.).

julgador além de aferir a conduta das partes, consagrando-se as noções de vinculação do julgador ao princípio da Reserva Legal.[58] Por tais razões, há que se sobrelevar que tais garantias das partes se reportarão forçosamente a um bloco aglutinante de normas constitucionais.[59]

Por estas razões torna-se imprescindível para o estudo de ambos os institutos que tal distinção seja clara, uma vez que pode levar ao que se considera um equívoco ao fundi-los em um único significado. Tais desacertos podem conduzir, inclusive, que seja feita tábula rasa de quaisquer dos institutos, a ponto de se olvidar na aplicação de um ou de outro.

Feito o dimensionamento acima acerca das diferenças entre técnica processual e forma, cumpre pontuar que a proposta de um **formalismo processual democrático** encontra seu fundamento na alteração dos critérios de verificação dos atributos e requisitos do ato processual, na medida em que sua validade e legitimidade seriam constatadas quando sua forma apresentasse um fundamento de direito fundamental.

Portanto, o formalismo processual democrático, como sistema normativo de análise dos atributos e requisitos do ato processual segundo um direito fundamental, coaduna com a busca de uma *"efetividade normativa qualitativa"* do processo, em superação a efetividade meramente *"quantitativa"*, própria dos movimentos reformistas até recentemente no Brasil.[60]

E é nesse viés que o formalismo democrático apresenta grande contribuição à interpretação do Novo CPC, porquanto é através dele que se almejará sempre solução integral do mérito sem, contudo, se descurar do modelo constitucional do processo. Na medida que se tem um método interpretativo ofertado a todos os sujeitos processuais para realizar comparticipativamente a análise da viabilidade de aproveitamento do ato pelas normas fundamentais da Constituição e do Processo e não mais mediante uma escolha solitária e assistencialista do magistrado, ganhando-se de modo qualitativo em eficiência.

---

[58] BRÊTAS, Ronaldo de Carvalho Dias. *O Processo Constitucional e o Estado Democrático de Direito*. Belo Horizonte: Del Rey, 2010. p. 118.

[59] BARACHO, José Alfredo de Oliveira. *Processo Constitucional: aspectos contemporâneos*. Belo Horizonte: Fórum, 2006. p. 23 e 47.

[60] Lenio Streck adverte que a crescente produção legislativa tendente a uma efetividade meramente *"quantitativa"* enfraquece a força normativa da Constituição, de forma que cabe ao formalismo processual contribuir com o fortalecimento da força normativa da Constituição, na medida em que reclama a observância em cada forma processual a efetivação de um direito fundamental. (STRECK, Lenio Luís. *Hermenêutica, Constituição e Processo ou de "como discricionariedade não combina com democracia": o contraponto da resposta correta. In*: CATTONI DE OLIVEIRA, Marcelo Andrade; MACHADO, Felipe Daniel Amorim (Coord.). Constituição e processo: a contribuição do processo ao constitucionalismo democrático brasileiro. Belo Horizonte: Del Rey, 2009. p. 16.)

Ademais, isto afasta por completo qualquer defesa de que a regra interpretativa da primazia do mérito imponha um assistencialismo judicial em face da atecnia de alguns advogados.

Na medida em que o sistema adota uma teoria normativa da comparticipação (cooperação), que leva a sério e é embasada no contraditório como influência, e respeita a boa-fé objetiva não existe mais espaço para ausências de responsabilidades de nenhum sujeito processual, de modo que as regras de aproveitamento não devem servir de salvo-conduto para manobras de má-fé ou para deficiências das partes.

Destarte, o formalismo democrático, a juízo do presente estudo, pressupõe que forma processual deva ser analisada com o propósito de assegurar conteúdos de direitos fundamentais (normativos) e não valores superiores dentro de um culturalismo que acabam recaindo em potenciais decisionismos e atividades assistenciais, que contrariam a própria matriz democrática da nova legislação.

Lado outro, em razão de o formalismo processual democrático demandar a observância dos direitos fundamentais nos atributos e requisitos do ato processual (forma), e, consequentemente, na estrutura técnica do processo, ele contribui com a proposta de um processo democrático. Isto porque a perspectiva intersubjetiva e comparticipativa do processo jurisdicional exige a estruturação processual que permita o exercício de um **controle compartilhado** sobre o papel do magistrado e das partes.[61]

Com efeito, o exercício dessa fiscalidade exercido mutuamente pelos sujeitos processuais guarda inteira consonância com o Estado Democrático de Direito, já que, segundo Ítalo Andolina, *"a ordem democrática impõe que a cada poder corresponda uma responsabilidade, e que, por isso cada poder seja objeto de controle correlato"*.[62]

Neste ínterim, na perspectiva comparticipativa, o processo fixa os limites de atuação e constitui condição de possibilidade para que todos os sujeitos processuais discutam argumentos normativos[63], o formalismo democrático seria elemento imprescindível, exigindo que em cada forma processual dos atos desses sujeitos se encontrasse o fundamento um direito fundamental, com a finalidade última de alcançar, com eficiência, em prestígio a primazia do mérito, a solução integral do conflito.

---

[61] NUNES, Dierle José Coelho. *Apontamentos iniciais de um processualismo constitucional democrático*. In: CATTONI DE OLIVEIRA, Marcelo Andrade; MACHADO, Felipe Daniel Amorim (Coord.). Constituição e processo: a contribuição do processo ao constitucionalismo democrático brasileiro. Belo Horizonte: Del Rey, 2009. p. 360.

[62] ANDOLINA, Ítalo Augusto. *O papel do processo na atuação do ordenamento constitucional e transnacional*. Trad. Oreste Nestor de Souza Laspro. Revista de Processo n. 87. Doutrina Internacional.

[63] NUNES. *Op. Cit.*, p. 361.

Noutra ponta, o formalismo processual democrático tem, nesse viés, o caráter de uma teoria estrutural, como aquela proposta por Alexy para a Teoria dos Direitos Fundamentais, já que se propõe analisar as estruturas das formas, as influências no sistema jurídico e sua fundamentação no âmbito dos direitos fundamentais, divergindo em relação à função integrativa, uma vez que a proposta do formalismo processual é legitimar..[64]

Com efeito, o formalismo processual democrático apresenta-se como um fortalecedor da estrutura normativa do processo, na medida em que assegura no conteúdo de cada forma processual a observância dos direitos fundamentais, de forma a assegurar *"um espaço-tempo racionalmente construído com a participação de todos os interessados na tomada de decisões"*.[65]

Repise-se: não se pretende aplicar o formalismo segundo critérios de ordem axiológica, mas sim, ao contrário, aplicar segundo critérios de ordem garantista, expressão aqui utilizada correlacionada com a defesa da aplicação dinâmica dos princípios constitucionais processuais na perspectiva democrática constitucional, proposta anteriormente aqui e não filiada à linha teórica de Ferrajoli.[66]

A forma processual aqui, não é a forma kantiana, a qual pressupõe esvaziamento e ausência de substância. Aqui não é o "a priori" o balizador mas sim o conteúdo de direitos fundamentais.[67]

O formalismo democrático atuaria no horizonte interpretativo da validade do ato, cuja análise ocorreria segundo o nível de correspondência com as normas constitucionais. Essa noção surge em oposição àquela em que o ato processual é analisado somente segundo a finalidade pretendida. A mudança de perspectiva de análise se faz necessária uma vez que, consoante Rafael Lazzarotto Simioni e Alexandre Bahia, no Estado Democrático de Direito há grande preocupação não apenas com a declaração de direitos fundamentais, mas também como garantir formas de protegê-los[68], no caso, processualmente.

---

[64] Por suposto, a proposta de um formalismo processual democrático não adere a proposta de Direitos Fundamentais de Alexy, mas sim um acolhimento metodológico como uma teoria estrutural, posto que, a presente, se presta a legitimar e não integrar. ALEXY, Robert. *Teoria dos Direitos Fundamentais*. Trad. Virgílio Afonso da Silva. São Paulo: Malheiros, 2008. p. 42-43.

[65] NUNES, Dierle José Coelho. *Processo Jurisdicional Democrático*. Curitiba: Juruá, 2008. p. 139.

[66] NUNES. *Op. cit.*, p. 163.

[67] Emanuele Severino esclarece que a forma Kantiana *"é uma representação que não pode, portanto provir ela mesma do exterior – não pode ser portanto, por sua vez, uma sensação – devendo encontrar-se, a priori, no espírito."* (SEVERINO, Emanuele. A Filosofia Moderna. Trad. José Machado Dias. Lisboa: Edições Setenta, 1984. p. 171).

[68] BAHIA, Alexandre Gustavo Melo Franco; SIMIONI, Rafael Lazzarotto. *Como os juízes decidem? Proximidades e divergências entre as teorias da decisão de Jürgen Habermas e Niklas Luhmann*. Revista Sequencia, n. 59, p. 61- 88, dez. 2009. p. 62.

Com efeito, o formalismo impõe limites às propostas reformistas tradicionais que estabelecem a *"busca de uma eficiência sem respeitar as garantias processuais constitucionais que asseguram a legitimidade da formação da decisão em uma renovada concepção do Estado Constitucional".*[69]

A implementação de direitos fundamentais exige a utilização de um aparato processual adequado, neste incluído as bases de um formalismo democrático, que conforme advertência defendida em trabalho anterior, não pode ser visto (o aparato processual) como um entrave à sua obtenção.[70]

Portanto, adverte-se: nossa proposta não tem natureza ritual, mas sim *"um formalismo constitucionalmente adequado vocacionado a defesa e a manutenção dos direitos fundamentais, em perspectiva normativa".*[71]

Essa é a proposta de um formalismo processual democrático que dará subsídio para a crítica que será levada a efeito na próxima seção, com o intuito de demonstrar a insubsistência das propostas reformistas que propõe o afastamento do formalismo, denotando, qual o tônus interpretativo deverá ser utilizado para a análise do Novo Código de Processo Civil.

4. O acesso à justiça e o novo código de processo civil à luz do formalismo democrático

4.1. As propostas reformistas e o formalismo democrático

Após construir este breve histórico, fundamentos, distinções básicas e as propostas do formalismo processual democrático, já se tem elementos suficientes para enfrentar mais um problema a ser dirimido, que é a crítica ao predomínio das tendências antiformalistas do processo na atualidade e os seus reflexos no Novo Código de Processo Civil.

O Código de Processo Civil nos moldes acima expostos, precisa ser interpretado em consonância com um formalismo constitucionalizado, especialmente por declaradamente estar embasado em premissas comparticipativas/cooperativas e no contraditório como influência e não surpresa (art. 10).

No entanto, se seguirmos um viés tradicional, tal alteração poderia evidenciar uma recepção e interpretação a partir de movimentos que propugnam um acesso à justiça, de perfil socializador, que direcionavam-se para a proposta de um processo flexível (pelo juiz, sem ingerência das partes) e mais rápido, cate-

---

[69] NUNES, Dierle; BAHIA, Alexandre Gustavo Melo Franco. Processo Constitucional: Uma aborgadagem a partir dos desafios do Estado Democrático de Direito. Revista Eletrônica de Direito Processual – *REDP*. *Vol. IV. ISSN 1982-636.* p. 230.

[70] NUNES; BAHIA. *Op.cit.,* p. 236.

[71] NUNES, Dierle; BAHIA, Alexandre Gustavo Melo Franco. *Por um novo paradigma processual.* Revista da Faculdade de Direito do Sul de Minas. Pouso Alegre, ed. 26, p. 79-78, jan/jun. 2008. p. 84.

goricamente contrário a própria opção da negociação processual trazida pelo CPC-2015 (art. 190).

Com isso, o que se pretende neste ponto é indagar se seria o Acesso à Justiça, na ótica tradicional, um fundamento que militaria em desfavor do formalismo e seria possível a defesa de um Acesso à Justiça democrático que reclamaria uma reflexão; e após tal discussão, com a finalidade de contextualizar o estudo, propõe-se uma leitura de alguns preceitos alterados do CPC à luz de um Formalismo Democrático.

Enfim, pretende-se, de modo não exaustivo, dada a amplitude do tema, indagar se estariam com razão as correntes que propõe a desformalização do processo; ou se o que é necessário na verdade seria um enquadramento do formalismo ao Estado Democrático.

4.2. Do Acesso à Justiça: reforço ao (anti) formalismo?

Os movimentos reformistas representados pela *"desformalização"* do direito processual propõem uma série de medidas com nítidas tendências de ataque ao formalismo. Esses movimentos têm no Acesso à Justiça socializador os seus maiores fundamentos e justificativas para flexibilização, ao argumento de que o formalismo dificultaria a acessibilidade, especialmente para uma significativa parcela da população, bem como tornaria ineficaz o exercício da atividade jurisdicional em razão da demora.[72]

A discussão sobre o Acesso à Justiça ganhou notória evidência acadêmica a partir da publicação do Relatório Geral do *"Projeto Florença de Acesso à Justiça"* em 1978.[73] A partir de tal projeto, Cappelletti e Jones Jr pretendiam, mediante um Estudo comparatista, estabelecer suas bases, apresentando sua definição, estágio da época e propostas para sua efetivação nos países participantes.

De início, no relatório geral, Cappelletti e Garth ressaltaram que a expressão *"Acesso à Justiça"* é de difícil definição, mas para esses, ela representaria o sistema pelo qual as pessoas poderiam reivindicar seus direito e resolver seus litígios sob os auspícios do Estado. Destarte, ressaltam que o tema pode *"ser encarado como o requisito fundamental – o mais básico dos direitos humanos – de um sistema jurídico moderno e igualitário que pretenda garantir, e não apenas proclamar os direitos de todos."*

---

[72] NUNES, Dierle José Coelho; TEIXEIRA, Ludmila. *Acesso à Justiça Democrático*. Brasília: Gazeta Jurídica, 2013. p. 99-100.

[73] O Projeto Florença de Acesso à Justiça foi um enorme projeto patrocinado Fundação Ford e Conselho Nacional de Pesquisa da Itália, sob a Direção de Mauro Cappelletti. Envolveu 23 países no projeto e teve seu Relatório Geral publicado em uma obra de quatro tomos. (NUNES, Dierle José Coelho. *Processo Jurisdicional Democrático: Uma Análise Crítica das Reformas Processuais*. 1ª ed. 4ª reimp. Curitiba: Juruá Editora, 2012.)

O direito de Acesso à Justiça seria um direito social fundamental e, para eles, o ponto central da moderna processualística.[74]

Ao presente estudo se centraliza a discussão na terceira onda de Acesso à Justiça, haja vista que esta apresenta os esforços preponderantes no sentido de *"melhorar e modernizar"* os tribunais e seus procedimentos. Isso tudo por intermédio da **simplificação dos procedimentos e a apresentação de métodos alternativos a resolução de conflitos.**[75]

Como já se ressaltou, o Projeto Florença representou o ápice da socialização processual, embora tenha surgido quando já era patente a crise do *Welfare State*, já que o Estado se mostrava incapaz de prover todas as necessidades da sociedade.[76]

Outro projeto semelhante que merece destaque é o patrocinado pelo Banco Mundial e que teve como resultado a publicação do Documento Técnico 319S, em 1996. Esse projeto teve como principal tema o Acesso à Justiça nos Países Latino-americanos e Caribe.[77]

O Documento Técnico 319S, divulgando pesquisa de opinião realizada no Brasil, relatou que 82% dos juízes indicaram que o excesso de formalidades processuais seriam a causa da ineficiência do Poder Judiciário, assim como 73% desses mesmos juízes atribuíram ao grande número de recursos a causa de uma administração da Justiça ineficiente.[78]

Em síntese, o Documento Técnico 319S recomendou aos países objeto de estudo (incluído nestes o Brasil), como medida principal, a adoção de mecanismos alternativos de resolução de conflitos como meio de dar maior Acesso e reduzir o custo da litigância.[79]

Destarte, sob o marco das conclusões dos projetos acima, ter-se-ia como altamente eficaz e proveitosa para o *"Acesso efetivo a Justiça"*[80] a proposta de uma simplificação de procedimentos e adoção de métodos alternativos de resolução de conflitos, o que poderia representar uma forma de garantir o Acesso de forma igualitário a todos e ainda uma *"Justiça"* mais eficaz e confiável.

---

[74] CAPPELLETTI, Mauro; GARTH, Bryant. *Acesso à Justiça*. Porto Alegre: Sergio Antônio Fabris Editor, 1988.p. 8 e 12-13.

[75] CAPPELLETTI; GARTH. *Op.cit.,*.p. 76. NUNES, Dierle José Coelho. *Processo Jurisdicional Democrático: Uma Análise Crítica das Reformas Processuais*. Curitiba: Juruá Editora, 2012. p. 115.

[76] NUNES. *Op. Cit.*, p.115 e 135.

[77] DAKOLIAS, Maria. *Documento Técnico 319: O Setor Judiciário na América Latina e no Caribe*. Banco Mundial Washington, D.C. Trad. Sandro Eduardo Sardá. 1996. Disp. em: http://api.ning.com/files/me Ke3Qn5I3IdVGYiJBQwYm6MKO9AtJnGsqyEqslNhUR4XbIvXke*eTQIS7hQa*cCE22ZkyI4dBWq MP-Xz3YPtYKc9gLJQWtH/documento318JustiabrasileiraeacordoEUA.pdf. Acesso em 11/01/2014. (*A permissão para reproduzir partes deste documento para uso estudantil é garantido pelo Centro de Autorização para Direitos Autorais, suíte 910, 222 Rosewood Drive, Danvers, Massachusetts 01923, U.S.A.*)

[78] *Ibidem.*

[79] *Ibidem.*

[80] CAPPELLETTI; GARTH. *Op. Cit.*, p. 15.

Os Tribunais brasileiros, por sua vez, tentaram absorver essa lógica. Contudo, paradoxalmente, já demonstrando as ambiguidades de tais propostas, reclamaram a si a competência para a simplificação procedimental, bem como a inclusão desses métodos em seu âmbito de atuação de modo preponderantemente amador. Dessa forma, o que deveria representar a descentralização sistêmica, apontaria para uma releitura mais branda e palatável de uma centralização ainda mais densa.[81]

Na esteira dessa releitura, Bedaque afirma que o apego exagerado ao formalismo acaba por transformar o processo em mecanismo burocrático, de forma que aponta ser necessário reconhecer no juiz protagonista, dotado de sensibilidade e bom senso, a possibilidade de adequar o mecanismo formal às especificidades da situação colocada em discussão. Atribui ao rigor formal excessivo um caráter patológico que deve ser eliminado mediante a aplicação de um suposto 'princípio' da *"elasticidade processual"*.[82]

No entanto, segundo algumas conjecturas do presente estudo, a proposta de desformalização e desjurisdicização representam, ao contrário, uma forma estratégica de manter a centralização do poder, como dito acima, além de justificar a ineficiência de um sistema falido, onde o formalismo, em uma leitura democrática, consoante acima, poderia representar, na verdade, um avanço.

Não se pode olvidar, como se teve oportunidade de pontuar em outra sede, que a aposta num modelo integrado multiportas de dimensionamento de conflitos, apesar de apresentar várias virtudes quando realizado de modo profissional, não pode recair em alguns mitos:

> Os próprios "mitos" de que a opção pelas *ADRs* aliviaria o sistema jurisdicional, no entanto, são colocados em xeque quando se analisam modelos que adotaram tal premissa, absorvendo esses meios para dentro do aparato estatal. Emblemático, nesse aspecto, é o exemplo americano de consolidação do modelo na década de 1970, eis que, como informa Chase: "(...) se o objetivo fundamental dos defensores dos meios alternativos foi reduzir o peso depositado no Judiciário, os caminhos administrativos eleitos para este fim foram no mínimo peculiares. É que o estabelecimento de programas institucionais de arbitragem e mediação no âmbito dos próprios tribunais assumiu especial ênfase nesta ascensão, fazendo com que os custos inerentes à manutenção do sistema jurisdicional seguissem sólidos e transparecendo que (salvo a hipótese da nova roupagem reduzir a proporção total de litígios) o objetivo não seria

---

[81] Dierle Nunes e Ludmila Teixeira propõem como questão o paradoxo da reprodução do modelo centralizador e uniformizante. (NUNES, Dierle José Coelho; TEIXEIRA, Ludmila. *Acesso à Justiça Democrático*. Brasília: Gazeta Jurídica, 2013. p. 103.)

[82] BEDAQUE, José Roberto dos Santos. *Efetividade do Processo e Técnica Processual*. 3ª ed.. São Paulo: Malheiros Editores, 2010. p. 45-46

alcançado. Além disso, não se deve olvidar da possibilidade de que diversas demandas compulsoriamente enviadas a estes meios alternativos retornassem ao apreço jurisdicional pela recusa de uma das partes em aceitar seu desfecho. Além disso, em 1975, quando os clamores pelos meios alternativos eclodiram, inexistia prova empírica de que efetivação serviria para uma melhor equalização no tempo de Judiciário. Afinal, como isto seria possível tendo em conta que eles sequer teriam sido efetivamente testados? Realmente, estudos posteriores relacionados aos efeitos das *ADR* levam a conclusões intrigantes, expondo que a crença na sua atividade como ferramenta de gerenciamento processual é muito superior ao seu impacto concreto nesta frente. Advogados e juízes compartilham amplamente a ideia de que a nova estrutura dos Tribunais reduziria custos e permitiria uma economia de tempo, enquanto os dados empíricos indicam exatamente o contrário (o que não significa que não possa ter havido êxitos pontuais, mas demonstra que os benefícios não ocorreram em uma escala global). Estas constatações não apenas enfraquecem a relação entre o avanço dos meios alternativos e a crise jurisdicional, como ainda nos indicam a necessidade de investigar as origens de uma crença ao mesmo tempo inconsistente e tão inabalável."[83] Essa narrativa é muito relevante no atual contexto do Novo CPC pela crença que motiva alguns em otimizar os meios "alternativos" dentro do sistema jurisdicional. Talvez essa opção momentânea de absorção pelo Estado Jurisdição seja uma necessidade, na presente época em que tudo é judicializado, no sentido de busca por uma adequação. Assim, claramente, a atual escolha pode trazer ferramentas plúrimas ao jurisdicionado, mas sem a pretensão de trazer maior celeridade e diminuição de custos, especialmente quando se percebe a necessidade que o Novo CPC traz de que os novos conciliadores e mediadores passem por uma capacitação obrigatória (que induz gastos – art. 167)[84] para a profissionalização de suas funções e da necessidade de criação dos centros de autocomposição.[85]

---

[83] BEDAQUE, José Roberto dos Santos. *Efetividade do Processo e Técnica Processual*. 3ª ed.. São Paulo: Malheiros Editores, 2010. p. 147-148.

[84] Art. 167. Os conciliadores, os mediadores e as câmaras privadas de conciliação e mediação serão inscritos em cadastro nacional e em cadastro de tribunal de justiça ou de tribunal regional federal, que manterá registro de profissionais habilitados, com indicação de sua área profissional.

§ 1º Preenchendo o requisito da capacitação mínima, por meio de curso realizado por entidade credenciada, conforme parâmetro curricular definido pelo Conselho Nacional de Justiça em conjunto com o Ministério da Justiça, o conciliador ou o mediador, com o respectivo certificado, poderá requerer sua inscrição no cadastro nacional e no cadastro de tribunal de justiça ou de tribunal regional federal.

§ 2º Efetivado o registro, que poderá ser precedido de concurso público, o tribunal remeterá ao diretor do foro da comarca, seção ou subseção judiciária onde atuará o conciliador ou o mediador os dados necessários para que seu nome passe a constar da respectiva lista, para efeito de distribuição alternada e aleatória, observado o princípio da igualdade dentro da mesma área de atuação profissional.

§ 3º Do credenciamento das câmaras e do cadastro de conciliadores e mediadores constarão todos os dados relevantes para a sua atuação, tais como o número de causas de que participou, o sucesso ou

ASPECTOS POLÊMICOS DO NOVO CÓDIGO DE PROCESSO CIVIL

Caso contrário poderia se partir de uma percepção, em nossa perspectiva equivocada, de que se o Novo CPC for aplicado fora de uma vertente forte (constitucional) de compartipação/cooperação, ou mesmo de uma leitura inadequada que mantenha o viés de protagonismo judicial, a flexibilização ou mesmo novos institutos (como os negócios processuais do art.190) poderiam induzir perspectivas mais uma sofisticadas de encriptação do poder.

A perspectiva de protagonismo judicial é claramente, ainda, extraída do próprio Documento Técnico 319S, na Seção Acesso à Justiça. No referido documento está consignado que os juízes não observam rigorosamente os prazos processuais a eles determinados. Citando um estudo realizado na Bolívia, financiado pelo próprio Banco Mundial, afirma que enquanto uma manifestação judicial naquele país poderia ocorrer no prazo máximo de 42 dias, ela ocorria, em média, em 519 dias. O referido estudo trouxe a conclusão de que a culpa pela morosidade não poderia ser atribuída ao procedimento, mas sim no modo como era desenvolvida a função jurisdicional, uma vez que os próprios juízes não cumpriam os prazos regulamentares. O mesmo estudo recomendou para um progresso em matéria de efetividade, a simples observância das disposições sobre prazos nos Códigos vigentes.[86]

A conclusão que se chega diante de tal estudo é que a morosidade dos processos judiciais não está concentrada simplesmente no formalismo exacerbado, sequer no *"excesso de recursos"*, mas pelo fato de juízes não observarem os prazos processuais a eles conferidos e da completa ausência de um gerenciamento administrativo e de casos (*court e case management*), que no mais das vezes não observam em razão, também, da ausência de estrutura funcional.

A implementação de estrutura funcional, que preveja um administrador judicial dos conflitos, aliado a um aparelhamento do Judiciário, e uma posterior obser-

---

insucesso da atividade, a matéria sobre a qual versou a controvérsia, bem como outros dados que o tribunal julgar relevantes.

§ 4º Os dados colhidos na forma do § 3º serão classificados sistematicamente pelo tribunal, que os publicará, ao menos anualmente, para conhecimento da população e fins estatísticos, e para o fim de avaliação da conciliação, da mediação, das câmaras privadas de conciliação e de mediação, dos conciliadores e dos mediadores.

§ 5º Os conciliadores e mediadores judiciais cadastrados na forma do *caput*, se advogados, estarão impedidos de exercer a advocacia nos juízos em que exerçam suas funções.

§ 6º O tribunal poderá optar pela criação de quadro próprio de conciliadores e mediadores, a ser preenchido por concurso público de provas e títulos, observadas as disposições deste Capítulo.

[85] Theodoro Jr, Nunes, Bahia, Pedron. *Novo CPC: fundamentos e sistematização*. Rio de Janeiro: GEN Forense, 2a ed. 2015.

[86] Dakolias, Maria. *Documento Técnico 319: O Setor Judiciário na América Latina e no Caribe*. Banco Mundial Washington, D.C. Trad. Sandro Eduardo Sardá. 1996. Disp. em: http://api.ning.com/files/meKe3Qn5I3IdVGYiJBQwYm6MKO9AtJnGsqyEqslNhUR4XbIvXke*eTQ1S7hQa*cCE22ZkyI4dBW qMP-Xz3YPtYKc9gLJQWtH/documento318JustiabrasileiraeacordoEUA.pdf. Acesso em 11/01/2014.

vância dos prazos pelos juízes importaria em uma diminuição considerável da duração do processo, e consequentemente acarretaria a diminuição do número de ações. Por óbvio, de nada adianta implementar a referida medida, se não forem conjugados esforços em outros sentidos, conforme será objeto de análise a seguir.

Com Teixeira, já se observou que o modelo de desformalização tem como função o resgate da legitimidade do Judiciário, onde se opta por uma "*ética de tratamento*" voltada para o "*consenso terapêutico*". Ademais, apoiados nas conclusões de Boaventura de Souza Santos, apresentou-se a preocupação de que a informalização perigosamente se traduza em "*mecanismo de dispersão do tipo trivialização e neutralização*", representando um instrumento de "*desarme e desmobilização*". Assim, esses movimentos serviriam tão somente para acalmar as massas frente aos problemas do Judiciário, mas não apresentaria nenhum ganho substancial, ao contrário, apenas reforçaria um modelo já vigente.[87]

Vale dizer que a preocupação acima é justificada conforme se depreende da leitura do estudo patrocinado pelo Banco Mundial. Com efeito, este consagra em seu prefácio, como um de seus objetivos, o de contribuir com subsídios para eventuais reformas processuais nos países latino-americanos, a fim de aumentar a eficiência e confiança no Judiciário, o que, consequentemente, proporcionaria um ambiente propício à abertura para o comércio, financiamentos e investimentos.[88]

Por outro lado, deve ser levado em consideração que esses mecanismos e os modelos propostos pelos reformistas ligados a desformalização do processo, podem majorar o arbítrio e a opressão do sistema, uma vez que o formalismo é um competente mecanismo para frear o arbítrio.

Nesse quadrante, algumas propostas de desformalização, como aquelas observadas no Projeto de Florença para os Juizados de Pequenas Causas – tais como: desencorajamento a contratação de advogados (em alguns casos, sugerem proibição)[89]; equalização de partes através de juízes ativistas[90]; arbitragem

---

[87] NUNES, Dierle José Coelho; TEIXEIRA, Ludmila. *Acesso à Justiça Democrático*. Brasília: Gazeta Jurídica, 2013. p. 104 e105.

[88] DAKOLIAS, Maria. *Documento Técnico 319: O Setor Judiciário na América Latina e no Caribe*. Banco Mundial Washington, D.C. Trad. Sandro Eduardo Sardá. 1996. Disp. em: http://api.ning.com/files/meKe3Qn5I3IdVGYiJBQwYm6MKO9AtJnGsqyEqslNhUR4XbIvXke*eTQ1S7hQa*cCE22ZkyI4dBW qMP-Xz3YPtYKc9gLJQWtH/documento318JustiabrasileiraeacordoEUA.pdf. Acesso em 11/01/2014.

[89] "*a. Promovendo a acessibilidade geral. A redução do custo e duração do litígio é, sem dúvida, um objetivo primordial das reformas recentes. As causas de distribuição, por exemplo, são muito baixas para quase todos os tribunais de pequenas causas. O principal custo, ou principal risco, nos países em que vigora o princípio da sucumbência está, no entanto, nos honorários advocatícios. Por isso, estão sendo tomadas providencias para desencorajar ou mesmo proibir a representação através de advogados.*" (CAPPELLETTI, Mauro; GARTH, Bryant. *Acesso à Justiça*. Porto Alegre: Sergio Antônio Fabris Editor, 1988. p. 100).

[90] "*b. A equalização das partes. Juízes mais ativos podem fazer muito para auxiliar os litigantes que não contam com assistência profissional.*" (CAPPELLETTI, Mauro; GARTH, Bryant. *Acesso à Justiça*. Porto Alegre: Sergio Antônio Fabris Editor, 1988. p. 100).

sem a presença de advogados[91]; decisões por equidade lastreada na Justiça e não no princípio da legalidade[92]; – causam severa preocupação em uma sociedade carente de distribuição de renda e de implementação de direitos fundamentais.

Na conjuntura brasileira, a defesa técnica é uma garantia constitucional inarredável para assegurar uma competência de atuação em face da enorme complexidade dos sistemas jurídicos.

Lado outro, o duplo ativismo judicial (técnico e institucional), especialmente seletivo, com a finalidade de tornar "equânimes" os procedimentos também não podem ser recepcionados em um Estado Democrático, uma vez que a proposta de Cappelletti tinha bases de um direito processual socializador, reportando-se, consequentemente, a um paradigma de Estado Social abolido com o advento do Texto Constitucional de 1988.

Obviamente não se propõe um juiz aos moldes liberais, mas sim um juiz que participe sem, no entanto, ser uma super-parte; **o que se pretende é estabelecer um formalismo à luz do processo democrático**, por intermédio do qual se estabeleça parâmetro normativo que permita a comparticipação das partes na formação dos pronunciamentos e que não represente a mantença de *interpretações rituais* como as constantes da admissibilidade rigorística dos recursos mediante a conhecida jurisprudência defensiva.

Estrutura-se a análise conteudística da forma do ato processual com fundamento em um direito fundamental.

Como se vê, os discursos antiformalismo representam uma aproximação de um sistema repleto de decisionismos e beneficiamentos assistenciais, em que o direito se encontra no recinto concentrado infiscalizável do "*bom senso*" do juiz.[93] Evidentemente, há uma indicutível maioria de magistrados probos e retos, contudo, não se pode submeter todo um sistema normativo a um entendimento personalíssimo, até mesmo porque não estaria em consonância com o Estado Democrático.

---

[91] "*O processo de conciliação informal, discreto, frequentemente sem caráter público, parece bem adaptado para partes desacompanhadas de advogados e tem as vantagens já descritas de ajudar a preservar relacionamentos complexos e permanentes.*" (CAPPELLETTI, Mauro; GARTH, Bryant. *Acesso à Justiça*. Porto Alegre: Sergio Antônio Fabris Editor, 1988. p. 109).

[92] "d. *Simplificando as normas substantivas para a tomada de decisões em pequenas causas. Uma idéia proposta por muitos reformadores de pequenas causas é a de que se permita aos árbitros tomar decisões baseadas na "justiça" mais do que na letra fria da lei.*" (CAPPELLETTI, Mauro; GARTH, Bryant. *Acesso à Justiça*. Porto Alegre: Sergio Antônio Fabris Editor, 1988. p. 111).

[93] Rosemiro Pereira Leal pondera que "*a decisão, nesse conceito, como resultante necessária de um alardeado "acesso à justiça", cumpriria o nobre desiderato luhmaniano de oferenda pública de um Poder Judiciário agrupador de um colegiado de guardiães-mosqueteiros dos sistemas jurídico, social e econômico e da rara agilidade mental dos seus integrantes, seria distribuidor de célere paz social e eticidade formal na solução dos conflitos. A racionalidade sistêmica aqui supriria e curaria as lacunas e a dolosidade dos planos enganosos dos governos, bem como levaria uma justiça farmacológica aos desafortunados pelo abandono e opressão estatais*". (LEAL, Rosemiro Pereira. *Teoria Processual da Decisão Jurídica*. São Paulo: Landy Editora, 2002. p. 105).

Ademais, todo o estudo dos vieses cognitivos (*cognitive biases*), antes indicado, mostra que muitas vezes os juízes sofrem de deturpações cognitivas decisórias que o processo e seu formalismo podem combater (*debiasing*). Como já se disse:

> Como combate a estas deturpações decisórias o processo (constitucionalizado, com garantias *v.g.* do contraditório e do devido processo constitucional) acaba viabilizando uma contramedida corretiva (contrafática) aos vieses (*debiasing*)[94] especialmente porque um "problema para muitas decisões é que as pessoas fazem julgamentos com base na informação limitada que vem à mente ou entregues pelo ambiente, que é muitas vezes incompleta ou tendenciosas – um fenômeno que Kahneman (2011) chama de 'o que você vê é tudo que existe'".[95] Nestes termos *o processo constitucional acaba servindo de garantia dialógica de debiasing.*[96]

Vale dizer que, a despeito da apresentação de uma série de equívocos existentes, ou pelo menos pontos que mereciam uma reflexão mais pormenorizada, os discursos a respeito das transformações propostas dos movimentos reformistas até recentemente, no sentido da informalização da Justiça, são extremamente parciais e apenas festejam as virtudes redentoras do fenômeno, sem ressalvar suas ambiguidades e riscos. Consoante se expôs com Teixeira, uma reflexão mais aprofundada acerca do tema pode levar a conclusão que ao contrário de progresso, o movimento representa *"verdadeiras opções políticas nem sempre democráticas"*.[97]

Não se pode perder de vista, como se ponderou com *Teixeira, que* quando se explicitam movimentos de *"flexibilização"*, *"informalização"* e *"deslegalização"* se buscam aliados estratégicos do controle dos níveis de dissenso e de desaprovação social, o que contribui com a manutenção da competência atual, sem maiores gastos e responsabilidades. De tal modo, o Estado mantém a legitimidade da Função Jurisdicional por meios estratégicos, enquanto deveria ser através de medidas democráticas, que mais das vezes reclamariam a observância de um formalismo.[98]

---

[94] Debiasing refers to any technique that is designed to prevent or mitigate cognitive bias. LARRICK, Richard P. *Debiasing. Blackwell Handbook Of Judgment And Decision Making.* Derek J. Koehler & Nigel Harvey eds., 2004. p. 326-327.

[95] SOLL, Jack B.; MILKMAN, Katherine L.; PAYNE, John W.. A User's Guide To Debiasing. June 17, 2014). Wiley-Blackwell Handbook of Judgment and Decision Making, Gideon Keren and George Wu (Editors)

[96] NUNES, Dierle. *Colegialidade corretiva*, precedentes e vieses cognitivos: algumas questões do CPC-2015. *Revista Brasileira de Direito Processual.* 2015. (no prelo).

[97] NUNES, Dierle José Coelho; TEIXEIRA, Ludmila. *Acesso à Justiça Democrático.* Brasília: Gazeta Jurídica, 2013. p. 108-109.

[98] NUNES; TEIXEIRA. *Op. Cit.,* p. 24.

Não se pode admitir, como querem alguns[99], que a segurança seja sacrificada em prol da celeridade, sob pena de se presenciar uma *"harmonia coerciva"*, que não é senão uma *"violência"* e silenciamento.[100]

E é com base em tais preocupações, que ganha relevância um estudo sobre o formalismo em face de tais movimentos reformistas e na iminência da alteração da legislação processual, se faz necessário conjecturar sobre os novos institutos que foram criados, com o objetivo de viabilizar um progresso na Democracia, e não somente uma realocação de problemas.

O formalismo, nos termos propostos no presente estudo, garante um ganho democrático à interpretação das formalidades, haja vista que a análise do resultado (fim) se dará de **forma qualitativa** e terá como fundamento as **garantias processuais constitucionais**. O fim alcançado pelo ato será analisado não só pelo resultado obtido, mas se o meio pelo qual se chegou a este ato atendeu aos ditames constitucionais.

4.3. O novo Código de Processo Civil: como formalismo democrático complementa a primazia do mérito e o máximo aproveitamento

Em que pesem as constatações feitas pelo Documento Técnico 319S mencionadas alhures, nota-se uma tendência teórica de se imputar ao formalismo processual a culpa pela eventual falta de efetividade e celeridade do processo. Ainda, foi possível constatar que teóricos da Socialização Processual, como Cappelletti e Garth[101], recomendaram amplamente que o formalismo processual fosse mitigado, a fim de facilitar o Acesso à Justiça, uma vez que tais conceitos seriam excludentes entre si.

Nesta esteira, cumpre reiterar que estas tendências guardam relação íntima com o fenômeno da Socialização do Processo e com o Neoliberalismo Processual, repercutindo no Direito Processual em escala global. A predominância em escala global dos fenômenos do antiformalismo, da Socialização Processual e da Discricionariedade Judicial ficam evidentes, quando da leitura dos relatórios feitos por renomados processualistas ao redor do globo[102].

Exemplo pertinente nesse momento é a proposta socializadora do formalismo em Büllow, donde é possível extrair uma concessão forte, autoritária, de poderes

---

[99] Bedaque afirma que "a ciência processual moderna vem admitindo o sacrifício da segurança em rol da celeridade" (BEDAQUE, José Roberto dos Santos. *Efetividade do Processo e Técnica Processual.* 3ª ed. São Paulo: Malheiros Editores, 2010. p. 60).

[100] NUNES; TEIXEIRA. *Op. Cit.,* p. 120.

[101] CAPPELLETTI, Mauro; GARTH, Bryant. *Acesso à Justiça.* Porto Alegre: Sergio Antônio Fabris Editor, 1988.

[102] MALESHIN, Dimitri *et al* (Coord.). *Civil Procedure in Cross-Cultural Dialogue: Eurasia Context.* Irvine: University of California, 2013.

ao juiz, o que de certa forma não o distingue da proposta liberalizante de Wach, assim considerado por Tarello[103].

Assim, atendo-se a uma leitura apressada do Novo Código de Processo Civil, poder-se-ia concluir que seus idealizadores haveriam seguido integralmente as mesmas tendências acima noticiadas, no tocante à mitigação das formas dos atos processuais, a exemplo do que ocorreu com as normas atinentes à flexibilização procedimental. Entretanto, em uma análise mais acurada das disposições ali constantes, é possível verificar que algumas das formas de mitigação formal da lei podem acabar por servir a um fortalecimento da noção de Formalismo Processual Democrático e, consequentemente, a reafirmação dos conteúdos de direitos fundamentais anteriormente sobrelevados.

Mais do que é isso, é possível verificar uma série de comandos normativos no Código orientando para uma nova concepção de direito processual, na qual se extraia a primazia do mérito e máximo aproveitamento balizados pelo modelo constitucional do processo, com o modelo interpretativo do formalismo processual.

Conquanto importantíssimas todas as cogitações teóricas, faz-se necessário a partir desse momento, a apresentação das mudanças dogmáticas ensejadas a partir da combinação entre formalismo processual democrático e a primazia do mérito, oportunidade na qual se vislumbra uma complementariedade recíproca entre os aludidos institutos.

Isso porque, o Legislador se preocupou acertadamente com a disseminação alardeada da Jurisprudência Defensiva, que de mais a mais, estabelecia uma interpretação rigorosa sobre alguns requisitos de natureza secundária quando da admissão de recursos, com a única finalidade de representar um "filtro" que, analisado à luz da Constituição, se mostra inconstitucional.

Como observaram Oliveira Junior, Roque, Gajardoni e Dellore: "*a jurisprudência defensiva consiste, grosso modo, em um conjunto de entendimentos – na maioria das vezes sem qualquer amparo legal – destinados a obstaculizar o exame do mérito dos recursos, principalmente de direito estrito*". O obstáculo conclamado, conforme os autores, tem como balizamento a rigidez excessiva em relação a interpretação de requisitos extrínsecos de recursos, o que representava uma permanente consagração de um formalismo excessivo injustificado.[104] Tais tendências são preponderantemente verificadas durante o curso do processo nos Tribunais superiores que vinham implementando uma política restritiva a recursos, utilizando-se, para

---

[103] TARELLO, Giovanni. *Dottrine del processo civile*: studi storici sulla formazione del diritto processuale civile. Il Mulino, 1989. p. 43.

[104] Oliveira Junior, Zulmar Duarte; Roque, Andre Vasconcelos; GAJARDONI, Fernando da Fonseca; DELLORE, Luiz. A jurisprudência defensica ainda pulsa no novo CPC. Disponível em: http://www.conjur. com.br/2013-set-06/jurisprudencia-defensiva-ainda-pulsa-codigo-processo-civil. Acesso em 28/05/2014.

tanto, de medidas excessivamente formalistas, que na verdade representavam a reificação da forma pela forma.

Um exemplo de tal política judiciária é o enunciado de súmula de n. 418 do STJ que estabelece que seria inadmissível o Recurso Especial interposto antes da publicação do Acórdão que decidiu os Embargos de Declaração. Ora, de tal exigência (forma) não se extrai nenhum conteúdo de direito fundamental, ao contrário, ela impede a concretização de um direito fundamental, qual seja o direito ao recurso, que de mais a mais, representa uma extensão do direito ao contraditório.[105] Em homenagem a tais exigências, foi pensando em vedar situações como a acima que foram propostos uma série de dispositivos no CPC com a finalidade de afastar a referida modalidade de jurisprudência.

Quando da leitura do Relatório do Projeto n. 8046/10, especificamente, na alínea "c" que trata das principais modificações do Novo Código especificamente, quando tratou do Livro IV *"Dos Processos nos tribunais e dos meios de impugnação das decisões judiciais"* percebe-se a presença de tópico próprio, qual seja, o de número 15, que tem como objetivo exclusivamente explicitar as alterações que visam o afastamento a jurisprudência defensiva.

O primeiro a ser citado é o art. 218, §4º do Novo CPC, o qual teve como objeto afastar a interpretação jurisprudencial calcada no enunciado de súmula 418 do STJ. O referido dispositivo estabelece que é considerado tempestivo o Recurso Principal interposto antes da publicação do Acordão que não sofreu alteração em seu texto em razão dos Embargos.

Nesse passo, importante trazer a baila os enunciados de número 22 e 23 do **Fórum Permanente de Processualistas Civis**. Os referidos enunciados confirmam a superação das limitações a direitos fundamentais acima apresentadas e confirmam o caráter progressista que a doutrina pretende oferecer ao Novo CPC:

> **Enunciado n. 22**: (art. 218, § 4º; art. 1.016) O Tribunal não poderá julgar extemporâneo ou intempestivo recurso, na instância ordinária ou na extraordinária, interposto antes da abertura do prazo. *(Grupo: Ordem dos Processos no Tribunal, Teoria Geral dos Recursos, Apelação e Agravo)*
>
> **Enunciado n. 23**: (art. 218, § 4º; art. 1.037, § 4º) Fica superado o enunciado 418 da súmula do STJ após a entrada em vigor do NCPC (*"É inadmissível o recurso especial interposto antes da publicação do acórdão dos embargos de declaração, sem posterior ratificação"*). *(Grupo: Ordem dos Processos no Tribunal, Teoria Geral dos Recursos, Apelação e Agravo)*

---

[105] NUNES, Dierle José Coelho. *Direito constitucional ao recurso*: da teoria geral dos recursos, das reformas processuais e da compartipação nas decisões. Rio de Janeiro: Lumen Juris, 2006. p. 169 e 177.

Seguindo esta tendência e já atento a recomendação doutrinária de já se interpretar o sistema atual em conformidade com as novas premissas [106] o STJ[107] e o STF[108] já veem afastando ao aludido enunciado de Súmula.

Atento as diretrizes interpretativas que deverão nortear o novo CPC, o **Fórum Permanente de Processualistas Civis,** dando interpretação constitucional ao novo dispositivo, trouxe ainda os enunciados 82 e 83, apresentando a leitura consoante a que o formalismo democrático propõe:

> **Enunciado n. 82**: É dever do relator, e não faculdade, conceder o prazo ao recorrente para sanar o vício ou complementar a documentação exigível, antes de inadmitir qualquer recurso, inclusive os excepcionais. *(Grupo: Ordem dos Processos no Tribunal, Teoria Geral dos Recursos, Apelação e Agravo)*
>
> **Enunciado n. 83**: Fica superado o enunciado 115 da súmula do STJ após a entrada em vigor do NCPC (*"Na instância especial é inexistente recurso interposto por advogado sem procuração nos autos"*). *(Grupo: Ordem dos Processos no Tribunal, Teoria Geral dos Recursos, Apelação e Agravo)*

Importante destacar que o vício em questão não apresenta prejuízo a nenhum direito fundamental da parte contrária. É, pois, uma formalidade que pode ser sanada, até porque, o próprio CPC anterior não fazia a distinção no art. 13, sobre qual momento seria possível a regularização processual.

Outro dispositivo do Novo CPC de grande importância é o art. 932, parágrafo único que atribui como dever normativo de cooperação dos relatores o de conceder 5 dias ao recorrente para que seja sanado vício ou complementada a documentação exigível, antes de considerar inadmissível o recurso.

Igualmente, o art. 1.007, além de manter a atual regra de aproveitamento recursal por insuficiência do preparo ($\S 2^\circ$) estabelece em seu $\S 4^\circ$ o direito do recorrente que não comprovar, no ato de interposição do recurso, o recolhimento do preparo, inclusive porte de remessa e de retorno, de ser intimado, na pessoa de seu advogado, para realizar o recolhimento em dobro, de modo que a pena de deserção somente será declarada após ofertada esta possibilidade. E, de modo a impedir comportamento não cooperativos de má fé o $\S 5^\circ$ veda a complementação se houver insuficiência parcial do preparo nesta segunda oportunidade de seu recolhimento.[109]

---

[106] NUNES, Dierle. Interpretação processual já deveria considerar conceitos do novo CPC. Acessível em: (http://www.conjur.com.br/.../dierle-nunes-interpretacao-proce...) em sentido idêntico: DIDIER JR, Fredie. Eficácia do novo CPC antes do término do período de vacância da lei. Acessível em: (https://www.academia.edu/.../Eficácia_do_novo_CPC_antes_do_té...)

[107] STJ, QO no RESP 1.129.215 – DF, Min. Luiz Felipe Salomão. DJ 07/10/2015.

[108] STF, AI 703269 AgR-ED-ED-EDv-ED / MG, rel. Min. Luiz Fux, DJ 05/03/2015.

[109] Seguindo ainda esta premissa: "o art. 218, $\S 4^\circ$ do CPC2015, em superação ao enunciado de Súmula 418 do STJ, impede ao tribunal julgar extemporâneo ou intempestivo recurso, na instância ordinária

Ainda no que tange ao preparo, o §7º ceifa o absurdo entendimento de o equívoco no preenchimento da guia de custas implicaria a aplicação da pena de deserção[110], uma vez constatado tal vício cabe "ao relator, na hipótese de dúvida quanto ao recolhimento, intimar o recorrente para sanar o vício no prazo de 5 (cinco) dias." Na mesma esteira do vício analisado no parágrafo anterior, não representa, para a parte contrária, nenhum prejuízo o seu saneamento e privilegia o contraditório.

Segundo a "primazia", antes de inadmitir um recurso por vícios ou documentação insuficiente, hipóteses recorrentes no foro, o relator deverá viabilizar a oportunidade de correção do defeito pela parte dentro da premissa da primazia do mérito e do formalismo democrático, impedindo o uso de interpretações ritualísticas para inviabilizar a análise de fundo recursal.

Sabe-se, também, que em conformidade com o enunciado de súmula 126 do STJ seria inadmissível recurso especial, quando o acórdão recorrido assenta em fundamentos constitucional e infraconstitucional, qualquer deles suficiente, por si só, para mantê-lo, e a parte vencida não manifesta recurso extraordinário.

Pode ocorrer, no entanto, que a questão constitucional no acórdão recorrido não seja tão clara para o recorrente que, então, apenas se vale de REsp por ofensa a lei federal. No entanto, quando o caso chega ao STJ, este entende que o que há, no caso, é apenas matéria constitucional e, então, decidia pelo não conhecimento do recurso

Constatando esta possibilidade, e em conformidade com a primazia do mérito, o CPC-2015, nos arts. 1.032 permite a conversão do REsp em RE (em nome do princípio da fungibilidade) e remessa do mesmo ao STF – já o artigo 1.033 dispõe sobre a possibilidade inversa, isto é, do STF converter RE em REsp quando se detectar que não há ofensa (direta) à Constituição mas, apenas, ofensa à lei federal.

---

ou na extraordinária, interposto antes da abertura do prazo. Nos moldes do art. 932, se estabelece a impossibilidade do relator dos recursos inadmitir um recurso antes de viabilizar a correção dos vícios, como, por exemplo, de ausência de documentação ou de representação." Cf. NUNES, Dierle. Interpretação processual já deveria considerar conceitos do novo CPC Publicado em: http://www.conjur.com.br/2015-mar-29/dierle-nunes-interpretacao-processual-deveria-considerar-cpc

[110] "[...] ficou consolidado, **no âmbito do STJ, o entendimento de que, em qualquer hipótese, o equívoco no preenchimento do código de receita na guia de recolhimento macula a regularidade do preparo recursal**, inexistindo em tal orientação jurisprudencial violação aprincípios constitucionais relacionados à legalidade (CF, art. 5º, II), ao devido processo legal e seus consectários (CF, arts. 5º, XXXV e LIV, e 93, IX) e à proporcionalidade (CF, art. 5º, § 2º). Ressalva do entendimento pessoal deste Relator, conforme voto vencido proferido **no** julgamento do AgRg **no** REsp 853.487/RJ." AgRg **no** AREsp 449265 / PR, Rel. Min. Raul Araújo, Quarta Turma, Dje 26/03/2014. Destacamos.

Note que esta situação jurídica poderia gerar grandes discussões em decorrência das normas fundamentais do CPC/2015. No entanto, os arts. 1.032 e 1.033 ofertam[111] solução processual legítima a viabilizar o julgamento do recurso.

Seguindo a mesma premissa cumpre trazer à baila o art. 1.017, §3º que, ao admitir que a falta de peça obrigatória no agravo de instrumento não implicará na inadmissibilidade direta, podendo ser sanada no prazo de cinco dias, o que também reforça a possibilidade de revisão das decisões.

Ademais, certo é que o imperativo em questão possui relações íntimas com a disciplina conferida ao sistema das nulidades no Novo CPC, muito embora a respectiva redação se assemelhe sobremaneira à dada ao Código Buzaid (1973). Entretanto, denota-se que o sistema das nulidades merece ser interpretado dentro das reflexões até aqui expostas, sob pena de se recair num anacronismo maléfico às propostas de cooperação e comparticipação ali inauguradas.[112]

Com isso, fica claro que a proposta do legislador foi de justamente primar pelo máximo aproveitamento da atividade processual desenvolvida no curso do processo, ressalvado o "piso" mínimo de proteção ao princípio constitucional da ampla defesa. Trata-se justamente, da conciliação entre os imperativos de máximo aproveitamento com a concepção das formas processuais considerando-se seus conteúdos de direitos fundamentais.

Cabe mencionar, conquanto os dispositivos acima representem uma espécie de desformalização, eles se adequam perfeitamente a leitura que o formalismo democrático pretende emprestar aos atos processuais. Em cada um dos casos acima, ficou resguardado o conteúdo de direito fundamental pretendido em cada um dos atos, qual seja, o direito ao contraditório. Ainda mais, a inobservância das formalidades não representou prejuízo ao direito da parte contrária.

Ressalta-se inclusive que, se observado o princípio do Acesso à justiça democrático de forma ampliada, o qual também é uma garantia fundamental, não se tem dúvidas que a evolução legislativa levada a efeito representam a sua consolidação, haja vista que o que cada uma das propostas almeja possibilitar maior respeito aos direitos fundamentais.

Noutra ponta, não pode se esquecer que a tônica do processualismo democrático é a comparticipação e a cooperação, de forma que uma interpretação de que os dispositivos acima estariam contrários aos interesses da parte contrária,

---

[111] NUNES, Dierle, PIRES, Michel. *A conexão normativa entre os recursos extraordinários.* CUNHA, Leonardo. *Novo CPC e o processo tributário.* São Paulo: Foco Fiscal, 2015. THEODORO JÚNIOR, Humberto. NUNES, Dierle. BAHIA, Alexandre Melo Franco. PEDRON, Flávio Quinaud. *Novo CPC – fundamentos e sistematização.* cit.

[112] Para uma análise profunda do tema cf. CABRAL, Antônio do Passo. *Nulidades no processo moderno.* Rio de Janeiro, GEN forense, 2010.

representaria uma visão privatista e individualista do processo, o que não se coaduna com tal perspectiva teórica.

5. Considerações finais

O segundo pós-guerra, em face das barbáries perpetradas no período imediatamente anterior, abriu ao Direito uma oportunidade libertária e, com esta, um grande dilema acerca do limites do exercício do Poder.

Seu exercício solitário passou a ser combatido e tornou-se imperativa sua processualização de modo a coibir seu exercício arbitrário e permitir a efetiva participação dos afetados.

Assim, pode-se perceber no decorrer do presente estudo que o formalismo viabiliza a referida processualização, com o objetivo de viabilizar limites procedimentais ao poder além de efetivas possibilidades de participação.

Ao longo da história, pode-se perceber que a intensidade do formalismo esteve atrelada ao funcionamento do Estado, sofrendo influências de toda sorte, sendo mais vigoroso durante o apogeu do Estado Liberal e mais brando nos Estados Sociais.

Por conseguinte, apontou-se que a técnica processual, a forma do ato processual e o formalismo processual são distintos, sendo o primeiro o conjunto de atos ordenados para se chegar ao pronunciamento; a segunda a exteriorização dos atributos e requisitos do ato e o terceiro, a rigor do presente estudo, um aparato normativo que exige que a cada forma do ato corresponda e tenha em si o conteúdo de um direito fundamental.

Dessa forma, o formalismo processual surge como instituto que deve ser interpretado a luz do Estado Democrático de Direito, exigindo que em cada forma processual seja examinada a existência de um direito fundamental. Logo, o formalismo processual surge como garantia e não se limita a adoção de um formalismo axiológico (valores) ou da forma pela forma (abstrato).

Altera-se, com isso, a análise da forma do ato processual, dispensando atenção não somente a sua finalidade, mas sim com a exata correspondência dessa com um direito de modo que forma e conteúdo passem a ser analisados a partir de sua co-originariedade. A legitimidade do ato perde aderência exclusiva com sua finalidade (os fins justificam os meios) e passa a relacionar-se com as bases de um processualismo democrático, implementador de direitos fundamentais.

A mudança apresenta ao sistema um ganho em democraticidade e efetividade normativa, ou seja, os atos processuais guardarão maior correspondência com direitos fundamentais sem que para isso seja necessária a adoção de medidas de engessamento positivistas (exegéticas) ou de flexibilização total pelo juiz mediante um ativismo seletivo.

Com efeito, foi noticiado que estão sendo apregoados movimentos com tendências de desformalização do processo, em benefício de uma suposta efetividade e celeridade, se preocupando mais com o fim do que propriamente o conteúdo do que será realizado. Neste interim, foi salientada a preocupação tocante a tais movimentos, levando-se em conta o Acesso à Justiça e o Novo Código de Processo Civil.

Ademais, verificou-se que algumas das disposições constantes no referido texto legislativo podem perfeitamente ser interpretadas à luz da proposta do formalismo democrático, na medida em que não colidem diretamente com tal noção.

Ainda, não se pode descurar que a visão aqui proposta sobre o formalismo processual acaba por viabilizar uma visão que prime pelos julgamentos de mérito, sem, entretanto, favorecer a atecnia das partes e olvidar a importância que as formas devem conter, desde que interpretadas à luz de uma respectivo conteúdo de direito fundamental.

Como o sistema é embasado numa teoria normativa da comparticipação (cooperação), que leva a sério e é embasada no contraditório como influência, e respeita a boa-fé objetiva, não existe mais espaço para ausências de responsabilidades de nenhum sujeito processual, de modo que as regras de aproveitamento não devem servir de salvo-conduto para manobras de má-fé ou para deficiências das partes.

Igualmente, não se trata de se conceber uma visão de que o processo e suas formas conteriam mero caráter instrumental, mas que conteria uma instrumentalidade técnica e uma função de garantia destinada a criar espaços discursivos de construção participada das decisões e de fiscalidade do papel de todos os sujeitos processuais.

Com efeito, foi possível constatar que o Novo CPC acaba por adotar uma visão amplamente refratária a interpretações de cunho exegéticos das formas processuais, visando reconhecer a primazia do mérito sobre as mesmas, não incorrendo nas concepções anteriores da instrumentalidade do processo e das formas que acabavam fazendo tábula rasa de ambos.

Por fim, percebe-se que o formalismo processual é apto a afastar das reformas leituras que postulam somente uma efetividade *"quantitativa"* e anuncia a possibilidade de uma efetividade normativa *qualitativa*, tornando efetivo o Acesso à Justiça preconizado na Constituição de 1988, consagrando definitivamente a primazia dos julgamentos de mérito e máximo aproveitamento da atividade processual, sobre o dito formalismo exacerbado, desde que, evidentemente, sejam observados os conteúdos de direitos fundamentais depreendidos das referidas formas processuais.

No entanto, existem inúmeros conteúdos dogmáticos (alguns indicados no início do presente ensaio) que merecem atenção doutrinária pormenorizada. Fica aqui o convite para que a doutrina cumpra o seu papel de geração de constrangimento epistemológico para o novo modelo processual dogmático que estabelece novas responsabilidades e mais respeito ao modelo constitucional de processo.

6. Referências

ALEXY, Robert. **Teoria dos Direitos Fundamentais**. Trad. Virgílio Afonso da Silva. São Paulo: Malheiros, 2008.

ALMEIDA, Andrea Alves. **Espaço jurídico processual na discursividade metalinguística**. Curitiba: Editora CRV, 2011.

ALVARO DE OLIVEIRA, Carlos Alberto. **Do Formalismo no Processo Civil: proposta de um formalismo-valorativo**. 4ª ed. São Paulo: Saraiva, 2010.

ALVARO DE OLIVEIRA, Carlos Alberto. **O formalismo-valorativo no confronto com o formalismo excessivo**. In: Revista de Processo, São Paulo: RT, nº 137, 2006.

ANDOLINA, Ítalo Augusto. **O papel do processo na atuação do ordenamento constitucional e transnacional**. Trad. Oreste Nestor de Souza Laspro. Revista de Processo n. 87. Doutrina Internacional.

BAHIA, Alexandre Gustavo Melo Franco; SIMIONI, Rafael Lazzarotto. **Como os juízes decidem? Proximidades e divergências entre as teorias da decisão de Jürgen Habermas e Niklas Luhmann**. Revista Sequencia, n. 59, p. 61- 88, dez. 2009. p. 62.

BAHIA, Alexandre Gustavo Melo Franco; NUNES, Dierle José Coelho. **Por um novo paradigma processual**. Revista da Faculdade de Direito do Sul de Minas. Pouso Alegre, ed. 26, p. 79-78, jan/jun. 2008. p. 84.

BAHIA, Alexandre Gustavo Melo Franco; NUNES, Dierle José Coelho. **Processo Constitucional: Uma aborgadagem a partir dos desafios do Estado Democrático de Direito**. Revista Eletrônica de Direito Processual – REDP. Vol. IV. ISSN 1982-636.

BARROS, Flaviane de Magalhães; MACHADO, Felipe Daniel Amorim. **Prisão e Medidas Cautelares: Nova Reforma do processo penal**. Belo Horizonte: Del Rey, 2011.

BARACHO, José Alfredo de Oliveira. **Processo constitucional**. Rio de Janeiro: Forense, 1984.

BARACHO, José Alfredo de Oliveira. **Processo Constitucional: aspectos contemporâneos**. Belo Horizonte: Fórum, 2006.

BEDAQUE, José Roberto dos Santos. **Efetividade do Processo e Técnica Processual**. 3ª ed. São Paulo: Malheiros, 2010.

BRÊTAS, Ronaldo de Carvalho Dias. **O Processo Constitucional e o Estado Democrático de Direito**. Belo Horizonte: Del Rey, 2010.

BRÊTAS, Ronaldo de Carvalho Dias. **O Processo Constitucional e o Estado Democrático de Direito**. 2ª ed. Belo Horizonte: Del Rey, 2012.

BRETAS, Ronaldo de Carvalho Dias. SOARES, Carlos Henrique. **Manual Elementar de Processo Civil**. Belo Horizonte: Editora DelRey, 2011

BÜLOW, Oskar Von. **Teoria das Exceções e dos Pressupostos Processuais**. 2ª Ed. Campinas: LZN, 2005.

CALAMANDREI, Piero. **O processo como um jogo**. Trad. Roberto Claro. Curitiba: Genesis - Revista de Direito Processual Civil, nº 23, janeiro-março de 2002. p. 191-209.

CALAMANDREI, Piero. **Non c'è Libertà senza Legalità**. Roma: Laterza, 2013.

CAPPELLETTI, Mauro; GARTH, Bryant. **Acesso à Justiça**. Porto Alegre: Sergio Antônio Fabris Editor, 1988.

CHASE, Oscar G. **Direito, cultura e ritual.** Trad. Sérgio Arenhart, Gustavo Osna. São Paulo: Marcial Pons, 2014. p. 121.

CRUZ, Clenderson. **A Ampla Defesa na Processualidade Democrática.** Rio de Janeiro: Lumen Juris, 2015

DAKOLIAS, Maria. **Documento Técnico 319: O Setor Judiciário na América Latina e no Caribe.** Banco Mundial Washington, D.C. Trad. Sandro Eduardo Sardá. 1ª ed. 1996. Disp. em: http://api.ning.com/files/meKe3Qn5I3IdVGYiJBQwYm6MKO9AtJnGsqy EqslNhUR4XbIvXke*eTQ1S7hQa*cCE22ZkyI4dBWqMP-Xz3YPtYKc9gLJQWtH/ documento318JustiabrasileiraeacordoEUA.pdf. Acesso em 11/01/2014. (*A permissão para reproduzir partes deste documento para uso estudantil é garantido pelo Centro de Autorização para Direitos Autorais, suíte 910, 222 Rosewood Drive, Danvers, Massachusetts 01923, U.S.A.*)

DINAMARCO, Cândido Rangel. **A Instrumentalidade do Processo.** 15ª ed. São Paulo: Editora Malheiros, 2013.

FAZZALARI, Elio. **Instituições de Direito Processual.** 8ª Ed. Campinas: Bookseller, 2006.

GAJARDONI, Fernando Fonseca. **Flexibilização Procedimental – Razoabilidade ou Excesso de Poder do Juiz?.** In: ROSSI, Fernando; RAMOS, Glauco Gumerato; GUEDES, Jefferson Carús; DELFINO, Lúcio; MOURÃO, Luiz Eduardo Ribeiro (Coord). O Futuro do Processo Civil no Brasil: Uma Análise Crítica ao Projeto do Novo CPC. Belo Horizonte: Fórum, 2011. p. 689-697.

GOLDSCHMIDT, James. **Os principios gerais do proceso civil.** Belo Horizonte: Lider, 2002.

GONÇALVES, Aroldo Plínio. **Nulidades no Processo.** 2ª Ed. Belo Horizonte: Del Rey, 2012.

GONÇALVES, Aroldo Plínio. **Técnica Processual e Teoria do Processo.** 2ª Ed. Belo Horizonte: Del Rey, 2012.

LEAL, Rosemiro Pereira. **Processo como teoria da lei democrática.** 1ª ed. Belo Horizonte: Editora Fórum, 2010.

LEAL, Rosemiro Pereira. **Teoria Geral do Processo: primeiros Estudos.** 6ª Ed. São Paulo: Thomson IOB, 2005.

LEAL, Rosemiro Pereira. **Teoria Processual da Decisão Jurídica.** São Paulo: Landy Editora, 2002.

MALESHIN, Dimitri *et al* (Coord.). **Civil Procedure in Cross-Cultural Dialogue: Eurasia Context.** Irvine: University of California, 2013.

MAUS, Ingeborg. **Judiciário como superego da sociedade: o papel da atividade jurisprudencial na "sociedade órfã".** Novos Estudos CEBRAP, n.58, p. 197, nov. 2000.

MINISTÉRIO DA JUSTIÇA. **Análise da gestão e funcionamento dos cartórios judiciais.** Brasília, 2007.

NUNES, Dierle José Coelho; TEIXEIRA, Ludmila. **Acesso à Justiça Democrático.** 1ª ed. Brasília: Gazeta Jurídica, 2013. p. 111.

NUNES, Dierle José Coelho. **Apontamentos iniciais de um processualismo constitucional democrático.** In: CATTONI DE OLIVEIRA, Marcelo Andrade; MACHADO, Felipe Daniel Amorim (Coord.). Constituição e processo: a contribuição do processo ao constitucionalismo democrático brasileiro. Belo Horizonte: Del Rey, 2009.

NUNES, Dierle José Coelho. **Direito constitucional ao recurso:** da teoria geral dos recursos, das reformas processuais e da compartificação nas decisões. Rio de Janeiro: Lumen Juris, 2006.

NUNES, Dierle José Coelho. **Processo Jurisdicional Democrático: Uma Análise Crítica das Reformas Processuais**. 1ª ed. 4ª reimp. Curitiba: Juruá Editora, 2012.

RAMOS, Glauco Gumerato. **Poderes do Juiz – Ativismo (=Autoritarismo) ou Garantismo (=Liberdade) no Novo CPC**. In: ROSSI, Fernando; RAMOS, Glauco Gumerato; GUEDES, Jefferson Carús; DELFINO, Lúcio; MOURÃO, Luiz Eduardo Ribeiro (Coord). **O Futuro do Processo Civil no Brasil: Uma Análise Crítica ao Projeto do Novo CPC**. Belo Horizonte: Fórum, 2011. p. 705-711.

POUND, Roscoe. **The Causes of Popular Dissatisfaction with the Administration of Justice**. Presented at the anual convention of the American Bar Association in 1906.

ROSSI, Fernando; RAMOS, Glauco Gumerato; GUEDES, Jefferson Carús; DELFINO, Lúcio; MOURÃO, Luiz Eduardo Ribeiro (Coord). O Futuro do Processo Civil no Brasil: **Uma Análise Crítica ao Projeto do Novo CPC**. Belo Horizonte: Fórum, 2011.

STRECK, Lenio Luís. **Hermenêutica, Constituição e Processo ou de "como discricionariedade não combina com democracia": o contraponto da resposta correta**. In: CATTONI DE OLIVEIRA, Marcelo Andrade; MACHADO, Felipe Daniel Amorim (Coord.). Constituição e processo: a contribuição do processo ao constitucionalismo democrático brasileiro. Belo Horizonte: Del Rey, 2009.

TARELLO, Giovanni. **Dottrine del processo civile**: studi storici sulla formazione del diritto processuale civile. Il Mulino, 1989

TAVARES, Fernando Horta. **Acesso ao direito, duração razoável do procedimento e tutela jurisdicional efetiva nas constituições brasileiras e portuguesa: um estudo comparativo**. *In*: CATTONI DE OLIVEIRA, Marcelo Andrade; MACHADO, Felipe Daniel Amorim (Coord.). Constituição e processo: a contribuição do processo ao constitucionalismo democrático brasileiro. Belo Horizonte: Del Rey, 2009.

THEODORO JÚNIOR, Humberto; NUNES, Dierle; BAHIA, Alexandre Melo Franco; PEDRON, Flávio Quinaud. *Novo CPC*: fundamentos e sistematização. Rio de Janeiro: Forense, 2015.

TROLLER, Alois. **Os Fundamentos do Formalismo Processual Civil**. Porto Alegre: Sergio Antônio Fabris Editor, 2009.

A fundamentação dos provimentos jurisdicionais no novo Código de Processo Civil: avanços e retrocessos

FLÁVIO QUINAUD PEDRON
RAFAEL DE OLIVEIRA COSTA

Introdução

Estamos vivenciando um momento histórico para o Direito brasileiro. Em dezembro de 2014, o Senado Federal, debateu e votou as propostas de substitutivos elaboradas e aprovadas junto à Câmara dos Deputados (que atuou como Casa revisora) acerca do projeto de lei que representa o novo Código de Processo Civil brasileiro. Com isso, não apenas o diploma de 1973 (Lei nº 5.869, de 11 de janeiro de 1973 – CPC/73), como ainda Decreto-lei nº 1.608, de 18 de setembro de 1939 (CPC/39)[1] serão ab-rogados, dando azo à aplicação do novo diploma.

É fato que o paradigma de processo trazido pelo CPC/73 desde muito já não era capaz de atender às necessidades da sociedade.

Um problema comumente apontado pelos processualistas era a ausência de tratamento adequado para os casos que envolviam os chamados *litígios de massa*, já diagnosticados por Cappelletti no curso da década de 1970.[2]

---

[1] É preciso lembrar que o CPC/73 não revogou totalmente o CPC/39, em atenção ao teor do art. 1.218: *"Continuam em vigor até serem incorporados nas leis especiais os procedimentos regulados pelo Decreto-lei nº 1.608, de 18 de setembro de 1939, concernentes sobre: ao loteamento e venda de imóveis a prestações (arts. 345 a 349); ao despejo (arts. 350 a 353); à renovação de contrato de locação de imóveis destinados a fins comerciais (arts. 354 a 365); ao Registro Torrens (arts. 457 a 464); às averbações ou retificações do registro civil (arts. 595 a 599); ao bem de família (arts. 647 a 651); à dissolução e liquidação das sociedades (arts. 655 a 674); aos protestos formados a bordo (arts. 725 a 729); à habilitação para casamento (arts. 742 a 745); ao dinheiro a risco (arts. 754 e 755); à vistoria de fazendas avariadas (art. 756); à apreensão de embarcações (arts. 757 a 761); à avaria a cargo do segurador (arts. 762 a 764); às avarias (arts. 765 a 768); às arribadas forçadas (arts. 772 a 775)."*

[2] CAPPELLETTI, Mauro. GARTH, Bryant. *Acesso à justiça*. Trad. Ellen Gracie Northflleet. Porto Alegre, Fabris: 1988.

Outro, é o fato de o CPC/73 adotar como pano de fundo a chamada *teoria relacionista do processo*, inaugurada por Bülow[3] no século XVII e divulgada pelo pensamento de Liebman, Dinamarco, Grinover, Cintra e outros. Tal teoria tem por base a implementação de um modelo processual apoiado no solipsismo judicial, no qual ao magistrado é atribuída uma constelação de poderes e faculdades para controlar o processo, acabando por assumir uma posição de *superioridade* sobre os demais partícipes da dinâmica processual (autor, réu, advogados, Ministério Público, entre outros). Sabemos hoje, principalmente a partir dos estudos de Fazzalari,[4] que redefiniu os conceitos de processo e de procedimento, que tal aporte teórico é inadequado para um Estado que se autodenomine "Democrático".

Esse novo modelo teórico influencia sobremaneira a temática da fundamentação das decisões judiciais – bem como o devido tratamento aos princípios constitucionais processuais do contraditório, da ampla defesa, da isonomia, do devido processo –, a despeito da exigência constitucional contida no art. 93, inciso X, da Constituição de 1.988. Não obstante a exigência normativa inaugurada pela Carta Magna, que consagrou um modelo principiológico de processo, conforme lição de Andolina e Vignera,[5] a *práxis* forense ainda não rompeu para com o modelo anterior. Por isso, é no limiar da inauguração de um novo diploma normativo que emergem expectativas de mudança nesse quadro teórico.

Assim, o Novo Código não se limita a ampliar os participantes no processo, mas inclui o reconhecimento de que o ordenamento é interpretado e concretizado também fora dos Tribunais, e que o seu sentido é produzido por meio de debates que ocorrem em todos os locais em que existe o exercício da cidadania.[6] Por este motivo, estabelece novos marcos teóricos para o direito processual civil brasileiro, recepcionando os princípios constitucionais processuais com nítidas alterações de concepção e de semântica, conforme se depreende do teor do art. 7º,[7] art. 10[8] e art. 11.[9]

---

[3] BÜLOW, Oskar. Gesetz und Richteramt. *Juristische Zeitgeschichte*, Berlim, Berliner Wissenschafts, v. 10, 2003.

[4] FAZZALARI, Elio. *Istituzioni di diritto processuale*. 8. ed. Pádua: Cedam, 1996.

[5] ANDOLINA, Italo; VIGNERA, Giuseppe. *Il modelo costituzionale del processo civile italiano*. Turim: Giappichelli, 1990.

[6] Ressalte-se que, hodiernamente, o republicanismo assenta-se, basicamente, nas premissas da liberdade como "não dominação", no direito à participação popular na vida pública e na igualdade, inclusive em sua dimensão material.

[7] Art. 7º É assegurada às partes paridade de tratamento em relação ao exercício de direitos e faculdades processuais, aos meios de defesa, aos ônus, aos deveres e à aplicação de sanções processuais, competindo ao juiz zelar pelo efetivo contraditório.

[8] Art. 10. O juiz não pode decidir, em grau algum de jurisdição, com base em fundamento a respeito do qual não se tenha dado às partes oportunidade de se manifestar, ainda que se trate de matéria sobre a qual deva decidir de ofício.

[9] Art. 11. Todos os julgamentos dos órgãos do Poder Judiciário serão públicos, e fundamentadas todas as decisões, sob pena de nulidade.

No que toca ao dever judicial de fundamentação dos provimentos, dispõe o art. 489, do novo Código de Processo Civil:

> Art. 489. São elementos essenciais da sentença: I – o relatório, que conterá os nomes das partes, a identificação do caso, com a suma do pedido e da contestação, bem como o registro das principais ocorrências havidas no andamento do processo; II – os fundamentos, em que o juiz analisará as questões de fato e de direito; III – o dispositivo, em que o juiz resolverá as questões principais que as partes lhe submeterem. § 1º Não se considera fundamentada qualquer decisão judicial, seja ela interlocutória, sentença ou acórdão, que: I – se limitar à indicação, à reprodução ou à paráfrase de ato normativo, sem explicar sua relação com a causa ou a questão decidida; II – empregar conceitos jurídicos indeterminados, sem explicar o motivo concreto de sua incidência no caso; III – invocar motivos que se prestariam a justificar qualquer outra decisão; IV – não enfrentar todos os argumentos deduzidos no processo capazes de, em tese, infirmar a conclusão adotada pelo julgador; V – se limitar a invocar precedente ou enunciado de súmula, sem identificar seus fundamentos determinantes nem demonstrar que o caso sob julgamento se ajusta àqueles fundamentos; VI – deixar de seguir enunciado de súmula, jurisprudência ou precedente invocado pela parte, sem demonstrar a existência de distinção no caso em julgamento ou a superação do entendimento. § 2º No caso de colisão entre normas, o juiz deve justificar o objeto e os critérios gerais da ponderação efetuada, enunciando as razões que autorizam a interferência na norma afastada e as premissas fáticas que fundamentam a conclusão. § 3º A decisão judicial deve ser interpretada a partir da conjugação de todos os seus elementos e em conformidade com o princípio da boa-fé.

O presente estudo pretende, portanto, analisar as principais modificações trazidas pelo novo Código de Processo Civil no campo da fundamentação dos provimentos jurisdicionais, questão aqui escolhida para debate por representar, indubitavelmente, um dos grandes desafios da contemporaneidade.

Para tanto, não pretendemos conferir ao leitor apenas um olhar dogmático-técnico processual, uma vez que as principais inovações somente podem ser compreendidas quando observadas sob uma perspectiva mais ampla, qual seja, a ruptura operada pelo paradigma do Estado do Estado Democrático de Direito,[10] que reflete tradição contrária à do Positivismo Jurídico, já roto pelo desgaste do tempo e das mudanças socioculturais no cenário contemporâneo.

Em síntese, o trabalho conduz uma interlocução transdisciplinar, para que os avanços e conquistas da Filosofia do Direito e da Hermenêutica Jurídica não sejam esquecidas na compreensão do novo diploma.

---

[10] CARVALHO NETTO, Menelick de. Requisitos pragmáticos da interpretação jurídica sob o paradigma do Estado Democrático de Direito. *Revista de Direito Comparado*, v. 3, maio 1999.

1. A proposta de fundamentação prevista no artigo 489 do Novo Código de Processo Civil

1.1. A superação da noção de que o magistrado pode decidir conforme a sua consciência ou "sob o seu prudente arbítrio"

A fundamentação das decisões, conforme ressaltado pela redação dada ao artigo 489, do Novo Código de Processo Civil, não se limita à indicação, à reprodução ou à paráfrase de ato normativo, sem explicar sua relação com a causa ou a questão decidida, nem pode implicar no emprego desmedido de conceitos jurídicos indeterminados, sem que o julgador explique o motivo concreto de sua incidência no caso concreto. Isso porque toda atividade interpretativa obriga a uma opção dentre as escolhas possíveis.

A partir do pensamento de Gadamer[11] – bem como da influência de todo o movimento do giro linguístico que o seguiu – o ato de interpretação não mais de restringe a "destrancar" o sentido oculto de um texto ou a resolver "maus entendimentos". A interpretação já traz em si a própria aplicação e exige uma postura ativa do leitor/intérprete/aplicador. E mais: a hermenêutica filosófica demonstra exatamente que decifrar o sentido dos textos é decifrar a própria compreensão humana[12], uma vez que:

> A interpretação jurídica não é pura e simplesmente um pensar de novo aquilo que já foi pensado, mas, pelo contrário, um saber pensar até o fim aquilo que já começou a ser pensado por um outro.[13]

Portanto, a fundamentação da decisão está diretamente ligada à interpretação e depende da percepção da própria compreensão, sem desconsiderar a ausência de neutralidade do julgador.[14]

Nesse contexto, é preciso repensar o problema da fundamentação das decisões judiciais sob a ótica da hermenêutica filosófica, inaugurando um novo enfoque, que prioriza o questionamento acerca do próprio processo de tomada de decisão (não mais limitado ao estudo dos métodos adequados para a descoberta do

---

[11] GADAMER, Hans-Georg. *Verdade e Método: Fundamentos de uma hermenêutica filosófica*. 3 ed. Tradução de Enio Paulo Giachini. Petrópolis, Vozes, 2002.

[12] COSTA, Rafael de Oliveira. *Segurança Jurídica e Hermenêutica Constitucional*: Horizontes Jusfilosóficos da Previsibilidade das Decisões Judiciais. 183p. 2009. Dissertação (Mestrado em Direito) Faculdade de Direito, Universidade Federal de Minas Gerais, Belo Horizonte, 2009.

[13] RADBRUCH, Gustavo. *Filosofia do Direito*. Coimbra: Armênio Amado, 1961, p. 274.

[14] Não se pode confundir neutralidade com imparcialidade. Ninguém é neutro, porque todos os seres humanos são dotados de medos, traumas, preferências e experiências. Por outro lado, o que não se aceita é aquele juiz que tem interesse no litígio e não trata as partes com igualdade, garantindo o contraditório efetivo. Em outras palavras, o ativismo judicial não implica, necessariamente, em violação à imparcialidade do julgador, desde que a decisão, devidamente fundamentada, seja pautada no contraditório efetivo.

sentido adequado da norma, mas refletindo sobre o dever moral de busca pela *melhor* interpretação a ser tomada).

Ora, o Direito não é aquilo que os Tribunais dizem que é, uma vez que, a partir dos ensinamentos de Heidegger, não é admissível que o sujeito "se apodere" do texto normativo, como se o ato interpretativo fosse uma atitude solipsista e subjetiva do intérprete. Em outras palavras, as pré-compreensões não permitem uma atribuição arbitrária de sentidos aos textos, assim como o estabelecimento de métodos não resiste à viragem linguístico-ontológica.[15]

O juiz, como intérprete da Constituição e da legislação infraconstitucional, responde perante a sociedade pelo exercício da sua função, devendo ser afastada a "aparente ausência de limites" e a indeterminabilidade na aplicação da norma – o que, indubitavelmente, abre margem para abusos.

A fundamentação da decisão vem de encontro com o fato de que a interpretação da norma não pode ser resultado de uma verdade absoluta e nem tampouco produto da subjetividade avassaladora do intérprete.[16]

Não basta, portanto, sustentar que a decisão estará devidamente fundamentada se o magistrado não invocar motivos que se prestariam a justificar qualquer outra decisão ou se limitar a invocar precedente ou enunciado de súmula (artigo 489, § 1º, incisos III e IV, do novo Código de Processo Civil). Isso porque a vontade do julgador não mais admite a invocação de uma pretensa discricionariedade judicial. Após a ruptura provocada por Heidegger na doutrina de Husserl, Dilthey e Schleiermacher, o ato interpretativo está assentado na intersubjetividade, não podendo ser reduzido à "consciência do intérprete", sem qualquer espécie de controle pelo jurisdicionado. Deve-se afastar por completo o entendimento, por exemplo, de que o juiz não está obrigado a analisar todos os argumentos trazidos pelas partes. Ora, se a parte restou vencida, deve sê-lo de modo fundamentado, ou seja, cientificando aquele que não obteve sucesso em sua pretensão das razões pelas quais suas teses foram rejeitadas.

Assim, o uso da "convicção pessoal do juiz" como fundamento para a prática de arbitrariedades deve ser afastado da função jurisdicional:

> *Para nos convencer que a lei deveria significar o que o juiz decidiu, a decisão judicial deve nos convencer a compartilhar as crenças do juiz acerca de quatro aspectos: a) Os fatos provados no julgamento e preservados no registro das evidências; b) Os fatos, eventos e outras condições que observamos no mundo, independentemente do caso em questão, a que chamamos de fatos*

---

[15] Cf. STRECK, Lenio Luiz. *Verdade e Consenso*: Constituição, hermenêutica e teorias discursivas. Rio de Janeiro: Lumen Juris, 2006.

[16] Cf. STRECK, Lenio Luiz. *Verdade e Consenso*: Constituição, hermenêutica e teorias discursivas. Rio de Janeiro: Lumen Juris, 2006.

socialmente compartilhados, c) As regras existentes, isto é, os textos jurídicos oficiais criadas pelo Estado e d) Os valores morais e princípios sociais amplamente compartilhados.[17]

Ocorre que, quando a compreensão se dá em estados de experiência do próprio ego transcendental, sem estabelecer uma relação direta entre esses estados, desconsidera a indispensável existência de mais de uma consciência para que seja possível o diálogo, tornando-se uma "compreensão ilegítima".[18]

A fenomenologia possibilita ao magistrado, nos processos de tomada de decisão, desprender-se de seus pré-conceitos e realizar uma crítica da própria consciência para, na pureza da consciência, realizar um julgamento o mais imparcial possível – embora não seja neutro –, desvinculando-se de seus pré-conceitos.[19]

Em suma, a partir das contribuições trazidas pela fenomenologia hermenêutica, a reflexão crítica e analítica deve excluir "previamente toda dúvida imaginável como desprovida de sentido"[20], afastando o método como fator determinante para chegar à verdade[21] e exigindo que a decisão encontre fundamentação em compreensão legítima para que esteja em conformidade com o texto constitucional.

Nesse sentido, Dworkin[22] vem combatendo o mito da discricionariedade judicial, elemento fundamental na construção da tradição do positivismo jurídico. Para o Professor da Universidade de Oxford, pensar a discricionariedade judicial somente é possível no interior da tradição do positivismo jurídico. Isso porque, nessa concepção, o Direito é um conjunto formado apenas por regras jurídicas. Entretanto, ainda que os positivistas defendam a noção de que o Direito é um sistema, reconhecem a existência de lacunas (anomias) no interior do ordenamento – isto é, existência de determinadas situação que o Direito ainda não foi capaz de regular e, muito menos, identificar como sendo uma conduta proibida, permitida ou obrigatória.[23] O Direito apresentaria, então, uma textura aberta,

---

[17] No original: *"To persuade us that the law ought to mean what the judge has decided, the judicial opinion ought to persuade us to share the judge's beliefs about four kinds of things: a) The case facts established in the trial and preserved in the record of the evidence at the trial; b) The facts, events, and other conditions that we observe in the world, quite apart from the case at hand, which we call social background facts; c) What the rules of law, that is, the official legal texts created by the state, say about cases like this; d) Widely shared moral values and social principles."* (CARTER, Lief H.; BURKE, Thomas F. *Reason in Law.* New York: Pearson Education, 2007)

[18] MEGALE, Maria Helena Damasceno e Silva. *Fenomenologia e Hermenêutica Jurídica.* Belo Horizonte: Fundação Valle Ferreira, 2007, p. 55.

[19] MEGALE, Maria Helena Damasceno e Silva. *Fenomenologia e Hermenêutica Jurídica.* Belo Horizonte: Fundação Valle Ferreira, 2007, p. 38 e seguintes.

[20] HUSSERL, Edmund. *Meditações cartesianas*: introdução à fenomenologia. Trad. de Frank de Oliveira. São Paulo: Madras, 2001, p. 13.

[21] Cf. GADAMER, Hans-Georg. *Verdade e Método.* Trad. de Flávio Paulo Meurer. Petrópolis: Vozes, 1997.

[22] DWORKIN, Ronald. *Levando os Direitos a Sério.* Tradução de Nelson Boeira. São Paulo: Martins Fontes, 2002.

[23] HART, H. L. A. *O Conceito de Direito.* 2. ed. Tradução de A. Ribeiro Mandes. Lisboa: Fundação Calouste Gulbenkian, 1994.

contendo espaços sem qualquer definição jurídica. Diante de um caso concreto, o magistrado, a fim de poder decidir o caso, entende estar autorizado a produzir uma decisão que, ao invés de aplicar uma norma existente no sistema, represente "invenção de norma nova", aplicada, contudo, retroativamente. Para tal atividade "criativa", o magistrado estaria desatrelado de qualquer baliza, podendo preencher o espaço jurídico de indeterminação (lacuna) com seu próprio senso de justiça ou de correção, ou seja, autorizado a agir de maneira discricionária.

Contudo, a mesma tese da discricionariedade é apresentada pelos positivistas para afirmar que o conteúdo da decisão do magistrado não é susceptível de qualquer controle, podendo o mesmo proferir qualquer decisão, sem qualquer compromisso com o que Dworkin denomina por "decisão correta". Alegam que o Direito não é regido pela rigidez da matemática e, por isso mesmo, o magistrado necessita desse mesmo espaço criativo permanente para cumprir sua função institucional. Em suma, a decisão seria fruto de um elemento anímico interno (psíquico): a consciência.

Segundo Dworkin,[24] o magistrado tem sim uma obrigação institucional/constitucional em fomentar a discursividade no interior do processo, não podendo tomar decisões unilaterais. Nesse sentido, o novo Código deve ser interpretado sob a égide desse novo paradigma: o magistrado não é, nem pode ser, o único ator do processo decisório, mas, ao contrário, o processo é um *locus* discursivo para que as partes, os advogados, os juízes e o Ministério Público dialoguem argumentativamente (por meio da indicação de razões que sustentem a tomada de decisão) em prol da melhor solução para aquele caso concreto. Não por outro motivo o artigo 138, do novo Código de Processo Civil, admite de forma ampla a intervenção dos *amici curiae*, buscando conferir legitimidade à decisão, e o artigo 279, § 2º, exige expressamente a intimação do membro do Ministério Público antes da decretação de nulidades.[25] Do mesmo modo, dispõe o artigo 927, § 4º, do Novo Código de Processo Civil, que *"A modificação de enunciado de súmula, de jurisprudência pacificada ou de tese adotada em julgamento de casos repetitivos observará a necessidade de fundamentação adequada e específica, considerando os princípios da segurança jurídica, da proteção da confiança e da isonomia."* O dispositivo vem afastar, de forma indireta, a possibilidade do *overruling* implícito no Brasil, atentando para

---

[24] DWORKIN, Ronald. *O Império do Direito.* Tradução de Jefferson Luiz Camargo. São Paulo: Martins Fontes, 1999.

[25] *Art. 138 – O juiz ou o relator, considerando a relevância da matéria, a especificidade do tema objeto da demanda ou a repercussão social da controvérsia, poderá, por decisão irrecorrível, de ofício ou a requerimento das partes ou de quem pretenda manifestar-se, solicitar ou admitir a manifestação de pessoa natural ou jurídica, órgão ou entidade especializada, com representatividade adequada, no prazo de quinze dias da sua intimação. E ainda: Artigo 277, § 2º: A nulidade só pode ser decretada após a intimação do Ministério Público, que se manifestará sobre a existência ou a inexistência de prejuízo.*

a indispensável fundamentação "adequada e específica" da decisão que supera o precedente, em atenção à proteção da confiança, isonomia e segurança jurídica. Em síntese, trata-se de um reflexo normativo da democracia em todos os níveis institucionais do Estado brasileiro, como entabulado pela Constituição de 1988.

1.2. A superação do mito exegético de que o texto da lei é auto evidente ou a síndrome de Arnaldo César Coelho ("A regra é clara, Galvão!")

Ao proceder ao que ficou conhecido como *virada ontológica da hermenêutica no fio condutor da linguaguem,* Gadamer provocou uma verdadeira revolução, relativizando a indispensabilidade do método como meio para o conhecimento. No prólogo de *Verdade e Método,* aduz que:

> Não pretendia desenvolver um sistema de regras artificiais, que conseguissem descrever o procedimento metodológico das ciências do espírito, ou até guiá-lo. Minha intenção também não foi investigar o fundamento teórico do trabalho das ciências do espírito, a fim de transformar o conhecimento usual em conhecimento prático.[26]

Sua verdadeira pretensão é filosófica:

> O que está em questão não é o que nós fazemos, o que nós deveríamos fazer, mas o que, ultrapassando nosso querer e fazer, nos sobrevém, ou nos acontece.[27]

Assim, a hermenêutica deixa de ser um método (epistemológico) para tornar-se um modo de "compreender a norma" (ontológico). Ultrapassa-se, portanto, a falsa noção de que "*in claris cessat interpretatio*" ou de que o texto da lei é auto evidente, para se perceber que a compreensão é sempre fruto da atividade interpretativa. Incabível, portanto, sustentar que, quando a norma for redigida de forma clara e objetiva, não será necessário interpretá-la, como pretendiam os defensores da Escola da Exegese.

Nesse sentido, Schleiermacher[28] propõe buscar as condições de possibilidade para uma teoria hermenêutica que renuncie ao particularismo da exegese bíblica e se eleve à condição de uma disciplina geral, ligada à compreensão humana.[29] Para tanto, desenvolve métodos de interpretação "capazes de conduzir para uma

---

[26] GADAMER, Hans-Georg. *Verdade e Método.* Tradução de Flávio Paulo Meurer. Petrópolis: Vozes, 1997, p. 14.

[27] GADAMER, Hans-Georg. *Verdade e Método.* Tradução de Flávio Paulo Meurer. Petrópolis: Vozes, 1997, p. 14.

[28] SCHLEIERMACHER, Friedrich D. E. *Hermenêutica e Crítica.* Tradução de Aloísio Ruedell. Ijuí: UNIJUI, v. 1., 2005. (Filosofia, n. 7).

[29] GADAMER, Hans-Georg. *Verdade e Método*: Fundamentos de uma hermenêutica filosófica. 7 ed. Tradução de Enio Paulo Giachini. Petrópolis, Vozes, 2005, p. 246-248.

compreensão *objetiva*", não só dos textos religiosos, jurídicos ou literários, mas de qualquer pensamento que possa ser reduzido para a forma escrita. Isso acabou conferindo-lhe o título de "pai" da hermenêutica moderna, pois a sua proposta *"não é atribuir motivos ou causas aos sentimentos do autor (psicanálise), mas sim reconstruir o próprio pensamento de outra pessoa através da interpretação das suas expressões lingüísticas"*.[30]

Portanto, a teoria de Schleiermacher é eminentemente uma teoria sobre o "mal entendido", pois, apenas no momento que o leitor depara-se com uma situação inesperada, um sentido distinto do que a princípio visava, e distinto do que sua compreensão da obra até o momento poderia revelar, é que as técnicas da hermenêutica ganham aplicabilidade para reestabelecer um acordo entre o leitor e a interpretação. Com efeito, o próprio filósofo define a hermenêutica como sendo a *"arte de evitar o mal-entendido"*.[31]

Desse modo, o atual estágio da hermenêutica não nos permite mais compreender que a atividade de interpretação acontece apenas quando o leitor tem dificuldades de compreensão. Não se trata de um instrumental facultativo, mas de algo que é inerente a própria condição humana. Nós somos seres de linguagem e, portanto, interpretamos o mundo a todo momento, seja um texto jurídico, uma obra de arte (escrita ou não), uma conversa entre amigos, ou mesmo as regras de um esporte – como o futebol!

Daí porque a síndrome de Arnaldo César Coelho[32] não encontra respaldo na atualidade, uma vez que não há como deixar de interpretar o texto normativo ao aplicá-lo. Ainda que de forma inconsciente, a interpretação/aplicação/compreensão são reflexos de fenômeno uno, impassível de divisão. Ora, "a regra nunca é clara", nem no futebol, e muito menos no Direito, uma vez que há um processo de construção de sentido, presente em toda aplicação da norma: nem mesmo o texto mais claro pode prescindir da construção de sentido pelo intérprete.

Ademais, a distância no tempo não é uma barreira que impossibilita a compreensão e que só poderia ser superada com a ajuda de métodos, os quais *"permitiriam a transferência do intérprete ao passado"*. Ao contrário, Gadamer demonstra que essa distância no tempo é precisamente o fator que permite a compreensão – ou seja, é sua condição de possibilidade de entendimento. O tempo não é um

---

[30] Palmer, Richard. *Hermenêutica*. Tradução de Maria Luísa Ribeiro Ferreira. Lisboa: Edições 70, 1986, p. 96.

[31] Gadamer, Hans-Georg. *Verdade e Método*: Fundamentos de uma hermenêutica filosófica. 7 ed. Tradução de Enio Paulo Giachini. Petrópolis, Vozes, 2005, p. 255.

[32] Mostra-se absurda, portanto, o bordão desenvolvido pelo comentarista de arbitragem futebolística da Rede Globo, Arnaldo César Coelho, que se tornou célebre por iniciar seus comentários afirmando: "A regra é clara, Galvão!". Todavia, paradoxalmente, parece passar desapercebido ao comentarista esportivo, que se tal regra fosse clara, porque o mesmo passaria todo o tempo do seu comentário (normalmente uns 5 minutos) tentando explicar para os telespectadores a regra.

obstáculo: só quando os textos normativos se captam à distância pelo intérprete é que podem ter seu verdadeiro sentido compreendido.[33]

Assim, cada nova leitura de um texto é um novo descobrir, pois cada época o entenderá segundo suas circunstâncias. A interpretação é um comportamento produtivo perene, que reflete a infinitude do interpretar (espiral hermenêutica).[34] Logo, a compreensão sempre se dá na imersão de uma determinada tradição e de uma maneira circular,[35] de modo a sempre se buscar a revisão das pré-compreensões do sujeito:

> Daí o caráter circular de toda compreensão: ela sempre se realiza a partir de uma pré-compreensão, que é procedente de nosso próprio mundo de experiência e de compreensão, mas essa pré-compreensão pode enriquecer-se por meio da captação de conteúdos novos. Precisamente o enraizamento da compreensão no campo do objeto é a expressão desse círculo inevitável em que se dá qualquer compreensão. Por essa razão, a reflexão hermenêutica é essencialmente uma reflexão sobre a influência da história, ou seja, uma reflexão que tem como tarefa tematizar a realidade da "história agindo" em qualquer compreensão. Numa palavra, a hermenêutica desvela a mediação histórica tanto do objeto da compreensão como da própria situacionalidade do que compreende.[36]

Essa circularidade é aberta, não retornando a compreensão ao mesmo ponto de onde partiu, expandindo-se continuamente.[37] Na verdade, não se pode identificar a existência de apenas um círculo, mas de uma constelação de círculos concêntricos:[38]

---

[33] Cf. GADAMER, Hans-Georg. *Verdade e Método*. Tradução de Flávio Paulo Meurer. Petrópolis: Vozes, 1997.

[34] "*O círculo hermenêutico mostra que a consciência histórica efeitual e os pré-juízos nela contidos atuam como condição de possibilidade do conhecimento que se pretende objetivo, de modo que a tarefa da hermenêutica é a de mostrar as possibilidades do conhecimento, inclusive os pressupostos pelos quais se funda a ciência*" (MARRAFON, Marco Aurélio. A questão da consciência histórica na obra "Verdade e Método" e suas implicações na (teoria da) decisão judicial. In: STEIN, Ernildo; STRECK, Lenio (Org.). *Hermenêutica e Epistemologia: 50 anos de Verdade e Método*. Porto Alegre: Livraria do Advogado, 2011, p. 78).

[35] Dito de outra forma, tem-se que a compreensão está condicionada a uma pré-compreensão, que funciona como antecipação da abertura para o mundo, uma antecipação do sentido, que gera condições de acesso à coisa que vem ao encontro (GADAMER, 2005, p.261).

[36] OLIVEIRA, Manfredo Araújo de. *Reviravolta lingüístico-pragmática na filosofia contemporânea*. 2. ed. São Paulo: Edições Loyola, 2001, p. 230.

[37] GRONDIN, Jean. Gadamer's Basic Understanding of Understanding. DOSTAL, Robert. J. (Coord.). *The Cambridge Companion to Gadamer*. Cambridge: Cambridge University, 2002, p. 47.

[38] KUSH, Martin. *Linguagem como cálculo versus linguagem como meio universal*: um estudo sobre Husserl, Heidegger e Gadamer. Tradução de Dankwart Bernsmüller. São Leopoldo: UNISINOS, 2001. (Coleção Idéias), p. 167.

Com o modelo estrutural do círculo hermenêutico é possível superar a clássica dicotomia entre explicar e compreender ou interpretar e compreender, uma vez que ele mostra que há uma compreensão originária, anterior ao momento temático, que denominamos de ontológico – que o círculo hermenêutico permite explicitar, e que mostra a impossibilidade do retorno ao ponto inicial, à Ítaca, ileso das marcas do tempo e do espaço. A esquizofrenia filosófica sujeito-objeto não é resolvida pela eliminação ou supremacia de um dos pólos, mas pelo reconhecimento da existência e constituição de ambos tensional e circularmente – o que corporifica no termo enquanto.[39]

Logo, qualquer concepção de interpretação/aplicação do Direito que regresse às bases da Escola da Exegese é absurda e redutora da complexidade do fenômeno jurídico. O sentido da norma jurídica não é algo pronto e acabado, mas aberto a um permanente processo de construção e de reconstrução. À luz desse arcabouço teórico, o art. 489, § 1º, inciso I, do novo Código de Processo Civil, estabelece que o magistrado não poderá *se limitar à indicação, à reprodução ou à paráfrase de ato normativo, sem explicar sua relação com a causa ou a questão decidida.*

Em suma, o novo Código de Processo Civil, estabelecendo o contraditório como princípio processual fundamental, exige que o sentido, alcance e significado seja objeto de discussão dentro do processo por todos os sujeitos (juiz, autor, réu, ministério público, terceiros intervenientes, entre outros), conforme será abordado mais à frente neste trabalho (IV.4).

1.3. O problema dos conceitos jurídicos indeterminados no ordenamento jurídico brasileiro

A técnica do emprego de expressões sob o título de conceitos jurídicos indeterminados não é nova na literatura jurídica mundial, mas ganhou maior destaque no Brasil a partir da Constituição de 1988 e, principalmente, com o Código Civil/2002.

No entanto, sua aplicação no estrangeiro data do início do século XX, notadamente do direito alemão e austríaco. Para muitos, representa um diagnóstico da crise da tradição do Positivismo Jurídico, principalmente das escolas da Exegese e História.[40] Pode ser definida como sendo uma modalidade de técnica legislativa voltada para dar maior individualidade e concretude à norma jurídica[41], ou

---

[39] ROHDEN, Luiz. *Hermenêutica Filosófica*: entre a linguagem da experiência e a experiência da linguagem. São Leopoldo: Unisinos, 2002, [Coleção Idéias], p. 170.

[40] NEUMANN, Franz. A mudança na função do Direito na sociedade Moderna. *In:* NEUMANN, Franz. *Estado Democrático e Estado Autoritário.* Rio de Janeiro: Zahar, 1969.

[41] PERLINGIERI, Pietro. *Perfis do Direito Civil.* Introdução ao Direto Civil Constitucional. Tradução Maria Cristina de Cicco. 2.ed. Rio de Janeiro: Renovar, 2002.

seja, que o magistrado acabaria por ganhar maior espaço para adaptar a norma às situações concretas.

Contudo, lembra Krell[42] que a primeira aplicabilidade dos conceitos jurídicos indeterminados encontrava-se voltada à maior flexibilidade no preenchimento do significado da norma pela Administração Pública, sem que houvesse espaço para a revisão judicial dessa interpretação, proporcionando, assim, um espaço de discricionariedade próprio da Administração. Só bem depois passou-se a entender que tais indeterminações poderiam ter como destinatário o magistrado.

Todavia, é preciso ter muita atenção para que tal via não acabe por representar um enaltecimento ao subjetivismo do magistrado que, a partir de concepções axiológicas, tomando por base o seu *ethos*, fixe ao seu alvedrio o sentido e o significado das expressões presentes no texto normativo.

Hodiernamente, a dogmática jurídica brasileira vem ponderando, à luz do alerta dworkiano[43], que:

> Palavras como 'razoável', 'negligente', 'injusto' e 'significativo' desempenham freqüentemente essa função. Quando uma regra inclui um desses termos, isso faz com que sua aplicação depende, até certo ponto, de princípios e [diretrizes] políticas que extrapolam a [própria] regra. A utilização desses termos faz com que essa regra se assemelhe mais a um princípio. Mas não chega a transformar a regra em princípio, pois até mesmo o mesmo restritivo desses termos restringe o tipo de princípios e [diretrizes] políticas dos quais podem depender as regras.

Assim, equivocam-se aqueles que afirmam que, por exemplo, o Código Civil vigente seja um "código principiológico". Isso porque a assertiva contem uma contradição nos próprios termos (*contradictio in adjecto*). Além disso, a mencionada técnica de redação de diplomas normativos, tão elogiada por alguns juristas, tem servido apenas para reforçar a arbitrariedade de magistrados que preenchem o conteúdo das normas a partir de razões unilaterais e juízos de conveniência, encontrando sérias objeções em uma compreensão procedimentalista do Estado Democrático de Direito.

Em suma, o art. 489, do novo Código de Processo Civil, é digno de elogios, já que exige do juiz o esclarecimento do sentido que pretende conferir aos conceitos jurídicos indeterminados, permitindo, assim, que as partes possam identificar seus preconceitos e pressupostos, trazendo-os à lume no debate processual.

---

[42] KRELL, Andréas J. A recepção das teorias alemãs sobre Conceitos Jurídicos Indeterminados e o Controle da Discricionariedade no Brasil. *Interesse Público*, nº 23. Porto Alegre: Editora Notadez, 2004.
[43] DWORKIN, Ronald. *Levando os Direitos a Sério*. Trad. Nelson Boeira. São Paulo: Martins Fontes, 2002, p. 45.

1.4. Da necessidade de levar a sério o princípio do contraditório como direito de co-construção do provimento jurisdicional

O Novo CPC, desde a redação original do anteprojeto, otimizado pelas propostas de reformulação que recebeu na Câmara dos Deputados, deixou evidente a preocupação em elevar o princípio do contraditório a outro nível de compreensão. Isso porque, se voltarmos nossos olhos para os arts. 5º,[44] 9º[45] e 10º[46] do então Projeto de Lei do Senado Federal nº 166/2010, veremos que faziam referência ostensiva ao princípio constitucional do contraditório (art. 5º, LV, da CR/1.988).

Contudo, o princípio do contraditório recebeu nova significação, passando a ser entendido como *direito de participação na construção do provimento, sob a forma de uma garantia processual de influência e não-surpresa para a formação das decisões*. Trata-se de verdadeira transformação no conceito sustentado por parcela da doutrina processual nacional,[47] que ainda reduz a participação em contraditório a mero direito à *bilateralidade de audiência* – mero direito de *dizer e contradizer*.

Com isso, opera-se uma teorização com enorme impacto prático que é insuficiente quanto confrontada, por exemplo, com a proposta trazida por Fazzalari (ainda que com suas limitações): o contraditório como direito de participação em igualdade na preparação do provimento (*simétrica paridade de armas*).[48]

A ambição em afirmar que o Novo Código assume o contraditório como direito de influenciar a decisão pode ser precipitada caso o texto da Lei, ao menos em sua literalidade, seja interpretado somente em seu aspecto *formal* – visto que joga por terra um desenvolvimento legislativo consistente da normativa constitucional, limitando-o a um direito de *informação* e de *reação*.[49]

Consequência direta desse pensamento é a *redução* do princípio do contraditório a uma condição formal ou externa para a produção do provimento jurisdicional (sentença), olvidando-se que na atualidade sua acepção é mais larga.[50] Assim, diferentemente de mera condição para a produção da sentença pelo juiz

---

[44] "Art. 5º As partes têm direito de participar ativamente do processo, cooperando entre si e com o juiz e *fornecendo-lhe subsídios para que profira decisões*, realize atos executivos ou determine a prática de medidas de urgência" (grifos nossos).

[45] "Art. 9º Não se proferirá sentença ou decisão contra uma das partes sem que esta seja previamente ouvida, salvo se se tratar de medida de urgência ou concedida a fim de evitar o perecimento de direito".

[46] "Art. 10. O juiz não pode decidir, em grau algum de jurisdição, com base em fundamento a respeito do qual não se tenha dado às partes oportunidade de se manifestar, ainda que se trate de matéria sobre a qual tenha que decidir de ofício".

[47] Cintra, Antônio Carlos de Araújo; Grinover, Ada Pellegrini; Dinamarco, Cândido Rangel. *Teoria geral do processo*. 19. ed. São Paulo: Malheiros, 2003. p. 55-56.

[48] Fazzalari, Elio. *Istituzioni di diritto processuale*. 8. ed. Pádua: Cedam, 1996.

[49] Scarpinella Bueno, Cássio. *Curso sistematizado de direito processual civil*. Teoria geral do direito processual civil. 4. ed. São Paulo: Saraiva, 2010, v. 1, p. 140.

[50] Sobre isso, ver: Nunes, Dierle. *Processo jurisdicional democrático*: uma análise crítica das reformas processuais, cit., p. 230.

ou de aspecto formal do processo, a garantia do contraditório é condição para a argumentação jurídica consistente e íntegra, vinculando-se intimamente à construção de provimento jurisdicional participado.

Por tais premissas, é importante destacar que os substitutivos apresentados durante a discussão na Câmara dos Deputados trouxeram uma nova perspectiva, principalmente pela necessidade de abandonar leituras paradigmaticamente incompatíveis com um horizonte democrático.

1.5. A compreensão normativa dos princípios jurídicos e os casos de colisão: o retrocesso teórico do Novo Código de Processo Civil e sua filiação à Escola Axiológica (Alexy)

O uso de princípios jurídicos na aplicação do Direito brasileiro avançou muito após a Constituição de 1988. Pode-se dizer que não se trata de uma exclusividade de um ou de outro ramo, mas de prática que vem ganhando preponderância na dinâmica argumentativa jurídica de modo generalizado.

O novo Código de Processo Civil não é alheio a tal situação e explicita a possibilidade de aplicação da ponderação no ato de fundamentação da decisão judicial (art. 489, § 2º).

Devemos lembrar que, por princípios jurídicos na contemporaneidade, não estamos nos referindo a expressões de um suposto direito natural, cuja fonte emanava de uma divindade (tradição do jusnaturalismo divino, como em Aquino) ou de uma crença em uma racionalidade *supra* humana (de matriz iluminista, como em Kant). Fato é que a consolidação do Estado Liberal, na Modernidade, carrega consigo o declínio de ambas as versões do jusnaturalismo e a consolidação do positivismo jurídico, a partir do final do século XIX,[51] pautado na construção de uma perspectiva científica que prima pela separação do Direito das demais ordens sociais (Moral, Ética, Religião, Política e Economia). Acreditava-se ser esse o caminho para sustentar uma *objetividade* do conhecimento jurídico, livre de qualquer juízo de valor, permitindo que a norma jurídica fosse vislumbrado sob a égide descritiva pelo cientista do Direito. Em seus estágios iniciais, a tese da existência de princípios jurídicos recebe duras críticas, haja vista o receio de, com isso, se renunciar ao rigor metodológico e à posição de neutralidade do jurista.[52]

É nesse contexto que se torna comum afirmar que os princípios são figuras de inspiração para as normas (aqui reduzidas a dimensão das regras) jurídicas.

---

[51] BARROSO, Luís Roberto; BARCELLOS, Ana Paula de. *O começo da história: a nova interpretação constitucional e o papel dos princípios no direito brasileiro*, p. 474. Também, SOUZA CRUZ. Álvaro Ricardo. *Regras e Princípios: por uma distinção normoteorética*, p. 272-273.

[52] BONAVIDES, Paulo. *Curso de direito constitucional*. 16. ed. São Paulo: Malheiros, 2005. p. 256-257.

Outra tendência recorrente é identificar a existência de *princípios gerais* do Direito, que auxiliariam o magistrado no processo de decisão quando encontra-se diante de um caso de anomia (lacuna).[53] No fim, nada mais são do que "válvulas de segurança" do Poder Judiciário, permitindo a extração de argumentos a partir de um raciocínio decorrente de generalizações e abstrações das próprias regras já positivadas pela legislação.[54]

Na atualidade, entretanto, com o advento de concepções pós-positivistas, aos princípios passou-se a atribuir força normativa, representando, ao lado da clássica tripartição inicial de Ronald Dworkin, espécies de normas jurídicas ao lado das regras[55] e das diretrizes políticas.[56]

Contudo, pode-se registrar que coexistem diversos modelos de compreensão da separação das espécies normativas, bem como do modo pelo qual princípios jurídicos devem ser aplicados em face de um caso concreto. Ao lado da proposta de Dworkin, há também a leitura desenvolvida por Robert Alexy, que ostensivamente parece ser a adotada pelo novo Código de Processo Civil, em seu art. 489, § 2º. Para Alexy, os princípios se diferenciam das regras em razão do seu modo de aplicação. Regras, diz ele, se aplicam na maneira do *tudo ou nada (all or nothing fashion)*. Isso significa dizer que, se uma regra é *válida*, ela deve ser aplicada da maneira como preceitua, conforme um procedimento de subsunção *silogístico.*[57]

---

[53] "[...] *princípios gerais de direito são enunciações normativas de valor genérico, que condicionam e orientam a compreensão do ordenamento jurídico, quer para a sua aplicação e integração, quer para elaboração de novas normas"* (REALE, Miguel. *Lições preliminares de direito.* 27. ed. São Paulo: Saraiva, 2009. p. 304).

[54] No pensamento de Reale (*Lições preliminares de direito*, cit., p. 319), muitos desses princípios jurídicos se exteriorizariam pela via dos brocardos, inclusive os de origem romana, o que os acaba por aproximá-los da figura dos *topoi* de Viehweg (VIEHWEG, Theodor. *Tópica e jurisprudência.* Trad. Tércio Sampaio Ferraz Jr. Brasília: Imprensa Nacional, 1979 [Pensamento Jurídico Contemporâneo]).

[55] "*Os dois conjuntos de padrões apontam para decisões particulares acerca da obrigação jurídica em circunstâncias específicas, mas distinguem-se quanto à natureza da orientação que oferecem. As regras são aplicáveis à maneira do tudo ou nada. Dados os fatos que uma regra estipula, então ou a regra é válida, e neste caso a resposta que ela oferece deve ser aceita, ou não é válida, e neste caso nada contribui para a decisão"* (DWORKIN, Ronald. *Levando os direitos a sério*, cit., p. 39). Outra característica das regras é que, pelo menos em tese, "*todas as exceções podem ser arroladas e o quanto mais o forem, mais completo será o enunciado da regra"* (DWORKIN, Ronald. *Levando os direitos a sério*, cit., p. 40). Já os princípios jurídicos não apresentam as consequências jurídicas decorrentes de sua aplicação ou de seu descumprimento; eles não pretendem estabelecer as condições da aplicação necessária, pois enunciam uma razão que conduz a um argumento e a determinada direção. Quando os princípios estão em conflito, o juiz deve, levando em conta a força relativa de cada um deles, aplicar aquele que for mais adequado ao caso concreto, como se fosse uma razão que se inclinasse para um posicionamento e não para outro (DWORKIN, Ronald. *Levando os direitos a sério*, cit., p. 43).

[56] DWORKIN, Ronald. *Levando os direitos a sério.* São Paulo: Martins Fontes, 2002. p. 119-120.

[57] ALEXY, Robert. *Derecho y razón práctica.* 2. ed. México: Fontamara, 1998. p. 9-10; AFONSO DA SILVA, Virgílio. O proporcional e o razoável. *Revista dos Tribunais*, São Paulo, ano 91, v. 798, p. 25, abr. 2002; ÁVILA, Humberto. *Teoria dos princípios*: da definição à aplicação dos princípios jurídicos. 4. ed. São Paulo: Malheiros, 2005, p. 29-30.

O principal traço distintivo com relação aos princípios, todavia, é observado quando, diante de um conflito entre regras, algumas posturas devam ser tomadas para que apenas uma delas seja considerada válida. Como consequência, a outra regra não somente não será levada em conta pela decisão, como *deverá ser retirada do ordenamento jurídico*, por ser considerada *inválida*, salvo se não ficar estabelecido que essa regra se coloque em uma situação que excepciona a outra – trata-se do critério da excepcionalidade das regras.

Por outro lado, os princípios não são razões determinantes para uma decisão, de modo que somente apresentam fundamentos em favor de uma ou de outra posição argumentativa. Logo, refletem obrigações *prima facie*, na medida em que podem ser superadas em função de outro(s) princípio(s),[58] diferindo da natureza de obrigações absolutas das regras. É por isso que Alexy afirma existir uma *dimensão de peso* entre princípios – que permanece inexistente nas regras –, principalmente nos chamados casos de colisão, que exigem para solução um mecanismo de "proporcionalidade".[59] Por isso mesmo, os princípios seriam normas que obrigam que algo seja realizado na maior medida do possível, de acordo com as possibilidades fáticas e jurídicas do caso concreto. Alexy, então, afirma que os princípios apresentam a natureza de *mandamentos de otimização*.[60] Destarte, diante da colisão de princípios, maior peso será conferido àquele que tenha, em determinado caso concreto, maior normatividade, sem que isso signifique a invalidação do princípio compreendido como de peso menor. Perante outro caso, portanto,

---

[58] ÁVILA, Humberto. *Teoria dos princípios*, cit., p. 30.

[59] Interessante destacar a polêmica levantada por Virgílio Afonso da Silva (O proporcional e o razoável, cit., p. 25) quanto à falta de precisão metodológica de diversos autores brasileiros, principalmente quanto ao emprego da expressão "princípio da proporcionalidade". Ora, seguindo a própria teoria que tais autores supostamente defendem, a técnica de proporcionalidade deveria ser capaz de produzir efeitos em variadas medidas, o que seria um absurdo, uma vez que ela deve ser seguida à risca, como preceitua, e por isso de modo constante e sem variações. Logo, diversas discussões foram levantadas sobre a natureza da expressão: Virgílio Afonso da Silva (O proporcional e o razoável, cit., p. 25-26) fala em uma "regra de proporcionalidade", já que suas sub-regras seriam aplicadas por meio de um raciocínio de subsunção; enquanto Humberto Ávila (*Teoria dos princípios*, cit., p. 88-89) avalia a "proporcionalidade" como um "postulado constitucional", ou seja, um referencial lógico presente no arcabouço constitucional para a aplicação dos princípios jurídicos. Na verdade, entendemos que a proporcionalidade é um procedimento metodológico (um método ou um caminho) de caráter instrumental para a aplicação de princípios conforme a perspectiva de Alexy, ou seja, equiparando-os a valores; por isso mesmo, vemos tal tese como uma técnica ou método para mediar tal aplicação. Como todo método, portanto, é falho, razão pela qual nos às críticas de Gadamer no curso do movimento do giro linguístico.

[60] Ao que parece, em razão de uma má transposição para o português dos textos traduzidos para o espanhol de Alexy, diversos juristas brasileiros passaram a afirmar que princípios seriam *mandados* de otimização. Ora, tal uso, como presente, por exemplo, na obra de Inocêncio Coelho (Constitucionalidade/inconstitucionalidade: uma questão política?, *Revista de Direito Administrativo*, n. 221, 2000, p. 59), é equívoco, já que o termo tem sentido totalmente diverso na linguagem jurídica nacional, não refletindo a noção de *ordem* ou *dever* que o equivalente espanhol transmite.

o peso dos princípios poderá ser redistribuído de maneira diversa;[61] isso porque nenhum princípio goza antecipadamente de primazia sobre os demais.

Uma consequência decorre do raciocínio de Alexy: os princípios não se vinculam a um *nível deontológico* (fixação de uma conduta de *dever*, típica das normas, isto é, que trace uma conduta que possa ser avaliada pelo direito como proibida, permitida ou obrigatória), voltando-se para um *nível axiológico* (vinculado a questões de preferências subjetivas sobre determinada situação concreta, o que a filosofia denomina *bem*). Por este motivo, torna-se possível falar em peso relativo dos princípios.

Para garantir que tal aplicação se dê em condições de racionalidade, Alexy – ainda que negligenciando a crítica de Gadamer – aposta no instrumental teórico da proporcionalidade. Contudo, a proporcionalidade não indicará a resposta correta, funcionando apenas como filtro para identificação de decisões irracionais. Logo, a racionalidade é obtida em uma perspectiva formal; ou seja, não interessa o conteúdo decisório, bastando o cumprimento do método e de todos os seus passos constituintes, em sequência: (1) adequação, (2) necessidade e (3) proporcionalidade em sentido estrito.

Ao que parece, o novo Código de Processo Civil (arts. 6º[62] a 8º[63] c/c 489, §2º) encampa a linha de pensamento de Alexy – em detrimento de outras propostas, como a de Dworkin. Desse modo, o magistrado *não poderá* simplesmente resolver o suposto conflito principiológico a partir de sua *consciência*, pois a legislação, ao estabelecer uma metodologia decisória essencial, exige que explicite o caminho adotado para chegar a determinado resultado. Deve o julgador cumprir rigorosamente o que a teoria alexyana determina: primeiro, verificará se sua decisão passa pelo teste da adequação para, em um segundo momento, conferir a necessidade da medida judicial, para, só então, promover o teste da proporcionalidade em sentido estrito. Tudo isso fase a fase, de forma explícita no texto decisório, até mesmo para que suas razões possam ser fiscalizadas e verificadas pelos demais sujeitos envolvidos na dinâmica processual e, agora, esmiuçada com caráter obrigatório, no art. 489, parágrafo 2º.[64]

---

[61] *"No caso das colisões entre princípios, portanto, não há como falar em um princípio que sempre tenha precedência em relação a outro. (...) É por isso que não se pode falar que um princípio P1 sempre prevalecerá sobre o princípio P2 – (P1 P P2) –, devendo-se sempre falar em prevalência do princípio P1 sobre o princípio P2 diante das condições C – (P1 P P2) C"* (Afonso da Silva, Virgílio. *A constitucionalização do direito: os direitos fundamentais nas relações entre particulares*, cit., p. 35).

[62] *Art. 6º Todos os sujeitos do processo devem cooperar entre si para que se obtenha, em tempo razoável, decisão de mérito justa e efetiva.*

[63] *Art. 8º Ao aplicar o ordenamento jurídico, o juiz atenderá aos fins sociais e às exigências do bem comum, resguardando e promovendo a dignidade da pessoa humana e observando a proporcionalidade, a razoabilidade, a legalidade, a publicidade e a eficiência.*

[64] Nunes, Dierle. *Processo jurisdicional democrático: uma análise crítica das reformas processuais*. Curitiba: Juruá, 2008.

Contudo, podemos identificar problemas no emprego do método de Alexy. Cattoni de Oliveira,[65] pautando-se no pensamento de Habermas,[66] sustenta que:

(1) ao se admitir uma compreensão dos princípios jurídicos como mandamentos de otimização, aplicáveis de maneira gradual, Alexy emprega uma operacionalização própria dos valores: isso faria, então, com que os princípios perdessem a sua natureza deontológica, transformando o código binário do Direito em um código gradual;[67]

(2) como consequência desse raciocínio, o Direito passaria a indicar o que é preferível, ao invés de o que é devido;[68]

---

[65] CATTONI DE OLIVEIRA, Marcelo Andrade. Argumentação Jurídica e Decisionismo: um ensaio de teoria da interpretação jurídica enquanto teoria discursiva da argumentação jurídica de aplicação. *In:* SAMPAIO, José Adércio Leite (Coord.). *Crise e desafios da Constituição: perspectivas críticas da teoria e das práticas constitucionais brasileiras.* Belo Horizonte: Del Rey, 2004, p. 535.

[66] HABERMAS, Jürgen. *Facticidad y Validez: sobre el derecho y el Estado democrático de derecho en términos de teoría del discurso.* Trad. Manuel Jiménez Redondo. Madrid: Trotta, 1998, p. 327-333.

[67] *"O Direito, ao contrário do que defende uma jurisprudência dos valores, possui um código binário, e não um código gradual: que normas possam refletir valores, no sentido de que a justificação jurídico-normativa envolve questões não só acerca de o que é justo para todos (morais), mas também acerca de o que é bom, no todo e a longo prazo para nós (éticas), não que dizer que elas sejam ou devam ser tratadas como valores [...]"* (CATTONI DE OLIVEIRA, Marcelo Andrade. *Direito Constitucional.* Belo Horizonte: Mandamentos, 2002, p. 88-89, *grifos no original*).

[68] *"[...] normas – quer como princípios, quer como regras – visam ao que é devido, são enunciados deontológicos: à luz de normas, posso decidir qual é a ação ordenada. Já valores visam ao que é bom, ao que é melhor; condicionados a uma determinada cultura, são enunciados teleológicos: uma ação orientada por valores é preferível. Ao contrário das normas, valores não são aplicados mais priorizados"* (CATTONI DE OLIVEIRA, Marcelo Andrade. *Direito Constitucional.* Belo Horizonte: Mandamentos, 2002, p. 90). Em outro texto, lembra o mesmo autor: *"[...] ou nós estamos diante de uma conduta ilícita, abusiva, criminosa, ou então, do exercício regular, e não abusivo, de um direito. Tertium non datur! Como é que uma conduta pode ser considerada, ao mesmo tempo, como lícita (o exercício de um direito à liberdade de expressão) e como ilícita (crime de racismo, que viola a dignidade humana), sem quebrar o caráter deontológico, normativo, do Direito? Como se houvesse uma conduta meio lícita, meio ilícita?"* (CATTONI DE OLIVEIRA, Marcelo Andrade. *O Caso Ellwanger: uma crítica à ponderação de valores e interesses na jurisprudência recente do Supremo Tribunal Federal.* Disponível em: <http://www.leniostreck. com.br/midias/ArtigoCaso Ellwanger.doc>. Acessado em: 3 de janeiro de 2006, p. 6-7, *grifos no original*); é por isso mesmo que: *"Esse entendimento judicial, que pressupõe a possibilidade de aplicação gradual, numa maior ou menor medida, de normas, ao confundi-las com valores, nega exatamente o caráter obrigatório do Direito. Tratar a Constituição como uma ordem concreta de valores é pretender justificar a tese segundo a qual compete ao Poder Judiciário definir o que pode ser discutido e expresso como digno de valores, pois haveria democracia, nesse ponto de vista, sob o pressuposto de que todos os membros de uma sociedade política compartilham, ou tenham de compartilhar, de um modo comunitarista, os mesmos supostos axiológicos, uma mesma concepção de vida e de mundo. Ou, o que também é incorreto, que os interesses majoritários de uns devem prevalecer, de forma utilitarista, sobre os interesses minoritários de outros, quebrando assim, o princípio do reconhecimento recíproco de igual direitos de liberdade a todos"* (CATTONI DE OLIVEIRA, Marcelo Andrade. *O Caso Ellwanger: uma crítica à ponderação de valores e interesses na jurisprudência recente do Supremo Tribunal Federal.* Disponível em: <http://www. leniostreck.com.br/midias/ArtigoCaso Ellwanger.doc>. Acessado em: 3 de janeiro de 2006, p. 7, *grifo no original*).

(3) o Direito – como pretensão de universalidade sobre a correção de uma ação – então, não mais pode ser considerado como um "trunfo",[69] como quer Dworkin, nas discussões políticas que envolvam o bem-estar de uma parcela da sociedade; desnatura-se, portanto, a tese de Rawls[70] sobre a prevalência do justo sobre o bem;

(4) além disso, a tese de Alexy nega a diferenciação entre discursos de justificação e discursos de aplicação, transformando a atividade judiciária em um poder constituinte permanente; e, por fim,

(5) olvida-se da racionalidade comunicativa, uma vez que todo o raciocínio é pautado a partir de uma racionalidade instrumental, deixando a aplicação jurídica a cargo de um raciocínio de adequação de meios a fins, ficando para segundo plano a questão da legitimidade da decisão jurídica; exatamente por isso o raciocínio sobre a ponderação acaba por cair em um decisionismo de cunho irracionalista, isto é, ausência de uma racionalidade comunicativa.[71]

Em outras palavras, o novo Código de Processo Civil caminha, infelizmente, para um retrocesso hermenêutico, desconsiderando as recentes conquistas obtidas pela fenomenologia e pela racionalidade comunicativa.

Contudo, pode ser que doutrina jurídica, através do cumprimento do seu papel crítico – sem assumir uma postura subserviente aos Tribunais –, venha atentar para a inadequabilidade da teoria de Alexy e apresente uma leitura substitutiva da literalidade do art. 489, § 2º, do novo Código de Processo Civil.

---

[69] *"[...] um direito não pode ser compreendido como um bem, mas como algo que é devido e não como algo que seja meramente atrativo. Bens e interesses, assim como valores, podem ter negociada a sua 'aplicação', são algo que se pode ou não optar, já que se estará tratando de preferências otimizáveis. Já direito não. Tão logo os direitos sejam compreendidos como bens e valores, eles terão que competir no mesmo nível que esses pela prioridade no caso individual. Essa é uma das razões pelas quais, lembra Habermas, Ronald Dworkin haver concebido os direitos como 'trunfos' que podem ser usados nos discursos jurídicos contra os argumentos de políticas"* (CATTONI DE OLIVEIRA, Marcelo Andrade. *Direito Constitucional*. Belo Horizonte: Mandamentos, 2002, p. 90-91).

[70] RAWLS, John. *Liberalismo político*. Trad. Sergio René Madero Báez. México: Fondo de Cultura Econômica, 1996.

[71] HABERMAS, Jürgen. *Facticidad y Validez: sobre el derecho y el Estado democrático de derecho en términos de teoría del discurso*. Trad. Manuel Jiménez Redondo. Madrid: Trotta, 1998, p. 332. Nesse sentido, Cattoni de Oliveira (*O Caso Ellwanger: uma crítica à ponderação de valores e interesses na jurisprudência recente do Supremo Tribunal Federal*. Disponível em: <http://www.leniostreck.com.br/midias/ArtigoCaso Ellwanger.doc>. Acessado em: 3 de janeiro de 2006, p. 5) denuncia que, no caso do HC 82.424-2 (Relator Min. Maurício Correia), o raciocínio de ponderação, que se supunha atingir uma solução *objetiva* para o caso concreto, acaba por atingir resultados contrários nos votos dos Min. Gilmar Mendes e Marco Aurélio ao buscar solucionar a suposta colisão entre dignidade humana e liberdade de expressão, tomados como valores.

Conclusões

O presente trabalho tem como objetivo analisar os avanços e retrocessos decorrentes das modificações empreendidas pelo Novo Código de Processo na seara da fundamentação das decisões judiciais.

A necessidade de justificar a decisão é imprescindível para se conferir legitimidade à atividade jurisdicional, uma vez que, no contexto do Estado Democrático de Direito, não é possível qualquer interferência no exercício de liberdades sem a devida fundamentação. Em outras palavras, a fundamentação é pressuposto da "jurisdicionalidade" (*"giurisdizionalità"*)[72], razão pela qual o ato jurisdicional desfundamentado pode ser afastado pelas vias adequadas, em razão do vício que o inquina.

Nesse liame, o Novo Código de Processo Civil não se limita a ampliar os participantes no processo, mas inclui o reconhecimento de que o ordenamento é interpretado e concretizado também fora dos Tribunais, e que o seu sentido é produzido por meio de debates em todos os locais em que ocorre o exercício da cidadania. Trata-se de repensar o problema da fundamentação das decisões judiciais sob a ótica da hermenêutica filosófica, inaugurando um novo enfoque, que prioriza o questionamento acerca do próprio processo de tomada de decisão (não mais limitado ao estudo dos métodos adequados para a descoberta do sentido adequado da norma).

Atento a essa realidade, o novo Código de Processo Civil estabelece novos marcos teóricos para o direito processual civil brasileiro, recepcionando os princípios constitucionais processuais com nítidas alterações de concepção e de semântica, conforme se depreende do teor dos artigos 7º, 10 e 11.

Não basta, portanto, sustentar que a decisão estará devidamente fundamentada se o magistrado não invocar motivos que se prestariam a justificar qualquer outra decisão ou se limitar a invocar precedente ou enunciado de súmula (artigo 489, § 1º, incisos III e IV, do novo Código de Processo Civil). Isso porque a vontade do julgador não mais admite a invocação de uma pretensa discricionariedade judicial e, após a ruptura provocada por Heidegger na doutrina de Husserl, Dilthey e Schleiermacher, o ato interpretativo está assentado na intersubjetividade, não podendo ser reduzido à "consciência do intérprete", sem qualquer espécie de controle pelo jurisdicionado.

Deve-se afastar por completo o entendimento, por exemplo, de que o juiz não está obrigado a analisar todos os argumentos trazidos pelas partes. Ora, se a parte restou vencida, deve sê-lo de modo fundamentado, ou seja, cientificando aquele que não obteve sucesso em sua pretensão das razões pelas quais suas teses foram rejeitadas. O magistrado não é, nem pode ser, o único ator do processo

---

[72] TARUFFO, Michele. *La motivazione della sentenza civile.* Cedam, Padova, 1975, p. 458.

decisório, mas, ao contrário, o processo é um *locus* discursivo para que as partes, os advogados, os juízes e o Ministério Público dialoguem argumentativamente (por meio da indicação de razões que sustentem a tomada de decisão) em prol da melhor solução para aquele caso concreto.

Daí porque a síndrome de Arnaldo César Coelho não encontra respaldo na atualidade, uma vez que não há como deixar de interpretar o texto normativo ao aplicá-lo. O sentido da norma jurídica não é algo pronto e acabado, mas aberto a um permanente processo de construção e de reconstrução. Não por outro motivo, o art. 489, § 1º, I, do novo Código de Processo Civil, estabelece que o magistrado não poderá se limitar à indicação, à reprodução ou à paráfrase de ato normativo, sem explicar sua relação com a causa ou a questão decidida.

Ademais, o novo Código de Processo Civil não é alheio à importância que veem ganhando os princípios jurídicos e explicita a possibilidade de aplicação da ponderação no ato de fundamentação da decisão judicial (art. 489, § 2º). Ao que parece, encampa a linha de pensamento de Alexy, razão pela qual o magistrado não poderá simplesmente resolver o suposto conflito principiológico a partir de sua *consciência*, pois a legislação, ao estabelecer uma metodologia decisória essencial, exige que explicite o caminho adotado para chegar a determinada decisão.

Ressalte-se, contudo, que a ponderação não pode ser entendida como a solução para o problema da *interpretatio*, uma vez que representa, adotada em sua literalidade, verdadeiro retrocesso hermenêutico, desconsiderando as recentes conquistas obtidas pela fenomenologia e pela racionalidade comunicativa.

Em suma, as contribuições do Novo Código de Processo Civil para a motivação das decisões judiciais, enquanto cânone constitucional e corolário do devido processo contemporâneo, atreladas ao papel crítico da doutrina e da jurisprudência, pode dar ensejo a uma nova forma de pensar a decisão, não mais como conjunto formal de requisitos, mas produto do exercício legítimo da função jurisdicional.

Referências

AFONSO DA SILVA, Virgílio. *A constitucionalização do direito:* os direitos fundamentais nas relações entre particulares. São Paulo: Malheiros, 2005.

AFONSO DA SILVA, Virgílio. O proporcional e o razoável. *Revista dos Tribunais*, São Paulo, ano 91, v. 798, abr. 2002.

ALEXY, Robert. *Derecho y razón práctica.* 2. ed. México: Fontamara, 1998.

ANDOLINA, Italo; VIGNERA, Giuseppe. *Il modelo costituzionale del processo civile italiano.* Turim: Giappichelli, 1990.

ÁVILA, Humberto. *Teoria dos princípios:* da definição à aplicação dos princípios jurídicos. 4. ed. São Paulo: Malheiros, 2005.

BARROSO, Luís Roberto; BARCELLOS, Ana Paula de. O começo da história: a nova interpretação constitucional e o papel dos princípios no direito brasileiro. In: DA SILVA,

Virgílio Afonso (Org.). A nova interpretação constitucional – Ponderação, direitos fundamentais e relações privadas. 2ª ed. Rio de Janeiro: Renovar, 2006. p.327-378.

BONAVIDES, Paulo. *Curso de direito constitucional*. 16. ed. São Paulo: Malheiros, 2005.

BÜLOW, Oskar. Gesetz und Richteramt. *Juristische Zeitgeschichte*, Berlim, Berliner Wissenschafts, v. 10, 2003.

CAPPELLETTI, Mauro. GARTH, Bryant. *Acesso à justiça*. Trad. Ellen Gracie Northflleet. Porto Alegre, Fabris: 1988.

CARTER, Lief H.; BURKE, Thomas F. *Reason in Law*. New York: Pearson Education, 2007.

CARVALHO NETTO, Menelick de. Requisitos pragmáticos da interpretação jurídica sob o paradigma do Estado Democrático de Direito. *Revista de Direito Comparado*, v. 3, maio 1999.

CATTONI DE OLIVEIRA, Marcelo Andrade. Argumentação Jurídica e Decisionismo: um ensaio de teoria da interpretação jurídica enquanto teoria discursiva da argumentação jurídica de aplicação. *In*: SAMPAIO, José Adércio Leite (Coord.). *Crise e desafios da Constituição: perspectivas críticas da teoria e das práticas constitucionais brasileiras*. Belo Horizonte: Del Rey, 2004.

CINTRA, Antônio Carlos de Araújo; GRINOVER, Ada Pellegrini; DINAMARCO, Cândido Rangel. *Teoria geral do processo*. 19. ed. São Paulo: Malheiros, 2003.

COSTA, Rafael de Oliveira. *Segurança Jurídica e Hermenêutica Constitucional*: Horizontes Jusfilosóficos da Previsibilidade das Decisões Judiciais. 183p. 2009. Dissertação (Mestrado em Direito) Faculdade de Direito, Universidade Federal de Minas Gerais, Belo Horizonte, 2009.

DWORKIN, Ronald. *Levando os Direitos a Sério*. Tradução de Nelson Boeira. São Paulo: Martins Fontes, 2002.

DWORKIN, Ronald. *O Império do Direito*. Tradução de Jefferson Luiz Camargo. São Paulo: Martins Fontes, 1999.

FAZZALARI, Elio. *Istituzioni di diritto processuale*. 8. ed. Pádua: Cedam, 1996.

GADAMER, Hans-Georg. *Verdade e Método: Fundamentos de uma hermenêutica filosófica*. 3 ed. Tradução de Enio Paulo Giachini. Petrópolis, Vozes, 2002.

GRONDIN, Jean. Gadamer's Basic Understanding of Understanding. DOSTAL, Robert. J. (Coord.). *The Cambridge Companion to Gadamer*. Cambridge: Cambridge University, 2002.

HABERMAS, Jürgen. *Facticidad y Validez: sobre el derecho y el Estado democrático de derecho en términos de teoría del discurso*. Trad. Manuel Jiménez Redondo. Madrid: Trotta, 1998.

HART, H. L. A. *O Conceito de Direito*. 2. ed. Tradução de A. Ribeiro Mandes. Lisboa: Fundação Calouste Gulbenkian, 1994.

HUSSERL, Edmund. *Meditações cartesianas*: introdução à fenomenologia. Trad. de Frank de Oliveira. São Paulo: Madras, 2001.

KRELL, Andréas J. A recepção das teorias alemãs sobre Conceitos Jurídicos Indeterminados e o Controle da Discricionariedade no Brasil. *Interesse Público*, nº 23. Porto Alegre: Editora Notadez, 2004.

KUSH, Martin. *Linguagem como cálculo versus linguagem como meio universal*: um estudo sobre Husserl, Heidegger e Gadamer. Tradução de Dankwart Bernsmüller. São Leopoldo: UNISINOS, 2001. (Coleção Idéias).

MARRAFON, Marco Aurélio. A questão da consciência histórica na obra "Verdade e Método" e suas implicações na (teoria da) decisão judicial. In: STEIN, Ernildo; STRECK, Lenio (Org.). *Hermenêutica e Epistemologia: 50 anos de Verdade e Método*. Porto Alegre: Livraria do Advogado, 2011.

MEGALE, Maria Helena Damasceno e Silva. *Fenomenologia e Hermenêutica Jurídica*. Belo Horizonte: Fundação Valle Ferreira, 2007.

NEUMANN, Franz. A mudança na função do Direito na sociedade Moderna. *In:* NEUMANN, Franz. *Estado Democrático e Estado Autoritário*. Rio de Janeiro: Zahar, 1969.

NUNES, Dierle. *Processo jurisdicional democrático:* uma análise crítica das reformas processuais. Curitiba: Juruá, 2008.

OLIVEIRA, Manfredo Araújo de. *Reviravolta lingüístico-pragmática na filosofia contemporânea*. 2. ed. São Paulo: Edições Loyola, 2001.

PALMER, Richard. *Hermenêutica*. Tradução de Maria Luísa Ribeiro Ferreira. Lisboa: Edições 70, 1986.

PERLINGIERI, Pietro. *Perfis do Direito Civil*. Introdução ao Direto Civil Constitucional. Tradução Maria Cristina de Cicco. 2.ed. Rio de Janeiro: Renovar, 2002.

RADBRUCH, Gustavo. *Filosofia do Direito*. Coimbra: Armênio Amado, 1961.

RAWLS, John. *Liberalismo político*. Trad. Sergio René Madero Báez. México: Fondo de Cultura Econômica, 1996.

REALE, Miguel. *Lições preliminares de direito*. 27. ed. São Paulo: Saraiva, 2009.

ROHDEN, Luiz. *Hermenêutica Filosófica*: entre a linguagem da experiência e a experiência da linguagem. São Leopoldo: Unisinos, 2002.

SCARPINELLA BUENO, Cássio. *Curso sistematizado de direito processual civil*. Teoria geral do direito processual civil. 4. ed. São Paulo: Saraiva, 2010.

SCHLEIERMACHER, Friedrich D. E. *Hermenêutica e Crítica*. Tradução de Aloísio Ruedell. Ijuí: UNIJUI, v. 1., 2005.

STRECK, Lenio Luiz. *Verdade e Consenso*: Constituição, hermenêutica e teorias discursivas. Rio de Janeiro: Lumen Juris, 2006.

TARUFFO, Michele. *La motivazione della sentenza civile*. Cedam, Padova, 1975.

VIEHWEG, Theodor. *Tópica e jurisprudência*. Trad. Tércio Sampaio Ferraz Jr. Brasília: Imprensa Nacional, 1979.

As condições da Ação no Novo Código de Processo Civil

ARLETE INÊS AURELLI

Considerações Introdutórias

Em primeiro lugar, gostaria de agradecer a oportunidade de participar desse importante obra coletiva que pretende discutir os aspectos mais polêmicos que se revelaram com o advento do novo código de processo civil.

Entre as questões que já me assaltaram, a que considero mais inquietante se refere ao tratamento dado pelo legislador com relação às chamadas condições da ação. De fato, desde a tramitação do projeto do código de processo civil, passei a me preocupar com o destino dado à tais requisitos, principalmente após o questionamento feito por Fredie Didier Junior, no sentido de saber se tais requisitos para o exercício do direito de ação permaneceriam no sistema.[1] Referido autor, faz tal indagação, ante o fato de o legislador, desde o projeto do novo cpc, o que se manteve na Lei 13.105 de 16 de março de 2015, ter suprimido os termos condições da ação e carência de ação, os quais não aparecem em mais nenhuma norma constante do diploma processual. No seu lugar, consta sempre a indicação de que seriam necessários os requisitos referentes à legitimidade e interesse processual. A impossibilidade jurídica do pedido não mais é mencionada, pelo legislador, como requisito para o exercício do direito de ação. Senão, vejamos.

Realmente, o artigo 17, constante do Livro II, título I, do capítulo "Da jurisdição e da ação", que seria o corresponde ao artigo 2o do CPC de 73, reza que para postular em juízo é necessário ter interesse e legitimidade.

---

[1] http://www.frediedidier.com.br/artigos/condicoes-da-acao-e-o-projeto-de-novo-cpc/ acesso em 23 de abril de 2016. Esse artigo foi publicado na Revista de Processo, n. 197, p. 265, 2011, com o título Será o fim da categoria "condição da ação"? Um elogio ao projeto do novo Código de Processo Civil.

Já o artigo 18 mantém o disposto no artigo 60 do CPC de 73, prevendo a legitimidade extraordinária, quando determina que ninguém poderá pleitear em nome próprio direito alheio, salvo quando autorizado pelo ordenamento jurídico.

O artigo 330 estabelece como causa do indeferimento da petição inicial, como fazia o artigo 295 do CPC de 73, a manifesta ilegitimidade de parte (inciso II) e ser o autor carecedor de interesse processual (inciso III). Apenas a impossibilidade jurídica do pedido não mais consta do rol de hipóteses de indeferimento da inicial.

O artigo 337, por sua vez, a exemplo do artigo 331 do CPC/73, contem um rol meramente exemplificativo de preliminares a serem tratadas, obviamente, antes de discutir o mérito. A própria norma deixa isso claro no caput.

Pois bem, desse rol consta no inciso XI, a alegação de ausência de legitimidade e interesse. Não mais consta, como já dissemos, o termo carência de ação. Muito menos consta a alegação de impossibilidade jurídica do pedido.

Já o artigo 485, correspondente ao 267 do CPC/73, que trata da extinção do processo sem resolução do mérito, traz, entre as causas, no inciso VI, a ausência de legitimidade e interesse processual. Não consta a impossibilidade jurídica do pedido. Não há referência à condições de ação. Já o inciso IV prevê a ausência de pressupostos de constituição e desenvolvimento válido e regular do processo.

O artigo 486 prevê que a extinção do processo não obsta a que a parte reponha novamente a ação, mas estabelece no parágrafo que nos casos dos incisos I, VI, IV, VII a repropositura depende da correção do vício.

Por fim, é preciso ressaltar que a impossibilidade jurídica do pedido que chegou a figurar entre as hipóteses de improcedência liminar do pedido, no projeto do cpc, foi excluída do rol constante do artigo 332 da Lei 13.105 de 16 de março de 2015. A impossibilidade jurídica do pedido também não consta do rol do julgamento antecipado de mérito (art 355) nem do julgamento parcial de mérito (art 356)

Em função dessa normatização, Fredie Didier Junior conclui que a ilegitimidade ad causam bem como a impossibilidade jurídica do pedido passariam a ser questões de mérito, enquanto o interesse processual e a legitimidade extraordinária passariam a englobar os pressupostos processuais. Realmente, afirma ele que: "A segunda alteração silenciosa é mais importante e que, por isso, justificava a permanência de estudos doutrinários ao seu respeito.-O texto proposto não se vale da expressão "condição da ação". Apenas se prescreve que, reconhecida a ilegitimidade ou a falta de interesse, o órgão jurisdicional deve proferir decisão de inadmissibilidade. Retira-se a menção expressa à categoria "condição da ação" do único texto normativo do CPC que a previa. Esse aspecto do projeto ainda não foi percebido: nem a Comissão que elaborou a proposta o apresenta como uma das inovações sugeridas, muito menos a doutrina que vem comentando o projeto o tem examinado. A prevalecer a proposta, não haverá mais razão para o uso, pela ciência do processo brasileira, do conceito "condição da ação". A legitimidade ad causam e o interesse de agir passarão a ser explicados com suporte no repertório teórico dos pressupostos processuais.".[2]

Nossa intenção, no presente artigo, é manifestar nossa discordância com o entendimento esposado por Fredie Didier, demonstrando que as condições da ação continuam mantidas no sistema, assim como idealizou Enrico Tulio Liebman.

Entendemos que a conclusão sobre a manutenção das condições da ação, bem como se poderiam elas ser encartadas quer no rol dos pressupostos processuais, quer como questão de mérito, deve estar lastreada na análise de como os institutos fundamentais do direito processual – Jurisdição – Ação – Processo – são tratados no nosso sistema. É o que faremos a seguir.

1. Digressão sobre os Institutos Fundamentais da Teoria Geral do Processo: Jurisdição, Ação, Processo[3]
Jurisdição
O conceito tradicional de jurisdição envolve três âmbitos de análise, quais sejam Poder, função e atividade, sendo que todos os três coexistem e constituem três lados da mesma moeda.

A Jurisdição vista como Poder deve ser entendida como manifestação do Poder Estatal. Entretanto, não deve ser vista como autoritarismo porque o Poder, nesse caso, nada mais é que exercício da soberania nacional, compatível com o Estado Democrático de Direito e com os ideais republicanos.

De fato, tendo em mente o Estado Democrático de direito, verificamos que a jurisdição, como Poder Estatal, serve à manutenção da tripartição de poderes, que devem ser e são independentes e harmônicos. Como Poder, a Jurisdição é vista, ainda, como a capacidade do Estado-Juiz decidir imperativamente no sentido de que as partes estarão sujeitas inexoravelmente ao que vier a ser decidido sobre o conflito de interesses que for levado a apreciação, já que acobertado pela coisa julgada. No entanto, nada há de autoritário nisso. Pelo contrário, busca-se com isso o cumprimento do ideal republicano, servindo à segurança jurídica. É ideal, para o jurisdicionado que as decisões do Poder Judiciário sejam imutáveis e imperativas, principalmente porque sabe-se que a Jurisdição não se esgota com a decisão sobre o conflito de interesses, mas sim, vai além impondo a satisfação do direito protegido. Nesse sentido, é ótimo para o sistema que o Judiciário tenha

---

[2] http://www.frediedidier.com.br/artigos/condicoes-da-acao-e-o-projeto-de-novo-cpc/ acesso em 23 de abril de 2016.

[3] Estudo realizado no artigo de nossa autoria, Institutos fundamentais do processo civil: Jurisdição, ação,processo, publicado na Revista Brasileira de direito processual – RDBPRO, editora Forum, n. 89, p. 31-45

o Poder de coerção para que suas decisões sejam efetivamente cumpridas. De nada adianta pacificação, sem que o direito seja efetiva e concretamente entregue àquele que veio buscar a proteção do Estado.

Jurisdição também é função, realizada pelo Poder Judiciário como agente pacificador da sociedade. E o Estado realiza essa função não somente através da resolução dos conflitos de interesses que lhe são submetidos à apreciação, mas também concede aos interessados, mediante o cumprimento de certos requisitos aquele ato que faltava para a satisfação do seu direito, seja uma autorização, um alvará ou mesmo a simples homologação de um acordo. Assim, mesmo nas hipóteses em que nenhum conflito existe, o Estado proporciona a efetivação do ideal republicano, já que ao realizar a função pacificadora, o faz através de um processo justo, ou seja, aquele realizada mediante a observância do modelo constitucional do processo, em que todas as garantias e direitos fundamentais tenham sido respeitados. A jurisdição, pois, contribui em muito para a manutenção do Estado Democrático de Direito. Na falta dessa observância, o órgão julgador deve ser punido. Portanto, não estamos frente a um Poder absoluto, mas sim limitado pela própria Carta Magna. Na verdade, trata-se de um poder/dever do Estado de prestar a tutela jurisdicional pleiteada de modo efetivo.

E, como atividade, olhamos a Jurisdição sob o ponto de vista do processo em concreto. Nesse sentido, traduz-se como um conjunto de atos do juiz no processo, praticados com vistas ao cumprimento da função que lhe é atribuída.

Portanto, jurisdição é Dever/Poder estatal que presta função de pacificação social, resolvendo os conflitos de interesses que lhes são submetidos à apreciação ou realizando a atividade homologatória que lhe compete, tudo através de um processo, e, em consequência atua para que o Estado democrático de direito seja mantido. Existem limites ao exercício da atividade estatal, que são determinados pela própria Constituição Federal, sendo vedado ao órgão julgador agir com arbitrariedade, excesso ou abuso de poder. Não há discricionariedade no exercício da jurisdição.

Ao depois a atividade jurisdicional está limitada pelos direitos e garantias constitucionais, insertas no art. 5º da Constituição Federal. De fato, o princípio do devido processo legal (inciso LIV, art. 5º. CF), que é a base, o sustentáculo, do qual decorrem todos os demais princípios processuais constitucionais limita o agir do Estado por meio da jurisdição, pois obriga o órgão julgador a ser imparcial, a propiciar direitos iguais para ambas as partes no processo, a fundamentar suas decisões, para que seja possível o controle pelo jurisdicionado, a oportunizar o contraditório e o direito de produzir provas das alegações feitas em juízo, enfim, tudo que seja necessário para garantir o chamado processo justo. [4]

---

[4] Nesse sentido, Nelson Nery Jr. salienta que: "Em nosso parecer bastaria a norma constitucional haver adotado o princípio do dues process of law para que daí decorressem todas as consequências processuais

Entendemos que, contemporeaneamente, não basta a idéia de que jurisdição seria apenas e tão somente o órgão julgador dizer o direito, aplicando a lei ao caso concreto, como queria Chiovenda ao definir que jurisdição seria a atuação da vontade concreta da lei em prol do autor e do réu.[5] Jurisdição envolve conceito bem mais amplo. Na verdade, o Estado tem verdeira obrigação de prestar a devida tutela jurisdicional, seja a favor do autor, seja a favor do réu. Quando se examina conceito de jurisdição como obrigação (dever) do Estado de prestar a tutela jurisdicional, que seja efetiva, nota-se que não há nada de autoritário nisso. Muito pelo contrário, o Estado é que se coloca a serviço do jurisdicionado, de forma a conseguir que o direito buscado por ele lhe seja realmente entregue. Pelo menos, é o que atualmente se espera da Jurisdição.[6]

Assim, não se trata de um Estado autoritário, mas sim de um Estado democrático, que tem o Dever/Poder de prestar a tutela jurisdicional de forma eficiente e de um jurisdicionado que tem o Poder/direito de exigir que ela, a tutela, lhe seja concedida, na forma exata, por ele requerida, ou seja, que o direito in natura lhe seja concedido, não se aceitando mais que o Estado entregue qualquer coisa no lugar ou que tudo se resolva em perdas e danos. Não basta assim que seja dito o direito – que seja resolvido o conflito de interesses através de uma decisão. Não! O jurisdicionado espera e exige bem mais do que isso: ele deseja a satisfação do direito, de modo concreto.

Ressalte-se que a obrigação de prestar a tutela jurisdicional perdura durante todo o processamento do feito, em todas as suas fases, até a execução, sendo que o órgão julgador tem o dever de cumprir, de zelar pela efetiva prestação da tutela jurisdicional, entregando o direito almejado em concreto. Ultrapassa, pois, a mera obrigação de compor o conflito de interesses, dizendo o direito, ou a vontade concreta da lei, como queria Chiovenda. O juiz deve, assim, proporcionar a ambas as partes o direito de se manifestar, de esclarecer fatos, produzir provas, enfim proporcionar meios idôneos e eficientes para a obtenção da efetividade da tutela, como por exemplo meios efetivos de localização do devedor, de bens, expedição de ofícios, etc.

---

que garantiriam aos litigantes o direito a um processo e sentença justa. É por assim dizer o genêro do qual todos os demais principios são espécies." Princípios do Processo Civil na Constituição Federal,RT, 1995, p. 27

[5] Chiovenda, Giuseppe. Instituições de direito processual civil. Vol. II. São Paulo: Saraiva, 1965, p. 11.

[6] Nesse sentido, Horácio Wanderlei Rodrigues e Eduardo de Avelar Lamy afirmam que: "Na perspectiva contemporânea, a jurisdição consiste no poder-dever do estado-juiz de declarar e executat os direitos conforme as pretensões que lhe são formuladas, segundo os valores e princípios fundamentais estabelecidos na Constituição Federal, garantindo o seu respeito efetivo no âmbito dos fatos, na vida dos litigantes." É esse o sentido que se deve atribuir ao art. 5º, inciso XXXV, da Constituição Federal. A Jurisdição é exercida pelo Estado por meio do Poder Judiciário, e tem por escopo aplicar o direito e garantir a sua eficácia, em última instância, nos casos concretos, quando provocada." Teoria Geral do Processo, São Paulo: Campus Jurídico, 2012, p. 113.

Ora, se o Judiciário tem o **dever** de prestar a tutela jurisdicional entregando o direito *in natura* para as partes, estando pois, a serviço delas, não há como se entender seja a Jurisdição o exercício do autoritarismo.

Cássio Scarpinella Bueno, nesse sentido, esclarece que "Pensar o direito processual civil a partir dos resultados úteis que a atuação jurisdicional oferece para o plano material (externo, pois, ao plano do processo) tal qual reconhecido existente no plano processual, é importante frisar, é mais que uma necessidade retórica ou científica, é uma verdadeira imposição: é para isso que se pode cogitar da existência da "função jurisdicional" em um Estado Democrático de Direito; é para isso que se justifica seu estudo."[7]

Talvez por ser visionário e pensar a jurisdição desse modo atual, no sentido de que é função que não se limita a mera composição da lide e de aplicar a lei ao caso concreto, mas sim de efetiva entrega da prestação da tutela jurisdicional é que Calamandrei inseriu a Jurisdição como o primeiro argumento de Estudo dos institutos fundamentais da teoria geral do processo.

Para Calamandrei, o escopo da função jurisdicional é a atuação do direito objetivo e não a mera composição da lide, podendo, portanto, existir processo sem lide. Ele discorda, portanto, do conceito reducionista da Jurisdição e entende que, tanto o processo de cognição quanto o processo de execução estão compreendidos na função jurisdicional.[8]

Por outro lado, entendo ser acertado o entendimento de Calamandrei de colocar a jurisdição como primeiro argumento de estudo. Não vejo nisso nenhum discurso legitimador do Poder Estatal no sentido de colaborar na construção de concepções autoritárias para o direito processual.

Na verdade, a colocação da jurisdição como primeiro objeto de estudo se dá apenas porque é para ela que se dirige o jurisdicionado quando exerce o direito de ação. De fato, não haveria exercício do direito de ação caso não houvesse jurisdição. Ora, a jurisdição preexiste à ação. O Poder Judiciário é inerte, não age se não for provocado. É preciso que seja assim para que o órgão julgador mantenha sua isenção e, em consequência, o Estado de direito seja também mantido. No entanto, o Poder Judiciário está lá, de portas abertas, aguardando que o jurisdicionado venha provocar a sua atuação. E o jurisdicionado o faz através do exercício do direito de ação. Para essa provocação o jurisdicionado precisa de

---

[7] Curso sistematizado de direito processual civil, vol 1, 6ª ed, 2012, p. 387

[8] Calamandrei afirma que: "Ritengo perciò che la teoria modernamente prevalente, dal Wach al Chiovenda, che pone nell'attuazione del diritto obiettivo lo scopo caractteristico della funzione giurisdizionale, sai idônea, meglio di quella che il Carnelutti vorrebe resuscitare, a metere in eveidenza la natura essenzialmente pubblicistica del processo nei moderni ordinamenti giuridici come strumento per realizzare in concreto la astratta voluntà dello Stato". Il concetto di "lite" nel pensiero di Francisco Carnelutti. In Rivista di Diritto Processuale Civile, 1928, p. 9.

uma atividade concreta que é a distribuição da petição inicial. Ao faze-lo, inicia o processo. Assim, não há mal algum em dizer que o processo é instrumento porque é através dele que o Estado concretiza sua obrigação de prestar a tutela jurisdicional que lhe foi solicitada pela parte. Na verdade, o processo precisa se desenvolver perante um órgão jurisdicional para Ter existência jurídica. Não há processo jurisdicional que se desenvolva se não for ofertado perante a Jurisdição e é justamente por isso que está é pressuposto processual de existência daquele. É importante frisar que para muitos processualistas a jurisdição seria o único pressuposto processual de existência do processo.

Ação

Tendo em mira, que jurisdição é o dever do Estado de prestar a tutela jurisdicional, é preciso reconhecer a existência de um direito subjetivo conferido ao jurisdicionado de exigi-la. Esse direito é a ação, um dos institutos fundamentais e pilares da teoria geral do processo. A par disso, muitas foram as teorias que tentaram explicá-la.

No período clássico do direito romano, não havia preocupação com a ação, a qual era vista como apêndice, acessório do direito material. O monismo, a idéia de que havia somente um plano, que abrangia tanto o direito material como o processual, prevalecia. Falava-se apenas em ação de direito material. Essa teoria, chamada clássica, imanentista ou civilista vigorou durante todo o século XIX e sua existência se deve à fase evolutiva do processo, em que este se encontrava verdadeiramente subordinado ao direito civil, do qual era concebido como apêndice.[9] A ação estava ligada ao direito material, ou seja, eram a mesma realidade apenas apresentada sob formas diversas. Decorre dessa teoria, o art. 76 do Código Civil de 1916 que previa que a todo direito corresponde uma ação que o assegura. Assim, entendia-se que não havia ação sem direito nem direito sem ação, isto é, a ação segue a natureza do direito. Entretanto, essa teoria não explicava um fenômeno comum na prática judiciária que era a ação infundada, ou seja, quando, somente no final da demanda, verificava-se que o autor não tinha razão, pelo que a ação era improcedente. Ocorre que, mesmo nessa hipótese, houve direito de ação, ainda que sem direito material. Também não explicava o fenômeno que ocorre numa ação declaratória negativa, em que se visa à obtenção de declaração de inexistência de direito material. Assim, essa teoria foi superada, já que o direito de ação é autônomo e independe do direito substancial.

A superação da teoria imanentista se originou da polêmica entre Muther e Windscheid, sobre a *actio romana*. Em decorrência, distinguiu-se nitidamente direito lesado e ação. Trouxe o direito processual civil como disciplina autônoma

---

[9] Nesse sentido, Alexandre Freitas Câmara, Lições de Direito Processual Civil, 24ª ed, Atlas, p. 139/140.

do direito material. Da ação nascem dois direitos, ambos de natureza pública: o direito do ofendido à tutela jurídica do Estado (dirigido contra o Estado) e o direito do Estado à eliminação da lesão contra aquele que a praticou. Assim, ação seria um direito público subjetivo distinto do direito material. Windscheid acabou por aceitar algumas idéias de Muther, admitindo um direito de agir exercitável contra o Estado e contra o devedor. Ambas as teorias passaram a se completar. O grande mérito dessa teoria foi o reconhecimento da existência da ação como direito autônomo, criando assim o caráter dualista do direito de ação.[10] Reconhece a legitimidade de um conceito de ação material junto com ação processual.[11] Mas ainda não se explicava a ação infundada.

Em 1889, Adolph Wach, escreveu o livro Ação Declaratória, definindo ação como direito autônomo e concreto. Esse doutrinador demonstrou que a ação é um direito autônomo, no sentido de que não tem, necessariamente, por base um direito subjetivo, ameaçado ou violado, como as ações declaratórias. Dizia ele, ainda, que a ação é exercitável bifronte: é dirigida tanto contra o Estado como contra o adversário. Assim, seria um direito público subjetivo. Via ação como direito processual. Entretanto, entendia que a tutela jurisdicional deveria conter-se numa sentença favorável, ou seja, o direito de ação seria concreto.[12] Entendia, ainda, que o direito de ação dependia do cumprimento de requisitos determinados pelo direito processual, quais sejam as condições da ação e os pressupostos processuais. Entretanto, Wach também não explicava a existência da ação infundada.

Oskar Von Bülow formulou uma modalidade dessa teoria, entendendo que ação é o direito a uma sentença justa. Para refutar tal teoria, basta pensar nas ações julgadas improcedentes: o que seriam, então, os atos processuais praticados até a sentença? O que teria ocorrido quando a decisão injusta acolhesse pedido infundado do autor? Portanto, o direito de ação não pode depender do direito material. De qualquer forma, seu entendimento de que a ação nasce com o processo foi um marco para a discussão sobre ação uma vez que, a partir daí é que surgiram as teses sobre a existência da ação processual. [13]

Chiovenda, por sua vez, criou a teoria da ação como direito Potestativo[14], pela qual a ação era entendida como um direito autônomo, que não se dirige contra o Estado, mas sim contra o adversário: é um direito de provocar a atividade

---

[10] Conforme Alexandre Câmara, obra citada, p. 140.

[11] Conforme Carlos Alberto Alvaro de Oliveira. Pôlemica sobre ação, a tutela jurisdicional na perspectiva das relações entre direito e processo, livraria do advogado Editora, Porto Alegre, 2006, p. 87

[12] Conforme Arruda Alvim, por essa teoria a ação era indissociável do direito subjetivo, in Tratado de Direito Processual Civil, vol. 1, RT, 2ª ed., p. 370

[13] La teoria de las excepciones procesales y los presupuestos procesales, tradución de Miguel Angel Rosas Lichtschein, Ediciones jurídicas Europa-America, Buenos Aires, 1964.

[14] Instituições de direito processual civil, vol 1, 1965, p.24.

jurisdicional contra o adversário ou mais precisamente em relação ao adversário. Portanto, não é direito subjetivo. Para ele, ação é um Poder, sem obrigação correlata, que pertence a quem tem razão contra quem não a tem, visando à atuação da vontade concreta da lei. O titular do direito de ação tem o direito que é ao mesmo tempo um poder de produzir em seu favor o efeito de funcionar a atividade jurisdicional do Estado em relação ao adversário, sem que este nada possa fazer. A ação é o poder jurídico de realizar a condição necessária para a atuação da vontade da lei. Entende, também, que o direito de ação é privado ou público, conforme a lei seja de natureza privada ou pública. Ocorre que essa teoria não difere daquela que vê o direito da ação como direito a uma sentença favorável. Para ele, a função jurisdicional visa à atuação da lei. Justamente por isso é que entende que a Ação deve ser o primeiro instituto fundamental e não a jurisdição. Tanto Chiovenda como Wach, embora se referissem a autonomia do direito de ação, foram claros ao salientar que, somente na sentença final, efetivamente, seria possível apreciar a existência ou não do direito de ação, desde que existente o direito que lhe estava subjacente.[15]

Em 1877, Degenkolb criou, na Alemanha, (e Plósz, na Hungria), a teoria da ação como direito abstrato de agir.[16] Segundo ele, a teoria do direito de ação independe da existência efetiva do direito material invocado. Não deixa de haver ação quando uma sentença justa nega a pretensão do autor, ou quando uma sentença injusta a acolhe, sem que, de fato, existisse o direito material subjacente. Basta que o autor mencione um interesse seu protegido em abstrato pelo direito. É com referência a esse direito que o Estado está obrigado a exercer a função jurisdicional, proferindo decisão que tanto poderá ser favorável como desfavorável. Assim, entendia-se que o Estado seria o sujeito passivo do direito de ação. Alfredo Rocco foi um dos principais seguidores dessa teoria, dando-lhe fundamentação própria. Afirma que quando se solicita a intervenção do Estado para a tutela de interesses ameaçados ou violados surge outro interesse, que é o interesse à tutela daqueles pelo Estado. O interesse tutelado pelo direito é o principal e o interesse à tutela deste pelo Estado é o secundário. Para a existência do direito de ação, basta o interesse primário. Esse direito de ação é exercido contra o Estado.

A partir da teoria abstrata do direito de ação, Liebman[17] criou a teoria eclética, a qual define a ação como direito subjetivo instrumental, sendo mais que um

---

[15] Chiovenda afirmava que, por exemplo, "no caso de se pedir uma sentença condenatória, as condições da ação, normalmente, seriam: *a*) a existência de lei garantidora do bem pretendido, através da imposição, ao demandado, de uma prestação; *b*) a qualidade, ou identidade entre a pessoa do autor e aquela favorecida pela lei, e a pessoa do demandado com a obrigada por ela; e *c*) o interesse em conseguir o bem através da Justiça.", in Instituciones de derecho procesal civil. Tradução de E. Gómez Orbaneja, 2ª ed., Madri; Revista do Derecho Privado, 1948, vol 1, p.26

[16] Conforme Rodrigo Cunha Lima Freire, Condições da ação. RT, 2ª ed, p. 51.

[17] Manual de direito processual civil, vol 1, Forense, 1985, p. 151

direito, um poder ao qual não corresponde a obrigação do Estado, igualmente interessado na distribuição da Justiça. Dá por exercida a função jurisdicional apenas quando o juiz pronuncia uma sentença sobre o mérito, de cunho favorável ou desfavorável. Assim, não importa o conteúdo da decisão de mérito, para que tenha se exercido o direito de ação. Ainda que julgue a ação improcedente, o Estado terá prestado a devida tutela jurisdicional. Liebman entende, ainda, que para ser exercido o direito de ação é necessário o implemento de três condições: a possibilidade jurídica do pedido; o interesse de agir e a legitimidade de parte. Essas condições seriam requisitos de existência da ação, pelo que deveriam ser objeto de investigação antes do exame do mérito. Somente se estiverem presentes é que haveria necessidade de o juiz julgar o mérito.

Assim, essa teoria não aceita a abstração plena. A ação não compete a qualquer um e não possui sentido genérico. Se refere a uma fattispécie normativa que sera objeto da sentença do juiz, o qual formulará regra jurídica especial que será lei entre as partes. Além disso, Liebman entendia que existe um direito de ação constitucional incondicionado, o qual é pressuposto do direito de ação processual, este sim limitado pelas condições da ação.

Portanto, Ação *é* o direito público, abstrato e subjetivo, de obter do Poder Estatal providência jurisdicional, constituída de uma sentença de mérito de qualquer conteúdo.

Arruda Alvim define ação como "direito constante da lei processual civil, cujo nascimento depende da manifestação de nossa vontade. Tem por escopo a obtenção da prestação jurisdicional do Estado, diante da hipótese fático-jurídica nela formulada, à aplicação da lei (material)".[18]

O direito de ação não requer que realmente o direito pleiteado exista, nem exige, de plano, um exame aprofundado da existência desse direito, pelo juiz. Haverá direito de ação ainda que a mesma seja julgada improcedente.[19]

Num primeiro momento, o direito de ação decorre do próprio texto constitucional, o qual, no seu artigo 5º, inciso XXXV, permite o livre acesso ao Poder Judiciário, por qualquer cidadão, estabelecendo que "nenhuma lesão (ou ameaça) de direito individual será subtraída à apreciação do Poder Judiciário". É o chamado direito de petição. Entretanto, é preciso ter em mente que esse é um direito genérico, que todos possuem ampla e irrestritamente, o qual não se con-

---

[18] Manual de direito processual civil, RT, 6ª ed., p. 367/368

[19] Nesse sentido, Eduardo Couture afirmava que: "Toda idea que tienda a asimilar el derecho a pedir com la justicia de lo pedido, constituye una contradictio in adjeto. El derecho de pedir no requiere un examen del contenido de la decisón. Si efectivamente existe un derecho lesionado, la resolución será estimatoria; si no existe, la petición será rechazada en cuanto a su mérito. Pero, en todo caso, la autoridad deve admitir el pedido en cuanto tal, para su debido examen con arreglo al procedimiento establecido". Fundamentos del derecho procesal civil, 3ª ed, Buenos Aires, 1993, p. 76

funde com o direito processual de ação, do qual estamos tratando. Na verdade, o direito processual de ação é originário do direito constitucional de ação, mas este não é objeto do direito processual civil. De fato, o direito processual de ação, objeto do direito processual civil, não é amplo e irrestrito, como o assegurado pela Constituição Federal, mas depende do implemento das condições da ação.

No entanto, mesmo quando as condições da ação não são implementadas, há, de fato, prestação jurisdicional por parte do Estado, como ocorre, por exemplo, no caso do indeferimento da inicial. Ora, houve autuação, o juiz analisou liminarmente a inicial e concluiu pela falta de uma das condições da ação, indeferindo-a, por meio de sentença. A sentença do juiz, nesse caso, é estritamente processual, já que não atingiu o mérito, mas não se pode negar que houve exercício da função jurisdicional. Como solucionar tal questão sem ter que se admitir como válida a teoria concretista? É preciso analisar a questão tendo em vista o ordenamento jurídico como um todo. Assim, a sentença terminativa proferida pelo juiz possui efeitos jurídicos que não podem ser desprezados, embora não sejam tão profundos como os da sentença de mérito. Em razão disso, claramente se pode concluir pela existência de dois direitos autônomos e interligados de forma que um decorre do outro. De fato, nas sentenças terminativas há o exercício do direito constitucional de ação, que é amplo e irrestrito. Mas não há o direito processual de ação, que exige para sua constituição a presença das condições da ação.

Arruda Alvim esclarece tal questão, de forma bastante clara, asseverando que: "E não se poderá dizer que uma decisão, ainda que de caráter processual, não seja exercício da atividade jurisdicional. Assim, o despacho liminar de indeferimento é decisão jurídica que produz efeitos jurídicos, embora 'não tão profundos' quanto os da sentença de mérito. Neste caso, o autor terá, legitimamente, exercido o seu direito de ação lastreado no Direito Constitucional que é o próprio direito genérico de ação, sem que lhe tenha reconhecido o direito de ação no plano do sistema do processo civil, propriamente dito, justamente por não estarem preenchidas as condições da ação."[20] E conclui existem dois tipos de ação: a ação constitucional, de natureza genérica e especificada no artigo 5º, inciso XXXV, da Constituição Federal, e a ação processual, que embora seja decorrente da ação constitucional com ela não se confunde, sendo regulada no processo.[21]

Veja-se que, ao se deparar com o direito constitucional de ação, ou seja, o direito que é assegurado a todo e qualquer cidadão de levar ao Poder Judiciário um conflito de interesses para ser resolvido, verifica-se que este não é incondicional e ilimitado. Portanto, jamais poderia depender, para seu implemento, de requisitos como as condições da ação. Assim, parece lógico que somente o direito

---

[20] Ob. cit., p. 375.
[21] Ob. cit., p. 378

processual de ação é que sofrerá a limitação imposta pela necessidade de implemento das condições da ação.

José Miguel Garcia Medina, por sua vez, entende que "ao direito de ação corresponde o dever do Estado de prestar a tutela jurisdicional (status positivo). Paralelamente a este direito da parte, há, ainda, o de participar efetivamente do procedimento destinado à entrega da prestação jurisdicional."[22]

O direito de ação resulta na instauração de um processo.

Cássio Scarpinella Bueno, representando os processualistas mais contemporâneos entende que ação é o direito subjetivo público de provocar o exercício da função jurisdicional e de atuar ao longo deste exercício. É exercitada contra o Estado. A ação não se confunde com o processo, nem com a tutela jurisdicional pedida ou efetivamente prestada. A ação não é método de atuação do Estado Juiz nem é o que será prestado. Por isso, para Cássio não é a ação que deve ser classificada, nem é ela que deve ser julgada procedente ou improcedente, mas sim o pedido. (Para ele a ação é cabível ou incabível). Diz que dizer ação disso ou daquilo é expressão idiomática). A ação não deve ser adjetivada. Ação e processo são categorias que não se modificam. O que se modifica é a tutela jurisdicional. A ação é o direito de agir para obtenção da tutela jurisdicional.[23]

Não se deve confundir ação com tutela jurisdicional. Tutela é proteção.

Tutela jurisdicional, conforme Cássio Scarpinella Bueno[24] "é a proteção, a salvaguarda, que Estado deve prestar naqueles casos em que ele, o próprio Estado, proibiu a autotutela, a justiça pelas próprias mãos.. A tutela jurisdicional, neste sentido, deve ser entendida como a contrapartida garantida pelo Estado de atribuir os direitos a seus titulares na exata medida em que uma tal atribuição faça-se necessária por alguma razão. O que é importante, pois, de se ter em mente, destarte, é que tutela jurisdicional significa, a um só tempo, o tipo de proteção pedida ao Estado-juiz, o que a doutrina tradicional usualmente chama de pedido imediato – mas também de efeitos práticos desta proteção no plano de direito material com vistas a proteger um determinado bem jurídico (um determinado interesse) que justificou o pedido de exercício da função jurisdicional (pedido mediato para empregar a nomenclatura tradicional). Não basta só que o juiz profira, por exemplo, uma sentença que reconheça a existência de lesão ou de ameaça ao direito do autor. Isto não é suficiente para que ele entregue, ao jurisdicionado que é titular daquele direito, tutela jurisdicional. É mister que o que estiver reconhecido na sentença possa surtir efeitos práticos e palpáveis para fora do processo, isto é, no plano a ele exterior."

---

[22] Codigo de processo civil comentado, RT, 2011, p. 29.
[23] Curso sistematizado de direito processual civil, vol 1, 6ª ed, 2012, p. 387/388 e 395
[24] Curso sistematizado de direito processual civil, vol 1, 6ª ed, 2012, Saraiva, p.390

Assim, a tutela jurisdicional deve ser efetiva, deve ser concretizada. A sentença de mérito é apenas uma parcela da tutela jurisdicional. Não basta ao Estado juiz resolver a lide, compor o conflito de interesses e declarar o direito, é preciso também que sejam criadas condições de concretamente protege-lo.

Cássio entende por isso que o que deve ser estudado e classificado não é a ação, mas a tutela jurisdicional. Para ele, a Ação é o agir para obtenção da tutela do direito no plano material mediante o exercício da função jurisdicional que levará, é esta a perspectiva, à prestação da tutela jurisdicional. A tutela jurisdicional, contudo, não se exaure com o proferimento da sentença de mérito. Ela, a sentença, pode até corresponder à tutela do direito no plano material mas não há , necessariamente, esta correspondência. A sentença é apenas o reconhecimento do direito, mas não significa tutela do direito no plano material e concreto. [25]

O instituto Ação não pode, pois, ser analisado sob o ponto de vista privado, mas sim comporta exame sob ângulo eminentemente publicista. Isto porque mais que um direito é um poder pertencente a todos os jurisdicionados de provocar a atuação da Jurisdição e de obter o cumprimento efetivo da tutela pleiteada. Como para o exercício da Jurisdição o Estado tem que observar o regramento imposto pela própria Constituição Federal, ou seja o princípio do devido processo legal, muito doutrinadores entendem que ação seria direito ao processo[26] ou até mesmo direito ao devido processo legal.[27]

Processo

Processo é o instrumento por meio do qual o Estado presta a tutela jurisdicional. É também uma sucessão encadeada de atos tendentes a um final conclusivo.[1] Nesse sentido, a noção de processo se confunde com a de procedimento . Portanto, para que se possam diferenciar esses conceitos, é preciso aliar a essa noção a de que o processo corresponde, também, à relação jurídica processual triangular formada entre autor, réu e juiz, na qual cada um terá direitos, deveres, ônus e obrigações. O processo somente existe caso esses três sujeitos estejam participando dessa relação. Faltando um deles, não podemos dizer que houve processo, na acepção jurídica do termo, muito menos que houve processo válido.[3]

Inicialmente, é preciso asseverar que as teorias privatistas do contrato e quase contrato que haviam sido consideradas ultrapassadas de há muito na doutrina, passar a ganhar novos ares com a previsão dos negócios jurídicos processuais no novo cpc. Quanto às teorias publicistas, temos as teorias da situação jurídica, da instituição e da relação jurídica processual.

---

[25] Curso sistematizado de Direito Processual Civil, RT, 2012, pag 390.

[26] Conforme Dinamarco, Instituições de direito processual civil, 5ª ed. Vol. II, p. 299

[27] Bedaque, nesse sentido, afirma que ação seria o próprio direito ao princípio do devido processo legal. Efetividade do processo e Técnica processual. Malheiros, 2010, p. 235.

A primeira entende que processo seria uma expectativa de decisão judicial futura. Partes não tem direitos e deveres, mas sim ônus. Há uma visão dinâmica do processo. Ocorre que todas essas situações juridicas são inerentes a uma relação jurídica processual distinta da relação jurídica de direito material.[28]

A teoria do processo como instituição, adotada por Jaime Guasp[29], Elizabeth de Castro Lopes[30], João Batista Lopes[31] e Olavo de Oliveira Neto, o qual explica que o processo se adapta a três requisitos básicos que caraterizariam a instituição jurídica, quais sejam: *a)* ter sua estrutura moldada conforme um modelo estabelecido em lei; *b)* ter caráter permanente e *c)* ser imprescindível para obtenção de determinado desiderato. [32] Há imposição do Estado.

Para Cássio Scarpinella Bueno, processo é método de atuação do Estado Juiz. É o mecanismo pelo qual o direito material controvertido tende a ser realizado e concretizado.[33]

Bedaque também entende que processo é método de trabalho desenvolvido pelo Estado para permitir a solução de litigios.[34]

A teoria da relação jurídica, criada por Bulow, entende que processo seria relação jurídica processual entabulada entre os sujeitos do processo, juiz, autor e réu, iniciada a partir do momento em que o autor exerce o direito de ação, de forma que entre eles existem liames travados ao longo do processo, dos quais decorrem direitos, deveres, faculdades, obrigações e ônus, tudo isso tendo em vista a obtenção de uma finalidade.[35]

Calamandrei localiza no dinamismo da relação jurídica, a melhor explicação ao desenvolvimento do conjunto de atos e faculdades no processo.[36]

---

[28] Teoria da situação jurídica: James Goldschmidt. Direito processual civil. Campinas: Bookseller, 2003, p. 21.

[29] Derecho Procesal Civil. 3a. ed. Madri: Institutos de Estudios Politicos, 1968, t 1, p. 22

[30] Maria Elizabeth de Castro Lopes. O juiz e o princípio dispositivo. São Paulo: Atlas, 2003, p. 210.

[31] João Batista Lopes. Ação Declaratória. São Paulo, RT, 2009, p. 26

[32] O processo como instituição constitucional. in Panorama Atual das tutelas individual e coletiva. Saraiva, 2011, p. 639 e 638.

[33] Curso sistematizado de direito processual civil, RT, 2012, p 425. Salvatore Satta também entende processo como método pelo qual a vontade da lei se concretiza. Para Carnelutti, processo é método para formação ou aplicação do direito com vistas a uma decisão justa e certa, in Sistema di Diritto Processuale Civile, vol. 1/345. Padova, Cedam, 1936.

[34] Efetividade do processo e técnica processual, Malheiros, 3ª ed, 2010, p. 73

[35] Mesmo nas hipóteses do artigo 295, IV, combinado com 269, IV e 285-A, em que não há citação do réu, o processo, como relação jurídica processual, existe, entre autor e juiz. Nesse sentido, Medina afirma que " o processo forma-se progressivamente: primeiro entre autor e juiz, e, em seguida, com a citação, passa o réu a fazer parte do processo. Diz-se, assim, que a citação é pressuposto processual de existência do processo em relação ao réu, já que, antes da citação, ainda que exista processo, a relação processual, dar-se-á apenas entre demandante e juiz." (Código de processo civil comentado, RT, 2011, p. 206.

[36] Il concetto di "lite" nel pensiero di Francisco Carnelutti. In Rivista di Diritto Processuale Civile, 1928

As CONDIÇÕES DA AÇÃO NO NOVO CÓDIGO DE PROCESSO CIVIL

É a teoria mais largamente aceita na doutrina pátria e estrangeira[37], embora igualmente muito criticada. Marinoni e Mitidiero[38], por exemplo, entendem que há pouca precisão ideologica no conceito de processo como relação jurídica, o que deixa o processo civil aos sabores dos detentores do poder. Me parece que essa crítica não procede porquanto o fato de processo constituir uma relação jurídica processual entre os três sujeito acima apontados, não impede que seja cumprido um método de trabalho estabelecido pela Constituição Federal. O princípio do devido processo legal deverá ser observado, em todos os atos do processo. Assim, é evidente que o processo não poderá ser arbitrário. Alguns autores entendem que a noção de relação jurídica processual não esgota o que é o processo. No entanto, se aliarmos a noção de relação jurídica processual com a de procedimento, no sentido de sucessão encadeada de atos, como faz Liebman, teremos a noção exata de processo.

De fato, Liebman entendia que processo é relação jurídica aliada a noção de procedimento, no que é seguido por Dinamarco, que afirma que a noção de processo como procedimento em contraditório não é incompatível com a a teoria da relação juridica. Para ele, processo envolve um conceito complexo: pode ser observado do ponto de vista da relação jurídica e também do procedimento.

Fazzalari[39] rejeita a teoria da relação jurídicia, entendendo que processo é procedimento em contraditório – é participação. Também comungam do mesmo entendimento Marinoni e Mitidiero[40] Nota-se que as doutrinas modernas reavivam a importância do procedimento no conceito de processo. De fato, não há como negar que processo é, realmente, procedimento em contraditório, mas não há nenhum conflito dessa noção com a de que processo seria relação jurídica, principalmente quando se tem em mente que contraditório é a efetiva cooperação, colaboração entre os sujeitos do processo.

Em suma, quer se entenda processo como instrumento de satisfação do direito material, quer se entenda que se trata de um método de trabalho a ser seguido pela Jurisdição, o qual está estabelecido na Constituição Federal, ou mesmo que seria instituição ou participação/ procedimento em contraditório, no meu modo de ver isso não tem o condão de desnaturar a visão de processo como relação jurídica processual. E mais, a visão tradicional de processo, como relação jurídica processual, nada tem de autoritária nem estatizante eis que o fato de o processo ser voltado à concretização da jurisdição, como já se asseverou, implica muito mais cumprimento de um dever estatal de realização da efetividade da tutela pleiteada pelo jurisdicionado do que exercício de poder.

---

[37] Curso sistematizado de direito processual civil, RT, 2012, p 422.

[38] Código de Processo Civil comentado, artigo por artigo, RT, 2010, p 267

[39] FAZZALARI, Elio. Instituições de direito processual. Trad. Elaine Nassif. Campinas: Bookseller, 2006

[40] Código de Processo Civil comentado, artigo por artigo, RT, 2010, p 267.

2. Condições da ação como requisitos de admissibilidade

As condições da ação são requisitos mínimos para que se possa chegar a obter, por intermédio do meio processual adequado, a regular instauração do processo e a efetiva entrega da prestação jurisdicional requerida.

No novo cpc, as condições da ação são: a legitimidade *ad causam*', o interesse processual. A possibilidade jurídica do pedido deixou de ser prevista expressamente.

De forma bastante simplificada passamos podemos dizer que quando se infere a existência da legitimidade de parte, o que se verifica é se o autor é o possível titular do direito pretendido naquela ação, e se o réu é o possível responsável pela obrigação pleiteada, devendo figurar no pólo passivo. Nesse momento, não se verifica se o autor realmente possui o direito pleiteado e se o réu está realmente obrigado a cumprir a obrigação. Por isso é que a legitimidade é figura de natureza processual, devendo ser apurada no processo, de acordo com a afirmação das partes, no processo, e de acordo com a lide retratada nos autos. A legitimidade independe da existência do direito material.

A legitimidade pode ser ordinária ou extraordinária. Será ordinária quando existe coincidência entre a legitimação do direito material que se quer discutir em juízo e a titularidade do direito de ação. Aquele que se afirma titular do direito material tem legitimidade para discuti-lo em juízo. Por outro lado, algumas vezes a lei autoriza que alguém venha a juízo pleitear em nome próprio direito alheio. Nesse caso, temos a legitimação extraordinária, chamada por alguns de anômala.

Quanto ao interesse processual, podemos dizer que engloba um trinômio: necessidade – utilidade – adequação.

De fato, o órgão julgador avalia, nesse aspecto, se o autor tem necessidade da ação proposta, como único meio de satisfação de seu direito; se a ação será útil ao fim almejado, bem como se está utilizando o meio processual adequado para tanto. Nesse sentido, pensamos, como se verificará abaixo, que a possibilidade jurídica do pedido, que se consubstância na necessidade de que o pedido formulado em juízo não esteja proíbido pelo ordenamento jurídico, deve ser encartada no interesse processual.

Pensamos, com Cassio Scarpinella Bueno, que as condições da ação funcionam como verdadeiros filtros a viabilizar que o magistrado possa verificar se havia um mínimo de seriedade e procedibilidade na pretensão que lhe é apresentada de forma "a permitir que o magistrado distinga o que apresenta probabilidade de concessão de tutela jurisdicional do que, de antemão, é dado afirmar que não apresenta."[41]

E, por isso mesmo, entendemos que, na verdade, a teoria da asserção seria a mais satisfatória para explicar a necessidade da manutenção das condições da ação

---

[41] Manual de direito processual civil. Saraiva, 2015, p,66

no nosso sistema. De fato, para dar rendimento às condições da ação, para evidenciar que funcionam como filtros, o juiz, deveria examiná-las *prima facie*, ou seja, num primeiro momento, bastando a narrativa feita pelo autor, na petição inicial.

Concordamos, ainda, com Cassio Scarpinella Bueno quando afirma que vivenciamos um estágio evolutivo do direito processual em que há uma necessária aproximação entre os planos material e processual.[42] E quando analisamos as condições da ação percebemos isso nitidamente. Para que o juiz venha a apurar se existe um mínimo de procedibilidade naquilo que foi pleiteado pelo autor, para verificar a existência dos requisitos mínimos para chegar a se debruçar sobre o conflito de interesses que lhe foi apresentado, para decidir sobre ele e, posteriormente, conceder a efetividade da tutela, precisa ele, juiz, colher dados no plano material. Mas isso não significa que exista uma sobreposição dos planos processual e material como se fossem a mesma coisa. Não, apenas se colhe dados no plano material, para verificar se os requisitos no plano processual estão presentes.

3. Condições da ação no novo CPC

A partir do estudo sobre a natureza jurídica dos institutos fundamentais, forçosamente chega-se a conclusão de que Ação e Processo são tratados, no nosso sistema, como categorias autonomas, que possuem natureza jurídica diversa. Em consequência, os requisitos impostos para o exercício da ação são totalmente diversos daqueles impostos para a constituição e desenvolvimento válido e regular do processo. Uma coisa é verificar quais são os requisitos para que a parte provoque a atuação do Judiciário para que este se debruce sobre determinado conflito de interesses que lhe foi trazido à apreciação, visando decidir quem tem razão, autor ou réu, proferindo decisão de mérito de qualquer conteúdo, e, para além disso, venha a fornecer meios de efetivar a tutela concretamente. Outra coisa é verificar quais os requisitos necessários para que o processo se constitua e se desenvolva regularmente. Embora condições de ação e pressupostos processuais sejam ambos componentes da admissibilidade, são requisitos distintos porque cuidam de institutos processuais também distintos. Não podem, portanto, ser inseridos na mesma vala comum.

Portanto, não concordamos com a visão de Fredie Didier Junior. Não nos parece tenha sido essa a vontade do legislador. O fato de o termo condições da ação ter sido suprimido no dispositivo ora em comento de forma alguma significa que os requisitos da legitimidade ad causam e interesse processual deixaram de ser condições para o exercício da ação, passando a figurar como pressupostos processuais. Se fosse essa a vontade do legislador, do inciso deveria ter constado

---

[42] Manual de direito processual civil. Saraiva, 2015, p, 61; curso sistematizado de direito processual civil, Saraiva, 2012, p. 386

a menção expressa: ausência de pressupostos processuais, como legitimidade e interesse. E veja-se que não é verdade absoluta que o legislador tenha deixado de utilizar o termo carência de ação porquanto no artigo 330, ao tratar das causas de indeferimento da inicial, o legislador usa o termo carecedor de interesse processual (inciso III).

Ao depois, a falta desses requisitos não gera a nulidade do processo, qualquer que seja a visão que se tenha desse instituto, seja como relação jurídica processual, método de trabalho disciplinado pela Constituição Federal, situação jurídica, instituição ou contraditório participativo. Em qualquer uma das vertentes, legitimidade e interesse não são requisitos para a existência e validade do processo. A admissibilidade, no nosso modo de ver, envolve dois âmbitos de análise: requisitos para o processo se constituir e desenvolver regularmente e requisitos para o exercício do direito de ação. Assim, ainda que o processo tenha se constituído regularmente e seja válido, a ação será inadmissível, se lhes faltarem as condições mínimas para que seja exercida. Na verdade, no nosso sistema, os institutos da ação e processo são estudados como categorias autônomas, pelo que não há como se admitir que as condições da ação sejam encartadas nos pressupostos processuais. Se ação e processo são institutos fundamentais distintos os requisitos para o exercício de cada um também serão distintos, não fazendo a menor diferença se o legislador usa o termo condição da ação, carência de ação ou se simplesmente determina que, para o exercício dela ação, será necessário ter legtimidade e interesse.

Nesse sentido, explica pontualmente Alexandre Câmara que "Com todas as vênias, pretender incorporar aos pressupostos processuais a categoria das "condições da ação" só poderá ser admitido a partir do momento em que se parar de distinguir os próprios fenômenos da ação e do processo."[43]

E Alexandre Câmara, explica, com base em Jauernig: que na Alemanha esses requisitos são tratados como uma única categoria pertencente à admissibilidade porque não Ação e Processo não são tratados como institutos diferentes. Na verdade, a a ação é vista, naquele país, como um pressuposto processual de existência do processo.

Claramente, não é isso o que ocorre em nosso sistema, pelo que não há como pretender que condições da ação passam a ser tratadas como se pressupostos processuais fossem.

O que me parece é que condições da ação e pressupostos processuais pertencem a mesma categoria referente à admissibilidade e que devem ser analisados antes de discutir o mérito propriamente dito, mas isso não impede que se possa verificar que são requisitos diferenciados porquanto se referem a institutos também distintos.

---

[43] Será o fim da categoria "Condição da Ação"? Uma resposta a Fredie Didier Junior, artigo publicado na Revista de Processo 197, p. 261, 2011

AS CONDIÇÕES DA AÇÃO NO NOVO CÓDIGO DE PROCESSO CIVIL

Mas poderiam as condições da ação ser encartadas no mérito?

Entendemos que não.

Como vimos, entre as matérias a serem alegadas em preliminar de contestação, o CPC substituiu a "carência de ação" pelo inciso XI em que menciona a ausência de legitimidade ou de interesse processual. Então, se o legislador fez a opção de encartar tais requisitos como preliminares a serem tratadas antes de discutir o mérito, é porque de mérito não se trata.

No nosso sentir, a intenção primeira do legislador foi a deixar expresso que a possibilidade jurídica do pedido não mais seria tratada como condição da ação. Apenas isso. Tanto é assim que no projeto do novo cpc, a impossibilidade jurídica do pedido figurava entre as hipóteses de improcedência liminar. De fato, do projeto do novo cpc, constava no rol da improcedência liminar aquela em que o pedido fosse manifestamente improcedente por contrariar o ordenamento jurídico. Ora, essa hipótese era a clara previsão da impossibilidade jurídica do pedido elevada ao patamar do mérito. É uma pena que, na versão definitiva, tenha sido suprimida, do rol de casos de julgamento liminar de improcedência.

Na verdade, se era essa a vontade do legislador, considerar a impossibilidade juridica do pedido como questão de mérito, pensamos que perdeu ele uma grande oportunidade de assim determinar expressamente. O que restou, de fato, foi um problema. De fato, se o rol do artigo 332, que trata da improcedência liminar, for tido por taxativo, o juiz, ao se deparar com um caso de impossbilidade jurídica do pedido, não poderá decretá-la de plano e terá que encaminhar o procedimento até que possa decretar a improcedência quando do julgamento antecipado de mérito. E com isso teriamos clara violação ao principio da duração razoável do processo e da economia processual. Ante a indecisão do legislador, talvez a melhor maneira de resolver o problema seja a proposta por Alexandre Câmara, encartando a possibilidade jurídca do pedido, dentro da condição da ação interesse processual. De fato, afirma ele que: "Discordo, porém, do professor Didier quando este sustenta que a partir da entrada em vigor do novo Código de Processo Civil a sentença que reconhece a impossibilidade jurídica deverá passar a ser tratada como uma sentença de improcedência da demanda. É que, a meu juízo, a ausência de possibilidade jurídica é, na verdade, um caso de falta de interesse de agir. Afinal, aquele que vai a juízo em busca de algo proibido aprioristicamente pelo ordenamento jurídico postula, a rigor, uma providência jurisdicional que não lhe pode trazer qualquer utilidade. E isto nada mais é do que ausência de interesse de agir [44]

---

[44] Será o fim da categoria "Condição da Ação"? Uma resposta a Fredie Didier Junior, artigo publicado na Revista de Processo 197, p. 261, 2011

Uma coisa é certa: O legislador no lugar de resolver a questão, criou mais um problema. Se a vontade do legislador realmente tivesse sido a de considerar a possibilidade jurídica do pedido como matéria de mérito deveria ter incluído essa hipótese no rol do artigo 332, a exemplo do que fez com a prescrição e decadência. Mas, o legislador preferiu silenciar. E quem cala, consente. Então, me parece mais acerto o entendimento de Alexandre Câmara, no sentido de que a falta de possibilidade jurídica do pedido gera falta de interesse processual, ante a absoluta falta de utilidade.

Conclusão

Diante do estudo empreendido, podemos concluir que, por expressa opção do legislador, as condições da ação continuam mantidas no sistema, como requisitos de admissilidade, como categoria autônoma e diferente dos pressupostos processuais e também do mérito. Concluimos, ainda, que a possibilidade jurídica do pedido não deixou de ser, de fato, condição da ação, estando encartada no interesse processual.

Referências

AURELLI, Arlete Inês. Institutos fundamentais do processo civil: Jurisdição, ação, processo. Revista Brasileira de Direito Processual – RDBPRO, n. 89, p. 31-45. Belo horizonte: Editora Forum, 2015.

BEDAQUE, José Roberto dos Santos. Efetividade do processo e técnica processual. São Paulo: Malheiros, 3ª ed, 2010.

BULOW, Oskar Von. La teoria de las excepciones procesales y los presupuestos procesales, tradución de Miguel Angel Rosas Lichtschein, Ediciones juridicas Europa-America, Buenos Aires, 1964.

CALAMANDREI, Piero. Il concetto di "lite" nel pensiero di Francisco Carnelutti. In Rivista di Diritto Processuale Civile, 1928.

CÂMARA, Alexandre Freitas. Lições de Direito Processual Civil, 24ª ed. São Paulo: Atlas, 2013

_____ Será o fim da categoria "Condição da Ação"? Uma resposta a Fredie Didier Junior. Revista de Processo 197, p. 261. São Paulo: Revista dos Tribunais, 2011

CARNELUTTI. Sistema di Diritto Processuale Civile, vol. 1/345. Padova, Cedam, 1936.

CHIOVENDA, Giuseppe. Instituições de direito processual civil. São Paulo: Saraiva, 1965.

_____ Istituzione de Diritto Processuale Civile, vol. 2. Ed. rev. e ampl., Napoli, 1936.

_____Instituciones de derecho procesal civil. Tradução de E. Gómez Orbaneja, 2ª ed., Madri; Revista do Derecho Privado, 1948, vol 1, p.26

COZZOLINO DE OLIVEIRA, Patrícia Elias. O processo como instituição constitucional. in Panorama Atual das tutelas individual e coletiva. Saraiva, 2011.

DIDIER JUNIOR. Fredie.Será o fim da categoria "Condição da Ação"? Um elogio ao projeto do novo Código de Processo Civil. Revista de Processo 197, p. 255.São Paulo: Revista dos Tribunais, 2011

DINAMARCO, Cândido Rangel. A instrumentalidade do processo. São Paulo: Malheiros Editores, 2013.

FAZZALARI, Elio. Instituições de direito processual. Trad. Elaine Nassif. Campinas: Bookseller, 2006

FREIRE. Rodrigo Cunha Lima. Condições da ação. São Paulo: Revista dos Tribunais, 2001.

GOLDSCHMIDT, James. Derecho Procesal Civil. Barcelona: Labor, 1936.

GUASP, Jaime.Derecho Procesal Civil. 3a. ed. Madri: Institutos de Estudios Politicos, 1968, t 1

LAMY, Eduardo de Avelar Lamy e RODRIGUES, Horácio Wanderlei. Teoria Geral do Processo, São Paulo: Campus Jurídico, 2012.

LIEBMAN, Enrico Tulio. Manual de Direito Processual Civil, vol. I. Tradução e notas de Cândido Rangel Dinamarco. 3a ed., São Paulo: Malheiros Editores, 2006.

LOPES, João Batista. *Ação Declaratória.*São Paulo, RT, 2009

LOPES, Maria Elizabeth de Castro. *O juiz e o princípio dispositivo.* São Paulo: Atlas, 2003

MARINONI, Luiz Guilherme e MITIDIERO, Daniel. Código de Processo Civil comentado, artigo por artigo. São Paulo: Revista dos Tribunais, 2010.

MEDINA, José Miguel Garcia. Código de processo civil comentado. São Paulo: Revista dos Tribunais, 2011.

MITIDIERO, Daniel e MARINONI, Luiz Guilherme. Código de Processo Civil comentado, artigo por artigo. São Paulo: Revista dos Tribunais, 2010.

NERY JÚNIOR, Nelson. Princípios do Processo Civil na Constituição Federal, São Paulo, Revista dos Tribunais, 1995

OLIVEIRA, Carlos Alberto Alvaro de. Pôlemica sobre ação, a tutela jurisdicional na perspectiva das relações entre direito e processo. livraria do advogado Editora, Porto Alegre, 2006

OLIVEIRA NETO, Olavo de. O processo como instituição constitucional. in Panorama Atual das tutelas individual e coletiva. Saraiva, 2011.

RODRIGUES, Horácio Wanderlei e LAMY, Eduardo de Avelar Lamy. Teoria Geral do Processo, São Paulo: Campus Jurídico, 2012.

SCARPINELLA BUENO, Cássio. Manual de direito processual civil. São Paulo: Saraiva, 2015.

_____ Curso sistematizado de direito processual civil, volume 1, São Paulo: Saraiva, 2012.

Processo jurisdicional, República e os institutos fundamentais do direito processual

GLAUCO GUMERATO RAMOS

1. Prolegômenos

Processo e *República* são categorias jurídico-políticas que habitam os quadrantes da Teoria Geral do Direito e entre elas há uma forte correlação *pragmática*. Por isso o *processo jurisdicional* deve ter a sua engrenagem de funcionamento regida pelos atributos que substanciam o *princípio republicano*.

Nada mais elementar!

Se o *Processo* é operado no ambiente republicano, é natural que os caracteres da *República* marquem fortemente o seu perfil *fisiológico-funcional*, seja na atuação do *jurisdicionado* que busca – como autor ou réu – a atuação da tutela jurisdicional (=*ex parte populis*), seja no *proceder* e no *decidir* do agente político que exerce o poder que é próprio do Judiciário (=*ex parte principis*). Significa dizer que tanto na ótica de quem *pede* a atuação da jurisdição (=partes), quanto na de quem a *exerce* (=juízes), a mirada prospectiva é projetada para o ambiente constitucional *republicano*, e democrático, obviamente.

Os chamados *Institutos Fundamentais do Direito Processual* surgem na Teoria do Processo como fruto das reflexões posteriores ao início da fase dita *científica* (=ou de *autonomia*) do direito processual, inaugurada a partir da publicação do clássico livro de Oskar von Bülow[1], na segunda metade do Séc. XIX.

A partir daí formaram-se os conceitos das categorias *ação, processo* e *jurisdição* dentro de uma dogmática *processualcivilística* potencializada em perspectiva

---

[1] BÜLOW, Oskar von. *La teoría de las excepciones procesales y los presupuestos procesales* (*Die Lehre von den Prozesseinreden und die Prozessvoraussetzungen*), trad. de Miguel Angel Rosas Lichtschein, Buenos Aires : EJEA, 1964.

(ultra)publicista e autoritária – *ex parte principis*, portanto –, cuja obra legislativa de Franz Klein para o Império Austro-Húngaro foi a semente da qual germinaram vários modelos de CPC's da Europa Continental e da América Latina[2] ao largo do século XX.[3]

Após a segunda metade do Séc. XX o direito processual passa a ser pensado em perspectiva *instrumentalista* – cada vez mais criticada no Brasil[4] –, onde o objetivo do Processo é o atingimento dos "escopos" político, jurídico, social e econômico do Estado[5].

Atualmente, vive-se a *febre-confusa* do chamado *neoconstitucionalismo*, que fez a doutrina de plantão identificar um certo *neoprocessualismo*[6]. O discurso jurídico que está à base dessas diversas doutrinas caracterizadas pelo prefixo *"neo"* que as adjetivam, dissimula o viés *estatal-autoritário* que lhe dá suporte através de posturas dogmáticas que, a toque de "*foice e martelo*" (=*ativismo* socialista) ou sob "*fascio*" (=*ativismo* fascista)[7], pretendem fazer do Direito, e do Processo que o concretiza, um instrumento idiossincrático de servidão a uma certa "ética subjetiva" que emana do "senso de justiça" daquele que exerce o poder jurisdi-

---

[2] Cf. CIPRIANI, Franco. "El centenario del Reglamento de Klein (El proceso civil entre libertad y autoridad), em *Batallas por la Justicia Civil – Ensayos* (compilación y traducción EUGENIA ARIANO DEHO), Lima : Cultural Cuzco, 2003, pp. 59-87. Cf. tb RAMOS, Glauco Gumerato. "Ativismo e Garantismo no processo civil: apresentação do debate", em *Ativismo judicial e garantismo processual*, coords. DIDER JR, Fredie, NALINI, José Renato, RAMOS, Glauco Gumerato e LEVY, Wilson, Salvador: Ed. JusPodium, 2013, pp. 273-286.

[3] Ainda sobre a influência da obra da Klein sobre a legislação processual que se formou no século XX, cf. LENT, Friedrich, *Diritto processuale civile tedesco – Prima parte: Il procedimento di cognizione* (*Zivilprozessrecht*, trad. EDOARDO F. Ricci), Napoli : Morano Editore, 1962, p. 364 (Profilo storico del processo civile – § 102. Il secolo ventesimo).

[4] LÊNIO STRECK: "No âmbito do processo civil, por exemplo, temos uma explicação privilegiada de como essa mescla acrítica de tradições pode levar a resultados perigosos para formatação de nossa arquitetura democrática. Com efeito, o predomínio das vertentes *instrumentalistas* do processo no campo da teoria processual produziu um tipo intrigante de sincretismo de tradições. A ideia de que o processo é um *instrumento teleológico* cujo fim é determinado a partir de escopos políticos, sociais e jurídicos encarrega a jurisdição de – solipsisticamente – levá-los à realização". Cf. em *Verdade e Consenso – Constituição, Hermenêutica e Teorias Discursivas*, São Paulo : Ed. Saraiva, 4ª edição, 2ª tiragem, 2012, p. 30. De formação dogmática constitucional e de teoria geral do direito, Lênio Streck é um dos maiores críticos do ativismo judicial reinante no Brasil.

[5] Sobre as ideias instrumentalistas, cf. DINAMARCO, Cândido Rangel. *A instrumentalidade do processo*, São Paulo : Malheiros Editores, 6ª edição, 1998, *passim*.

[6] No caso do Brasil, por exemplo, v. CAMBI, Eduardo. *Neoconstitucionalismo e Neoprocessualismo – Direitos fundamentais, políticas públicas e protagonismo judicial*, São Paulo : Ed. Revista dos Tribunais, 2ª edição, 2011, *passim*.

[7] Ver AROCA, Juan Montero. "Sobre el mito autoritario de la *buena fe procesal*", em *Proceso civil e ideología – Un prefacio, una sentencia, dos cartas y quince ensayos* (coordinador JUAN MONTERO AROCA), Tirant lo Blanch : Valencia, 2006, p. 294-353. V. ainda, com muito proveito, COSTA, Eduardo, "Los criterios de la legitimación jurisdiccional según los activismos socialista, fascista y gerencial", *RBDPro* 82/205.

cional, que assim age amparado-legitimado na "força" do discurso *neoprocessual--neoconstitucional*. É claro que a intenção é boa, não se nega isso. Mas toda vez que determinada proposição jurídica aparece justificada em fundamentos que baralham Direito e moral, a análise acurada do discurso que procura legitimá-la nos revela a faceta de um *dirigismo-decisionismo* que invariavelmente enfraquece um dos mais importantes – senão o mais! – atributos do Direito: a segurança jurídica.

Este ensaio rechaça qualquer das "teses" defendidas pelos vários "neoconstitucionalismos"[8] que atualmente contagiam o discurso jurídico, o que acaba fomentando um processo jurisdicional que no plano *pragmático* se apresenta esquálido em *"republicanismo"*. Descarta-se, da mesma forma, posturas *instrumentalistas* que procuram explicar o Processo como um "instrumento"[9] voltado às realizações dos fins do Estado – *ex parte principis*, portanto –, já que isso proporciona que o processo jurisdicional seja pensado e concretizado a partir de premissas *autoritárias*.

Como o ambiente republicano e democrático é refratário ao uso do poder com base no próprio arbítrio do agente político, o *solipsismo judicial* (LÊNIO STRECK) é incompatível com dimensão *semântica* do mundo jurídico-constitucional[10]. O manejo adequado do processo jurisdicional deve circunscrever-se aos limites das imposições constitucionais que marcam o seu perfil, que em última análise existem para racionalizar o discurso jurídico que fundamenta a tomada de decisão por parte autoridade judicial.

Pensado o Processo a partir das *garantias processuais* previstas no plano *sintático* dos *enunciados prescritivos* contidos na Constituição, torna-se perfeitamente possível redimensionar o conteúdo *semântico* de várias das categorias jurídico--processuais e isso tende a repercutir na própria forma de ser do processo jurisdicional que manejamos. Se a nossa ordem constitucional é fundada em preceitos *republicanos* e democráticos, é natural que o ambiente daí estabelecido influencie os vínculos entre o jurisdicionado e o poder jurisdicional.

---

[8] Sobre a existência de vários "neoconstitucionalismos", bem como certos aspectos da crítica dogmática de que são merecedores, cf. o excelente "Neoconstitucionalismo: entre a ciência do direito e o direito da ciência", ÁVILA, Humberto. *Revista Eletrônica de Direito do Estado* (REDE), Salvador, Instituto Brasileiro de Direito Público, nº 17, jan/fev/mar, 2009. Disponível em: http://www.direitodoestado.com.br/rede.asp.

[9] Criticando – acertadamente, ao meu ver – a instrumentalidade a ideia de processo como "instrumento", cf. CALMON DE PASSOS, "Instrumentalidade do processo e devido processo legal", em *J.J. Calmon de Passos – Ensaios e Artigos*, vol. I, organizadores DIDIER JR, Fredie e BRAGA, Paula Sarno, Salvador : Ed. JusPodium, 2014, pp. 31-43. Tb. publicado na *RePro 102*, abril de 2001.

[10] Sobre algumas características da dimensão *semântica* do plano constitucional que impactam o processo jurisdicional, cf. o meu "Aspectos semânticos de uma contradição pragmática. O garantismo processual sob o enfoque da filosofia da linguagem", RAMOS, Glauco Gumerato, em *Ativismo judicial e garantismo processual*, coords. DIDER JR, Fredie, NALINI, José Renato, RAMOS, Glauco Gumerato e LEVY, Wilson, Salvador: Ed. JusPodium, 2013, pp. 245-253.

Este ensaio sugere que uma ordem constitucional confessadamente *republicana* e democrática serve de ponto de partida para novas reflexões sobre temas de alta relevância para o direito processual, como o são, por exemplo, os chamados *Institutos Fundamentais* (=ação, processo, jurisdição).

2. Hipótese de Trabalho

Partindo da premissa de que os conceitos de *Processo* e *República* se correlacionam em suas dimensões *pragmáticas*, e que isso necessariamente deve ser levado em conta nas formulações teóricas e nas resoluções práticas do processo jurisdicional, a partir do chamado *princípio republicano* procurar-se-á traçar novos contornos aos conceitos de ação, processo e jurisdição, dos Institutos Fundamentais, portanto.

A partir daquilo que consta na maioria dos manuais que trata da teoria geral do processo, será demonstrado como estes conceitos fundamentais foram vislumbrados e trabalhados pela doutrina a partir da fase *científica* do direito processual. Também será demonstrado que, via de regra, a dogmática processualcivilística pautou o seu discurso jurídico muito mais para justificar os institutos fundamentais sob uma ótica *estatizante*, e portanto autoritária, que sob a perspectiva do principal interessado na solução dos problemas que são levados à resolução através do processo jurisdicional, que é o *jurisdicionado*.

Partindo-se *i)* da fixação dos elementos que caracterizam a *República*, *ii)* da aceitação de que o *princípio republicano* é determinante para o funcionamento do *Processo*, e *iii)* de como os temas dos institutos fundamentais estão dispostos analiticamente na Constituição brasileira, procurar-se-á construir as *normas jurídicas* que dão suporte ao redimensionamento dos conceitos de *ação*, de *processo* e de *jurisdição*. Serão propostos conceitos dogmáticos que compatibilizem o que está na *norma* com o que é observado empiricamente no dia a dia do processo.

Em suma, os *Institutos Fundamentais* do direito processual serão aqui apresentados em perspectiva republicana.

3. Arquétipo republicano

Naturalmente que a ideia sobre *República* será aqui levada em conta em sua acepção moderna, tal como hoje é vislumbrada. No ponto, vale lembrar GERALDO ATALIBA. Em obra clássica, o constitucionalista da PUC/SP sintetiza de forma simples e precisa os caracteres que informam a ideia de *República*:

> República é o regime político em que os exercentes de funções políticas (executivas e legislativas) representam o povo e decidem em seu nome, fazendo-o com responsabilidade, eletivamente e mediante mandatos renováveis periodicamente.[11]

---

[11] Cf. ATALIBA, Geraldo. *República e Constituição*, São Paulo : Malheiros Editores, 2011, 3ª edição, p. 15.

Com base neste conceito é possível identificar os principais atributos que a qualificam: i) *responsabilidade*, ii) *representatividade* e iii) *periodicidade*. A estes, penso que seja possível agregar outro atributo que integra fisiologicamente a República: o da *Separação dos Poderes*.[12]

Nota-se que há uma identificação das *funções políticas* com as atividades EXE-CUTIVAS e LEGISLATIVAS, e são *políticas* porque são exercidas por mandatários do povo, que por ele *escolhem* os rumos que seguirão a respectiva atividade. A essas *funções* (=executiva e legislativa) não aparece vinculada a função *jurisdicional*, o que obviamente não projeta a atividade da pessoa física que a exerce (=juiz) a um nível de *irresponsabilidade* funcional, aqui tomada em sua acepção republicana. Se assim o fosse, teríamos oráculos, e não juízes, desvinculados da ordem constitucional *republicana* e democrática a qual todos, indivíduo, sociedade civil e Estado, estamos submetidos.

Seguindo o raciocínio aqui exposto, o fato de o juiz não ter *representatividade* tem um único e *republicano* significado: na *República* eles NÃO *representam* a vontade do povo uma vez que essa missão republicana compete ao Legislador, sendo este o motivo pelo qual juízes NÃO são eleitos pelo voto popular.

Ao Poder Judiciário e aos seus juízes é reservado um papel eminentemente *técnico*, consistente na análise e na aplicação da Lei aos casos concretos que lhe são submetidos à apreciação. Aqui considerada em sua dimensão *pragmática* de ordenamento jurídico, organizado a partir da Constituição e dos demais regramentos legais nela fundamentados, a Lei é produto dos órgãos de *representação popular*, revelando aquilo que a sociedade escolheu para a sua própria organização.

No processo de aplicação – técnica, impessoal e imparcial – da Lei, não cabe ao juiz ou ao tribunal levar em conta a sua própria vontade. No ambiente republicano, as idiossincrasias daquele que exerce a *jurisdição* em nenhuma hipótese pode atuar como *motivo determinante* no processo de decisão. E assim funciona exatamente porque o juiz não representa a vontade do povo, eis que não é eleito pelo voto popular (=*representatividade*). É como explica o mesmo GERALDO ATALIBA: "*não há razão para que o instituto representativo se faça sentir na seleção dos cidadãos que irão servir no Poder Judiciário. As funções técnicas não devem ser representativas, por que são não políticas*".[13]

---

[12] A *Separação dos Poderes* aqui mencionada é aquela pensada por Montesquieu, e não por Locke, e reflete a regra contida em nossas Constituições no sentido de que o Legislativo, o Executivo e o Judiciário são poderes independentes e harmônicos entre si. EROS GRAU: "... das colocações de Locke e de Montesquieu, permite-nos verificar que o primeiro propõe uma *separação dual* entre três poderes – o Legislativo, de um lado, e o Executivo e o Federativo, de outro – e o segundo sugere não a divisão ou *separação*, mas o *equilíbrio* entre três poderes distintos – o Legislativo, o Executivo e o Judiciário". Cf. em *O direito posto e o direito pressuposto*, São Paulo : Malheiros Editores, 3ª edição, 2000, p. 173.

[13] ATALIBA, Geraldo, op. cit, p. 113.

Em síntese de simplificação: o Judiciário exerce a função técnica de *decidir* com base na Lei (=vontade popular) e nas regras constitucionais que orientam o poder jurisdicional. Não cabe a ele *escolher. Escolha* é algo próprio das funções políticas (=executiva e legislativa). O juiz não tem *representatividade* porque na *República* a função jurisdicional é *técnica*, não decorrendo da vontade do povo e, por conseguinte, de nenhuma pessoa física.

Como consequência da *representatividade* – própria das funções políticas – existe a *periodicidade*, representada no período estabelecido pela Lei para a duração do mandato popular. A correlação existente entre a *representatividade* e a *periodicidade* marca um atributo fundamental da *República* que é a possibilidade de a vontade popular, através do voto, controlar o ingresso e a permanência dos cidadãos que irão desenvolver as *funções políticas* executivas e legislativas.

Via de regra, na América Latina e na Europa continental o Poder Judiciário é formado por cidadãos que se tornam juízes mediante concurso público, exercendo suas funções vitaliciamente ou até que alcancem o limite temporal imposto pela Lei para o afastamento definitivo de suas funções através da aposentadoria (=*jubilación*). Ainda que tenhamos em mente que mesmo na *República* a composição de alguns Tribunais é feita através de um processo de *escolha compartilhada* entre órgãos executivos e legislativos, e ainda que o exercício da respectiva função, em tese, possa se dar por um determinado período de tempo (=mandato), é evidente que mesmo nesses casos a função jurisdicional não representa a vontade popular e seguirá sendo uma função *técnica* de interpretação e de aplicação da Lei. Esta – a Lei – é o *standard* jurídico que recepciona a vontade popular traduzida em *enunciados prescritivos* estabelecidos pelos seus *representantes*, eleitos para o desempenho *periódico* de funções políticas.

A *República* ainda tem como atributo a *responsabilidade* a que estão sujeitos aqueles que exercem funções políticas (=executiva e legislativa). Essas funções – eis que políticas – são exercidas mediante atos de *escolha* de quem as exerce, e tais escolhas são feitas com amparo na vontade popular que as legitima.

Várias são as formas de se *responsabilizar* o agente republicano que exerce função executiva ou legislativa. O *impeachment*, por exemplo, é uma delas. Mas no ambiente republicano, onde a *representatividade* ocorre com base na *periodicidade*, uma das formas mais contundentes de responsabilização daqueles que exercem funções políticas se dá pela própria vontade popular, que sempre terá a opção de não eleger ou não reeleger aquele cidadão que não se mostrou digno da confiança que se expressa através do voto.

Como não são eleitos – e não são eleitos por que não representam a vontade popular –, estariam os juízes imunes à *responsabilidade* que substancia o princípio republicano? Ou, dito de outra maneira, a responsabilidade republicana deixa de atingir os juízes quando, no curso do processo jurisdicional, manejam a *juris-*

dição como uma função política, *escolhendo* os rumos da solução a ser dada a um caso concreto com base no próprio arbítrio?

Apesar de destituídos de *representatividade* e da *periodicidade* que marcam as *funções políticas* (= executiva e legislativa), é evidente que os juízes devem sujeitar--se à responsabilidade republicana quando violam os limites técnicos da função jurisdicional – essencialmente ligada à atividade de *decidir* – e deliberadamente partem para *escolhas* fundadas no próprio arbítrio, rigorosamente *deslegitimadas* da representatividade que caracteriza a vontade popular.

A *República*, portanto, pressupõe a responsabilidade de cada um de seus *agentes* políticos, e *agentes políticos* são todos os cidadãos que integram a estrutura estatal desempenhando a função executiva e legislativa (=funções políticas; implica *escolha*) e a função jurisdicional (=função *técnica*; implica *decisão*). Logo, nem todo *agente* político exerce *função* política.

4. Institutos fundamentais do direito processual: visão tradicional

Ao largo do século XX a doutrina tratou os institutos fundamentais enaltecendo e potencializando a *jurisdição* como o polo metodológico de maior relevância. Seria ela o elemento mais importante do eixo sistemático a partir do qual se estruturou a chamada teoria geral do processo. A partir daí o *processo* amesquinhou--se em mero "instrumento da *jurisdição*"[14] . Em suma: aquele foi posto a serviço desta.

Sendo a *jurisdição* uma função decorrente do exercício do poder, foi natural que a dogmática processual prospectasse ideias de viés *autoritário* para explicar cientificamente vários dos temas ligados ao funcionamento do processo jurisdicional. Os motivos para as concepções processualcivilísticas *ex parte principis* são diversos. FRANZ KLEIN (=CPC austríaco de 1895) e ANTON MENGER (=socialismo jurídico), ambos a partir do Império Austro-Húngaro, auxiliaram nessa forma de ver as coisas. Mas a teoria geral do processo, estruturada em torno da *jurisdição*, também colaborou decisivamente para isso.

A análise da teoria geral do processo a partir desta perspectiva fortemente *publicista-autoritária* é o que chamo de *visão tradicional*.

4.1. Panorama

A proposta de conceber o direito processual a partir de institutos (ou categorias) fundamentais foi esboçada por Chiovenda em Aula Magna que proferiu na Uni-

---

[14] ARAÚJO CINTRA, Antonio Carlos, GRINOVER, Ada Pellegrini e DINAMARCO, Cândido Rangel: "O processo é indispensável à *função jurisdicional* exercida com vistas ao objetivo de eliminar conflitos e fazer justiça mediante a atuação da vontade concreta da lei. É, por definição, o *instrumento através do qual a jurisdição opera* (instrumento para a positivação do poder)". Cf. em *Teoria geral do processo*. São Paulo : Malheiros Editores, 27ª edição, 301.

versidade de Bolonha em 03 de fevereiro de 1903[15], sobre a "ação no sistema dos direitos"[16]. Nos apontamentos deste seu discurso em Bolonha, que se tornou um clássico para estudos posteriores do direito processual, Chiovenda lança numa nota de rodapé a semente que algum tempo depois permitiu germinar a ideia de que as engrenagens do direito processual se desenvolvem a partir de três conceitos fundamentais. Posteriormente, PODETTI passa a denominá-los de *trilogia estrutural do processo*.[17]

A leitura da respectiva nota de rodapé[18] mostra que naquele momento a intuição de Chiovenda fora no sentido de organizar os três conceitos fundamentais na seguinte ordem: *ação, jurisdição* e *processo*, conclusão a que se chega por que naquele apontamento o processualista italiano explica que as três grandes divisões que se complementam reciprocamente seriam a *teoria da ação* (=ação) e das *condições da tutela jurídica* (= jurisdição), além da *teoria dos pressupostos processuais e do procedimento* (= processo).

Vê-se que no texto-base de sua exposição na Universidade de Bolonha, em 1903, Chiovenda não começou sua argumentação sobre os conceitos fundamentais pela *jurisdição*, o que com o passar do tempo mostrou-se tão ao gosto daqueles que se aventuraram a trabalhar sobre o tema.

Advirta-se que mesmo em suas *Instituições* Chiovenda mantém-se coerente com as lições de Bolonha quanto à exposição destes conceitos fundamentais tendo como ponto de partida a *ação*. Porém, Chiovenda aperfeiçoa sua ideia originária para versar o assunto de maneira mais lógica e racional – como mais adiante se explicará –, tratando de explicar os conceitos fundamentais nesta sequência: *ação, processo, jurisdição*. Basta que se observe o plano da exposição contido no sumário do volume 1 de suas *Instituições de Direito Processual Civil*. Ali, consta uma "primeira parte" em que se aborda *O Direito e a Ação* (§ 1º), e *O Processo Civil e a Relação Jurídica Processual* (§ 2º), e somente em uma "segunda parte" é que Chiovenda tratará da *Atuação da Lei* em prol do autor e do réu (§ 6º e ss.)[19]. Portanto, a ordem sistemática de Chiovenda foi *ação, processo* e *jurisdição*. Fixe-se o ponto!

---

[15] Sobre a data exata da conferência de Chiovenda em Bolonha, cf. ECHANDÍA, Hernando Devis. *Teoria General del Proceso*, tomo I, Buenos Aires : Editorial Universidad, 1984, p. 17.

[16] CHIOVENDA, Giuseppe. *A ação no sistema dos direitos* (trad. Hiltomar Martins Oliveira), Belo Horizonte : Ed. Líder, 2003, *passim*.

[17] PODETTI, José Ramiro. *Teoría y técnica del proceso civil y trilogía estructural de la ciencia del proceso civil*, Buenos Aires : Ediar, 1963, pp. 334 e ss.

[18] CHIOVENDA: "Considerado nesse tríplice aspecto, o processo recebe sua completa significação: um lado pressupõe o outro e nenhum pode ser estudado isoladamente com aproveitamento. Assim, na ciência do direito processual resultam três grandes divisões que se completam reciprocamente: a teoria da ação e das condições da tutela jurídica, a teoria dos pressupostos processuais e a teoria do procedimento", cf. nota 2, op. cit., p. 43.

[19] CHIOVENDA, Giuseppe *Instituições de Direito Processual Civil*, vol. 1 (trad. de Paolo Capitanio da 2ª edição do original italiano), Campinas: Ed. Bookseller, 1998.

Mas o fato é que a semente plantada por Chiovenda foi germinar pelas mãos de Calamandrei. Discípulo de Chiovenda, Calamandrei teria vislumbrado a importância de explicar os fundamentos do direito processual a partir da organização sistemática destes três conceitos, conforme relata CIPRIANO GÓMEZ LARA com fundamento em estudo anterior de ALCALÁ-ZAMORA Y CASTILLO[20].

Na "segunda seção" do volume 1 de seu *Direito processual civil – estudos sobre o processo civil*, Calamandrei utiliza-se de mais de 100 páginas para esboçar os conceitos, os desdobramentos e as distinções entre esses três conceitos por ele chamados de *fundamental trinômio sistemático*, não sem antes advertir que:

> Não é possível iniciar com utilidade o estudo descritivo e exegético de um Código de direito processual, a não ser partindo de três noções fundamentais de ordem sistemática, que não estão definidas, mas pressupostas, pelas leis positivas: *jurisdição, ação, processo.*[21]

A partir daí observa-se que a exposição de Calamandrei inicia contextualizando a *jurisdição*, eleita por ele como o *"primeiro argumento de estudo"*[22] e que teria por objeto de sua atividade a *ação*. Dessa maneira, *"jurisdição e ação entram em contato e se unem através do processo, o qual formará o terceiro argumento"*[23] do estudo por ele apresentado.[24]

A maioria dos livros de *teoria geral do processo* existentes no Brasil, na América espanhola e na Europa continental, desenvolve a exposição dos Institutos Fundamentais iniciando pelo conceito de *jurisdição*, ora elencando a *ação* e o *pro-*

---

[20] CIPRIANO GÓMEZ LARA: "Esta idea de los tres conceptos fundamentales de la ciencia procesal, se apuntó por primera vez en las notas de un discurso o prolusión inaugural de un curso, que el año de 1903, pronunció Chiovenda en la Universidad de Bolonha. Alcalá-Zamorra y Castillo nos expresa que en una pequeña nota, consistente en una cuantas líneas, Chiovenda *'... apunta la idea de que los conceptos fundamentales del proceso son acción, jurisdicción y proceso'*. Parece ser que Chiovenda, sin embargo, con posterioridad al años de 1903, no desenvuelve ni desarrolla esta importantísima idea de que los conceptos de acción, jurisdicción y proceso, sean los conceptos más importantes y fundamentales de la ciencia procesal. Es un discípulo suyo, *'... Calamandrei, quien se da cuenta de la transcendencia del hallazgo y entonces él, ya sí de una manera categórica y precisa, afirma que las ideas fundamentales para a elaboración de la sistemática procesal, son esas tres y, a partir de entonces, una serie de autores de diferentes países van suscribiendo el mismo punto de vista y sustentan la idea de que la sistemática procesal puede alzarse sobre estos tres conceptos, e inclusive en Argentina, un autor, Podetti, los engloba bajo la denominación de* trilogía estructural del proceso'.". Cf. em GÓMEZ LARA, Cipriano. *Teoría General del Proceso*, México-DF : Universidad Nacional Autónoma de México, Tercera Reimpresión, 1981, p. 105.

[21] Cf. CALAMANDREI, Piero. *Direito Processual Civil – Estudos sobre o processo civil* (trad. Luiz Abezia e Sandra Drina Fernandez Barbery), Campinas: Ed. Bookseller, 1999, p. 93.

[22] Op. cit. p. 94.

[23] *Idem.*

[24] CALAMANDREI foi categórico no ponto: "O trinômio das noções fundamentais que constituem as premissas de nosso estudo se completa com a de *processo*". Cf., op. cit. p. 253.

cesso como "segundo e terceiro argumentos", na mesma linha de Calamandrei, ora secundando por *processo* para terminar pela *ação*. Pouco importa a ordem da inversão ação-processo, mas é sintomático que se inicie pela *jurisdição*. A maioria absoluta dos tomos de teoria geral do processo invariavelmente contextualiza o tema a partir do conceito de *jurisdição* e isso é facilmente verificável através de uma rápida consulta em nossas bibliotecas.

Dentro desse panorama de propor a organização dos Institutos Fundamentais seguindo a ordem *jurisdição, ação* e *processo*, o discurso da doutrina foi sempre uniforme e legitimador do Poder estatal como o grande *dirigente* e *protagonista* da cena processual, e por isso a *jurisdição* é trabalhada como o polo metodológico preponderante.

A partir daí a doutrina passou a enaltecer a importância dos Institutos Fundamentais, porém, sempre com o enaltecimento da *jurisdição* (=Poder) por sobre o *processo* (=Garantia) e a própria *ação* (=Liberdade). Como já assinalado, isso se verifica na forma como os livros de teoria geral do processo metodicamente organizam o assunto, de regra principiando pela exaltação/explicação sobre a *jurisdição*, sendo a *ação* e o *processo* tratados sempre após aquela.

Essa forma de organizar o tema (=jurisdição, ação, processo), feita pela maioria dos manuais de teoria geral do processo, revela o pendor – ainda que inconsciente – da dogmática processualcivilística em enaltecer a *jurisdição* como a categoria jurídica mais importante da *Trilogia Estrutural do Direito Processual* (Ramiro Podetti). Esse fenômeno discursivo, naturalmente, colaborou na construção de concepções autoritárias para o direito processual.

Naturalmente existem as exceções. Em seu *Sistema Procesal* Adolfo Alvarado Velloso é categórico em recusar o estudo da teoria geral do processo iniciando pela *jurisdição*, por entender que isso revela uma maneira autoritária de se conceber o fenômeno processual. O processualista argentino explica que essa dinâmica de exposição dos conceitos fundamentais é feita na perspectiva do *poder* (=jurisdição), e não da *liberdade* (=ação)[25] ou – diria eu – da *garantia* (=processo).

Abaixo segue uma visão macroscópica de como os manuais de teoria geral do processo explicam cada um dos Institutos Fundamentais, o que é bem conhe-

---

[25] Adolfo Alvarado Velloso: "Para lograr coherencia sistemática en todo lo que aquí diga respecto del *proceso*, y habida cuenta de que en el Capítulo anterior lo he presentado como el *objeto* de la *acción procesal*, parece claro que debo comenzar toda explicación a partir de su completa tipificación.
Con ello, a más de aceptar como buena la presentación del tema que se hacía en la legislación del lejano pasado, asumo una posición filosófica que coloca a la libertad personal por encima de todo otro valor y, consiguientemente, considera que el Estado se halla al servicio del individuo y no a la inversa, cual lo ha imaginado el mundo totalitario que inicia toda explicación desde el concepto de jurisdicción y no del de acción". Cf. em *Sistema procesal – Garantía de la Libertad*, tomo I, Buenos Aires : Rubinzal-Culzoni Editores, 2009, p. 201

PROCESSO JURISDICIONAL, REPÚBLICA E OS INSTITUTOS FUNDAMENTAIS DO DIREITO...

cido pelos processualistas. De modo geral partem dos mesmos supostos conceituais radicados nas ideias que foram expostas originariamente por Calamandrei.

4.2. Jurisdição

A doutrina em geral aceita um clássico conceito doutrinário que concebe a *jurisdição* a partir daquele que seria o seu principal objetivo: "a atuação da vontade concreta da Lei" (CHIOVENDA). Nesse contexto a Lei é a projeção do *direito objetivo* estabelecido pelo Estado, através do qual "os particulares devem, em suas relações sociais, ajustar sua conduta"[26]. O Estado, por sua vez, teria por finalidade fundamental a "preservação da ordem na sociedade".[27]

Calamandrei, que tanto influenciou a doutrina que posteriormente se debruçou sobre os Institutos Fundamentais, ao se referir ao CPC italiano de 1940 afirma que este teria invertido a ordem de disposição do tema em comparação ao código anterior, que iniciava suas disposições legislativas gerais sobre a *ação*, ao passo que o CPC-40 tem como ponto de partida a *jurisdição* e o juiz.

Essa inversão sistemática em um CPC para principiar suas disposições legais pela *jurisdição*, ao invés da *ação*, a exemplo do que ocorreu no código de 1940 na Itália, pode-se dizer que é uma guinada política de cunho "estratégico", numa clara opção *estatizante-autoritária* de enaltecimento do conceito de *jurisdição* como forma de atuação do Poder. A partir daí os Institutos Fundamentais passaram a ser trabalhados em perspectiva *ex parte principis*.

Calamandrei ainda lembra que a exposição de motivos do CPC italiano de 1940, chamada de *Relazione Grandi* em referência ao seu subscritor e Ministro da Justiça à época, Dino Grandi, foi categórica ao enaltecer a prioridade do conceito de *jurisdição*. Quanto à inversão *jurisdição-ação*, afirma a exposição de motivos do CPC-40:

> Essa variação de ordem sistemática é indicativa de uma mudança de mentalidade: o Código derrogado propunha os problemas do ponto de vista do litigante que pede justiça, o novo os propõe do pondo de vista do juiz que deve administrá-la; enquanto o velho Código considerava a ação como um *prius* da jurisdição, o novo Código, invertendo os termos do binômio, concebe a atividade da parte em função do poder do juiz.[28]-[29]

---

[26] Cf. CALAMANDREI, op. cit. p. 96.

[27] *Idem*;

[28] *Ibidem*.

[29] Vale lembrar que JAIRRO PARRA QUIJANO traduziu ao espanhol a *Relazione Grandi*. Segue a versão de Jairro Parra ao item 19 da *Relazione* (=Sistema y técnica del Código): "Mientras que el Código de 1865 iniciaba su primer libro, dedicado al proceso de cognición, por las disposiciones generales sobre el ejercicio de la acción, el nuevo código parte de la jurisdicción y del juez. Esta variación en el orden sistemático, es índice de un cambio de mentalidad: el anterior código se planteaba los problemas desde

Portanto, ainda que a doutrina não se dê conta do fato, ou não o confesse, trabalhar os Institutos Fundamentais principiando pela *jurisdição* é uma forma de priorizar e enaltecer o respectivo conceito em franca potencialização do Poder, o que invariavelmente traz consigo uma perspectiva autoritária – e por isso *antirrepublicana* – na compreensão/realização/concretização do fenômeno processual.

4.3. Ação

A dogmática processual fez correr "rios de tinta" para escrever sobre a *ação*. Em diversos momentos históricos foram várias as teorias, polêmicas etc., que sobre ela se formaram. Como exemplos eloquentes de especulações teóricas em torno da *ação* pode-se indicar: a teoria imanentista; a polêmica Windisheid-Muther sobre as eventuais distinções entre a *actio* romana, a *klagerecht* e a *anspurch*; a teoria da ação como direito autônomo e concreto; a teoria da ação como direito autônomo e abstrato; teoria da ação apenas como direito autônomo; a teoria da ação de Liebman.[30]

Independente de qualquer variação teórica a seu respeito, a visão tradicional da teoria geral do processo sempre foi no sentido de vislumbrar a ação como o direito ao exercício da *atividade* jurisdicional, ou, mais especificamente, o direito a um *provimento* jurisdicional.

A ação é exercida *contra* o Estado-juiz e a partir daí surge a "obrigação" deste em efetivar a *prestação* estatal-jurisdicional. Entenda-se o ponto: o interessado exerce o seu direito de ação e o Estado-juiz provê a solução do problema.

Ainda que de maneira dissimulada, essa forma de vislumbrar a ação revela uma realidade assentada em um vínculo de sujeição que submete aquele que exerce o direito de ação aos desígnios do Estado-juiz.

Soma-se a todas essas circunstâncias o fato de que diante da vedação da autotutela, e da assunção pelo Estado da prerrogativa exclusiva de exercer a função jurisdicional, na perspectiva tradicional o exercício da ação permite que seja viabilizado o fim da jurisdição, que é "a exata observância do direito objetivo"[31], ou a atuação da vontade concreta da Lei. Nessa perspectiva, a realização/concretização do *direito subjetivo* do jurisdicionado é sutilmente renegado a um segundo plano de importância diante do interesse primeiro do Estado em se fazer presente através da jurisdição para impor o *direito objetivo* ao caso concreto.

---

el punto de vista del litigante que pide justicia, el nuevo los encara desde un punto de vista del juez que debe administrarla; mientras el antiguo código consideraba la acción con un *prius* de la jursidicción, el nuevo código, invertiendo los términos del binomio, concibe la actividad de la parte en función del poder de juez". Cf. em *Racionalidad e ideología en las pruebas de oficio*, Bogotá : Editorial Temis, 2004, p. 190.

[30] Cf. ARAÚJO CINTRA, GRINOVER, e DINAMARCO, op. cit., pp. 271-277.

[31] Cf. CALAMANDREI, op. cit. 187.

4.4. Processo

A exemplo do que ocorreu com a ação, várias foram as teorias que procuraram explicar o processo e sua natureza jurídica. Dentre as que ganharam maior prestígio e são comumente referenciadas pela doutrina temos: o processo como contrato; o processo como quase-contrato; processo como serviço público; processo como instituição; processo como situação jurídica; processo como relação jurídica; processo como instrumento para a consecução dos escopos do Estado.

Foi no curso do século XX que o processo definitivamente passa a ser encarado como o *instrumento* através do qual a *jurisdição* opera sua finalidade de concretização dos objetivos (=escopos) do Estado. Processo e jurisdição passam a se correlacionar sob a lógica maquiavélica de *fim* (=jurisdição) e *meio* (=processo). Aprimora-se a concepção *instrumentalista* do processo.

Sendo a *jurisdição* a atividade-fim de maior preponderância do fenômeno processual, o processo naturalmente é posto a serviço daquela, de modo que muitas vezes as regras de seu funcionamento podem até mesmo ser postas de lado para não comprometer a finalidade maior que é a própria "afirmação" do poder através da atuação jurisdicional.

Nessa perspectiva, em que o processo se apresenta amesquinhado diante da jurisdição, o eventual seccionamento de sua sequência lógica, que existe exatamente para *garantir* a realização plena do contraditório e da ampla defesa, acaba sendo tolerado, nos moldes de uma "perenização do **fetiche** da Justiça Rápida, cuja velocidade pode ser aumentada pela supressão do **processo** e, até mesmo, do **procedmento**, com a altaneira supremacia da **jurisdição**. É nesse vértice que nos incumbe analisar a coerente judiciarização do **Processo Civil** como instrumento de eficiência tirânica de uma **jurisdição** justiceira."[32]

O processo posto a serviço da jurisdição é um processo esquálido, cujo discurso em torno de sua "efetividade" justifica que a "celeridade processual" seja utilizada em detrimento da *regularidade-funcional* que a observação de todas as suas etapas visa a *garantir*[33].

---

[32] Cf., um dos mais contundentes críticos das posturas *instrumentalistas*, LEAL, Rosemiro Pereira. *Teoria Geral do Processo – Primeiros Estudos*, Rio de Janeiro : Ed. Forense, 8ª edição, 2009, p. 254. As palavras em negrito são do original.

[33] GLAUCO GUMERATO RAMOS: "A lógica da *celeridade processual* representa um problema de *superestrutura do processo* (=estrutura jurídica + ideologia). Se bem pensadas as coisas, o discurso em torno da *celeridade* revela que a preocupação em concretizá-la é do Estado-Judiciário, que bem ou mal, respeitando ou não as garantias constitucionais, o devido processo legal, enfim, o próprio modelo republicano *no qual* e *para o qual* é exercida a *jurisdição*, pretende solucionar com a maior rapidez possível às demandas que lhe são submetidas pelos jurisdicionados. Para essa heroica missão, a celeridade processual surge de *capa e espada* no interior do discurso – tão melancólico, quanto inocente – de que ela seria uma espécie de panaceia a colaborar com a "tão almejada" *efetividade* do processo. Esta, a *efetividade do processo*, tal qual a *celeridade processual*, funciona diante de nós como sintagmas discursivos capazes de,

Em suma: a visão tradicional do *processo* não deixa de ser estatizante-autoritária por que o seu manejo é voltado à concretização do poder representado pela *jurisdição*.

5. Institutos fundamentais: perspectiva republicana

É preciso conceber a ideia e o conceito de cada um dos Institutos Fundamentais do direito processual levando em conta as diretrizes constitucionais-republicana. Este é o meu objetivo com este ensaio.

Abaixo segue uma proposta de redimensionamento dos conceitos de *ação*, de *processo* e de *jurisdição*, que nesta exata *ordem sequencial* devem ser estudados, posto que uma maneira mais *lógica*, mais *racional* e mais *adequada* para compreendê-los em perspectiva republicana.

Não se aprofundará no estudo sobre os princípios e/ou desdobramentos de cada um destes Institutos Fundamentais, como por exemplo: *i)* sobre a evolução histórica do conceito de ação, ou sobre as condições da ação, ou sobre a classificação das ações; *ii)* sobre a natureza jurídica do processo jurisdicional, ou sobre os tipos de processo, ou sobre os pressupostos processuais; também não se tratará sobre *iii)* o significado etimológico de jurisdição, ou sobre as suas características, ou sobre a tutela jurisdicional clássica ou diferenciada. Estes e outros temas correlatos não serão abordados neste ensaio.

Apenas será exposto o conceito que se entende possível atribuir a cada um dos elementos integrantes deste *trinômio metodológico* quando trabalhados em perspectiva republicana. Fixados os respectivos conceitos, todos elaborados a partir de *enunciados prescritivos* contidos na Constituição brasileira e do Pacto de São José da Costa Rica[34], entendo ser possível construir uma teoria geral do processo jurisdicional que corresponda às diretrizes estabelecidas exclusivamente no plano jurídico e na própria observação empírica do fenômeno processual. Vale dizer: será tentado um experimento voltado a harmonizar as diretrizes *sintática*, *semântica* e *pragmática* do ordenamento jurídico-constitucional ao qual estamos – juridicamente – vinculados.

5.1. (Re)Organização do tema

Apesar de a dogmática processual assentar-se no *senso comum* para explicar os Institutos Fundamentais a partir das premissas lançadas por Calamandrei, que sistematizou os conceitos e as distinções entre *jurisdição*, *ação* e *processo* em perspectiva (ultra)publicista, ainda assim é possível (re)organizar o tema trabalhando

---

em passe-de-mágica, resolver, se não todos, vários dos problemas que vivenciamos no dia-a-dia de nossas funções diante do Poder Judiciário". Em texto ainda inédito sob o título "Crítica *macroscópica* ao *fetiche* da celeridade processual. Perspectiva do CPC de hoje e no de amanhã".

[34] Em especial o seu artigo 8º, que trata das "Garantias Judiciais".

estes conceitos tendo-se em conta o *princípio republicano* que habita as nossas Constituições e que, portanto, é determinante no funcionamento do processo jurisdicional.

No item 5.1, *supra*, há menção ao fato de que se deve a Chiovenda a ideia de estudar o direito processual a partir do eixo sistemático representando pelos conceitos de *ação*, de *jurisdição* e de *processo* – nesta exata ordem –, conforme se depreende de suas notas aportadas ao texto-base da Aula Magna que proferiu na Universidade de Bolonha, em 1903. Também foi mencionado que no volume 1 de suas *Instituições*, talvez motivado por um imperativo lógico-racional, Chiovenda fez o seu plano de exposição iniciando a contextualização dos Institutos Fundamentais a partir do conceito de *ação*, secundada pelo de *processo* e encerrando pelo de *jurisdição*.

Este ensaio descarta a apresentação que tradicionalmente a doutrina faz do tema. Penso que as coisas podem ser explicadas por aquilo que empiricamente elas representam, naturalmente tendo-se em conta o ambiente *republicano* e democrático no qual o processo jurisdicional será operado.

Antes de tudo é preciso aceitar o imperativo lógico-racional de que a análise das categorias fundamentais do direito processual deve seguir o eixo sistemático assim disposto: *ação, processo, jurisdição.*

Na ordem constitucional republicana e democrática a qual estamos submetidos, não parecer trazer qualquer dificuldade racional a percepção empírica de que cada uma dessas categorias (=ou institutos) fundamentais existem no mundo da vida como *antecedente lógico* da realidade posterior que – também logicamente – lhe sucede. Explico através de interrogações. Há *processo* sem *ação*? Há *jurisdição* sem *processo*? Há *jurisdição* sem que haja o *processo* iniciado pela *ação*? A resposta para todas estas perguntas será negativa, o que leva a conclusão empírica de que em matéria de Institutos Fundamentais o *posterior* sempre será uma consequência do *anterior.*

É evidente que se pode estudar em compartimentos estanques cada um desses conceitos (=ação, processo, jurisdição). Mas a partir do momento em que a doutrina chamou a atenção para o fato de que o fenômeno processual deve ser vislumbrado cientificamente a partir do eixo sistemático formado pelos Institutos Fundamentais, é evidente que as coisas devem ser pensadas seguindo a lógica funcional daquilo que, em perspectiva *macroscópico-pragmática*, chamamos de Processo, que em última análise representa a organização *sistemático-fisiológica* da *ação*, do *processo* e da *jurisdição*, dos conceitos fundamentais, portanto.

A obviedade desta observação empírica ganha força quando se mira a questão a partir da influência que lhe provoca o *princípio republicano*. Este princípio revela que o ambiente político-constitucional em que vivemos é a *República*, necessariamente estruturada para a *contenção/diminuição* do arbítrio relacionado ao exercício do Poder, não pode haver dúvida de que as engrenagens que movem o processo jurisdicional não podem ser explicadas em perspectiva *ex parte principis*. Ao contrário – muito ao contrário, direi eu –, o *processo jurisdicional* precisa ser pensado e estruturado a partir da *liberdade* (= dispositividade) que a Constituição confere ao jurisdicionado para *iniciá-lo*, ou não, através do exercício da *garantia* constitucional-libertária da *ação*. De modo que sem a *ação* (=liberdade), não haverá o *processo* (=garantia) que dá legitimação *constitucional-republicana-democrática* ao exercício da *jurisdição* (=poder).

Este importante aspecto da Teoria Geral do Processo tem aderência plástica a qualquer das manifestações do processo jurisdicional, inclusive no âmbito processual penal. Ali, o *dominus litis* (=Ministério Público) apenas exercerá responsavelmente a *ação* nos casos em que estiverem presentes os sinais concretos que a justifique, que são os *indícios de autoria* (=aspecto subjetivo do fato penal) e a *prova da materialidade* (=aspecto objetivo do fato penal).

Em miúdos: através do exercício da *ação* (=liberdade) será formado o *processo* (=garantia) que viabilizará a atuação legítima da *jurisdição* (=poder). É por isso que por um imperativo lógico a sequência da exposição e da contextualização do trinômio fundamental só pode ser esta: *ação-processo-jurisdição*.

Tenho para mim que essa ordem de exposição/apresentação dos Institutos Fundamentais, além de lógica – eis que decorre da própria natureza das coisas –, está rigorosamente adequada ao ambiente republicano no qual convivem o individuo, a sociedade civil e o Estado, como decorrência da própria estrutura jurídica estabelecida pela Constituição.

Reconhece-se que a forma com a qual a dogmática processual estruturou os Institutos Fundamentais ao largo do século XX correspondeu às especulações próprias de sua época, e talvez por isso seguiu-se na toada do senso comum que enaltece a *jurisdição* como valor preponderante quando comparada à *ação* e ao *processo*. Mas agora é importante deixar de lado certos conceitos que não se compatibilizam com uma ordem constitucional republicana e democrática, para que se possa (re)dimensionar a compreensão em torno dos conceitos fundamentais do direito processual.

Valendo-me de *enunciados prescritivos* contidos no Pacto de São José e na Constituição brasileira – mas o exercício é possível a partir de qualquer outra Constituição republicana –, abaixo esboçarei os conceitos de cada um dos elementos integrantes deste trinômio fundamental para a Teoria Geral do Processo, o que farei partindo das seguintes premissas: *i)* processo e república são valores *político-jurídico-constitucionais* que se correlacionam; *ii)* a função *jurisdicional* não é uma função política (=de escolha), mas técnica (=de decisão); *iii)* o princípio republicano é determinante para a atuação legítima do poder estatal; *iv)* o princípio republicano implica *redução/contenção* do arbítrio; *v)* os cidadãos integrantes do Poder Judiciário republicano não podem pautar suas tomadas de decisão mediante supostos *subjetivos-idiossincráticos* ou mesmo metajurídicos; *vi)* o exercício da *ação* é uma *garantia* decorrente da *liberdade* que é viabilizada pela República; *vii)* o *processo* é um método de debate consubstanciado na correlata *garantia* constitucional orientada pelo *princípio republicano*; *viii)* a *jurisdição* é uma manifestação de poder *republicano*.

5.2. Ação

O que é a *ação* para o processo jurisdicional *republicano*?

Discussões clássicas sobre o conceito de *ação* como WINDSCHEID-MUTHER, por exemplo, ou a ação como instância bilateral, para BRISEÑO SIERRA, ou mesmo ação material *versus* ação processual, para PONTES DE MIRANDA, aqui serão postas de lado. Compreende-se a complexidade e profundidade destes e de outros estudos sobre o tema, como ainda compreende-se o valor histórico de cada uma dessas proposições. Mas o fato é que na atualidade, após toda a evolução do direito processual, somando à observação empírica do respectivo fenômeno, a *ação* pode ser vislumbrada-conceituada a partir daquilo que ela *é* e para que ela *serve*.

A ação é uma garantia constitucional cujo exercício permite ao jurisdicionado levar qualquer pretensão jurídica, que lhe permite a própria liberdade (=dispositividade), à apreciação do Poder Judiciário. E mais. É através dela que será iniciado o processo.

Neste *enunciado descritivo* (=conceito), cuja simplicidade repousa na observação empírica do que ocorre no mundo da vida, explica-se o que ela *é* e para que ela *serve*. Além do mais, este conceito vincula o exercício da *ação* à liberdade (=dispositividade) que a ordem constitucional *republicana* a todos franqueia.

A Constituição da *República* brasileira (art. 1º, *caput*) é clara em afirmar como *garantias* fundamentais: *i)* que são invioláveis, dentre outros, *"o direito à liberdade e à igualdade"* (CRBra, art. 5º, *caput*; *ii)* que *"ninguém será obrigado a fazer ou deixar de fazer alguma coisa senão em virtude da lei"* (CRBra, art. 5º, II); *iii)* que *"a lei não excluirá da apreciação do Poder Judiciário lesão ou ameaça a direito"* (CRBra, art. 5º, XXXV).

A partir destes *enunciados prescritivos* é possível chegar ao *enunciado descritivo* acima proposto para a (re)formulação do conceito de *ação* no ambiente *republicano* e democrático. Mais não é só. Estes enunciados prescritivos extraídos da Constituição brasileira – além dos que se pode extrair do Pacto de São José da Costa Rica – permitem uma *argumentação jurídica* na qual é revelada a *norma* que nos legitima a formular o conceito republicano de *ação*, acima lançado.

Postas as coisas dessa forma, soa lógico que todo o fenômeno processual se inicia a partir do exercício desta parcela da *liberdade* que a Constituição nos permite, e que é representada pela *ação* através da qual será iniciado/formado o *processo* para que a *jurisdição* possa atuar na esfera jurídica dos jurisdicionados.

5.3. Processo

Como deve ser estruturado o conceito de *processo* no ambiente constitucional *republicano* e democrático?

Evidentemente que aqui será descartada toda e qualquer concepção *instrumentalista* que vê no processo o *meio* (=instrumento) para o atingimento dos *fins* (=escopos) do Estado. As ideias decorrentes deste tipo de postura revelam forte carga *autoritária-dirigista*, muito própria de Estados-ativos[35], no qual os respectivos agentes políticos se creem ungidos para *ditar* os desígnios do indivíduo e da sociedade civil, naturalmente enfraquecendo a *liberdade* eventualmente estabelecida pela ordem jurídica. Em suma: é uma postura dogmática que sugere que o *processo* deve estar a serviço de um "Estado forte", o que se afasta da moldura política que forma uma *República* constitucional. Por tal motivo – repita-se – aqui se descarta qualquer concepção *instrumentalista*.

O processo é uma atividade (=ou método) regida pelo contraditório e pela ampla defesa, iniciado pela ação e voltado a garantir, no seu curso (=tutela de urgência) ou ao final (=tutela definitiva), o exercício republicano e democrático da jurisdição. Antes de tudo, portanto, o processo é uma GARANTIA que nos é dada pela Constituição para que suas regras sejam observadas antes de o Estado exercer o seu poder sobre a esfera jurídica de liberdade do indivíduo e da sociedade, liberdade esta, aliás, garantida pela própria Constituição. É o desencadeamento racional e jurídico do processo, portanto, que legitimará o exercício do poder republicano representado pela jurisdição.

É da Constituição da *República* brasileira (art. 1º, *caput*) as seguintes *garantias* fundamentais: *i)* que são invioláveis, dentre outros, "*o direito à liberdade e à igualdade*" (CRBra, art. 5º, *caput*; *ii)* que "*ninguém será privado de suas liberdade ou de seus bens sem o devido processo legal*" (CRBra, art. 5º, LIV); *iii)* que "*aos litigantes, em processo judicial ou administrativo, e aos acusados em geral são assegurados o contraditório a ampla defesa*" (CRBra, art. 5º, XXXV).

A partir da combinação hermenêutica destes *enunciados prescritivos* contidos, por exemplo, no Pacto de São José e na Constituição brasileira – mas, repito: outras Constituições preveem coisas no mesmo sentido –, chega-se à *norma jurídica* que viabiliza o (re)dimensionamento do conceito de *processo* que, essencialmente, é uma *garantia* constitucional para legitimar o exercício do poder (=jurisdição).

---

[35] MIRJAN R. DAMASKA: "No es necesario decir que la autonomía individual está lejos de ser sacrosanta. Para un Estado activista, los individuos no necesitan ni siquiera ser jueces fiables de su mejor interés; su percepción, conformada por una práctica social defectuosa, puede ser errada e incorrecta. Desde luego, mientras más se adapten los ciudadanos a la imagen nacida de las teorías del Estado, más fácil será que el Estado permita una mayor definición individual: los deseos de los ciudadanos son cada vez más lo que el Estado quiere que deseen.". Cf. em *Las caras de la justicia y el poder del Estado – Análisis comparado del proceso legal* (Título orginal em inglês *The Faces of Justices and State Authority: A comparative approach to the legal process*), Santiago de Chile : Editorial Juridica de Chile, 2000, p. 142.

Em miúdos: o *processo* é uma garantia para que a liberdade decorrente do exercício da *ação* viabilize a atuação legítima do poder *republicano* representado pela *jurisdição*.

5.4. Jurisdição

Por fim, qual é a dimensão do poder *jurisdicional* no ambiente constitucional *republicano* e democrático em que vivemos em nossos países? Uma primeira resposta se impõe: por se tratar de um poder *republicano*, sua dimensão jamais será ilimitada, seja quanto às *soluções* (=decisões), seja quanto aos *procedimentos* para se chegar aos resultados que lhe são próprios.

Descarta-se aqui, em definitivo, o dogma de que a *jurisdição* é o núcleo irradiador e/ou justificador do fenômeno processual, o mais importante e preponderante dos Institutos Fundamentais trabalhados pela Teoria Geral do Processo, tal como constou na *exposição de motivos* do CPC italiano de 1940, conforme lembrado por Calamandrei e neste ensaio já referenciado. Essa *jurisdição* a que as posturas *instrumentalistas* concebem como um poder "redentor" nas mãos de um juiz "oráculo", predestinado a "justiçar" o caso concreto com base no próprio senso de justiça, certamente é algo próprio de conjecturas metafísicas que insistem, de maneira idiossincrática e escolástica, a fazer supor que o Direito só existe se subserviente for à Moral. De resto, este tipo de postura integra o conteúdo "romântico" do discurso *neoconstitucional-neoprocessual*, de que a vida em sociedade deve ser conduzida *ativamente* pelo senso de justiça de um Judiciário *solipsista*, o que revela uma forma autoritária e antirrepublicana de conceber a *jurisdição*, o que digo com todo o respeito àqueles que assim o pensam, mas é preciso que se o diga.

A jurisdição é a função técnica concedida preponderantemente ao Poder Judiciário para decidir, com base em supostos jurídicos, e de maneira definitiva, imparcial e independente da intromissão de qualquer função política, as questões que lhe se são submetidas através do processo iniciado pelo exercício da ação.

Na *República* não há espaço – ou não deveria haver – para que a *jurisdição* seja considerada como o instituto fundamental de maior preponderância dogmática da teoria geral do processo. *Jurisdição* é poder, poder *republicano*, cujo exercício não pode se dar de forma arbitrária. A *jurisdição* é demasiadamente importante, não se nega isso. Sem ela de nada adiantaria a *ação* e o *processo*. Mas no ambiente *republicano* e democrático, onde constitucionalmente o poder emana do povo (CRBra., art. 1º, par. ún.), é para ser natural que a realidade *semântica* e *pragmática* do exercício da *jurisdição* seja efetivada sem a interferência de outros argumentos que não os *jurídicos*, é dizer, da *ordem jurídica* na qual está sendo operada a *jurisdição*.

É da Constituição da *República* brasileira (art. 1º, *caput*), que estabelece a *independência harmônica* dos Poderes Legislativo, Executivo e Judiciário as seguintes *garantias* fundamentais: *i)* que são invioláveis, dentre outros, *"o direito à liberdade e à igualdade"* (CRBra, art. 5º, *caput; ii)* que *"ninguém será privado de suas liberdade ou de seus bens sem o devido processo legal"* (CRBra, art. 5º, LIV); *iii)* que *"aos litigantes, em processo judicial ou administrativo, e aos acusados em geral são assegurados o contraditório a ampla defesa"* (CRBra, art. 5º, XXXV); *iv)* que *"não haverá juízo ou tribunal de exceção"* (CRBra, art. 5º, XXXVII); *v)* que *"todos os julgamentos do Poder Judiciário serão públicos, e fundamentadas todas as decisões, sob pena de nulidade"* (CRBra, art. 93, IX); *vi)* que é vedado ao juiz *"dedicar-se à atividade político-partidária"* (CRBra, art. 95, par. ún., III).

O conceito acima proposto para *jurisdição* é coerente com os *enunciados prescritivos* contidos na Constituição. Os dispositivos acima mencionados, sem prejuízo de outros que certamente me escapam neste instante, afastam a preponderância que tradicionalmente a dogmática processual empresta ao conceito de *jurisdição.*

Se vivemos em uma *República* é natural, e não pode nos surpreender, o fato de que o exercício legítimo da função jurisdicional – posto que *técnica* – passa longe das *escolhas* sobre as quais o arbítrio humano se pauta para a tomada das próprias decisões. E uma das grandes finalidades políticas da *República* é exatamente conter/diminuir o arbítrio. Os atributos republicanos são determinantes para o dimensionamento do poder, inclusive e especificamente o *jurisdicional,* que por definição não expressa nenhuma *função política.* Nestas – funções políticas –, as escolhas se legitimam na *representatividade.* Já aquela – função jurisdicional – se legitima com a observância das regras preestabelecidas para o seu funcionamento, não sendo permitida qualquer postura *idiossincrática* ou *solipsista* por parte de quem a exerce. Mas toda a vez que isso acontece descamba-se para a – antirrepublicana – arbitrariedade.

6. Conclusão

Foram várias as razões que levaram a dogmática processual a se desenvolver sobre bases autoritárias. Este ensaio procurou demonstrar que a ordem e o conteúdo da exposição que tradicionalmente a teoria geral do processo dá aos Institutos Fundamentais foi uma delas. É inegável, e soa até intuitivo, que apresentar as categorias fundamentais em torno do eixo sistemático *jurisdição-ação-processo* revela a opção estratégica de aceitar que o "poder" teria maior preponderância na dinâmica do Processo. Por isso a *jurisdição* apareceu como o polo metodológico de maior relevância. Mostrou-se também que a etiologia deste enfoque (=jurisdição--ação-processo) deveu-se a sistematização dada por Calamandrei a partir de ideias lançadas por Chiovenda em sua exposição de 1903 na Universidade de Bolonha, que tanto influenciou os estudos posteriores sobre a teoria geral do processo.

Pretendeu-se chamar a atenção para o fato de que os Institutos Fundamentais do direito processual podem – e devem! – ser pensados em perspectiva *republicana* e, claro, democrática. Até por que nossas Constituições estabelecem uma ordem jurídica de arquétipo republicano. A *visão tradicional* de exposição do tema, com todo o respeito, não guarda compatibilidade com os valores constitucionais republicanos, já que enaltece demasiadamente o *poder* (=jurisdição) em detrimento da *liberdade* (=ação) e da respectiva *garantia* (=processo) que lhe é correlata.

O objetivo deste ensaio é colaborar para que a conceituação e o desenvolvimento das categorias fundamentais do direito processual possam ser redimensionados. Não necessariamente nos exatos termos aqui propostos, que em essência revelam a *minha* forma de encarar o fenômeno decorrente deste eixo fundamental formado pelo trinômio *ação-processo-jurisdição*, que tanta importância tem para o processualista, para a teoria geral do processo e para a sociedade *republicanamente* organizada. Somos livres para pensar e assim devemos fazer!

Espero que as reflexões aqui trazidas possam servir, ao menos, de provocação e fomento a outras reflexões que cada um de nós pode – e deve – realizar em prol da melhora da ciência do processo, que precisa ser (re)equacionada a partir da realidade atual da ordem jurídico-política estabelecida pelas nossas Constituições. Essa atual realidade das coisas nos impõe a missão de manejar uma teoria geral do processo na qual a *ação* seja a projeção da *liberdade*, o *processo* seja a concretização da *garantia* e a *jurisdição* seja a manifestação do *poder* racionalizado pelo princípio republicano.

Minha esperança é que estas ideias possam repercutir. Ideias singelas – reconheço –, mas sinceras, e pautadas na racionalidade que a observação do fenômeno processual permite a qualquer um de nós vislumbrar.

Solução consensual de conflito no novo Código de Processo Civil

Humberto Theodoro Júnior

1. Acesso à Justiça (NCPC, art. 3º)

Tendo em conta o direito fundamental de acesso à Justiça assegurado pelo art. 5º, XXXV, da Constituição, o art. 3º do NCPC dispõe que "não se excluirá da apreciação jurisdicional ameaça ou lesão a direito".

É de se ter em conta que, no moderno Estado Democrático de Direito, o acesso à justiça não se resume ao direito de ser ouvido em juízo e de obter uma resposta qualquer do órgão jurisdicional. Por acesso à Justiça hoje se compreende o direito a uma *tutela efetiva e justa* para todos os interesses dos particulares agasalhados pelo ordenamento jurídico. Explica Leonardo Greco que o conteúdo de tal acesso "é implementado através das chamadas *garantias fundamentais do processo* ou do que vem sendo denominado de *processo justo*", o qual, por sua vez, compreende "todo o conjunto de princípios e direitos básicos de que deve desfrutar aquele que se dirige ao Poder Judiciário em busca da tutela dos seus direitos".[1] Nele se englobam tanto as *garantias* de natureza *individual*, como as *estruturais*,[2] ou seja, o acesso à justiça se dá, *individualmente*, por meio do direito conferido a todas as pessoas naturais ou jurídicas de dirigir-se ao Poder Judiciário e dele obter resposta acerca de qualquer pretensão, contando com a figura do *juiz natural* e com sua *imparcialidade*; com a garantia do *contraditório* e da *ampla defesa*, com ampla possibilidade de *influir* eficazmente na formação das decisões que irão atingir

---

[1] Greco, Leonardo. Justiça civil, acesso à justiça e garantias. *In:* Armelin, Donaldo (coord.). *Tutelas de urgência e cautelares.* São Paulo: Saraiva, 2010, p. 831.

[2] Comoglio, Luigi Paolo; Ferri, Corrado; Taruffo, Michele. *Lezioni sul processo civile. I – Il processo ordinário di cognizione.* 4. ed. Bologna: Il Mulino, 2006, p. 61-62.

os interesses individuais em jogo; com o respeito à esfera dos direitos e interesses *disponíveis* do litigante; com prestação da *assistência jurídica* aos carentes, bem como com a preocupação de assegurar a *paridade de armas* entre os litigantes na disputa judicial; e com a *coisa julgada,* como garantia da segurança jurídica e da tutela jurisdicional efetiva.[3]

Do ponto de vista *estrutural,* o acesso à Justiça exige que concorra, por parte dos órgãos e sistemas de atuação do Judiciário, a observância de garantias como: a da *impessoalidade e permanência da jurisdição;* a da *independência dos juízes;* a da *motivação das decisões;* a do respeito ao *contraditório participativo;* a da inexistência de *obstáculos ilegítimos;* a da *efetividade qualitativa,* capaz de dar a quem tem direito tudo aquilo a que faz jus de acordo com o ordenamento jurídico; a do respeito ao *procedimento legal,* que, entretanto, há de ser *flexível* e *previsível;* a da *publicidade* e da *duração razoável do processo;* a do *duplo grau de jurisdição;* e, enfim, a do "*respeito à dignidade humana,* como o direito de exigir do Estado o respeito aos seus direitos fundamentais"[4].

2. Meios alternativos de composição de litígios: arbitragem (NCPC, art. 3º, § 1º)

Segundo os parágrafos do art. 3º do NCPC, não conflitam com a garantia de acesso à justiça a previsão da arbitragem e a promoção estatal da solução consensual dos conflitos.

Tem-se como legítima a substituição voluntária da justiça estatal pelo juízo arbitral, na forma da lei (art. 3º, § 1º). Questionada a constitucionalidade da Lei nº 9.307/1996, no tocante à força de excluir do Poder Judiciário o conhecimento do litígio contratualmente submetido à arbitragem, decidiu o Supremo Tribunal Federal que a garantia da universalidade da jurisdição do Poder Judiciário (CF, art. 5º, XXXV) não resta ofendida quando o afastamento decorre de vontade negocial livremente manifestada em contrato sobre bens e direitos disponíveis.[5]

Na verdade, a sentença arbitral, em nosso sistema jurídico vigente, nem mesmo pode ser vista como um sucedâneo do provimento judicial. É ela mesma erigida à categoria de título judicial, para todos os efeitos.

A Lei nº 9.307/1996 abraçou "a teoria publicística da natureza jurídica da arbitragem", ao imprimir à sentença arbitral força obrigacional, com os mesmos

---

[3] GRECO, Leonardo. *Op. cit.,* p. 831.
[4] GRECO, Leonardo. *Op. cit.,* p. 832.
[5] STF, Pleno, SE-AgRg 5.206/EP, Rel. Min. Sepúlveda Pertence, ac. 12.12.2001, *DJU* 30.04.2004, p. 29. Também o STJ já decidiu que a Lei de Arbitragem é de aplicação imediata e constitucional, na esteira do assentado pelo STF (STJ, Corte Especial, SEC 507/EX, Rel. Min. Gilson Dipp, ac. 18.10.2006, *DJU* 13.11.2006, p. 204).

efeitos da sentença proferida pelo Judiciário, inclusive o condenatório"[6] (Lei de Arbitragem, art. 31).

A última e mais enérgica demonstração da adoção da teoria jurisdicional ou publicística da arbitragem por nosso ordenamento jurídico ocorreu por meio de inovação introduzida no CPC de 1973, praticada com o fito de qualificar como título executivo judicial a sentença arbitral, independentemente da cláusula de homologação em juízo (art. 584, VI, posteriormente substituído pelo art. 475-N, IV). O novo CPC mantém a mesma concepção, em seu art. 515, VII.

3. Meios alternativos de composição de conflitos: solução consensual (NCPC, art. 3º, §§ 2º e 3º)

Ao mesmo tempo em que o legislador assegura o acesso irrestrito à justiça, preconiza também as virtudes da solução consensual dos conflitos, atribuindo ao Estado o encargo de promover essa prática pacificadora, sempre que possível (NCPC, art. 3º, § 2º). Nessa linha de política pública, recomenda que "a conciliação, a mediação e outros métodos de solução consensual de conflitos deverão ser estimulados por juízes, advogados, defensores públicos e membros do Ministério Público, inclusive no curso do processo judicial" (NCPC, art. 3º, § 3º).[7]

Não se trata de desacreditar a Justiça estatal, mas de combater o excesso de litigiosidade que domina a sociedade contemporânea, que crê na jurisdição como a única via pacificadora de conflitos, elevando a um número tão gigantesco de processos aforados, que supera a capacidade de vazão dos órgãos e estruturas do serviço judiciário disponível.

Em diversos países, a cultura social tem desviado grande parte dos conflitos para mecanismos extrajudiciais, como a mediação e a conciliação, que, além de aliviar a pressão sobre a Justiça Pública, se apresentam em condições de produzir resultados substancialmente mais satisfatórios do que os impostos pelos provimentos autoritários dos tribunais.[8]

---

[6] MARTINS, Pedro Antônio Batista. Da ausência de poderes coercitivos e cautelares. *In:* LEMES, Selma Ferreira *et al* (coords.). *Aspectos fundamentais da Lei de Arbitragem*. Rio de Janeiro: Forense, 1999, p. 363.

[7] Entre as vantagens proporcionadas pela busca de conciliação, o que se faz por meio de audiência inicial, a doutrina costuma destacar o incremento da celeridade e da economia processuais, além de se obter melhor solução para a controvérsia, pois se conta com a possibilidade de evitar a exaltação dos ânimos dos litigantes e de proporcionar um melhor funcionamento do judiciário. Nesse sentido, entre outros, é o ensinamento de Celso Barbi, para quem, sendo atingida a conciliação no nascedouro do processo, o trabalho do juiz diminui e, nesse caso, ele passará a ocupar-se de causas que realmente demandem um trabalho de maior envergadura e dedicação (BARBI, Celso Agrícola. O papel da conciliação como meio de evitar o processo e de resolver conflitos. *Revista de Processo*, São Paulo, n. 39, p. 121, jul./set. 1985).

[8] A conciliação e a mediação, como métodos extrajudiciais pacificadores de conflitos, têm ocupado lugar cada vez mais relevante na política dos países mais civilizados. Entre nós tem sido largamente utilizada pela justiça trabalhista e incentivada pelo Conselho Nacional de Justiça. Reconhecem Cappelletti e

O novo Código não se limita a estimular a solução consensual dos conflitos. Vai além e prevê a criação, pelos tribunais, de "centros judiciários de solução consensual de conflitos", os quais serão responsáveis pela realização de sessões e audiências de conciliação e mediação, assim como pelo desenvolvimento de programas destinados a auxiliar, orientar e estimular a autocomposição (art. 165). A composição e a organização de tais "centros" serão definidas pelo respectivo tribunal, observadas as normas do Conselho Nacional de Justiça (art. 165, § 1º). Os conciliadores, os mediadores e as câmaras privadas de conciliação e mediação serão inscritos em cadastro nacional e em cadastro de tribunal de justiça ou de tribunal regional federal, nos quais haverá registro de profissionais habilitados, com indicação de sua área profissional (art. 167)[9]. Com isso, o estímulo à solução consensual dos conflitos deixa de ser mera previsão legal, tornando-se norma a ser, efetivamente, cumprida pelos agentes responsáveis pela atividade jurisdicional.

Posteriormente ao novo Código, a Lei nº 13.140 de 26.06.2015, dispôs largamente sobre o recurso à mediação e à conciliação, nas vias judicial e extrajudicial, inclusive no tocante à autocomposição de conflitos no âmbito da administração pública (ver, adiante, itens nºs 11 e 12).

4. Substitutivos da jurisdição

Sendo a jurisdição atividade estatal *provocada*, e da qual a parte tem *disponibilidade*, como já se viu, pode a lide encontrar solução por outros caminhos que não a prestação jurisdicional. Assim, nosso ordenamento jurídico conhece formas de autocomposição da lide e de solução por decisão ou intervenção de pessoas estranhas ao aparelhamento judiciário (árbitros, mediadores e conciliadores).

A composição extrajudicial ou consensual pode ser obtida por meio de *transação* negociada diretamente entre as partes, ou através de *conciliação* intermediada por terceiro. E a decisão da lide por pessoas não integradas ao Poder Judiciário ocorre mediante *juízo arbitral*, que se desenvolve fora do sistema judiciário, mas com respeito ao contraditório e demais princípios constitucionais aplicáveis à justiça estatal.

A *transação* é o negócio jurídico em que os sujeitos da lide fazem concessões recíprocas para afastar a controvérsia estabelecida entre eles. Pode ocorrer antes da instauração do processo ou na sua pendência. No primeiro caso, impede a abertura da relação processual, e, no segundo, põe fim ao processo, com solução de mérito, apenas homologada pelo juiz (NCPC, art. 487, III, *b*).

Garth que "existem vantagens óbvias, tanto para as partes quanto para o sistema jurídico, se o litígio é resolvido sem necessidade de julgamento" (CAPPELLETTI, Mauro; GARTH, Bryant. *Acesso à justiça*. Tradução de Ellen Gracie Northfleet. Porto Alegre: Fabris, 1988, p. 83).

[9] Nos parágrafos do art. 167 do NCPC, constam os requisitos e formalidades para que se obtenha a inscrição no cadastro de mediadores e conciliadores.

A *conciliação* nada mais é do que uma modalidade de transação obtida em juízo, pela intervenção junto às partes, do juiz ou do conciliador ou mediador, onde houver, antes de iniciar a instrução da causa. Uma vez efetivado o acordo, será reduzido a termo e homologado por sentença, com solução de mérito (NCPC, art. 334, § 11). O Novo Código tratou de forma mais minuciosa a conciliação, na medida em que dedicou uma seção própria para regular a atividade dos conciliadores e mediadores (NCPC, arts. 165 a 175).

O *juízo arbitral* (Lei 9.307, de 23.09.1996) importa renúncia à via judiciária estatal, confiando as partes a solução da lide a pessoas desinteressadas, mas não pertencentes aos quadros do Poder Judiciário. A sentença arbitral produz, entre as partes e seus sucessores, os mesmos efeitos da sentença proferida pelos órgãos do Poder Judiciário (art. 31 da citada Lei). O Novo Código é expresso ao afirmar, no art. 3º, § 1º, ser permitida a arbitragem na forma da lei. Ainda, tratou da alegação em juízo de convenção de arbitragem em capítulo próprio (capítulo VI, do Livro I, da Parte Especial), no art. 337, X e seu § 6º[10].

Corrente antiga, apegada às estruturas civilísticas, recusava o caráter jurisdicional ao juízo arbitral, classificando-o como meio contratual de composição de conflitos. Hoje, o tratamento que nosso direito positivo lhe dispensa atribui à sentença arbitral a natureza de título executivo judicial, de sorte que não se pode continuar tratando a arbitragem como mero substitutivo da jurisdição. Embora desenvolvido fora dos quadros do Poder Judiciário, o procedimento em questão tem a mesma natureza, a mesma função e a mesma força dos atos judiciais contenciosos.[11]

Todas essas formas extrajudiciais de composição de litígios só podem ocorrer entre pessoas maiores e capazes e apenas quando a controvérsia girar em torno de bens patrimoniais ou direitos disponíveis.

5. Identificação dos meios alternativos de resolução de conflitos incentivados pelo NCPC

O art. 3º do NCPC, em seus §§, prestigia os chamados *meios alternativos de resolução de conflitos,* que vêm a ser aqueles que se prestam a pacificar litígios independentemente da sentença judicial.

---

[10] Incumbe ao réu alegar, em preliminar da contestação, a existência de convenção de arbitragem (NCPC, art. 337, X). A ausência de tal alegação na resposta do réu "implica aceitação da jurisdição estatal e renúncia ao juízo arbitral" (art. 337, § 6º).

[11] MARTINS, Pedro A. Batista. Da ausência de poderes coercitivos e cautelares. In: LEMES, Selma Ferreira, *et al.* (coords.). *Aspectos fundamentais da Lei de Arbitragem.* Rio de Janeiro: Forense, 1999, p. 145. "Sendo a sentença arbitral eficaz por si própria, ela é, tanto quanto a do juiz, um ato de *pacificação social* e, portanto, jurisdicional" (DINAMARCO, Cândido Rangel. *A arbitragem na teoria geral do processo.* São Paulo: Malheiros, 2013, n. 9, p. 41). No mesmo sentido: PUNZI, Carmine. Le nuove frontiere dell' arbitrato. *Rivista di diritto processuale,* Anno LXX (Seconda serie), N. 1, p.15, gennaio-febbraio/2015.

Em primeiro lugar, é reconhecida à *arbitragem* autoridade para solucionar litígios "na forma da lei" (art. 3º, § 1º), o que – nos casos em que esse tipo de juízo extrajudicial é admitido –, atinge resultados e força equivalentes aos da sentença judicial (Lei nº 9.307/1996, art. 31).

Em segundo lugar, dispõe, de forma imperativa, que o "Estado promoverá, sempre que possível, a *solução consensual dos conflitos*" (art. 3º, § 2º).

Por fim, com o mesmo tom imperativo determina que "a *conciliação*, a *mediação* e outros *métodos de solução consensual de conflitos* deverão ser estimulados por juízes, advogados, defensores públicos e membros do Ministério Público, inclusive no curso do processo judicial" (art. 3º, § 3º).

A forma categórica com que essas normas fundamentais editadas pelo novo Código foram enunciadas revelam um profundo redirecionamento da política de tutela aos direitos em crise, passando a *consensualização* "à condição de regra preferencial"[12]. Com efeito, todos os mais relevantes agentes da atividade judiciária, que atuam próximo à vontade das partes, receberam a missão legal de "auxiliar o Estado na trilha da resolução consensual"[13] dos litígios, cuja composição historicamente sempre coube, em nossa cultura, ao Judiciário, em caráter prioritário e monopolizante.

Às vezes os meios consensuais costumam ser genericamente qualificados como modalidades de autotutela ou de autocomposição. Cumpre, porém, evitar tais imprecisões.

De início, convém distinguir os dois grandes campos da *autotutela* e da *autocomposição*: (i) *autotutela* é a defesa dos direitos pela própria força do ofendido, sistema praticamente banido pela civilização contemporânea, por meio da implantação do monopólio da justiça pelo Estado; (ii) já a *autocomposição* alcança a solução da controvérsia por obra dos próprios interessados, os quais, civilizadamente, reconhecem a vantagem de eliminar o dissídio por acordo ou convergência espontânea entre eles.

Feita essa ponderação, pode-se afirmar que os litígios se pacificam por *autocomposição* ou por *heterocomposição*[14]:

a) A *heterocomposição* é alcançada quando a solução do conflito é alcançada com a participação de um *terceiro imparcial*, com ou sem poder decisional vinculante. Nessa categoria entram a *decisão judicial, a arbitragem, a mediação* e a *conciliação.*

---

[12] FREITAS, Juarez; JOBIM, Marco Felix. Resolução alternativa de disputas: cláusula inovadora do CPC. *Revista Brasileira de Direito Processual*, v. 91, p. 99, jul.-set./2015.

[13] *Idem, ibidem.*

[14] FREITAS, JOBIM. *Op. cit.*, p. 104.

b) A *autocomposição*, por sua vez, ocorre quando a solução do conflito se dá por obra da vontade exclusiva das partes, sem participação alguma de terceiros. É o que se passa com a *renúncia*, a *desistência* e a *transação*.

Quando, pois, o art. 3º do NCPC preconiza a adoção e valorização dos meios alternativos de solução de conflitos, o faz tendo em conta não a *autocomposição*, mas a *heterocomposição*, compreendendo a arbitragem, a mediação, a conciliação e outros métodos de solução consensual (§§ 1º e 2º). É que em todos esses casos, a composição do conflito é alcançada graças a intervenção de terceiro, cuja atuação contribui, em maior ou menor intensidade, para o desate do litígio, fora da sentença judicial.

6. Arbitragem, mediação e conciliação
6.1. Arbitragem (NCPC, art. 3º, § 1º)
A arbitragem é uma forma de jurisdição *negocial*. Um terceiro (árbitro), por convenção dos interessados, assume o encargo e o poder de decidir o conflito, fazendo-o de forma a vinculá-los, tal como se passa com a sentença de órgão jurisdicional estatal. Todavia, se o decisório arbitral tiver a natureza condenatória, a respectiva execução forçada caberá à Justiça do Estado; funcionará, entretanto, a sentença do árbitro como *título executivo judicial*, para todos os efeitos (NCPC, art. 515, VII).

6.2. Mediação (NCPC, art. 165, § 3º)
A mediação, que conduz a uma solução não originada de órgão judicial, ocorre mediante intervenção de terceiro imparcial que encaminha as partes a negociar e alcançar uma solução consensual para a controvérsia em que se acham envolvidas. "Nessa modalidade [de meio alternativo de solução de conflito], o terceiro [mediador] tem o encargo de, apenas, fazer tratativas e favorecer a convergência, sem dizer qual das partes está [de fato] com a razão, isto é, sem [exercer] qualquer *poder* decisório vinculante"[15].

Na definição da Lei nº 13.140/2015 (art. 1º, parág. único), "considera-se mediação a *atividade técnica* exercida por terceiro imparcial *sem poder decisório*, que, escolhido ou aceito pelas partes, as auxilia e estimula a identificar ou desenvolver *soluções consensuais* para a controvérsia"

Observa, a propósito, GAIO JÚNIOR que o mediador sequer tem poderes para sugestionar sobre o melhor direito posto em discussão, pois as partes se mantêm como protagonistas de suas próprias soluções[16]. O mediador, entretanto, pode

---

[15] FREITAS; e JOBIM. *Op. cit.*, p. 105.
[16] GAIO JÚNIOR, Antônio Pereira. *Direito processual civil*: teoria geral do processo, processo de conhecimento e recursos. Belo Horizonte: Del Rey, 2008, v. I, p. 21.

avaliar os interesses em colisão e alvitrar propostas de soluções que os componham, sem arbitrar, vinculativamente, a resolução do litígio, mas apontando formas de possível conciliação para os interesses contrapostos.

Em seu mister, o terceiro intermediador costuma induzir a formação de atmosfera favorável à composição, atuando, porém, "com o cuidado de não manipular nem adentrar no mérito da questão"[17]. Preservam-se, na medida do possível, os interesses de ambos os conflitantes, conduzindo-os a um ponto de equilíbrio e coexistência. A mediação – advirta-se – não tem como objetivo primordial o acordo (no qual ambas as partes sacrificam direitos e pretensões), e sim a satisfação harmônica dos interesses e necessidades de ambas as partes envolvidas na controvérsia[18].

6.3. Conciliação (NCPC, art. 165, § 2º)

A conciliação, a seu turno, conta com a intervenção de um terceiro cuja função é simplesmente orientar e auxiliar as partes a chegarem a um consenso em torno do conflito. A participação do conciliador é menos intensa que a do mediador, visto que apenas se volta para facilitar o acordo entre os litigantes, como a melhor maneira de pacificar o litígio.

O mediador, diferentemente, formula propostas, sugestões e opina, tudo no presumível intuito de pôr fim de forma harmoniosa ao oneroso dissídio instalado entre as partes, embora o faça sem poder decisório vinculante, e de maneira não impositiva, limitando-se a conduzir as partes à solução ideal para o conflito[19]. Na mediação, portanto, todas as pessoas envolvidas (partes e mediador) precisam ter participação na construção da saída conciliatória[20]. Na conciliação, todavia, a intervenção é menos intensa, e se dá apenas com o intuito de facilitar a solução consensual entre as partes. A posição proeminente é toda das partes. O conciliador tão somente as estimula a negociar a solução conciliatória. É um procedimento muito mais rápido, no qual o conciliador, na maioria dos casos, se restringe a uma reunião com os litigantes[21].

---

[17] FREITAS; e JOBIM. *Op. cit., loc.cit.*

[18] "Na mediação as pessoas passam, de forma emancipada e criativa, a resolver um conflito pelo diálogo cooperativo, na construção da solução", como costuma acontecer nos processos que envolvem o direito de família (BARBOSA, Oriana Piske de Azevêdo; SILVA, Cristiano Alves da. Os métodos consensuais de solução de conflitos no âmbito do Novo Código de Processo Civil Brasileiro. *Juris Plenum*, vol. 64, p. 102, jul/2015). O protagonismo é das partes. O mediador apenas as auxilia na tomada de decisão consensual.

[19] FREITAS; JOBIM. *Op. cit., loc cit.*; COELHO, Fábio Alexandre. *Teoria geral do processo*. São Paulo: Juarez de Oliveira, 2004, p. 10.

[20] TARTUCE, Fernanda. Conciliação em juízo: o que (não) é conciliar? *In:* SALLES, Carlos Alberto de; LORENCINI, Marco Antônio Garcia Lopes; SILVA, Paulo Eduardo Alves da (coords.). *Negociação, mediação e arbitragem:* Curso básico para programa de graduação em direito. Rio de Janeiro: Forense, 2012, p. 159.

[21] BARBOSA, Silva. *Op. cit.,* p. 100.

O traço que distingue a conciliação da mediação é basicamente o poder maior do mediador de formular opções, propostas e sugestões para a solução da controvérsia, que não ficam limitadas às meras concessões recíprocas, mas que correspondam à satisfação harmônica dos interesses de ambas as partes.

Nada obstante a singeleza da conciliação, a lei reconhece ao conciliador a possibilidade de "sugerir soluções para o litígio", embora lhe seja vedado o uso de "qualquer tipo de constrangimento ou intimidação para que as partes se conciliem" (NCPC, art. 165, § 2º). Afinal, para o regime legal, nos aspectos práticos, resta, muitas vezes, bem tênue a diferenciação das duas modalidades de solução consensual dentro do processo, já que se aceita a "sugestão de soluções" tanto por parte do mediador como do conciliador. Contudo, para que as duas funções não se confundam é preciso ver nessa *sugestão* algo eventual e secundário na conciliação, e algo constitutivo da própria essência da mediação.

7. Solução consensual e renúncia a direitos

A *solução consensual* às vezes é vista como aquela obtida mediante *concessões recíprocas* entre as partes, ou tendente a obter *concessões* de uma parte em favor da outra. As concessões recíprocas ou unilaterais são próprias da autocomposição (transação, desistência ou renúncia). A solução consensual, tal como vista pelo NCPC, é forma de solução negociada por meio de interferência de técnico (mediador ou conciliador) que promove ou facilita o consenso entre os conflitantes quanto à melhor forma de pacificar o conflito.

Assim, torna-se viável "construir arranjos negociais que atendam aos interesses de ambas as partes"[22]. Pode até acontecer, eventualmente, alguma concessão, mas não é isso que necessariamente se busca com a mediação e a conciliação[23], pois, o que se visa é a alternativa de não depender da sentença autoritária do juiz, e, sim, de "negociar de forma estruturada, baseando-se não em posições rígidas mas sim nos interesses dos envolvidos e, ainda, que agreguem valor ao que cada um dos negociadores desejava inicialmente"[24]. A base da solução consensual não são, de fato, as posições iniciais, mas os interesses em jogo. Por mais de uma solução esses interesses podem ser atendidos. Assim, a negociação consiste exatamente em negociar as diversas opções em torno do modo de satisfazer os interesses recíprocos, sem que necessariamente se tenha de abrir mão deles.

---

[22] TARTUCE, Fernanda. *Mediação nos conflitos civis.* 2. ed. São Paulo: Método, 2015, no prelo, *apud* BRANDÃO, Débora; TARTUCE, Fernanda. Reflexões sobre a aplicação das previsões consensuais do novo CPC em demandas familiares. *Revista Brasileira de Direito Processual,* v. 91, p. 90, jul.-set./2015.

[23] "A mediação não tem como objetivo primordial o acordo, e sim a satisfação dos interesses e dos valores e necessidades das pessoas envolvidas na controvérsia. Na mediação as pessoas passam, de forma emancipada e criativa, a resolver um conflito pelo diálogo cooperativo, na construção da solução" (BARBOSA; e SILVA. *Op. cit.,* p. 102).

[24] BRANDÃO, Débora: TARTUCE, Fernanda. *Op. cit.,* p. 30.

8. Outros meios alternativos de resolução de conflitos

O novo CPC elenca e regulamenta a mediação e a conciliação como meios alternativos a serem incentivados na busca da solução consensual dos conflitos. Mas não se limita a tanto, pois o § 3º, do art. 3º, contém cláusula geral que abre oportunidade também para a adoção de "outros métodos de solução consensual", além da mediação e da conciliação.

A tendência atual, principalmente, no mundo dos grandes negócios internacionais, é o recurso a uma grande série de métodos extrajudiciais para superação dos conflitos surgidos nas relações contratuais, podendo ser lembrados, para exemplificar, o *ombudsman*, a opinião de experto, a facilitação etc.[25]

Exemplos da atividade própria do *ombudsman* – pessoa ou entidade que exerce *ouvidoria*, recebendo e encaminhando reclamações a quem de direito, para a devida resposta e providências – são aquelas exercidas, entre nós, pelo Ministério Público (CF, art. 129, II) e pelas Agências Reguladoras (Lei nº 9.986/2000, art. 11).

Outrossim, através de cláusula contratual ou de negócio processual, pode-se convencionar que o exame técnico de fato controvertido seja feito, como força vinculante para as partes, por *expert* consensualmente escolhido. Assim, cria-se um caminho consensual para alcançar ou facilitar a composição do litígio.

Quanto à *facilitação*, consiste essa técnica em obter a assistência concedida às partes por terceiro, que "favorece" a construção da saída consensual. Lembra GARCEZ que nos Estados unidos existem centros de ADRs com "grupos de *experts* formados para esse desiderato, que apenas assistem as negociações, esclarecendo condições e explorando cenários de solução[26].

9. Escolha do meio consensual a recorrer

Dispõe o art. 334 do NCPC que o juiz – verificando que não é o caso de indeferimento da petição inicial nem de improcedência liminar do pedido – designará audiência de *conciliação* ou de *mediação*.

Ressalte-se a importância da definição da modalidade de solução consensual que se programa para o caso concreto, porque a atuação do terceiro intermediador terá dimensões diferentes conforme se trate de conciliação ou de mediação.

A escolha entre a conciliação e a mediação é orientada pelo novo Código nos parágrafos do art. 165:

A **conciliação** é recomendável nos casos em que não houver vínculo anterior entre as partes, podendo o conciliador formular sugestões para o litígio, sendo-

---

[25] GARCEZ, José Maria Rossani. *ADRs: Métodos alternativos de solução de conflitos* – Análise estrutural dos tipos, fundamentos e exemplos na prática nacional/internacional. Rio de Janeiro: Lumen Juris, 2013, *passim*.

[26] GARCEZ, José Maria Rossani. *Op. cit.*, p. 77; FREITAS, Juarez; JOBIM, Marco Félix. *Op. cit.*, p. 109.

-lhe, porém, "vedada a utilização de qualquer tipo de constrangimento ou intimidação para que as partes se conciliem" (art. 165, § 2º).

Se se tratar, pois, de conflito relacionado com acontecimento eventual, o melhor remédio será a *conciliação*, porque o conciliador é aquele que não tem necessidade de aprofundar no estudo de um relacionamento antigo, cuja preservação seria de se desejar, e do qual não se esperaria enfrentamento de problemas subjetivos complexos. Pense-se numa causa em torno da reparação de pequenos danos por colisão de veículos ou por rompimento de contrato.

Quando, porém, o que se espera do intermediador á a participação na escolha de opções para a melhor composição de interesses recíprocos, diante de relações duradoras que se pretende conservar ou modificar, o remédio adequado será a **mediação**. Conforme o § 3º do art. 165 do NCPC, o mediador deve atuar preferencialmente "nos casos em que houver vínculo entre as partes", cabendo-lhe auxiliar os interessados, "a compreender as questões e os interesses em conflito, de modo que eles possam, pelo restabelecimento da comunicação, identificar, por si próprios, soluções consensuais que gerem benefícios mútuos".

A mediação, por exemplo, é o remédio que encontrará natural emprego nos conflitos familiares, dado "seu potencial para permitir digressões aprofundadas sobre o liame entre os envolvidos, que podem precisar trabalhar fatos de seu histórico para restaurar a confiança recíproca porventura perdida"[27]. Igual indicação pode ser feita para ações de revisão de contrato de longa duração acometido de desequilíbrio econômico ao longo de sua execução, de renovação de locação empresarial, de interpretação de cláusulas de contrato cuja vigência se queira preservar, e assim por diante.

Ao juiz, de ofício, cabe definir, ao despachar a inicial, se a audiência será de conciliação ou de mediação, diante do que considerar mais adequado à hipótese dos autos. Nada impede, porém, – e , aliás, será até interessante que o façam – que as partes requeiram seja a audiência realizada sob a forma de *conciliação* ou de *mediação*[28].

Acarretaria algum vício processual a escolha da mediação quando a hipótese justificasse a conciliação, ou vice-versa? A resposta é negativa. A lei, *in casu*, não contém comando rígido e absoluto. Fala simplesmente em atuação preferencial ora do conciliador, ora do mediador (NCPC, art. 165, §§ 2º e 3º), de modo que resta às partes e ao juiz certa liberdade de opção, sem que o programa legal de busca da resolução consensual do conflito seja violado.

---

[27] BRANDÃO, Débora; TARTUCE, Fernanda. *Op.cit.*, p. 31.
[28] BRANDÃO, Débora; TARTUCE, Fernanda. *Op. cit.*, p. 31-32.

10. Conciliadores e mediadores judiciais

A conciliação e a mediação são métodos alternativos de resolução de conflitos, que vêm ganhando força nos ordenamentos jurídicos modernos, pois buscam retirar do Poder Judiciário a exclusividade na composição das lides. Ninguém melhor do que as próprias partes para alcançar soluções mais satisfatórias para suas contendas, chegando à autocomposição, por meio da *alternative dispute resolution* (ADR), na linguagem do direito norte-americano.

KAZUO WATANABE entende que esses métodos não devem ser estudados "como solução para a *crise de morosidade da Justiça* como uma forma de reduzir a quantidade de processos acumulados no Judiciário, e *sim* como um método para se dar *tratamento mais adequado aos conflitos de interesses* que ocorrem na sociedade".[29] Para o autor, deve-se tentar abandonar o que ele chama de "cultura da sentença", que valoriza excessivamente a resolução dos conflitos por meio do Poder Judiciário, para criar a "cultura da pacificação", valorizando a solução amigável pelos próprios conflitantes, com o auxílio dos mediadores e conciliadores.[30]

A mediação consiste em facilitar o diálogo entre as partes, para que, assim, consigam pôr fim ao conflito de forma consensual. O mediador, terceiro imparcial e sem poder de decisão, por meio de técnicas de negociação, incentiva e auxilia os envolvidos a alcançar, por si próprios, uma solução pacífica e adequada ao problema por eles enfrentado[31]. Já a conciliação busca a autocomposição entre as partes permitindo uma participação mais efetiva do conciliador, que pode, inclusive, apresentar proposições e sugerir soluções.[32]

O novo Código alçou os conciliadores e mediadores à condição de auxiliares da justiça, regulando minuciosamente suas atividades e competências (arts. 165 a 175), uma vez que conferiu maior relevância à autocomposição como meio de solucionar os conflitos. A legislação atual estimula, no campo das suas normas fundamentais, que as partes, auxiliadas e orientadas por profissionais capacitados, encontrem formas alternativas de resolução do litígio. Preconiza mesmo que juízes, advogados, defensores públicos e membros do Ministério Público se

---

[29] WATANABE, Kazuo. Política judiciária nacional de tratamento adequado dos conflitos de interesses: utilização dos meios de resolução de controvérsias. *In:* MENDES, Aluísio Gonçalves de Castro; WAMBIER, Teresa Arruda Alvim (org.). *O processo em perspectiva:* jornadas brasileiras de direito processual. São Paulo: RT, 2013, p. 243.

[30] WATANABE, Kazuo. *Op. cit.*, p. 244/245.

[31] TARTUCE, Fernanda. *Mediação nos conflitos civis.* São Paulo: Método, 2008, p. 208; CALMON FILHO, Petrônio. *Fundamentos da mediação e da conciliação.* Rio de Janeiro: Forense Jurídica, 2007, p. 119; CÂMARA, Alexandre Freitas. Mediação e conciliação na Res. 125 do CNJ e no Projeto de Código de Processo Civil. In: MENDES, Aluísio Gonçalves de Castro; WAMBIER, Teresa Arruda Alvim (org.). *O processo em perspectiva:* jornadas brasileiras de direito processual. São Paulo: RT, 2013, p. 41.

[32] CALMOM FILHO, Petrônio. *Fundamentos da mediação. Op.cit., loc. cit.*

SOLUÇÃO CONSENSUAL DE CONFLITO NO NOVO CÓDIGO DE PROCESSO CIVIL

empenhem, inclusive no curso do processo, na tentativa de solução consensual do conflito (art. 3º, § 3º).

Entretanto, o sistema do novo Código não é o da obrigatoriedade de prévia busca da solução conciliatória como requisito para o ingresso em juízo. Ao contrário do que se passa em outras legislações atuais, como, por exemplo, a suíça,[33] entre nós, a utilização da conciliação ou mediação pelas partes é facultativa.

As funções de direção e colaboração para a autocomposição foram atribuídas a centros judiciários e câmaras públicas ou privadas de conciliação e mediação, que deverão ser criadas especificamente para tal fim. O NCPC cuida da conciliação e mediação judiciais, mas a Lei nº 13.140/2015 vai além e prevê a prática da mediação tanto judicial como extrajudicial.

A diferenciação entre as funções do conciliador e do mediador, como já visto, consta dos §§ 2º e 3º do art. 165 do NCPC.

11. A Lei nº 13.140 de 26 de junho de 2015 e o novo CPC

Após aprovação e sanção do novo Código de Processo Civil, adveio a Lei nº 13.140/2015 que "dispõe sobre a mediação entre particulares como meio de solução de controvérsias e sobre a autocomposição de conflitos no âmbito da administração pública". Sua disciplina é mais ampla do que a do Código, pois cuida, em detalhes, da autocomposição, inclusive no âmbito dos negócios privados e públicos, cuidando da mediação e conciliação, tanto processual como extraprocessual. Não há, todavia, conflito de normas entre os dois estatutos, principalmente porque a Lei nova pode ser vista como especial, e assim, não revoga nem modifica a lei geral preexistente (Lei de Introdução às Normas do Direito Brasileiro- art. 2º, § 2º). Devem, como é óbvio, ser interpretadas de forma sistemática e harmônica, com vistas a alcançar "a máxima efetividade das importantes novidades legislativas voltadas à pacificação social justa e célere"[34].

Um dado importante a ressaltar é que a Lei nº 13.140/2015, embora preveja a criação, pelos tribunais, de centros destinados às audiências processuais de *conciliação* e *mediação*, não contém a disciplina da atividade do conciliador, mas apenas a do *mediador* que se encarrega da intermediação como prática de auxílio e estímulo às partes na busca de solução consensual para a controvérsia (art. 1º, *caput* e parágrafo único, da Lei de Mediação). Trata-se, pois, da regulamentação apenas de uma das formas de resolução consensual de conflito – a mediação.

---

[33] CÂMARA, Alexandre Freitas. Mediação e conciliação na Resolução 125 do CNJ e no projeto de Código de Processo Civil. In: MENDES, Aluisio Gonçalves; WAMBIER, Tereza Arruda Alvim (orgs.). *O processo em perspectiva*: jornadas brasileiras de direito processual. São Paulo: RT, 2013, p. 45.

[34] GARCIA, Gustavo Filipe Barbosa. Mediação e autocomposição: considerações sobre a Lei nº 13.140/2015 e o novo CPC, *Revista Magister de Direito Civil e Processual Civil*, n. 66, p. 34, mai-jun/2015.

A conciliação, assim, fica submetida estritamente ao regime do Código de Processo Civil (arts. 165 a 175).

12. Princípios informadores da conciliação e mediação
12.1. Princípios elencados pelo NCPC e pela Lei da Mediação

A conciliação e a mediação, nos termos do art. 166, são reguladas pelos seguintes princípios:[35]

(a) Independência: os mediadores e conciliadores exercem sua função de forma independente, livres de qualquer pressão ou subordinação (NCPC, art. 166, *caput*).

(b) Imparcialidade: os conciliadores e mediadores são terceiros estranhos às partes, que, portanto, tal como os juízes devem agir de forma imparcial, objetivando a melhor composição do conflito para os envolvidos. Ao mediador, a Lei nº 13.140/2015 (art. 5º, *caput*) manda aplicar "as mesmas hipóteses legais de impedimento e suspeição do juiz".

A imparcialidade, todavia, não é afetada pelo fato de se aplicar técnicas negociais, com o fim de proporcionar um ambiente favorável à autocomposição (NCPC, art. 166, § 3º).

A propósito da observância desse princípio, a Lei nº 13.140/2015 (art. 5º, parág. único) impõe à pessoa designada para atuar como mediador "o dever de revelar às partes, antes da aceitação da função, qualquer fato ou circunstância que possa suscitar dúvida justificada em relação à sua imparcialidade para mediar o conflito, oportunidade em que poderá ser recusado por qualquer delas".

(c) Isonomia: A imparcialidade impõe, ainda, que o conciliador e o mediador atuem sem qualquer favoritismo em relação às partes, preservando a isonomia, "de forma a permitir que elas possam ter acesso às mesmas informações", uma vez que, não sendo garantida a igualdade de tratamento, "a eficácia dos meios alternativos de solução de conflitos é extremamente diminuída"[36].

(d) Autonomia da vontade: as partes têm o poder de definir as regras do procedimento conciliatório, a fim de atender às especificidades do caso concreto, desde que não sejam contrárias ao ordenamento jurídico (NCPC, art. 166, § 4º). Assim, a possibilidade de as partes celebrarem negócios processuais, prevista no art. 190, do NCPC, ganha força e relevância na mediação.

(e) Busca do consenso: o protagonismo na formação da solução consensual do conflito é reservado às partes. Por isso, "o mediador conduzirá o procedimento de comunicação entre as partes, buscando o entendimento e o consenso e faci-

---

[35] Além dos princípios previstos no NCPC, a Lei nº 13.140/2015 estabelece os princípios da isonomia entre as partes e o da boa-fé. Ainda, o anexo III da Resolução nº 125 do CNJ prevê o Código de Ética de Mediadores e Conciliadores.

[36] PEIXOTO, Ravi. Primeiras impressões sobre os princípios que regem a mediação e a conciliação. *Revista Dialética de Direito Processual*, nº 152, p. 97-98, nov/2015.

litando a resolução do conflito" (Lei nº 13.140/2015, art. 4º, § 1º), que será construída pelos próprios litigantes.

(f) Confidencialidade: as partes deverão guardar sigilo, não apenas do conflito instaurado, mas, também, de todas as informações produzidas no curso do procedimento, cujo teor não poderá ser utilizado para fim diverso daquele previsto por expressa deliberação das partes (NCPC, art. 166, § 1º). A principal função da confidencialidade, destarte, é a de garantir que as informações utilizadas nas sessões de conciliação ou mediação não possam ser reveladas sequer em processo arbitral ou judicial, "salvo se as partes expressamente decidirem de forma diversa ou quando sua divulgação for exigida por lei ou necessária para cumprimento de acordo obtido pela mediação" (Lei nº 13.140/2015, art. 30).[37]

Essa obrigação de sigilo se estende aos conciliadores, mediadores e membros de suas equipes, que não poderão divulgar ou depor acerca dos fatos e elementos decorrentes do procedimento (NCPC, art. 166, § 2º).

A Lei nº 13.140/2015, em seu art. 30, §1º, I a IV, elenca as informações que são abarcadas pela confidencialidade: *(i)* declaração, opinião, sugestão, promessa ou proposta formulada por uma parte à outra na busca de entendimento para o conflito; *(ii)* reconhecimento de fato por qualquer das partes no curso do procedimento de mediação; *(iii)* manifestação de aceitação de proposta de acordo apresentada pelo mediador; *(iv)* documento preparado unicamente para os fins do procedimento de mediação.

Esse dever de confidencialidade não abrange os conflitos que envolvem o poder público, em face do princípio da publicidade dos seus atos (art. 37, *caput,* CF). Aplica-se, por isso, à mediação e conciliação, por analogia com o juízo arbitral, a ressalva da Lei nº 13.129/2015, art. 1º, § 3º, que afasta a confidencialidade nos casos de interesse da administração pública. Destarte, apenas nas situações excepcionais expressamente contempladas pela Lei de Acesso à Informação dos dados públicos (nº 12.527/2011), é que se resguadaria o sigilo na conciliação e mediação, como, por exemplo, matéria afeta à segurança da sociedade ou do Estado e que diga respeito à intimidade, vida privada, honra e imagem das pessoas, bem como às liberdades e garantias individuais.

(g) Oralidade: consubstanciada no contato pessoal e direto do mediador e conciliador com as partes.

---

[37] Nesse sentido é o art. 7º da Diretiva da Mediação editada em 2008 pela União Europeia: "Dado que se pretende que a mediação decorra de uma forma que respeite a confidencialidade, os Estados-membros devem assegurar que, salvo se as partes decidirem em contrário, nem os mediadores, nem as pessoas envolvidas na administração do processo de mediação sejam obrigadas a fornecer provas em processos judiciais ou arbitragens civis ou comerciais, no que se refere a informações decorrentes ou relacionadas com um processo de mediação".

(h) Informalidade: os procedimentos não são rígidos, devem seguir as regras estabelecidas livremente pelas partes. A mediação e a conciliação permitem que os envolvidos usem da criatividade para construir a solução mais satisfatória a seus interesses.[38]

(i) Decisão informada: antes de iniciar o procedimento, as partes devem ser devidamente esclarecidas sobre os seus direitos e as opções que lhes são disponibilizadas pelo ordenamento, para que possam chegar à uma composição livre e informada. Esse dever encontra-se previsto, também, no art. 1º, II, do Anexo III, da Resolução nº 125, do CNJ. Cabe, também, ao mediador "alertar as partes acerca das regras de confidencialidade aplicáveis ao procedimento" (Lei nº 13.140/2015, art. 14).

12.2. Os Centros Judiciários de Solução Consensual de Conflitos

A política de criação e incentivo dos Centros Judiciários de Solução de Conflitos e Cidadania já era objeto de programa editado pelo Conselho Nacional de Justiça, mesmo antes do advento do NCPC (Resolução 125/CNJ, de 29.11.2010). Fiel a esse programa, a atual legislação processual civil determina que cada tribunal (estadual ou federal), observando as normas do Conselho Nacional de Justiça,[39] crie Centros Judiciários de Solução Consensual de Conflitos responsáveis pela realização de sessões e audiências de conciliação e mediação, e pelo desenvolvimento de programas destinados a auxiliar, orientar e estimular a autocomposição (NCPC, art. 165, *caput*). A Lei 13.140/2015, superveniente ao NCPC, e que deu ampla regulamentação à solução consensual de conflitos, tanto em juízo como extrajudicialmente, manteve a mesma linha da legislação processual civil (art. 24).

A composição e a organização desses Centros serão definidas pelo respectivo tribunal, observadas as normas do CNJ (NCPC, art. 165, § 1º; Lei nº 13.140/2015, art. 24, parág. único).

Dentro da regulamentação do CNJ preexistente, esses Centros deverão cobrir toda a circunscrição territorial do respectivo tribunal. O ideal é que existam Centros Judiciários de Solução Consensual de Conflitos na Capital e nas grandes comarcas, podendo, no interior, haver Centros Regionais. De acordo com o CNJ, esses Centros deverão conter setores de solução pré-processual e de solução processual (art. 10 da Resolução 125/CNJ).

Além dos Centros Judiciários, permite-se a criação de câmaras privadas de conciliação e mediação, que, contudo, deverão seguir as normas do CPC (art. 175, parágrafo único).

---

[38] RODRIGUES JÚNIOR, Walsir Edson. *A prática da mediação e o acesso à justiça.* Belo Horizonte: Del Rey, 2007, p. 91.
[39] Resolução 125 do CNJ.

As audiências processuais de conciliação e mediação serão de responsabilidade dos referidos Centros, e se desenvolverão sem a presença do juiz. Obtido o acordo, os autos serão encaminhados ao juiz, para homologação (Lei de Mediação, art. 28, parág. único).

Enquanto não criados e instalados ditos Centros, a audiência de mediação ou de conciliação será processada em juízo, com participação necessária do conciliador ou mediador, onde houver (NCPC, art. 334, § 1º). Não existindo nem o Centro, nem o conciliador ou o mediador, a tentativa de obtenção da solução consensual será promovida pelo juiz.

12.3. Centros de conciliação extrajudiciais

O novo Código admite outras formas de conciliação e mediação extrajudicial, vinculadas a órgãos institucionais ou realizadas por intermédio de profissionais independentes, que poderão ser regulamentadas por lei específica (NCPC, art. 175, *caput*).

12.4. Câmaras de Mediação e Conciliação da Administração Pública

Dispõe a legislação atual que a União, os Estados, o Distrito Federal e os Municípios criarão câmaras de mediação e conciliação, para auxiliar na solução consensual de conflitos no âmbito administrativo, tendo, entre outras, as seguintes atribuições (NCPC, art. 174; e Lei nº 13.140/2015, art. 32 a 34):

(a) dirimir conflitos envolvendo órgãos e entidades da administração pública (inciso I);

(b) avaliar a admissibilidade dos pedidos de resolução e conflitos, por meio de conciliação, no âmbito da administração pública (inciso II);

(c) promover, quando couber, a celebração de termo de ajustamento de conduta (inciso III).

O modo de composição e funcionamento de tais câmaras será estabelecido em regulamento de cada ente federado (Lei nº 13.140/2015, art. 32, § 1º). Para a solução consensual das controvérsias que envolvam a Administração Pública Federal, a Lei nº 13.140 prevê a "transação por adesão" (art. 35), que observará os procedimentos regulados em ato do Advogado Geral da União (art. 36).

Esse tipo de solução de conflitos, no âmbito da Administração Pública, é facultativo e está previsto apenas para a instância administrativa (Lei nº 13.140, art. 32). Mas, enquanto as Câmaras de Mediação administrativas não forem criadas, o ente público poderá, a seu critério, valer-se dos meios regulados pelos arts. 14 a 20 da Lei de Mediação, conforme autoriza o art. 33 do mesmo diploma legal.

12.5. Capacitação e remuneração dos conciliadores e mediadores

Os conciliadores e mediadores judiciais serão inscritos em cadastro nacional e em cadastro de tribunal de justiça ou de tribunal regional federal, que manterão registro dos profissionais habilitados, com indicação de sua área profissional (NCPC, art. 167, *capu;* Lei 13.140, art. 12).

Para obter sua inscrição em referidos cadastros, o profissional deverá ser graduado há pelo menos dois anos em curso superior e exibir certificado de sua capacitação mínima, obtido por meio de curso realizado por entidade credenciada[40] segundo parâmetros curriculares definidos pelo Conselho Nacional de Justiça em conjunto com o Ministério da Justiça (NCPC, art. 167, § 1º; Lei nº 13.140/2015, art. 11).

O conciliador e mediador cadastrado, se, for advogado, estará impedido de exercer a advocacia nos juízos em que exerça suas funções (NCPC, art. 167, § 5º).

A atividade é remunerada pelas partes, por tabela fixada pelo tribunal, conforme parâmetros estabelecidos pelo CNJ (Lei nº 13.140/2015, art. 13), a menos que o profissional seja integrante de quadro próprio de conciliadores e mediadores, criado pelo tribunal e preenchido por meio de concurso público de provas e títulos (NCPC, art. 169, *caput*). Todavia, a mediação e a conciliação podem ser realizadas como trabalho voluntário, observadas a legislação pertinente e a regulamentação do tribunal (NCPC, art. 169, § 1º).

Assegura-se, aos necessitados, a gratuidade da mediação (Lei nº 13.140/2015, art. 4º, § 2º), mesmo quando realizada através de instituições não estatais. As câmaras privadas de conciliação e mediação, em contrapartida ao seu credenciamento, deverão suportar algumas audiências não remuneradas, cujo percentual será determinado pelos tribunais, com a finalidade de atender aos processos em que haja sido deferida a gratuidade da justiça (NCPC, art. 169, § 2º).

12.6. Impedimento e impossibilidade temporária do exercício da função

As hipóteses de impedimento e suspeição do juiz (NCPC, arts. 144 e 145) aplicam-se aos conciliadores e mediadores (Lei nº 13.140, arts. 5º). Constatando alguma causa de impedimento, o intermediador deverá comunicá-la imediatamente ao juiz da causa ou ao coordenador do centro judiciário de solução de conflitos, preferencialmente por meio eletrônico, para que este faça nova distribuição (NCPC, art. 170, *caput*). Caso o impedimento seja apurado quando já iniciado o procedimento, a atividade será interrompida, lavrando-se ata com o relatório do ocorrido e a solicitação de distribuição para novo conciliador ou mediador (NCPC, art. 170, parágrafo único).

---

[40] Segundo a Lei nº 13.140/2015 (art. 11), a capacitação poderá ser certificada por escola ou instituição de formação de mediadores, reconhecida pela Escola Nacional de Formação e Aperfeiçoamento de Magistrados – ENFAM, ou pelos Tribunais.

SOLUÇÃO CONSENSUAL DE CONFLITO NO NOVO CÓDIGO DE PROCESSO CIVIL

Estando o conciliador ou mediador impossibilitado, temporariamente, de exercer suas funções, deverá informar o fato ao centro judiciário de solução de conflitos, preferencialmente por meio eletrônico, para que não lhe sejam feitas novas distribuições durante o período (NCPC, art. 171).

O novo Código prevê que o profissional, após a sua participação na conciliação ou mediação, fica impedido de assessorar, representar ou patrocinar qualquer das partes, pelo prazo de um ano, contado do término da última audiência em que atuou (NCPC, art. 172; Lei nº 13.140/2015, art. 6º).

12.7. Escolha dos conciliadores e mediadores pelas partes

As partes podem, de comum acordo, escolher o mediador, o conciliador ou a câmara privada de conciliação e mediação (NCPC, art. 168; Lei nº 13.140/2015, art. 4º), que podem ou não estar cadastrados junto ao tribunal (§ 1º do art. 168). Não havendo acordo, ocorrerá a distribuição entre aqueles profissionais cadastrados no registro do tribunal, observada a respectiva formação (§ 2º do art. 168). Poderá haver a designação de mais de um mediador ou conciliador para o caso concreto, sempre que for recomendável (§ 3º do art. 168).

12.8. Cadastro dos conciliadores e mediadores

Os conciliadores, os mediadores e as câmaras privadas deverão ser inscritos em cadastro nacional e em cadastro de tribunal de justiça ou de tribunal regional federal, os quais manterão registro de profissionais habilitados, com a indicação de sua área de atuação (NCPC, art. 167, *caput*).

Essa inscrição poderá se dar de duas formas: *(i)* mediante certificado de aprovação em curso de capacitação (NCPC, art. 167, § 1º); ou *(ii)* mediante aprovação em concurso público, que será ou não realizado a critério do respectivo tribunal (NCPC, art. 167, § 2º).

Uma vez efetivado o registro do profissional, o tribunal remeterá ao diretor do foro da comarca, seção ou subseção judiciária onde atuará o conciliador ou o mediador os dados necessários para que o seu nome passe a constar da respectiva lista local, para efeito de distribuição alternada e aleatória, observado o princípio da igualdade dentro da mesma área de atuação profissional (NCPC, art. 167, § 2º).

O credenciamento das câmaras e o cadastro dos conciliadores e mediadores conterão todos os dados relevantes para a sua atuação, tais como "o número de causas de que participou, o sucesso ou insucesso da atividade, a matéria sobre a qual versou a controvérsia, bem como outros dados que o tribunal julgar relevantes" (NCPC, art. 167, § 3º). Referidos dados deverão ser classificados pelo tribunal, que os publicará, ao menos anualmente, para conhecimento da população e para fins estatísticos e de avaliação da atividade tanto das câmaras privadas, como dos conciliadores e mediadores (§ 4º do art. 167).

Se o tribunal preferir, pode, em vez de cadastrar profissionais e câmaras privadas de conciliação e mediação, criar quadro próprio de servidores, a ser preenchido por concurso público de provas e títulos (NCPC, art. 167, § 6º).

Será excluído do respectivo cadastro o profissional que: *(i)* agir com dolo ou culpa na condução da conciliação ou da mediação sob sua responsabilidade, ou violar os deveres de confidencialidade ou sigilo; e, *(ii)* atuar em procedimento de mediação ou conciliação, apesar de impedido ou suspeito (NCPC, art. 173, *caput*).

Essas hipóteses serão apuradas em processo administrativo (NCPC, art. 173, § 1º). Havendo atuação inadequada do mediador ou conciliador, o juiz da causa ou coordenador do centro de conciliação poderá afastá-lo de suas atividades por até cento e oitenta dias, por meio de decisão fundamentada, informando o fato imediatamente ao tribunal para instauração do respectivo processo administrativo (§ 2º do art. 173).

13. A conciliação e a mediação durante o processo
13.1. Introdução

Nos termos da Lei 13.140/2015, a *mediação* pode ser deferida no despacho da petição inicial, e será realizada em audiência liminar específica (art. 27). Pode, também, ser requerida pelas partes, ao longo do curso da causa, de comum acordo, caso em que será suspenso o processo pelo tempo suficiente para a solução consensual do litígio (art. 16). Em qualquer desses casos, a mediação será processada através dos Centros Judiciários de Conciliação, onde houver (art. 24).

No NCPC, a mediação e a conciliação são objeto de audiências, especiais ou não. O Código de 2015 prevê a possibilidade de realização de três audiências no procedimento comum:

(a) a *audiência preliminar* (NCPC, art. 334), que poderá ocorrer em qualquer processo, e cujo objetivo específico é a tentativa de composição consensual entre as partes, a qual sendo obtida levará à extinção do processo, com decisão de mérito (NCPC, art. 487, III);

(b) a *audiência de saneamento* (NCPC, art. 357, § 3º), que ocorrerá somente em causas complexas, para que o saneamento seja feito em cooperação com as partes. O juiz, ao final deverá proferir decisão que resolverá as questões previstas no *caput* do art. 357[41]; e, (c) *audiência de instrução e julgamento* (NCPC, arts. 358 a 368), que será designada na decisão de saneamento

---

[41] "Art. 357. Não ocorrendo nenhuma das hipóteses deste Capítulo, deverá o juiz, em decisão de saneamento e de organização do processo: I – resolver as questões processuais pendentes, se houver; II – delimitar as questões de fato sobre as quais recairá a atividade probatória, especificando os meios de prova admitidos; III – definir a distribuição do ônus da prova, observado o art. 373; IV – delimitar as questões de direito relevantes para a decisão do mérito; V designar, se necessário, audiência de instrução e julgamento" (...).

quando não for possível o julgamento antecipado de mérito (NCPC, art. 357, *caput*).

13.2. Audiência preliminar de conciliação ou de mediação

A audiência preliminar de conciliação ou de mediação é ato integrante do procedimento comum, só não sendo observado nas causas em que a autocomposição não for admissível nos termos da lei.

Assim, ainda que o autor manifeste, expressamente na petição inicial, desinteresse pela composição consensual, o juiz a despachará designando dia e hora para a audiência competente. Esse ato conciliatório somente não será realizado se o réu aderir ao desinteresse do autor em petição posterior à citação e anterior à audiência. O autor, portanto, não tem o poder de, isoladamente, impedir ou evitar a audiência. Sem a adesão do réu, a sessão ocorrerá necessariamente. Da mesma forma, o demandado também não tem poder de impedi-la pela só manifestação individual de desinteresse. Nem uma nem outra parte têm possibilidade de, sozinha, escapar da audiência preliminar.

A audiência de conciliação ou de mediação é, pois, designada pelo juiz no despacho da petição inicial, sempre que ela preencher os requisitos essenciais e não for o caso de improcedência liminar do pedido. Observar-se-á a antecedência mínima de trinta dias. Para participar da audiência, o réu será citado com pelo menos vinte dias de antecedência (NCPC, art. 334, *caput*). A intimação do autor dar-se-á na pessoa de seu advogado (NCPC, art. 334, § 3º).

A audiência obedecerá as normas do Código e da lei de organização judiciária, e dela participarão, necessariamente, o conciliador ou o mediador, salvo se não existirem na Comarca esses auxiliares do juízo (NCPC, art. 334, § 1º). Poderá realizar-se, inclusive, por meios eletrônicos, nos termos da lei própria (NCPC, art. 334, § 7º). Participando o mediador ou o conciliador da audiência, a ele competirá a condução dos trabalhos de facilitação da autocomposição[42].

É possível a designação de mais de uma sessão destinada à conciliação e à mediação, desde que seja necessário à composição das partes e que não se exceda o prazo de dois meses da primeira audiência (NCPC, art. 334, § 2º).

Não haverá audiência em duas situações: *(i)* se houver manifestação de desinteresse das partes na conciliação; e, *(ii)* quando o objeto do litígio não admitir a autocomposição (NCPC, art. 334, § 4º). A falta de interesse na composição da lide deve ser manifestada pelo autor na petição inicial e pelo réu em petição apresentada ao juízo com dez dias de antecedência, contados da data designada para

---

[42] A audiência será conduzida pelo terceiro facilitador, mas na Comarca onde não existir conciliador ou mediador, a tarefa caberá ao juiz (DINAMARCO, Cândido Rangel. O novo Código de Processo Civil brasileiro e a ordem processual civil vigente. *Revista de Processo*, v. 247, p. 85, set/2015).

a audiência (art. 334, § 5º). Havendo litisconsórcio, o desinteresse na realização dessa audiência deve ser manifestado por todos os litisconsortes (art. 334, § 6º).

O não comparecimento injustificado de qualquer das partes é considerado ato atentatório à dignidade da justiça, ensejando a aplicação de multa de até dois por cento da vantagem econômica pretendida no processo, ou do valor da causa, que será revertida em favor da União ou do Estado (NCPC, art. 334, § 8º). Há quem critique a não adoção de obrigatoriedade da audiência conciliatória pelo novo Código. A falta, todavia, é compensada pela cominação de pena pecuniária significativa, com que o legislador imaginou pressionar os litigantes a participar da busca de autocomposição.

O comparecimento das partes deve se dar com acompanhamento de advogado ou de defensor público (NCPC, art. 334, § 9º). É possível, entretanto, constituir representante com poderes para negociar e transigir, o que deve ser feito por meio de procuração específica (art. 334, § 10).

Obtida a autocomposição, será ela reduzida a termo e homologada pelo juiz por sentença de extinção do processo, com julgamento de mérito (NCPC, arts. 334, § 11, e 487, III, *b*). Frustrada a tentativa de conciliação, começará a fluir o prazo de contestação.

Prevê o Código que a pauta das audiências de conciliação ou de mediação seja organizada de modo a respeitar o intervalo mínimo de vinte minutos entre o início de uma e o início da seguinte (NCPC, art. 334, § 12). Essa medida é importante para que, num só dia, sejam realizadas várias audiências, evitando designações distanciadas em datas remotas.

No regime do Código de 1973, a audiência preliminar de conciliação realizava-se na fase de saneamento do processo, ou seja, depois de contestada a ação. Assim, além da busca da autocomposição do litígio, servia de oportunidade para facilitar o contato do juiz com as partes, com o fito de delimitar o objeto do conflito e de definir as provas a ele pertinentes (CPC/73, art. 331). O sistema do Código de 2015 é outro: a audiência de mediação ou conciliação realiza-se *in limine litis*, antes, portanto, da resposta do réu ao pedido do autor. Em tal estágio, entende o legislador que seria mais fácil encaminhar os litigantes para uma solução negocial da contenda, mormente porque a tentativa de conciliação não mais será realizada pelo juiz, mas por auxiliares técnicos do juízo (mediadores ou conciliadores).

O contato pessoal do juiz com as partes, visando melhor delinear o objeto do litígio e especificar as provas adequadas à sua resolução, não foi totalmente suprimido pelo NCPC. Frustrada a tentativa liminar de autocomposição, o juiz, após concluída a fase da litiscontestação, procederá ao *saneamento e à organização do processo*, ocasião em que, diante da complexidade das questões de fato e de direito em jogo, *deverá designar audiência*, cuja finalidade será, segundo a lei, efetuar o saneamento "em cooperação com as partes", permitindo o convite aos litigantes "a integrar ou esclarecer suas alegações" (NCPC, art. 357, § 3º). Com essa atividade conjunta dos sujeitos processuais, é evidente que se tornará mais fácil e mais eficiente a tarefa do juiz de "delimitar as questões de fato sobre as quais recairá a atividade probatória", bem como de especificar os "meios de prova admitidos" (NCPC, art. 357, II); e, se for o caso, promover a redistribuição do ônus da prova permitida pelo art. 373, § 1º.

Esse diálogo do juiz com as partes, como reconhece a doutrina, apressa "o encerramento da fase cognitiva com uma maior segurança, que resultará na entrega da tutela jurisdicional, mais eficaz e célere, sem deixar de respeitar os princípios basilares do contraditório, ampla defesa".[43]

Sobre conciliação e mediação, sobreveio ao NCPC a Lei nº 13.140/2015 que cuidou da solução consensual por via dos mecanismos citados, tanto nos conflitos entre particulares como naqueles que envolvam a administração pública[44], prevendo e regulando, ainda, o cabimento da mediação extrajudicial como forma de evitar a instauração do processo judicial.

13.3. Tentativa de conciliação na audiência de instrução e julgamento

Mesmo que frustrada a tentativa de solução consensual na audiência preliminar de conciliação ou de mediação, na audiência final de instrução e julgamento o juiz tentará, mais uma vez, conduzir as partes a negociarem a composição do conflito deduzido em juízo (NCPC, art. 359).

Porque é dever do juiz velar pela rápida solução do litígio e promover a autocomposição (NCPC, art. 139, II e IV), determina o Código que, na audiência de instrução, antes de iniciar a atividade probatória, o magistrado "tentará conciliar as partes" (NCPC, art. 359).

Naturalmente só nas causas sujeitas à audiência é que tem cabimento a tentativa de conciliação, a cargo do juiz. Por isso, quando houver julgamento antecipado, ou extinção do processo sem apreciação do mérito, não caberá a medida. Havendo, porém, audiência, a conciliação será tentada, em todos os processos de natureza patrimonial privada, até nos de rito especial e nos incidentais. Essa tentativa de conciliação ocorre independentemente do emprego anterior de outros métodos de solução consensual de conflitos, como a mediação e a arbitragem (NCPC, art. 359, in fine).

A conciliação, em nosso processo civil, resulta num acordo entre as partes para solucionar o litígio deduzido em juízo. Assemelha-se à transação, mas dela

---

[43] TROISE, Maria Regina Caldeira. A fase ordinária do processo e a produção das provas. *In:* NETO, Olavo de Oliveira; NETO, Elias Marques de Medeiros; LOPES, Ricardo Augusto de Castro (coords.). *A prova no Direito Processual Civil, estudos em homenagem ao professor João Batista Lopes.* São Paulo: Verbatim, 2013, p. 507.

[44] Ver nosso *Curso de Direito Processual Civil,,*v. I, nº 313.

se distingue, porque esta é ato particular das partes e a conciliação é ato processual realizado por provocação e sob mediação do juiz ou de auxiliares do juízo.

Por participar da natureza da transação e assim envolver potencialmente renúncia de direitos eventuais, só se admite a conciliação nas causas que versem sobre direitos patrimoniais de caráter privado, e em algumas causas relativas à família, em que a lei permite às partes transigir (NCPC, art. 334, § 4º, II). É pressuposto da solução consensual, pois, a disponibilidade do direito em disputa.

Nos casos em que tem cabimento, a conciliação é parte essencial da audiência. Cumpre ao juiz promovê-la, de ofício, independentemente da provocação das partes. Por isso, o juiz tentará, necessariamente, encontrar uma solução conciliatória para a lide, na medida do possível, antes de iniciar a instrução oral do processo.

Como regra, o juiz tentará conciliar as próprias partes, mas é válida, também, a tentativa de conciliação realizada perante advogado com poderes especiais para transigir, desistir e acordar.[45] Não é, pois, indispensável a presença das partes em pessoa para o ato,[46] nem estão elas sujeitas ao dever de comparecer à audiência só para a tentativa de conciliação, ainda que intimadas. O não comparecimento, segundo antiga jurisprudência, deveria ser interpretado simplesmente como "recusa a qualquer acordo".[47] Na sistemática do Código atual, porém, a recusa de comparecimento sem justificação à audiência dedicada à tentativa de conciliação é vista como ato atentatório à dignidade da justiça (NCPC, art. 334, § 8º). O rigor com que se trata a matéria decorre de figurar, entre as normas fundamentais do processo civil, em sua nova versão, a que impõe o dever a juízes e advogados de estimular a conciliação e a mediação, não só no início do processo, mas também durante todo o seu curso (NCPC, art. 3º, § 3º). Assim, as intimações e sanções expressamente estatuídas para a audiência de conciliação ou de mediação deverão ser observadas também na audiência de instrução e julgamento, sempre que nela houver o juiz de tentar conciliar as partes (NCPC, art. 359).[48]

---

[45] TARS Apel. 8.689, ac. 21.11.1974, Rel. Juiz José Barison, *RT* 479/212; TAMG, Ap. 216.218-3, Rel. Juiz Caetano Levi Lopes, ac. 30.04.1996, *RJTAMG* 63/243; STJ, 4ª T., REsp 705.269/SP, Rel. Min. João Otávio de Noronha, ac. 22.04.2008, *DJe* 05.05.2008; STJ, 4ª T., REsp 439.955/AM, Rel. Min. Sálvio de Figueiredo Teixeira, ac. 16.09.2003, *DJU* 25.02.2004, p. 180.

[46] TARS, Apel. 8.976, ac. 27.08.1974, Rel. Juiz Cristiano Graeff Jr., *Revista Forense* 249/258; TJSP, Apel. 245.904, ac. 10.10.1975, Rel. Des. Dantas de Freitas, *RT* 487/81; STJ, REsp 705.269/SP, Rel. Min. João Otávio de Noronha, 4ª T., j. 22.04.2008, *DJe* 05.05.2008.

[47] STJ, REsp 29.738-6/BA, Rel. Min. Torreão Braz, ac. 24.05.1994, *DJU* 15.08.1994, p. 20.337; TJPR, Ag. 40.447-5, Rel. Des. Troiano Netto, ac. 23.08.1995, *Paraná Judiciário* 49/64.

[48] Não se deve, entretanto, considerar vício grave da audiência de instrução e julgamento a falta de intimação das partes para a tentativa de conciliação, quando, no início do processo, autor e réu já tiverem manifestado, expressamente, seu desinteresse pela autocomposição (NCPC, art. 334, § 4º, I).

Comparecimento pessoal obrigatório, sob sanção, ocorre sempre que as partes tenham sido intimadas tanto para prestação de depoimento pessoal, como para a tentativa de autocomposição.

Por outro lado, não obstante tenha o juiz o dever de tentar a conciliação das partes, não há cominação de nulidade para a omissão da providência. Isto porque o objeto dela é apenas abreviar a solução do litígio, de sorte que, se houve a instrução completa e o julgamento de mérito, não haverá prejuízo algum que a parte possa invocar para justificar a anulação do processo.[49] Se a lide restou solucionada, o processo atingiu seu objetivo, pouco importando se por meio da conciliação ou da sentença de mérito. Seria bom que, a seu tempo, tivesse sido tentada a solução consensual. Sua falta, todavia, restou superada pela ulterior instrução e julgamento do mérito. Incide, pois, o art. 277 do NCPC.[50] Mormente, se as partes nada alegaram na oportunidade, não terá cabimento que, posteriormente, venham pleitear anulação do processo, em grau de recurso, a pretexto de não ter o juiz tentado a solução conciliatória do litígio.[51]

Convém lembrar que o procedimento comum conta com uma audiência liminar destinada à conciliação ou mediação, realizável antes da abertura de prazo para a própria contestação, e que será conduzida com a participação de auxiliares técnicos do juízo na promoção de autocomposição de controvérsias (NCPC, art. 334, § 1º)[52].

Quanto ao procedimento, não há, no Código, exigência de maiores solenidades para a tentativa de conciliação. Ao abrir a audiência, o juiz, verbalmente, e sem prejulgar a causa, concitará os litigantes a procurarem uma composição amigável para suas divergências.

Feita sem êxito a proposta de acordo, o juiz passará à instrução da causa. Se, porém, as partes entrarem em composição, o juiz mandará tomar por termo o acordo e o homologará por sentença, extinguindo o processo, com julgamento de mérito (art. 487, III, *b*), ainda na mesma audiência, que, com isso, ficará encerrada, sendo dispensadas as provas e o debate oral. O processo, então, se extinguirá, com decisão definitiva de mérito, gerando coisa julgada material.[53]

---

[49] STJ, REsp 35.234-8/SP, Rel. Min. Athos Carneiro, ac. 28.06.1993, *DJU* 25.10.1993, p. 22.499; STJ, 4ª T., AgRg no Ag 1.071.426/RJ, Rel. Min. Luis Felipe Salomão, ac. 16.12.2010, *DJe* 01.02.2011.

[50] STJ, REsp 7.184/SP, Rel. Min. Sálvio de Figueiredo Teixeira, ac. 08.10.1991, *RT* 683/183; STJ, 3ª T., AgRg no REsp 240.934/ES, Rel. Min. Paulo de Tarso Sanseverino, ac. 21.10.2010, *DJe* 19.11.2010.

[51] STJ, 4ª T., REsp 611.920/PE, Rel. Min. Aldir Passarinho Junior, ac. 05.08.2010, *DJe* 19.08.2010.

[52] Ver nosso Curso de Direito Processual Civil, v. I, n. 588.

[53] AMARAL SANTOS, Moacyr. *Comentários ao Código de Processo Civil*. 5. ed. Rio de Janeiro: Ed. Forense,1989, n. 302, p. 379.

14. Conclusões

A busca da solução consensual do litígio, preferencialmente por meio de conciliação ou mediação, integra a mesma política processual que, no novo CPC, admite e valoriza o negócio jurídico processual (art. 190). A um só tempo, procura-se solucionar o conflito de maneira mais justa e mais humana, e a conferir às partes atuação mais efetiva e mais influente sobre a composição da controvérsia veiculada no processo.

A autonomia da conduta processual dos litigantes manifesta-se não só por se lhes restar garantido o assessoramento técnico de conciliador ou mediador, como também pela liberdade de definir quem será esse intermediador. Tanto o novo CPC (art. 168) como a Lei nº 13.140/2015 (art. 4º) conferem às partes em litígio o direito de celebrar negócio processual para escolher o profissional que atuará como mediador ou conciliador no caso dos autos, bem como para escolher a Câmara Privada de Mediação e Conciliação em que a solução consensual do conflito será buscada.

Diante, ainda, da franquia do § 1º do art. 168 do NCPC, as partes não tem só a liberdade de escolha restrita aos mediadores e conciliadores figurantes do cadastro do Tribunal previsto no art. 167 do aludido Código. As partes, ainda, são livres "para optar por um mediador ou conciliador de sua confiança, ainda que ele não esteja cadastrado no Tribunal de Justiça local"[54].

A liberdade das partes, na matéria, ultrapassa, outrossim, a escolha do mediado ou conciliador. Na forma do art. 190 do NCPC, poderão praticar também negócios jurídicos processuais relacionados ao procedimento a ser observado na mediação ou conciliação, no tocante, por exemplo, ao prazo, à eventual dispensa de advogado, à adoção de medidas de urgência no curso do procedimento[55].

A técnica adotada pelo novo Código de Processo Civil, de acesso aos meios adequados de resolução consensual de controvérsias "é salutar e merece ser festejada"[56]. O êxito da inovação, todavia, dependerá, de um lado, da mudança de mentalidade dos operadores do processo para superar a primazia cultural da solução judicial dos litígios que até hoje prevalece no país; e de outro, da adequação dos serviços e pessoal do quadro especial dos mediadores e conciliadores, que cumpre aos tribunais organizar e preparar para o desempenho útil e efetivo do programa de composição consensual idealizado pelo NCPC e pela Lei nº 13.140/2015.

---

[54] LIPIANI, Júlia; SIQUEIRA, Marília. Negócios jurídicos processuais sobre mediação e conciliação. *Revista Magister de Direito Civil e Processual Civil*, v. 68, p. 99.

[55] LIPIANI, Júlia; SIQUEIRA, Marília. *Op. cit.*, p. 113.

[56] MARCATO, Ana Cândida Menezes. Audiência de conciliação ou mediação do art. 334 no NCPC: Facultativa ou obrigatória? Afronta à voluntariedade da mediação? *In:* CIANCI, Mirna; *et al. Novo Código de Processo Civil: Impactos na legislação extravagante e interdisciplinar.* São Paulo: Saraiva: 2016, v. 1., p. 48

É importante ter em mente que "os métodos consensuais de solução de conflitos são instrumentos de afirmação da cidadania, consubstanciando-se como poderosa ferramenta a serviço da população, servindo para desburocratizar o Judiciário, num efetivo pluralismo jurídico, no universo de uma nova Gestão Democrática do Poder Judiciário, no sentido da plena concretização dos Direitos de cidadania e do fortalecimento da cultura de Direitos Humanos"[57].

---

[57] BARBOSA, Oriana Piske de Azevedo; SILVA, Cristiano Alves da. Os métodos consensuais de solução de conflitos no âmbito do novo Código de Processo Civil brasileiro (Lei nº 13.105/2015), *cit.* p. 105.

A Mediação e a Conciliação no CPC de 2015

Jorge Tosta

1. A cultura do processo *versus* a cultura da autocomposição

Com o advento do Decreto 359 de 26.4.1890, que aboliu a conciliação como formalidade preliminar ou essencial *para serem intentadas ou prosseguirem ações civis e comerciais* no Brasil[1], construiu-se a ideia de que o acesso à Justiça não poderia estar condicionado a qualquer exigência prévia, inclusive de conciliação, e, a partir daí, desenvolveu-se a chamada *cultura do processo*[2], traduzida na crença de que o Judiciário era capaz de solucionar todo e qualquer conflito, mesmo que para isso o cidadão tivesse que aguardar anos a fio. A própria cultura popular de que *"Justiça tarda, mas não falha"* já evidenciava a ideia de que, apesar de moroso, o Judiciário seria o único meio de resolver conflitos e *dar a cada um aquilo que é seu*.

É claro que, para isso, também contribuíram os Códigos de Processo Civil dos Estados, o CPC/1939 e o CPC/1973, os quais se limitaram a colocar a conciliação como um apêndice ou fase preliminar à audiência de instrução e julgamento, esta sim reputada mais importante e nobre.

Isso sem falarmos nos cursos de Direito no Brasil que, salvo raras exceções, sequer incluíam em sua grade curricular a disciplina dos meios autocompositivos

---

[1] *Art. 1º É abolida a conciliação como formalidade preliminar ou essencial para serem intentadas ou prosseguirem ações civis e comerciais, salvo às partes que estiverem na livre administração de seus bens, e aos seus procuradores legalmente autorizados, a faculdade de porem termo à causa, em qualquer estado e instância, por desistência, confissão e transação, nos casos em que for admissível e mediante escritura pública, termos nos autos, ou compromisso que sujeite os pontos controvertidos a juízo arbitral.*

[2] Ou, como sempre ressaltou Kazuo Watanabe, *"o que denominamos de 'cultura da sentença', que é decorrente da valorização excessiva da solução dos conflitos por meio de sentença do juiz"* (*Estudos avançados de mediação e arbitragem*, p. 4).

de solução dos conflitos[3]. Preferem ensinar aos alunos como interpretar a norma jurídica e manejar os processos e ações para aplicação da vontade concreta da lei.

Tornamo-nos advogados, promotores, delegados de polícia, juízes, sem que tenhamos aprendido a lidar de forma adequada com o conflito. Advogados recebem seus clientes e logo passam a estudar a ação judicial adequada a ser proposta contra a parte contrária; promotores instauram inquéritos civis logo antevendo a conduta legal adequada a ser imposta ao causador do dano difuso ou coletivo ou, ainda, recebem inquéritos policiais e oferecem denúncia para que a pena prevista em lei seja aplicada ao infrator ou autor do fato; delegados instauram inquéritos policiais para colher indícios e provas de autoria e materialidade da infração para que o promotor possa oferecer a denúncia contra o infrator; juízes presidem e processam ações, proferindo decisões e sentenças para aplicar a lei ao caso concreto. Ninguém, porém, tem o olhar voltado para a origem do conflito e a forma adequada de tratá-lo, o que nem sempre é a propositura de uma ação, o oferecimento de uma denúncia, a instauração de um inquérito policial ou a prolação de uma sentença[4].

O grande divisor de águas entre a cultura do processo e a cultura da autocomposição foi a Resolução 125 de 2010 do Conselho Nacional de Justiça. Referida Resolução instituiu no Brasil, particularmente no âmbito do Poder Judiciário, a chamada *política pública de tratamento adequado dos conflitos* e determinou que os Tribunais instalassem Centros Judiciários de Solução de Conflitos e Cidadania[5], inspirados na experiência norte-americana do *tribunal multiportas*, cuja função precípua é a análise e triagem dos conflitos que lá aportam, com o adequado encaminhamento e tratamento, seja por meio de mera orientação jurídica ou psicológica, seja por meio de sessões de mediação e conciliação, ou, ainda, por meio da prestação de outros serviços públicos[6].

---

[3] KAZUO WATANABE ressalta que *"Mesmo nas faculdades de direito é ainda acanhada a percepção da importância dos meios alternativos de solução de conflitos, tanto que apenas algumas delas têm disciplinas específicas para iniciar seus alunos nesses mecanismos de solução de conflitos"* (*Estudos avançados de mediação e arbitragem*, p. 1).

[4] JORGE TOSTA, in *A nova ordem das soluções alternativas de conflitos e o Conselho Nacional de Justiça*, pp. 188-189.

[5] **Art. 8º, § 2º, da Resolução 125/2010 do CNJ:** *Os Centros poderão ser instalados nos locais onde exista mais de uma unidade jurisdicional com pelo menos uma das competências referidas no caput e, obrigatoriamente, serão instalados a partir de 5 (cinco) unidades jurisdicionais.*

[6] Corroborando essa nova política pública, o CPC/2015 estabelece que *Os tribunais criarão centros judiciários de solução consensual de conflitos, responsáveis pela realização de sessões e audiências de conciliação e mediação e pelo desenvolvimento de programas destinados a auxiliar, orientar e estimular a autocomposição* (art. 165). No mesmo sentido o art. 24 da Lei de Mediação (Lei 13.140, de 26.6.2015): *Os tribunais criarão centros judiciários de solução consensual de conflitos, responsáveis pela realização de sessões e audiências de conciliação e mediação, pré-processuais e processuais, e pelo desenvolvimento de programas destinados a auxiliar, orientar e estimular a*

Desses Centros Judiciários também se ocupou o CPC/2015 ao estabelecer no art. 165 que *Os tribunais criarão centros judiciários de solução consensual de conflitos, responsáveis pela realização de sessões e audiências de conciliação e mediação e pelo desenvolvimento de programas destinados a auxiliar, orientar e estimular a autocomposição.*

Além disso, o Código de Processo Civil de 2015 procura romper com a cultura do processo e, inspirado em um novo paradigma de solução de conflitos, coloca a mediação, a conciliação e outros métodos de solução consensual de conflitos em papel de destaque. Veja-se que, logo no capítulo das normas fundamentais do processo civil, o novo Código determina que o Estado promova, sempre que possível, a solução consensual dos conflitos (art. 3°, §2°) e que juízes, advogados, defensores públicos e membros do ministério público estimulem a conciliação, a mediação e outros métodos de solução consensual dos conflitos (§3°). Não bastasse, ainda coloca os mediadores e conciliadores como auxiliares da Justiça (Cap. III, Seção V) e introduz a audiência de conciliação ou de mediação como fase preliminar obrigatória do procedimento comum (Livro I, Título I, Cap. V, art. 334 do CPC).

2. A mediação e a conciliação no CPC de 2015

O CPC de 2015, seguindo entendimento doutrinário dominante no Brasil, distingue a mediação da conciliação, realçando a forma de atuação dos mediadores e dos conciliadores no artigo 165, §§2° e 3°:

§2° O conciliador, que atuará preferencialmente nos casos em que não houver vínculo anterior entre as partes, poderá sugerir soluções para o litígio, sendo vedada a utilização de qualquer tipo de constrangimento ou intimidação para que as partes conciliem.

§3° O mediador, que atuará preferencialmente nos casos em que houver vínculo anterior entre as partes, auxiliará aos interessados a compreender as questões e os interesses em conflito, de modo que eles possam, pelo restabelecimento da comunicação, identificar, por si próprios, soluções consensuais que gerem benefícios mútuos.

Embora essa distinção seja importante para definir os institutos da mediação e da conciliação e realçar alguns de seus elementos, ela acaba por induzir o intérprete a pensar que mediadores e conciliadores são profissionais diferentes e que atuam separadamente, de acordo com a natureza do conflito ou do vínculo entre as partes.

Na verdade, mediador e conciliador não são e não devem ser profissionais diferentes. Melhor seria, como, a propósito, se faz em praticamente todos os paí-

---

autocomposição. Parágrafo único. A composição e a organização do centro serão definidas pelo respectivo tribunal, observadas as normas do Conselho Nacional de Justiça.

ses que utilizam a mediação como forma de solução de conflitos, denominarmos esse profissional simplesmente como *mediador*.

Nesse sentido, ressalta MARIA LÚCIA RIBEIRO DE CASTRO PIZZOTTI MENDES:

> É importante explicar que nos estudos desenvolvidos em nosso país há uma grande preocupação dos doutrinadores em diferenciar os conceitos de mediação e conciliação, inclusive com respeito à forma de atuação dos respectivos mediadores e conciliadores. Em razão disso, as denominações têm aplicação diferenciada; mas, nos demais países, onde os métodos adequados de solução de conflitos já estão amplamente difundidos, utiliza-se tão somente a expressão mediação, a qual engloba, como se percebe dos termos das legislações estrangeiras, o conceito da conciliação feita no Brasil, qual seja, que conta com a participação ativa do conciliador, inclusive para sugerir soluções para a controvérsia trabalhada[7].

Ao mediador devidamente capacitado e treinado compete identificar a natureza do conflito e definir quais as técnicas mais adequadas para solucioná-lo. Isso não significa, à evidência, que a ele compete atuar, exclusiva ou preferencialmente, em conflitos onde *houver vínculo anterior entre as partes* e ao conciliador nos conflitos onde *não houver vínculo anterior entre as partes*, como deixa entrever o artigo 165, §§2° e 3°, do CPC.

Existem conflitos cuja natureza exige do mediador uma postura mais proativa ou, na linguagem do CPC/2015, em que o mediador *poderá sugerir soluções para o litígio*. São os chamados conflitos *"conciliáveis", em que não há vínculo anterior entre as partes* ou, por outras palavras, conflitos nos quais inexiste um histórico de relacionamento entre os litigantes.

Nesses conflitos a atuação do *mediador* é muito mais direta e interventiva, isto é, ele pode sugerir alternativas de solução do conflito. É o que ocorre, por exemplo, em um conflito relativo a acidente de trânsito, no qual as partes envolvidas nunca se viram antes. Veja-se que, neste caso, a postura do mediador não é de *facilitador da comunicação*. O problema dos litigantes não é de comunicação, mas de interesses patrimoniais opostos (um quer ser indenizado pelos danos que sofreu e outro não quer pagar ou, se tiver que pagar, que seja da forma mais conveniente possível). Vale aqui, portanto, a criatividade do mediador em propor soluções que atendam aos interesses de ambos os litigantes, se o caso utilizando-se de técnicas de negociação, o que, a propósito, é até mesmo incentivado pelo CPC/2015, conforme se vê do art. 166, §3°: *Admite-se a aplicação de técnicas negociais, com o objetivo de proporcionar ambiente favorável à autocomposição.*

---

[7] *Estudos avançados de mediação e arbitragem*, pp. 99-100.

Mesmo nesse tipo de conflito, o mediador deve *empoderar*[8] as partes para que elas próprias encontrem *soluções consensuais que gerem benefícios mútuos*. A técnica do *empoderamento*, bastante utilizada em conflitos nos quais existe um histórico de relacionamento entre os litigantes, não deixa de existir nos conflitos "*concilíaveis*".

A experiência nos mostra que soluções encontradas pelas próprias partes, de acordo com suas reais necessidades e interesses, tem probabilidade muito maior de serem efetivamente cumpridas, sem necessidade de execução do acordo celebrado ou de cumprimento da sentença homologatória. Isso porque as partes sentem-se responsáveis pelo acordo que construíram, o que nem sempre acontece quando o próprio mediador sugere soluções para o litígio.

A *criatividade* do mediador, nos chamados conflitos "*conciliáveis*", está exatamente em identificar os reais interesses das partes e incentivá-los a propor alternativas que gerem benefícios mútuos. Isso, obviamente, não afasta a possibilidade de o mediador sugerir alternativas de solução do conflito, mormente quando as partes são incapazes de fazê-lo ou resistem a formular qualquer proposta.

De outro lado, existem conflitos em que as partes tem um histórico de relacionamento ou, no dizer do §3º do art. 165, *casos em que há vínculo anterior entre as partes* e que, no mais das vezes, foi rompido por ruídos de comunicação. São os chamados conflitos "*mediáveis*", de que são exemplos os conflitos de família, de vizinhança, envolvendo sociedades civis ou comerciais. Nestes casos, o mediador tem como função precípua facilitar a comunicação entre os litigantes para que possam *compreender as questões e os interesses em conflito, de modo que eles possam, pelo restabelecimento da comunicação, identificar, por si próprios, soluções consensuais que gerem benefícios mútuos.* Veja-se que, neste caso, diferentemente dos conflitos "*conciliáveis*", a postura do mediador é mais *passiva*, ou melhor, menos interventiva. Como facilitador da comunicação, o mediador utilizará técnicas próprias para incentivar as partes a identificarem as origens e as causas do conflito, compreenderem as questões e os interesses em litígio, fazê-los ouvir e compreender as razões de cada qual e torná-los protagonistas na solução do conflito. O foco, pois, está na relação e não na questão imediata que levou à propositura da ação ou da reclamação pré-processual.

Enfim, o que se quer aqui demonstrar é que existem **técnicas** diferentes de abordagem e tratamento do conflito, de acordo com sua natureza, o que não significa que estejamos diante de profissionais diferentes (mediador e conciliador).

---

[8] Entende-se por *empoderamento* a técnica de mediação através da qual o mediador procura estimular o diálogo entre os litigantes, fazendo-os refletir sobre as necessidades e interesses de cada qual, para que possam compreender melhor o conflito e construir, por si próprios, soluções consensuais que gerem benefícios mútuos. A Resolução 125/2010 do CNJ (Anexo III, art. 1º, VII) define o *empoderamento* como o *dever de estimular os interessados a aprenderem a melhor resolver seus conflitos futuros em função da experiência de justiça vivenciada na autocomposição.*

O profissional é um só: MEDIADOR. E a ele compete identificar se o conflito requer uma abordagem mais direta ou proativa (porque inexiste histórico de relacionamento entre os litigantes) ou se deve atuar de forma menos interventiva, como um facilitador da comunicação (porque existe histórico de relacionamento entre os litigantes), a fim de aproximá-los e fazê-los encontrar alternativas de solução do conflito.

Esse entendimento parece ter sido encampado pela Lei de Mediação (Lei n. 13.140, de 26.6.2015), que em nenhum momento trata da conciliação como forma autônoma de solução consensual de conflitos.

Em síntese, podemos dizer que mediação e conciliação não são meios autocompositivos autônomos e diferentes de solução de conflitos. São, em realidade, técnicas diferentes de tratamento e abordagem do conflito, de acordo com sua natureza.

Bastaria, destarte, o CPC/2015 referir-se à mediação como forma autocompositiva de solução dos conflitos e ao mediador como auxiliar da justiça, abandonando a expressão *conciliação* como forma autônoma e independente e a expressão *conciliador* para se referir ao profissional que atua em conflitos onde não há relacionamento anterior entre as partes. Alternativamente, poderia o CPC/2015 ter reservado a expressão *conciliação* como etapa preliminar da audiência realizada perante o Juiz de Direito em processos judiciais, como o fazia o CPC/1973, ou como o resultado alcançado com a mediação, como o faz a Lei de Mediação italiana[9], reservando a expressão *mediação* para as sessões realizadas perante os *mediadores* capacitados e treinados para resolução dos conflitos (com ou sem histórico de relacionamento entre os litigantes).

3. Princípios norteadores da atuação dos mediadores

Na esteira do que expomos no item anterior, trataremos dos princípios que norteiam a atuação dos *mediadores* (entendidos como profissionais capacitados e treinados para tratar e abordar quaisquer conflitos, com ou sem histórico de relacionamento entre os litigantes), embora o CPC/2015 insista em distinguir as figuras do *mediador* e do *conciliador*.

Referidos princípios estão previstos no art. 166 do CPC e também no art. 2º da Lei n. 13.140, de 26.6.2015 (Lei de Mediação) e, antes até, na Resolução 125/2010 do CNJ, em seu Anexo III, art. 1º. Trataremos, a seguir, de cada um dos princípios previstos no CPC/2015, com o acréscimo daqueles previstos nas normas acima mencionadas.

---

[9] O Decreto Legislativo n. 28, de 4.3.2010, que regulamentou a Lei 69/2009, refere-se à **mediação** como sendo o processo de tratativas presidido pelo mediador e à **conciliação** como o resultado buscado, ou seja, a celebração de um acordo. A conciliação seria, pois, nos termos do referido Decreto italiano, a etapa final de um processo de mediação bem sucedido.

3.1. Princípio da independência

Por princípio da independência se há de entender que a atuação do mediador não pode estar vinculada ou adstrita a qualquer das partes. Em outras palavras, a atuação do mediador deve ser absolutamente autônoma e independente, sendo-lhe vedado atuar em conflitos nos quais tenha qualquer vínculo ou relação de subordinação com as partes.

O Anexo III da Resolução 125/2010 do Conselho Nacional da Justiça, em seu artigo 1º, V, define a independência e a autonomia do mediador como o *dever de atuar com liberdade, sem sofrer qualquer pressão interna ou externa, sendo permitido recusar, suspender ou interromper a sessão se ausentes as condições necessárias para seu bom desenvolvimento, tampouco havendo dever de redigir acordo ilegal ou inexequível.*

O fato é que, sendo o mediador um auxiliar da justiça, também deve agir com independência e autonomia, até para que tenha credibilidade e confiança das partes.

3.2. Princípio da imparcialidade

Não há dúvida de que o mediador, para ter credibilidade e confiança das partes, além de atuar com independência, deve também ser imparcial. Deve, portanto, ser alguém desinteressado do litígio ou, por outras palavras, equidistante do interesse das partes.

A Resolução 125/2010 do CNJ define a imparcialidade como o *dever de agir com ausência de favoritismo, preferência ou preconceito, assegurando que valores e conceitos pessoais não interfiram no resultado do trabalho, compreendendo a realidade dos envolvidos no conflito e jamais aceitando qualquer espécie de favor ou presente* (Anexo III, art. 1º).

Esse dever de imparcialidade está diretamente relacionado aos motivos de impedimento e suspeição, previstos nos arts. 144 e 145 do CPC/2015. Em outras palavras, os mesmos motivos de impedimento e suspeição aplicáveis aos juízes aplicam-se também aos mediadores, conforme, aliás, dispõe o art. 5º da Lei 13.140/2015[10]. Logo, enquadrando-se o mediador em qualquer dessas hipóteses legais, estará impedido de atuar, devendo comunicar o fato ao Juiz responsável pelo feito ou ao Coordenador do Centro Judiciário de Solução de Conflitos – CEJUSC para que seja nomeado outro mediador, conforme prevê o art. 170 do CPC/2015.

Se a causa de impedimento for apurada quando já iniciada a sessão de mediação, esta deve ser interrompida, lavrando-se ata com relatório do ocorrido e encaminhamento ao Juiz do processo ou Juiz Coordenador do CEJUSC, onde houver, para que seja distribuído a outro mediador (art. 170, par. único, CPC).

De se registrar que o mediador, designado pelo Tribunal ou escolhido pelos litigantes, tem o dever de *revelar às partes, antes da aceitação da função, qualquer fato*

---

[10] Art. 5º Aplicam-se ao mediador as mesmas hipóteses legais de impedimento e suspeição do juiz.

ou circunstância que possa suscitar dúvida justificada em relação à sua imparcialidade para mediar o conflito, oportunidade em que poderá ser recusado por qualquer delas (art. 4º, par. único, da Lei 13.140/2015).

3.3. Princípio da autonomia da vontade

A autonomia da vontade no âmbito da mediação significa o dever de o mediador assegurar às partes o direito de dispor e transigir livremente sobre seus interesses, sendo-lhe vedada a utilização de qualquer tipo de constrangimento ou intimidação para que as partes conciliem.

Essa livre autonomia dos interessados diz respeito, inclusive, à definição das regras procedimentais para a mediação. Ou seja, as partes podem estabelecer, por exemplo, que as sessões de mediação sejam realizadas de forma individual, sem a presença da outra parte (*caucus*)[11].

Evidentemente, a autonomia da vontade não significa que o mediador deve acatar toda e qualquer disposição ou proposta feita pelos litigantes. Se eventualmente houver ofensa à ordem pública ou aos bons costumes, não pode o mediador consentir com a disposição ou proposta das partes, estando autorizado a negá-la e encerrar a mediação, caso os litigantes não desistam do seu intento.

3.4. Princípio da confidencialidade

Além de ser um princípio inerente à mediação, a confidencialidade é um dever ético do mediador e de todos aqueles que participam do procedimento e que deve ser ressaltado às partes e seus advogados já na declaração de abertura.

Tudo quanto for falado, discutido e proposto na sessão de mediação deve estar acobertado pelo manto da confidencialidade, salvo se as partes expressamente consentirem com a divulgação ou com a participação de terceiros na sessão de mediação[12]. Esse dever, é bom que se diga, não é apenas dos mediadores, mas também das partes e de seus procuradores[13], sendo vedada a utilização em processos judiciais do quanto for falado, discutido e proposto na mediação. Logo, a admissão de eventual erro ou confissão sobre determinado fato durante o processo de mediação não pode servir de prova e nem pode ser utilizado por qual-

---

[11] Como ensina FERNANDA TARTUCE, *A realização de sessões individuais entre o mediador e uma das partes (e seus advogados, se presentes) é uma técnica muito usada para a obtenção de informações, reenquadres e encaminhamentos que não seriam adequados na presença das demais partes envolvidas* (Mediação nos conflitos civis, p. 240).

[12] Isso pode ocorrer, por exemplo, quando os mediandos consentem que estagiários ou observadores possam participar da sessão de mediação ou, ainda, quando permitem que a sessão seja gravada ou transmitida, em áudio ou vídeo, para fins acadêmicos ou jornalísticos.

[13] O §1º do art. 30 da Lei de Mediação (Lei 13.140/2015) dispõe que *O dever de confidencialidade aplica-se ao mediador, às partes, a seus prepostos, advogados, assessores técnicos e a outras pessoas de sua confiança que tenham, direta ou indiretamente, participado do procedimento de mediação.*

quer das partes ou por seus advogados em processos judiciais, caso a mediação resulte infrutífera.

O art. 30, §§1º e 2º, da Lei de Mediação (Lei 13.140/2015) veda expressamente a utilização como prova, em processo judicial ou arbitral, de declaração, opinião, sugestão, promessa ou proposta formulada por uma parte à outra na busca de entendimento para o conflito durante a sessão de mediação, o reconhecimento de fato por qualquer das partes no curso do procedimento de mediação, a manifestação de aceitação de proposta de acordo apresentada pelo mediador, ou o documento preparado unicamente para os fins do procedimento de mediação.

Trata-se de *prova vedada*, que equivale à prova obtida por meio ilícito, sendo sua inadmissibilidade consagrada no art. 5º, LVI, da Constituição Federal como direito fundamental e, portanto, cláusula pétrea.

Corolário do exposto, também não podem os advogados arrolar os mediadores como testemunhas ou, ainda, peticionar nos autos expondo o que eventualmente tenha sido proposto por qualquer das partes durante a sessão de mediação.

O art. 166, §1º, do CPC é expresso ao dispor que

> A confidencialidade estende-se a todas as informações produzidas no curso do procedimento, cujo teor não poderá ser utilizado para fim diverso daquele previsto por expressa deliberação das partes.

E o §2º arremata:

> Em razão do dever de sigilo, inerente às suas funções, o conciliador e o mediador, assim como os membros de suas equipes, não poderão divulgar ou depor acerca de fatos ou elementos oriundos da conciliação ou da mediação.

No mesmo sentido, o Anexo III, art. 1º, I, da Resolução 125/2010 define a confidencialidade como o dever de manter sigilo sobre todas as informações obtidas na sessão, salvo autorização expressa das partes, violação à ordem pública ou às leis vigentes, não podendo ser testemunha do caso, nem atuar como advogado dos envolvidos, em qualquer hipótese.

Francisco José Cahali ressalta que

> Ao mediador é vedado testemunhar ou prestar qualquer tipo de informações sobre o procedimento e seu conteúdo, salvo autorização das partes. Neste sentido o art. 229, I, do CC/2002, o art. 406, II, do CPC/1973 e o art. 154 do CP, que tratam os dois primeiros sobre o segredo profissional e o último sobre a violação deste segredo. Apenas em situações em que há ofensa à ordem pública ou aos bons costumes é que este princípio vinha sendo flexibilizado[14].

---

[14] *Curso de arbitragem*, p. 93.

Trata-se, sem dúvida, de um dos princípios mais importantes da mediação e do qual depende a própria credibilidade do procedimento. Assim como um paciente expõe suas chagas ao médico para que ele possa diagnosticá-las e tratá-las de forma adequada, os litigantes devem também expor os fatos e suas versões sobre o conflito ao mediador para que ele possa tratá-lo de forma adequada. Não devem as partes, portanto, ter a preocupação em admitir seus erros e contradições, sob o risco de que isso possa ser levado ao processo ou influenciar no julgamento, caso não se chegue a um acordo. O dever de confidencialidade de todos aqueles que participam do processo de mediação é, pois, fundamental para que os mediandos sintam-se à vontade para expor o que de fato ocorreu, permitindo-se, assim, a exata identificação das causas e razões do conflito, a fim de que o mediador possa utilizar a técnica adequada para tratá-lo.

É o que ressaltam FERNANDO GAMA DE MIRANDA NETTO e IRINEU CARVALHO DE OLIVEIRA SOARES:

> Com a garantia de sigilo, as pessoas têm a segurança necessária para tratar dos problemas na sua integralidade, sem omitir detalhes importantes para a sua administração[15].

Não importam as estratégias e as posições levadas ao processo pelos advogados, mas sim os interesses reais e as necessidades dos litigantes. Irrelevantes, destarte, as questões jurídicas, doutrinárias ou jurisprudenciais, relativas ao caso. Em mediação não importa quem tem razão, mas sim as razões que levaram os litigantes a romperem o diálogo e a comunicação. A lógica binária do certo ou errado, do justo ou injusto, não tem lugar na mediação[16].

O êxito da mediação está diretamente relacionado à apresentação real dos fatos e das razões que cada litigante tem sobre o conflito e isso só é alcançado se as partes e seus advogados tem a certeza de que *todas as informações produzidas no curso do procedimento* serão efetivamente pautadas pelo dever de confidencialidade, o qual deve ser preservado até mesmo em relação ao Juiz do processo, caso a mediação não seja bem sucedida. Por outras palavras, o mediador não pode sequer levar ao Juiz do processo as informações de que teve conhecimento durante a mediação.

É esse princípio, assevera VALÉRIA LAGRASTA, que contribui para que as partes se sintam mais à vontade ao discorrer sobre seus problemas, pois permite que

---

[15] *A mediação no novo Código de Processo Civil*, p. 112.

[16] Como aduz FERNANDA TARTUCE, citando Ademir Buitoni, *reduzir tudo ao dualismo do lícito/ilícito, permitido/proibido, inocente/culpado, é mutilar as infinitas possibilidades do comportamento humano. A mente humana tem inúmeras possibilidades de argumentar e avaliar as situações comportamentais, muito além do raciocínio binário do Direito* (*Mediação nos conflitos civis*, p. 231).

confiem na atuação do conciliador/mediador, no sentido de que este não irá levar as informações obtidas na sessão, quer para o juiz, quer para qualquer outra pessoa[17].

3.5. Princípio da oralidade

A oralidade é inerente ao processo de mediação. Eventuais anotações podem ser utilizadas pelas partes ou pelos advogados para relembrar certos fatos relevantes, mas elas não constarão de qualquer termo ou documento.

Exigir que toda discussão ou proposta seja tomada a termo ou documentada quebra a própria dinâmica da mediação, que é essencialmente pautada pelo princípio da oralidade. Além disso, a oralidade tem sua razão de ser na própria necessidade de se preservar a confidencialidade. Fossem tomadas a escrito as discussões e propostas realizadas durante a sessão de mediação que estaria quebrado o próprio dever de confidencialidade.

Isso não significa, obviamente, que o acordo construído pelas partes não possa ser tomado a termo. Aliás, é até mesmo recomendável que o acordo a que chegaram as partes seja efetivamente tomado a termo, mormente quando existam obrigações recíprocas, para que seja formado título executivo[18].

Aspecto interessante a ser observado diz respeito às mediações realizadas por meio eletrônico, conforme previsto o art. 334, §7º, do CPC, e sua compatibilidade com os princípios da oralidade e da confidencialidade previstos no art. 166.

Evidentemente, o legislador, ao regulamentar o §7º do art. 334 do CPC, deverá estabelecer regras próprias, mas desde logo é possível antever que as mediações por meio eletrônico deverão contar com a concordância expressa das partes que, evidentemente, poderão abrir mão da confidencialidade e da oralidade em prol da acessibilidade e da desnecessidade de deslocamento até o núcleo de mediação.

FERNANDO GAMA DE MIRANDA NETTO e IRINEU CARVALHO DE OLIVEIRA SOARES advertem, contudo, que esses meios eletrônicos:

> devem ser utilizados com cautela, pois, apesar das suas vantagens, como a desnecessidade de deslocamento até o núcleo de mediação, e a maior acessibilidade do procedimento, sua integridade pode ser ameaçada. A sua utilização nesses diferentes contextos ainda precisa ser discutida, pois a distância entre as partes pode permitir influências externas prejudiciais, como a interferência de terceiros não interessados no processo[19].

---

[17] *Curso avançado de mediação e arbitragem*, p. 15.

[18] Embora se admita que, em certos casos, a lavratura de termo é até mesmo desnecessária, notadamente quando a mediação foi capaz de restabelecer o diálogo entre as partes e transformar a relação. Há quem sustente até, como o faz a escola transformativa, que a mediação é frutífera quando tenha sido capaz de transformar a relação entre as partes, ainda que não tenham chegado a um acordo quando ao objeto litigioso.

[19] *A mediação no novo Código de Processo Civil*, p. 114.

3.6. Princípio da informalidade

Informalidade não significa ausência de regras ou normas. A mediação é um procedimento essencialmente informal, mas que contém etapas e regras que podem até ser deliberadas previamente entre as partes e os mediadores, mas que devem existir para que o processo de mediação não se torne algo imprevisto e incerto.

A própria Lei de Mediação dispõe em seu art. 1º, par. único, que a mediação é uma *atividade técnica* exercida por um terceiro imparcial sem poder decisório, que, escolhido ou aceito pelas partes, as auxilia e estimula a identificar ou desenvolver soluções consensuais para a controvérsia. Como *atividade técnica* que é, a mediação tem regras e normas próprias, que devem ser observadas pelas partes, advogados e mediadores. A garantia de tratamento isonômico dos litigantes (art. 2º, II, da Lei 13.140, de 26.6.2015), a imparcialidade do mediador, a não interrupção das falas de um e de outro, a existência ou não de sessões individuais, a observância pelo mediador das técnicas apropriadas[20], e a própria existência de princípios[21] e deveres éticos são indicativos seguros de que existem regras e normas que devem ser seguidos na mediação.

A informalidade da mediação deve ser entendida, portanto, como possibilidade de flexibilizar o procedimento, definindo certas regras de comum acordo entre as partes e os mediadores, a fim de melhor alcançar os objetivos ou finalidades da mediação que, segundo FERNANDA TARTUCE, podem ser assim resumidos: *a)* o restabelecimento da comunicação; *b)* a possibilidade de preservação do relacionamento em bases satisfatórias (caso tal manutenção seja necessária e/ou desejada); *c)* a prevenção de conflitos; *d)* a inclusão dos cidadãos; e *e)* a pacificação social. Ou, ainda, segundo a mediação transformativa, *promover o fortalecimento ("empowerment") e reconhecimento em respeito pleno à autodeterminação das partes*[22].

Vê-se, pois, que o próprio dinamismo inerente ao processo de mediação é incompatível com a ideia de um formalismo estrito. Por outro lado, existem regras e princípios que são essenciais ao bom andamento dos trabalhos e à própria validade e efetividade do procedimento de mediação.

---

[20] FERNANDA TARTUCE ressalta, com razão, que *"O valor da técnica na mediação é tão grande que, como visto, muitos autores a associam com o método, de sorte que em muitas definições a expressão aparece logo no início para denotar um dos aspectos principais do mecanismo"*. E, mais adiante: *"A técnica liga-se ao conhecimento prático e revela o 'conjunto dos métodos e pormenores práticos essenciais à execução perfeita de uma arte ou profissão'"* (*Mediação nos conflitos civis*, pp. 228-229).

[21] CANOTILHO ensina que *"os princípios são fundamentos de regras, isto é, são normas que estão na base ou constituem a ratio de regras jurídicas, desempenhando, por isso, uma função normogenética fundamentante"* (*Direito constitucional e teoria da constituição*, p. 1035).

[22] *Mediação nos conflitos civis*, p. 217-229.

3.7. Princípio da decisão informada

O Anexo III, art. 1º, II, da Resolução 125/2010 do CNJ define a decisão informada como o dever de manter o jurisdicionado plenamente informado quanto aos seus direitos e ao contexto fático no qual está inserido.

Trata-se de um dever de esclarecimento do procedimento de mediação e do sentido e alcance do quanto se discute e propõe durante a sessão. Não se refere, obviamente, ao dever de informar às partes sobre os aspectos jurídicos e legais das questões levadas à mediação. Isso não é função do mediador de quem, a propósito, sequer se exige formação jurídica, bastando ser pessoa capaz, graduada há pelo menos dois anos em curso de ensino superior de instituição reconhecida pelo Ministério da Educação e que tenha obtido capacitação em escola ou instituição de formação de mediadores, reconhecida pela Escola Nacional de Formação e Aperfeiçoamento de Magistrados – ENFAM ou pelos tribunais, observados os requisitos mínimos estabelecidos pelo Conselho Nacional de Justiça em conjunto com o Ministério da Justiça (art. 11 da Lei de Mediação).

VALÉRIA LAGRASTA esclarece que esse dever

> diz respeito à relação do conciliador/mediador com os advogados, permitindo que estes mantenham os envolvidos informados quanto aos seus direitos, pois o conciliador/mediador não pode prestar orientação jurídica, cabendo a ele apenas informar sobre os direitos afetos ao procedimento e ao contexto fático no qual está inserido[23].

De fato, havendo necessidade de algum esclarecimento jurídico, deve o mediador facultar aos advogados eventualmente presentes na sessão que prestem orientação aos seus constituintes ou, não estando presentes, orientar as partes a consultarem seus advogados durante a própria sessão, por telefone ou qualquer outro meio, ou posteriormente, neste caso suspendendo a sessão para tal finalidade. Nada impede, ainda, que os mediadores sejam assessorados por profissionais de outras áreas, inclusive jurídica, para que as questões sejam melhor compreendidas e esclarecidas.

Outro aspecto importante a ser ressaltado é que o princípio da decisão informada tem relação íntima com o chamado *teste da realidade*. Por essa técnica, o mediador deverá verificar se os litigantes têm pleno conhecimento das soluções encontradas e suas respectivas implicações, alertando-os, se o caso, sobre eventuais inconvenientes, dificuldades e até inexequibilidade delas.

Não pode o mediador omitir-se quanto a algo que as partes manifestamente não poderão cumprir. Constitui dever ético, pois, do mediador alertar as partes sobre a viabilidade prática ou técnica do acordo que está em vias de ser construído.

---

[23] *Curso avançado de mediação e arbitragem*, p. 15.

Tal aspecto também integra o princípio da decisão informada, cujo alcance inicia na declaração de abertura e perdura até a construção do acordo.

4. Do impedimento dos mediadores

Em dois dispositivos importantes (arts. 167, §5º e 172) o Código de Processo Civil trata do impedimento dos mediadores. O primeiro refere-se ao impedimento dos mediadores que, concomitantemente, exercem a profissão de advogado e o segundo do impedimento temporal dos mediadores para atuarem em relação às partes.

Em relação ao impedimento previsto no art. 167, §5º, do CPC, que alcança não só os mediadores judiciais cadastrados nos CEJUSC's e Tribunais, mas também os mediadores inscritos nas câmaras privadas de mediação cadastradas nos Tribunais, optou a versão final do CPC/2015[24] em limitar o impedimento aos *juízos* em que os advogados desempenhem suas funções.

Resta, portanto, definir o que se deve entender por *juízo*, a fim de identificarmos o alcance dessa restrição.

Como ensina ARRUDA ALVIM,

> Juízo (embora seja termo equívoco), neste passo, é o nome técnico que tem o órgão judiciário no campo do processo. Juízo, portanto, é uma das células constitutivas do Poder Judiciário, sendo o nome do órgão jurisdicional, no contexto orgânico dos serviços em primeiro grau de jurisdição. Sobrepõem-se-lhes, em segundo grau, os tribunais. Pode haver, então, diversos juízos cíveis ou vários órgãos cíveis que, abstratamente, tenham poderes iguais. Para a fixação do juízo, quando houver diversos juízos competentes, inicialmente determina a lei que seja efetuada uma distribuição (art. 251), mercê da qual se cristalize a competência de foro (arts. 87 e 263), com a perpetuatio jurisdictionis. Isso ocorre com a ligação da causa ao juízo, vale dizer, com a citação que leva à prevenção (art. 219). Consequentemente, verifica-se que o juízo é um órgão que se coloca dentro do foro competente, sendo uma das células jurisdicionais operativas e competentes, dentro do foro. Entretanto, se examinarmos a estrutura de uma comarca pequena, encontramos, possivelmente, para fins práticos,

---

[24] Inicialmente, na versão original do Projeto do CPC, o exercício da função de mediador era destinado exclusivamente aos advogados: *Art. 137, §1º. Preenchendo os requisitos exigidos pelo tribunal, entre os quais, necessariamente, inscrição na Ordem dos Advogados do Brasil e a capacitação mínima, por meio de curso realizado por entidade credenciada pelo tribunal, o conciliador e o mediador, com o certificado respectivo, requererá inscrição no registro do tribunal.* Posteriormente, durante a tramitação do Projeto no Congresso Nacional, criou-se o impedimento para os mediadores-advogados *nos limites da competência do respectivo tribunal: Art. 147, §5º Os conciliadores e mediadores cadastrados na forma do caput, se inscritos na Ordem dos Advogados do Brasil, estão impedidos de exercer a advocacia nos limites da competência do respectivo tribunal e de integrar escritório de advocacia que o faça.* Essa regra, muito mais abrangente, impedia, por exemplo, que o mediador exercesse a advocacia dentro do Estado ou da Região do respectivo Tribunal onde estivesse cadastrado.

A MEDIAÇÃO E A CONCILIAÇÃO NO CPC DE 2015

uma superposição entre o foro e o órgão (juízo), no sentido de que o juízo terá competência integral sobre todo o foro, que coincide com o território da comarca mesma[25].

Extrai-se daí que a expressão *juízo* se identifica com a célula jurisdicional individualmente considerada, isto é, a vara judicial. O problema é que os mediadores, salvo quando exercem suas funções em comarcas do interior com vara única e competência cumulativa, ou em locais onde ainda não instalados CEJUSC's, não estão vinculados a determinado *juízo* (entenda-se vara judicial), mas aos Centros Judiciários de Solução de Conflitos e Cidadania ou às Câmaras privadas de mediação e conciliação, o que permite concluir que o impedimento referido no art. 167, §5º, do CPC refere-se apenas ao exercício da advocacia nesses órgãos.

Apenas nas comarcas do interior com vara única e competência cumulativa é que os mediadores advogados estarão impedidos de exercer a advocacia. Ou serão mediadores ou serão advogados. Esse impedimento tem por objetivo impedir a exploração do prestígio do mediador para captação de clientela.

Já o art. 172 do CPC trata do impedimento temporal do mediador em relação aos mediandos. Esse impedimento aplica-se a qualquer profissional liberal (advogados, psicólogos, médicos, engenheiros etc) que exerçam a função de mediador e também tem por objetivo impedir a exploração de prestígio e a captação de clientela, especificamente quanto às partes que participaram da mediação.

Esse artigo já seria suficiente para evitar captação de clientela, sendo de todo dispensável o impedimento criado pelo art. 167, §5º, do CPC, que além de gerar confusão quanto ao que se deve entender por *juízo*, certamente afastará os advogados da atuação como mediadores, com enormes prejuízos à política pública de tratamento adequado dos conflitos[26].

5. Da audiência de conciliação ou de mediação
Dispõe o art. 334 do CPC que S

> e a petição inicial preencher os requisitos essenciais e não for caso de improcedência liminar do pedido, o juiz designará audiência de conciliação ou de mediação com antecedência mínima de 30 (trinta) dias, devendo ser citado o réu com pelo menos 20 (vinte) dias de antecedência.

Diante do verbo cogente utilizado no dispositivo acima transcrito (*o juiz designará*), não resta a menor dúvida de que a audiência prévia de mediação passa a ser

---

[25] *Manual de direito processual civil*, 15ª ed., 2012, p. 338.
[26] Basta ver que, atualmente, mais de 80% dos mediadores judiciais são advogados. Fazê-los optar pela advocacia ou pela atuação como mediadores é um equívoco com graves consequências para o futuro da mediação. De qualquer forma, tratando-se de proibição afeta à classe dos advogados, competirá à OAB definir o alcance da norma prevista no art. 167, §5º, do CPC.

obrigatória em toda e qualquer ação que se processe pelo procedimento comum, salvo se na petição inicial o autor tiver manifestado expressamente o desejo de não participar da audiência de mediação, conforme lhe faculta do art. 319, VII, do CPC. Caso o autor nada mencione a esse respeito – mesmo porque o inciso VII do art. 319 do CPC não constitui requisito essencial que exija o aditamento da inicial ou importe em seu indeferimento – a audiência deverá ser designada. Também não será designada a audiência de mediação se o litígio não admitir autocomposição, como ocorre, por exemplo, nas ações que tenham por fundamento ato de improbidade administrativa (art. 17, §1º, da Lei n. 8.429, de 2.6.1992), nas ações de anulação de casamento fundadas em impedimento matrimonial absoluto ou nas ações negatórias de paternidade com interesse de menor.

Uma vez designada a audiência de mediação e citado o réu para nela comparecer, este também poderá manifestar seu desinteresse pela autocomposição, o que deve ser feito por petição com antecedência mínima de 10 dias, contados da data da audiência (art. 334, §5º). Nesta hipótese, deverá ser cancelada a audiência de mediação e o prazo para o réu apresentar contestação passará a fluir a contar do protocolo do pedido de cancelamento da audiência, conforme prevê o art. 335, II, do CPC.

A parte que não manifestar expressamente o desinteresse pela autocomposição e deixar de comparecer, de forma injustificada, à audiência de mediação será punida, por ato atentatório à dignidade da Justiça, com multa de até 2% da vantagem econômica pretendida ou do valor da causa, a qual será revertida em favor da União ou do Estado (art. 334, §8º). Trata-se de medida importante e moralizadora, que em nada viola o princípio da voluntariedade da mediação, já que a lei processual concede ao autor e ao réu oportunidade para manifestar o desinteresse pela autocomposição.

Aspecto importante a ser ressaltado é a previsão legal de realização de tantas audiências/sessões de mediação quantas forem necessárias para a composição do conflito (§2º). Essas audiências não podem exceder de 2 meses da designação da primeira e devem ser designadas com responsabilidade, a critério do mediador, à luz do princípio da confidencialidade. Desejável, portanto, convocar as partes para a realização da próxima sessão na semana seguinte, a fim de que não se ultrapasse o prazo previsto no art. 334, §2º, do CPC, em sendo necessária a designação de outras sessões de mediação.

Embora o §9º do art. 334 do CPC estabeleça que as partes devem estar acompanhadas por seus advogados ou defensores públicos, nada impede a realização da audiência/sessão de mediação em caso de ausência injustificada dos advogados ou defensores públicos ou quando, por opção própria, estes informem que não comparecerão à sessão. E o acordo eventualmente construído não padecerá de qualquer vício ou nulidade. Se, porém, a parte cujo advogado esteja ausente de forma injustificada recusar-se a participar da sessão de mediação, deverá ser designada outra data.

Não se pode perder de vista que o maior interessado na solução do conflito é a parte. Logo, se esta manifestar o desejo de participar da sessão de mediação, ante a ausência injustificada de seu advogado ou defensor público, ou mesmo contra a vontade deste, a mediação deverá ser realizada e nenhuma nulidade haverá no acordo aí construído que, uma vez reduzido a termo e homologado pelo Juiz (§11), valerá como título executivo judicial (art. 515, II, CPC).

6. Da mediação obrigatória nas ações de família

Registre-se, desde logo, que nas ações de família a audiência de mediação é obrigatória e independe da vontade das partes ou seus advogados. Não se aplica aqui, portanto, o disposto no art. 319, VII, do CPC, que permite ao autor optar, na petição inicial, pela realização ou não da audiência de mediação. Isto porque as normas previstas no Capítulo X do Título III do CPC (arts. 693 a 699, CPC) são especiais e prevalecem sobre as normas gerais do Código.

O art. 695 do CPC estabelece que

> Recebida a petição inicial e, se for o caso, tomadas as providências referentes à tutela provisória, o juiz ordenará a citação do réu para comparecer à audiência de mediação e conciliação, observado o disposto no art. 694.

Mais uma vez, utilizou o Código o verbo no imperativo (*ordenará*), tudo a indicar que se trata de audiência obrigatória, na qual todos os esforços serão empreendidos para a solução consensual da controvérsia, devendo o juiz, se o caso, dispor do auxílio de profissionais de outras áreas de conhecimento para a mediação e conciliação (art. 694, CPC).

É sabido que os conflitos de família devem receber um tratamento especial, pelo próprio histórico de relacionamento entre as partes e que, muitas vezes, não são adequadamente solucionados pela sentença do juiz. Ao invés de pacificar, em muitos casos, a sentença do juiz potencializa o conflito e alimenta na parte sucumbente o desejo de vingança pela derrota sofrida.

A mediação tem, portanto, papel importante nos conflitos de família, na medida em que irá facilitar o restabelecimento do diálogo e da comunicação entre os litigantes, além de suscitar a reflexão sobre as causas e origens do conflito, permitindo a construção, pelas próprias partes, de soluções que gerem benefícios mútuos, com vistas à reconstrução e a transformação da relação.

Já se sabe, na atualidade, que a própria expressão "meios alternativos" de solução de conflitos é inapropriada, pois não se trata de alternativas à jurisdição, mas de equivalentes jurisdicionais que são mais adequados que outros, de acordo com a natureza do conflito. Assim, mais apropriado falarmos em *meios adequados* de solução de conflitos, como o fez, corretamente, a Resolução 125/2010 do CNJ, ao instituir a política judiciária nacional de tratamento dos conflitos de interesse, tendente a assegurar a todos o direito à solução dos conflitos *por meios adequados à sua natureza e peculiaridade* (art. 1º).

Andou bem, pois, o CPC de 2015 ao estabelecer a obrigatoriedade da mediação nos conflitos de família, pois é este indubitavelmente o meio mais adequado para tratá-los.

Digna de elogios a preocupação da lei em não potencializar o conflito, ao determinar que o mandado de citação não seja acompanhado de cópia da petição inicial, devendo constar apenas os dados necessários à audiência de mediação.

Sabe-se que as pretensões levadas ao processo não se confundem com os interesses reais. Muitas vezes, as versões apresentadas pelas partes na inicial e na contestação, em especial em conflitos de família, são infladas de cargas emotivas e carregadas de imputações recíprocas de culpa, quiçá por estratégia profissional. E a experiência mostra que isso é extremamente prejudicial à mediação, na qual, já se disse, não importa a lógica binária do certo ou errado, culpado ou inocente.

Caso recebesse a contrafé com cópia da inicial, o réu, ao fazer sua leitura, certamente se revoltaria com certas expressões e afirmações feitas e isso potencializaria ainda mais o conflito, dificultando a comunicação e o diálogo entre as partes e, consequentemente, o próprio sucesso da mediação.

De bom alvitre, assim, que as partes compareçam à sessão de mediação desarmadas e propensas ao diálogo, o que será bastante facilitado sem a leitura pelo réu da petição inicial, na qual, por vezes, são expostas as mazelas e intimidades do relacionamento.

Nada impede, porém, que o réu possa examinar, a qualquer tempo, o conteúdo da petição inicial, mormente quando constituído advogado, a fim de exercer eventual direito de defesa e até mesmo permitir a adequada orientação técnica para a sessão de mediação.

Em relação à exigência de as partes estarem acompanhadas de seus advogados ou defensores públicos (art. 695, §4º, CPC), reportamo-nos ao que já foi exposto no item V supra, parte final. Tal exigência, é bom que se diga, não se aplica quando o réu comparece à audiência/sessão de mediação desacompanhado de advogado, exatamente por não ter recebido a contrafé com as advertências do art. 344 do CPC. Logo, mesmo que o autor esteja acompanhado por advogado e o réu compareça sozinho, nada impede que seja realizada a audiência/sessão de mediação. Deve, contudo, ser o réu orientado sobre a possibilidade de constituir advogado para acompanhá-lo na sessão de mediação e, caso seja esta sua vontade, deverá o mediador dar por prejudicada a sessão e redesignar outra data, agora com a presença das partes e seus advogados.

Referências

ALMEIDA, Diogo Assumpção Rezende de. PANTOJA, Fernanda Medina. PELAJO, Samantha. *A mediação no novo Código de Processo Civil*, Rio de Janeiro: Gen-Editora Forense, 2015.

ALVES, José Carlos Ferreira (Coord.). *Estudos avançados de mediação e arbitragem*, Rio de Janeiro: Campus-Elsevier, 2014.

ANDREWS, Neil. *O moderno processo civil: formas judiciais e alternativas de resolução de conflitos na Inglaterra*, trad. por Teresa Arruda Alvim Wambier, 2ª edição, São Paulo: RT, 2012.

ARRUDA ALVIM, José Manoel de. *Manual de direito processual civil*, São Paulo: RT, 2012.

BACELLAR, Roberto Portugal. *Mediação e arbitragem*, São Paulo: Saraiva, 2012.

CAHALI, Cláudia Elisabete Schwerz. *O gerenciamento de processos judiciais*, Brasília: Gazeta Jurídica, 2013.

CAHALI, José Carlos. *Curso de arbitragem*, 5ª edição, São Paulo: RT, 2015.

CEZAR-FERREIRA, Verônica A. da Motta. *Família, separação e mediação: uma visão psicojurídica*, 3ª edição, São Paulo: Gen-Editora Método, 2011.

GROSMAN, Claudia Frankel. MANDELBAUM, Helena Gurfinkel. *Mediação no Judiciário: teoria na prática*, São Paulo: Primavera Editorial, 2011.

LEITE, Eduardo de Oliveira (Coord.). *Grandes temas da atualidade: mediação, arbitragem e conciliação*, vol. 7, Rio de Janeiro: Forense, 2008.

LOPES, João Batista. *A prova no direito processual civil*, São Paulo: RT, 2000.

PIZZOL, Patrícia Miranda. *A competência no processo civil*, São Paulo: RT, 2003.

TARTUCE, Fernanda. *Mediação nos conflitos civis*, 2ª edição, São Paulo: Gen-Editora Método, 2015.

TOLEDO, Armando Sérgio Prado de (Coord.). *Estudos avançados de mediação e arbitragem*, Rio de Janeiro: Campus-Elsevier, 2014.

TOSTA, Jorge (Coord.). *Estudos avançados de mediação e arbitragem*, Rio de Janeiro: Campus-Elsevier, 2014.

TOSTA, Jorge. *A mediação e a conciliação: um novo paradigma para a Justiça e para os juízes*, pp. 187-200, in *A nova ordem das soluções alternativas de conflitos e o Conselho Nacional de Justiça*, Brasília: Gazeta Jurídica, 2013.

ZAPPAROLLI, Célia Regina. (Coord.) *Revista do Advogado – AASP, Mediação e conciliação*, n. 123, agosto de 2014.

Razões pelas quais a ponderação no NCPC é inadequada e inconstitucional

LENIO LUIZ STRECK

1. Falar em ponderação é falar de Alexy, queiramos ou não

Um dos mais famosos institutos nas teorias jurídicas contemporâneas é a ponderação (*Abwägung*). Foquemos na elaboração teórica mais destacada sobre a ponderação em seu estado-da-arte: a do jusfilósofo Robert Alexy (2008). Originalmente, o professor alemão desenvolve uma teoria jurídica orientada ao reconhecimento de elementos axiológicos no texto constitucional alemão, uma vez que assume a tese professada no seu Tribunal Constitucional de que a Constituição seria uma "ordem concreta de valores". Alexy não diz que a ponderação que este Tribunal faz seria irracional, mas que ela seria passível de racionalidade pela teoria que ele propôs.

Assim, pode-se dizer que Alexy é um defensor da possibilidade de fundamentação racional argumentativa das decisões que ponderam (embora ele não critique as decisões do Tribunal). Para tanto, elabora o seu conceito e validade do Direito a partir da conjugação dos elementos da legalidade conforme o ordenamento jurídico, da eficácia social e, ao final, de uma correção material que chamará de pretensão de correção.

É preciso ter claro que o ponto central sobre a relação entre Direito e Moral em Alexy se dá a partir da incorporação de direitos fundamentais ao sistema jurídico, uma vez que se trata de enunciados com uma vagueza semântica maior que a das meras regras jurídicas. Desenvolve, assim, uma teoria dos direitos fundamentais que tem como uma de suas características centrais a noção de que nos casos em que o litígio jurídico pode ser resolvido pela mera previsão de uma regra, aplica-se a técnica da subsunção (casos fáceis); no entanto, devido à abertura semântica das normas de direitos fundamentais, o autor acrescentará a noção de que estes se tratam de princípios com natureza de mandamentos de otimização, *tendo em vista que podem entrar em colisão* e, para resolver o conflito, deve o intérprete recorrer a uma ponderação (nos casos difíceis).

O sopesamento (ponderação), por intermédio do que Alexy chamará de máxima da proporcionalidade, será o modo que o autor encontrará para resolver os conflitos jurídicos em que há *colisão de princípios* – não, genericamente, de normas –, sendo um procedimento composto por três etapas: a adequação, necessidade e a proporcionalidade em sentido estrito. Enquanto as duas primeiras se encarregam de esclarecer as possibilidades fáticas, a última será responsável pela solução das possibilidades jurídicas do conflito, recebendo do autor o nome de lei do sopesamento (ou da ponderação) que tem a seguinte redação: "quanto maior for o grau de não-satisfação ou de afetação de um princípio, tanto maior terá que ser a importância da satisfação do outro" (ALEXY, 2008, p. 93).

Recorrendo ao simbolismo lógico, o autor vai elaborar, então, a sua "fórmula do peso", uma equação que representa a máxima da proporcionalidade em sentido estrito e através dela permitir ao intérprete atribuir graus de intervenção e importância (leve, moderado ou sério-forte) a cada um dos princípios a fim de estabelecer qual prevalecerá. A resposta obtida pela ponderação resultará numa *norma de direito fundamental atribuída (zugeordnete Grundrechtnorm)*[1] que, fruto da resolução dessa colisão, será uma regra aplicada subsuntivamente ao caso concreto (e que servirá para resolver também outros casos). Aliás, levada a ferro e fogo, em Alexy sempre haverá subsunção (tanto nos casos fáceis, resolvidos por regras, como nos casos difíceis, quando ao final é uma regra atribuída que será aplicada também por subsunção). Entretanto, reconhece que os direitos fundamentais não são passíveis de serem logicamente refinados a ponto de excluir impasses, admitindo, de fato, que há uma discricionariedade interpretativa, tanto do Judiciário como do Legislativo, para chegar ao resultado do impasse.

Refutando a objeção de que a tal ponderação seria um procedimento realizado de forma precipitada ou que consistiria em uma "fórmula vazia", sustenta que mesmo que a ponderação não estabeleça um parâmetro pelo qual se termine com a discricionariedade, ela oferece um critério racional ao *associar a lei de colisão que deverá ser conjugado com uma teoria da argumentação jurídica racional que inclui uma teoria da argumentação prática geral*. Essas considerações fazem-no assumir uma teoria do discurso jurídico não apenas analítica, mas também normativa, uma vez que não se restringe à análise formal da estrutura lógica das proposições em questão, marchando em direção da busca por "critérios para a racionalidade do discurso".

---

[1] Em interessante tese de doutoramento, José Roberto Ludwig traduz o conceito de *zugeordnete Grundrechtnorm* por "norma de direito fundamental associada". Ver LUDWIG (2014).

RAZÕES PELAS QUAIS A PONDERAÇÃO NO NCPC É INADEQUADA E INCONSTITUCIONAL

Dessa forma, tendo em vista que a argumentação jurídica depende de argumentos do discurso prático geral, a sua incerteza não pode nunca ser eliminada por completo, ainda que ocorra sob "condições que elevam consideravelmente seus resultados". Conclui que "a racionalidade da argumentação jurídica, na medida em que é determinada pela lei, é por isso sempre relativa à racionalidade da legislação" (ALEXY, 2011, p. 276), encontrando seus limites no âmbito de um ordenamento jurídico que pressupõe como válido um conceito de Direito vinculado a uma Moral que atua como pretensão de correção de forma a impedir situações de notória injustiça.

Por aí se vê a complexidade das teorias discursivas de Alexy (teoria dos princípios e teoria da argumentação jurídica) e o rigor exigível na sua operacionalização, da qual a ponderação é um dos componentes fulcrais. No entanto, reconhecendo a sofisticação da teoria do professor alemão, a mesma também não está isenta de críticas, mais especificamente, as que se dirigem ao problema central deixado pelo positivismo de Kelsen no oitavo capítulo de sua *Teoria Pura* (KELSEN, 2012, p. 387 e s.), o que se passa a abordar no tópico seguinte.

2. A pré-compreensão (Vorveständnis): por que ela nada tem a ver com "fundamentação em etapas"

A Crítica Hermenêutica do Direito, matriz jurídica que proponho, parte da hermenêutica filosófica de Hans-Georg Gadamer (1990) na qual nossos pré-juízos, que conformam a nossa pré-compreensão, não são jamais arbitrários. Pré-juízos não são inventados; eles nos orientam no emaranhado da tradição, que pode ser autêntica ou inautêntica. Mas isso não depende da discricionariedade do intérprete e tampouco de um "controle metodológico". O intérprete não "domina" a tradição. Os sentidos que atribuirá ao texto não dependem de sua vontade, por mais que assim queiram os adeptos do (metafísico) esquema sujeito-objeto. O processo unitário da compreensão, pelo qual interpretar é aplicar (*applicatio*) – que desmitifica a tese de que primeiro conheço, depois interpreto e só então eu aplico –, transforma-se em uma espécie de blindagem contra as opiniões arbitrárias.

A interpretação jamais se dará em abstrato, como se a lei (o texto) fosse um objeto cultural. Há, sempre, um processo de concreção, que é a *applicatio*, momento do acontecer do sentido, que ocorre na diferença ontológica. Não há textos sem normas; não há normas sem fatos. Não há interpretação sem relação social. É no caso concreto que se dará o sentido, que é único, irrepetível. (irrepitível)

É evidente que não é apenas a *applicatio* a garantia contra arbitrariedades interpretativas. É a explicitação do compreendido que terá esse papel de trazer a lume o "lado epistemológico" da hermenêutica. Afinal, conforme Gadamer, interpretar é explicitar o compreendido. Assim, no dizer de Arango, a superação da relatividade das propostas normativas se alcança no plano da justificação, segundo as regras de êxito do empreendimento jurídico, e não a partir de um ponto de vista externo ou metafísico que assegure a verdade das proposições normativas (ARANGO, 1999, p. 131).

Nesse sentido, o salto paradigmático representado pela hermenêutica é de fundamental importância para a compreensão do fenômeno daquilo que representou o principal acontecimento no direito a partir do segundo pós-guerra: o constitucionalismo contemporâneo o elevado grau de autonomia que trouxe para o direito. É preciso compreender que a revolução copernicana representada pelo constitucionalismo tem em outra revolução a sua condição de possibilidade, isto é, a *ontologische Wendung* aponta para a superação do esquema sujeito-objeto, que sustenta(va) o paradigma da filosofia da consciência.

Sendo mais claro: mais do que uma guinada linguística, o que aconteceu foi um giro ontológico, pela introdução do ser-no-mundo na compreensão. Assim, se a filosofia passou a ser compreendida como hermenêutica, esta passou a ser compreendida como filosofia. Do fundamentar passamos para o compreender. E a interpretação não se faz mais em etapas (*subtilitas intelligendi, subtilitas explicandi* e *subtilitas applicandi*) (GADAMER, 1990, p. 312).

Releva registrar, nesse contexto, a denúncia de Gadamer de que a interpretação (compreensão) não se faz por partes ou por etapas continua sem a necessária recepção no plano de algumas concepções baseadas nas teorias discursivas-procedimentais. Por todos, vejam-se as propostas de ponderação em três etapas feitas por Ana Paula de Barcellos (2005, p. 91 e s.) e Humberto Ávila (2009), com as quais não é possível aderir. As teses de Barcellos e Ávila se aproximam sobremodo. Para a primeira, a etapa inaugural é identificar os enunciados normativos em tensão, circunstância que justificaria o recurso à ponderação (já em Ávila, esta primeira etapa se refere à preparação da ponderação, examinando o mais exaustivamente possível todos os elementos e argumentações pertinentes); na segunda etapa, na tese de Barcellos, o intérprete identifica os fatos relevantes, que seriam as circunstâncias concretas do caso, fase em que, na tese de Ávila, já seria a realização da ponderação, a partir da fundamentação da relação estabelecida entre os elementos objeto do sopesamento; finalmente, a terceira etapa trata da decisão propriamente dita, em que serão examinados conjuntamente os diferentes grupos de enunciados, a repercussão dos fatos sobre eles e as diferentes normas que podem ser construídas, tudo a fim de apurar os pesos que devem ser atribuídos aos diversos elementos da disputa (nesta etapa, em Ávila, reconstrói-se a ponderação, isto é, reformula-se a relação das regras de relação com pretensão de validade para além do caso).

Observemos o uso equivocado do conceito de círculo hermenêutico. Trago de novo à baila a tese de Ana Paula de Barcellos. Com efeito, ela trilha por esse caminho quando chama a atenção para o fato de que as três etapas propostas *não são* "estanques ou incomunicáveis", mas um *"movimento de ir e vir (o círculo hermenêutico)* entre as diferentes premissas, fáticas e normativas e as possíveis conclusões, até que se chegue à solução final". E complementa: "em todo o caso, a necessidade de fundamentação posterior impõe a ordenação do raciocínio" (BARCELOS, 2005, p. 165 e s.).

A pergunta é: como é possível fundir teses tão discrepantes entre si? Para mim, essa tarefa é inviável. Mas Ana Paula de Barcellos procurar enquadrar a sua tese em uma perspectiva hermenêutica (filosófica), como se a "ponderação em etapas", por ela defendida, não fosse um exercício argumentativo-procedural, *de caráter nitidamente analítico*. Assim, em primeiro lugar, parece inegável que as etapas ponderativas repristinam o antigo problema da interpretação por partes ou fases (as três *subtilitates*) tão bem denunciadas por Gadamer.

Em segundo lugar, a ponderação em etapas não se constitui, como quer Ana Paula, em uma "atividade hermenêutica" no sentido da hermenêutica filosófica, por tudo o que a hermenêutica filosófica, derivada da filosofia hermenêutica, representa a ruptura com as duas metafísicas. Mais do que isso, parece inadequado concluir que as três fases ponderativas constituiriam um "movimento de ir e vir", que, segundo ela, seria o "círculo hermenêutico".

O que ocorre – e nisso reside o equívoco da autora – é que o círculo hermenêutico (*hermeneutische Zirkel*) é exatamente um dos dois teoremas fundamentais da hermenêutica que sustentam o contrário do afirmado, isto é, de que uma interpretação (se se quiser, "ponderação") pode ser realizada por etapas ou fases. Longe de sustentar a possibilidade levantada pela autora, o círculo hermenêutico é o elemento que aponta para o lado contrário, porque ele rompe com o esquema sujeito-objeto (lembremos: etapas ou métodos utilizados na interpretação pressupõem um patamar analítico, em que a interpretação constitui um vetor de racionalidade de segundo nível, que na hermenêutica é denominada *logos apofântico*).

Em terceiro lugar, na própria explicitação da justificativa, mormente na parte final da nota (BARCELLOS, 2005, p. 123, nota 178), reside a incompatibilidade da ponderação em etapas com a hermenêutica filosófica, quando é dito que "o movimento de ir e vir (o círculo hermenêutico)" ocorreria "entre as diferentes premissas, fáticas e normativas e as possíveis conclusões". Ora, na hermenêutica de Gadamer, para ficar apenas neste autor, por seu caráter fenomenológico e por estar sustentada na ontologia fundamental traçada por Heidegger já em *Ser e tempo*, não há lugar para premissas, sejam "fáticas" ou "normativas", e tampouco há espaço para "conclusões".

Por fim, com relação à afirmação de Ana Paula de que é a "necessidade de fundamentação posterior [que] impõe a ordenação do raciocínio", também nela está presente a incompatibilidade da "ponderação em três etapas" com a hermenêutica. Isso porque a compreensão é condição de possibilidade, isto é, não interpreto para compreender, mas, sim, compreendo para interpretar (na hermenêutica, interpretar é explicitar o que já se compreendeu, em face da pré-compreensão).

Assumir o círculo hermenêutico implica um caminho que vai da filosofia hermenêutica à hermenêutica filosófica, portanto, para além de qualquer postura epistemoanalítica. Isso porque Heidegger, corifeu da tese hemenêutico-filosófica de Gadamer, deve ter sua teoria analisada no contexto de uma ruptura paradigmática, e não apenas como um adorno para justificar posturas que, com ele, são completamente incompatíveis. Observe-se: Heidegger constrói uma teoria fundada na ontologia fundamental que não se compatibiliza com teses/posturas epistemo-dualísticas (aliás, no mais das vezes, quando é feita referência a Heidegger, é olvidada a – devida – referência à ontologia fundamental). Quando Heidegger entrou em contato com a fenomenologia de Husserl, rapidamente percebeu que ali se apresentava o início de uma possibilidade de recomeço da filosofia, desde que fossem feitos alguns corretivos na fenomenologia vigorante, ainda prisioneira do esquema sujeito-objeto (HEIDEGGER, 2009).

Esse é o ponto. A hermenêutica não deveria mais ser uma teoria das ciências humanas, nem uma expressão da teoria da subjetividade. Com isso, não mais se poderia repetir o erro e a confusão que as teorias metafísicas faziam entre ser e ente. A fenomenologia terá um duplo nível: no nível hermenêutico, de profundidade, a estrutura da compreensão; no nível apofântico, os aspectos lógicos, expositivos. É nesse sentido que Heidegger pensa as bases da diferença ontológica (*ontologische Differenz*). Na medida em que se constrói sobre a interpretação e a hermenêutica, a diferença ontológica só é possível dentro do contexto do círculo hermenêutico (*hermeneutische Zirkel*), no qual eu me compreendo em meu ser, cuido de mim e me preocupo, e nesse preocupar-me eu tenho o conceito de ser, e, assim, compreendo a mim mesmo.

Portanto, diferentemente do que se tem visto no campo das diversas tentativas de recepcionar as teses de Heidegger e Gadamer no direito, a diferença ontológica e o círculo hermenêutico articulam-se em um mesmo movimento. Portanto, é inapropriado colocar uma ênfase no círculo hermenêutico sem vinculá-lo à diferença ontológica (STEIN, 2004a).

O compreender não pode ser dividido em partes. Compreender não é um modo de conhecer, mas um modo de ser. Por isto – e essa circunstância ficará bem explicitada na hermenêutica gadameriana desenvolvida em *Wahrheit und Methode* – compreender, e, portanto, interpretar (que é explicitar o que se compreendeu) não depende de um método, saltando-se, assim, da epistemologia da interpretação para a ontologia da compreensão.

3. O § 2º do art. 489, do novo Código de Processo Civil é inconstitucional

Preliminarmente, não se pode rejeitar discutir a ponderação. Por mais que se discorde dessa categoria, ela merece consideração pela importância adquirida em várias teorias da decisão judicial. Isto no plano da doutrina, claro. E da jurisprudência também. Contudo, preocupa sua positivação no novo Código de Processo Civil.[2] O parágrafo 2º do seu artigo 489 prevê:

§ 2. No caso de colisão entre normas, o juiz deve justificar o objeto e os critérios gerais da ponderação efetuada, enunciando as razões que autorizam a interferência na norma afastada e as premissas fáticas que fundamentam a conclusão.

Antes de tudo, deve ficar claro que o direito se constitui *em* e *com* uma linguagem que adquire especificidade própria. Assim, se a lei diz que três pessoas disputarão uma cadeira no (para o) Senado, nenhum jurista pensará que a disputa se travará sobre o móvel de quatro pernas. Então a palavra *normas* – constante no referido dispositivo – não pode ser lida como sinônimo de leis ou regras. Do mesmo modo, parece evidente que a palavra *ponderação* também não pode ser entendida vulgarmente, como alguém dizendo "*ponderando* melhor, vou fazer tal coisa...".

Quando o legislador fala em "ponderação", podemos estar certos de que está se referindo à longa tradição representada pela recepção (embora absolutamente equivocada) em *terrae brasilis*, da ponderação (*Abwägung*) da Teoria da Argumentação proposta por Robert Alexy.[3] Com certeza, nosso legislador, ao invocar uma "colisão entre (sic) normas" (sic), reportou-se a isso, o que acarreta gravíssimas consequências.

Em diversas oportunidades, critiquei o *ab-uso* do que por aqui chamamos de "ponderar". Ao diagnóstico, já se agregava até levantamento empírico: Fausto de Moraes[4] mostra que a nossa Suprema Corte, nas quase duzentas vezes que lançou mão da ponderação nos últimos dez anos, *em nenhum dos casos o fez nos moldes propostos por seu criador alemão.*

Surpreende, portanto, que o novo CPC incorpore algo que não deu certo. Pior: não satisfeito em falar da *ponderação*, foi mais longe na tropelia epistêmica: fala em *colisão entre normas*. Isto há de trazer problemas maiores ainda, pela simples razão de que, na linguagem jurídica, *regras e princípios são normas*. Já ninguém duvida

---

[2] BRASIL. Lei nº 13.105/2015. Código de Processo Civil. Brasília, DF, 16 de março de 2015. Disponível em: http://www.planalto.gov.br/ccivil_03/_ato2015-2018/2015/lei/l13105.htm Acesso em 25 mar 2016.

[3] Posso, aqui, usar até um adversário de Gadamer, HIRSCH JR, E.D (1967, p. 1970 e s.), para dizer que um conceito compartilhado pode unir a particularidade do significado com a sociabilidade da interpretação. Com isso, fica difícil dizer que a palavra "ponderação" nada tem a ver com Alexy.

[4] Tese de doutorado (sob minha orientação), agraciada com o Premio Capes 2014. Ver: SANTOS DE MORAIS (2013).

disso. Logo, o que vai haver de "ponderação de regras" (BARROSO; BARCELLOS, 2005, p. 277-279) não tem limite. Ou as "normas-que-entram-em-colisão" seriam os tais "postulados", "meta-normas" pelas quais se faz qualquer coisa no e com o direito? Isso tem nome: *risco de estado de natureza hermenêutico*, eis o espectro que ronda, no mau sentido, o direito brasileiro.

Afinal, é disso que trata o novo CPC? Ou é de uma ponderação "abrasileirada" de que fala o legislador? Uma ponderação *fake*? Uma gambiarra hermenêutica? Uma ponderação "tipo-o-juiz-escolhe-um-dos-princípios-ou-regras-em-colisão" e...*fiat lux*, eis-aí-o-resultado-ponderativo? Parece, assim, que a ponderação do novo CPC está a quilômetros-luz do que propõe Alexy (e também à mesma distância da ponderação inventada originalmente no inicio do século XX por Philipe Heck, na sua Jurisprudência dos Interesses).

Mais que denunciar a má apropriação brasileira da teoria alexyana, a Crítica Hermenêutica do Direito antagoniza também sua formulação original. Ocorre que a proposta epistemo-procedural de Alexy radica-se na filosofia de consciência, incompatível com o paradigma da intersubjetividade em que se quer legitimado o Estado Democrático de Direito. Nesse fatalismo discricionarista de Alexy, a tentativa de redenção metodológica resulta despistadora ("supremo momento da subjetividade", como explicito em vários textos, em especial no *Hermenêutica Jurídica e[m] Crise*) (2013).

Transitando no nível estruturante-compreensivo da racionalidade, pode-se apontar a Teoria da Decisão para a indisponibilidade dos sentidos, o "mínimo é" dito pelo texto que nós sabemos (e sabemos que sabemos), para além de qualquer método lógico-explicativo. Por isso insisto que os princípios fecham, e não abrem, a interpretação. E, também por isso, há muito defendo o dever judicial de fazer uma *accountabillity* hermenêutica, uma prestação de contas no uso desses sentidos públicos, de que o juiz não é dono. Mas a fundamentação adequada não passa pela ponderação, artifício que só a encobre.

Obviamente, não se deixa de reconhecer boas intenções ao projeto alexyano, tampouco se reivindica monopólio teórico ("a hermenêutica não quer ter a última palavra"). Contudo, mesmo contra "Alexy puro" podem e devem ser levantadas essas objeções. Afinal, na medida em que se tenta positivar uma tese, é desejável que acadêmicos discordantes se manifestem pela inconstitucionalidade, argumentando a partir de suas respectivas matrizes e mostrando perspectivas desconsideradas para o debate público. Para além disto: demonstrou-se que até os alexyanos deveriam desejar que tal artigo tivesse sido vetado, pois desloca apressadamente o âmbito da discussão deste tese (tão complexa quanto controversa) para o direito positivo. E atente-se que não é nem essa a questão principal deste artigo. A questão principal é: foi institucionalizada uma vulgata de ponderação (à) brasileira. Adeptos da teoria de Alexy ou não, sabemos no que isso vai dar.

RAZÕES PELAS QUAIS A PONDERAÇÃO NO NCPC É INADEQUADA E INCONSTITUCIONAL

Assim, se já eram relevantes essas nossas restrições à ponderação, a perspectiva de incorporação legal de sua vulgata dá ao debate foros de dramaticidade. Urge insistir nisso, antes que se potencialize esse fator da crise no direito brasileiro – a ponto de, no julgamento do famoso *caso Elwanger*, dois ministros do STF terem dito que lançaram mão da ponderação (sim, essa mesma "ponderação" de que trata o novo CPC) chegando a resultados absolutamente discrepantes: em nome da ponderação um concedia a ordem de *Habeas Corpus* e o outro não.

Havia de ter sido vetado *o parágrafo 2º* do dispositivo (por óbvio, mantendo a excelência do restante, que constitui um avanço). Sancionado o aludido parágrafo 2º, resta constranger epistemologicamente sua apropriação pelo imaginário jurídico, combatendo uma leitura discricionarista, que iria na contramão do artigo 93, IX, da CF, do dispositivo que determina que a jurisprudência seja estável, coerente e íntegra (art. 926) e daquele que diz que as partes não podem ser surpreendidas (artigo 10), o que só poderá ser corrigido pelo respeito ao processo constitucional.

O malsinado dispositivo não pode servir para que o juiz ou tribunal escolha, de antemão, quem tem razão, ideológica-subjetivamente. Por exemplo, em caso de a amante buscar metade da herança, dizer (lembremos do TJ-MA[5]): há um conflito entre normas (entre o Código Civil e o principio da afetividade) e decidir, ponderando, contra a lei e a Constituição; ou, como denuncia Sergio Barroso de Mello, em ações de seguro, "juízes ignoram códigos", porque escolhem "a questão social" (como se bastasse ao juiz dizer que há um conflito entre nor-

---

[5] EMENTA DIREITO DE FAMÍLIA. APELAÇÃO CÍVEL. AÇÃO DECLARATÓRIA DE UNIÃO ESTÁVEL POST MORTEM. CASAMENTO E UNIÃO ESTÁVEL SIMULTÂNEOS. RECONHECIMENTO. POSSIBILIDADE. PROVIMENTO. 1. Ainda que de forma incipiente, doutrina e jurisprudência vêm reconhecendo a juridicidade das chamadas famílias paralelas, como aquelas que se formam concomitantemente ao casamento ou à união estável. 2. A força dos fatos surge como situações novas que reclamam acolhida jurídica para não ficarem no limbo da exclusão. Dentre esses casos, estão exatamente as famílias paralelas, que vicejam ao lado das famílias matrimonializadas. 3. Para a familiarista Giselda Hironaka, a família paralela não é uma família inventada, nem é família imoral, amoral ou aética, nem ilícita. E continua, com esta lição: Na verdade, são famílias estigmatizadas, socialmente falando. O segundo núcleo ainda hoje é concebido como estritamente adulterino, e, por isso, de certa forma perigoso, moralmente reprovável e até maligno. A concepção é generalizada e cada caso não é considerado por si só, com suas peculiaridade próprias. É como se todas as situações de simultaneidade fossem iguais, malignas e inseridas num único e exclusivo contexto. O triângulo amoroso sub-reptício, demolidor do relacionamento número um, sólido e perfeito, é o quadro que sempre está à frente do pensamento geral, quando se refere a famílias paralelas. O preconceito – ainda que amenizado nos dias atuais, sem dúvida – ainda existe na roda social, o que também dificulta o seu reconhecimento na roda judicial. 4. Havendo nos autos elementos suficientes ao reconhecimento da existência de união estável entre a apelante e o de cujus, o caso é de procedência do pedido formulado em ação declaratória. 5. Apelação cível provida. (Apelação Cível Nº. 19048/2013, Terceira Câmara Cível, Tribunal de Justiça do MA, Relator: Desembargador Lourival de Jesus Serejo Sousa, Julgado em 10/07/2014)

mas para estar ponderando e decidindo conforme o novo CPC) (BARROSO DE MELLO, 2015).

Ou seja: de um lado, ganhamos excluindo o livre convencimento do novo CPC; de outro, arriscamos perder, dando poderes ao juiz de dizer: *aqui há uma colisão entre normas* (quando todos sabemos que regras e princípios são normas); como se o juiz, alegando que "há uma colisão entre normas" (sic), pudesse escolher a regra X ou o princípio Y. Decisão não é escolha. Não podemos perder 20 anos de teoria do direito.

Por isso, o meu brado: esse *parágrafo segundo* é um desastre. Jamais poderia ter sido aprovado. Ele pode ser expungido sem prejudicar o resto do excelente artigo 489. Ao contrário. Aprimora-o. Observe-se que, por si só, já é de duvidosa cientificidade a expressão "colisão de (ou "entre" – sic) normas". Logo, há, aqui, um grave equívoco teórico.

Quem disse que a ponderação (seja lá o que o legislador quis dizer com essa expressão) é necessária? Por exemplo, é possível demonstrar que essa história de colisão não passa de um álibi retórico para exercer a escolha arbitrária. Posso demonstrar que onde se diz existir uma "tal" colisão, na verdade o que existe é apenas um artifício para exercitar uma "livre escolha". Jusfilósofos como Juan Garcia Amado ironizam essa "manobra pseudo-argumentativa" que é lançar mão da ponderação (AMADO, 2010, p. 281). O caso Elwanger é um bom exemplo, em que nada havia a "ponderar" (CATTONI DE OLIVEIRA, 2007, p. 113-125): bastava aplicar a lei que dizia que *racismo é crime hediondo*. Na verdade, posso demonstrar que o argumento da "colisão" sempre chega atrasado.

Ademais, pesam as tais "premissas fáticas que fundamentam a conclusão". Acreditar que o juiz primeiro conclui e depois busca essas "premissas fáticas" é recuar no tempo em duzentos anos. É flertar perigosamente com um livre-atribuir-de-sentidos em que a fundamentação é uma externalidade à decisão, apenas um ornamento póstumo. Sutilmente a fundamentação perde seu caráter estruturante, em prol da impessoalidade de um "dis-positivo" (Ges-tell) adjudicador. É óbvio que a decisão do caso deve estar inscrita na facticidade, no acontecer do caso concreto. Mas não é "lógico", nem precisa ser. Em troca de uma ilusão tecnicista da compreensão, começa o esquecimento do ser pelos entes-simplesmente-dados. A história da filosofia é testemunha disso. E o direito não lhe é indiferente.

Mais ainda – para explicar isso de forma mais sofisticada – é cair na armadilha do dilema da ponte trabalhado por mim em *Verdade e Consenso* (2014, p. 406; 544; 568-569): como é possível que eu atravesse o "abismo gnosiologico do conhecimento" para, ao chegar do outro lado (conclusão), voltar-para-construir-a-ponte-pela-qual-acabei-de-cruzar. Ou seja, é uma aporia. Um dilema sem saída. Sem solução.

Não obstante, a dogmática jurídica continua presa ao mito da ponderação como modo de solucionar casos de colisão entre normas jurídicas. Como podemos ver, Flávio Tartuce, intenso defensor da teoria dos princípios de Robert Alexy, além de ser favorável à tese da relativização da coisa julgada material, flexibilizando o princípio da imputação, ainda refere ser possível utilizar a *técnica da ponderação (sic)* para fazê-lo, já que agora foi adotada expressamente no art. 489, § 2º, do novo Código Processual (TARTUCE, 2016, p. 29).

Na mesma linha e sem se dar conta da inconstitucionalidade do § 2º do art. 489 do novo Código de Processo Civil, Luiz Guilherme Marinoni, Sérgio Cruz Arenhart e Daniel Mitidiero apostam na introdução de "postulados normativos" para solucionar eventuais conflitos entre normas (MARINONI; ARENHART; MITIDIERO, 2015). Algumas perguntas que não foram respondidas pelos processualistas são: quem controla os postulados normativos? Como eles determinam qual norma merece prevalecer frente à outra? Qual é a sua legitimidade constitucional?

Muito oportuna é a crítica de Eduardo José da Fonseca Costa, para quem o art. 489, § 2º confere "mais poderes ao juiz do que Hitler tinha". Assustado com a amplitude de poderes que confere ao juiz a possibilidade "ponderar normas", o articulista adverte que o dispositivo permite ao intérprete fazer uma ponderação entre qualquer norma, inclusive entre duas regras, o que seria equivocado para a própria teoria dos princípios de Alexy (FONSECA COSTA, 2016).

4. Aspectos conclusivos: dez objeções fundamentais à tese da ponderação

Insistindo: dizer que primeiro busca a conclusão e depois vai à procura do fundamento é confessar que nesta parte (parágrafo 2º do artigo 489) o NCPC continua refém de um paradigma filosófico ultrapassado: a filosofia da consciência e/ou a suas vulgatas voluntaristas. Não se interpreta para compreender, mas, sim, se compreende para interpretar. O Brasil é o único país do mundo que colocou essa tese ou teoria (pela metade, na verdade, uma vulgata do original) no texto de seu CPC.

Em síntese, além de tudo o que foi dito acima, o dispositivo é contrário ao interesse público, por dez razões:

1. Há lesão à segurança jurídica uma vez que favorece um relativismo interpretativo (STRECK, 2012) que tenderia a produzir decisões díspares sobre a mesma matéria, algo que é rechaçado por outros dispositivos do próprio projeto do novo CPC.

2. Colisão (de – ou entre – normas) não é um conceito despido de intenções teóricas prévias. É diferente de alguns consensos que já temos, como a garantia da não surpresa, o respeito à igualdade e a coerência que devem ter as decisões, etc. A ponderação ainda dependeria do esgotamento de

um debate teórico, circunstância que prejudica sua colocação em um texto de lei nestes moldes.

3. Portanto, não é aconselhável ao legislador conferir status legislativo a questões polêmicas como essa (novamente, há risco de lesão à segurança jurídica). Para termos uma ideia de que "ponderação" é um conceito absolutamente ambíguo e despido de clareza, consultado o *Google* lê-se, por exemplo, tudo colocado entre aspas (quando a pesquisa é mais exata): ponderação tem 593 mil resultados; princípio da ponderação tem 42.880; regra da ponderação, 11.770; ponderação de valores, 67.700; colisão de normas, 25.000. Mesmo admitindo que a maioria dos alimentadores do Google não sejam versados, a-torre-de-babel-aponta-para-o-que-está-por-vir. Veja-se: ponderação, nos termos originais, é uma regra e não um princípio, até porque ela é o resultado – complexo – de uma colisão de princípios. No buscador, ponderação como princípio aparece com quase quatro vezes mais indicações.

4. No Brasil, enquanto o novo CPC fala em "colisão entre normas" a serem ponderadas, há inúmeros autores que falam em ponderação de valores, de interesses, de princípios, de regras, de bens. Afinal, o que é isto - a ponderação? Permitir-se-ia uma ponderação de regras? Mas isso não seria justamente desconsiderar o caráter de mandamento de definição?

5. Não existe ponderação de normas. Aqui o termo "norma" é equivocado porque engloba regras e princípios e, como sabemos, regras não são passíveis de serem sopesadas;

6. Se em Alexy não há aplicação direta de princípios, como que o juiz poderá dizer que, entre dois princípios, escolheu um (como tanto se fala)? Não pode.

7. Ainda que se desconsiderasse o debate paradigmático em torno do conceito de colisão, a teoria que defende sua possibilidade restringe-a somente para um tipo de norma (os princípios); quanto às regras, tecnicamente, estas não colidem, porque *conflitam*. Assim, em caso de conflitos entre regras, *o resultado de sua equalização será uma determinação definitiva da validade de uma sobre a outra*. Já no caso dos princípios, a prevalência de um sobre o outro em um caso concreto *não implica seu afastamento definitivo* para outros casos (seria possível dizer que, nesse caso, estamos para além da determinação da validade, investigando-se a legitimidade). Se todas as normas *lato sensu* puderem colidir, perderemos o campo de avaliação estrito da validade, algo que, novamente, prejudica a segurança jurídica.

8. O que fazer se não estiver justificada a ponderação? Anular a decisão? Mas, o que quer dizer "justificar a ponderação"? Existe "justificar a ponderação"? Veja-se o imbróglio: o CPC diz que o juiz – e, consequentemente, os

tribunais, inclusive o STF – devem fazer uma coisa que ninguém sabe o que é e, se soubesse, seria inviável, porque o enunciado ficaria sem sentido.

9. No original de Alexy a ponderação é para colisão de princípios, apenas nos casos difíceis. Já o NCPC diz que a ponderação será feita sempre que existir colisão de normas (sic). Assim, o novo Código flerta com a ponderação mesmo nos "casos fáceis", bastando que ele, juiz, entenda haver a tal "colisão de normas". Se a proposta de Alexy já é discutível, essa redação do novo CPC é inadmissível (inclusive para os próprios alexyanos). É como se a "ordem jurídica objetiva" já chegasse à decisão sob presunção de incoerência. Essa relativização *prêt-à-porter* do que estatuiu o legislador democraticamente legitimado deve ser claramente rechaçada.

10. Há montanhas de livros e ensaios a criticarem o judiciário por seu ativismo, especialmente quando se substitui ao legislador. Com este dispositivo do NCPC, os juízes e tribunais poderiam se achar autorizados pela própria lei a se substituir ao legislador. Não estão! Isso deve ser bem delimitado.

Se, ao fim e ao cabo, disserem que a "ponderação do NCPC" não é aquilo que se vem falando do que seja a "ponderação", fica a pergunta: então por que não substituem a palavra ponderação por "escolha", "discricionarismo", "consciência do julgador"? Ao menos não se enviesaria o debate, permitindo uma discussão mais direta sobre o que é cabível no Estado Democrático de Direito. Para aqueles inclinados a fazer pouco caso de discussões teóricas, inclinados a dizer que essa ponderação "não quer dizer nada demais", pergunta-se: então para quê e por quê positivá-la? Importa levar o direito a sério.

5. Referências

ALEXY, Robert. (2008). *Teoria dos Direitos Fundamentais*. Trad. Virgílio Afonso da Silva. São Paulo: Malheiros.

_____. (2011). *Teoria da argumentação jurídica*: a teoria do discurso racional como teoria da fundamentação jurídica. Trad. Zilda Hutchinson Schild Silva. 3. ed. Rio de Janeiro: Forense.

AMADO, Juan Garcia. (2010). Principios, reglas y otros misteriosos pobladores del mundo jurídico: un análisis (parcial) de la *Teoría de los Derechos Fundamentales* de Robert Alexy. In: BONORINO RAMÍRE, Pablo Raúl (Org.). *Teoría del Derecho y decisión judicial*. Madrid: Bubok. Disponível em: http://www.bubok.es/libros/175862/Teoria-del-Derecho-y--decision-judicial. Acesso em 15 mar 2015.

ARANGO, Rodolfo. (1999). *Hay respuestas correctas en el derecho?* Santa Fé de Bogotá: Siglo del Hombre/Ediciones Uniandes.

ÁVILA, Humberto. (2009). *Teoria dos princípios*. 9. ed. São Paulo: Malheiros.

BARCELLOS, Ana Paula de.(2005). *Ponderação, racionalidade e atividade jurisdicional*. Rio de Janeiro: Renovar.

BARROSO, Luís Roberto; BARCELLOS, Ana Paula de. (2005). O começo da História: a nova interpretação constitucional e o papel dos princípios no direito brasileiro. In: SILVA, Virgílio Afonso da (Org.). *Interpretação constitucional.* São Paulo: Malheiros.

BARROSO DE MELLO, Sergio.(2015). Insegurança jurídica: em ações de seguro, juízes ignoram códigos para atender a questão social [entrevista]. Entrevistador: Giselle Souza. In: *Revista Consultor Jurídico.* Disponível em: http://www.conjur.com.br/2015-jan-04/fimde-entrevista-sergio-barroso-mello-advogado-area-seguros. Acesso em 15 mar 2015.

CATTONI DE OLIVEIRA, Marcelo Andrade. (2007). O caso Ellwanger: Uma crítica à ponderação de valores e interesses na jurisprudência recente do Supremo Tribunal Federal In: CATTONI, Marcelo. *Direito, política e filosofia:* contribuições para uma teoria discursiva da constituição democrática no marco do patriotismo constitucional. Rio de Janeiro.

GADAMER, Hans-Georg. (1990). *Wahreit und Methode:* Grundzüge einer philosophischen Hermeneutik I. Tübingen: Mohr.

HEIDEGGER, Martin. (2009). *Introdução á filosofia.* Trad. de Marco Antônio Casanova. São Paulo: Martins Fontes, 2009.

HIRSCH, JR., E. D. (1967). Validity in Interpretation. New Haven & London: Yale University Press.

KELSEN, Hans. (2012). *Teoria pura do Direito.* Trad. de João Baptista Machado. 8. ed. São Paulo: WMF Martins Fontes.

LUDWG, José Roberto. (2014). *Norma de Direito Fundamental associada:* Direito, Moral Política e Razão em Robert Alexy. Porto Alegre: Sérgio Antonio Fabris.

MARINONI, Luiz Guilherme; ARENHART, Sérgio Cruz; MITIDIERO, Daniel. Novo Código de Processo Civil Comentado. São Paulo: Revistas dos Tribunais, 2015.

FONSECA COSTA, Eduardo José. "Possibilidade de juiz ponderar normas consagra o irracionalismo no novo CPC". *Consultor Jurídico,* São Paulo, 10 de abril de 2016. Disponível: http://www.conjur.com.br/2016-abr-10/entrevista-eduardo-jose-fonseca-costa-presidente-abdpro. Acesso em 19 abr 2016.

SANTOS DE MORAIS, Fausto. (2013). *Hermenêutica e pretensão de correção:* uma revisão crítica da aplicação do princípio da proporcionalidade pelo Supremo Tribunal Federal. São Leopoldo, Universidade do Vale do Rio dos Sinos. Disponível em: http://biblioteca.asav.org.br/vinculos/000006/000006DF.pdf. Acesso em: 16/03/2015.

STEIN, Ernildo. (2004a) *Aproximações sobre hermenêutica.* 2. ed. Porto Alegre: Edipucrs.

_____. (2004b). *Exercícios de fenomenologia:* limites de um paradigma. Ijui: Unijui.

STRECK, Lenio Luiz. (2012). A Katchanga e o bullying interpretativo no Brasil. In: *Consultor Jurídico,* São Paulo. Disponível em: < http://www.conjur.com.br/2012-jun-28/senso-incomum-katchanga-bullying-interpretativo-brasil> Acesso em 01 mar 2015.

_____. (2013). *Hermenêutica jurídica e(m) crise.* 11. ed. Porto Alegre: Livraria do Advogado.

_____. (2014). *Verdade e Consenso:* Constituição, hermenêutica e teorias Discursivas. 5. ed. São Paulo: Saraiva.

TARTUCE, Flávio. Manual de direito civil: volume único. 6. ed. Rio de Janeiro: Forense/São Paulo: Método, 2016.

A Jurisdição no Estado Constitucional: o instituto da arbitragem como atividade jurisdicional

MÔNICA PIMENTA JÚDICE

1. A Jurisdição Brasileira: Conceito e Acepções do Termo Jurisdição

De acordo com a etimologia, a palavra JURISDIÇÃO *deriva do latim "jurisdiction"* (ação de administrar a justiça), formada, como se vê, pelas expressões *"jus dicere"*, *"juris dictio"*. É usada precisamente para designar as atribuições especiais conferidas aos magistrados, encarregados de administrar a justiça.

Assim, em sentido jurídico ou propriamente forense, exprime a extensão e o limite do poder de julgar de um juiz. E isso porque, em sentido *lato*, jurisdição quer significar todo poder ou autoridade conferida à pessoa, em virtude da qual pode conhecer certos negócios públicos e os resolver. E nesse poder, em que se estabelece a medida das atividades funcionais da pessoa, entendem-se incluídas não somente as atribuições relativas à matéria, que deve ser trazida ao seu conhecimento, como também a extensão territorial, em que o mesmo poder se exercita[1].

A atividade jurisdicional encontrou durante muito tempo sua justificativa na evolução social e política da comunidade humana, que, ao exigir um incremento da segurança de seus membros, conduziu à substituição da justiça privada, por uma atuação exclusiva do próprio Estado como ente imparcial a quem se atribui a função de pacificação dos conflitos sociais, por meio da recomposição ou imposição do comportamento preceituado por normas legais de conduta por ele próprio ditadas[2]. Tornou-se, portanto, um mecanismo de garantia de cumprimento da legislação[3].

---

[1] DE PLACIDO E SILVA. Vocábulo Jurídico. 1ª Ed. Rio de Janeiro: Forense, 1962, p. 897.

[2] CARNEIRO, Athos Gusmão. Jurisdição e competência. 6ª Ed. São Paulo: Saraiva, 1995, p. 15.

[3] Importante fazer a ressalva da diferença do conceito de jurisdição no direito norte-americano, em que o termo assume dupla conotação, ao abranger tanto a atividade legiferante do Estado – *jurisdiction*

Em outras palavras, pode-se afirmar que a jurisdição seria a forma pela qual o poder estatal atuaria para corrigir a não observância espontânea do comando legal. Ou, indo além, é como o Estado substitui a vontade dos "súditos" para determinar a devida e concreta atuação do ditame legal no âmbito de conflitos interindividuais ou supraindividuais surgidos no meio social por meio de uma sentença de mérito[4].

É visível que não há ainda na doutrina pátria um consenso no tocante ao conceito de jurisdição, o que torna impraticável apresentar todas as teorias sobre o tema. Não obstante, apresentar-se-ão aquelas mais relevantes no cenário nacional – a exemplo da teoria de Chiovenda e de Carnelutti –, sendo essas as mais aceitas pelos doutrinadores brasileiros, embora alguns as considerem antagônicas. Porém, de acordo com a maioria deles, são complementares as duas posições, de modo que se define jurisdição como *"função do Estado de atuar a vontade concreta da lei com o fim de obter a justa composição da lide"*[5] – o que não parece de todo adequado.

Para Giuseppe Chiovenda, pode-se definir jurisdição como a função do Estado que tem por escopo a atuação da vontade concreta da lei por meio da substituição, pela atividade de órgãos públicos, da atividade de particulares ou de outros órgãos públicos, já no afirmar a existência da vontade da lei, já no torná-la, praticamente, efetiva[6]. A teoria chiovendiana tem por escopo que a lei regularia todas as situações de um caso concreto, devendo o Estado limitar-se à atuação da vontade concreta da lei – de modo que bastavam a declaração do direito e a atuação prática da lei.

---

to prescribe– quanto sua capacidade de tornar concretamente efetivo o mandamento legal – *jurisdiction to enforce* (Xavier, Alberto. Direito tributário internacional do Brasil, 5ªed. Forense: Rio de Janeiro, 1998, p. 7).In: SARMENTO MARQUES, Sérgio André Laclau. A Jurisdição Internacional dos Tribunais Brasileiros. Rio de Janeiro: Renovar, 2007, p. 12.

[4] CINTRA, Antônio Carlos de Araújo. GRINOVER, Ada Pellegrini. DINAMARCO, Cândido Rangel. Teoria Geral do Processo. 9ª Ed. São Paulo: Malheiros, p. 113.

[5] Para Moacyr Amaral dos Santos, o objetivo do Estado no exercício da função jurisdicional é justamente assegurar a paz jurídica pela atuação da lei disciplinadora da relação jurídica em que se controvertem as partes. É verdade que, com esse objetivo, atuando a lei no caso concreto, impondo assim a autoridade desta, o Estado reconhece deliberação quanto ao direito subjetivo, como consequência daquela atuação. Em conclusão, a finalidade da jurisdição é resguardar a ordem jurídica, o império da lei e, como consequência, proteger aquele dos interesses em conflito que é tutelado pela lei, ou seja, aparar o direito objetivo. In: SANTOS, Moacir Amaral. Primeiras linhas de Direito Processual Civil. 18ª Ed. São Paulo: Saraiva, 1995, vol. 1, p. 68. Também nesse sentido: GRECO FILHO, Direito Processual Civil Brasileiro, 11ª Ed. São Paulo: Saraiva, 1995, p. 167; AMARAL SANTOS, Moacyr. Primeiras Linhas de Direito Processual Civil, 13ª ed. São Paulo: Saraiva, 1987, p. 67. THEODORO JUNIOR, Humberto. Curso de Direito Processual Civil. 6ª ed. Rio de Janeiro: Forense, 1990, p. 37.

[6] CHIOVENDA, Giuseppe. Instituições de Direito Processual Civil. 3ª ed. Trad. Guimarães Menegale. São Paulo: Saraiva, 1969, p. 3.

A outra concepção é a de Francesco Carnelutti, que relaciona o conceito de jurisdição com a "justa composição da lide"[7]. Por meio da manifestação do magistrado, de caráter imperativo, o processo equivaleria ao instrumento público para a justa composição da lide[8]. Assim é que o conceito carnelutiano de lide – ampliado para possibilitar a abrangência de interesses coletivos e interesses de ordem pública[9] – apresenta-se como ideia inseparável da jurisdição, na medida em que jurisdição assumiria uma função exclusiva de composição de lide.

Perceba-se que enquanto na primeira teoria, também conhecida como teoria declaratória ou dualista, a atividade jurisdicional limita-se ao reconhecimento de direito preexistente, nesta última, denominada teoria constitutiva ou unitária, tem-se que a função jurisdicional criaria o direito substancial, tendo por consequência a composição do litígio.

Aponta Alexandre Freitas Câmara que a teoria dominante na doutrina seria a declaratória ou dualista[10]. Seguidor dessa teoria, Cândido Rangel Dinamarco assim se posiciona: *"por esta razão parece correto o entendimento segundo o qual as concepções de Chiovenda e Carnelutti acerca da jurisdição são antagônicas e, por tal motivo, entendo que deve o jurista optar por uma delas"*[11].

Cumpre registrar, nessa toada, o conceito de jurisdição de Enrico Tulio Liebman, que se baseou exatamente na junção de ambas as teorias italianas. Para ele – que influenciou diretamente o Código de Processo Civil – CPC/73, é atividade estatal destinada a atuar na regra jurídica concreta que disciplina a situação jurídica[12]. Assim, ainda hodiernamente, em muitas vezes, a doutrina e a práxis – sem se atentarem para a evolução semântica por que foram passando ao longo do tempo – ainda se deixam influenciar por esse conceito clássico e de raízes antagônicas, mesmo diante das profundas modificações sociopolítico-econômicas que o direito contemporâneo ultrapassou com o Estado Democrático de Direito (EDD).

---

[7] CARNELUTTI, Francesco. Estudios de Derecho Procesal. Trad. Santiago Sentis Melendo. Buenos Aires: EJEA, 1971, p. 5.

[8] Daí, exsurge o conflito *dos intereses quando la situacion favorable a la satisfaccion de una necesidad distinta*, configurando-se a lide quando ocorre o confronto *entre interesses de dos personas distintas*. E adiante explicita *"lhamo litigio al conflicto de interesses calificados por la pretension de uno de los interesados y por la resistência del otro"*. In: CARNELUTTI, Francesco. Derecho y Proceso. Trad. Santiago Sentis Melendo. Buenos Aires: EJEA, 1971, p. 62.

[9] Galeno Lacerda, Comentários ao CPC, 7ª ed. Forense, 1998, v. VIII, t. 1, n, 6, p. 15.

[10] Para Frederico Marques, por exemplo, a jurisdição é a função estatal de aplicar as normas de ordem pública em relação a uma pretensão – nisso reside a essência e substância do poder jurisdicional. In: MARQUES, J. Frederico. Jurisdição voluntária, 2ª ed. Saraiva, 1959, p. 53.

[11] CÂMARA, Alexandre Freitas. Lições de Direito Processual Civil. São Paulo: Atlas, 2013, p. 80.

[12] LIEBMAN, Enrico Tullio. Manual de Direito Processual Civil. Vol.1. 3ª ed. Tradução de Cândido Rangel Dinamarco. São Paulo: Malheiros, 2005, p. 23.

É possível vislumbrar que as teorias acima retratadas partem de uma proeminência – ou do direito material ou do direito processual – que não condiz mais com o paradigma pós-positivista do Estado Democrático de Direito[13], uma vez que o direito e a norma são um produto de linguagem, **isto é, são o produto da interpretação do operador do direito na solução do caso concreto.**

É alvo de grande polêmica na seara processual a discussão acerca do monismo e dualismo no direito processual civil:

> A dicotomia existente entre monismo e dualismo não resiste a um enfrentamento hermenêutico da polêmica. No plano hermenêutico, é impossível absolutizar a distinção entre plano material e processual porque, ontologicamente, tanto o direito material quanto o processual estão no mesmo plano: ambos constituem textos normativos a serem interpretados, circularmente, uma vez que não possui proeminência sobre o outro. Perante um acesso hermenêutico, não se pode distinguir entre normas substanciais (materiais) e normas processuais, na medida em que a norma surge somente quando caso jurídico, real ou fictício, é trazido à linguagem e interpretado, sem dizer que esta distinção seria meramente semântica. Todavia, essa crítica também não permite que a obra seja associada ao monismo, porque a teoria monista, em regra, entende que o direito surgiria com a sentença judicial, consistindo esta em um ato de positivação de vontade (ora lei ora legislador), algo criticado (...). A polêmica entre dualismo e monismo é anterior ao giro linguístico, na aplicação do direito o processo e direito material integram uma relação circular no plano da linguagem. A linguagem é o mundo interpretado pelo homem, é um acontecimento imperativo da realidade, a distinção entre normas processuais e materiais somente é possível no plano semântico, no qual a norma é considerada abstratamente e sem relação com a problematização de um caso concreto[14].

Como se vê, o acesso hermenêutico ao processo implica a superação da polêmica dicotomia entre monismo e dualismo, a uma, porque **i)** não existe separação entre direito processual e direito material, constituindo, ambos, enunciados normativos; a duas, porque **ii)** não há mais como conceber atualmente a sentença como um mero ato de silogismo; e a três, porque **iii)** a decisão judicial não é fonte única criadora de direito (a despeito de ser a mais relevante), **razão pela qual não se adota aqui aquelas construções históricas de atividade jurisdicional.**

---

[13] Desse modo, para uma teoria jurídica desenvolver-se sob as bases de um paradigma pós-positivista, faz-se necessário elaborar juntamente uma concepção pós-positivista de norma que a distinga do texto normativo, o que, por sua vez, implica a necessidade de uma estruturação pós-positivista de sentença não mais vista como um processo de subsunção. In:ABBOUD, Georges. Jurisdição Constitucional e Direitos Fundamentais. São Paulo: Revista dos Tribunais, 2012, p. 49.

[14] ABBOUD, Georges. Jurisdição Constitucional e Direitos Fundamentais. São Paulo: Revista dos Tribunais, 2012, p. 87.

Diante do exposto, tem-se que o conceito de jurisdição refletirá a própria essência da atividade judicante – qual seja: todo poder ou autoridade conferidos por lei em sentido estrito a um agente, órgão ou instância, em virtude dos quais se atribuirá sentido à norma diante da problematização do caso concreto, prevenindo-o ou solucionando-o. Supera-se, assim, a metodologia positivista de que a decisão judicial é um ato de mero silogismo (onde, texto e norma se confundem), como pretende parte da doutrina processual, que persiste em separar o fenômeno da compreensão, da interpretação e da aplicação do direito.

2. Revisão Atualizada de Jurisdição e Acesso à Justiça

Passando-se à análise do conceito de jurisdição de uma perspectiva contemporânea, deve-se ter em mente que a função jurisdicional tem por escopo o Estado Democrático de Direito (EDD) – *pelo estudo dos fins da jurisdição, que, consequentemente, são também do processo, que visa-se delimitar quais os fins para os quais a função jurisdicional irá atuar*[15]. Daí porque se torna importante vislumbrar não só o próprio conceito de jurisdição, como também do princípio que o abraça, haja vista que as expressões "*jurisdição*" e "*acesso à justiça*" acabaram perdendo boa parte de sua identidade conceitual.

Segundo Rodolfo de Camargo Mancuso[16]:

> Assim se passa porque o Direito, sobre não ser uma ciência exata, é antes de mais nada, um produto cultural, como tal atrelado a um dado espaço-tempo, e isso explica por que uma dada conduta (v.g. o adultério) numa região do planeta é tolerada ou ao menos não tipificada como ilícito, ao passo que em outros quadrantes é punida severamente; ai também está a razão pela qual durante um interstício temporal uma certa ocorrência – v.g. esbulho possessório – é severamente rechaçado pelo ordenamento, como ilícito civil e até penal, mas, em sobrevindo outro contexto, pode merecer outro tratamento, à vista da função social da propriedade.

O autor completa o trecho colacionado relembrando que o DIREITO é uma *CIÊNCIA NOMOTÉTICA*[17] – que se expressa por meio de enunciados –, operando como signos que não apresentam conteúdo fixo e inalterável: ao contrário, vão sofrendo alterações principalmente de ordem semântica.

Desse modo, não é recomendado utilizar a noção de jurisdição criada para um modelo de Estado que não mais existe, em razão de diversos fatores, tais como os enunciados por Fredie Didier[18]:

---

[15] MORALLES, Luciana Camponez Pereira. Acesso à Justiça e o Princípio da Igualdade. Porto Alegre: Sergio Antonio Fabres, 2006, p. 45.
[16] MANCUSO, Rodolfo de Camargo. Acesso à Justiça. São Paulo: RT, 2011, p. 333.
[17] MANCUSO, Rodolfo de Camargo. Acesso à Justiça. São Paulo: RT, 2011, p. 334.
[18] DIDIER, Fredie. Curso de Direito Processual Civil. 15ª Ed. Salvador: Jus Podivm, 2013, p. 105.

a) a redistribuição das funções do Estado, com criação de agencias reguladoras (entes administrativos, com funções executiva, legislativa e judicante)
e executivas;

b) a valorização e o reconhecimento da força normativa da Constituição,
principalmente das normas-princípio, que exigem do órgão jurisdicional
uma postura mais ativa e criativa para a solução dos problemas;

c) o desenvolvimento da teoria dos direitos fundamentais, que impõe a aplicação direta das normas que os consagram, independentemente de intermediação legislativa;

d) a criação de instrumentos processuais como o mandado de injunção, que
atribui ao Poder Judiciário a função de suprir, para o caso concreto, a omissão legislativa;

e) a alteração da técnica legislativa: o legislador contemporâneo tem-se valido
da técnica das cláusulas gerais, deixando o sistema normativo mais aberto
e transferindo expressamente ao órgão jurisdicional a tarefa de completar
a criação da norma jurídica no caso concreto;

f) a evolução do controle de constitucionalidade difuso que produziu entre
nos a possibilidade de enunciado vinculante da súmula do STF em matéria constitucional, texto normativo de caráter geral, a despeito de produzido pelo Poder Judiciário.

Em termos práticos de direito processual, é possível ainda identificar:

a) a expansão desmesurada das fronteiras do Direito, em direção a campos
extra ou parajurídicos (antropologia, biologia, cibernética, ecologia);

b) a crise numérica de feitos pendentes na Justiça estatal (em 2009, com-
putaram-se 82,9 milhões de processos, registrando o boletim Justiça em
Números, do CNJ, divulgado em agosto de 2011, "o pequeno aumento dos
casos em tramitação no Poder Judiciário, entre 2009 e 2010, no percentual
de 0,6%");

c) a crise de efetividade prática dos comandos judiciais, evidenciada naquele
documento do CNJ: "um olhar mais detido sobre o indicador revela que o
maior gargalo encontra-se na fase de execução do 1) grau da Justiça Estadual, onde a taxa de congestionamento chega a 89,8%" (...)[19].

Referida análise não passou despercebida da crítica de Ada Pellegrini Grinover, para quem o elevado grau de litigiosidade, próprio da sociedade moderna,
e os esforços rumo à universalidade da jurisdição (um número cada vez maior
de pessoas e uma tipologia cada vez mais ampla de causas que acedem ao Judi-

---

[19] MANCUSO, Rodolfo de Camargo. Acesso à Justiça. São Paulo: RT, 2011, p. 334.

ciário), constituem elementos que acarretam a excessiva sobrecarga de juízes e tribunais[20].

Ainda, na lição de Mancuso[21]:

> À vista das profundas alterações sociopolítico-cultural-econômicas deflagradas a partir do ultimo quartel do século passado (às quais o Direito deve guardar aderência, como condição para sua própria legitimidade), hoje se coloca a inafastável opção entre duas alternativas no tocante aos sentidos de "jurisdição" e de "acesso à justiça": **ou bem se continua a prestigiar concepções antigas, que prosperaram em contextos já desaparecidos, hoje de interesse meramente histórico, ou se admite a imperiosidade de submeter aquelas expressões a um processo de atualização e contextualização, trazendo-as para a realidade contemporânea, tanto a social como a judiciária.**

É de se notar que aqueles processualistas mais ortodoxos tendem a se apegar aos antigos conceitos, mantendo a jurisdição ainda atrelada a uma atividade jurisdicional – exclusiva do Estado – de mera subsunção dos fatos a disposições normativas, ao passo que levam ao extremo as qualidades identificadoras do princípio do acesso à justiça (hoje quase que utópico), representadas por vocábulos como "universalidade" e "indeclinabilidade", ignorando o gigantismo judiciário.

Demais disso – hoje configurada a notória crise numérica de processos –, é visível o crescimento de instâncias, órgãos e agentes parajurisdicionais, voltados à prevenção e/ou à resolução consensual dos conflitos, levando ao gradual reconhecimento de que a jurisdição não é atividade exclusiva do Estado, mas, ao contrário, caberia a todo agente, órgão e instância, autorizado por lei (em sentido estrito), que atribua sentido à norma diante da problematização do caso concreto, em tempo hábil, resolvendo uma crise de direito – é o que se denomina pela doutrina contemporânea de JURISDIÇÃO COMPARTILHADA.

Na lição de Sidnei Agostinho Beneti[22]:

> **Só a idolatria estatal, alimentada pela nociva ingenuidade científica ou pelo preconceito ideológico impermeável à razão, pode sustentar a crença de que o julgamento jurisdicional realizado pelo Estado seja sempre justo e de que somente esse julgamento seja apto à realização da Justiça no caso concreto.**

---

[20] GRINOVER, Ada Pellegrini. Os Fundamentos da Justiça Conciliativa. Revista de Arbitragem e Conciliação, n. 14, jul-set., 2007, p. 17.

[21] MANCUSO, Rodolfo de Camargo. Acesso à Justiça. São Paulo: RT, 2011, p. 335.

[22] BENETI, Sidnei Agostinho. Resolução Alternativa de Conflitos (ADR) e constitucionalidade. Revista do Instituto dos Advogados de São Paulo, n. 9, jan.-jun., 2002, p. 104.

Dessa perspectiva contemporânea do direito processual civil, a jurisdição funcionaria como legítimo mecanismo de acesso à justiça. E não há aqui afronta ao princípio da inafastabilidade do controle jurisdicional do art. 5º, XXXV, da CF/88 (ou ainda, princípio do acesso à justiça), sendo necessário contextualizá-lo no modelo constitucional atual. Na verdade, sobre esse ponto, cumpre uma análise um pouco mais delineada. Trata-se de expressão por vezes associada a um direito, outras a um princípio, ou, ainda, a uma garantia, portanto, longe de uma acepção de consenso.

Flávio Galdino detectou entre doutrina e jurisprudência nada menos que 14 sentidos[23]: Princípio da Inafastabilidade do Controle Jurisdicional; Princípio da Universalidade da Jurisdição; Princípio da Indeclinabilidade da Jurisdição; Princípio da Ubiquidade da Jurisdição; Princípio do Acesso à Justiça; Princípio da Acessibilidade Ampla (ou do Amplo Acesso à Justiça); Princípio do Livre Acesso à Jurisdição Estatal; Regra da Plenitude do Acesso à Jurisdição; Direito Constitucional à Jurisdição; Princípio da Proteção Judiciária; Princípio da Irrecusabilidade da Jurisdição; Princípio da Irrecusabilidade da Função Jurisdicional; Princípio da Plenitude da Função Judicante do Estado; e Princípio da Utilidade da Jurisdição.

Explica Rodolfo de Camargo Mancuso que a desejável *densificação conceitual* a esse respeito parece delinear-se a partir de dois documentos:

a) Exposição de Motivos do PL 8.046/10 sobre o NCPC, reconhece no art. 2º "pretendeu-se converter **o processo em instrumento incluído no contexto social** em que produzirá efeito o seu resultado". (..) – **Por aí esvanece-se a antiga acepção da jurisdição monopolizada pelo Estado, e por outro lado, a efetividade da resposta passa a ser o critério legitimante da intervenção jurisdicional;**

b) A Resolução do CNJ nº. 125/2010, inclui: "o direito de acesso à justiça, prevista no art. 5º, XXXV além da vertente formal perante os órgãos judiciários, implica acesso à ordem jurídica justa"[24] .

Com efeito, a atividade jurisdicional não estaria assim mais umbilicalmente ligada a uma atividade exclusiva do Estado. Em prosperando essa diretriz programática, ficará restaurada a própria verdade histórica, a saber, que **a jurisdição nunca foi monopolizada pelo Estado,** tantos e diversos foram, ao longo do tempo, os meios e os agentes credenciados a prevenir ou resolver os conflitos deflagrados ao interno da coletividade[25]. Também os Poderes Executivo e Legis-

---

[23] GALDINO, Flávio. A Evolução das Ideias de Acesso à Justiça. Revista Autônoma de Processo, nº 3, abr.-jun., 2007, Curitiba, p. 65.

[24] MANCUSO, Rodolfo de Camargo. Acesso à Justiça. São Paulo: RT, 2011, p. 338.

[25] MANCUSO, Rodolfo de Camargo. Acesso à Justiça. São Paulo: RT, 2011, p. 336.

lativo desempenham atividades jurisdicionais em determinados casos, conforme descreve Cassio Scarpinella Bueno[26]:

> A **atividade desempenhada pela Administração Pública** em uma "sindicância" ou em um "processo administrativo", por exemplo, é **substancialmente jurisdicional.** Da mesma forma, e a título meramente exemplificativo, a atuação do Legislativo ao julgar anualmente as contas prestadas pelo Presidente da República e no processo de impeachment de determinadas autoridades públicas.

Não obstante, e considerando parte da doutrina aqui meramente constatada, a atribuição de sentido à norma, diante da problematização do caso concreto por um agente, órgão ou instância com poder autorizado por lei, dessa forma, por si só – mesmo criando condições efetivas para sua realização concreta – não seria característica suficiente da atividade jurisdicional aqui estudada, **e o que a caracterizaria como suficiente seria, na verdade, a sua definitividade, por meio da coisa julgada material (e não o poder autorizado em lei para solução do caso).**

TODAVIA, não é esse o entendimento reconhecido neste trabalho, uma vez que a coisa julgada material – ainda que exclusiva de alguns provimentos jurisdicionais – não está presente em todas as decisões de natureza jurisdicionais, a ponto de se considerar a definitividade um requisito intrínseco ao conceito de jurisdição, conforme se verá no tópico subsequente.

Diante do exposto, os conceitos fundamentais do processo civil revisados devem ainda ser contextualizados de acordo com os valores na linguagem constitucional[27]. Assim, ter-se-á que: *i)* não é atividade exclusiva do Estado-Juiz, haja vista que pode ser exercida por terceiro não integrante da estrutura judiciária (CF/88, art. 92), sendo capaz de resolver o conflito com uma resposta de qualidade; *ii)* não deve acarretar expectativa exagerada quanto à solução do conflito (CF/88, art. 5º, XXXV), do qual o Estado somente conseguiria proferir uma resposta de baixa qualidade, revelando-se excessivamente demorada, onerosa e imprevisível, ao contrário daquela da jurisdição compartilhada; *iii)* o intérprete passa a pertencer à própria compreensão e o *interpretandum* passa somente a existir

---

[26] BUENO, Cassio Scarpinella. Curso Sistematizado de Direito Processual Civil. Vol. 1. 6ª ed. São Paulo: Saraiva, 2012, p. 291.

[27] Note-se que a decisão judicial estará legitimada não apenas quando respeita a equidade dos procedimentos, senão quando respeita a coerência de princípios que compõem a integridade moral da comunidade, o que nos leva a crer que – em um Estado Democrático de Direito – legalidade e legitimidade, cada uma com sua qualidade, são características do poder. A legitimidade é a qualidade do título do poder e a legalidade a qualidade do seu exercício. In: SILVA, José Afonso da. Curso de Direito Constitucional Positivo. São Paulo: Editora Malheiros, 1998, p. 426.

na história factual da compreensão que gera[28], de modo que os conceitos acima estariam umbilicalmente relacionados com interpretação do direito desempenhada por agente, órgão ou instância autorizados por lei, que atribuirão sentido à norma diante da problematização do caso concreto, tendo por escopo o Estado Democrático de Direito.

3. Características da Atividade Jurisdicional

Dentre os conceitos de jurisdição destacados no presente trabalho, se desmembrados, caracterizam-se essencialmente alguns requisitos reconhecidos por boa parte da doutrina: inércia[29], substitutividade[30]e natureza declaratória[31] – para aqueles que adotam a teoria dualista ou declaratória –, de modo que seriam essas as características essenciais que compõem a função jurisdicional.

Não obstante, **e considerando que não existe até hoje um consenso doutrinário acerca do conceito de jurisdição**, há quem identifique como características

---

[28] FERNANDEZ-LARGO, Antonio Osuna. La Hermenêutica Juridica de Hans-Georg Gadamer. Valladolid: Secretariado de Publicaciones Universidad de Valladolid, 1992, p. 110, para quem "em toda leitura tem lugar uma aplicação e, aquele que lê um texto se encontra, também ele, dentro do sentido que percebe. Ele mesmo pertence ao texto que entende". In: GADAMER, Hans-Georg. Verdade e Método Traços Fundamentais de uma Hermenêutica Filosófica. Trad. Flávio Paulo Meurer. 3ª Ed. Petrópolis: Vozes, 1999, p. 503.

[29] O Estado-Juiz só atua se for provocado. *Ne procedatiudex ex officio*, ou seja, o juiz não procede de ofício (de ofício = por conta própria). Essa regra geral, conhecida pelo nome de princípio da demanda ou princípio da inércia, está consagrada no art. 2º do Código de Processo Civil, segundo o qual 'nenhum juiz prestará a tutela jurisdicional senão quando a parte ou o interessado a requerer, nos casos e formas legais'. Tal princípio proíbe, portanto, os juízes de exercerem a função jurisdicional sem que haja a manifestação de uma pretensão por parte do titular de um interesse, ou seja, não pode haver exercício da jurisdição sem que haja uma demanda. Assim, a atividade jurisdicional, ou seja, a ação do Estado por meio da função jurisdicional, se dá se, e somente se, for provocada, quando e na medida em que o for. In: CÂMARA, Alexandre Freitas. Lições de Direito Processual Civil. São Paulo: Atlas, 2013, p. 83.

[30] No início do desenvolvimento do direito, a regra era a autotutela. Em determinado momento da evolução da consciência jurídica, porém, viu-se que a justiça não podia ser feita se tivesse o perfil de vingança que adquiria por ser feita de mão própria pelo titular do interesse lesado. Dessa forma, proibiu-se a autotutela, a qual é possível hoje apenas em hipóteses excepcionais e expressamente em lei, como no caso do desforço imediato para a tutela da posse, previsto no art. 1.210, §1º, do novel Código Civil (antigo art. 502 do CC de 1916). Tendo sido proibida a autotutela, passou o Estado a prestar jurisdição, substituindo as atividades das partes e realizando em concreto a vontade do direito objetivo. Em outros termos: o Estado, ao exercer a função jurisdicional, está praticando uma atividade que anteriormente não lhe cabia, a defesa de interesses juridicamente relevantes. Ao agir assim, o Estado substitui a atividade das partes, impedindo a justiça privada. In: CÂMARA, Alexandre Freitas. Lições de Direito Processual Civil. São Paulo: Atlas, 2013, p. 83.

[31] O Estado, ao exercer a função jurisdicional, não cria direitos subjetivos, mas tão somente reconhece direitos preexistentes. Bons exemplos dessa afirmação são o usucapião e o inventário e partilha. In: CÂMARA, Alexandre Freitas. Lições de Direito Processual Civil. São Paulo: Atlas, 2013, p. 84.

da atividade jurisdicional também a lide[32], a definitividade[33] e a secundariedade[34]. Ou ainda, mais contemporaneamente, aponta-se como característica um terceiro imparcial que (a) realiza o direito de modo imperativo (b) e criativo, (c) reconhecendo/efetivando/protegendo situações jurídicas (d) concretamente deduzidas, (e) em decisão insuscetível de controle externo (f) e com aptidão para tornar-se indiscutível (g)[35].

Desse modo, ainda que o conceito de jurisdição aqui tido como premissa não enquadre como requisitos intrínsecos outras características senão a própria essência da atividade jurisdicional outorgada, optou-se por utilizar essas características de (a) a (g) acima apontada, a fim de analisá-las uma a uma e posteriormente confrontá-las com o conceito de jurisdição contextualizado.

3.1. Terceiro Imparcial

A atividade jurisdicional é técnica de solução de conflito por heterocomposição: um terceiro substituiu a vontade das partes e determina a solução do problema[36]. Haveria aqui aquilo que Chiovenda denominou de *substitutividade*[37], decorrente da proibição da autotutela.

Em determinado momento da evolução da consciência jurídica, porém, viu-se que a justiça não podia ser feita se tivesse o perfil de vingança que adquirira por ser feita de mão própria pelo titular do interesse lesado[38]. Assim, passou somente o Estado a exercer a atividade jurisdicional – substituindo a vontade das partes e realizando em concreto a vontade da lei. Nesse ponto de evolução, registra-se interessante trecho da lição de Rogério Lauria Tucci, *in verbis*:

> Foi essa característica intuída pela genialidade de Chiovenda, afiançando-a peculiaridade marcante da função jurisdicional, tanto no processo de conhecimento, como

---

[32] Para Alexandre Freitas Câmara, a lide é elemento acidental da jurisdição, o que o distancia da proposição de Carnelutti, para quem a jurisdição é sempre exercida diante de uma lide.In: CÂMARA, Alexandre Freitas. Lições de Direito Processual Civil. São Paulo: Atlas, 2013, p. 82.

[33] Há, porém, uma série de atos jurisdicionais que não adquirem jamais essa qualidade como as medidas cautelares. In: CÂMARA, Alexandre Freitas. Lições de Direito Processual Civil. São Paulo: Atlas, 2013, p. 82.

[34] Alguns autores veem na jurisdição função secundária, a qual só é exercida quando não ocorre a atuação voluntária do direito. Essa ideia, porém, é falsa, como se pode ver pelos exemplos da demanda de divórcio (e todas as demais demandas constitutivas necessárias) e do processo penal (onde vigora a regra *nulla poena sine iudicio*).In: CÂMARA, Alexandre Freitas. Lições de Direito Processual Civil. São Paulo: Atlas, 2013, p. 82.

[35] DIDIER, Fredie. Curso de Direito Processual Civil. 15ª ed. Salvador: Jus Podivm, 2013, p. 105.

[36] DIDIER, Fredie. Curso de Direito Processual Civil. 15ª ed. Salvador: Jus Podivm, 2013, p. 106.

[37] CHIOVENDA, Giuseppe. Instituições de Direito Processual Civil. São Paulo: Saraiva, 1942, p. 140. Nesse sentido: DIDIER, Fredie. Curso de Direito Processual Civil. 15ª ed. Salvador: Jus Podivm, 2013, p. 106.

[38] CÂMARA, Alexandre Freitas. Lições de Direito Processual Civil. São Paulo: Atlas, 2013, p. 84.

no de execução, *verbis:* "A noi sembra che cio che è caratteristico nella funzione giuridizionale sia la sostituzione di un'attività pubblica ad una attività altrui. Questa sostituzione avviene in due modi, corrispondenti ai due stadii del processo, cognizione e desecuzione". Calamandrei, por sua vez, conferiu-lhe, segundo entendemos, precisão conceptual, ao determinar os dois principais caracteres da função jurisdicional, a saber: *a)* o de apresentar-se ela como *atividade secundária;* e *b)* o correspondente à natureza declaratória da sentença. Referentemente ao primeiro, sob letra "a", complementa o enunciado com a asserção de que, na realidade, "em todo ato jurisdicional se encontra, constantemente, a *substituição,* pela atividade de um órgão do Estado, de uma atividade que deveria ser realizada pelos sujeitos da relação jurídica submetida a julgamento". E, cultivando o mesmo entendimento, outros acatados processualistas peninsulares, como Ugo Rocco, Alfredo Rocco e Zanzucchi, posicionam-se assemelhadamente, enfatizando o caráter *substitutivo* da atividade jurisdicional. Há, todavia, também renomados jurisperitos que, colocando-se em antagônico senso, o negam. Entre eles, Michelli, para quem carece de exatidão o estabelecimento da distinção entre *jurisdição* e administração com base no caráter substitutivo daquela, sem que se esclareça que o elemento preponderante se encontra na imparcialidade do órgão jurisdicional, referentemente ao efeito jurídico obtido: "Non mi sembra, pertanto, esatto individuare nella "sostituzione" il carattere discreti votra giurisdizione e damministrazione, quando poi non si chiarisca, come qui si èfatto, chel'elemento saliente stanell' imparzialità dell'organorispetto all'effetto giuridico conseguito". Carnelutti, igualmente, utiliza a *imparcialidade do* órgão jurisdicional como determinante do critério diferenciador entre o exercício da função judiciária e o da administrativa. E aduz que a contraposição da Administração Pública, como parte no processo, ao órgão a que conferido o reexame, como juiz, se constitui no "critério fundamental da distinção", a saber: "Questo della contrapposizione nel processo della pubblica amministrazione, come parte, all'organo a cui è deferito il riesame, come giudice, constituice il critério fondamentale di distinzione". E esse é, também, o pensamento, entre nós, de Luís Eulálio de Bueno Vidigal, que, admitindo, expressamente, o critério distintivo *orgânico,* lhe acrescenta, apenas, restrição consistente na verificação de que "os juízes e tribunais também exercem atividade não jurisdicional". E isso, após asseverar, criticando a opinião de Calamandrei, que, nas ações em que o Estado é parte, não se "encontra substituição alguma nas sentenças proferidas" pelos agentes do Poder Judiciário. Do mesmo modo, e mais enfático, ainda, o de Galeno Lacerda, ao ter como precário o conceito de *jurisdição,* estabelecido na esteira das proposições de Chiovenda e de Alfredo Rocco, no sentido de que "a essência da atividade jurisdicional consistiria em seu caráter substitutivo e secundário, já que as partes, direta e primariamente, deveriam saber cumprir por si mesmas as regras norteadoras de sua conduta". Além do que – complementa – essa "tese absolutamente insatisfatória não só não explica a natureza jurisdicional dos processos mais relevantes, que tiverem por objeto conflitos sobre valores indisponíveis, cuja solução não se pode alcançar pela atividade direta das partes (processo penal, processo civil inquisitório – ex.: nulidade de casamento), senão que deixa, *in albis* também o porquê da natureza jurisdicional das decisões sobre questão de processo, especialmente daquelas que dizem respeito à própria atividade do juiz, como as relativas à competência e suspeição, onde jamais se poderá vislumbrar qualquer traço de "substitutividade" a uma atuação originária, direta e própria das partes[39].

Não obstante, verifica-se que a característica da substitutividade parte de uma proeminência ou do direito material ou do direito processual que não condiz mais com o paradigma pós-positivista do Estado Democrático de Direito[40] (EDD), uma vez que o direito e a norma são um produto de linguagem, **isto é: são o produto da interpretação do operador do direito na solução do caso concreto.** Nessa seara, passou a exercer a atividade jurisdicional realizando a própria atividade interpretativa com a construção do sentido da norma, ao aplicá-la ao caso concreto.

De uma perspectiva contemporânea da atividade jurisdicional, esta funcionaria como verdadeiro mecanismo de acesso à justiça.

A moderna ciência processual conscientizou-se de que a atuação da função jurisdicional visa não apenas a aplicar o direito aos conflitos de interesse, mas também a atingir outros objetivos até então considerados externos a essa função, ou seja, a consagração dos valores defendidos pelo Estado Democrático de Direito (EDD) – *pelo estudo dos escopos da jurisdição, que, consequentemente, são também do processo, visa-se delimitar quais os fins para os quais a função jurisdicional irá atuar*[41]. É evidente que, a cada dia, o conceito se consolida principalmente quando se está diante de formas alternativas de solução de lides – a exemplo do art. 3º, §1º do CPC/15, senão vejamos: *"Art. 3º: Não se excluirá da apreciação jurisdicional ameaça ou lesão a direito. §1º: É permitida a arbitragem, na forma da lei".*

Nelson Nery Júnior leciona:

> Qual a diferença efetiva que existe entre a sentença judicial e a sentença arbitral? Ambas, a nosso ver, constituem exteriorização do poder jurisdicional. Apenas se distanciam quanto ao aspecto confiança, que preside o negócio jurídico de compro-

---

[39] Tucci, Rogério Lauria. Jurisdição, Ação e Processo Civil. Revista de Processo Vol. 52, p. 07.

[40] Desse modo, para uma teoria jurídica desenvolver-se sob as bases de um paradigma pós-positivista, faz-se necessário elaborar juntamente uma concepção pós-positivista de norma que a distinga do texto normativo, o que, por sua vez, implica a necessidade de uma estruturação pós-positivista de sentença não mais vista como um processo de subsunção. In: Abboud, Georges. Jurisdição Constitucional e Direitos Fundamentais. São Paulo: Revista dos Tribunais, 2012, p. 49.

[41] Moralles, Luciana Camponez Pereira. Acesso à justiça e o princípio da igualdade. Porto Alegre: Sergio Antonio Fabres, 2006, p. 45.

misso arbitral, estando ausente na jurisdição estatal, cujo órgão não poder ser escolhido pelas partes e cuja sentença é imposta coativamente aos litigantes. Enquanto no compromisso arbitral as partes convencionam acatar a decisão do árbitro, na jurisdição estatal o réu é compelido a responder ao processo, ainda que contra sua vontade, sendo as partes obrigadas a obedecer ao comando emergente da sentença (...). Pela sentença arbitral o juiz não togado escolhido pelas partes decide toda a controvérsia formada entre elas, cuja decisão tem força de coisa julgada. esta sentença arbitral é acobertada pela coisa julgada material e tem, portanto, plena executividade, não mais necessitando de homologação pelo órgão jurisdicional estatal, como o exigia o sistema revogado pela atual Lei de Arbitragem (LArb 18). O CPC 475-N, IV dá a sentença arbitral a natureza de título executivo judicial, não deixando mais nenhuma dúvida sobre o caráter jurisdicional de arbitral. A sentença arbitral, como é aplicação do direito ao caso concreto por juiz não estatal, é manifestação da atividade jurisdicional. A consequência disso é que se reveste da autoridade da coisa julgada[42]. Repita-se: a jurisdição não é mais atividade exclusiva do Poder Judiciário.

Não seria mais adequado, portanto, a utilização do conceito e acepções de uma jurisdição criada para um modelo de Estado que não mais existe, em razão de diversos fatores que se modificaram no Estado Constitucional, conforme tópico anterior.

Nessa linha de raciocínio, pode-se concluir que aquele conceito clássico de jurisdição como um poder jurisdicional exclusivo e monopolizado pelo Estado (ou Poder Judiciário), que se apresentaria de forma unitária, indivisível e indelegável, não subsiste no Estado Democrático de Direito (EDD) e *pós giro linguístico* – haja vista que não se considera mais aceitável identificar o conceito de jurisdição com a mera atuação concreta da lei, mas que esse processo de subsunção, na verdade, deve ser um produto da interpretação realizada pelo intérprete, a fim de solucionar ou prevenir o caso concreto, e que essa decisão seja, de modo, minimamente justa, jurídica, econômica, tempestiva e razoavelmente previsível.

Veja-se que, na verdade, o exercício da atividade jurisdicional por um agente, órgão ou instância constitui nada mais que um fato histórico, tendo sido exercida, inclusive, em inúmeras situações, por lideres religiosos[43] ou mesmo um particular designado para aplicar a lei, como no caso da arbitragem, que é a prestação jurisdicional arbitral mais antiga do que a prestação tutelar processual do Estado[44].

---

[42] NERY JUNIOR, Nelson. Princípios do Processo na Constituição Federal. 10ª Ed. São Paulo: RT, 2010, p. 157-159.

[43] MOURAO, Luiz Eduardo. Coisa Julgada. Belo Horizonte: Fórum, 2009, p. 443.

[44] SALLES, Marcos Paulo de Almeida. Da Coisa Julgada na Arbitragem. Revista do Advogado, n. 51, p. 60, out, 1997.

Desse modo, – diante da crescente complexidade da sociedade e da insuficiência do poder estatal–, torna-se imperiosa uma renovação da própria atividade jurisdicional[45], que não tem como requisito intrínseco do conceito de jurisdição o exercício por um órgão formalmente contido na estrutura judiciária estatal (CF/88, art. 92), bastando que a atividade interpretativa seja exercida por terceiro imparcial autorizado por lei, a exemplo da arbitragem (CPC/15, art. 3º, §1º).

3.2. Decisão Imperativa

A atividade jurisdicional – assim como de todas outras funções do Estado – é manifestação de um poder, conforme mencionado anteriormente. Ela impõe-se imperativamente realizando a atividade interpretativa do direito. Ao lado da função legislativa e da função administrativa, a função jurisdicional não precisa necessariamente ser exercida por ela mesma. O Estado mesmo pode autorizar o exercício da função jurisdicional por agentes privados (ex.vi. arbitragem) ou públicos.

3.3. Decisão Criativa

Diz-se que a atividade jurisdicional é função criativa: cria-se a norma jurídica do caso concreto, bem como se cria, muita vez, a própria regra abstrata que deve regular o caso concreto[46]. Na verdade, a norma é produto da interpretação diante da problematização de um caso concreto. A norma é produto da concretização do intérprete na qual são fundidos os elementos linguísticos (programa da norma) e os elementos não linguísticos (âmbito normativo) – de modo que a norma surge no momento do aplicativo, produzindo-se para a solução de cada caso concreto[47].

Os textos normativos não determinam completamente as decisões dos tribunais e somente aos tribunais cabe interpretar, testar e confirmar ou não sua consistência[48]. Os problemas jurídicos não podem ser resolvidos apenas com uma operação dedutiva (geral-particular). Há uma tarefa na produção jurídica que pertence exclusivamente aos tribunais: a eles cabe interpretar, construir e, ainda, distinguir os casos, para que possam formular suas decisões, confrontando-as com o direito vigente[49]. Exercem os tribunais papel singular e único na produção normativa.

---

[45] CASELLA, Paulo Borba. Arbitragem: lei brasileira e praxe internacional. 2ªed. São Paulo: LTR, 1999, p. 170.

[46] DIDIER, Fredie. Curso de Direito Processual Civil. 15ª ed. Salvador: Jus Podivm, 2013, p. 106.

[47] ABBOUD, Georges. Jurisdição Constitucional e Direitos Fundamentais. São Paulo: Revista dos Tribunais, 2012, p. 78.

[48] CAMPILONGO, Celso. Política, Sistema Jurídico e Decisão Judicial. São Paulo: Max Limonad, 2002, p. 165.

[49] LUHMANN, Niklas. A Posição dos Tribunais no Sistema Jurídico. Porto Alegre: Ajuris, 1990, p. 162.

Ao decidir, o tribunal cria. É criado algo novo. Se não fosse assim, não haveria decisão, mas apenas o reconhecimento de uma anterior decisão, a exemplo dos hard cases. A ideia de que a sentença judicial surge claramente e sem vacilação da norma codificada leva a afirmar que hoje esteja absolutamente superada[50].

É como lembra Pontes de Miranda, para quem:

> o princípio de que o juiz está sujeito à lei é algo de guia de viajantes, de itinerário, que muito serve, porém não sempre. Equivale a inserir-se, nos regulamentos de fábrica, lei de física, a que se devem subordinar as máquinas: a alteração há de ser nas máquinas. Se entendermos que a palavra lei substitui a que lá deverá estar – direito – já muda de figura. Porque direito é conceito sociológico, a que o juiz se subordina, pelo fato de ser instrumento da realização dele. Esse é o verdadeiro conteúdo do juramento do juiz, quando promete respeitar e assegurar a lei. Se o conteúdo fosse o de importar a letra legal, e só ela, aos fatos, a função judicial não corresponderia aquilo para que foi criada: realizar o direito objetivo, apaziguar. Seria a perfeição em matéria de braço mecânico do legislador, braço sem cabeça, sem inteligência, sem discernimento; mais; antissocial e – como a lei e a jurisdição servem à sociedade – absurda. Além disso, violaria, eventualmente, todos os processos de adaptação da própria vida social, porque só a eles, fosse a Ética, fosse a Ciência, fosse a Religião, fosse a Arte, respeitaria, se coincidissem com o papel escrito[51].

É de se registrar, nesse cenário, que a criatividade jurisdicional operar-se-á com limites impostos pelos próprios enunciados normativos do direito objetivo e ainda pelo caso concreto que lhe foi submetido em análise.

3.4. Decisão Técnica de Tutela de Direitos

A atividade jurisdicional é uma das mais importantes técnicas de tutela de direitos[52]. Todas as situações jurídicas merecem alguma proteção jurisdicional. A jurisdição civil tem função específica de proteger direitos subjetivos (art. 5º, XXXV,

---

[50] HASSEMER, Winfried. O Sistema do Direito e a Codificação: a vinculação do juiz à lei. Direito e Justiça – Revista da Faculdade de Direito PUC/RS, v. 9, ano VII, Porto Alegre, 1985, p. 28. Observa Castanheira Neves: "se intencional e normativamente, o direito deixou de identificar-se com a lei, também metodologicamente a realização do direito deixou de ser a mera aplicação de normas legais. (...) nestes termos, o pensamento jurídico recuperou o concreto, que vai na essencial vocação do direito, depois que o positivismo legalista, com o seu normativismo analítico dedutivo, o levara a refugiar-se no aliente abstrato (NEVES, Castanheira, O actual problema metodológico da interpretação jurídica – I, Coimbra: Coimbra Editora, 2003, p. 11). In: WAMBIER, Teresa Arruda Alvim. Recurso Especial, Recurso Extraordinário e Ação Rescisória, São Paulo: RT, 2008, p. 100.

[51] PONTES DE MIRANDA, Francisco Cavalcanti. Tratado da Ação Rescisória. Camoinas: Bookseller, 1998, p. 274.

[52] DIDIER, Fredie. Curso de Direito Processual Civil. 15ª ed. Salvador: Jus Podivm, 2013, p. 108.

CF/88)[53]. O que aqui se quer dizer é que *a tutela dos direitos dá-se ou pelo seu reconhecimento judicial (tutela de conhecimento) ou pela sua efetivação (tutela executiva) ou pela sua proteção (tutela de segurança, cautelar ou inibitória) ou mesmo pela integração da vontade para obtenção de certos efeitos jurídicos*[54].

O exercício da jurisdição, portanto, pressupõe o processo prévio, em que se garantam o devido processo legal e seus corolários. Todo poder exerce-se processualmente[55], em especial em um Estado Democrático de Direito (EDD).

3.5. Decisão Concreta

É preciso perceber que a jurisdição sempre atua em uma situação concreta, um determinado problema que é levado à apreciação do órgão jurisdicional. A atuação jurisdicional é sempre tópica. O raciocínio do órgão jurisdicional é sempre problemático: ele é chamado a resolver problema concreto[56], Para Carnelutti:

> A legislação é uma produção do direito *sub specie* normativa, isto é, uma produção de normas jurídicas; poderíamos dizer, uma produção do preceito em serie, para casos típicos, não para casos concretos. A jurisdição, pelo contrario, produz preceitos, ministra direito para cada caso singular; ousarei dizer, não trabalha para armazenar, mas por encomenda, sob medida[57].

A atividade jurisdicional sempre atuará em uma situação concreta, que pode ser um conflito de interesses (lide), uma situação de ameaça de lesão a direitos (em que se requer uma tutela inibitória), ou situações jurídicas relacionadas exclusivamente a um individuo (pedidos de alteração de nome, por exemplo)[58].

3.6. Impossibilidade de Controle Externo

Há ainda quem alegue a necessidade de que a atividade jurisdicional produza a última decisão sobre a situação concreta: aplica-se o direito a essa situação, sem que se possa submeter essa decisão a nenhum controle de nenhum outro poder[59]. Na verdade, está na essência da própria atividade jurisdicional que ela termine sendo controlada por ela mesma, de modo a por um ponto final ao problema deduzido em juízo. Veja bem: até mesmo a arbitragem tem por ponto final

---

[53] GUERRA, Marcelo Lima. Direitos Fundamentais e a Proteção do Credor na Execução Civil. São Paulo: RT, 2003, p. 32.

[54] DIDIER, Fredie. Curso de Direito Processual Civil. 15a ed. Salvador: Jus Podivm, 2013, p. 113.

[55] DIDIER, Fredie. Curso de Direito Processual Civil. 15ª ed. Salvador: Jus Podivm, 2013, p. 113.

[56] DIDIER, Fredie. Curso de Direito Processual Civil. 15ª ed. Salvador: Jus Podivm, 2013, p. 113.

[57] CARNELUTTI, Francesco. Teoria Geral do Direito. Trad. Antonio Carlos Ferreira. São Paulo: Lejus, 1999, p. 147.

[58] DIDIER, Fredie. Curso de Direito Processual Civil. 15ªed. Salvador: Jus Podivm, 2013, p. 114.

[59] DIDIER, Fredie. Curso de Direito Processual Civil. 15ªed. Salvador: Jus Podivm, 2013, p. 114.

o Poder Judiciário quando prevê que a execução do título arbitral é um título executivo judicial (CPC/15, art. 515, VII), podendo inclusive a decisão ser anulada, caso presente determinados vícios, e isso não a desqualifica como uma decisão de natureza substancialmente jurisdicional, ainda que também seja suscetível de revisão em alguma medida.

3.7. Coisa Julgada Material

De modo análogo ao conceito de jurisdição, a coisa julgada não possui um conceito unânime entre os estudiosos do direito. Segundo Luiz Eduardo Mourão:

> Impossível pretender, na problemática da coisa julgada, uma convergência de orientações, se não há sequer unanimidade de vistas quanto à delimitação conceptual do objeto pesquisado. Como esperar que se harmonizem as vozes, antes de ter--se certeza de que todas se referem a uma única e definida realidade?[60]

Sabe-se que a origem do conceito da coisa julgada está na regra latina *bis de eademre ne sitactio* – traduzida por Cogliolo: *sobre uma mesma relação jurídica não se pode exercer duas vezes a ação da lei, isto é, o processo* –, tendo sido mantida essa tendência até os dias atuais por meio de teorias que identificam a coisa julgada com: *a)* a própria sentença; *b)* os efeitos da sentença; *c)* uma qualidade dos efeitos da sentença; *d)* uma qualidade do conteúdo da sentença[61]. Aqui se partirá da idéia de imutabilidade da decisão limitada ao conteúdo da sentença:

> A eficácia da sentença e a sua imutabilidade suscitam duas ordens de questões inconfundíveis e, em linha de principio, autônomas. Do ponto de vista conceptual, nada nos força a admitir correlação necessária entre os dois fenômenos. O mais superficial exame do que se passa no mundo do direito mostra que é perfeitamente normal a produção de efeitos por ato jurídico suscetível de modificação ou desfazimento (...) Fácil compreender, pois, que, embora a sentença se destine a produzir efeitos jurídicos, nem por isso se destina necessariamente a tornar-se imutável. A imutabilidade não é co-natural à sentença – e isso continuaria a ser verdade mesmo que porventura não existissem, nem jamais tivessem existido, sentenças indefinidamente passíveis de modificação. Se as leis em regra excluem tal possibilidade e fazem imutável a sentença a partir de certo momento, o fato explica-se por uma opção de política legislativa, baseada em obvias razoes de conveniência prática[62].

Nessa linha de raciocínio, Luiz Eduardo Mourão destaca as duas principais correntes doutrinárias que se firmaram no tocante ao conceito de coisa julgada:

---

[60] MOURAO, Luiz Eduardo. Coisa Julgada. Belo Horizonte: Fórum, 2009, p. 27.
[61] MOURAO, Luiz Eduardo. Coisa Julgada. Belo Horizonte: Fórum, 2009, p. 28.
[62] MOREIRA, J.C. Barbosa. Eficácia da Sentença e Autoridade da Coisa Julgada. Ajuris, v. 28, p. 19.

a) A posição de José Carlos Barbosa Moreira. Em artigo denominado "Coisa Julgada e Declaração", propõe-se o referido autor a investigar a concepção, oriunda da doutrina de Hellwig, segundo o qual a autoridade da coisa julgada limitar-se-ia ao elemento declaratório da sentença. Para ele, a indiscutabilidade da decisão não é um efeito da sentença, mas um plus que a lei imprime ao conteúdo decisório da sentença. Fica claro ao analisar o pensamento do processualista que a imutabilidade decorrente do trânsito em julgado não é um efeito da sentença e tampouco uma qualidade de seus efeitos, pois não se estende à situação jurídica concreta sobre o qual versou o pronunciamento judicial. Refere-se ao conteúdo da norma jurídica concreta.

b) Posição de José Ignácio Botelho de Mesquita. A consequência da imutabilidade é a "proibição de propor uma ação idêntica a outra já decidida por sentença revestida da autoridade da coisa julgada". A indiscutabilidade "opera em relação a quaisquer processos, em que a decisão do pedido do autor dependa do julgamento de questão previa que tenha sido decidia via principal em processo anterior". A coisa julgada, portanto, consiste na aplicação dos efeitos do trânsito em julgado – imutabilidade e indiscutibilidade – ao conteúdo da sentença, a saber: ao elemento declaratório de todas as sentenças, ao elemento declaratório e à manifestação de vontade nas sentenças de procedência e ao juízo de rejeição do pedido nas sentenças de improcedência[63].

É inegável a relação com a proibição de repetição da demanda – e repita-se –, o que não quer dizer que só haverá atividade jurisdicional quando houver coisa julgada, sendo inúmeras as exceções no sistema. Assim sendo, tem-se que o que determinará se uma decisão possui natureza jurisdicional será a atividade de interpretação realizada por agente, órgão ou instância, autorizados por lei, que atribui sentido à norma diante da problematização e que tenha por escopo o Estado Democrático de Direito (EDD), de forma que produza uma resposta de qualidade. Nesse sentido, de Eduardo Talamini:

> Não se trata de qualidade inerente a todo ato jurisdicional; nem de escopo essencial ao processo. São perfeitamente concebíveis manifestações da função jurisdicional que não se tornem imutáveis. Mas ainda, é em tese imaginável sistema processual cujos pronunciamentos sejam sempre passíveis de revisão – sem que por isso se afaste a natureza jurisdicional. A atribuição da autoridade da coisa julgada decorre de opção política entre dois valores: a segurança, representada pela imutabilidade do pronunciamento, e o ideal de justiça, sempre passível de ser buscado enquanto se permita

---

[63] MOURAO, Luiz Eduardo. Coisa Julgada. Belo Horizonte: Fórum, 2009, p. 103-104.

o reexame do ato. E é unicamente nos limites dessa escolha operada pelo legislador que haverá coisa julgada. Daí a idéia da coisa julgada como um dado político[64].

Assim, se por um lado, a coisa julgada não é essencial para o conceito de jurisdição, por outro, somente o ato jurisdicional não é suscetível de reversibilidade – é o que se denomina de *"reserva de sentença"*: apenas um pronunciamento jurisdicional modificar outro pronunciamento jurisdicional[65]. É evidente que somente a decisão judicial é irreversível – o que não quer dizer que só haverá atividade de natureza jurisdicional quando houver coisa julgada.

4. O Pluralismo Participativo

Faz-se necessário neste ponto elucidar o sentido atual do monopólio estatal na distribuição da justiça e jurisdição unitária, a fim de acolher a ideia de que agentes, órgãos ou instâncias externos à estrutura judiciária participem efetivamente do exercício da jurisdição, sem que isso seja considerado uma inconstitucionalidade, em desrespeito ao art. 5º, XXXV ("a lei não excluirá da apreciação do Poder Judiciário lesão ou ameaça a direito"), da Constituição Federal/88.

De fato, a usual colagem entre as expressões monopólio estatal na distribuição da justiça e jurisdição unitária, em face do que se contém no art. 5º, XXXV, da CF/88 ("a lei não excluirá da apreciação do Poder Judiciário lesão ou ameaça a direito"), tem engendrado exegeses as mais dispares, o que tem repercutido negativamente na apreensão do sentido atual de conceitos importantes, como os de jurisdição, direito de ação, função judicial do Estado e até mesmo de relação jurídica processual[66].

É de se notar que há outros órgãos com tendência à *desjudicialização dos conflitos*, a exemplo dos Tribunais Desportivos (CF, art. 217), os Tabelionatos (CPC, art. 982, 1124-A, cf. Lei n. 11.441/07), as Comissões de Conciliação Prévia na Justiça do Trabalho (CLT, art. 625-D, cf. Lei n. 9958/2000), o Tribunal Marítimo (art. 1º da Lei n. 2180/54), as Comissões Parlamentares de Inquérito (CPI) (art. 58, da CF/88), os Crimes de Responsabilidade (art. 86, da CF/88), o Tribunal de Contas (art. 71, II da CF/88), o Cade (art. 7º da Lei n. 12.529/11), que desempenham funções atípicas ou equivalentes àquelas jurisdicionais, ou ainda, *jurisdição anômala*[67].

Luiz Eduardo Mourão elucida:

> De outro lado, porque inúmeros órgãos do Poder Legislativo e do Poder Executivo exercem, em diversas oportunidades, atividade tradicionalmente tida como

---

[64] TALAMINI, Eduardo. Coisa Julgada e a sua Revisão. São Paulo: RT, 2005, p. 46.
[65] TALAMINI, Eduardo. Coisa Julgada e a sua Revisão. São Paulo: RT, 2005, p. 48.
[66] MANCUSO, Rodolfo de Camargo. Acesso à Justiça. São Paulo: RT, 2011, p. 388.
[67] CARNEIRO, Athos Gusmão. Jurisdição e Competência. São Paulo: Saraiva, 2007, p. 5.

jurisdicional. Em nosso país, exemplo claro e corriqueiro são as atividades exercidas pelas Comissões Parlamentares de Inquérito que, em essência, são típicas de um juiz de direito[68].

Veja-se que a vinculação do conceito de jurisdição a uma atividade estatal não é requisito intrínseco para caracterizar essa atividade.

É nessa esteira que se vêm consolidando, inclusive, os mais modernos sistemas jurídicos, dentre eles, o do Novo Código de Processo Civil (CPC/15), que tem como diretriz principal **a composição justa dos conflitos,** e as Resoluções do Conselho Nacional de Justiça (CNJ), que incluem o direito à ordem jurídica justa:

> 1 – Exposição de Motivos do PL 8.046/10 sobre o NCPC, reconhece no art. 2º "pretendeu-se converter o processo em instrumento incluído no contexto social em que produzirá efeito o seu resultado". (..)
>
> 2 – A Resolução do CNJ nº. 125/2010, inclui: "o direito de acesso à justiça, prevista no art. 5º, XXXV além da vertente formal perante os órgãos judiciários, implica acesso à ordem jurídica justa"[69].

Vale aqui relembrar a terceira onda "um novo enfoque de acesso à justiça", de Mauro Cappelletti. Não basta apenas o acesso à tutela jurisdicional, mas também um acesso realmente efetivo aos órgãos jurisdicionais. O novo enfoque do acesso à justiça, no entanto, tem alcance muito mais amplo.

Essa "terceira onda" de reforma inclui a advocacia, judicial ou extrajudicial, seja por meio de advogados particulares ou públicos, mas vai além – ela centra sua atenção no conjunto geral de instituições e mecanismos, pessoas e procedimentos utilizados para processar e mesmo prevenir disputas nas sociedades modernas. A denominação "enfoque do acesso à justiça" deve-se a sua abrangência, já que seu método não consiste em abandonar as técnicas das duas primeiras ondas de reforma, mas em tratá-las como apenas algumas de uma série de possibilidades para melhorar o acesso[70].

Parte-se, aqui, do princípio de que novos direitos frequentemente exigem novos mecanismos procedimentais. Esse enfoque anima uma ampla variedade de reformas – a exemplo da alteração nas formas de procedimento e na estrutura dos tribunais ou, mesmo, na criação de novos tribunais; o uso de pessoas leigas ou paraprofissionais, tanto como juízes quanto como defensores; codificações no

---

[68] MOURAO, Luiz Eduardo. Coisa Julgada. Belo Horizonte: Fórum, 2009, p. 443.

[69] MANCUSO, Rodolfo de Camargo. Acesso à Justiça. São Paulo: RT, 2011, p. 338.

[70] CAPPELLETTI, Mauro. GARTH, Bryant. Acesso à Justiça, Porto Alegre: Sergio Antonio Fabris, 1988, p. 66.

direito substantivo destinadas a evitar litígios ou facilitar sua solução; e a utilização de mecanismos privados ou informais de solução dos litígios[71].

Nesse sentido, Rodolfo de Camargo Mancuso afirma que:

> No limiar deste novo milênio, duas linhas exegéticas se abrem, não em modo excludente, mas antes complementar e integrativo: *i)* a expressão monopólio estatal na distribuição da justiça deve ser entendida no sentido de justiça oficial enquanto atividade-fim do judiciário, ofertada a históricos de lesões sofridas ou temidas que efetivamente reclamem passagem judiciária em virtude de certas peculiaridades de matéria ou de pessoa *ii)* o sentido de distribuição da justiça pede urgente revisão e contextualização, sob pena dessa expressão perder o que ainda lhe resta de conteúdo ou utilidade; sob este alvitre, tendo o estado criminalizado a justiça de mão própria (CP, art. 345), ele então disponibiliza, em *numerusclausus* (CF, art. 92), órgãos judicantes que se movimentam quando provocados pelo direito de ação, preordenando-se a resolver crises de certeza, segurança ou satisfação desde que o meio escolhido seja adequado atenda certas condições e venha veiculado num processo existente e valido[72].

Sob qualquer dessas duas vertentes, não há (ou não há mais) como sustentar qualquer laivo de monopólio estatal na distribuição da justiça, no sentido radical que perdurou, cabendo antes reconhecer que o exercício da jurisdição está presente sempre que um agente, órgão ou instância se mostre capaz de prevenir ou compor um conflito em modo justo, tempestivo e sob uma boa relação de custo-benefício.

Tomando-se a intervenção jurisdicional do Estado sob uma formulação negativa, pode-se afirmar que ela não significa: *i)* que a justiça oficial seja o único canal para a resolução das controvérsias, muito ao contrario, a notória tendência contemporânea aponta para a crescente desjudicialização dos conflitos, donde a multiplicação de outros meios, também chamados equivalentes jurisdicionais; *ii)* que a apreciação do histórico de dano sofrido ou temido (CF/88, art. 5º, XXXV), dita indeclinabilidade da prestação jurisdicional, venha a assegurar um julgamento demérito, e menos ainda, que ele será justo ou mesmo tecnicamente consistente (justamente por isso o sistema disponibiliza recursos diversos para a eventualidade de *erros in procedendo* e *in judicando*, incluída a má apreciação da prova; *iii)* que a atuação dos órgãos propriamente judiciais (CF/88, art. 92) seja incompatível com outros meios de resolução de conflitos, mas, ao contrário, o ordenamento é prenhe de previsões que consentem a intervenção incidental ou pré-processual de outros meios ou instâncias e órgãos capazes de prevenir ou resolver confli-

---

[71] CAMPOS, Ingrid Zanella. Direito Constitucional Marítimo. Curitiba: Juruá, 2011, p. 63.
[72] MANCUSO, Rodolfo de Camargo. Acesso à Justiça. São Paulo: RT, 2011, p. 393.

tos, tais como, Juízo Arbitral, Juizados Especiais, Juiz de Paz, Plano de Recuperação Extrajudicial, Compromisso de Ajustamento de Conduta, Tabelionatos, Estabelecimentos Bancários e Convenção Coletiva de Consumo[73], dentre outros.

Como registra Rodolfo de Camargo Mancuso:

> O Brasil é país de jurisdição una, não no sentido de que a distribuição da justiça – solução equânime consistente e tempestiva dos conflitos – só possa fazer-se por meio dos órgãos propriamente jurisdicionais, e sim ao pressuposto de se aceitar que aquela unidade não pode ser tomada ao pé da letra, mas deve consentir refrações ou temperamentos, tais os que se seguem: *i)* decisões tomadas por instâncias diversas, singulares ou colegiadas fora do rol constante do art. 92, sujeitam-se ao crivo jurisdicional, entendendo-se, porem, que alguma vez essa subsunção depende do prévio atendimento de certos quesitos prévios (v.g. conflitos desportivos) e tendo-se ainda presente que essa possível revisão judicial não assegura que a decisão sindicada venha a ser alterada, podendo, antes vir a ser considerada tecnicamente hígida, e como tal mantida, como pode dar-se com uma sentença arbitral infundadamente increpada de nulidade; *ii)* o acesso a justiça estatal, ao contrário do que uma leitura desavisada ou empolgada possa sugerir, não se reveste de nenhuma obrigatoriedade, mas antes deve ser revista sob um registro residual, reservada para as ocorrências que se revelem incompossíveis por outros modos – seja por singularidade de matéria ou de pessoa ou porque se frustraram os outros meios auto e heterocompositivos intentados – com o que podem ser alcançado as relevantes externalidades positivas: estimula-se a vera cidadania, aderente ao pluralismo participativo, dá-se ensejo a que a controvérsia alcance um desejável ponto de maturação, previne-se a banalização da função judiciária estatal, como ocorre com a chamada judicialização do cotidiano, *iii)* a unidade da jurisdição estatal, sobre não significar que só o estado concentra a função de distribuir justiça, em verdade apenas se prende ao fato de que dentre nos não se implementou o contencioso administrativo. Considerando-se que o constituinte entendeu garantir o acesso ao judiciário (CF/88, art. 5º, XXXV) ao tempo em que cometeu aos seus órgãos de direção e planejamento o poder-dever de auto-organização (CF/88, art. 103-B, p. 4º; art. 125), e considerando-se que quem quer os fins da os meios, segue-se que cabe a esse poder fixar metas e providenciar o quanto seja necessário para a oferta de uma resposta jurisdicional de qualidade, revestida dos seis atributos[74].

No limite do direito constitucional contemporâneo faz-se urgente uma destemida renovação na estrutura judiciária brasileira, por meio de uma MUDANÇA

---

[73] MANCUSO, Rodolfo de Camargo. Acesso à Justiça. São Paulo: RT, 2011, p. 394.
[74] MANCUSO, Rodolfo de Camargo. Acesso à Justiça. São Paulo: RT, 2011, p. 399.

DE PARADIGMA, para permitir nova *condição legitimante de jurisdição*[75], desconectada de qualquer vestígio que implique o monopólio, mas que, ao invés, incentive o concurso de outros agentes, órgãos ou instâncias de composição da lide de forma mais equânime, consistente e tempestiva, acabando de vez com aquela ideia ortodoxa de que só possa fazer-se por meio dos órgãos propriamente jurisdicionais, em que se toma ao pé da letra o princípio do acesso à justiça (CF/88, art. 5º, XXXV), sem refrações ou qualquer tipo de temperamento sobre ele.

Nesse sentido, avançou o novo códex.

5. Conclusão

Diante do exposto, tem-se que o conceito de jurisdição aqui proposto não se vincula à uma atividade exclusiva desempenhada pelo Estado, mas que caberia a todo agente, órgão ou instância, autorizado por lei, em sentido estrito, que atribua sentido à norma diante da problematização do caso concreto, resolvendo uma crise de direito.

Em prosperando essa diretriz programática, ter-se-á que a jurisdição nunca foi monopolizada pelo Estado, tantos e diversos foram, ao longo do tempo, os meios e os agentes credenciados a prevenir ou resolver os conflitos, sendo o instituto da arbitragem o principal exemplo de atividade jurisdicional desempenhada fora do âmbito do Poder Judiciário (CF/88, art. 92), não lhe retirando sua natureza o fato de ter sido proferida por árbitros, terceiros imparciais. Logo, houve uma opção legislativa – que aparentemente corrobora as premissas aqui expostas – quando considera a arbitragem como atividade substancialmente jurisdicional, conforme redação sistemática trazida no art. 3º, §1º e art. 515, VII do CPC/15.

---

[75] MANCUSO, Rodolfo de Camargo. Acesso à Justiça. São Paulo: RT, 2011, p. 333.

Princípio da colaboração no Processo Civil

RICARDO MARCONDES MARTINS

1. Breve introdução

O Novo de Código de Processo Civil (Lei 13.105/2015), ao contrário do que fazia o Código de 1973 (Lei 5.869/73), inicia com um capítulo dedicado às *normas fundamentais* do processo civil. Dentre elas, destaca-se o art. 6º, segundo o qual "todos os sujeitos do processo devem cooperar entre si para que se obtenha, em tempo razoável, decisão de mérito justa e efetiva". O dispositivo refere-se ao que vem sendo chamado de *princípio da colaboração*[1] ou da *cooperação*.[2] Apesar da recentidade do tema, os processualistas têm extraído dele, conforme será aqui explicitado, importantes consequências teóricas. Contudo, sem desprestigiar as propostas doutrinárias até então apresentadas, considera-se que a leitura que vem prevalecendo está, ainda, presa aos velhos paradigmas. O princípio da colaboração alicerça-se numa diferente compreensão da aplicação do Direito e, por conseguinte, do papel de todos os sujeitos processuais – partes e juiz. Vai além: não se restringe às partes e ao magistrado, corresponde a uma nova compreensão da própria Advocacia. Em relação a esta, é mister enfatizar: se corretamente compreendido, o referido art. 6º importa numa radical alteração da atuação profissional do advogado na jurisdição cível.

Os objetivos deste estudo, reconhece-se, não são nada modestos. Pretende-se aqui propor uma exegese ao art. 6º. do novo CPC alicerçada em pressupostos da teoria e filosofia do direito, exigente de uma profunda releitura da postura advo-

---

[1] Por todos: MITIDIERO, Daniel. *Colaboração no processo civil*: pressupostos sociais, lógicos e éticos. 3. ed. São Paulo: Revista dos Tribunais, 2015, p.100-106.

[2] Por todos: DIDIER JÚNIOR, Fredie. O princípio da cooperação: uma apresentação. *Revista de Processo*, São Paulo, v. 127, p. 75-79, set. 2005.

catória na jurisdição cível. Anseia-se que este estudo – ainda que não importe na consagração das profundas alterações nele defendidas – provoque os juristas a extrair do princípio da colaboração mais do que os processualistas dele vêm extraindo: a consagração do Direito como Ciência e, em decorrência disso, a alteração radical, tanto teórica como prática, da atuação dos sujeitos processuais.

2. Estado da arte

A monografia mais difundida na doutrina brasileira sobre o princípio da colaboração é a de Daniel Mitidiero e nela o ínclito processualista é categórico: o princípio se aplica ao magistrado e não às partes, elas não têm que colaborar entre si.[3] Fiel a esse entendimento, e com base em farta doutrina, ele discrimina *quatro deveres* que o princípio impõe ao magistrado: *a)* dever de esclarecimento *(Aufklärungspflicht)*; *b)* dever de prevenção *(Präventionspflicht)*; *c)* dever de diálogo *(Erörterungspflicht)*; *d)* dever de auxílio *(Zusammenarbeitsplficht)*.[4] Após, discrimina várias regras do novo CPC como decorrência desses deveres e, pois, do princípio da colaboração.

Posteriormente à publicação da primeira edição da monografia de Mitidiero (de 2009), foi publicada a de Lorena Miranda Santos Barreiros,[5] fruto de dissertação de mestrado defendida em 2011 na Universidade Federal da Bahia, orientada pelo Prof. Dr. Fredie Didier. A autora, ao contrário do que afirma Mitidiero, considera que o princípio da colaboração impõe, assim, deveres às partes: o dever à boa fé, tanto na vertente objetiva como na subjetiva, o dever de prestar esclarecimentos ao juiz sempre que por este exigido, o dever de comparecimento na presença do juiz sempre que instadas a tanto por ele, o dever de correção e

---

[3] Nas palavras dele: "O papel do juiz na condução do processo é alterado no modelo cooperativo. As partes, porém, não tem deveres recíprocos por força da colaboração. Ação e defesa são posições antagônicas que denotam diferentes interesses diante da causa. O conflito existente entre as partes impede que se estruture um processo civil a partir de deveres cooperativos entre as partes – como parece sugerir o art. 6º do CPC/2015. Essa é a razão pela qual quem está gravado pelo dever de cooperar na condução do processo é o juiz. As partes não têm o dever de colaborar entre si". (*Colaboração no processo civil*, op. cit., p. 70-71).

[4] MITIDIERO, Daniel. *Colaboração no processo civil*, op. cit., p. 69-70 e 100. O autor apresenta uma expressão alemã para todos os deveres, com exceção do dever de auxílio. Propõe-se, na falta de outro, o termo *Zusammenarbeitsplficht*, consagrado como "dever de cooperação". Igor Raatz dos Santos, ao invés de se referir ao dever de diálogo, refere-se ao *dever de consulta* (Processo, igualdade e colaboração: os deveres de esclarecimento, prevenção, consulta e auxílio como meio de redução das desigualdades no processo civil. *Revista de processo*, São Paulo, v. 192, p. 47-80, fev. 2011). Como bem adverte Mitidiero, o dever de consulta é um desdobramento do dever de diálogo e impede "decisões surpresa" (*Colaboração no processo civil*, op. cit., p. 70). Fredie Didier Jr. fala em "deveres de esclarecimento, lealdade e proteção". (Os três modelos de direito processual: inquisitivo, dispositivo e cooperativo. *Revista de processo*, São Paulo, v. 198, p. 213-226, ago-2011).

[5] BARREIROS, Lorena Miranda Santos. *Fundamentos constitucionais do princípio da cooperação processual*. Salvador: JusPodivm, 2013.

urbanidade.[6] Reconhece, porém, que os deveres impostos às partes são "apenas para com o órgão jurisdicional" e, dessa forma, só "indiretamente" em relação à parte contrária.[7]

A terceira edição da obra de Mitidiero é posterior à edição do novo CPC. Nela o autor discrimina uma série de dispositivos do CPC/2015 como desdobramentos do princípio da colaboração. Utilizar-se-á essa discriminação como norte para o levantamento dos desdobramentos dogmáticos do princípio da cooperação já assentados na doutrina processualista. O primeiro deles: a extinção do processo só pode dar-se após diálogo com as partes; por isso, mesmo a extinção que poderia dar-se de ofício pressupõe a prévia manifestação da parte. É o que se extrai dos arts. 10, 317 e 321 do CPC/2015, segundo os quais, respectivamente, nenhuma decisão pode ser adotada sem possibilitar-se às partes prévia manifestação; deve o magistrado, para proferir uma decisão sem resolução do mérito, dar à parte a possibilidade de corrigir o vício; e deve o magistrado, constatado que a inicial possui defeitos ou irregularidades, determinar ao autor, no prazo de 15 dias, que a emende ou a complete.[8] Trata-se de evidente desdobramento dos deveres de *prevenção* e de *diálogo*.

Segundo efeito: admite-se que as partes, por acordo, delimitem consensualmente o tema da prova e as questões jurídicas discutidas – é o que estabelece o art. 357, §2º, do CPC.[9] Aceita-se, pois, que as partes, por acordo, delimitem a cognição jurisdicional referente ao objeto da causa. O alargamento da possibilidade de interferência volitiva sobre o exercício da jurisdição decorre dos deveres de diálogo e de auxílio.

Terceiro: se a causa apresentar "complexidade", seja em relação aos *fatos* (o que aconteceu na realidade), seja em relação ao Direito (quais as normas incidentes, como se qualificam juridicamente os fatos, quais os efeitos jurídicos deles decorrentes), o juiz deve proferir a decisão de saneamento em audiência, a partir

---

[6] Idem, p. 194-195.

[7] Idem, p. 194.

[8] Transcrevem-se os dispositivos. Art. 10: "O juiz não pode decidir, em grau algum de jurisdição, com base em fundamento a respeito do qual não se tenha dado às partes oportunidade de se manifestar, ainda que se trate de matéria sobre a qual deva decidir de ofício". Art. 317: "Antes de proferir decisão sem resolução de mérito, o juiz deverá conceder à parte oportunidade para, se possível, corrigir o vício". Art. 321: "O juiz, ao verificar que a petição inicial não preenche os requisitos dos arts. 319 e 320 ou que apresenta defeitos e irregularidades capazes de dificultar o julgamento de mérito, determinará que o autor, no prazo de 15 (quinze) dias, a emende ou a complete, indicando com precisão o que deve ser corrigido ou completado". Sobre o tema, por todos: MITIDIERO, Daniel. *Colaboração no processo civil*, op. cit., p. 114-122.

[9] Art. 357, §2º: "As partes podem apresentar ao juiz, para homologação, delimitação consensual das questões de fato e de direito a que se referem os incisos II e IV, a qual, se homologada, vincula as partes e o juiz". Sobre o tema, por todos: MITIDIERO, Daniel. *Colaboração no processo civil*, op. cit., p. 124 e 131.

de um diálogo com as partes – é o que estabelece o art. 357, §3º, do CPC/2015,[10] evidente decorrência dos deveres de diálogo e esclarecimento.

Quarto: o seguimento dos recursos não pode ser indeferido sem que antes seja dada oportunidade à parte para sanear o problema, também decorrência dos deveres de esclarecimento, auxílio e prevenção. O parágrafo único do art. 932 do CPC/2015 estabelece uma regra geral para todos os recursos: se o relator considerar inadmissível o recurso deverá intimar o recorrente para, no prazo de cinco dias, sanar o vício ou complementar a documentação exigível. O art. 1007, §§2º, §6º e 7º estabelecem regras específicas para a deserção: ela só pode ser reconhecida caso o recorrente, intimado a fazê-lo, não efetue o recolhimento no prazo de cinco dias (§2º); se a parte provar justo impedimento, o relator deve relevar a deserção e intimá-la a efetuar o preparo em cinco dias (§6º); o equívoco no preenchimento da guia de custas não implica deserção, impondo-se ao relator, na hipótese de dúvida quanto ao recolhimento, a intimação da parte para sanar o vício no prazo de 5 dias (§7º). O §3º do art. 1017 estabelece regra específica para o agravo: na falta de cópia de qualquer peça ou no caso de outro vício que comprometa a admissibilidade, deve o relator intimar o recorrente a sanar o vício no prazo de 5 dias. O art. 1029, §3º, estabelece regra específica para os recursos extraordinário e especial: o STF e o STJ poderão determinar a correção de vício formal, desde que não o reputem grave.[11]

Quinto: o novo CPC adota, no §1º do art. 373, a teoria dinâmica do ônus da prova, pela qual é possível sua inversão jurisdicional. Em três hipóteses: *a)* a prova é impossível para a parte que, pela lei, tem o ônus da prova; *b)* a prova é possível, mas excessivamente difícil para ela; *c)* a prova é possível e não é excessivamente difícil, mas há uma maior facilidade na prova do fato contrário pela parte

---

[10] Art. 357, §3º: "Se a causa apresentar complexidade em matéria de fato ou de direito, deverá o juiz designar audiência para que o saneamento seja feito em cooperação com as partes, oportunidade em que o juiz, se for o caso, convidará as partes a integrar ou esclarecer suas alegações".

[11] Art. 932, parágrafo único: Antes de considerar inadmissível o recurso, o relator concederá o prazo de 5 (cinco) dias ao recorrente para que seja sanado vício ou complementada a documentação exigível". Art. 1007, §2º: "A insuficiência no valor do preparo, inclusive porte de remessa e de retorno, implicará deserção se o recorrente, intimado na pessoa de seu advogado, não vier a supri-lo no prazo de 5 (cinco) dias". Art. 1007, §6º: "Provando o recorrente justo impedimento, o relator relevará a pena de deserção, por decisão irrecorrível, fixando-lhe prazo de 5 (cinco) dias para efetuar o preparo". Art. 1007, §7º: "O equívoco no preenchimento da guia de custas não implicará a aplicação da pena de deserção, cabendo ao relator, na hipótese de dúvida quanto ao recolhimento, intimar o recorrente para sanar o vício no prazo de 5 (cinco) dias". Art. 1017, § 3º.: "Na falta da cópia de qualquer peça ou no caso de algum outro vício que comprometa a admissibilidade do agravo de instrumento, deve o relator aplicar o disposto no art. 932, parágrafo único". Art. 1029, §3º: "O Supremo Tribunal Federal ou o Superior Tribunal de Justiça poderá desconsiderar vício formal de recurso tempestivo ou determinar sua correção, desde que não o repute grave". Sobre o tema, por todos: MITIDIERO, Daniel. *Colaboração no processo civil*, op. cit., p. 164-167.

adversa.[12] Há limites materiais: a prova não pode ser impossível ou excessivamente difícil para parte contrária ($2º do art. 373).[13] E há pressupostos formais: o juiz deve fundamentar sua decisão e comunicá-la à parte para que esta possa ou impugná-la ou exercer o ônus que lhe foi incumbido. A inversão jurisdicional decorre do dever de auxílio, a necessidade de fundamentar e comunicar a parte decorre dos deveres de diálogo e de prevenção. Admite-se, também, no $3º do art. 373, que a inversão se dê por acordo das partes, também em prol do diálogo e do auxílio.[14]

Sexto: todo diálogo é bilateral e, por isso, deve o magistrado enfrentar todos os argumentos apresentados pelas partes. Daí a regra do inciso IV do $1º do art. 489, segundo a qual a decisão jurisdicional que não enfrente todos os argumentos deduzidos no processo não é considerada fundamentada. Trata-se, pois, de evidente decorrência do diálogo.[15]

Sétimo: deve o magistrado, nos termos do inciso III do art. 772 do CPC/2015,[16] impor a terceiros que apresentem informações relacionadas ao objeto da execução, em inequívoco auxílio ao credor. A enumeração aqui apresentada, alicerçada basicamente na monografia de Mitidiero, não teve a pretensão de ser exaustiva e, pois, de esgotar as consequências extraídas, pelos processualistas, do princípio da colaboração. Teve, sim, a pretensão de apresentar um rápido panorama do estado da arte. Dessarte: os dispositivos aqui discriminados são considerados desdobramento do princípio estabelecido no art. 6º. A doutrina em geral –considera-se possível generalizar a proposta doutrinária de Mitidiero como paradigmática da visão que vem se consagrando sobre o tema – não extrai da colaboração

---

[12] Art. 373, $1º: "Nos casos previstos em lei ou diante de peculiaridades da causa relacionadas à impossibilidade ou à excessiva dificuldade de cumprir o encargo nos termos do caput ou à maior facilidade de obtenção da prova do fato contrário, poderá o juiz atribuir o ônus da prova de modo diverso, desde que o faça por decisão fundamentada, caso em que deverá dar à parte a oportunidade de se desincumbir do ônus que lhe foi atribuído". Sobre o tema, por todos: MITIDIERO, Daniel. *Colaboração no processo civil*, op. cit., p. 134-139. A possibilidade de inversão jurisdicional já era, antes da entrada em vigor do novo CPC, admitida pela doutrina. Por todos, vide nosso: *Estudos de direito administrativo neoconstitucional*. São Paulo: Malheiros, 2015, p. 637.

[13] Art. 373, $2º: "A decisão prevista no § 1º deste artigo não pode gerar situação em que a desincumbência do encargo pela parte seja impossível ou excessivamente difícil".

[14] Art. 373, $3º: "A distribuição diversa do ônus da prova também pode ocorrer por convenção das partes, salvo quando: I – recair sobre direito indisponível da parte; II – tornar excessivamente difícil a uma parte o exercício do direito".

[15] Art. 489, $1º, IV: "Não se considera fundamentada qualquer decisão judicial, seja ela interlocutória, sentença ou acórdão, que: não enfrentar todos os argumentos deduzidos no processo capazes de, em tese, infirmar a conclusão adotada pelo julgador". Sobre o tema, por todos: MITIDIERO, Daniel. *Colaboração no processo civil*, op. cit., p. 143-153.

[16] Art. 772, III: "O juiz pode, em qualquer momento do processo: determinar que sujeitos indicados pelo exequente forneçam informações em geral relacionadas ao objeto da execução, tais como documentos e dados que tenham em seu poder, assinando-lhes prazo razoável".

ASPECTOS POLÊMICOS DO NOVO CÓDIGO DE PROCESSO CIVIL

deveres processuais *diretamente* impostos às partes, que possuem, segundo essa visão, interesses divergentes, incompatíveis com a colaboração recíproca. Coerente com isso, Mitidiero afirma que o *dever de boa fé* e *lealdade* não impõe "colaboração entre as partes" e fazê-lo seria "no mínimo contraintuitivo" ou, sem meias palavras, "ilusório".[17]

A posição, sem sombra de dúvida, está afinada com o que pensa a maioria esmagadora dos advogados. Sem desprestigiar todos que a defendem, discorda-se. E a própria redação do art. 6º, de forma clara e límpida, é contrária a esse entendimento: "todos os sujeitos processuais devem cooperar entre si". Noutras palavras, a cooperação não se impõe apenas ao magistrado, impõe-se, expressamente, às partes. Deve o magistrado cooperar com as partes, devem as partes cooperar com o magistrado e devem as partes cooperar entre si. O tema, como já antecipado, envolve uma alteração da forma como se encara o próprio Direito, impondo-se, ainda que a voo de águia, um breve estudo de temas da teoria geral do direito.

3. Compreensão kelseniana do Direito

Sendo a teoria pura do direito, de Hans Kelsen, a teoria jurídica mais difundida na doutrina brasileira, é natural que tenha influenciado a consolidação do modelo processual anterior ao art. 6º. do novo CPC. Para Kelsen toda *valoração é subjetiva*: depende da opinião de cada um, sendo, por conseguinte, inerente ao *pluralismo político*.[18] Diante disso, o que importa ao Direito é a valoração do agente competente. No famoso Capítulo VIII de sua Teoria Pura, Kelsen sustenta que toda norma jurídica admite muitas possibilidades de interpretação, sendo apenas uma "moldura".[19] Cientificamente, cabe apenas apontar as várias possibilidades. A escolha de uma delas não é um ato científico, defende Kelsen, mais um ato político; trata-se, sempre, de uma decisão – alicerçada num *ato de volição*, e não num *ato de cognição* – do agente competente.[20]

Fiel a essa premissa, Kelsen assevera que o magistrado, ao decidir, não "descobre" o sentido e o alcance da norma, mas escolhe, entre os vários sentidos possíveis, aquele que deve prevalecer.[21] Logo, conclui o notável jusfilósofo, a interpretação efetuada pelo magistrado é sempre "autêntica": ele cria o Direito ao escolher dentre as possibilidades que cabem na moldura. Essa compreensão teórica justifica a redução do Direito a um *saber técnico* e não a um *saber científico*

---

[17] *Colaboração no processo civil*, op. cit., p. 104.
[18] A justiça para Kelsen é sempre *relativa* (*O problema da justiça*. Tradução João Baptista Machado. 4. ed. São Paulo: Martins Fontes, 2003, p. 69-71; *Teoria pura do direito*. Tradução João Baptista Machado. 6. ed. Coimbra: Arménio Amado, 1984, p. 100-101.
[19] Idem, p. 466-467.
[20] Idem, p. 469-473.
[21] Idem, p. 470.

e, consequentemente, ao diálogo das partes em juízo como uma *discussão-contra* ou um *debate*, conforme adiante explicado.

4. Técnica x ciência

Técnica, em termos gerais, é "qualquer conjunto de regras aptas a dirigir eficazmente uma atividade qualquer".[22] É um saber que "cria condições para uma ação".[23] A Ciência, porém, constitui um saber que se pretende "verdadeiro" sobre um dado objeto.[24] Daí a distinção proposta por Kelsen: enquanto o direito é *prescritivo*, diz respeito ao que é devido ou não é devido, a Ciência do direito é *descritiva*, diz respeito ao que é verdadeiro ou falso.[25] O primeiro tem por objeto as *normas jurídicas*; a segunda, as *proposições jurídicas*, juízos hipotéticos sobre as normas jurídicas.[26] O próprio Kelsen percebeu um problema próprio da Ciência do Direito: a proposição, ao descrever o *dever-ser*, também possui um *dever-ser*.[27] Contudo, afirmou Kelsen, o "dever ser" da proposição jurídica não tem o sentido prescritivo do "dever ser" da norma jurídica, possui apenas um *sentido descritivo*.[28]

Eis um grande problema: como é possível um *dever-ser* meramente descritivo? Theodor Viehweg, atento a isso, negou o caráter científico da Dogmática Jurídica: trata-se, segundo ele, de um pensamento com uma "função social" e, pois, com um caráter operativo e, assim, ideológico.[29] Não possuindo um caráter predominantemente cognitivo, a Dogmática Jurídica não seria, propriamente, uma Ciência, mas uma Ideologia. Dessarte: quando um jurista afirma algo sobre uma norma jurídica, na verdade, está afirmando algo sobre como a norma jurídica deve ser compreendida. Logo, como a norma jurídica visa a disciplinar a conduta das pessoas, o jurista, ao fazer ciência, interfere nessa disciplina. Ao final, o cientista participa da disciplina da conduta das pessoas e, ao fazê-lo, jamais o faz com uma inclinação puramente "cognitiva", mas "operativa". Quer dizer: suas afirmações, por mais que tente, jamais se desvincularão do fato de que são afirmações sobre como a disciplina da conduta deve ocorrer. Um exemplo didático: a doutrina sobre os "loteamentos fechados" envolve uma desconcertante coincidência; é bastante comum que os defensores da validade do instituto morem ou tenham morado em loteamentos fechados, ou possuam familiares que morem ou tenham

---

[22] Cf. ABBAGNANO, Nicola. *Dicionário de filosofia*. Tradução coordenada e revista por Alfredo Bosi. 4. ed. São Paulo: Martins Fontes, 2000, p. 939.

[23] FERRAZ JR., Tercio Sampaio. *Introdução ao estudo do direito*. 5. ed. São Paulo: Altas, 2007, p. 85.

[24] FERRAZ JR., Tércio Sampaio. *A Ciência do Direito*. 2. ed. São Paulo: Atlas, 1980, p. 10.

[25] KELSEN, Hans. *Teoria pura do direito*, op. cit., p. 110-116.

[26] Idem, p. 111.

[27] Idem, p. 116.

[28] Idem, ibidem.

[29] VIEHWEG, Theodor. *Tópica y filosofía del derecho*. Tradução Jorge M. Senã. 2. ed. Barcelona: Gedisa, 1997, p. 101-102; 120-121; 136-137.

morado neles. Esse caráter *operativo* da Ciência do Direito é chamado por Tercio Sampaio Ferraz Junior de caráter *criptonormativo*:[30] a proposição jurídica carrega em si uma pretensão normativa escondida.

No dia a dia forense, os advogados lidam com o Direito como técnica, mas fingem que o fazem como Ciência. Ao defenderem uma tese em juízo, nem sempre o fazem por acreditarem, como Juristas, que se trata, de fato, da melhor interpretação. Fazem-no em *defesa* dos interesses do cliente. Quer dizer: valem-se do direito como *técnica* para defesa de certo interesse, e não como Ciência. Há, porém, uma dissimulação: nenhum advogado afirma ao magistrado que, na sua opinião, como Jurista, a proposta que defende não é "a melhor interpretação".

5. Discussão x Debate

Tercio Sampaio Ferraz Jr. diferencia dois tipos de discussão: a *discussão-com* e a *discussão-contra*.[31] No primeiro discute-se um *com* o outro, ambos *investigam* algo, havendo entre eles um *objetivo comum*; no segundo discute-se um *contra* o outro, ambos *litigam* sobre algo, havendo entre eles um *conflito*. Na discussão-contra o que se quer é vencer, ainda que não se tenha razão. Na discussão-com o que se quer é chegar ao melhor resultado, ainda que se reconheça que a razão está com o outro. Chaïm Perelman e Lucie Olbrehcts-Tyteca reservam a palavra "discussão" para o que Tercio chama de "discussão-com" e chamam a "discussão-contra" de debate.[32] Na discussão, quem cede não o faz, não porque foi simplesmente vencido na argumentação, mas porque foi convencido de que a verdade está com o outro.[33] Com efeito: na discussão "os interlocutores buscam honestamente e sem preconceitos a melhor solução de um problema controvertido".[34]

A Ciência é, por definição, uma discussão-com ou, seguindo a terminologia de Perelman e Olbrechts-Tyteca, uma discussão propriamente dita. O verdadeiro cientista não quer simplesmente vencer o debate com seus colegas, quer encontrar a verdade; se a verdade estiver com o outro, será o primeiro a reconhecer. Alude-se, aqui, à concepção de ciência difundida por Karl R. Popper: fazer ciência é propor uma tese à crítica especializada e a verdade científica consiste na aceitação provisória da tese enquanto não houver melhores argumentos em sentido contrário.[35] Paralelamente, assume-se a concepção discursiva da ver-

---

[30] FERRAZ JR., Tercio Sampaio. *A Ciência do direito*, op. cit., p. 55.

[31] FERRAZ JR., Tercio Sampaio. *Direito, retórica e comunicação*. 2. ed. São Paulo: Saraiva, 1997, p. 34-40.

[32] PERELMAN, Chaïm; OLBRECHTS-TYTECA, Lucie. *Tratado da argumentação*: a nova retórica. Tradução Maria Ermantina Galvão. 1. ed., 5. tir. São Paulo: Martins Fontes, 2002, p. 41.

[33] Idem, p. 41-42.

[34] Idem, p. 42.

[35] A concepção é assim sintetizada por Popper: "a) O método das ciências sociais, com o das ciências naturais, consiste em experimentar tentativas de solução para seus problemas – os problemas dos quais ele parte. Soluções são sugeridas e criticadas. Se uma tentativa de solução não é aberta à crítica objetiva,

dade, apresentada por Jürgen Habermas: a verdade é uma situação provisória de esgotamento do debate científico, sempre passível de ser retomada, caso surjam argumentos melhores.[36]

9. Processo civil à luz do Código de 1973

Fixados esses conceitos, é possível retomar o exame do modelo de processo civil em voga quando da vigência do CPC/1973. Tratava-se de um modelo perfeitamente afinado à concepção kelseniana: como não há uma "melhor interpretação", mas várias interpretações possíveis, sendo a escolha um ato político do agente competente, o magistrado, ao decidir, faz uma escolha política. As partes tentam influenciá-lo a escolher a opção mais favorável à pretensão delas e, ao fazê-lo, travam um autêntico debate ou uma discussão-contra. Elas querem ganhar o litígio, convencer o magistrado a escolher a alternativa melhor para elas. Nesse contexto, os advogados das partes lidam com o Direito com uma mera técnica, um instrumento para defender o interesse de seu cliente. A decisão do magistrado independe da atuação das partes, daí os brocardos: *iura novit curia* – o juiz conhece o direito – e *da mihi factum, dabo tibi ius* – dá-me o fato, darei o direito –, que indicam o papel passivo das partes em relação à aplicação do Direito. O magistrado não precisa, segundo essa concepção, das partes para decidir. Há aí uma coerência ímpar: como não há solução correta a ser encontrada, pois todas as soluções pertinentes à moldura da norma são corretas, para escolher uma das soluções o magistrado não precisa das partes. O que se garante a elas é a possibilidade de influenciar o magistrado, num autêntico *debate*, a escolher a alternativa que mais lhes interessa.

---

ela é, justamente por isso, excluída como não-científica, embora talvez apenas provisoriamente. *b)* Se ela está aberta a uma crítica objetiva, então tentamos refutá-la; pois toda crítica consiste em tentativas de refutação. *c)* Se uma tentativa de solução é refutada por nossa crítica, propomos outra solução. *d)* Se ela resiste à crítica, nós a aceitamos temporariamente e a aceitamos sobretudo como digna de continuar sendo criticada e refutada. *e)* O método da ciência é, portanto, o da tentativa experimental de solução (ou da ideia), que é controlada pela mais rigorosa crítica. Trata-se de um aperfeiçoamento crítico ao método da tentativa e erro *(trial and error. f)* A assim chamada objetividade científica consiste na objetividade do método crítico; isto é, sobretudo no fato de que nenhuma teoria está livre de crítica, e também no fato de que os instrumentos lógicos de crítica – a categoria da contradição crítica – são objetivos". (POPPER, Karl R. *Em busca de um mundo melhor*. Tradução Milton Camargo Mota. São Paulo: Martins Fontes, 2006, p. 95-96).

[36] HABERMAS, Jürgen. *Verdade e justificação*: ensaios filosóficos. Tradução Milton Camargo Mota. São Paulo: Loyola, 2004, p. 227-265. Transcreve-se a explicação do aclamado filósofo: "Quando, no decorrer de um processo de argumentação, os envolvidos se convencem de que, dispondo de todas as informações pertinentes e depois de pesar todas as razões relevantes, esgotaram o potencial de objeções possíveis contra 'p', não há motivos para continuar a argumentação. Em todo caso, não existe mais um motivo racional para manter uma atitude hipotética em relação à pretensão de verdade levantada para 'p', mas que foi temporariamente suspensa". (Idem, p. 256).

10. Busca da decisão justa

Quando o referido artigo 6º. exige a busca de uma solução justa, evidencia que o novo Código de Processo Civil exige a adoção de outro modelo.[37] O que vem a ser uma *decisão justa* em Direito? Segundo conceituei em outra oportunidade: é a decisão que efetua a ótima ponderação dos valores constitucionais,[38] com respeito às exigências científicas impostas ao intérprete,[39] dentre elas a necessidade de assumir o Direito como algo *coerente*[40] – tanto do ponto de vista linguístico-textual, como do ponto de vista axiológico –, bem como a necessidade de respeitar a supremacia da Constituição e o acolhimento, por força dela, da interpretação mais adequada ao texto e à axiologia constitucional.[41] A assunção de que existe uma decisão *justa* importa na negação da admissibilidade de todas as possibilidades que caibam na moldura da norma. Etimologicamente, justiça é o que é suficiente, perfeitamente adequado; daí, por exemplo, falar-se de "roupa justa", quer dizer, roupa que não é larga, nem apertada, mas que "se ajusta bem", "na medida certa".[42] Da mesma forma que não existem dois tamanhos que sejam justos, não existem duas decisões que sejam justas: a decisão justa é a decisão que realiza de forma perfeita a ponderação de valores jurídicos, é a que é dada "na medida certa". Em suma: "é a solução perfeitamente adequada ao conjunto de valores expressos e implícitos no sistema normativo vigente".[43]

Se o novo Código impõe ao magistrado encontrar a decisão justa, vale dizer, se parte do pressuposto de que existe uma interpretação que seja correta, é natural que atribua às partes um papel totalmente diferente. Pela concepção anterior, bastava ao magistrado escolher uma alternativa pertinente à moldura; hoje, exige-se que ele encontre a melhor solução. Ninguém nega que encontrar essa "melhor decisão" não é uma tarefa fácil. Ronald Dworkin valeu-se da metáfora

---

[37] Registro que foi o notável processualista Luiz Eduardo Ribeiro Mourão quem me chamou a atenção para esse fato.

[38] Cf. nosso Justiça deôntica. In: PIRES, Luis Manuel Fonseca; MARTINS, Ricardo Marcondes. *Um diálogo sobre a justiça*. Belo Horizonte: Fórum, 2012, p. 211.

[39] A interpretação correta deve respeitar certas exigências científicas, nos termos da *teoria do legislador racional*, de Carlos Santiago Nino, e da *teoria da interpretação criativa*, de Ronald Dworkin. Sobre ambas, vide nosso Justiça deôntica, op. cit., p. 212-219.

[40] Adota-se, aqui, integralmente a teoria hermenêutica de DWORKIN, Ronald. *O império do direito*. Tradução Jefferson Luiz Camargo. São Paulo: Martins Fontes, 2003. Ela pressupõe a existência de dois princípios da *integridade*: tanto o editor normativo como o aplicador normativo devem pressupor que o Direito é um todo coerente (Idem, p. 213 et seq.).

[41] Sobre o tema vide nosso *Regulação administrativa à luz da Constituição Federal*. São Paulo: Malheiros, 2011, p. 41-48.

[42] Cf nosso Direito e justiça. In: PIRES, Luis Manuel Fonseca; MARTINS, Ricardo Marcondes. *Um diálogo sobre a justiça*. Belo Horizonte: Fórum, 2012, p. 68.

[43] Idem, p. 69.

do "juiz Hércules":[44] só um juiz sobre-humano consegue encontrá-la sempre, pois só um juiz sobre-humano conhece todas as normas vigentes e sabe todos os fatos, só um juiz sobre-humano tem a eternidade para estudar o tema levado à sua apreciação e investigar à exaustão o que ocorreu no mundo fenomênico. No cotidiano forense, o magistrado jamais conseguirá atuar como um Hércules, mas deve fazer todo o possível para se aproximar ao máximo da atuação de um Hércules.

Conforme concluímos em outra oportunidade, a decisão justa exige *sensibilidade para as questões humanas* e, portanto, *maturidade*.[45] A sensibilidade não é algo que se apresenta ao ser humano sempre com a mesma intensidade: o juiz é mais sensível num caso, menos sensível no outro. Sobre o tema, é possível apenas estabelecer diretrizes, dentre elas: quanto maior a neutralidade psicológica, vale dizer, quanto maior a *imparcialidade*, tende a haver maior sensibilidade.

Pois bem, como o magistrado é um ser humano, e não um Hércules, é perfeitamente possível que ele *erre* na sua interpretação e profira uma decisão *injusta*. Há, porém, uma *regra de calibração*:[46] no controle difuso, com o trânsito em julgado o erro do magistrado é assimilado pelo sistema normativo como acerto, em decorrência do óbvio motivo de que é mais injusto procurar eternamente a resposta justa, do que decidir num tempo razoável de modo injusto.[47]

11. Novo papel das partes

Nesse modelo, de procura da interpretação correta – em que não basta ao magistrado escolher entre uma das alternativas que cabem na moldura –, o papel das partes muda radicalmente. Torna-se cada vez mais difundido o chamado *construtivismo ético*, por meio do qual o que se entende por "justiça" não é algo dado de *per si*, mas algo *construído* no *diálogo racional*. A teoria foi pioneiramente desenvolvida por John Rawls, a partir da filosofia kantiana: a objetividade moral é construída a partir de um discurso racional, de modo que "o que é justo se define apenas pelo resultado do próprio procedimento".[48] Ela foi retomada e difundida por Carlos Santiago Nino.[49] Há uma íntima relação teórica entre ela e as concepções *discursivas* de *ciência* e de *verdade*, dantes mencionadas, alicerçadas, respectivamente, no pensamento de Popper e Habermas. A decisão justa não é aquela que é afirmada, previamente, por alguém, mas a que sobrevive à *crítica racional*, ou melhor,

---

[44] DWORKIN, Ronald. *O império do direito*, op. cit., p. 295.

[45] Direito e justiça, op. cit., p. 84-85.

[46] Cf. FERRAZ JR., Tercio Sampaio. *Teoria da norma jurídica*. 4. ed. Rio de Janeiro: Forense, 2002, p. 131 et seq.

[47] Cf. nosso Direito e justiça, op. cit., p. 81-83.

[48] RAWLS, John. O construtivismo kantiano na teoria moral. In: RAWLS, John. *Justiça e democracia*. Tradução Irene A. Paternot. São Paulo: Martins Fontes, 2000, p. 58.

[49] SANTIAGO NINO, Carlos. Construtivismo moral. In: SANTIAGO NINO, Carlos. *Ética e direitos humanos*. Tradução Nélio Schneider. São Leopoldo: Unisinos, 2011, p. 90-115.

é a que, numa discussão-com, resulte *melhor fundamentada*, discussão essa em que os partícipes não buscam, prioritariamente, a satisfação de certo interesse, mas, sim, encontrar a interpretação mais correta, à luz dos textos normativos vigentes e da axiologia neles estabelecida. A teoria é aceita pelos chamados *neoconstitucionalistas* ou *pós-positivistas*, como, dentre tantos, Robert Alexy.[50]

Ora, se a decisão justa é construída a partir do diálogo e o magistrado deve encontrá-la, evidencia-se que ele não é apto a fazê-lo *sozinho*. Insiste-se: a decisão correta é construída a partir do diálogo, não é atividade solitária. A *ponderação* é associada à tópica, que, por sua vez, retoma a *dialética aristotélica*.[51] Hannah Arendt explica, com invulgar didatismo, esse método grego de construção da verdade:

Nessa incessante conversa os gregos descobriram que o mundo que temos em comum é usualmente considerado sob um infinito número de ângulos, aos quais correspondem os mais diversos pontos de vista. Em um percuciente e inexaurível fluxo de argumentos, tais como apresentados aos cidadãos de Atenas pelos sofistas, o grego aprendeu a intercambiar seu próprio ponto de vista, sua própria 'opinião' – o modo como o mundo lhe pareceria e se lhe abria dokéi moi, 'parece-me', donde dóksa, ou 'opinão') – com os de seus concidadãos. Os gregos aprenderam a compreender – não a compreender um ao outro como pessoas individuais, mas a olhar sobre o mesmo mundo do ponto de vista do outro, a ver o mesmo em aspectos bem diferentes e frequentemente opostos.[52]

Nessa perspectiva, em que a participação do outro é fundamental para se construir a decisão justa, o intérprete não é apenas o *magistrado*. As partes também são *intérpretes* e, inegavelmente, às vezes, muito mais habilitadas que o próprio magistrado. Este não interpreta sozinho – pois não basta mais escolher livremente uma das alternativas comportadas pela moldura normativa –, interpreta com a *ajuda* das partes. Difundiu-se a chamada *teoria da Constituição aberta*, de Peter Häberle, segundo a qual não apenas o Tribunal Constitucional é o intérprete da Constituição, mas, sim, todos o são. Nas palavras dele: "no processo de interpretação constitucional estão

---

[50] Nas palavras dele: "A recente discussão no campo da Ética, influenciada, no plano metodológico, pela moderna Lógica, pela filosofia da linguagem e por teorias da argumentação, da decisão e da ciência e, no plano substancial, fortemente orientada por ideias kantianas, demonstrou que, embora não sejam possíveis teorias morais substanciais que forneçam a cada questão moral uma única resposta com certeza intersubjetiva conclusiva, são possíveis teorias morais procedimentais, que elaboram as regras e as condições da argumentação e da decisão racional prática". (ALEXY, Robert. *Teoria dos direitos fundamentais*. Tradução de Virgílio Afonso da Silva. São Paulo: Malheiros, 2008, p. 549).

[51] Cf. VIEHWEG, Theodor. *Tópica e jurisprudência*. Tradução de Kelly Susane Alflen da Silva. Porto Alegre: Sergio Antonio Fabris Editor, 2008, p. 21-31.

[52] ARENDT, Hannah. *Entre o passado e o futuro*. Tradução Mauro W. Barbosa. São Paulo: Perspectiva, 2005, p. 82.

potencialmente vinculados todos os órgãos estatais, todas as potências públicas, todos os cidadãos e grupos, não sendo possível estabelecer-se um elenco cerrado ou fixado com *numerus clausus* de intérpretes da Constituição".[53] Dessa tese, ele extrai a seguinte conclusão: "a sociedade torna-se aberta e livre, porque todos estão potencial e atualmente aptos a oferecer alternativas para a interpretação constitucional".[54] Com efeito: a teoria alicerça-se numa *concepção pluralista* e, não custa lembrar, o *pluralismo político* é erigido como verdadeiro *fundamento* da República brasileira (CF, art. 1º, V). Perceba-se: a concepção teórica agasalhada pelo art. 6º do novo CPC assenta-se firmemente no texto constitucional vigente.

12. Única resposta correta x discricionariedade

Os partidários do construtivismo ético são unânimes em afirmar a impossibilidade de, pelo diálogo, racional, chegar-se sempre a uma única solução.[55] A questão, porém, parece mal apresentada, levando a equívocos desastrosos. O fato de o diálogo racional sobre as questões morais não apresentar, sempre, uma resposta como a certa para todos os partícipes não significa que no diálogo jurisdicional não haverá sempre uma resposta correta. Trata-se, na verdade, de duas *situações comunicativas* diferentes.

De fato, nem todo diálogo sobre as questões morais leva a uma solução passível de ser imposta a todos como uma solução *moralmente correta*. Tanto é inadmissível a tese de que as *valorações morais* são sempre *subjetivas* e dependem, sempre, do juízo de cada um, como também é inadmissível a tese de que as valorações morais são sempre *objetivas* e se impõem a todos, independentemente da divergência de opiniões. A primeira tese foi adotada, à exaustão, por Kelsen e, hoje, é surpreendente que haja alguém disposto a sustentá-la. Se toda valoração for subjetiva, o certo e o errado depende da valoração de cada um e, em relação ao Direito, do agente competente. A lei que legitima o extermínio de um povo por questão racial seria válida se aprovada pelo agente competente. Nada mais absurdo: muitas valorações morais são objetivas, devem ser impostas a todos, ainda que muitos divirjam. É errado matar um recém-nascido para oferecê-lo a alguma divindade, ainda que muitos, por motivos religiosos, estejam convencidos de que é certo fazê-lo. Há, enfim, decisões morais que independem da opinião de cada um e, pois, da opinião da maioria parlamentar.

---

[53] HÄBERLE, Peter. *Hermenêutica constitucional*: a sociedade aberta dos intérpretes da Constituição. Tradução de Gilmar Ferreira Mendes. Porto Alegre: Sergio Antonio Fabris Editor, 1997, p. 13.

[54] Idem, p. 43.

[55] Por todos: ALEXY, Robert. *Teoria da argumentação jurídica*. Tradução de Zilda Hutchinson Schild Silva. 3. ed. Rio de Janeiro: Forense, 2013, p. 306-307; SANTIAGO NINO, Carlos. *Ética e direitos humanos*, op. cit., p. 109.

Por outro lado, é evidente o desacerto da segunda posição. Afirmar que sempre as valorações morais são objetivas é negar o *pluralismo político* e, pois, a divergência legítima sobre as questões morais. Essa posição não é acolhida pelo direito positivo brasileiro, que, nos termos já afirmados, erige o pluralismo político em fundamento da República. Há, pois, um vasto campo de *valorações morais* que são *objetivas*, independem da opinião de cada um, e um vasto campo de *valorações morais* que são *subjetivas*, dependem da opinião de cada um.[56] Juridicamente, o primeiro campo refere-se à *competência vinculada* e o segundo à *competência discricionária*. Dessarte: em relação ao campo das valorações subjetivas, o Direito imputa a decisão ao agente competente, é a opinião deste que deve prevalecer.

Os casos em que o diálogo racional sobre as decisões morais não leva a uma única resposta correta – os casos de valorações morais subjetivas – compõem o campo da *discricionariedade* e da *liberdade*. Discriminam-se quatro espaços discricionários, numa ordem decrescente de amplitude: *a)* campo de decisões do poder constituinte originário; *b)* campo de decisões do "constituinte" reformador; *c)* campo de decisões do legislador; *d)* campo de decisões da Administração Pública. Ademais, alheio ao exercício da *função pública*, há um amplo espaço de decisões livres.[57] Nesses cinco campos inexiste uma única resposta correta: a decisão depende da *vontade* do agente competente, no caso do exercício da função pública, ou do particular, no caso da liberdade. Tomada a decisão, resta saber se ela era, de fato, uma decisão inerente a esses campos e, caso seja, se não foi violada uma das muitas *limitações jurídicas* ao exercício da discricionariedade e ao exercício da liberdade.

Explicar o exercício da *discricionariedade* e da *liberdade* escapa aos limites deste estudo.[58] Aqui interessa evidenciar a diferença entre a decisão própria desses campos e a *decisão jurisdicional*. Esta é, por definição, estranha ao campo discricionário.[59] Em relação às questões morais inerentes ao *pluralismo político*, deve o

---

[56] Foi o que reconheceu Edmund Bernatzik, nos termos expostos por Afonso Rodrigues Queiró: "na aplicação do direito, como também em qualquer outra esfera de actividade lógica do espírito, há um limite além do qual terceiras pessoas deixam de poder avaliar da justeza da conclusão obtida. Por conseguinte, essas terceiras pessoas podem ser de outra opinião, mas não podem legitimamente pretender que só elas tenham uma opinião justa e que a das outras pessoas seja falsa: se o pretendessem, não teriam a generalidade a dar-lhes razão". (BERNATZIK, Edmund. *Rechtsprechung und materielle Rechtskraft*, 1886, p. 1-46 *apud* QUEIRÓ, Afonso Rodrigues. *O poder discricionário da administração*. 2. ed. Coimbra: Coimbra, 1948, p.121-122)

[57] Sobre o *espaço privado da liberdade*, vide nosso *Teoria jurídica da liberdade*. São Paulo: Contracorrente, 2015, p. 37-98. Sobre a incompatibilidade desse espaço com a função pública vide a mesma obra, p. 106-123.

[58] Sobre a discricionariedade, vide nosso *Efeitos dos vícios do ato administrativo*. São Paulo: Malheiros, 2008, p. 176-191; *Teoria jurídica da liberdade*, op. cit., p. 106-122.

[59] Cf. BANDEIRA DE MELLO, Celso Antônio. Mandado de segurança contra denegação ou concessão de liminar. *Revista de Direito Público*, São Paulo, n. 92, ano 22, p. 55-61, out.-dez. 1989; BANDEIRA DE

magistrado respeitar a decisão do agente competente e a decisão, no âmbito da liberdade, do particular; não pode substituir a decisão discricionária e a decisão livre. Dito isso, há que se reconhecer: do ponto de vista científico, haverá sempre uma *única* resposta correta. No campo da vinculação, a resposta correta é a decorrente da valoração objetiva, respeitados os pesos dos princípios formais e, assim, as competências estabelecidas no sistema; nos campos da discricionariedade e da liberdade, a resposta correta é a dada, respectivamente, pelo agente competente e pelo particular. Em suma: na Ciência do Direito e, pois, no processo jurisdicional há, sempre, apenas uma *resposta correta*.

Daí a feliz expressão de Celso Antônio Bandeira de Mello: o magistrado é o *oráculo* do Direito.[60] Cabe a ele, no controle difuso, exercer a *jurisdição* ("dizer o Direito) e, pois, dar a última palavra sobre a interpretação jurídica. Nos termos já afirmados: a decisão jurisdicional transitada em julgado, ainda que cientificamente incorreta, é assimilada pelo sistema normativo como correta. Submetida uma questão jurídica à análise do magistrado, não cabe a este decidir discricionariamente: escolher, por sua vontade, entre duas alternativas igualmente admitidas pelo Direito.[61] Ele deve, com o auxílio das partes, encontrar a resposta jurídica correta. A jurisdição consiste numa atividade *cognitiva* e não *volitiva*: consiste na *busca* da interpretação correta e não na escolha entre indiferentes jurídicos. Concorda-se, assim, integralmente com Ronald Dworkin: ainda que se admita a possibilidade teórica de *empate* na *discussão científica*, vale dizer, não se consiga eleger qual das alternativas é a melhor, tendo em vista a *equivalência dos argumentos*, não se pode negar que essa possibilidade é extremamente rara.[62] As pessoas

---

MELLO, Celso Antônio. Juízo Liminar – poder-dever de exercício do poder cautelar nessa matéria. *Revista Trimestral de Direito Público*, São Paulo, n. 3, p. 106-116, 1993.

[60] Oswaldo Aranha Bandeira de Mello pioneiramente chamou o Judiciário de "oráculo da Constituição". (*A teoria das constituições rígidas*. 2. ed. São Paulo: José Bushatsky, 1980, p. 89-93). Celso Antônio Bandeira de Mello efetuou importante ampliação: "O juiz é o oráculo do direito no caso concreto". (Juízo liminar – poder-dever de exercício do poder cautelar nessa matéria, op. cit., p. 114).

[61] No direito positivo brasileiro há apenas uma *exceção*: o *mandado de injunção*. Cf. nosso *Teoria jurídica da liberdade*, op. cit., p. 115, rodapé 53. É perfeitamente possível que haja duas ou mais alternativas igualmente razoáveis e justas de regulamentar um direito para tornar viável seu exercício. Caberia ao Legislador, no âmbito de sua discricionariedade, efetuar as escolhas necessárias para *regulamentar* o Direito. Na omissão do Legislador, por expressa disposição constitucional (art. 5º, LXXI), atribui-se ao Judiciário, quando provocado, a competência para fazê-lo. O Judiciário, nesse caso, está habilitado a exercer a discricionariedade, tal qual faria o Legislador, mas, diferentemente deste, não no *plano abstrato* e sim no *plano concreto*. Trata-se de controle difuso e não concentrado: a regulamentação jurisdicional dá-se para viabilizar ao autor o exercício do direito.

[62] A importância do tema justifica a transcrição integral da lição do notável jusfilósofo: "Argumento que há duas dimensões ao longo das quais se deve julgar se uma teoria fornece a melhor justificação dos dados jurídicos disponíveis: a dimensão da adequação e a dimensão da moralidade política. A dimensão da adequação supõe que uma teoria política é *pro tanto* uma justificativa melhor do que outra se, *grosso modo*, alguém que a sustentasse pudesse, a serviço dela, aplicar mais aquilo que está estabelecido do

podem divergir bastante sobre qual é a melhor interpretação, mas a dificuldade de encontrá-la não significa que ela inexista.

13. Colaboração entre as partes

Sendo o processo, por força do princípio da colaboração, uma *comunidade de trabalho* entre autor, réu e juiz em prol da descoberta da *decisão justa*,[63] vale dizer, da *interpretação jurídica correta*, entendida esta como a interpretação mais consentânea com os textos normativos vigentes, globalmente considerados, com a axiologia neles estabelecida, bem como com a exigência de *interpretação orientada à Constituição*.[64] discorda-se da doutrina processualista pesquisada: a colaboração não impõe apenas deveres ao magistrado, nem apenas deveres às partes para com o magistrado. Impõe *deveres recíprocos* entre todos que *participam do processo*; todos são partícipes da busca de um objetivo comum e, assim o sendo, todos possuem deveres recíprocos.

Se por um lado impõe ao magistrado os deveres de diálogo, esclarecimento, prevenção e auxílio, por outro impõe os mesmos deveres às partes que aceitem participar do processo – a participação é *ônus* e não dever, assim como o autor não é obrigado a propor a ação, o réu não é obrigado a contestar. Uma parte tem, caso queira participar da *relação processual*, o dever de diálogo, prevenção, esclarecimento e auxílio, não apenas em relação ao magistrado, mas também em relação à parte adversa.

---

que alguém que sustentasse a outra. Duas teorias diferentes podem fornecer justificativas igualmente boas, segundo essa dimensão, em sistemas jurídicos imaturos, com poucas regras estabelecidas, ou em sistemas jurídicos que tratam apenas de um âmbito limitado da conduta de seus participantes. Mas, em um sistema moderno, desenvolvido e complexo, a probabilidade antecedente desse tipo de empate é muito pequena. O empate é possível em qualquer sistema, mas será tão raro nos sistemas modernos a ponto de ser exótico. Não quero dizer que será raro que os juristas discordem sobre qual teoria fornece, mesmo nessa dimensão, uma justificativa melhor. Será raro que muitos juristas concordem que nenhuma fornece uma adequação melhor que a outra". (DWORKIN, Ronald. *Uma questão de princípio*. Tradução Luís Carlos Borges. São Paulo: Martins Fontes, 2005, p. 213).

[63] Na precisa síntese de Lorena Miranda Santos Barreiros: "Revela-se assente que o modelo cooperativo finca as suas bases no princípio da cooperação, que conduz a um estado ideal de coisas segundo o qual o processo deveria funcionar com uma comunidade de trabalho, favorável à construção de uma solução jurídica justa para o feito. Tal solução, por sua vez, deve ser calcada no diálogo judiciário e na participação dos sujeitos processuais (partes e juiz) no contraditório". (*Fundamentos constitucionais do princípio da cooperação processual*, op. cit., p. 193-194).

[64] Interpretação orientada para a Constituição vai além da interpretação conforme: dentre duas interpretações igualmente compatíveis com o texto Constitucional, deve-se optar pela que seja *mais compatível*, ou seja, mais adequada ao texto e à axiologia do texto. Cf. MEDEIROS, Rui. *A decisão de inconstitucionalidade*: os autores, o conteúdo e os efeitos da decisão de inconstitucionalidade. Lisboa: Universidade Católica de Lisboa, 1999, p. 290. Vide também nosso *Regulação administrativa à luz da Constituição Federal*, op. cit., p. 43.

PRINCÍPIO DA COLABORAÇÃO NO PROCESSO CIVIL

Essa assertiva pressupõe compreender a premissa teórica por trás do *princípio da colaboração*: por tudo que se disse neste estudo, exige-se que as partes só litiguem se, de fato, acreditarem ter razão. Com efeito: a participação em juízo só é *legítima* se a parte, de fato, acredita que sua pretensão consiste na melhor interpretação jurídica. No mundo fenomênico, não há como negar, a parte pode *fingir* que acredita na sua tese. Porém, e isso é fundamental, se ficar demonstrado que houve apenas um *fingimento*, caracterizar-se-á uma atuação ilícita, passível de ser sancionada pelo magistrado.

A título de exemplo, suponha-se que o autor proponha uma ação, defendendo a tese jurídica "x". Ao fazê-lo, propõe ao magistrado que a tese defendida é a melhor interpretação jurídica e, pois, que a decisão justa consiste na procedência da ação. Pois bem, suponha-se que ao longo do processo evidencie-se que o autor escondeu provas suficientes para demonstrar que juridicamente não tinha razão. Ora, nesse caso, caracterizar-se-á a *deslealdade processual* e o autor deverá ser punido pela *má-fé processual*. Suponha-se o contrário: o réu contesta a ação, defendendo a tese jurídica "y"; ao fazê-lo propõe ao magistrado e à parte contrária que, segundo suas convicções, a interpretação correta diz respeito à sua pretensão e que a decisão justa consiste na improcedência da ação. Ora, suponha-se que ao longo da instrução, fique demonstrado que o réu escondeu provas suficientes para demonstrar que ele não tinha razão. Da mesma forma, caracterizar-se-á sua deslealdade processual, devendo o magistrado puni-lo pela *má-fé processual*. Perceba-se: o princípio da colaboração proíbe ao autor propor a ação ou insistir nela caso ele, autor, não acredite na tese proposta, e proíbe ao réu contestar a ação ou insistir na contestação caso ele, réu, não acredite na tese por ele defendida.

Assim como é desleal um cientista esconder da comunidade científica uma prova que demonstre que sua tese é inverídica, é desleal o autor ou o réu esconder do magistrado e da parte contrária uma prova que indique que a tese por ele defendida é improcedente. Antes, pressupunha-se que qualquer decisão pertinente à moldura da norma era igualmente possível e atribuía-se às partes a prerrogativa de influenciar o magistrado a escolher a alternativa que a elas interessava. Tudo muda quando se parte do pressuposto que existe uma única resposta correta e se impõe aos sujeitos processuais o dever de procurá-la.

Coerente com isso, caso a prova seja mais fácil para uma parte do que para a outra, cabe ao magistrado inverter o ônus da prova. Perceba-se: não se trata aí nem de um dever imposto apenas ao magistrado, nem de um dever imposto apenas a uma parte em relação ao magistrado. Autor e réu têm o dever de participar do discurso processual com lealdade e, pois, de fazer tudo ao seu alcance em prol do encontro da decisão correta. Perceba-se o raciocínio: se tiver a prova de que não tem razão, não é lícito iniciar ou continuar o litígio – no caso do autor,

ASPECTOS POLÊMICOS DO NOVO CÓDIGO DE PROCESSO CIVIL

deve renunciar ao pedido, e no caso do réu, deve reconhecer juridicamente o pedido. Se a parte tem a prova de que não tem razão, tem o dever de apresentá-la. A inversão do ônus da prova apoia-se em outro raciocínio: ambas as partes acreditam ter razão e não possuem uma prova suficiente para demovê-las dessa crença; de início o ônus da prova seria de uma parte, mas a realização da prova é mais fácil para a outra. O que interessa à parte é demonstrar que tem razão: se a realização da prova é mais fácil para ela, é de seu interesse realizá-la. Não se trata de um debate (discussão-contra), mas de uma verdadeira discussão (discussão-com).

Nesse contexto, uma parte tem o dever de auxiliar a outra. Assim, suponha--se que a parte apresente centenas de documentos e saiba que a maioria deles são impertinentes para o problema jurídico proposto. Apresenta-os para dificultar a análise da parte contrária. O comportamento caracteriza flagrante violação do dever de cooperação processual. Deve facilitar a compreensão da controvérsia, não só ao magistrado, mas à parte contrária. O *processo civil* não é mais uma batalha em que vence a parte mais ardilosa, trata-se de um *diálogo* em prol da decisão justa.

A compreensão do papel processual das partes, aqui defendida, pode ser, de fato, nas palavras de Mitidiero, "contraintuitiva" e "ilusória".[65] Sem embargo, acredita-se na *força normativa* da Constituição.[66] Ela busca, nos termos de seu preâmbulo, uma "sociedade fraterna", "fundada na harmonia social" e tem por objetivos fundamentais "construir uma sociedade livre, justa e solidária" (CF, art. 3º, I). O Direito é um importante instrumento para *impor* a fraternidade, a solidariedade e a harmonia social. É o que se faz no *processo civil*: impõe-se às partes a cooperação processual e, com isso, proíbe-se a atuação de umas contra as outras, em busca da vitória, mesmo que não tenham razão. Ao revés, impõe--se às partes participarem do processo se, e apenas enquanto, estiverem convictas de estarem com a razão. O processo passa a ser um instrumento em prol da realização da verdadeira Justiça. Quem sabe não ter razão e litiga, age com má-fé processual. Quem litiga deve fazê-lo porque acredita que sua pretensão é a mais justa, no sentido de que é a expressão correta do Direito vigente e, na medida em que está imbuído dessa convicção, tem o dever de fazer tudo a seu alcance para convencer não apenas o magistrado, mas a parte contrária de que está com a razão. Se *no mundo do ser*, a colaboração entre as partes, no presente momento histórico, é ainda contrária à cultura consagrada da sociedade brasileira, no mundo do *dever-ser*, ela é plenamente afinada à cultura consagrada no

---

[65] *Colaboração no processo civil*, op. cit., p. 104.

[66] Trata-se da tese de HESSE, Konrad. *A força normativa da Constituição*. Tradução de Gilmar Ferreira Mendes. Porto Alegre: Sergio Antonio Fabris Editor, 1991, p. 24. O texto foi uma resposta à tese de Ferdinand Lassalle, segundo a qual a Constituição que atenta contra os "fatores reais de poder" não passada de uma "folha de papel" (*A essência da Constituição*. 5. ed. Rio de Janeiro: Lumen Iuris, 2000, p. 23).

PRINCÍPIO DA COLABORAÇÃO NO PROCESSO CIVIL

texto constitucional vigente. De modo que, por força do Direito, cabe às partes adequarem seu comportamento às exigências normativas.

É possível que a parte litigue sem acreditar que tem razão, que ela esconda provas contrárias à sua pretensão, que ela dificulte a atuação da parte contrária, não colabore com o adversário, nem o auxilie em nada. É perfeitamente crível que muitos ainda se valham do processo, não como um instrumento em prol da Justiça, mas como um instrumento para obter algo que, sabidamente, o Direito não lhes assegura. De um lado, caberá ao magistrado impor a essa parte a colaboração com a parte adversa. De outro, caso fique demonstrado seu *fingimento* e sua *deslealdade*, caberá ao magistrado sancioná-la. Certamente, num segundo momento histórico, essa parte não insistirá no comportamento processual desleal. E se hoje a sociedade brasileira está culturalmente longe da fraternidade, harmonia e solidariedade aspiradas pela Constituição, amanhã, certamente, estará bem mais perto desse ideal. Basta, em suma, aos operadores do Direito interpretarem corretamente o artigo 6º. do CPC/2015.

14. Advocacia e colaboração processual

O princípio da colaboração não importa apenas numa radical revisão da postura do magistrado e das partes, mas também, e principalmente, na postura do *advogado*. Se a este era dado atuar como *técnico*, no modelo processual do CPC/73, ele passa a ser obrigado a atuar como cientista do Direito, no modelo do CPC/2015. Trata-se de uma substancial alteração de sua postura profissional. Se antes se admitia que ele atuasse em juízo contrariamente a suas convicções técnicas, hoje essa postura é passível de severas críticas. Se o advogado não concordar, a partir de suas convicções, com a pretensão jurídica do autor ou do réu, deve recusar-se a defendê-la em juízo. Não é missão do advogado, na jurisdição cível, defender os interesses do cliente, sejam eles quais forem, mas sim defender os interesses do cliente se, e somente se, de acordo com suas convicções técnicas, a defesa consistir na interpretação correta do Direito, globalmente considerado.

A leitura do Estatuto da OAB (Lei Federal 8.906/94) e do Código de Ética e Disciplina da OAB não deixava claro que era dever do Advogado atuar na jurisdição cível como cientista do Direito e não apenas como técnico. Por um lado, reza o §2º do art. 2º do Estatuto que "no processo judicial, o advogado contribui, na postulação de decisão favorável ao seu constituinte, ao convencimento do julgador"; por outro, o inciso IX do art. 34 considera infração disciplinar "prejudicar, por culpa grave, interesse confiado a seu patrocínio". Ambos os dispositivos podem levar ao entendimento de que cabe ao advogado defender o interesse de seu cliente, ainda que a pretensão não consista, segundo as convicções do causídico, na melhor interpretação jurídica.

Por força do art. 33, *caput*, do Estatuto, "o advogado obriga-se a cumprir rigorosamente os deveres consignados no Código de Ética e Disciplina". Este, no art. 4º., estabelece que o advogado, "vinculado ao cliente ou constituinte, mediante relação empregatícia ou por contrato de prestação permanente de serviços, integrante de departamento jurídico, ou órgão de assessoria jurídica, público ou privado, deve zelar pela sua liberdade e independência". Reza, porém, o parágrafo único: "é legítima a recusa, pelo advogado, do patrocínio de pretensão concernente a lei ou direito que também lhe seja aplicável, ou contrarie expressa orientação sua, manifestada anteriormente". Se o *caput* justifica a tese do dever de fidelidade à convicção científica, o parágrafo único pode legitimar a tese da tecnicidade. Pela literalidade, não seria legítimo recusar o patrocínio de pretensão concernente à lei ou direito que não lhe seja aplicável e que não contrarie expressa orientação sua "manifestada anteriormente". No art. 20 o Código de Ética impõe ao advogado o dever de abster-se de patrocinar causa contrária à ética, à moral, ou à validade de ato jurídico em que tenha colaborado, orientado ou conhecido em consulta e, da mesma forma, o dever de declinar seu impedimento ético quando tenha sido convidado pela outra parte, se esta lhe houver revelado segredos ou obtido seu parecer. Reconhece-se: não impõe ao advogado, expressamente, o dever de recusar causas contrárias às suas convicções técnicas.

Nos termos aqui defendidos, o art. 6º do CPC/2015 exige a releitura do Estatuto da Advocacia e do Código de Ética e Disciplina da OAB. Passa a ser *dever* do advogado recusar patrocinar causas que contrariem suas convicções técnicas. Se o advogado não acredita que a pretensão do seu cliente configura a correta interpretação, deve recusar defendê-la em Juízo. Se o fizer, é importante registrar, e ficar comprovado que não acredita na tese, deve ser sancionado por *falta ética* e mau exercício da profissão. Isso, porém, restringe-se à chamada *jurisdição civil*.[67]

Em relação à *jurisdição penal*, o Código de Ética e Disciplina registra expressamente a possibilidade de advogar contrariamente às convicções científicas. Vai além: *impõe* ao advogado o dever de fazê-lo. Preceitua, nesse sentido, o art. 21: "É direito e dever do advogado assumir a defesa criminal, sem considerar sua própria opinião sobre a culpa do acusado". O dispositivo fundamenta-se na *clássica* diferenciação entre advocacia na *jurisdição penal* e a advocacia na *jurisdição civil*: na penal, o advogado deve atuar como técnico; na civil, deve atuar como cientista.

---

[67] A expressão "jurisdição civil" não se refere apenas às causas *civis*, mas a todas as causas que não sejam *penais*. Nesse sentido ensinam Antonio Carlos de Araújo Cintra, Ada Pellegrini Grinover e Cândido Rangel Dinamarco: "É comum dividir-se o exercício da jurisdição entre os juízes de determinado país, dando a uns a competência para apreciar as pretensões de natureza penal e a outros as demais. Fala-se, assim, em *jurisdição penal* (causas penais, pretensões punitivas) e *jurisdição civil* (por exclusão, causas e pretensões não-penais). A expressão 'jurisdição civil', aí, é empregada em sentido bastante amplo, abrangendo toda a jurisdição não-penal". (*Teoria geral do processo*. 11. ed. São Paulo: Malheiros, 1995, p. 138).

PRINCÍPIO DA COLABORAÇÃO NO PROCESSO CIVIL

Noutras palavras: na penal, o advogado deve defender o cliente mesmo quando não acredita na correção científica da tese defensiva; na civil, deve defender o cliente apenas quando acredita na correção científica da tese. Em clássica obra sobre a advocacia, Giuseppe Zanardelli registra a distinção, com maestria:

> Innanzi adunque alla punitiva giustizia anche il patrocinio d'una causa cattiva è legittimo ed obbligatorio, perché l'umanità lo ordina, la pietà lo esige, la consuetudine lo comporta, la legge lo impone. Ma se tale eccezione è ammessa nelle cause penali, nelle cause civili invece devesi in qualsiasi caso aver fisso in mente il vecchio aforisma: *Injustis sane causis patrocinari, nobis nefas est*".[68]

O princípio da colaboração rege a jurisdição civil, não a jurisdição penal. Na primeira, é dever do advogado defender apenas as causas que forem por ele consideradas justas, vale dizer, que, segundo suas convicções técnicas, consistirem na correta interpretação do Direito globalmente considerado; na segunda, é dever do advogado defender o réu, acredite ou não em sua inocência.

15. Natureza constitucional do princípio da colaboração

Foi o art. 6º do CPC/2015 que positivou, de modo expresso, o princípio da colaboração. Sem embargo, é mister registrar: ele não decorre do CPC, não tem natureza *infraconstitucional*. Trata-se de um princípio constitucional *implícito*. A Constituição refere-se à justiça no Preâmbulo, no inciso I do art. 3º, no art. 133 e no *caput* do art. 170. Ao fazê-lo, rejeitou as premissas da teoria pura do Direito e exigiu a admissão da existência de decisões *justas* e, assim, de interpretações corretas. Ao referir-se a uma "sociedade fraterna, pluralista e sem preconceitos, fundada na harmonia social e comprometida, na ordem interna e internacional, com a solução pacífica das controvérsias", e ao eleger, como objetivo fundamental da República, a "criação de uma sociedade justa e solidária", a Constituição pressupôs um modelo processual cooperativo.[69]

De fato: a interpretação *sistemática* e *teleológica* da Constituição brasileira revela a previsão implícita do princípio processual da cooperação. O modelo processual consagrado durante a vigência do CPC/73, assentado nas premissas kelsenianas, e o exercício da Advocacia até então corrente no Brasil, divorciado da atuação científica séria, eram *inconstitucionais*. O Legislador, ao tornar expresso o princípio da cooperação, contribuiu para que a Constituição Brasileira, na jurisdição civil, finalmente seja corretamente cumprida.

---

[68] ZANARDELLI, Giuseppe. *L'Avvocatura*. Milano: Società Editrice "Unitas", 1920, p. 202.

[69] Com absoluta razão afirma Lorena Miranda Santos Barreiros: "o modelo processual cooperativo emana da Constituição Federal de 1988 não de um, mas de diversos dispositivos". (*Fundamentos constitucionais do princípio da cooperação processual*, op. cit., p. 231).

Referências

ABBAGNANO, Nicola. *Dicionário de filosofia*. Tradução coordenada e revista por Alfredo Bosi. 4. ed. São Paulo: Martins Fontes, 2000.

ALEXY, Robert. *Teoria dos direitos fundamentais*. Tradução de Virgílio Afonso da Silva. São Paulo: Malheiros, 2008.

_____. *Teoria da argumentação jurídica*. Tradução de Zilda Hutchinson Schild Silva. 3. ed. Rio de Janeiro: Forense, 2013.

ARAÚJO CINTRA, Antonio Carlos de; GRINOVER, Ada Pellegrini; DINAMARCO, Cândido Rangel. *Teoria geral do processo*. 11. ed. São Paulo: Malheiros, 1995.

ARENDT, Hannah. *Entre o passado e o futuro*. Tradução Mauro W. Barbosa. São Paulo: Perspectiva, 2005.

BANDEIRA DE MELLO, Celso Antônio. Mandado de segurança contra denegação ou concessão de liminar. *Revista de Direito Público*, São Paulo, n. 92, ano 22, p. 55-61, out.--dez. 1989.

_____. Juízo Liminar – poder-dever de exercício do poder cautelar nessa matéria. *Revista Trimestral de Direito Público*, São Paulo, n. 3, p. 106-116, 1993.

BANDEIRA DE MELLO, Oswaldo Aranha. *A teoria das constituições rígidas*. 2. ed. São Paulo: José Bushatsky, 1980.

BARREIROS, Lorena Miranda Santos. *Fundamentos constitucionais do princípio da cooperação processual*. Salvador: JusPodivm, 2013.

DIDIER JÚNIOR, Fredie. O princípio da cooperação: uma apresentação. *Revista de Processo*, São Paulo, v. 127, p. 75-79, set. 2005.

_____. Os três modelos de direito processual: inquisitivo, dispositivo e cooperativo. *Revista de processo*, São Paulo, v. 198, p. 213-226, ago-2011.

DWORKIN, Ronald. *O império do direito*. Tradução Jefferson Luiz Camargo. São Paulo: Martins Fontes, 2003.

_____. *Uma questão de princípio*. Tradução Luís Carlos Borges. São Paulo: Martins Fontes, 2005.

FERRAZ JR., Tercio Sampaio. *Introdução ao estudo do direito*. 5. ed. São Paulo: Altas, 2007.

_____. *A Ciência do Direito*. 2. ed. São Paulo: Atlas, 1980.

_____. *Direito, retórica e comunicação*. 2. ed. São Paulo: Saraiva, 1997.

_____. *Teoria da norma jurídica*. 4. ed. Rio de Janeiro: Forense, 2002.

HÄBERLE, Peter. *Hermenêutica constitucional*: a sociedade aberta dos intérpretes da Constituição. Tradução de Gilmar Ferreira Mendes. Porto Alegre: Sergio Antonio Fabris Editor, 1997.

HABERMAS, Jürgen. *Verdade e justificação*: ensaios filosóficos. Tradução Milton Camargo Mota. São Paulo: Loyola, 2004.

HESSE, Konrad. *A força normativa da Constituição*. Tradução de Gilmar Ferreira Mendes. Porto Alegre: Sergio Antonio Fabris Editor, 1991.

KELSEN, Hans. *O problema da justiça*. Tradução João Baptista Machado. 4. ed. São Paulo: Martins Fontes, 2003.

_____. *Teoria pura do direito*. Tradução João Baptista Machado. 6. ed. Coimbra: Arménio Amado, 1984.

LASSALLE, Ferdinand. *A essência da Constituição*. 5. ed. Rio de Janeiro: Lumen Iuris, 2000.

MARTINS, Ricardo Marcondes. *Estudos de direito administrativo neoconstitucional*. São Paulo: Malheiros, 2015.

_____. Justiça deôntica. In: PIRES, Luis Manuel Fonseca; MARTINS, Ricardo Marcondes. *Um diálogo sobre a justiça*. Belo Horizonte: Fórum, 2012, p. 199-244.

_____. *Regulação administrativa à luz da Constituição Federal*. São Paulo: Malheiros, 2011.

_____. Direito e justiça. In: PIRES, Luis Manuel Fonseca; MARTINS, Ricardo Marcondes. *Um diálogo sobre a justiça*. Belo Horizonte: Fórum, 2012, p. 43-91.

_____. *Teoria jurídica da liberdade*. São Paulo: Contracorrente, 2015.

_____. *Efeitos dos vícios do ato administrativo*. São Paulo: Malheiros, 2008.

MEDEIROS, Rui. *A decisão de inconstitucionalidade*: os autores, o conteúdo e os efeitos da decisão de inconstitucionalidade. Lisboa: Universidade Católica de Lisboa, 1999.

MITIDIERO, Daniel. *Colaboração no processo civil*: pressupostos sociais, lógicos e éticos. 3. ed. São Paulo: Revista dos Tribunais, 2015.

POPPER, Karl R. *Em busca de um mundo melhor*. Tradução Milton Camargo Mota. São Paulo: Martins Fontes, 2006.

QUEIRÓ, Afonso Rodrigues. *O poder discricionário da administração*. 2. ed. Coimbra: Coimbra, 1948.

RAWLS, John. O construtivismo kantiano na teoria moral. In: RAWLS, John. *Justiça e democracia*. Tradução Irene A. Paternot. São Paulo: Martins Fontes, 2000, p. 43-140.

SANTIAGO NINO, Carlos. Construtivismo moral. In: SANTIAGO NINO, Carlos. *Ética e direitos humanos*. Tradução Nélio Schneider. São Leopoldo: Unisinos, 2011, p. 90-115.

SANTOS, Igor Raatz. Processo, igualdade e colaboração: os deveres de esclarecimento, prevenção, consulta e auxílio como meio de redução das desigualdades no processo civil. *Revista de processo*, São Paulo, v. 192, p. 47-80, fev. 2011.

VIEHWEG, Theodor. *Tópica y filosofía del derecho*. Tradução Jorge M. Senã. 2. ed. Barcelona: Gedisa, 1997.

_____. *Tópica e jurisprudência*. Tradução de Kelly Susane Alflen da Silva. Porto Alegre: Sergio Antonio Fabris Editor, 2008.

ZANARDELLI, Giuseppe. *L'Avvocatura*. Milano: Società Editrice "Unitas", 1920.

Cláusulas Gerais e os limites à atuação Judicial no Novo CPC

LÍGIA DE SOUZA FRIAS

1. Considerações Iniciais

Desde a sua origem a sociedade está em constante transformação, sejam essas econômicas, sociais, tecnológica etc. A sociedade muda com o passar dos anos, o que exige grande atenção por parte de nossos legisladores, juízes, e operadores do direito de um modo geral.

Como atender aos anseios sociais e as novas situações apresentadas sem que constantemente seja necessário modificar todo o ordenamento jurídico e como fazê-lo sem violar a constituição e o Estado Democrático de Direito?

Existe um ponto de equilíbrio em que se pode ao mesmo tempo adaptar-se o ordenamento jurídico às mudanças sociais ou a situações até então não pensadas, sem atuar de forma arbitrária ou até mesmo ditatorial?

O ordenamento jurídico não pode ser rígido, inflexível, mas também não pode ser frouxo, fluido em demasia, abrindo espaço para a discricionariedade judicial ou para a instauração de regimes autoritários.

Nesse contexto, as cláusulas gerais e os conceitos jurídicos indeterminados atuam como uma solução interessante, porque em razão de sua vagueza e fluidez, permitem uma constante atualização do ordenamento jurídico.

Entretanto, essa fluidez não pode abrir espaço para a arbitrariedade judicial, o "decido de acordo com a minha consciência", cabendo uma reflexão sobre qual o papel do Judiciário na aplicação das leis ao caso concreto e qual os limites de sua atuação.

No Estado Democrático de Direito não há espaço para o Juiz fazer escolhas, opções entre as soluções que lhe parecem mais convenientes ou que estejam em conformidade com os seus valores, princípios, educação ou experiência de vida.

Cabe ao Juiz buscar a solução dentro do ordenamento jurídico, que lhe impõe limites, exatamente para evitar a discricionariedade judicial, tão negada pelos magistrados, mas constantemente utilizada de forma velada.

Esse artigo se propõe a discutir as cláusulas gerais processuais e os conceitos jurídicos indeterminados, analisando suas origens, seus conceitos e funções, bem como se é possível utilizá-las sem violar o Estado Democrático de Direito.

2. Origem e Conceito

A vida social está em constante transformação, sempre trazendo situações novas, até então impensadas, mas que exigem constante "atualização" do ordenamento jurídico. O estabelecimento de uma legislação rígida que demandasse constante intervenção legislativa poderia acarretar prejuízos a toda a sociedade. Nesse contexto, as cláusulas gerais e os conceitos jurídicos indeterminados atuam como uma solução interessante na adequação do ordenamento jurídico às constantes demandas sociais.

Entretanto, há de se perquirir se no Estado Democrático de Direito é possível admitir a existência de cláusulas gerais e conceitos jurídicos indeterminados, que demandam do Poder Judiciário o preenchimento de seu conteúdo ou determinação de suas consequências, sem propiciar a chamada discricionariedade judicial, como denuncia Nogueira:[1]

> "A concretização de normas sob essa configuração, embora possa não se afigurar de todo problemática, apresenta um aspecto complexo relativamente à compatibilidade da atividade judicial, exercida com a feição teleológica, com a construção do direito numa visão democrática, a teor do paradigma do Estado instituído e proclamado pela Constituição de 1988. Isso porque a busca de materialização de direitos por meio de atividade judiciária, desde que não se assegure, no procedimento, o direito fundamental ao contraditório, à ampla defesa, à fundamentação, à isonomia, como garantias de efetiva influência na construção da decisão judicial, propicia mesmo a discricionariedade, no sentido de se tolerar a possibilidade de o Estado, por intermédio do Órgão Judicial, prolatar uma decisão sem considerar todos os argumentos deduzidos pelos interessados, que sofrerão seus efeitos, e realizar sua própria escolha, como a melhor e mais adequada."

Dessa forma, esse artigo se propõe a compreender o que são cláusulas gerais e conceitos jurídicos indeterminados, suas origens e o seu papel no ordenamento jurídico e como o Novo Código de Processo Civil trouxe mecanismos que evitam

---

[1] NOGUEIRA, Nilza Aparecida Ramos. **Cláusulas abertas na lei processual e discricionariedade judicial**. Curitiba: Juruá, 2013. P. 19.

a utilização da discricionariedade judicial, tal perigosa para o Estado Democrático de Direito.

As cláusulas gerais tem sua origem na Alemanha, no período pós primeira guerra mundial, marcado por hiperinflação, com consequente desvalorização monetária. Muitas pessoas recorreram ao Poder Judiciário visando reequilibrar contratos que não possuíam cláusula de atualização monetária dos preços, o que estava causando prejuízos aos credores. Nesse contexto, o Poder Judiciário alemão encontrou a solução jurídica para afastar o desequilíbrio em três parágrafos (138, 242 e 826) do *Bürgerliches Gesetzbuch* (BGB), Código Civil Alemão, que autorizavam o uso da boa-fé e dos bons costumes[2].

As cláusulas gerais são, de acordo com Judith Martins da Costa,[3]

> "uma disposição normativa que utiliza, no seu enunciado uma linguagem de tessitura intencionalmente 'aberta', 'fluida' ou 'vaga'. A vagueza, então, pode ser apontada como uma das características das cláusulas gerais. Esta disposição é dirigida ao Juiz de modo a conferir-lhe um mandato (ou competência) para que, à vista dos casos concretos, crie, complemente ou desenvolva normas jurídicas mediante o reenvio para elementos cuja concretização pode estar fora do sistema, estes elementos, contudo, fundamentarão a decisão, motivo pelo qual, reiterados no tempo os fundamentos da decisão, será viabilizada a ressistematização destes elementos originalmente exra--sistemáticos no interior do ordenamento jurídico."

Trata-se de técnica legislativa, devendo por essa razão ser expressa. Demandam construção por parte do interprete, promovendo o reenvido a outros espaços do ordenamento jurídico. Essa abertura, vagueza[4] proporciona a atualização do ordenamento jurídico por meio da incorporação da dinamicidade da vida social, evitando-se a imobilização do direito legislado.

As cláusulas gerais introduzem no ordenamento jurídico princípios valorativos, máximas de conduta, arquétipos exemplares de comportamentos, de deveres não previstos legislativamente, diretivas econômicas, sociais, políticas, ou seja, fatores estranhos ao direito, objetivando a sistematização e ressistematização do ordenamento jurídico.

---

[2] MENKE, Fabiano. **A interpretação das Cláusulas Gerais**: a subsunção e a concreção dos conceitos. In: Revista do Direito do Consumidor, n° 50, ano 13, p. 9 a 33.

[3] MARTINS DA COSTA, Judith. **Direito Privado como um sistema em Construção:** As cláusulas gerais no Projeto do Código Civil Brasileiro. Revista de informação legislativa, a 35, n° 139, Jul/Set. 1998. Disponível em http://www2.senado.leg.br/bdsf/bitstream/handle/id/383/r139-01.pdf?sequence=4. Acesso em 19/09/2015

[4] De acordo com Judith Martins da Costa vagueza semântica, deve ser entendida como imprecisão de significado. MARTINS COSTA, Judith. **A boa-fé no direito privado**: sistema e tópica no processo obrigacional. 1ª ed., 2ª. tir. São Paulo: Editora Revista do Tribunais, 2000, 544p.

Não há sistema jurídico formado exclusivamente em cláusulas gerais. Há uma mescla de clausulas gerais e regras casuísticas, evitando-se assim uma constante sensação de insegurança e ao mesmo tempo a rigidez de um sistema fechado, que não se adéqua a vida contemporânea, rompendo, portanto, com o tradicional modelo de tipicidade estrita adotado até metade do século XX[5].

Já os conceitos jurídicos indeterminados, na definição de Nelson Nery[6] são:

> "palavras, ou expressões indicadas na lei, de conteúdo e extensão altamente vagos, imprecisos e genéricos e por isso mesmo esse conceito é abstrato e lacunoso. Sempre se relacionam com a hipótese de fato posta em causa. Cabe ao Juiz no momento de fazer a subsunção do fato à norma, preencher os claros e dizer se a norma atua ou não no caso concreto. (....) A solução já está preenchida na própria norma legal, competindo ao Juiz apenas aplicar a norma, sem exercer nenhuma outra função criadora".

De acordo com Judith Martins Costa, dividem-se em dois tipos: referentes a valores e os concernentes a realidades fáticas. Os primeiros aproximam-se muito das cláusulas gerais em razão da vagueza semântica e do reenvio a *standards*, mas dela se diferem por já apresentarem as consequências decorrentes de sua aplicação no caso concreto, o que não acontece com as cláusulas gerais. Já os segundos conceitos concernentes a realidade fática tem como exemplos expressões como "dinheiro necessário" e "animal bravio".

Esses conceitos concernentes a realidade fática tem o seu significado encontrado com base em regras de experiência, não podendo o Juiz buscar o reenvio para instâncias valorativas meta ou extrajurídicas.

As cláusulas gerais sugiram no direito privado, sendo incorporadas, posteriormente pelo Direito Processual. No Código de Processo Civil de 1973 podemos citar como exemplo de cláusulas gerais processuais os artigos 273 (que trata da tutela antecipada), o 461 (que trata das obrigações de fazer) e o artigo 798 (poder geral de cautela).

De acordo com Fredie Didier Jr.[7] o devido processo legal é o principal exemplo de cláusula geral processual, mas existem outros no novo CPC, como boa-fé processual (art. 5°); cooperação (art. 6°); cláusula geral de negociação do processo (art. 190); poder geral de cautela (art. 301); cláusula gerais executivas (arts. 297, caput e 536, § 1°); cláusula geral do abuso do direito pelo exequente (art. 805).

---

[5] DIDIER JR, Fredie. **Curso de direito processual civil:** introdução ao direito processual civil, parte geral e processo de conhecimento. 17ª ed. Salvador: Ed.Jus Podivm, 2015. 1 v. 786p

[6] NERY JÚNIOR, Nelson; NERY, Rosa Maria de Andrade. **Código civil comentado e legislação extravagante**: atualizado até 15 de junho de 2005. 3ª ed. rev., atual. e ampl. da 2ª ed. do Código Civil anotado.- São Paulo: Editora Revista dos Tribunais, 2005.

[7] DIDIER JR, Fredie. **Curso de direito processual civil:** introdução ao direito processual civil, parte geral e processo de conhecimento. 17ª ed. Salvador: Ed.Jus Podivm, 2015. 1 v. 786p

As cláusulas gerais foram introduzidas no direito processual com o objetivo de trazer maior efetividade ao processo, de modo a evitar que a demora comprometa a utilidade prática da tutela, munindo o Juiz de poderes mais amplos de modo a permitir a concretização da técnica processual adequada ao caso concreto.

Nesse contexto, o Juiz assume papel importante porque diante de conceitos vagos, abertos, cabe a ele buscar em outros sistemas a solução e/ou resposta para o caso concreto. Essa solução deverá ser encontrada por meio da interpretação.

De acordo com Menke, a interpretação pode ser dar pela subsunção ou pela concreção. A subsunção é típica de sistemas rígidos, fechados, estanques, em que há pouco espaço para interpretação. Utiliza-se da premissa maior, da premissa menor e da conclusão. No confronto entre a premissa maior (lei), premissa menor (fato), alcança-se a conclusão, ou seja a consequência jurídica da aplicação da lei ao caso concreto. Exige-se, portanto, pouco fundamentação nas decisões judiciais.

Já pela concreção o Juiz analisa "todas as circunstâncias do caso: o conteúdo da norma, os precedentes judiciais e quaisquer outros elementos que venha a ser considerados relevantes." O Juiz não parte apenas da compreensão da norma para analisar se os fatos trazidos a ele nela se encaixam.

A concreção, ao contrário da subsunção, exige do Juiz maior fundamentação das suas decisões exatamente porque busca em outros sistemas a solução para o caso concreto, não se atendo exclusivamente ao texto da norma. O juiz passa a ter maior liberdade para julgar. Entretanto, essa liberdade não significa que o juiz deve decidir de acordo com sua consciência ou suas convicções ou que há espaços para a discricionariedade judicial.

3. As Cláusulas Gerais e os Riscos para o Estado Democrático de Direito

A abertura e fluidez das cláusulas gerais podem acarretar uma situação de insegurança, já que podem servir como meio para adoção de ideias extremistas, atuando como mecanismo de dominação de regimes totalitários ou pela economia capitalista extremada, colocando em risco as conquistas do Estado Democrático de Direito.

É interessante perceber que as cláusulas gerais ao mesmo tempo que proporcionam a constante atualização do ordenamento jurídico, trazendo mobilidade ao sistema como um todo, evitando inclusive uma avalanche legislativa, também, podem servir de pretexto para recrudescimento de ideias, com retrocessos para toda a sociedade, que vez por outra, poderia ver decisões antidemocráticas e que poderiam ferir direitos fundamentais, porque o juiz diante da liberdade que lhe é dada pela vagueza das cláusulas gerais, poderia se sentir tentado a decidir de acordo com sua consciência, com seus valores.

Nesse contexto, Menke indaga se as cláusulas gerais constituem um cheque em branco dado ao Julgador, ao que ele responde, negativamente, já que devem existir critérios que limitam sua tarefa. Esses limitem seriam dados pela necessidade de fundamentar suas decisões, mais que em outros casos, que não utilizam cláusulas gerais, demonstrando as razões de seu convencimento. Outro limite seria dado pela doutrina, que deverá assumir uma postura crítica construtiva no que se refere aos trabalhos dos julgadores.

O grande receito em relação as cláusulas gerais está na chamada discricionariedade judicial, o que poderia permitir ao Juiz decidir de acordo com sua consciência, adotando portanto uma postura antidemocrática, em graves prejuízos a toda a sociedade.

As cláusulas gerais não importam em discricionariedade judicial, em decisão em conformidade com sua consciência. A liberdade de decidir, deve ser interpretada dentro do que se entende por Estado Democrático de Direito, havendo portanto, limites a essa atuação, como bem aponta Menke:

> "Na realidade, a concreção das cláusulas gerais exige do julgador uma fina sensibilidade jurídica e social para captar os valores vigentes sem desdobrar para o voluntarismo e para o arbítrio. Como se viu, na concreção desparece o denominado encurtamento da necessidade de fundamentação da decisão, e clama-se cada vez mais pela motivação racional."[8]

Dessa forma, a existência de limites é o que impede a adoção de posturas antidemocráticas, à adoção da discricionariedade judicial, o "decido de acordo com a minha consciência e convicções pessoais". Qualquer decisão que não seja devidamente fundamentada, que não observe o contraditório, os precedentes, a doutrina, as leis e a Constituição, estará fora do limite dado ao Julgador na interpretação das cláusulas gerais processuais, ferindo, consequentemente o Estado Democrático de Direito.

4. Discricionariedade Judicial

Luiz Roberto Barroso[9], no artigo intitulado "Constituição, Democracia e Supremacia Judicial: Direito e Política no Brasil Contemporâneo", ao tratar das influências sofridas pelos Juízes no julgamento dos casos que lhe são apresentados afirma que "os valores pessoais e a ideologia dos juízes influenciam, em certos casos em maneira decisiva, o resultado dos julgamentos." Como exemplo cita o julgamento realizado pelo STF sobre a apreciação da constitucionalidade das

---

[8] MENKE, Fabiano. **A interpretação das cláusulas gerais**: a subsunção e a concreção dos conceitos. In: Revista do Direito do Consumidor, n° 50, ano 13, p. 30.

[9] BARROSO, Luís Roberto. Constituição, Democracia e Supremacia Judicial: Direito e Política no Brasil Contemporâneo. In: FELLET André Luiz Fernandes; DE PAULA, Daniel Giotti; NOVELINO, Marcelo (Org.). **As Novas Faces do Ativismo Judicial**. Salvador: Editora JusPodivm, 2013.

pesquisas com células troncos embrionárias, sendo a posição contrária liderada pelo Ministro ligado ao pensamento e a militância católica.

Esclarece o Autor que o realismo jurídico, um dos movimentos teóricos mais importantes do Direito no século XX, enfatizava que o Direito tem ambiguidades e contradições e que a lei não era o único e sequer o mais importante fator capaz de influenciar uma decisão judicial. Diante de várias hipóteses, cabia ao Juiz escolher a que lhe parecia a mais adequada, de acordo com suas preferências e preconceitos.

Adverte o Autor que embora essa teoria tenha refluído drasticamente, ela deixou "uma marca indelével no pensamento jurídico contemporâneo", o que acarreta duas consequências negativas: deslegitimidade da função judicial e liberação dos juízes para fazerem o que quiserem, opondo-se Barroso a esses pensamentos.

Entretanto, como bem expôs Barroso, a marca indelével ainda permanece no pensamento de muitos julgadores, que acreditam que podem fazer escolhas, por exemplo, ao interpretar as cláusulas gerais processuais, ou seja, podem atuar com discricionariedade judicial.

De acordo com Lênio Streck[10], a escolha é sempre parcial:

> "Há no direito uma palavra técnica para se referir à escolha: discricionariedade e, quiçá (ou na maioria das vezes), arbitrariedade. Portanto, quando um jurista diz que o 'Juiz possui o poder discricionário' para resolver 'casos difíceis', o que quer afirmar é que, diante de várias possibilidades de solução, o Juiz pode escolher aquela que lhe convier...!"

A abertura, vagueza e fluidez das cláusulas gerais e conceitos jurídicos indeterminados não podem ser apresentados como autorização, ou, como expôs Menke, um cheque em branco, para que o Juiz o preencha com o que lhe parece mais adequado, utilizando-se portanto, da chamada discricionariedade judicial.

Decidir não é escolher. A escolha deve ser entendida como uma opção que se faz entre duas ou mais possibilidades. Já a decisão é um "processo em que o julgador deve estruturar sua interpretação – como melhor, a mais adequada – de acordo com o sentido do direito projetado pela comunidade política.

Os textos jurídicos contém vaguezas e ambiguidades e os princípios podem ser abertos em termos de possibilidade de significados, sendo que a realização concretização desses textos não pode depender de uma subjetividade assujeitadora, como se os sentidos a serem atribuídos fossem fruto da vontade do intérprete.

O poder discricionário propicia a criação do próprio objeto de conhecimento, ou seja, "a razão humana passa a ser 'fonte iluminadora do significado de tudo o

---

[10] STRECK, Lênio Luiz. **O que é isto – decido conforme minha consciência?** – 4ª ed. ver. Porto Alegre: Livraria do Advogado Editora, 2013, p. 107, 108.

que pode ser enunciado sobre a realidade", transformando julgadores em legisladores. No Estado Democrático de Direito, por outro lado, não se pode admitir a atribuição de sentidos aos conceitos e visões de mundo subjetivas.

Por isso, as cláusulas gerais e os conceitos jurídicos indeterminados nunca podem ser tidos por autorizações jurídicas para preenchimento conteudístico segundo o entendimento do magistrado, conforme destaca Gerorges Abboud:

> "Todavia, não se pode mais admitir a utilização da cláusula geral e do conceito jurídico indeterminado para fazer com que o magistrado possa alcançar a decisão que quiser. Ou seja, esses institutos não podem ser manejados como input para o magistrado trazer sua vontade e sua discricionariedade para solucionar o caso jurídico.
>
> (...)
>
> Destarte, em nenhuma hipótese, as cláusulas gerais e os conceitos legais indeterminados podem ser usados como subterfúgio para o julgador decidir o caso concreto de forma discricionária ou arbitrária.312 Vale dizer, apesar da maior vagueza dos textos legais que consagram esses dispositivos, o magistrado deve sempre embasar suas conclusões tendo em vista que a obrigatoriedade de fundamentar advém de mandamento constitucional expresso no inc. IX do art. 93 da CF.
>
> (...)
>
> A necessidade de interpretar não significa carta branca para discricionariedade.
>
> (...)
>
> Em termos simples, a cláusula geral e o conceito jurídico indeterminado somente terão uso legítimo/constitucionalmente adequado se forem manejados para concretizar a principiologia constitucional, mas nunca como subterfúgio para o julgador afastar-se da legalidade vigente para fazer prevalecer sua discricionariedade." [11]

Dessa forma, a grande indagação é como evitar a discricionariedade judicial diante das cláusulas gerais e dos conceitos jurídicos indeterminados. O novo Código de Processo Civil trouxe diversos mecanismos que visam impedir a discricionariedade judicial, alguns já previstos constitucionalmente, mas que agora tomaram contornos mais concretos, com as disposições que estabelecem de forma exemplificativa quando uma decisão não está devidamente fundamentada.

5. As Cláusulas Gerais e limites a atuação judicial:
5.1. O Fim do Livre Convencimento Motivado
Umas das grandes conquistas do novo Código de Processo Civil foi a supressão do livre convencimento motivado, até então previsto pelo art. 131 do CPC de 1973, que permitia ao Juiz apreciar livremente as provas, decidindo como lhe parecesse mais adequado.

---

[11] ABBOUD, Georges. *Discricionariedade administrativa e judicial*. São Paulo: Ed. Revista dos Tribunais, 2014, p. 358-360.

Streck[12] atuou para retirar do novo CPC o livre convencimento, forma genérica do poder discricionário, por defender que a democracia é incompatível com entendimentos pessoais, cabendo ao juiz explicar, com base em quais fundamentos jurídicos decidiu de determinada maneira e não de outra.

No novo CPC, o dispositivo correspondente ao art. 131 (CPC de 1973) é o art. 371, que assim dispõe: "O Juiz apreciará a prova constante dos autos, independentemente do sujeito que a tiver promovido, e indicará na decisão as razões da formação de seu convencimento."[13]

A supressão da palavra "livremente" deixando apenas "apreciará" pode à primeira leitura parecer sutil, mas significa enorme ganho para o Estado Democrático de Direito, pois não cabe mais ao Juiz desprezar provas e debates aduzidos nos autos, sem devidamente fundamentar sua decisão, possibilitando um maior controle das decisões, tanto pelas partes, quando pelos tribunais.

Também não há dúvidas de que essa supressão limita a atuação judicial, pois impõe ao Juiz o dever de fundamentar devidamente sua decisão, expondo as razões pelas quais rechaça a prova produzida por determinada parte e/ou aceita a produzida pela outra, em estrita sintonia com o ordenamento jurídico e não em conformidade com suas crenças, preconceitos ou convicções pessoais.

5.2. Princípio do Contraditório e a Regra da proibição de Decisão Surpresa

O Novo Código de Processo Civil trouxe, em seu artigo 10, a regra da proibição da não surpresa, que terminar ao Juiz a impossibilidade de proferir decisão com base em fundamento sobre o qual as partes não tenham sido previamente ouvidas, ainda que se trate de questão que caiba ao magistrado decidir de ofício.

Tratou o legislador de incluir no novo Código a dimensão substancial do princípio do contraditório, que já estava expresso no art. 5°, inciso LV da Constituição de 1988, segundo o qual a todos os litigantes são assegurados o contraditório e a ampla defesa, com os meios e os recursos a ela inerentes.

O contraditório apresenta duas dimensões, a formal e a substancial. A primeira corresponde à visão formal sobre o contraditório, assegurando as partes a participação no processo e o direito de ser ouvida.

Já a dimensão substancial corresponde ao poder de influência, que significa conceder a parte o direito de apresentar argumentos, ideias, fatos capazes de influenciar no julgamento. Não trata-se de atender a mera formalidade, mas

---

[12] STRECK, Lênio Luiz. Dilema de dois Juízes diante do fim do livre convencimento do NCPC. In: DIDIER JR, Fredie (Coordenador Geral). **Novo CPC Doutrina Selecionada**: processo de conhecimento, provas. Salvador: Juspodivm, 2015. 3 v. 694p .

[13] FUX, Luiz (coord); NEVES, Daniel Amorim Assunção (org). **Novo Código de Processo Civil: comparado – Lei 13.105/2015** – Rio de Janeiro: Forense: São Paulo: Método, 2015.

ASPECTOS POLÊMICOS DO NOVO CÓDIGO DE PROCESSO CIVIL

sim de efetivamente conceder parte o direito de ser ouvida sobre os fatos, fundamentos jurídicos, provas etc.

De acordo com Didier "essa dimensão substancial do contraditório impede a prolação de decisão surpresa, toda decisão submetida a julgamento deve passar antes pelo contraditório"[14].

Esse princípio não está previsto apenas no art. 10 do novo dispositivo legal, mas também nos arts. 493, § único e 933, que impõem ao juiz o dever de ouvir as partes sobre fato novo constatado de ofício, antes de proferir decisão.

Isso significa que se o Juiz ou Relator verificar, por exemplo a ocorrência de prescrição, sobre a qual nenhuma das partes se manifestou, deverá determinar que sobre elas se manifestem expressamente antes de proferir o julgamento. "Poder de agir de ofício é poder de agir sem provocação; não é o mesmo que agir sem ouvir as partes, que não lhe é permitido"[15]

Também prevê o art. 772, inciso II, do CPC que o julgador, na fase de execução, deve advertir a parte que seu comportamento constitui ato atentatório a dignidade da justiça, antes de lhe aplicar qualquer penalidade. O mesmo se verifica no artigo 77, § 1° e § 2°, que também impõe ao magistrado o dever de advertir as partes que não observam os deveres que lhe competem no curso do processo.

Questão interessante é a trazida pelo art. 9° do novo Código de Processo Civil, segundo o qual "não se proferirá decisão contra uma das parte sem que ela seja previamente ouvida". Entretanto, esse artigo traz algumas exceções de modo a possibilitar a efetividade da tutela jurisdicional, quais sejam: tutela provisória de urgência, tutela de evidencia (art. 311, inciso II e III) e a decisão prevista pelo artigo 701 do NCPC, que trata da expedição de mandado de pagamento, de entrega de coisa ou para execução de obrigação de fazer ou não fazer nas ações monitórias.

Não há violação ao princípio do contraditório, que no caso da tutela de urgência, em razão do perigo, é postergado para o momento seguinte ao da concessão da medida. Já no caso da tutela de evidência, a grande probabilidade de êxito da demanda mitiga o contraditório, postergando-o também para o momento seguinte[16].

Dessa forma, o novo CPC ao trazer em seu bojo a observância do contraditório na sua dimensão substancial, evita a discricionariedade judicial, porque garante a efetiva e não apenas simbólica participação das partes, cujos argumentos devem ser analisados pelo magistrado antes de proferir a decisão.

---

[14] DIDIER JR, Fredie. **Curso de direito processual civil:** introdução ao direito processual civil, parte geral e processo de conhecimento. 17ª ed. Salvador: Ed.Jus Podivm, 2015. 1 v., p. 79.

[15] DIDIER JR, Fredie. **Curso de direito processual civil:** introdução ao direito processual civil, parte geral e processo de conhecimento. 17ª ed. Salvador: Ed.Jus Podivm, 2015. 1 v., p. 81.

[16] DIDIER JR, Fredie. **Curso de direito processual civil:** introdução ao direito processual civil, parte geral e processo de conhecimento. 17ª ed. Salvador: Ed.Jus Podivm, 2015. 1 v., p. 83.

5.3. Fundamentação das Decisões Judiciais

Ao longo das pesquisas para o desenvolvimento desse trabalho, os doutrinadores e pesquisadores consultados afirmam, de forma unanime, a importância de fundamentação das decisões como obstáculo a discricionariedade judicial, principalmente tratando-se das cláusulas gerais processuais.

Nesse sentido, o § 1° do art. 489 do CPC pode ser considerado um importante instrumento para evitar a discricionariedade, na medida em que veda decisões judiciais, sejam elas interlocutórias, sentenças ou acórdãos, que não estejam devidamente fundamentadas. Para tanto, considera inválidas as decisões que (i) se limitam a indicar ou reproduzir ato normativo, sem explicar sua relação com a causa ou questão decidida; (ii) utilize conceitos jurídicos indeterminados em explicar o motivo se sua incidência naquele caso; (iii) utilizem motivos que justificam qualquer decisão; (iv) não enfrentem todos os argumentos apresentados pelas partes que sejam capazes de infirmar a conclusão do julgador; (v) invoquem precedentes ou enunciados sem demonstrar as razões pelas quais eles se aplicam àquele caso; (vi) deixem de seguir enunciado de súmula, jurisprudência ou precedente sem demonstrar as razões pelas quais eles não se aplicam àquela demanda ou as razões para a superação de seu entendimento.

O § 2° do art. 489 traz uma exigência que, se não for observada pelo Julgador, também implica em decisão não fundamentada. Esse dispositivo determina que nas hipóteses em que ocorrer conflito de normas, cabe ao Juiz justificar o objeto e os critérios da ponderação efetuada, demonstrando as razões para afastamento de determinada norma e as premissas fáticas de sua conclusão.

Dessa forma, o art. 489 significa uma grande conquista para os operadores do direito, pois tem o condão de evitar decisões previamente elaboradas em que se muda apenas o nome das partes e o número do processo, ou que mais parecem um questionário, a exemplo daquelas em que o Juiz apenas marca um "x". Ainda, evitará decisões tão comuns nos julgamentos de embargos de declaração, no sentido de que o Juiz não é obrigado a enfrentar todos os argumentos trazidos pelas partes, se tiver exposto as razões de seu convencimento. Ponto para o Estado Democrático de Direito.

O dever de fundamentar já se encontrava expresso no art. 93, inciso X da CF/88, mas a Jurisprudência sempre foi condescendente com os magistrados, compactuando muitas vezes com decisões extremamente genéricas e que não infirmavam os argumentos trazidos pelas partes.

Os parágrafos 1° e 2° do art. 489 são apenas exemplificativos, não tratando-se de rol taxativo, podendo existir outras situações em que a decisão não esteja devidamente fundamentada o que a torna inválida, cabendo ao Juiz, as partes e aos Tribunais esse controle, como bem ensina Fredie Didier[17]:

---

[17] DIDIER JR, Fredie; BRAGA, Paulo Sarno; OLIVEIRA, Rafael Alexandria. **Curso de direito processual civil**: teoria da prova, direito probatório, ações probatórias, decisão, precedente, coisa julgada e antecipação dos efeitos da tutela. 10ª ed. Salvador: Ed.Jus Podivm, 2015.2 v., p. 326.

"O art. 489, §1°, do CPC traz inovação muito importante. Embora o seu conteúdo já pudesse ser extraído do dever de fundamentar que decorre da Constituição Federal, é bastante salutar que agora algumas hipóteses em que se considera não-fundamentada a decisão judicial estejam previstas no texto legal. Isso permite um controle mais efetivo dos pronunciamentos judiciais, reduzindo a margem de subjetividade quanto à percepção do que é e do que não é uma decisão fundamentada."

Portanto, o novo CPC trouxe parâmetros que permitem estabelecer o que é e o que não é uma decisão devidamente fundamentada, extirpando-se, a partir de sua entrada em vigor, situações abusivas em que o Judiciário muitas vezes apenas se preocupa em dar a decisão, sem compromisso com o conteúdo, com o contraditório e com o devido processo legal.

O objetivo desse artigo não é aprofundar sobre a motivação das decisões judiciais, o que por si só poderia ser objeto de volumoso estudo. Por outro lado, tratando-se de cláusulas gerais processuais e limites ao Poder Judiciário, não se pode deixar de abordar a questão referente a motivação insuficiente quando se utiliza de conceitos jurídicos indeterminados sem indicar o motivo de sua incidência no caso concreto (art. 489, § 1, inciso II).

Como já dito, o CPC traz uma série de cláusulas gerais, entre elas podemos citar a boa-fé processual (art. 5°); a cooperação (art. 6°); o poder geral de cautela (art. 301); a cláusula geral do abuso do direito pelo exequente (art. 805) etc. Como também traz diversos conceitos indeterminados a exemplo de tempo razoável (art. 6°); bem comum (art.8°), proceder de modo temerário (art. 80, inciso V); grande repercussão social (art. 947), entre outros.

Com isso, vê-se claramente a preocupação do legislador em impor limites ao Julgador no momento de decidir, ao valer-se de cláusulas gerais e conceitos jurídicos indeterminados, não podendo o Juiz apenas afirmar que está decidindo em conformidade, por exemplo, com a boa-fé sem explicitar o que se entende por essa expressão, e porque esta se aplica ao caso concreto. Cuida-se de limite exatamente para evitar a discricionariedade judicial.

5.4. Precedentes – Art. 927 do CPC

O precedente judicial também pode atuar como limite a ser observado pelo Julgador, ao utilizar-se as cláusulas gerais, evitando-se o arbítrio, afastando decisões sem lastro jurídico ou pautadas em crenças e valores pessoais. É o que afirma Teresa Arruda Alvim Wambier[18]: "(...) vivemos em um Estado Democrático de

---

[18] WAMBIER, Teresa Arruda Alvim. A vinculatividade dos precedentes e o ativismo judicial – paradoxo apenas aparente. In: DIDIER JR, Fredie (Coordenador Geral). **Grandes Temas do Novo CPC**: Precedentes. Salvador: Juspodivm, 2015. 3 v., p. 365.

Direito e o Juiz deve decidir de acordo com a lei, interpretada pela jurisprudência, à luz da doutrina."

Um dos objetivos do novo CPC é por meio do caráter vinculante dos precedentes judiciais limitar o poder de criação dos magistrados, ao mesmo tempo em que diminui a divergência interpretativa. O objetivo é fortalecer à interpretação colegiada em contraposição à liberdade de julgamento dos juízes subordinados aos tribunais.[19]

O precedente não é uma decisão judicial. "Ambos não se confundem, só havendo sentido falar-se em precedente quando se tem uma decisão dotada de determinadas características basicamente a potencialidade de ser firmar como paradigma para a orientação dos jurisdicionados e dos magistrados".[20]

Fredie Didier Jr. afirma que o precedente pode ser definido em sentido lato e em sentido estrito. Em sentido lato o precedente é "a decisão judicial tomada à luz de um caso concreto, cujo elemento normativo pode servir como diretriz para o julgamento de casos análogos". Já em sentido estrito o precedente pode ser entendido como a *ratio decidendi*, ou seja, os fundamento jurídicos que embasam uma decisão.

De acordo com Didier, os precedentes tem vários efeitos, entre eles podemos citar o efeito vinculante, persuasivo, autorizante, de obstar a revisão de decisões, rescindente e de revisão de sentença. O precedente pode ter somente um desses efeitos ou mais de um.

No Brasil alguns precedentes têm efeito vinculante, os quais estão enumerados de forma não exaustiva no art. 927 do novo CPC. Isso significa dizer que a *ratio decidendi* vincula as decisões posteriores, devendo os demais órgãos jurisdicionais adotá-la na fundamentação de suas decisões, adoção essa que deve se dar de ofício. O efeito vinculante implica na existência dos demais efeitos.

Cabe aos Juízes, ao decidirem com base nos precedente com efeitos vinculantes, observarem o disposto nos artigos 489, §1, inciso V e 10 do novo CPC. Ou seja, não se pode decidir apenas invocando um precedente. Incumbe ao Juiz indicar os fundamentos determinantes (*ratio decidendi*), demostrando que o caso em análise se adéqua àqueles fundamentos, conforme já abordado no item 4. Também não se poderá decidir sem que a parte contrária se manifeste sobre aquele precedente.

O efeito persuasivo é a eficácia mínima que todo precedente possui. Nenhum magistrado está obrigado a segui-lo, mas se o faz é porque está convicto se sua adequação.

---

[19] ARAÚJO, José Henrique Mouta. Os precedentes vinculantes e o novo CPC: o futuro da liberdade interpretativa e do processo de criação do direito. In: DIDIER JR, Fredie (Coordenador Geral). **Grandes Temas do Novo CPC**: Precedentes. Salvador: Juspodivm, 2015. 3 v. 750p.

[20] MARINONI, Luiz Guilherme; ARENHART, Sérgio Cruz; MITIDEIRO, Daniel. Novo curso de processo civil: tutela dos direitos mediante procedimento comum. São Paulo: Editora Revista dos Tribunais, 2015. 2 v., p. 215.

O terceiro e quarto efeitos possuem relação intrínseca. Enquanto o efeito autorizante admite o provimento de recurso ou nova ação (art. 932, inciso V), o quarto efeito – o de obstar a revisão das decisões judiciais–, impede de plano que um recurso, remessa necessária ou uma nova ação sejam admitidos. Essas hipóteses são encontradas nos arts. 496, § 4°, 932, inciso IV do novo CPC.

Em conformidade com os incisos I e II do § 4 do art. 496 do NCPC, não estão sujeitas ao duplo grau de jurisdição as sentenças que estiverem em confronto com acórdãos proferidos pelo STF e STJ em julgamento de recursos repetitivos e entendimento firmado em incidente de demandas repetitivas ou de assunção de competência.

Já o art. 932 do NCPC permitir ao Relator negar provimento a recurso contrário a súmula do STF, do STJ ou do próprio Tribunal; que seja contrário a acórdão proferido pelo STF ou STJ em julgamento de recursos repetitivos ou entendimento firmado em incidente de demandas repetitivas ou de assunção de competência.

O precedente com eficácia rescindente é aquele que produz efeitos que permitem a retirada da eficácia de uma decisão já transitada em julgado, devendo ser anterior ao trânsito em julgado da sentença. Como exemplo podemos citar os §§ 12, 13 e 14 do art. 525 e §§ 5º, 6º e 7º do art. 535, ambos do Novo CPC. Esses dispositivos tratam de inexigibilidade de título executivo judicial fundado em lei ou ato normativo considerado inconstitucional pelo STF ou fundado em aplicação ou interpretação de lei o ato normativo tido pelo STF como incompatível com a Constituição em controle concentrado de constitucionalidade.

Já se a decisão já tiver transitado em julgado, o precedente poderá ser utilizado para revisão da sentença, em ação rescisória.

O art. 926 do CPC também estabelece a obrigatoriedade de os tribunais de segunda instância e os juízes a eles vinculados observarem seus precedentes, cujo entendimento será consolidados nas súmulas por eles editadas. Esse artigo trata-se dos precedentes com força vinculante e que não encontra-se no rol discriminado pelo art. 927 do Novo CPC.

Questão interessante diz respeito à superação de um precedente, cabendo ao Tribunal fundamentar devidamente sua decisão, nos termos dos § 2°, 3° e 4°, do art. 927, em observância aos princípios da segurança jurídica, da proteção, da confiança e da isonomia.

A superação de um precedente ocorre quando o Tribunal o abandona no julgamento de uma demanda, substituindo-o por outro precedente, trata-se de uma técnica conhecida como *overrruling*. No Brasil essa superação só pode ocorrer de forma expressa, em razão do dever de fundamentação previsto nos arts. 489 e 927 do Novo CPC, embora em outros ordenamentos jurídicos possa ocorrer de forma implícita.

A superação de um precedente exige que sejam trazidos argumentos até então não levados a juízo e analisados pelos órgãos jurisdicionais. Essa exigência se justifica em razão dos princípios previstos pelo art. 927, já citados anteriormente. A parte precisa de segurança jurídica ao decidir como proceder e deve receber tratamento igual ao dado em caso semelhante, exigindo, portanto, uma adequada e vigorosa fundamentação na superação de um precedente judicial.

Como se pode perceber, o novo CPC impõe claros limites a atuação do Juiz no julgamento de uma demanda, estabelecendo clara obrigação de observar as súmulas, a teses jurídicas com efeitos vinculantes, como bem observa Araújo:

> "liberdade de criação, portanto, estará afetada nos casos sumulados e com precedentes vinculantes, se estimulando a fundamentação per relationem. Há nesse sentido, a necessidade de ser repensado o próprio princípio da motivação judicial, e consequentemente, o processo hermenêutico do papel do Juiz e sua liberdade na criação e aplicação do direito."[21]

6. Considerações Finais

Em síntese a todas considerações tecidas é possível concluir que:

a) As cláusulas gerais constituem técnica legislativa que utilizam em seus enunciados de uma linguagem vaga, aberta e fluída, demandando construção por parte do interprete, promovendo o reenvido a outros espaços do ordenamento jurídico e extrajudiciais;

b) Os conceitos jurídicos indeterminados são palavras ou expressões altamente vagas e imprecisas, cuja solução já está prevista na própria norma legal;

c) As cláusulas gerais e os conceitos jurídicos indeterminados permitem a constante atualização do ordenamento jurídico por incorporarem à dinamicidade da vida social, introduzindo princípios valorativos, máximas de conduta, arquétipos exemplares de comportamentos, de deveres não previstos legislativamente, diretivas econômicas, sociais, políticas, ou seja, fatores estranhos ao direito, evitando-se a imobilização do direito legislado;

d) A abertura e vagueza das cláusulas gerais e dos conceitos jurídicos indeterminados podem abrir espaços para a chamada discricionariedade judicial, a ameaçar os postulados do Estado Democrático de Direito caso não estabelecidos limites para atuação judicial;

---

[21] ARAÚJO, José Henrique Mouta. Os precedentes vinculantes e o novo CPC: o futuro da liberdade interpretativa e do processo de criação do direito. In: DIDIER JR, Fredie (Coordenador Geral). **Grandes Temas do Novo CPC**: Precedentes. Salvador: Juspodivm, 2015. 3 v, p. 435.

e) Para evitar que o Julgador atue com discricionariedade o legislador estabeleceu uma série de limites a serem observados como o contraditório, os precedentes, a doutrina, as leis e a Constituição;

f) O novo CPC trouxe diversos mecanismos que visam impedir a discricionariedade judicial, alguns já previstos constitucionalmente, mas que agora tomaram contornos mais concretos como o princípio da não surpresa, o fim do livre convencimento motivado, o dever de fundamentação, e a observância dos precedentes;

g) O fim do livre convencimento motivado possibilita um maior controle das decisões, tanto pelas partes, quando pelos tribunais ao impor ao Juiz o dever de fundamentar devidamente sua decisão, expondo as razões pelas quais rechaça a prova produzida por determinada parte e/ou aceita a produzida pela outra parte;

h) A adoção expressa do contraditório substancial também é outro claro limite imposto pelo novo CPC, assegurando às partes a participação efetiva no processo e o direito de ser ouvida, mesmo sobre questões que possam ser decididas de ofício pelo Juiz;

i) O novo CPC adotou parâmetros que permitem estabelecer o que é e o que não é uma decisão devidamente fundamentada, o que permitirá o fim de situações abusivas em que o Judiciário preocupa-se mais em dar a decisão do que com o conteúdo;

j) O caráter vinculante dos precedentes fortalece a interpretação colegiada em contraposição ao julgamento monocrático, diminuindo a divergência interpretativa e consequentemente a discricionariedade judicial;

k) A adoção de cláusulas gerais no Código de Processo Civil proporciona maior flexibilidade ao sistema, permitindo ao Juiz maior liberdade na resolução do caso concreto, sem implicar em discricionariedade judicial ao trazer uma série de mecanismos que limitam a atuação judicial, proporcionando maior e efetiva atuação e controle pelas partes.

7. Referências

ABBOUD, Georges. *Discricionariedade administrativa e judicial.* São Paulo: Ed. Revista dos Tribunais, 2014.

ARAÚJO, José Henrique Mouta. Os precedentes vinculantes e o novo CPC: o futuro da liberdade interpretativa e do processo de criação do direito. In: DIDIER JR, Fredie (Coordenador Geral). **Grandes Temas do Novo CPC**: Precedentes. Salvador: Juspodivm, 2015. 3 v. 750p.

BARROSO, Luís Roberto. Constituição, Democracia e Supremacia Judicial: Direito e Política no Brasil Contemporâneo. In: FELLET André Luiz Fernandes; DE PAULA, Daniel Giotti; NOVELINO, Marcelo (Org.). **As Novas Faces do Ativismo Judicial**. Salvador: Editora JusPodivm, 2013.

BRASIL. **Constituição da República Federativa do Brasil**: texto constitucional promulgado em 5 de outubro de 1988, com as alterações adotadas pelas emendas constitucionais 1/92 a 83/14 e pelas emendas de revisão n° 1 a 06/94. Brasília: Senado Federal, Subsecretaria de Edições Técnicas, 2014.

CRUZ, Álvaro Ricardo de Souza. **Hermenêutica jurídica e(m) debate:** O constitucionalismo brasileiro entre a teoria do discurso e a ontologia existencial. Belo Horizonte: Fórum, 2007. 415p.

CRUZ, Álvaro Ricardo de Souza. **A Reposta Correta:** Incursões jurídicas e filosóficas sobre as teorias da Justiça. Belo Horizonte: Arraes Editores, 2011. 272p.

DELFINO, Lúcio; LOPES, Ziel Ferreira. A expulsão do livre convencimento motivado do Novo CPC: por que a razão está com os hermeneutas?. In: DIDIER JR, Fredie (Coordenador Geral). **Novo CPC Doutrina Selecionada:** processo de conhecimento, provas. Salvador: Juspodivm, 2015. 3 v. 694p.

DIDIER JR, Fredie. **Curso de direito processual civil:** introdução ao direito processual civil, parte geral e processo de conhecimento. 17ª ed. Salvador: Ed.Jus Podivm, 2015. 1 v. 786p.

DIDIER JR, Fredie; BRAGA, Paulo Sarno; OLIVEIRA, Rafael Alexandria. **Curso de direito processual civil**: teoria da prova, direito probatório, ações probatórias, decisão, precedente, coisa julgada e antecipação dos efeitos da tutela. 10ª ed. Salvador: Ed.Jus Podivm, 2015.2 v. 786p.

DWORKIN, Ronald. **O império do direito**. Tradução Jeferson Luiz Camargo; revisão técnica Gildo Sá Leitão Rios. 3ª ed. São Paulo: Martins Fontes, 2014. 513p.

DUARTE, Bernardo Augusto Ferreira. **Direito a saúde e teoria da argumentação**: em busca da legitimidade dos discursos jurisdicionais. Belo Horizonte: Arraes Editores, 2012. 482p.

FUX, Luiz (coord); NEVES, Daniel Amorim Assumpção (org). **Novo código de processo civil: comparado – Lei 13.105/2015**. Rio de Janeiro: Forense: São Paulo: Método, 2015. 891p.

MARINONI, Luiz Guilherme; ARENHART, Sérgio Cruz; MITIDEIRO, Daniel. **Novo curso de processo civil**: tutela dos direitos mediante procedimento comum. São Paulo: Editora Revista dos Tribunais, 2015. 2 v. 1101p.

MARTINS COSTA, Judith. **A boa-fé no direito privado**: sistema e tópica no processo obrigacional. 1ª ed., 2ª. tir. São Paulo: Editora Revista do Tribunais, 2000, 544p.

_____. **Direito privado como um sistema em construção**: as cláusulas gerais no projeto do código civil brasileiro. Revista de informação legislativa, a 35, n° 139, Jul/Set. 1998. Disponível em http://www2.senado.leg.br/bdsf/bitstream/handle/id/383/r139-01.pdf?sequence=4. Acesso em 19/09/2015

MENKE, Fabiano. **A interpretação das cláusulas gerais**: a subsunção e a concreção dos conceitos. In: Revista do Direito do Consumidor, n° 50, ano 13, p. 9 a 33)

NERY JÚNIOR, Nelson; NERY, Rosa Maria de Andrade. **Código civil comentado e legislação extravagante**: atualizado até 15 de junho de 2005. 3ª ed. rev., atual. e ampl. da 2ª ed. do Código Civil anotado.- São Paulo: Editora Revista dos Tribunais, 2005.

NOGUEIRA, Nilza Aparecida Ramos. **Cláusulas abertas na lei processual e discricionariedade judicial**. Curitiba: Juruá, 2013. 216p.

STRECK, Lênio Luiz. As provas e o novo CPC: a extinção do poder de livre convencimento. In: DIDIER JR, Fredie (Coordenador Geral). **Grandes Temas do Novo CPC**, v. 5: Direito Probatório. Salvador: Juspodivm, 2015. 963p.

_____. **O que é isto – decido conforme minha consciência?** – 4ª ed. ver. Porto Alegre: Livraria do Advogado Editora, 2013.120p.

_____. Dilema de dois Juízes diante do fim do livre convencimento do NCPC. In: DIDIER JR, Fredie (Coordenador Geral). **Novo CPC Doutrina Selecionada**: processo de conhecimento, provas. Salvador: Juspodivm, 2015. 3 v. 694p.

WAMBIER, Teresa Arruda Alvim. A vinculatividade dos precedentes e o ativismo judicial – paradoxo apenas aparente. In: DIDIER JR, Fredie (Coordenador Geral). **Grandes Temas do Novo CPC: Precedentes.** Salvador: Juspodivm, 2015. 3 v. 750p.

Precedentes, CPC/15 e o processo penal: breves considerações[1]

RODRIGO MAZZEI
MAIRA RAMOS CERQUEIRA

Introdução

Sob a promessa de um novo tempo foi fundada, em 1988, a nova ordem constitucional. Pouco mais de 27 (vinte e sete) anos depois, ainda é procurada uma maneira de consolidá-la em seu projeto democrático: um programa que depende de um modo coordenado de atuação dos poderes estatais com a sociedade civil e com todos os segmentos sociais que caracterizam sua diversidade. Nessa perspectiva, o processo civil passou a orientar-se por um novo paradigma[2], qual seja o de efetivar os direitos fundamentais elencados na Constituição da República Federativa do Brasil de 1988. Suas disposições concentram não apenas as garantias resultantes da emancipação conquistada naquele específico momento histórico, mas também um projeto para o futuro (MOREIRA, 2010) [3].

---

[1] O presente texto faz parte de uma série de ensaios acerca do diálogo do CPC/15 com o processo penal, valendo conferir em abertura: MAZZEI, Rodrigo. saber: "Embargos de Declaração no Processo Penal: Breve ensaio sobre o (necessário) diálogo com o novo CPC". In: "Repercussões do Novo CPC no Processo Penal", Salvador, Juspodivm, 2016, p. 525-553.

[2] O vocábulo paradigma é aqui utilizado para "[...] designar os valores, crenças e técnicas compartilhadas por membros de uma comunidade para substituir regras e solucionar problemas apresentados pela ciência. Portanto, identificar um paradigma em dada época e contexto histórico, parece permitir que sejam reconhecidos os pressupostos utilizados para o alcance de decisões, inclusive os referentes aos direitos fundamentais" (COURA; FONSECA, 2014, p. 23-24).

[3] A abordagem das constituições como projetos é típica das análises reconstrutivistas, nas quais se encaixam as teorias de Habermas e Dworkin. Caracterizam-se pelo abandono da pretensão de alcance da vontade constituinte, voltando-se para as gerações posteriores e para seu potencial construtivo para a consolidação e atualização da ordem constitucional.

Com o discurso de ser necessário reafirmar no sistema processual infraconstitucional as garantias constitucionais, foi introduzido um novo Código de Processo Civil, elaborado a partir de labuta de *recodificação*[4]. Isso porque o diploma codificado de 1973, denominado por alguns de Código Buzaid, assegurava de forma deficitária os valores previstos na Constituição, além de mostrar-se destoante com aludidos axiomas[5]. Elaborou-se, então, uma nova legislação processual civil, Lei nº 13.105, aprovada em março do ano de 2015 (CPC/2015). Diversas foram às alterações[6], sendo, uma das mais significativas à inserção de um modelo de precedentes, delineado no art. 926 e seguintes do Código de Processo Civil.

Sem imiscuir-se na polêmica inerente a nomenclatura[7], tema este, que por si só, demandaria análise em separado, adota-se para fins deste artigo a expres-

---

[4] *Recodificação*, ao revés da *descodificação*, implica em reconhecer a importância do código anterior, de modo que a retirada do código não se dá sem abrir mão da manutenção da organização do direito pelo meio da *codificação*. De todo modo, é importante assinalar que ao se optar pela *recodificação*, faz-se a substituição de corpo legislativo, não sendo necessário abandonar por completo os regramentos anteriores. Na verda, a *recodificação* é compatível com a preservação de disposições do texto revogado, ainda que estas, na sua interpretação e aplicação, possam levar a um novo sentido ou resultado. Isso porque mesmo os dispositivos que são repetidos são atingidos pelas mudanças de bússolas entre os códigos. Destaque-se ainda que na *recodificação* o processo legislativo é, naturalmente, marcado pela incorporação no novo texto de outras fontes que não compunham a codificação revogada, mas que já eram usadas em dialogo para crítica e/ou melhor interpretação daquela, destacando-se, no sentido, os dispositivos de leis especiais ou extravagantes (que passam a ser gerais) e ainda o prestígio às posições jurisprudencial e doutrinária marcadas por bússola evolutiva, notadamente quando há outra matriz de interpretação. No Brasil, a recodificação tem sido notabilizada pela alteração do paradigma constitucional, em razão do novo código estar sob a égide de Carta diferente da que existia no momento em que promulgado o código revogado. No sentido, basta observar o CPC/73 (em substituição ao CPC/39) e o CC/02 (em permuta ao CC/16). Tratando do processo de *recodificação* (ainda que com olhos para o CC/02), com análise mais ampla e nuances, confira-se: MAZZEI, Rodrigo. Notas iniciais à leitura do novo código civil. In: Arruda Alvim; Thereza Alvim. (Org.). Comentários ao Código Civil Brasileiro, parte geral. Rio de Janeiro: Forense, 2005, v. 1, p. LXVII-LXIX.

[5] Confira-se, de forma ampla, sobre o tema: MAZZEI, Rodrigo. *Breve história (ou estória?) do direito processual civil brasileiro: das Ordenações até a derrocada do Código de Processo civil de 1973*. Revista do Instituto de Hermenêutica Jurídica, v. 16, p. 177-203, 2014.

[6] Dentre as várias modificações, é possível mencionar: a codificação do Incidente de Resolução de Demandas Repetitivas (IRDR), do Incidente de Assunção de Competência (IAC), extinção do agravo retido, alteração de prazos processuais, inserção da tutela de evidência no capítulo da tutela provisória, entre outras.

[7] Apenas para mencionar a problemática em torno do tema, dentre outros, afirmam Lênio Luis Streck e Georges Abboud inexistir "Sistema de Precedentes", existindo, contudo, um conjunto de provimentos judiciais legalmente vinculantes (In: "O que é isto- o sistema (sic) de precedentes no CPC"?. Disponível em:< http://www.conjur.com.br/2016-ago-18/senso-incomum-isto-sistema-sic-precedentes-cpc>. Acesso em 01 fev. 2017). Para Hermes Zaneti Júnior, há que se falar "Precedentes Normativos formalmente Vinculantes" (Confira-se: "O Valor Vinculante dos Precedentes: Teoria dos Precedentes Normativos Formalmente Vinculantes". Ed: Juspodivm, 2016). Luiz Guilherme Marinoni adota a terminologia "precedentes judiciais". (Vide: Novo Código de Processo Civil Comentado. São Paulo: Editora Revista

são "precedentes" para se referir-se ao rol de provimentos judiciais elencados no art. 927 do CPC/2015 e seguintes, com força vinculante, que os juízes e tribunais devem observar ao proferirem decisões, para que a "jurisprudência[8]" se mantenha estável[9], íntegra[10] e coerente[11], nos termos do art. 926, do CPC/2015.

Observa-se neste ponto que jurisprudência não se confunde com precedente. Por jurisprudência compreende-se, em síntese, o conjunto de decisões judiciais reiteradas sobre o mesmo assunto, que embora se repitam sistematicamente, são desprovidas de força vinculante. Precedente, por sua vez, pode ser compreendido como uma decisão judicial, cujo fundamento (*ratio decidendi*) tem aptidão para ser utilizado como diretriz em julgamentos subsequentes, dotado, portanto, de força vinculativa[12]. Contudo, nem todas as decisões formam precedentes judiciais[13].

O modelo de precedentes justifica-se na medida em que o Estado Democrático de Direito reclama, sob pena de violação a diversos valores constitucionais, em especial à segurança jurídica, que tem como elemento central a proteção da

---

dos Tribunais, 2015). Registre-se, que o Fórum Permanente de Processualistas Civis (FPPC), por outro lado, parece entender que com o advento do novo CPC, há que se falar em um "microssistema de Precedentes". É o que se extrai dos enunciados 459 e 460, respectivamente: "As normas sobre fundamentação adequada quanto à distinção e superação e sobre a observância somente dos argumentos submetidos ao contraditório são aplicáveis a todo o *microssistema* de formação dos precedentes", e, "O *microssistema* de aplicação e formação dos precedentes deverá respeitar as técnicas de ampliação do contraditório para amadurecimento da tese, como a realização de audiências públicas prévias e participação do amicus curiae". Esta rápida menção, feita aqui em nota de roda-pé, a algumas das variadas nomenclaturas utilizadas pela doutrina, ilustra parte da polêmica envolvida na temática em questão.

[8] Adequado seria falar em estabilidade, integração e coerência do ordenamento jurídico.

[9] Nesse sentido, vide alguns enunciados do Fórum Permanente de Processualistas Civis:
Enunciado 316: (art. 926): "A estabilidade da jurisprudência do tribunal depende também da observância de seus próprios precedentes, inclusive por seus órgãos fracionários".
Enunciado 453: (art. 926 e 1.022, parágrafo único, I): "A estabilidade a que se refere o caput do art. 926 consiste no dever dos tribunais observarem seus próprios precedentes".

[10] Sobre a integridade, transcrevemos alguns enunciados do FPPC:
Enunciado 456: (art. 926): "Uma das dimensões do dever de integridade consiste em os tribunais decidirem em conformidade com a unidade do ordenamento jurídico".
Enunciado 457: (926): "Uma das dimensões do dever de integridade previsto no caput do art. 926 consiste na observância das técnicas de distinção e superação dos precedentes, sempre que necessário para adequar esse entendimento à interpretação contemporânea do ordenamento jurídico".

[11] Enunciado 454 do FPPC: (art. 926 e 1.022, parágrafo único, I): "Uma das dimensões da coerência a que se refere o caput do art. 926 consiste em os tribunais não ignorarem os seus próprios precedentes (dever de autorreferência)".
Enunciado 455 do FPPC: (art. 926): "Uma das dimensões do dever de coerência significa o dever de não-contradição, ou seja, o dever de os tribunais não decidirem casos análogos contrariamente às decisões anteriores, salvo distinção ou superação".

[12] Precedentes podem ter por objeto questão de direito material ou processual.

[13] Enunciado 315 do FPPC: (art. 927): "Nem todas as decisões formam precedentes judiciais".

confiança[14]-[15], que as decisões judiciais sejam proferidas de forma isonômica, sempre que existirem pretensões fundadas em questões de fato e de direito similares. Evitando-se com isso, provimentos jurisdicionais arbitrários, que reconduzem a indeterminação do discurso jurídico.

Coerência, estabilidade e integridade, garantem, desta forma o cumprimento do disposto no texto constitucional, evitando-se, ademais, "decisões surpresas", o que violaria o art. 10, do CPC/2015[16].

Por vezes, embora uma decisão judicial possa ser reduzida a termos objetivos e impessoais, muitas vezes o que juiz está descobrindo no texto normativo não são os valores constitucionais, mas, seus próprios valores pessoais. Assim, a coerência entre as decisões judiciais é fundamental, não apenas para conferir autoridade e credibilidade ao Poder Judiciário, mas, é também imprescindível ao Estado Democrático de Direito (MACCORMICK, 1995) [17].

O objetivo deste artigo é, portanto, analisar de forma sintética, porém, não superficial, se o modelo de precedentes, elencado no art. 926 e seguintes do Código de Processo de 2015, é aplicável ao processo penal.

Assim sendo, a problemática será desenvolvida em três tópicos. No primeiro analisar-se-á se o precedente é típico dos sistemas de *common law*, ou, se é decorrente da teoria do direito. Posteriormente, serão delineados alguns apontamentos a respeito do art. 15, do CPC/2015, para verificar se a nova codificação projeta-se para o processo penal. No terceiro e último tópico, será analisado se o modelo de precedentes codificado no art. 926 e seguintes do novo código de processo civil é aplicável ao processo penal.

Ressalte-se, por oportuno, que embora a análise seja sucinta, haja vista que maiores imersões no tema seriam, por certo, objeto de um trabalho mais amplo, abordaremos as questões mais relevantes e sensíveis que lhe dizem respeito. Assim, ainda que a exposição seja breve, a complexidade inerente ao assunto não restará comprometida[18].

---

[14] Explica Karl Larenz, que o comportamento de um indivíduo gera expectativas legítimas aptas a induzir o comportamento de outrem. Tais expectativas não podem ser frustradas de maneira volúvel porque se fundamentam na boa-fé.

[15] Enunciado 323 do FPPC: (arts. 926 e 927): "A formação dos precedentes observará os princípios da legalidade, da segurança jurídica, da proteção da confiança e da isonomia".

[16] Ressalte-se, que o Fórum Permanente de Processualistas Civis, aprovou o Enunciado número 2, nos seguintes termos: (arts. 10 e 927, §1º): "Para formação do precedente, somente podem ser usados argumentos submetidos ao contraditório".

[17] Enunciado 169 FPPC: (art. 927): "Os órgãos do Poder Judiciário devem obrigatoriamente seguir seus próprios precedentes, sem prejuízo do disposto nos § 9º do art. 1.037 e § 4ºa do art. 927".
Enunciado 170 FPPC: (art. 927, caput): "As decisões e precedentes previstos nos incisos do caput do art. 927 são vinculantes aos órgãos jurisdicionais a ele submetidos".

[18] Todos os enunciados do Fórum Permanente de Processualistas Civis mencionados nas notas de rodapé deste tópico encontram-se disponíveis em: http:<//portalprocessual.com/wp-content/uploads/2015/06/Carta-de-Vit%C3%B3ria.pdf-.>. Acesso em: 01 fev. 2017.

1. Teoria do direito e precedentes: *common law* e *civil law*

Precedentes não decorrem exclusivamente das tradições jurídicas de *Common Law*, isso porque são inerentes à Teoria do direito, assim, integram também os ordenamentos jurídicos de *civil law*.

Uma teoria do precedente judicial, só será válida universalmente, se restar comprovado que "[...] o tipo de raciocínio, ou melhor, o processo hermenêutico, seguido no momento de se interpretar e aplicar um precedente judicial é o mesmo em qualquer sistema jurídico" (BUSTAMANTE, 2012, p. 93), pouco importando se é de *common law* ou *civil law*. Ou seja, a validade está condicionada ao estabelecimento de regras de argumentação úteis que justifique a decisão de aderir a, afastar-se de, ou modificar um precedente judicial, que se apliquem a qualquer ordenamento jurídico, pouco importando sua tradição (BUSTAMANTE, 2012). Durante o século XIX, período de significativa hegemonia da doutrina juspositivista, as diferenças entre esses sistemas jurídicos tornaram-se mais acentuadas.

A rigorosa separação entre um direito estritamente codificado e um direito jurisprudencial é resquício da forma de pensar positivista que:

> [...] considerava o Direito apenas como um objeto estático a ser analisado e previa para a teoria jurídica apenas uma dimensão analítica e descritiva, cujo método fundamental era um certo conceptualismo e um apelo a classificações e dicotomias tais como Direito positivo/Direito natural, norma válida/inválida; ser/dever-ser; norma proposição jurídica; Direito subjetivo/obrigação jurídica; ciência do direito expositória/censorial, dentre outras (BUSTAMANTE, 2012, p. 93).

A tese da autonomia metodológica entre o *civil law* e o *common law*, todavia, assenta-se em falsas premissas. Isso porque, baseia-se em comparar equivocadamente interpretação/aplicação da lei e interpretação/aplicação do precedente. Ou seja, são métodos distintos, razão pela qual não podem ser comparados. Assim como não se comparam "[...] peras e uvas apenas porque são frutas, não se pode comparar a interpretação/aplicação das leis com a interpretação/aplicação de precedentes, apenas porque seu resultado são decisões judiciais" (ZANETI JÚNIOR, 2016, p. 328).

Ademais, uma análise estrutural do processo de formação e concretização do Direito, aponta que este necessariamente apresenta uma dúplice dimensão, unindo racionalidade e autoridade. A antiga diferenciação entre as tradições jurídicas que determinava o método indutivo para o *common law* e o método dedutivo para o *civil law*, "[...] é na verdade resultado da preponderância de um modelo de precedentes e de um modelo leis" (ZANETI JÚNIOR, 2016, p. 329). Partia-se da premissa de que na tradição jurídica do *common law*, os juízes aproximavam-se do *case law* e extraiam deste caso, princípios e regras.

Analisando a decisão jurídica sobre a ótica da sua justificação, como faz, dentre outros, Maccormick, resta evidente que do ponto de vista dos processos de raciocínio não há diferenças sensíveis entre *civil law e common law* .

> [...] For my part, however, I do not believe that in truth and in substance there is as profund a difference between common law and civilian procecesses of reasoning as the considerable but superficial difference of appearances would suggest. I do not want to minimise that superficial difference- indeed I have already laid considerable stress on it-nor to underemphasise the important differences of traditions which is relevant to its explanation. But I want strongly to suggest that style is not all, and that yet more important are the fundamental elements of legal reasoning wich appear to me probably to be common to legal operations at least in all relatively highly developed legal orders (MACCORMICK, 1978, p. 170-171).[19]

Tanto na tradição jurídica de *Civil law* ou *Common law* a postura do intérprete será eminentemente dedutiva quando houver uma regra geral à qual os fatos do caso possam ser reconduzidos pelo mecanismo da subsunção. Semelhantemente, quando o julgador parte de uma regra que regule uma situação concreta A para, por analogia, encontrar uma regulação semelhante para o caso A', necessário será encontrar por indução, um princípio geral capaz de abarcar tanto o caso A quanto o A'. Ou seja, pouco importa se estamos diante de uma regra produzida pelo julgador ou legislativamente, o processo de raciocínio é o mesmo.

> [...] As duas formas de raciocínio-indução e dedução-estarão sempre presentes, em maior ou menor grau, na atividade judicante, em qualquer sistema jurídico. A fonte da confusão que subjaz a tese da autonomia metodológica do *common law* está em certas diferenças que notoriamente existem entre a interpretação legislativa e o desenvolvimento do direito por analogia, mas é claro que tanto uma quanto outro têm lugar seja no *common law* quanto no *civil law* razão pela qual do ponto de vista teórico, não há diferença relevante entre o processo de produção do Direito jurisprudencial no *civil law* e no *common law*. Para o Positivismo Jurídico – que, embora decadente, ainda é o pano de fundo das duas tradições jurídicas – em ambos os casos o juiz é metodologicamente livre e sua atividade consiste em um ato de criação normativa com fundamento nas normas gerais do ordenamento em que a decisão se insere.

---

[19] Tradução: "De minha parte, não acredito que exista uma diferença em verdade e substância entre os processos de justificação nas tradições *civil law* e *common law*, como as consideráveis, mas aparentes e superficiais diferenças aparentam sugerir. Não é minha intenção que essas diferenças superficiais sejam minimizadas, até porque, de fato, algumas são essenciais para explicar a diferenciação entre os modelos. Contudo, o mais importante a ser considerado são os elementos fundamentais das razões jurídicas/ argumentação judicial/ raciocínio jurídico desenvolvido nas operações jurídicas, que me parece ser o mesmo em todos os ordenamentos jurídicos altamente desenvolvidos".

PRECEDENTES, CPC/15 E O PROCESSO PENAL: BREVES CONSIDERAÇÕES

O processo de raciocínio, como a análise de Kelsen permite crer, é o mesmo nas duas tradições jurídicas. O Direito judicial – embora tenha vinculatividade ou força diferente nas duas tradições – forma-se do mesmo modo (BUSTAMANTE, 2012, p. 103).

Sendo assim, ainda que subsistam certas diferenças no estilo judicial, o esquema silogístico da subsunção é inerente tanto aos sistemas jurídicos herdeiros da *civil law* quanto aos da *common law* (MACCORMICK, 2008, p. 63).

Afirmar que os juízes do *common law* apenas procedem por analogia mostra-se dissociado do que realmente ocorre nos ordenamentos jurídicos contemporâneos. Da mesma forma, negar a crescente e expressiva admissão da força normativa dos precedentes nos ordenamentos de *civil law*, "[...] seria deixar de enxergar o óbvio, quer pela internalização de uma presunção a favor dos precedentes, quer pela crescente legislação que torna vinculatória a observância dos precedentes nestes países" (ZANETI JÚNIOR, 2016, p. 329).

É crescente a aproximação entre sistemas de *civil law*, e, *common law*, haja vista utilizarem substancialmente o mesmo método decisório para aplicar, "[...] ora regras legais, ora regras resultantes de precedentes, especialmente quando estes precedentes, decorrem de decisões das cortes Supremas" (ZANETI JÚNIOR, 2016, p. 330). Em ambas as tradições jurídicas (*civil law* e *common law*), a justificação internas das decisões, dar-se-á por subsunção, justificando-se, desta forma, o direito aplicável ao caso- presente, quer a partir de uma norma- precedente, quer partir de uma norma-lei (ZANETI JÚNIOR, 2016). Entende-se por justificação interna, o controle lógico formal do raciocínio judicial a partir do conteúdo do próprio ato decisório. O objetivo da justificação interna é conferir a validade das inferências baseando-se nas premissas estabelecidas na própria decisão.

A justificação externa, por seu turno, diz respeito à fundamentação das premissas da decisão, seus aspectos fáticos e jurídicos, que dependem do controle da correta argumentação do juiz ou tribunal no momento da decisão, "[...] referem-se ao ponto de vista substancial do direito em um determinado ordenamento, em um dado momento histórico, e aos fatos concretos relacionados à causa" (ZANETI JÚNIOR, 2016, p. 147). É um controle jurídico e fático, examina-se não apenas a validade das inferências, mas, também a fundamentação das premissas.

O objeto da justificação externa é o controle da solidez, da correção, dos pressupostos fáticos e jurídicos da decisão (ZANETI JÚNIOR, 2016). A combinação de ambos os métodos de justificação, permite o resgate do silogismo, como forma de controle interno da fundamentação das decisões. "Em maior ou menor grau, o juiz adota ambas as atividades em qualquer sistema jurídico" (BUSTAMANTE, 2012, p. 111).

Não há, portanto, "[...] diferenças paradigmáticas que sustentem a distinção radical de métodos entre os sistemas ou tradições, a evolução do direito acabou

ASPECTOS POLÊMICOS DO NOVO CÓDIGO DE PROCESSO CIVIL

jogando por terra as antigas dissensões entre *common law (judge-made law)* e a *civil law (code based legal systems)*" (ZANETI JÚNIOR, 2016, p. 98).

Assim, resta claro que o precedente, sendo inerente à Teoria do Direito, não é ínsito apenas à *Commom Law,* daí ser possível conceber a sistematização de um modelo de precedentes também para as tradições jurídicas de *civil law*[20], observando as peculiaridades que lhe dizem respeito[21].

2. O CPC/15 como eixo do direito processual: o art. 15 do CPC/15 e a aplicação supletiva, subsidiária e residual do CPC ao processo penal

A leitura apressada do art. 15 do CPC/15[22] pode ocasionar o incorreto entendimento de que não há projeção da nova codificação para o processo penal, postura esta que se daria através de uma interpretação literal do rol do dispositivo, extraindo-se, de tal direção desviada, que tal legislação somente se aplicaria aos processos eleitorais, trabalhistas ou administrativos.

A premissa é falsa, pois, o art. 15 possui rol meramente exemplificativo, tendo sido construído para ser o eixo central do processo nacional. Note-se que para encaixe do novo CPC como fonte (supletiva, subsidiária e residual[23]), deve se entender que não basta que ocorra a omissão no diploma externo a esse, mas que a regra que se pretende exportar seja também compatível com o diploma de recepção. No particular, o art. 769 da CLT [24] possui superfície redacional que

---

[20] A sistematização de um modelo de precedentes para os ordenamentos jurídicos de *Civil law,* deve observar, contudo, as peculiaridades que lhe são inerentes, sob pena de se tornar discrepante frente a realidade na qual se encontra inserido, tornando-se ,desta forma, de complexa operacionalização, o que por certo o desvirtuaria dos objetivos pelos quais fora concebido, qual seja, conferir ao ordenamento jurídico estabilidade, integridade e coerência.

[21] Não se está afirmando, todavia, conforme será demonstrado adiante, que este modelo de precedentes deve ser aplicável irrestritamente a todas as leis processuais existentes em um dado ordenamento jurídico. Assim como há uma teoria do processo, denominada por alguns de "teoria geral" com institutos e diretrizes a serem observadas pelos diversos ramos processuais existentes, há que se conceber um "modelo geral de precedentes", o que no caso do Brasil, já fora regulamentado nos art. 926 e seguintes do Código de Processo Civil, a ser aplicado supletiva, residual e subsidiariamente àqueles, devendo cada um dos vários ramos do direito processual, desenvolver seu modelo próprio, haja vista que, além das particularidades que naturalmente lhe dizem respeito, por vezes, tutelam distintos bens jurídicos, o que por si só, reclama o desenvolvimento de modelagem própria.

[22] Art. 15, CPC/2015: "Na ausência de normas que regulem processos eleitorais, trabalhistas ou administrativos, as disposições deste Código lhes serão aplicadas supletiva e subsidiariamente".

[23] Fredie Didier e Hermes Zaneti Jr [*Curso de direito processual civil (processo coletivo, vol. 4),* 10ª ed. Salvador: Jus Podivm, 2016], afirmam que: "Será residual a aplicação do CPC quanto ao respeito à lógica e princípios próprios dos demais sistemas. A aplicação do CPC ao processo penal será sempre residual como forma de controle da adequação, a regra da residualidade é negativa, não se aplica o CPC se o CPP e os princípios e a lógica própria do direito penal e processual penal não permitirem".

[24] Art. 769, CLT: "Nos casos omissos, o direito processual comum será fonte subsidiária do direito processual do trabalho, exceto naquilo que for incompatível com as normas deste título".

PRECEDENTES, CPC/15 E O PROCESSO PENAL: BREVES CONSIDERAÇÕES

permite desvendar melhor os contornos no art. 15, pois seu desenho é mais claro que o dispositivo do direito processual comum (MAZZEI, 2016).

Assim, percebe-se que o novo diploma processual funciona como fonte que emana um processo comum, com objetivo de dialogar com todos os diplomas orbitais, bastando, para tanto, que ocorra omissão na legislação externa e que haja compatibilidade da regra de transporte e absorção [25],[26] (MAZZEI, 2016).

Note-se, por oportuno, que os artigos 139[27], 362[28] e 790[29], do Código de Processo Penal, mencionam expressamente a aplicação da lei processual civil ao processo penal. Os art. 63 a 68 do CPP, por seu turno, estabelecem a possibilidade de execução no âmbito civil da sentença penal condenatória e as hipóteses de repercussão no processo civil advindas do julgamento da ação penal. Observe-se que o Código de Processo de Civil de 2015, em seu artigo 315[30], recomenda que o juiz suspenda o processo até que seja julgado o processo penal, caso o conhecimento do mérito dependa da verificação da existência de fato delituoso.

Como exemplo de aplicação de disposições constantes do CPC ao CPP, é possível mencionar, também, à aplicação ao processo penal do extinto artigo 132, CPC/1973, que previa as hipóteses de exceção à exigência da identidade física do juiz. Embora o artigo 399, §2º do Código de Processo penal exija que o juiz que presidiu a instrução é o que deve proferir sentença, aludido diploma normativo não disciplinou os casos de dispensa desta exigência, utilizando, por esta razão, das hipóteses constantes do Código de Processo Civil [31].

---

[25] Tal quadro fica mais evidente a partir de vários dispositivos no novo CPC, como por exemplo, o art. 771 (que faz comunicação com todas as leis que tratam da execução) ou art. 1.072 (que trabalha com rol de revogações de outras legislações, para que o processo comum seja melhor encaixado e compatibilizado com outros diplomas).

[26] Ressalte-se que o grupo "Normas Fundamentais" do Fórum Permanente de Processualistas, coordenado por Zulmar Duarte de Oliveira Júnior, ocorrido na cidade de São Paulo nos dias 18 a 20 de março do ano de 2016, elaborou enunciado, prevendo a aplicação subsidiária do Código de Processo Civil ao Processo Civil, haja vista a omissão do art. 15. Contudo, aludido enunciado em que pese ser aprovado no grupo, não fora selecionado para ser submetido à aprovação do plenário.

[27] Art. 139, CPP: "O depósito e a administração dos bens arrestados ficarão sujeitos ao regime do processo civil".

[28] Art. 362, CPP: "Verificando que o réu se oculta para não ser citado, o oficial de justiça certificará a ocorrência e procederá à citação com hora certa, na forma estabelecida no Código de Processo Civil".

[29] Art. 790, CPP: "O interessado na execução de sentença penal estrangeira, para a reparação do dano, restituição e outros efeitos civis, poderá requerer ao Supremo Tribunal Federal a sua homologação, observando-se o que a respeito prescreve o Código de Processo Civil".

[30] Art. 315, CPC: "Se o conhecimento do mérito depender de verificação da existência de fato delituoso, o juiz pode determinar a suspensão do processo até que se pronuncie a justiça criminal".

[31] Observe-se, em relação a este ponto, que alguns entendem que esta hipótese é um típico caso de ultra-atividade do Código de Processo Civil de 1973. (Vide: Fernando da Fonseca Guajardoni, *in*: "Impactos do novo cpc no processo penal". Disponível em: <http://jota.uol.com.br/impactos-do-novo-cpc-no-processo-penal%C2%B9>. Acesso em: 01 fev. 2017.

Ademais, a falta de referência expressa do art. 15 do CPC/15 em relação ao processo penal se torna mais simples de superar ainda na medida em que o art. 3º, do CPP[32] prevê que a lei processual penal admitirá interpretação extensiva e aplicação analógica [33]. Há que se distinguir, contudo: interpretação analógica, interpretação extensiva e analogia.

Extensiva é a interpretação, em que o intérprete amplia o significado de uma palavra com o intuito de alcançar o real significado da norma penal [34]. Por outro lado, na interpretação analógica, também denominada de *intra legem*, o significado que se busca é retirado do próprio dispositivo, levando-se em conta os termos abertos e genéricos utilizados pelo legislador.

> [...] Na interpretação analógica o código atendendo ao princípio da legalidade, detalha todas as situações que quer regular e, posteriormente, permite que aquilo que a elas seja semelhante possa também ser abrangido no dispositivo. É o que ocorre, por exemplo, no art. 121, § 2º, I, do Código Penal, que dispõe ser qualificado o homicídio quando cometido mediante paga ou promessa de recompensa, ou por outro motivo torpe. Percebe-se que o legislador fornece uma fórmula casuística (mediante paga ou promessa) e, em seguida, apresenta uma fórmula genérica (ou por outro motivo torpe) (CUNHA, 2016, p. 63).

A interpretação extensiva é gênero, sendo espécies a interpretação extensiva em sentido estrito e analógica. Para se identificar de qual espécie se trata, é necessário verificar se a lei penal traz fórmulas casuísticas e genéricas (interpretação analógica) ou se não fornece um padrão (interpretação extensiva em sentido estrito), neste último caso ficando a cargo do intérprete a extensão do conteúdo da lei objeto de interpretação (GRECO, 2013).

---

[32] Art. 3º, do CPP: "A lei processual penal admitirá interpretação extensiva e aplicação analógica, bem como o suplemento dos princípios gerais de direito".

[33] O STF, por maioria, nos autos do Inquérito 4112/DF, decidiu que: "é cabível aplicação analógica do art. 191 do CPC (atual 229, do CPC/2015) ao processo penal". (Informativo 737/STF).

[34] Cite-se, dentre outros exemplos: o vocábulo "arma", que integra o art. 157, §2º, I, do CP, engloba qualquer instrumento, apto a servir para o ataque (revólver, faca de cozinha, lâmina de barbear, dentre outros). O art. 235, do CP, refere-se não apenas a bigamia, mas também a poligamia, o art. 260, do CP (perigo de desastre ferroviário) envolve além do serviço ferroviário o serviço de metrô. Este tipo de interpretação, todavia, é admitida com ressalvas pelas cortes Superiores. Vide dentre outros o Resp 476.315, da 6ª Turma do STJ, publicado no DJ em 22.02.1010: "O princípio da estrita legalidade penal impede a interpretação extensiva para ampliar o objeto descrito na lei penal. Na medida em que as multas não se inserem no conceito de tributo é defeso considerar que sua cobrança, ainda que eventualmente indevida-quer pelo meio empregado quer pela sua não incidência-tenha o condão de configurar o delito de excesso de exação, sob pena de violação do princípio da legalidade, consagrado no artigo 5º, XXXIX, da Constituição Federal e artigo 1º do Código Penal".

PRECEDENTES, CPC/15 E O PROCESSO PENAL: BREVES CONSIDERAÇÕES

A analogia, por outro lado, é uma regra de integração do ordenamento jurídico. Decorre de uma lacuna, de um vazio normativo, e, não de uma lei pendente de interpretação. "[...] Consiste no complexo de meios dos quais se vale o intérprete para suprir a lacuna (o vazio) do direito positivo e integrá-lo com elementos buscados no próprio direito" (CUNHA, 2016, p. 64).

A analogia é admitida em direito processual penal, desde que sua aplicação importe em benefício para o réu (*analogia in bonam partem*) e desde que exista efetiva lacuna legal (vácuo normativo) a ser preenchida. Pode ser de dois tipos: analogia *legis* ou analogia *iuris* (jurídica). Aquela caracteriza-se por utilizar outra disposição normativa para suprir a lacuna existente, a analogia *iuris*, por sua vez, tem como característica o emprego de um princípio geral do direito para regular um caso, ante a ausência de norma aplicável. Contudo, "[...] até mesmo o emprego da analogia para favorecer o réu deve ser reservado para hipóteses excepcionais, uma vez que o princípio da legalidade é regra e não a exceção" (NUCCI, 2009, p. 92).

Destaca-se como exemplo de analogia *in bonam partem* a aplicação dos arts. 1.024, §3º[35] (conversão dos embargos de declaração em agravo), 1.024, § 4º[36] e 5º[37] (ratificação e complementação de recurso posterior), e art. 1.025 do CPC/2015[38] (prequestionamento) ao processo penal. O econômico (e impreciso) regramento que é feito acerca do assunto no CPP indica a importância do CPC/15 para preencher vários vácuos da legislação processual penal[39] (MAZZEI, 2016).

Em resumo, o quadro acima exposto reforça a hipótese de aplicação subsidiária, supletiva e residual do Código de Processo Civil ao processo penal e da existência de um diálogo entre a legislação processual civil e penal[40].

---

[35] Art. 1.024, § 3º, CPC/2015: "O juiz julgará os embargos em 5 (cinco) dias". §3º: "O órgão julgador conhecerá dos embargos de declaração, como agravo interno se entender ser este o recurso cabível, desde que determine previamente a intimação do recorrente para, no prazo de 5 (dias), complementar as razões recursais, de modo a ajustá-las as exigências do art. 1.021, §1º".

[36] Art. 1.024, §4º, CPC/2015: "Caso o acolhimento dos embargos de declaração implique modificação da decisão embargada, o embargado que já tiver interposto outro recurso contra a decisão originária tem o direito de complementar ou alterar suas razões, nos exatos limites da modificação, no prazo de 15 (quinze) dias, contado da intimação da decisão dos embargos de declaração".

[37] Art. 1.024, §5º, CPC/2015: "Se os embargos de declaração forem rejeitados ou não alterarem a conclusão do julgamento anterior, o recurso interposto pela outra parte antes da publicação do julgamento dos embargos de declaração será processado e julgado independentemente de ratificação".

[38] Art. 1.025, do CPC/2015: "Consideram-se incluídos no acórdão os elementos que o embargante suscitou, para fins de prequestionamento, ainda que os embargos de declaração sejam inadmitidos ou rejeitados, caso o Tribunal superior considere, existentes erro, omissão, contradição ou obscuridade".

[39] Para melhor compreensão do tema, recomenda-se a leitura do artigo: "Embargos de Declaração no Processo Penal: Breve ensaio sobre o (necessário) diálogo com o novo CPC". In: "Repercussões do Novo CPC no Processo Penal", Salvador, Juspodivm, 2016, p. 525-553.

[40] Trata-se de um diálogo de fontes, conforme Cláudia Lima Marques. In: O diálogo das fontes como método da nova teoria geral do Direito: um tributo a Erik Jayme. In: Diálogo das Fontes do conflito à coordenação de normas no Direito Brasileiro. São Paulo: RT, 2012.

3. O modelo de precedentes do CPC/2015 e sua aplicabilidade ao processo penal

Preliminarmente, há que se destacar, conforme exposto em tópico anterior, que os precedentes, sendo ínsitos à Teoria do Direito, não pertencem apenas à *Commom Law*, sendo possível conceber a sistematização de um modelo de precedentes também para as tradições jurídicas de *civil law*, observando as peculiaridades que lhe dizem respeito.

O art. 926, do CPC/2015 e seguintes do Código de Processo Civil, delineou um "modelo geral de precedentes", com institutos e diretrizes a serem observadas pelos diversos ramos processuais existentes, a ser aplicado supletiva, residual e subsidiariamente a cada um dos vários ramos do direito processual.

> [...] O CPC é a lei processual infraconstitucional mais importante no Estado Democrático Constitucional. O CPC é norma nova e não é mera alteração cosmética, significa uma mudança profunda de paradigmas. A ausência de normas específicas que regulem os demais processos atrai a aplicação supletiva e subsidiária do CPC (art. 15, CPC c/c art. 3º, CPP). Considerando o sistema processual como um todo o CPC compõe o núcleo entorno do qual gravitam todos os demais ordenamentos processuais...O CPC deve ser compreendido como um Código do movimento da (Re) Codificação, portanto, permeável, plástico, adaptável às novas exigências do ordenamento jurídico. A aplicação dos precedentes aos demais ramos do direito processual é supletiva (ZANETI JÚNIOR, 2016, p. 461).

Assim como há uma teoria geral do processo, denominada por alguns de teoria do processo[41], dedicada [...] "a elaboração, à organização e à articulação dos conceitos jurídicos fundamentais (lógico-jurídicos) processuais" (DIDIER JÚNIOR, 2015, p. 34), existe no Código de Processo de Civil de 2015, a sistematização de um modelo geral de precedentes tipicamente brasileiro[42].

O modelo desenhado no CPC/2015 contém elementos que, além de fornecer subsídios para a adequada compreensão do que é um precedente para o direito

---

[41] O tema fora minuciosamente desenvolvido por Fredie Diddier Jr, na obra: Sobre a teoria geral do processo essa desconhecida. Salvador, Juspodivn, 2013.

[42] A análise do modelo de precedentes brasileiro, por si só, demandaria trabalho autônomo. Embora, o modelo de precedentes delineado no ordenamento jurídico pátrio, tenha sido inspirado no modelo do direito inglês, e, sobretudo no norte americano, contém diversos institutos que lhe são peculiares, como por exemplo, as súmulas vinculantes. Ademais, uma leitura mais detalhada da jurisprudência do Supremo Tribunal Federal, permite identificar que ora, se adota a concepção de precedentes como analogia, ora como regras e, também como princípios, ou seja, várias são as possibilidades interpretativas. (Vide: MAUÉS, Antônio Moreira. Jogando com os Precedentes: Regras, Analogias, Princípios. Revista de direito GV. São Paulo: 2012 p. 587-624). Por fim, o ordenamento jurídico detém significativas características e institutos, inerentes a tradição jurídica de *civil law*, o que torna o modelo de precedentes aqui concebido peculiar.

PRECEDENTES, CPC/15 E O PROCESSO PENAL: BREVES CONSIDERAÇÕES

brasileiro, fixa pressupostos para a exata compreensão dos conceitos fundamentais que dizem respeito à sua aplicação, superação, distinção, modulação de efeitos, ou seja, o aplicador do direito deve conhecê-las antes de examinar o direito processual.

Aqui é possível traçar um paralelo com a teoria geral do processo. Sendo esta [...] "mais do que uma necessidade metodológica para o estudo dos vários ramos do Direito processual, uma consequência inarredável do estudo sistemático das diversas categorias processuais" (JARDIM, 2001, p. 19-20). Assim, é também o modelo de precedentes.

Pode ser compreendido como um modelo geral de precedentes, haja vista que [...] "os conceitos jurídicos fundamentais (lógico-jurídicos) processuais, que compõem seu conteúdo, tem pretensão universal" (DIDIER JÚNIOR, 2015, p. 34). Classifica-o como geral, por [...] "não ter a pretensão de servir integralmente a determinadas realidades normativas" (DIDIER JÚNIOR, 2015, p. 34).

Portanto, o modelo geral de precedentes codificado no art. 926 e seguintes do CPC/2015, deve ser aplicado supletiva, residual e subsidiariamente aos diversos ramos do direito processual, devendo cada um, observadas as prescrições contidas no "modelo geral", desenvolver seu próprio modelo.

Afasta-se, com isso, a afirmação de que não é necessário o desenvolvimento um modelo próprio de precedentes para o processo penal[43]. Outrossim, [...] "Os problemas que os precedentes apresentam no direito penal e no processo penal são, em alguma medida, distintos dos existentes no direito civil" (ZANETI, 2016, p.453-454).

O processo penal tutela a liberdade[44], ou seja, bem jurídico distinto do tutelado pelo processo civil, cujo mote é o patrimônio, o que por si só, reclama o desenvolvimento de modelagem própria.

Destaca-se ademais, que no rol de provimentos judicias descritos no art. 927, do CPC[45], de observância obrigatória pelos juízes e tribunais, não está elencado

---

[43] Nesse sentido: Hermes Zaneti Júnior, in: Aplicação supletiva, subsidiária e residual do CPC ao CPP. Precedentes normativos formalmente vinculantes no processo penal e sua dupla função. Pro futuro in malam partem (matéria penal) e tempus regit actum (matéria processual penal). In: Repercussões do Novo CPC no Processo Penal, Salvador, Juspodivm, 2016, p. 458-459.

[44] O direito processual penal consistiria, portanto, "em um conjunto sistemático de normas e princípios que regula a atividade da jurisdição, o exercício da ação e o processo em matéria penal, bem como a tutela da liberdade de locomoção, quando o direito aplicável, positiva ou negativamente, é o direito penal comum". (Vicente Grego Filho, In: Manual de processo penal. 10ed.rev.e.atual. São Paulo: Saraiva, 2013, p. 87-88).

[45] Art. 927, CPC/2015: "Os juízes e os tribunais observarão: I- as decisões do Supremo Tribunal Federal; II- Os enunciados de súmula vinculante; III- Os acórdãos em incidente de assunção de competência ou de resolução de demandas repetitivas e em julgamento de recursos extraordinário e especial repetitivos; IV- os enunciados das súmulas do Supremo Tribunal Federal em materia constitucional e do Superior

o *Habeas corpus*. Todavia, no processo penal, diversas decisões proferidas em sede de HC, vinculam julgamentos posteriores[46], servindo de fundamento inclusive, para a declaração de inconstitucionalidade de dispositivos legais e para a edição de súmulas vinculantes[47]-[48].

Todavia, até mesmo a vinculatividade do efeito das decisões proferidas em Habeas corpus, por vezes, mostra-se peculiar. É o caso, por exemplo, do HC 126.292, julgado recentemente pelo Supremo Tribunal Federal, de relatoria do saudoso ministro Teori Zavascki.

Explica-se: O STF fixou a tese de que era possível a execução provisória de acordão penal condenatório proferido em grau de apelação, ainda que sujeito a recurso especial ou extraordinário, sem que com isso, restasse prejudicado o princípio da presunção de inocência. Após, o julgamento, diversas prisões foram executadas ao longo do país[49].

No entanto, posteriormente, o ministro Celso de Mello em decisão proferida em outro Habeas corpus (HC 135.100/MG), superou o entendimento antes adotado, afirmando que não há efeito vinculante de decisão proferida em HC.

Ressalte-se, também, que o Partido Ecológico Nacional e a Ordem dos Advogados do Brasil (OAB) ajuizaram, respectivamente, as Ações Declaratórias Nº 43 e 44, pedindo que o art. 283, do CPP [50] fosse declarado constitucional, assim,

---

Tribunal de Justiça em matéria infraconstitucional; V-Orientação do plenário ou do órgão especial aos quais estiverem vinculados".

[46] Vide, dentre outros, o precedente firmado após o julgamento do HC 82959, que culminou na declaração da inconstitucionalidade do art. 2º, da Lei 8.072/1990, que previa que a pena para a prática de crimes hediondos seria cumprida integralmente em regime fechado. Entendeu o STF que aludido artigo era incompatível com o princípio da individualização da pena. Este entendimento acabou culminado na edição da súmula vinculante nº 26: "Para efeito de progressão de regime no cumprimento de pena por crime hediondo, ou equiparado, o juízo da execução observará a inconstitucionalidade do art. 2º da Lei nº 8.072/90, de 25 de julho de 1990, sem prejuízo de avaliar se o condenado preenche, ou não, os requisitos objetivos e subjetivos do benefício, podendo determinar, para tal fim, de modo fundamentado, a realização de exame criminológico".

[47] A Súmula Vinculante nº11, por exemplo, fora editada após o julgamento HC 91952, com o seguinte teor: "Só é lícito o uso de algemas em caso de resistência e de fundado receio de fuga ou de perigo à integridade física própria ou alheia, por parte do preso ou de terceiros, justificada a excepcionalidade por escrito, sob pena de responsabilidade disciplinar civil e penal do agente ou da autoridade e de nulidade da prisão ou do ato processual a que se refere, sem prejuízo da responsabilidade civil do Estado".

[48] Os exemplos acima mencionados servem apenas para ilustrar, parte do que fora dito. Todavia, uma análise mais detida das decisões e das súmulas editadas pelo STF em matéria penal e processual penal, aponta que reiteradamente entendimentos firmados em julgamentos de Habeas corpus, tornam-se precedentes.

[49] Cite como exemplo as prisões de Luis Estevão, ex-senador, e Benedito Domingos ex-governador do Distrito Federal, amplamente divulgadas pela mídia.

[50] Art. 283, do CPP: "Ninguém poderá ser preso senão em flagrante delito ou por ordem escrita e fundamentada da autoridade judiciária competente, em decorrência de sentença condenatória transitada

PRECEDENTES, CPC/15 E O PROCESSO PENAL: BREVES CONSIDERAÇÕES

prisões, caso se desse provimento ao mérito, só poderiam ser efetivadas após o transito em julgado da sentença penal condenatória, ou, no curso da instrução processual, se for hipótese de preventiva ou temporária. No dia 01 de setembro de 2016 iniciou-se o julgamento conjunto de aludidas ações, tendo o ministro Marco Aurélio, dado provimento a medida cautelar para suspender a execução provisória da sentença ainda não transitada em julgado e a libertação dos réus presos em virtude do entendimento anteriormente fixado. Contudo, o plenário do STF ao retomar o julgamento de aludidas ações, firmou posicionamento de que a execução provisória de acórdão penal condenatório proferido em grau de apelação, ainda que sujeito a recurso especial ou extraordinário, não compromete o princípio constitucional da presunção de inocência, insculpido no art. 5º, LVII, da CF/88, sendo possível, desta forma, a execução provisória de sentença penal ainda não transitada em julgado[51].

Há que se destacar, por oportuno, que o direito penal, e, consequentemente, o processo penal, são regidos por princípios que lhe são próprios, dentre os quais, destacam-se: *a)* o princípio da estrita legalidade ou da reserva legal ("Não há crime sem lei anterior que o defina, nem sem prévia cominação legal"- art. 2º, do CP); *b)* princípio da individualização da pena ("A lei regulará a individualização da pena); *c)* princípio da responsabilidade pessoal ("Nenhuma pena passará da pessoa do acusado"); *d)* princípio da culpabilidade (art. 59, do CP) *e)* princípio da irretroatividade e extra-atividade da lei penal ("A lei penal não retroagirá, salvo para beneficiar o réu") e; *f)* princípio da adequação social[52].

Aludidos axiomas, são, em síntese, a positivação no Código Penal e no CPP, das garantias constitucionais elencadas ao longo de todo o texto constitucional, em especial, das previstas no art. 5º e incisos da CRFB/88. Ressalte-se, contudo, que este rol não é taxativo, até porque os direitos e garantias expressos não excluem outros decorrentes do regime e dos princípios adotados pela Constituição.

O panorama acima exposto reforça a tese de que é necessário o desenvolvimento de um modelo de precedentes próprio para o processo penal. Não se afirma com isso, entretanto, que o modelo de precedentes delineado no CPC/2015 não é aplicável ao processo penal.

---

em julgado ou, no curso da investigação ou do processo, em virtude de prisão temporária ou prisão preventiva".

[51] Disponível em: <http://www.stf.jus.br/portal/cms/verNoticiaDetalhe.asp?idConteudo=326754.> Acesso em 01 fev. 2017.

[52] Luigi Ferrajoli, afirma serem 10 os postulados do direito penal e processual penal, em um sistema garantista: 1) nulla poena sine crimine; 2) nullum crimen sine lege; 3) nulla lex (poenallis) sine necessitate; 4) nulla necessitas sini iniuria; 5) nulla iniuria sine actione; 6) nulla actio sine culpa; 7) nulla culpa sine iudicio; 8) nullum iudicium sine accusatione; 9) nulla accusatio sine probatione; 10) nulla probatio sine defensione. (In: FERRAJOLI, Luigi. Diritto e ragione. Teoria del garantismo penale. 8ª ed. Roma/Bari: Laterza, 2004, p. 69).

O modelo do CPC/2015, conforme já exposto, é um modelo geral, contém, portanto, diretrizes e institutos a serem observados pelos demais ramos processuais. Ele fornece subsídios para que a exata compreensão dos conceitos fundamentais que dizem respeito à aplicação dos precedentes.

Mais ainda, o próprio art. 3º, do CPP prevê que a lei processual penal admitirá interpretação extensiva e aplicação analógica.

Mas, o modelo de precedentes do CPC/2015, não é aplicável irrestritamente ao processo penal, porque além, dele ser um modelo geral, ou seja, não fora concebido para servir integralmente a uma realidade normativa, para que seja aplicado é necessário que ocorra uma omissão no CPP a respeito do que se pretende aplicar, e, que haja compatibilidade do instituto de transporte e absorção. Aplicá-lo de maneira irrestrita ao processo penal, por certo, torná-lo-ia discrepante frente à realidade na qual estaria inserido.

Quanto ao primeiro requisito (omissão), tem-se, que o CPP não desenvolveu um modelo de precedentes próprio, portanto, este quesito resta cumprido. No que diz respeito à segunda exigência, os precedentes não são incompatíveis com o direito processual penal.

Se no processo civil, que destina-se precipuamente a tutelar direitos patrimoniais, a jurisprudência, deve se manter integra, estável e coerente, sob pena de afronta à segurança jurídica, e, sobretudo da proteção da confiança, com mais razão, esta lógica deve ser seguida no processo penal, que têm como mote o maior valor do ser humano, qual seja, sua liberdade.

O modelo de precedentes busca em última análise evitar a indeterminação do discurso jurídico, o que por certo, conduz a arbitrariedades. Assim sendo, se provimentos arbitrários mostram-se danosos à tutela de direitos patrimoniais, o são ainda mais, para a tutela da liberdade.

A compatibilidade do modelo de precedentes do CPC/2015 deve ser analisada, também, sobre outra perspectiva. A aplicação do modelo do CPC não pode conflitar com a lógica e princípios próprios do Código de Processo Penal, ou seja, [...] "jamais poderá implicar in analogia in malam partem, e não poderá criar tipos penais, que devem ser criados exclusivamente pelo legislador" (Zaneti Júnior, 2016, p. 454-455).

Caso seja proferida decisão de efeito vinculante favorável ao réu relativa a direito penal material, aplica-se à regra contida no art. 2º, §1º, do CP e art. 5º, XL, da CFRB/88, ou seja, os efeitos da decisão serão de incidência imediata, e, retroagirão para beneficiar infrações praticadas antes da fixação do precedente. [...] "A irretroatividade da lei penal incriminadora e a retroatividade da lei penal benéfica são princípios constitucionais paralelos. E os princípios dotados de força vinculativa imediata, de cogente eficácia, impõem-se desde logo "(Costa Júnior, 2011, P.5).

Em se tratando de decisão a respeito de norma processual[53], segue-se o disposto no art. 2º, do CPP, ou seja, seus efeitos são de aplicação imediata.

Por fim, caso a decisão com efeito vinculativo trate de questão mista, ou seja, que diz respeito a direito penal material e a direito processual, em regra[54], entende-se ser aplicável o mesmo critério do direito penal, ou seja, tratando-se de norma benéfica, retroage para beneficiar o réu, caso seja prejudicial, os casos anteriores à fixação do precedente, serão regulados pelo entendimento anterior (ultratividade do entendimento mais benéfico).

Resta claro, portanto, que o modelo de precedentes delineado no art. 926 e seguintes do CPC/2015 é aplicável ao processo penal. A aplicação, não é irrestrita, deve observar à lógica e princípios do direito processual penal. Os precedentes nunca podem criar novos tipos penais, nem tampouco, configurar em *analogia in malam partem*.

Não se afasta com isso, a necessidade de desenvolvimento de um modelo de precedentes próprios para o direito processual penal.

Considerações finais

O objetivo desta breve exposição fora analisar, sinteticamente, ou seja, de forma horizontal e pouco aguda, se o modelo de precedentes delineado no art. 926 e seguintes do Código de Processo Civil de 2015 é aplicável ao processo penal.

Demonstrou-se que precedentes não decorrem exclusivamente das tradições jurídicas de *Common Law*, isso porque são inerentes à Teoria do direito, assim, integram também os ordenamentos jurídicos de *civil law*.

Aludida questão, embora se mostre eminentemente teórica, é de extrema relevância, isso porque, sendo o precedente, inerente à Teoria do Direito, não é ínsito apenas à *Commom Law*, daí ser possível conceber a sistematização de um modelo de precedentes também para as tradições jurídicas de *civil law*, observando as peculiaridades que lhe dizem respeito.

A não inclusão do processo penal no rol do art. 15 da noviça codificação processual civil não implica dizer que os ditames deste não serão aplicados naquele. Na verdade, além de se tratar de rol puramente exemplificativo, pela válvula inserta no art. 3º do CPP, há comunicação com o CPC/15, nas partes em que a legislação

---

[53] Não nos parece que a decisão que afirmou ser possível a prisão antes do transito em julgado de sentença condenatória, seja meramente processual, isso porque a norma que veda a possibilidade de execução provisória da sentença está contida diretamente no art. 5º, LVII, da CF/88. Não se trata de uma norma de processo penal.

[54] O STF assim decidiu quando do julgamento do HC 79.390/RJ (referente à Lei 9.099/95), HC 83.864/DF (referente a Lei 9.271/96 que deu nova redação ao artigo 366, do CPP). No entanto, no julgamento do HC 123.492/MG, referente às leis 11.689/08 e 11.719/08, o STF decidiu que seriam de aplicabilidade imediata aos procedimentos do júri.

processual civil comum, diante da evidente posição do novo CPC de se tornar um eixo para um processo comum, de inspiração constitucional. Existe, portanto, um diálogo entre a legislação processual civil e processual penal.

Assim como há uma teoria geral do processo, denominada por alguns de teoria do processo, existe no Código de Processo de Civil de 2015, a sistematização de um modelo geral de precedentes tipicamente brasileiro.

O modelo desenhado no CPC/2015 contém elementos que, além de fornecer subsídios para a adequada compreensão do que é um precedente para o direito brasileiro, fixa pressupostos para a exata compreensão dos conceitos fundamentais que dizem respeito à sua aplicação, superação, distinção, modulação de efeitos, ou seja, o aplicador do direito deve conhecê-las antes de examinar o direito processual.

O modelo de precedentes exposto no art. 926 e seguintes do CPC/2015, por ser geral, deve ser aplicado supletiva, residual e subsidiariamente aos diversos ramos do direito processual, devendo cada um, observadas as prescrições contidas no "modelo geral", desenvolver seu próprio modelo, o que afasta afirmação de que não é necessário o desenvolvimento de um modelo próprio de precedentes para o processo penal.

O processo penal tutela a liberdade, ou seja, bem jurídico distinto do tutelado pelo processo civil, cujo mote é o patrimônio, o que por si só, reclama o desenvolvimento de modelagem própria.

Destaca-se ademais, que no rol de provimentos judicias descritos no art. 927, do CPC, de observância obrigatória pelos juízes e tribunais, não está elencado o *Habeas corpus*. Todavia, no processo penal, diversas decisões proferidas em sede de HC, vinculam julgamentos posteriores servindo de fundamento inclusive, para a declaração de inconstitucionalidade de dispositivos legais e para a edição de súmulas vinculantes. Todavia, até mesmo a vinculatividade do efeito das decisões proferidas em Habeas corpus, por vezes, mostra-se peculiar.

O panorama acima exposto reforça a tese de que é necessário o desenvolvimento de um modelo de precedentes próprio para o processo penal. Não se afirma com isso, entretanto, que o modelo de precedentes delineado no CPC/2015 não é aplicável ao processo penal.

A aplicação do modelo de precedentes do CPC/2015 ao processo penal depende, contudo, de dois requisitos, é necessário que ocorra uma omissão no CPP a respeito do que se pretende aplicar, e, que haja compatibilidade do instituto de transporte e absorção. Aplicá-lo de maneira irrestrita ao processo penal, por certo, torná-lo-ia discrepante frente à realidade na qual estaria inserido.

Quanto ao primeiro requisito, tem-se, que o Código de Processo não desenvolveu um modelo de precedentes próprio, portanto, este quesito resta cumprido. No que diz respeito à segunda exigência, os precedentes não são incompatíveis com o direito processual penal.

O modelo de precedentes busca em última análise evitar a indeterminação do discurso jurídico, o que por certo, conduz a arbitrariedades. Assim sendo, se provimentos arbitrários mostram-se danosos à tutela de direitos patrimoniais, o são ainda mais, para a tutela da liberdade.

A compatibilidade do modelo de precedentes do CPC/2015 deve ser analisada, também, sobre outra perspectiva. A aplicação do modelo do CPC não pode conflitar com a lógica e princípios próprios do Código de Processo Penal. Os precedentes nunca podem criar novos tipos penais, nem tampouco, configurar em *analogia in malam partem.*

Resta claro, portanto, que o modelo de precedentes delineado no art. 926 e seguintes do CPC/2015 é aplicável ao processo penal. Não se afasta com isso, a necessidade de desenvolvimento de um modelo de precedentes próprio para o direito processual penal.

Por fim, com tais notas, espera-se que a temática venha a ser debatida com mais profundidade a partir dos pontos mais nervosos que se pode tirar do diálogo entre o Código de Processo Penal com o novo Código de Processo Civil, diplomas concebidos em épocas distintas, com modelos de direito processual também com bastante diversidade.

Referências

BUSTAMANTE, Thomas da Rosa de. **Teoria do Precedente Judicial:** a justificação e aplicação de regras jurisprudenciais. São Paulo: Noeses, 2012.

_____. **Finding analogies between cases:** On Robert Alexy's third basic operation in the application of law. In: _____; Bernal, Carlos (Eds). Beijing: Nomos, 2012. Disponível em: <http://papers.ssrn.com/sol3/papers.cfm?abstract_id=2017469>. Acesso em: 01 fev. 2017.

COURA, Alexandre de Castro; FONSECA, Bruno Gomes Borges da. O que os Direitos Fundamentais têm a ver com democracia à luz da Teoria Discursiva de Jürgen Habermas. **Revista Eletrônica da Seção Judiciária do Espírito Santo**, 2014. Filosofia e direito: ética, hermenêutica e Jurisdição.

COSTA JÚNIOR, Paulo José. **Comentários ao Código Penal.** São Paulo: Saraiva, 2011.

CUNHA, Rogério Sanches. **Manual de direito Penal.** 4ª Ed. Salvador: Juspodivm, 2016.

DIDIER JÚNIOR, Fredie. **Sobre a teoria geral do processo:** essa desconhecida. Salvador, Juspodivn, 2013.

FERRAJOLI, Luigi. **Diritto e ragione.** Teoria del garantismo penale. 8ª Ed. Roma/Bari: Laterza, 2004.

GAJARDONI, Fernando da Fonseca. **Impactos do novo CPC no processo penal.** Disponível em: <http://jota.uol.com.br/impactos-do-novo-cpc-no-processo-penal%C2%B9>. Acesso em: 01 fev. 2017.

GRECO FILHO, Vicente. **Manual de processo penal.** 10ª ed.rev.e atual. São Paulo: Saraiva, 2013.

GRECO, Rogério. **Curso de Direito Penal**-Parte Geral. 15ª Ed. Rio de Janeiro: Impetus, 2013.

JARDIM, Afrânio da Silva. **Direito processual penal.** 10ª Ed. Rio de Janeiro: Forense, 2001.

KELSEN, Hans. **O que é Justiça?** Tradução de Luís Carlos Borges. São Paulo: Martins Fontes, 1998.

LARENZ, KARL. **Derecho justo**: fundamentos de ética jurídica. Madri: Civitas, 1985.

LOPES JR, Aury. **Direito processual penal e sua conformidade constitucional.** Vol. 1. 3ª ed. Rio de Janeiro: Lumen Juris, 2008.

MACCORMICK, Neil. **The motivation of judgments in the common law**. In: _____; PERELMAN, Chaim (Eds). Bruxeles: Bruylant, 1978.

_____. **Rethoric and the rule of law.** A Theory of legal reasoning. New York: Oxford University Press, 2005.

_____. **Retórica e o Estado.** Tradução de Conrado Hübner Mendes. Rio de Janeiro: Elsevier, 2008.

MARINONI, Luiz Guilherme; Arenhart, Sérgio Cruz; MITIDIERO, Daniel. **Novo Código de Processo Civil Comentado**. São Paulo: Editora Revista dos Tribunais, 2015.

MARQUES, Cláudia Lima. O diálogo das fontes como método da nova teoria geral do Direito: um tributo a Erik Jayme. In: **Diálogo das Fontes do conflito à coordenação de normas no Direito Brasileiro.** São Paulo: RT, 2012.

MAUÉS, Antônio Moreira. Jogando com os Precedentes: Regras, Analogias, Princípios. **Revista de Direito GV**. São Paulo: 2012, p. 587-624.

MAZZEI, Rodrigo. **Embargos de Declaração no Processo Penal: Breve ensaio sobre o (necessário) diálogo com o novo CPC.** In: Antonio do Passo Cabral; Eugênio Pacelli; Rogerio Schietti Cruz. (Org.) Repercussões do Novo CPC no Processo Penal, Salvador, Juspodivm, 2016, p. 525-553.

_____. **Breve história (ou estória?) do direito processual civil brasileiro: das Ordenações até a derrocada do Código de Processo civil de 1973**. Revista do Instituto de Hermenêutica Jurídica, v. 16, p. 177-203, 2014.

_____. **Notas iniciais à leitura do novo código civil**. In: Arruda Alvim; Thereza Alvim. (Org.). Comentários ao Código Civil Brasileiro, parte geral. Rio de Janeiro: Forense, 2005, v. 1, p. LXVII-LXIX.

MOREIRA, Nelson Camatta. **Fundamentos de uma Teoria da Constituição Dirigente**. Florianópolis: Conceito Editorial, 2010.

NUCCI, Guilherme de Souza. **Manual de Direito Penal.** 6ªed. São Paulo: RT, 2009.

STRECK, Lênio Luiz; ABBOUD Georges. O que é isto – o sistema (sic) de precedentes no CPC? **Disponível em: < http://www.conjur.com.br/2016-ago-18/senso-inco-mum-isto-sistema-sic-precedentes-cpc>. Acesso em: 01 fev. 2017.**

ZANETI JÚNIOR, Hermes. **O valor vinculante dos precedentes:** Teoria dos Precedentes normativos formalmente vinculantes. 2. ed. Salvador: Juspodivm, 2016.

_____. Aplicação supletiva, subsidiária e residual do CPC ao CPP. Precedentes normativos formalmente vinculantes no processo penal e sua dupla função. Pro futuro in malam partem (matéria penal) e tempus regit actum (matéria processual penal). In: **Repercussões do Novo CPC no Processo Penal**, Salvador, Juspodivm, 2016, p. 453-466.

_____; DIDIER JÚNIOR, Fredie. **Curso de direito processual civil.** Processo Coletivo. Vol.4. 10ª ed. Salvador, Juspodivm, 2016.

Breve ensaio sobre a postura dos atores processuais em relação aos métodos adequados de resolução de conflitos[1]

RODRIGO MAZZEI
BÁRBARA SECCATO RUIS CHAGAS

1. Introdução

A partir da Constituição Federal de 1988, a ampliação do rol de direitos e garantias fundamentais, dentre os quais se devem destacar o acesso à justiça e a inafastabilidade do Judiciário, pode ser apontada como catalisadora do crescimento das ações judiciais. Soma-se a isso a globalização, a diversificação das relações sociais e, com a maior interação das pessoas, um número maior de conflitos surgidos.

O crescimento de demandas não se restringe ao ordenamento jurídico brasileiro. Humberto Lima de Lucena Filho[2] analisa que, com a crise do Liberalismo, o Estado é repaginado, ampliando a promoção dos direitos sociais, também chamados prestacionais, bem como sua tutela. De outro giro, Catarina Frade[3] analisa que o aumento do acionamento do Judiciário, cuja prestação também pode ser considerada como um serviço consumido pelo cidadão, relaciona-se geográfica e historicamente com a diversificação do consumo.

---

[1] Trabalho elaborado a partir de reflexões desenvolvidas no Núcleo de Estudos em Arbitragem e Processo Internacional (NEAPI) e no Programa de Pós-graduação em Direito, ambos da Universidade Federal do Espírito Santo (UFES).

[2] A cultura da litigância e o Poder Judiciário: noções sobre as práticas demandistas a partir da Justiça Brasileira. In: Conselho Nacional de Pesquisa e Pós-Graduação em Direito – CONPEDI. (Org.). Anais do XXI Encontro Nacional do Conselho de Pesquisa e Pós-Graduação em Direito – 'Sistema Jurídico e Direitos fundamentais Individuais e Coletivos'. 56 ed. Florianópolis: Fundação Boiteux, 2012, v. 21, p. 34-64.

[3] A resolução alternativa de litígios e o acesso à justiça: A mediação do sobreendividamento. *Revista Crítica de Ciências Sociais (on line)*,65, Maio 2003: 107-128, disponível em <http://rccs.revues.org/1184>.

A situação de abarrotamento do Poder Judiciário brasileiro apresenta-se inegável. No relatório anual "Justiça em Números", de 2014, com base em dados colhidos no ano de 2013, realizado pelo Conselho Nacional de Justiça (CNJ), observa-se que o total de processos em estoque no Poder Judiciário brasileiro no referido período ultrapassou o montante de 66 milhões[4].

Em verdade, o que se percebe é que, uma vez previstas as garantias e os direitos fundamentais no texto constitucional de 1988, faz-se necessário implementar medidas para efetivá-los. Nesse sentido, passa-se a discutir a incrementação dos meios de resolução de conflitos para além da exclusiva imposição da decisão pelo Estado-juiz.

Nesse cenário de ampliação de direitos e garantias fundamentais pós-1988, em 2010, o Conselho Nacional de Justiça (CNJ) editou a Resolução nº 125, que dispõe sobre a Política Judiciária Nacional de tratamento adequado dos conflitos de interesses. O ato normativo apresenta as primeiras diretrizes gerais para a implementação dos meios não-adjudicatórios de resolução de conflitos, especialmente a mediação e a conciliação.

Finalmente, no presente ano de 2015, o tema volta a ser destaque nos meios jurídicos, diante do Novo Código de Processo Civil (CPC/2015). Em seu artigo 3º, o novo código determina que os métodos de solução consensual de conflitos deverão ser estimulados pelos atores do processo[5]. Em adição, ainda na *vacatio legis* do novo CPC, promulgou-se, a chamada "Lei de Mediação" (Lei 13.140/2015), com o objetivo de disciplinar a autocomposição de conflitos.

Neste contexto, os *métodos adequados de resolução de conflitos* têm sido abordados pelo meio jurídico sob duas principais óticas: de um lado, uma visão mais otimista, julgando que as alterações legislativas podem inaugurar um novo paradigma quanto à concepção de acesso à justiça e quanto ao tratamento dos conflitos entre os cidadãos; de outro, uma perspectiva mais apreensiva, desacreditando na mudança, seja pela falta de crédito dos mecanismos em si, seja pelas carências estruturais do Estado brasileiro.

Importante esclarecer que o ensaio se vale da expressão *métodos adequados de resolução de conflitos,* em descarte a duas outras formas usualmente utilizadas, que podem causar alguns embaraços, a saber: (a) métodos *alternativos* de resolução de conflitos e (b) *métodos de solução consensual de conflitos.* O uso da palavra *adequada* na expressão permite, de plano, analisar que há *opções* entre os *diversos meios de solução dos conflitos,* tendo as partes escolhido justamente a opção mais *adequada,*

---

[4] JUSTIÇA, Conselho Nacional de. *Justiça em números 2014.* Disponível em < ftp://ftp.cnj.jus.br/Justica_em_Numeros/relatorio_jn2014.pdf>.

[5] CPC/15, art. 3º, §3º "A conciliação, a mediação e outros métodos de solução consensual de conflitos deverão ser estimulados por juízes, advogados, defensores públicos e membros do Ministério Público, inclusive no curso do processo judicial."

isto é, a que melhor se amolda à situação concreta. Tal constatação, por si só, já indica que o uso da expressão *métodos alternativos* não é a mais feliz, pois pode conduzir a ideia de que não existe meio mais *adequado* (já que alternativas podem ser opções de mesma eficiência) ou, pior ainda, que a solução preferencial (ou mais comum) é a decisão por terceiro, sendo a *autocomposição* apenas uma alternativa àquela. Em relação ao descarte da expressão *métodos de solução consensual de conflitos* tal postura se dará apenas quando se voltar para solução outra que não a judicial, mas que reclama *heterocomposição*. Com efeito, há soluções (trilhas) que são *adequadas* à resolução do conflito, mas que, apesar de não estarem no seio do Poder Judiciário, não são (ao menos totalmente) *consensuais*, como é o caso clássico da arbitragem. Há, inclusive, no CPC de 2015, alguma confusão no uso das expressões, justificando a postura aqui firmada, consoante pode se verificar do art. 359, que trata a arbitragem como uma espécie de *solução consensual de conflitos*.[6]

Com base nos pontos fincados acima, o ensaio – de forma bem breve – busca propor reflexões iniciais sobre a mudança quanto ao tratamento dos conflitos no Brasil, com enfoque nos papéis dos atores processuais diante do litígio. Para tanto, traçar-se-á como norte o Código de Processo Civil Brasileiro de 2015, que representa a principal fonte normativa responsável por disciplinar a resolução de conflitos no ordenamento pátrio, sem prejuízo do necessário diálogo com a Lei 13.140/2015.

2. As partes

Os primeiros sujeitos que analisaremos serão as partes. Não se trata de opção meramente arbitrária: ao trabalhar os métodos adequados de resolução de conflitos, o enfoque deve ser distinto do litígio judicial. Isso porque, no processo judicial, tradicionalmente, as partes são personagens imprescindíveis, em teoria, mas, na prática, não exercem uma função tão efetiva, ao menos com convergência em busca da solução final (de mérito) da questão em pendenga. As partes, no processo, atuam por meio de seus advogados, que revestem o discurso de linguagem técnica, e o magistrado, ao final, num olhar retrospectivo para a situação litigiosa, outorga a decisão.

Nos métodos autocompositivos, por outro lado, as partes são efetivas protagonistas do procedimento[7]. O objetivo, especialmente da mediação[8], consiste em

---

[6] Senão vejamos a redação legal do art. 359: Instalada a audiência, o juiz tentará conciliar as partes, independentemente do emprego anterior de outros métodos de solução consensual de conflitos, como a mediação e a arbitragem. No sentido, com crítica a redação legal, confira-se: MAZZEI, Rodrigo; GONÇALVES, Tiago Figueiredo. In *Código de Processo Civil Comentado*. Helder Moroni Câmara (coord). São Paulo: Almedina, 2016, p. 537.

[7] Vale ressaltar, neste ínterim, que a mudança de paradigma das partes em relação ao procedimento também pode ser observada no CPC/15 quanto aos negócios jurídicos processuais (*convenções processuais*),

permitir que os interessados sejam capazes de identificar os pontos nodais das controvérsias e de implementar um diálogo[9]. Assim, há uma visão prospectiva – volta-se para o futuro, no intuito de que, a partir das habilidades desenvolvidas no curso do procedimento adequado, aquelas partes não só resolvam o conflito, como também sejam capazes de evitar novas demandas judiciais.

Nesse contexto, destacam-se – dentre outros – dois princípios orientadores dos métodos adequados de resolução de conflitos no novo cenário processual brasileiro: (i) o da *autonomia da vontade* e o (ii) da *confidencialidade*[10].

A autonomia da vontade[11] apresenta-se essencial, pois corrobora o que foi dito a respeito do protagonismo das partes quanto ao procedimento. Nesse sentido, as partes podem deliberar sobre as regras procedimentais (CPC/15, art. 166, §4[9][12]) e escolher, de comum acordo, o terceiro imparcial que auxiliará na resolução do conflito (CPC/15, art. 168, *caput*[13]). Ainda, segundo a Lei de Mediação, as partes podem estipular em cláusulas escalonadas (art. 23[14]), condicionando o início da via judicial ou arbitral à prévia tentativa de resolução autocompositiva.

previstos de maneira no artigo 190 (cláusula geral dos negócios jurídicos atípicos). A respeito do tema, indica-se a leitura MAZZEI, Rodrigo; CHAGAS, B. S. R.. Os negócios jurídicos processuais e a arbitragem. In: Antonio do Passo Cabral; Pedro Henrique Nogueira. (Org.). *Negócios processuais*. 1ed. Salvador: Juspodivm, 2015, p. 521-539.

[8] No tema mediação e conciliação segundo no Novo CPC, entre vários, confira-se: MAZZEI, Rodrigo; MERÇON-VARGAS, Sarah. Comentários aos artigos 165-175. In Novo Código de Processo Civil anotado e comoparado. Simone Diogo Carvalho Figueiredo (coord.). São Paulo: Saraiva, 2015, p. 203-215.

[9] Nesse sentido, o §3º do art. 165 do CPC/15 assevera que o mediador deve auxiliar "os interessados a compreender as questões e os interesses em conflito, **de modo que eles possam, pelo restabelecimento da comunicação, identificar, por si próprios, soluções consensuais que gerem benefícios mútuos**" (grifo nosso).

[10] Tais princípios encontram-se previstos no *caput* do art. 166 do CPC/15: "Art. 166 A conciliação e a mediação são informadas pelos princípios da independência, da imparcialidade, da autonomia da vontade, da confidencialidade, da oralidade, da informalidade e da decisão informada." No que tange especificamente à mediação, a Lei 13.140/2015 apresenta princípios em seu art. 2º.

[11] Para Fernando Gama de Miranda Netto e Irineu Carvalho de Oliveira Soares, "a autonomia da vontade deve ser subdividida em dois subprincípios, quais sejam: a voluntariedade e a autodeterminação". Princípios procedimentais da mediação no novo Código de Processo Civil. In ALMEIDA, Diogo Assumpção Rezende de; PANTOJA, Fernanda Medina; PELAJO, Samantha. *A mediação no novo Código de Processo Civil*. Rio de Janeiro: Forense, 2015. p. 216.

[12] Art. 166 (...) § 4º A mediação e a conciliação serão regidas conforme a livre autonomia dos interessados, inclusive no que diz respeito à definição das regras procedimentais.

[13] Art. 168. As partes podem escolher, de comum acordo, o conciliador, o mediador ou a câmara privada de conciliação e de mediação.

[14] Art. 23. Se, em previsão contratual de cláusula de mediação, as partes se comprometerem a não iniciar procedimento arbitral ou processo judicial durante certo prazo ou até o implemento de determinada condição, o árbitro ou o juiz suspenderá o curso da arbitragem ou da ação pelo prazo previamente acordado ou até o implemento dessa condição. Parágrafo único. O disposto no caput não se aplica às medidas de urgência em que o acesso ao Poder Judiciário seja necessário para evitar o perecimento de direito.

A confidencialidade, a seu turno, configura outro pilar dos procedimentos autocompositivos. Por se contrapor à publicidade dos atos processuais, encontra-se discriminada nos parágrafos 1º e 2º do art. 166 do CPC/15[15], bem como nos artigos 30 e 31 da Lei de Mediação[16]. Associada à oralidade e à informalidade, permite que as partes se expressem livremente, sem a preocupação de que alguma informação pessoal debatida possa ser usada contra si no julgamento do processo.

A confidencialidade é postura que deve ser respeitada para beneficiar (e proteger), essencialmente, às partes e, por isso, por elas pode ser afastado, mediante comum acordo[17]-[18]. Correta, portanto, a orientação que foi firmada no Enunciado nº 62, produzido no encontro da Escola Nacional de Formação e Aperfeiçoamento de Magistrados (ENFAM) acerca do novo CPC, ao apontar que: "o conciliador e o mediador deverão advertir os presentes, no início da sessão ou audiência, da extensão do princípio da confidencialidade a todos os participantes do ato".[19]

---

[15] Art. 166 (...) § 1º A confidencialidade estende-se a todas as informações produzidas no curso do procedimento, cujo teor não poderá ser utilizado para fim diverso daquele previsto por expressa deliberação das partes. § 2º Em razão do dever de sigilo, inerente às suas funções, o conciliador e o mediador, assim como os membros de suas equipes, não poderão divulgar ou depor acerca de fatos ou elementos oriundos da conciliação ou da mediação.

[16] Art. 30. Toda e qualquer informação relativa ao procedimento de mediação será confidencial em relação a terceiros, não podendo ser revelada sequer em processo arbitral ou judicial salvo se as partes expressamente decidirem de forma diversa ou quando sua divulgação for exigida por lei ou necessária para cumprimento de acordo obtido pela mediação. § 1º O dever de confidencialidade aplica-se ao mediador, às partes, a seus prepostos, advogados, assessores técnicos e a outras pessoas de sua confiança que tenham, direta ou indiretamente, participado do procedimento de mediação, alcançando: I – declaração, opinião, sugestão, promessa ou proposta formulada por uma parte à outra na busca de entendimento para o conflito; II – reconhecimento de fato por qualquer das partes no curso do procedimento de mediação; III – manifestação de aceitação de proposta de acordo apresentada pelo mediador; IV – documento preparado unicamente para os fins do procedimento de mediação. § 2º A prova apresentada em desacordo com o disposto neste artigo não será admitida em processo arbitral ou judicial. § 3º Não está abrigada pela regra de confidencialidade a informação relativa à ocorrência de crime de ação pública. § 4º A regra da confidencialidade não afasta o dever de as pessoas discriminadas no caput prestarem informações à administração tributária após o termo final da mediação, aplicando-se aos seus servidores a obrigação de manterem sigilo das informações compartilhadas nos termos do art. 198 da Lei nº 5.172, de 25 de outubro de 1966 – Código Tributário Nacional.
Art. 31. Será confidencial a informação prestada por uma parte em sessão privada, não podendo o mediador revelá-la às demais, exceto se expressamente autorizado.

[17] Nesse sentido, há ressalva expressa no art. 30 da Lei 13.140/15 (Lei da mediação).

[18] Correto, portanto, o entendimento consolidado no Enunciado nº 56, advindo de encontro da Escola Nacional de Formação e Aperfeiçoamento de Magistrados (ENFAM) acerca do novo CPC. Confira-se a conclusão enunciada: "Nas atas das sessões de conciliação e mediação, somente serão registradas as informações expressamente autorizadas por todas as partes".

[19] Saliente-se que a confidencialidade dever ser aplicada ainda que a autocomposição tenha ambiente no âmbito das operações efetuados no Ministério Público, consoante se infere do §2º do art. 10 a Resolução nº 118/2014, editada pelo Conselho Nacional do Ministério Público (CNMP). Confira-se: Art. 10 (...) A confidencialidade é recomendada quando as circunstâncias assim exigirem, para a preservação da

Mister registar que há regras no próprio âmbito do CPC indicando que a confidencialidade não pode ser tratada de forma inflexível, sem a possibilidade de algum tipo de modulação, ainda que pontual. Como exemplo, pode se tirar o disposto no art. 154, VI, do CPC/15[20], que permite a qualquer das partes abrir a "porta" da autocomposição, apresentando proposta ao Oficial de Justiça quando de cumprimento de ato judicial.

Na exemplificação acima efetuada, a proposta inicial terá que ser colacionada nos autos, ou seja, exteriorizando proposição que não estará albergada pela confidencialidade. O caminho habitual será de que a contraparte examinará o que foi proposto, aceitando ou não o que foi cravado pelo proponente. Tal fato, contudo, não significa engessamento na trilha criada pelo legislador que, com iluminação na flexibilização e eficiência, poderá comportar outras posturas, como a apresentação de contraproposta por escrito ou mesmo que seja marcada audiência de conciliação (e/ou sessão de mediação, a depender do caso), para que as partes possam discutir termos que levem a autocomposição, ajustando-se a proposta inicial apresentada nos autos.

Portanto, no exemplo utilizado, ainda que ocorra publicidade em parte do procedimento, a confidencialidade deverá ser aplicada naquilo que couber, notadamente em relação às questões que envolvam a eventual negociação. Afigura-se, inclusive, que tal audiência (e/ou sessão) clamará a figura do especialista (conciliador e/ou mediador), não devendo ser conduzida exclusivamente pelo juiz. Trata-se de postura que deve ser prestigiada justamente para que a confidencialidade não seja prejudicada, em atenção à inteligência disposta no § 1º do art. 334 e do art. 139, V, já que tais dispositivos deixam claro que a autocomposição deve ser feita preferencialmente com auxílio de conciliadores e mediadores judiciais, sem contaminar o juiz como possível *decisor* da questão, caso a autocomposição seja infrutífera. Tanto assim que o parágrafo único do art. 154 é impositivo ao dispor que tal porta para autocomposição dar-se-á, a priori, "sem prejuízo do andamento regular do processo", ou seja, sem prejudicar a marcha processual conduzida pelo magistrado.[21]

---

intimidade dos interessados, ocasião em que deve ser mantido sigilo sobre todas as informações obtidas em todas as etapas da mediação, inclusive nas sessões privadas, se houver, salvo autorização expressa dos envolvidos, violação à ordem pública ou às leis vigentes, não podendo o membro ou servidor que participar da mediação ser testemunha do caso, nem atuar como advogado dos envolvidos, em qualquer hipótese.

[20] Art. 154. Incumbe ao Oficial de Justiça: (...) VI – certificar, em mandado, proposta de autocomposição apresentada por qualquer das partes, na ocasião de realização de ato de comunicação que lhe couber. Parágrafo único. Certificada a proposta de autocomposição prevista no inciso VI, o juiz ordenará a intimação da parte contrária para manifestar-se, no prazo de 5 (cinco) dias, sem prejuízo do andamento regular do processo, entendendo-se o silêncio como recusa.

[21] Outro exemplo de flexibilização da confidencialidade da autocomposição em relação ao juiz está na audiência de instrução e julgamento (art. 359), que prevê, em sua fase inicial, a abertura da fase

Apresentado o dueto de princípios de destaque, deve-se analisar o protagonismo das partes em outra passagem do texto legal. Conforme se observa no *caput* do art. 334 do CPC/15, exige-se uma "audiência de conciliação *ou* de mediação"[22]-[23] preliminar obrigatória, cabendo ao autor e ao réu indicarem o desinteresse na autocomposição, conforme o § 5º do referido dispositivo. Ocorre que, em que pese a lei ter utilizado as expressões "conciliação" e "mediação" lado a lado, não podem ser consideradas sinônimas em hipótese alguma[24].

Em verdade, a conciliação e mediação são dois métodos autocompositivos distintos, como indica o próprio novo código de processo[25]. Sinteticamente[26], indica-se a conciliação para casos em que não há vínculo prévio entre as partes,

conciliatória. Há de se observar, contudo, que percebendo o julgador que existe a possibilidade de composição, mas que o deslinde da negociação não é simples ou que comporta elementos que possam influenciar em seu julgamento, deverá ser efetuada a convocação de especialistas, aplicando-se a ideia do art. 139, VI, do CPC. Note-se que a redação do art. 359 nos conduz à compreensão de que o magistrado somente deve atuar na conciliação e modo residual, pois informa que a tentativa do juiz é uma postura diversa da tentada pelos métodos de solução consensual de conflitos, que reclamam especialistas. No sentido, confira-se: MAZZEI, Rodrigo; GONÇALVES, Tiago Figueiredo. In *Código de Processo Civil Comentado*. Helder Moroni Câmara (coord). São Paulo: Almedina, 2016, p. 537-538.

[22] Art. 334. Se a petição inicial preencher os requisitos essenciais e não for o caso de improcedência liminar do pedido, o juiz designará audiência de conciliação ou de mediação com antecedência mínima de 30 (trinta) dias, devendo ser citado o réu com pelo menos 20 (vinte) dias de antecedência.

[23] Tecnicamente seria uma *sessão* de mediação e não uma *audiência* de mediação.

[24] Há atropelos ao longo do CPC/2015, confundindo audiência de conciliação com sessão de mediação, utilizando as palavras e expressões como sinônimas fossem, o que é equivocado. Como exemplo, veja que o art. 565 da nova codificação afirma que haverá "audiência de mediação" nos litígios coletivos pela posse de imóvel. O vacilo não é único, podendo se citar ainda o art. 695, que, ao tratar das ações de família, trata da "audiência de mediação e conciliação", dando a impressão de que as duas formas de autocomposição dar-se-ão simultaneamente na mesma "audiência". No último exemplo, fazendo a devida interpretação da regra legal, o Fórum Permanente de Processualistas Civis (FPPC) aprovou o Enunciado 67, que possui a seguinte redação: (art. 565) A audiência de mediação referida no art. 565 (e seus parágrafos) deve ser compreendida como a sessão de mediação ou de conciliação, conforme as peculiaridades do caso concreto. *(Grupo: Procedimentos Especiais)*

[25] Art. 165. (...) §2º O conciliador, que atuará preferencialmente nos casos em que não houver vínculo anterior entre as partes, poderá sugerir soluções para o litígio, sendo vedada a utilização de qualquer tipo de constrangimento ou intimidação para que as partes conciliem. §3º O mediador, que atuará preferencialmente nos casos em que houver vínculo anterior entre as partes, auxiliará aos interessados a compreender as questões e os interessados em conflito, de modo que eles possam, pelo restabelecimento da comunicação, identificar, por si próprios, soluções consensuais que gerem benefícios mútuos.

[26] No sentido, de forma breve: MAZZEI, Rodrigo; MERÇON-VARGAS, Sarah. Comentários aos artigos 165-175. In Novo Código de Processo Civil anotado e comparado. Simone Diogo Carvalho Figueiredo (coord.). São Paulo: Saraiva, 2015, p. 203-205. Vale conferir, ainda, comparativo didático disponibilizado pelo Núcleo de Estudos em Arbitragem e Processo Internacional (NEAPI), da Universidade Federal do Espírito Santo (UFES), que elaborou tabela comparativa entre mediação, conciliação e arbitragem, disponível em <http://www.direito.ufes.br/sites/direito.ufes.br/files/field/anexo/Tabela%20 Comparativa%20%E2%80%93%20Media%C3%A7%C3%Ao%20x%20Concilia%C3%A7%C3%Ao%20 x%20Arbitragem.pdf>.

de modo que se trata o problema de maneira pontual, por um terceiro imparcial que aponta sugestões de acordo para as partes. A mediação, por sua vez, indica-se para os conflitos inseridos em relações com um histórico entre as partes, de modo que um terceiro imparcial apenas auxiliará a que as partes mesmas restabeleçam o diálogo.

Pode-se perceber, pois, que a nomenclatura "métodos *adequados* de resolução de conflitos" se dá justamente porque são indicados conforme o tipo de divergência e de relação existentes entre os indivíduos. Nesse sentido, Fernanda Tartuce leciona:

> Como a genuína adesão se revela essencial para que o litigante possa participar do sistema consensual com maior proveito, conhecer a pertinência dos diversos meios é o passo inicial para que possa cogitar legitimamente sobre o interesse em sua utilização[27].

Nesse ínterim, coadunando a regra da audiência preliminar com a natureza dos métodos adequados de resolução de conflitos, essencial que o autor, na inicial, não se manifeste apenas em caso de recusar a autocomposição. Muito mais eficiente será o procedimento caso autor e réu, já em suas primeiras manifestações processuais, indiquem qual método preferem[28], com uma breve justificativa quanto à opção. Isso porque como o conciliador e o mediador são especialistas, havendo diferença de funções, a análise dos motivos que levaram à opção por determinada técnica de autocomposição (ou mesmo a sua conjugação) são por deveras relevante, até mesmo no plano administrativo, a fim de que o profissional adequado seja convocado para a audiência e/ou sessão, conforme o caso.

Sem embargo, para que essa opção seja feita da melhor forma possível, essencial será a participação dos advogados e, por vezes, dos auxiliares da Justiça, apresentando as informações necessárias para as partes conhecerem os instrumentos à disposição, como será analisado a seguir.

3. Os auxiliares da justiça: conciliadores e mediadores

A segunda categoria de sujeitos a serem analisados deve ser a dos terceiros imparciais: os conciliadores e mediadores, considerados auxiliares da Justiça pelo art. 149 do CPC/15. São personagens elementares, pois, como figuras imparciais,

---

[27] *Mediação no Novo CPC: questionamentos reflexivos.* In Novas Tendências do Processo Civil: estudos sobre o projeto do novo Código de Processo Civil. Org.: Freire, Alexandre; Medina, José Miguel Garcia; Didier Jr, Fredie; Dantas, Bruno; Nunes, Dierle; Miranda de Oliveira, Pedro (no prelo). Disponível em www.fernandatartuce.com.br/artigosdaprofessora.

[28] Essa parece ser a melhor interpretação aplicável, inclusive para o art. 319 do CPC/15: "319. A petição inicial indicará (...) VII – a opção do autor pela realização ou não de audiência de conciliação ou de mediação".

responsabilizam-se por manter a isonomia entre as partes e por viabilizar o diálogo, seja por auxiliar na compreensão das questões (mediador), seja por sugerir soluções para o litígio (conciliador).

Nesse sentido, além da imparcialidade, dois outros princípios merecem destaque no que tange aos conciliadores e mediadores: o da independência e o da decisão informada.

O princípio da independência não consta expressamente em lei, senão apenas na Resolução nº 125/2010 do CNJ, como "dever de atuar com liberdade, sem sofrer qualquer pressão interna ou externa"[29], para realizar as sessões da melhor forma possível. Apesar de ser conceituado pela resolução como *dever*, trata-se de verdadeira garantia do mediador/conciliador, bem como das partes, pois há plena autonomia para desenvolver as sessões sem a obrigação ou pressão de firmar acordos permite que o procedimento se desenvolva no tempo e modo necessários para se estabelecer o diálogo.

Todavia, em que pese a necessidade de se implementar a independência e autonomia do mediador/conciliador, tal garantia pode estar em risco. Para melhor compreender a reflexão, vejamos o §3º do art. 167 do CPC/15:

> Art. 167. Os conciliadores, os mediadores e as câmaras privadas de conciliação e mediação serão inscritos em cadastro nacional e em cadastro de tribunal de justiça ou de tribunal regional federal, que manterá registro de profissionais habilitados, com indicação de sua área profissional.
>
> (...)
>
> §3º Do credenciamento das câmaras e do cadastro de conciliadores e mediadores constarão todos os dados relevantes para a sua atuação, tais como *o número de processos de que participou, o sucesso ou insucesso da atividade*, a matéria sobre a qual versou a controvérsia, bem como outros dados que o tribunal julgar relevantes. (grifo nosso)

Para complementar, o §4º do mesmo artigo prevê a publicação de tais dados pelos tribunais, ao menos anualmente. Em uma primeira análise, pode parecer que a intenção do legislador foi positiva, no sentido de garantir um bom acervo estatístico sobre as atividades realizadas nos tribunais. Contudo, uma leitura mais detida permite notar que a divulgação de tais dados, especialmente sobre o sucesso ou insucesso de cada mediador/conciliador poderá ser um complicador, caso crie um contexto de competitividade e cobrança[30] entre os auxiliares da Justiça.

---

[29] Resolução nº 125/2010 do CNJ, Anexo III – Código de Ética de Conciliadores e Mediadores Judiciais, art. 1º, §5º.

[30] Corre-se o risco de se instaurar uma "harmonia coerciva", expressão cunhada por Paula Nader: no contexto da promulgação das novas leis pátrias que incentivam os métodos adequados, um discurso que

A independência do mediador/conciliador, pois, pode não ser considerada como um princípio, especialmente devido à ausência de previsão expressa em lei. Não obstante, é inegável que configura condição indispensável para o pleno desenvolvimento da resolução adequada dos conflitos. Logo, caberá aos tribunais, com auxílio da doutrina, refletir sobre a melhor forma de coadunar a independência com a realização das estatísticas previstas no novo código.

O princípio da decisão informada, a seu turno, configura, ao mesmo tempo, um direito das partes e um dever ao mediador ou conciliador: daquelas, uma vez que lhes dá a garantia de que o procedimento não será arbitrário, mas sim devidamente informado e orientado; destes, pois se associa ao dever de informação do terceiro imparcial, previsto na Resolução nº 125/2010 do CNJ. Vejamos:

> Art. 2º. As regras que regem o procedimento da conciliação/mediação são normas de conduta a serem observadas pelos conciliadores/mediadores para seu bom desenvolvimento, permitindo que haja o engajamento dos envolvidos, com vistas à sua pacificação e ao comprometimento com eventual acordo obtido, sendo elas:
>
> §1º. Informação – Dever de esclarecer os envolvidos sobre o método de trabalho a ser empregado, apresentando-o de forma completa, clara e precisa, informando sobre os princípios deontológicos referidos no capítulo I, as regras de conduta e as etapas do processo. [31]

Para definir um sujeito como mediador ou conciliador extrajudicial não há maiores exigências, bastando ser terceiro imparcial que detenha a confiança das partes[32]. Todavia, a questão torna-se mais complexa ao tratar da figura do conciliador e do mediador judicial.

Na Lei 9.099/95 (Lei dos Juizados Especiais), o art. 7º dispõe que os conciliadores serão escolhidos preferencialmente entre bacharéis em Direito. A Resolu-

---

ganha forças é o de que tais mecanismos devem desafogar o Judiciário. Neste ínterim, inegável verificar que, de fato, o abarrotamento da justiça estatal foi um dos principais motivos para o estímulo do debate acerca dos métodos adequados. Contudo, não se pode permitir que este ponto de origem seja também o norte para a implementação dos referidos métodos: se mediadores e conciliadores forem formados com a mentalidade de que devem – e dever com coerção, haja vista a exigência de resultados – acabar com processos, corre-se o risco de acordos serem outorgados, por mais paradoxal que esta afirmação se apresente. Para aprofundamento da reflexão: NADER, Laura. *Harmonia Coerciva: A Economia Política dos Modelos Jurídicos.* Disponível em <http://www.anpocs.org.br/portal/publicacoes/rbcs_00_26/rbcs26_02. htm>.

[31] Resolução nº 125/2010 do CNJ, Anexo III – Código de Ética de Conciliadores e Mediadores Judiciais, art. 2º.

[32] Nesse sentido, o art. 9º da Lei 13.140/2015: "Art. 9º Poderá funcionar como mediador extrajudicial qualquer pessoa capaz que tenha a confiança das partes e seja capacitada para fazer mediação, independentemente de integrar qualquer tipo de conselho, entidade de classe ou associação, ou nele inscrever-se."

ção nº 125/2010 do CJN, a seu turno, prevê, no art. 12, que nos Centros Judiciários de Solução de Conflitos e Cidadania só poderão atuar conciliadores e mediadores capacitados na forma do referido ato normativo. O CPC/15, por sua vez, no art. 167 *caput* e §1º, prevê a exigência de que os conciliadores e mediadores sejam inscritos em cadastro nacional, desde que preencham o requisito de capacitação mínima, qual seja, curso realizado por entidade credenciada, conforme definições estabelecidas pelo CNJ.[33] Finalmente, a Lei 13.140/2015, que é legislação posterior e especial, em relação ao CPC/15, acrescentou outro requisito aos mediadores judiciais: ser graduado há pelo menos dois anos em curso de ensino superior de instituição reconhecida pelo Ministério da Educação[34].

A capacitação mínima a que se refere a legislação consta prevista no "Anexo I – Cursos de Capacitação e Aperfeiçoamento" da Resolução nº 125/2010 do CNJ. No documento, há uma descrição sobre os módulos que devem compor o curso, traçando-se os objetivos a serem buscados e os métodos a serem utilizados. Tal requisito de formação justifica-se por se tratar de métodos peculiares para resolver litígios, exigindo do auxiliar da Justiça uma preparação especial. Contudo, apesar de parecerem justificáveis os requisitos, na prática, haverá grandes empecilhos ao recrutamento de mediadores e conciliadores.[35]

Em primeiro lugar, em que pese a Resolução do CNJ existir desde 2010, enorme parcela dos órgãos Judiciários ainda atua com mediadores e conciliadores sem qualquer preparo técnico para desempenho da função. Nesse sentido, uma rápida e objetiva busca no portal eletrônico do CNJ aponta inexistir sequer um instrutor de formação de conciliadores ou mediadores judiciais no Espírito Santo[36],

---

[33] Sobre o cadastro de conciliadores e mediadores, no encontro da Escola Nacional de Formação e Aperfeiçoamento de Magistrados (ENFAM) envolvendo o novo CPC, editou-se o Enunciado nº 57, que possui a seguinte redação: "O cadastro dos conciliadores, mediadores e câmaras privadas deve ser realizado nos núcleos estaduais ou regionais de conciliação (Núcleos Permanentes de Métodos Consensuais de Solução de Conflitos – NUPEMEC), que atuarão como órgãos de gestão do sistema de autocomposição.

[34] Art. 11. Poderá atuar como mediador judicial a pessoa capaz, graduada há pelo menos dois anos em curso de ensino superior de instituição reconhecida pelo Ministério da Educação e que tenha obtido capacitação em escola ou instituição de formação de mediadores, reconhecida pela Escola Nacional de Formação e Aperfeiçoamento de Magistrados – ENFAM ou pelos tribunais, observados os requisitos mínimos estabelecidos pelo Conselho Nacional de Justiça em conjunto com o Ministério da Justiça.

[35] Diante do contexto atual, que denota a carência de profissionais especializados para conciliação e mediação, na função de auxiliar da justiça, no encontro da Escola Nacional de Formação e Aperfeiçoamento de Magistrados (ENFAM) sobre o novo CPC, o tema veio à baila, concluindo-se que "As escolas judiciais e da magistratura têm autonomia para formação de conciliadores e mediadores, observados os requisitos mínimos estabelecidos pelo CNJ" (Enunciado nº 58).

[36] A pesquisa pode ser feita através do sistema de busca do CNJ, < http://www.cnj.jus.br/programas-e-acoes/conciliacao-mediacao/pesquisa-de-instrutores>.

ao menos até os dias de maio de 2016.[37] Ou seja, apesar dos mais de cinco anos de vigência da resolução, ainda não há instrutores disponíveis em todos os estados brasileiros para realizar a devida capacitação dos auxiliares da Justiça.

Em segundo lugar, imprescindível destacar a questão da remuneração. O art. 7º, VII, da Resolução nº 125/2010 do CNJ, faculta aos tribunais regulamentar a remuneração de conciliadores e mediadores. O CPC/15, a seu turno, faculta aos tribunais a criação de quadro próprio de tais auxiliares (art. 167, §6º) ou, caso contrário, a Lei de Mediação determina a fixação pelos tribunais dos honorários, a serem custeados pelas partes (art. 13).

Contudo, até o presente momento, a maior parte dos tribunais não regulamentou a remuneração dos conciliadores e mediadores[38]. Para tornar a situação mais complexa, o CPC/15 prevê a permissão para que a mediação e a conciliação possam ser realizadas como trabalho voluntário (art. 169, §1º). Logo, o que se teme é que a regulamentação dos honorários de mediadores e conciliadores não seja estabelecida, tornando o ofício ainda menos atraente para os profissionais interessados na área.

Portanto, dois serão os grandes desafios no que tange aos terceiros imparciais: a disponibilização de devida capacitação técnica e o estabelecimento de honorários dignos, para atrair profissionais interessados e vocacionados para o desempenho da função.

3.1. Outros auxiliares da Justiça: o Oficial de Justiça

Sem prejuízo do foco central que se fará nos conciliadores e mediadores como auxiliares da justiça, não se pode negar a importância de outras figuras auxiliares, dentre as quais se destaca o oficial de justiça, em razão do disposto no art. 154, VI, da noviça codificação processual civil. Isso porque, em razão do dispositivo em voga (sem precedente de semelhança no CPC/73), a tal auxiliar da justiça caberá

---

[37] De forma mais grave ainda, há relatório formal de Comissão do TJES (efetuado com olhos nos principais reflexos normativos, estruturais e operacionais do novo Código de Processo Civil – Ato Normativo n. 170, de 17 de agosto de 2015), que expressamente indica que na entrada em vigor o Tribunal capixaba não havia criado mecanismos para formação de conciliadores e/ou mediadores. No relatório há o expresso reconhecimento de que não há no Espírito Santo conciliadores e/ou mediadores treinados, não estando o TJES apto aplicar o CPC/15 no particular. Mais ainda, em mensagem que se pretende recepção da magistratura local, indica-se que é inviável a aplicação imediata do art. 334 do novo código, recomendando a supressão de tal ato processual. Aponta-se, para se justificar o quadro (dentre outros motivos): (a) curta *vacatio legis* do novo CPC, (b) a falta de previsão de um cronograma na lei para a formação dos profissionais, (c) a carência de recursos financeiros. Disponível em: http://www.tjes.jus. br/PDF/Relat_TJES_NovoCPC_111115.pdf (em especial, páginas 50-54).

[38] Sobre o tema, o estado de São Paulo aprovou em abril de 2015 o Projeto de Lei 1.005/13, que regulamenta o trabalho de mediação e conciliação e dispõe sobre o abono indenizatório. < http://www.tjsp.jus.br/ institucional/canaiscomunicacao/noticias/Noticia.aspx?Id=26353>.

certificar, em mandado, proposta de autocomposição apresentada por qualquer das partes, na ocasião de realização de ato de comunicação que lhe couber.

Percebe-se, assim, que o dispositivo traz nova atribuição para o oficial de justiça, que se amolda ao modelo de processo que se quer estabelecer, de nítido estímulo à autocomposição (art. 3º do CPC/15). Assim, incumbe-lhe, quando da realização de ato de comunicação, certificar no mandado proposta de autocomposição apresentada pelo sujeito cientificado.

Não resta dúvida que no cumprimento do mister, o oficial de justiça deverá ter postura ativa, para que proativamente provoque a parte a *voluntariamente* oferecer a proposta, a qual muito dificilmente seria feita de maneira *espontânea*. Na verdade, estará o oficial de justiça esclarecendo um direito que é conferido à parte pela legislação, sendo oportuno, inclusive, que tal possibilidade conste no mandado, otimizando o labor do dito auxiliar da justiça.

De forma resumida, a partir da colheita da proposta, o juiz oportuniza manifestação da parte contrária em cinco dias, sem deixar de – ao mesmo tempo – dar prosseguimento ao feito, sendo o que o silêncio importa recusa da proposta.[39] Trata-se de porta interessante, que cria válvula para autocomposição a qualquer tempo, afastando incorreta dicção de que a parte apenas em momentos específicos (e formais) poderia ofertar propostas para autocomposição.

4. Advogados, Defensores Públicos e Ministério Público

Na realização de mediação ou conciliação judicial, as partes obrigatoriamente devem estar acompanhadas por advogados ou defensores públicos, conforme previsto no § 9º do art. 334 do CPC/15[40] e art. 26 da Lei de Mediação41[41], exceto nas hipóteses em que se dispensa o advogado, como ocorre no âmbito da Lei 9.099/95.

---

[39] Analisando o dispositivo, Rodrigo Mazzei e Tiago Figueiredo Gonçalves aduzem que: "Só a manifestação expressa implica aceitação (art. 111, segunda parte, do CC/02). A intimação a que alude o parágrafo único deve ser pessoal e não prejudicará o regular andamento do feito (parágrafo único). Assim, por exemplo, se a proposta foi feita em diligência de citação, o juiz intimará o autor para que se manifeste, sem prejuízo do prazo de contestação, que estará em curso. É importante frisar que a proposta de autocomposição pode ser apresentada por qualquer das partes, na ocasião de recebimento de qualquer ato de comunicação processual e que, embora não conste do dispositivo, deverá ser apresentada com modulação completa, a permitir que a contraparte, ao tomar ciência da certidão possa avaliar sua viabilidade. Portanto, o oficial deverá não só certificar que há proposta de autocomposição, como também indicar seus contornos mínimos, registrando, por exemplo, se o pagamento será à vista ou a prazo, se contempla juros e correção, prazo de validade da proposta, enfim, as condições ofertadas pelo interessado. Deve ser aplicado, com suas adaptações necessárias, o disposto nos arts. 427-435 do CC/02 (que tratam da proposta e sua aceitação para fim de formalização dos contratos), até mesmo para que a proposta de autocomposição não se eternize e não prejudique o curso natural do processo [Comentário ao art. 154. In *Código de Processo Civil Comentado*. Lenio Luiz Streck, Leonardo Carneiro da Cunha e Dierle Nunes (org). São Paulo, Saraiva, 2016].

[40] Art. 334 (...) § 9º As partes devem estar acompanhadas por seus advogados ou defensores públicos.

[41] Art. 26. As partes deverão ser assistidas por advogados ou defensores públicos, ressalvadas as hipóteses previstas nas Leis nºs 9.099, de 26 de setembro de 1995, e 10.259, de 12 de julho de 2001. Parágrafo

Observe-se, contudo, que na via autocompositiva extrajudicial, por outro lado, a presença de um profissional do direito não configura requisito indispensável para realização do procedimento. Não obstante, mesmo nos procedimentos não judiciais recomenda-se (mesmo quando não é exigido em lei[42]) o acompanhamento de tais profissionais, pois as partes emitirão vontades e firmarão compromissos com consequências jurídicas.

Assim, percebe-se desde logo a função informativa que os referidos profissionais exercem perante as partes: serão eles os responsáveis por orientar os sujeitos sobre os desdobramentos jurídicos das possíveis atitudes tomadas no procedimento, bem como por zelar pela observância dos direitos e garantias dos sujeitos do conflito. Há, no papel a ser exercido pelos advogados e defensores públicos, às claras, importante participação para que se alcance a chamada *decisão informada*. Com efeito, pelo princípio da decisão informada, aquele que se submete à conciliação e/ou mediação tem o direito de ser alertado acerca da solução consensual em construção, seja no plano processual, seja no plano material, evitando que seja posteriormente surpreendido com o advento de uma consequência jurídica não prevista na autocomposição levada a cabo.[43]

Além disso, com o conhecimento técnico acerca dos métodos adequados de resolução de conflitos, bem como da prática forense, poderão também evidenciar aos contendores que a finalidade do processo não reside apenas em fazer justiça, mas também em buscar a pacificação – e esta, no mais das vezes, pode estar muito mais próxima dos meios autocompositivos, do que dos adjudicatórios[44].

único. Aos que comprovarem insuficiência de recursos será assegurada assistência pela Defensoria Pública.

[42] A Lei nº 11.441/2007 é considerada um marco quando se aborda *desjudicialização* de situações vulgarmente postas como obrigatórias ao Poder Judiciário quando os interessados alcançam, fora do âmbito judicial, a autocomposição. Em resenha, a citada lei permitiu a realização de inventário, partilha, separação consensual e divórcio consensual pela via administrativa, formalizando tais atos através de escritura pública. Note-se, contudo, que a citada legislação exigiu – de forma obrigatória – a participação (*assistência*) de advogado nas referidas autocomposições. Trata-se, às claras, de influência da diretriz da *decisão informada*. As regras inseridas pela Lei nº 11.441/2007, na época em no ambiente de vigência do CPC/73, estão prestigiadas na codificação de 2015, com a sua recodificação expressa, consoante art. 610, § 2º, e 733, § 2º, do novo CPC.
Sobre o tema, de forma mais ampla, confira-se: ROSA, Karin Regina Rick. *Adequada atribuição de competência aos notários. In* CAHALI, Francisco José; FILHO, Antônio Herance; ROSA, Karin Regina Rick; FERREIRA, Paulo Roberto Gaiger. *Escrituras públicas – Separação, divórcio, inventário e partilha consensuais: análise civil, processual civil, tributária e notarial* – São Paulo: Editora Revista dos Tribunais, 2007.

[43] No sentido, confira-se: MAZZEI, Rodrigo; MERÇON-VARGAS, Sarah. Comentários aos artigos 165-175. In Novo Código de Processo Civil anotado e comparado. Simone Diogo Carvalho Figueiredo (coord.). São Paulo: Saraiva, 2015, p. 206-207.

[44] Segundo Rodrigo Mazzei: "A maioria dos registros existentes na antropologia jurídica indicam que o papel essencial do direito na resolução de conflitos não se verifica na real justiça do litígio, mas sim na conciliação das partes, na satisfação da sociedade com a decisão e, via de regra, no fim da violência que

Para desempenhar esse papel, fundamental que os procuradores adotem postura voltada para o consenso e para o diálogo. Atualmente, em que pese constar no art. 2º, VI, do Código de Ética e Disciplina da OAB o dever do advogado de "estimular a conciliação entre os litigantes, prevenindo, sempre que possível, a instauração de litígios", a maioria dos estudantes de direito passa os anos de faculdade sem dar importância para tal dispositivo. Como agravante, em muitas instituições de ensino superior, ainda não existem matérias destinadas ao estudo dos métodos adequados de solução de conflitos.

Como resultado desta cultura combativa, os profissionais do direito frequentemente atuam como *guerreiros*[45], encarando o processo como verdadeiro campo de batalha. Consequentemente, em vez de apaziguarem os ânimos das partes, contribuem para agravar as tensões pré-existentes, formando um círculo vicioso de conflito.

Com o fim de tentar modificar este paradigma, o CPC/15 traz, em seu art. 3º, §3º, a determinação de que advogados, defensores públicos e membros do Ministério Público devem estimular a realização dos métodos consensuais de resolução de conflito. Em acréscimo, o art. 6º do novo código prevê o dever de cooperação[46] de *todos* os atores processuais.

No particular, vale observar que as petições iniciais não são vetores que buscam (apenas) a resposta do réu, com olhos no caminho (quase sempre único) para uma sentença judicial que irá dirimir o conflito. No CPC/15, seguindo o procedimento comum, a citação tem como fim a convocação para uma audiência, a fim de que seja instaurada a autocomposição, seja através da conciliação, seja da mediação (com sessão própria), consoante pode se conjugar dos arts. 319, VII, e 334. Tal situação, certamente, implicará em mudança de *status* na redação da própria peça inicial, pois a confecção dos termos (em especial os fáticos) da postulação poderá gerar óbices para autocomposição, criando resistência pelo réu. Isso porque, a depender da intensidade com que os fatos sejam postos na petição exordial, o réu – mesmo de forma involuntária – poderá fechar a porta

---

a decisão final implica". (Breve olhar sobre temas de processo civil a partir das linhas mestras de René Girard. *Revista Brasileira de Direito Processual – RBDPro*. Belo Horizonte: 2013, v. 21, n. 83 jul/set, p. 13-26.)

[45] MAZZEI, Rodrigo. Breve olhar sobre temas de processo civil a partir das linhas mestras de René Girard. *Revista Brasileira de Direito Processual – RBDPro*. Belo Horizonte: 2013, v. 21, n. 83 jul/set, p. 13-26.

[46] O *dever de cooperação* não pode ser absorvido de forma utópica, mas com postura que cada um dos sujeitos do processo de adotar em prol do desenvolvimento processual para a *solução* de mérito. Na verdade, representa uma noção do *dever-direito* de *participar*, uma participação que não é isolada, mas de todos atores do processo. Todos são *operários* (trabalhadores) que conjuntamente laboram com a bússola de solução final do processo. Com tais advertências, percebe-se que de *cooperação* deve ser extraída a noção de que todos são *operários* e, por tal motivo, todos *trabalham* (= *laboram*) através de suas *participações* processuais. Entende-se, assim, que, com as devidas variações, o mesmo dever-direito pode ser posto como *cooperação*, *colaboração* ou *coparticipação*.

da autocomposição, adotando postura de combater o que foi deduzido na postulação da contraparte, até como uma "defesa de sua honra" ou para "desmentir" o versado na peça de abertura.

Não é à toa, portanto, que nas ações de família o legislador optou por um caminho – estranho ao nosso sistema até então – de citação do réu sem a cópia da contrafé, consoante pode-se inferir do § 1º do art. 695[47]. A ideia inspiradora do dispositivo foi justamente evitar que a petição inicial das ações de família, que de forma não incomum são agudas na narrativa fática, pudesse causar (acidentalmente) o fechamento da autocomposição. Assim, nas ações de família o mandado de citação conterá apenas os dados necessários à audiência (que buscará a conciliação e/ou mediação), não sendo acompanhada de cópia da petição inicial, sem prejuízo de ser a assegurado ao réu o direito de examinar seu conteúdo a qualquer tempo, postura esta que, provavelmente, será feita pelo seu defensor[48]. Estando o profissional que irá representar o réu imbuído do espírito da nova codificação, que trabalha com um sistema prioritário de autocomposição, a válvula criada pelo § 1º do art. 695 poderá ser exitosa, tal como o regramento geral do art. 334. Todavia, a se manter a postura de *guerreiro*, as alterações legislativas terão limitado efeito para o fim almejado: estimular a autocomposição.

Registre-se que a Defensoria Pública da União, conforme art. 4º, II, da Lei Complementar nº 80/1994, com redação modificada em 2009, apresenta a função institucional de promover prioritariamente a solução extrajudicial dos litígios, valendo-se dos métodos adequados de resolução de conflitos. A referida lei prevê também que os defensores públicos federais deverão tentar a conciliação das partes, antes de promover a ação judicial cabível (art. 18, III)[49].

No que tange ao advogado, além da função informativa e orientadora que deve exercer perante seus clientes, a lei também possibilita que atue como mediador ou conciliador judicial. Nesta hipótese, determina o §5º do art. 167 do novo código que os advogados conciliadores/mediadores judiciais estarão impedidos de exercer a advocacia nos juízos em que desempenham suas funções.

---

[47] Art. 695. Recebida a petição inicial e, se for o caso, tomadas as providências referentes à tutela provisória, o juiz ordenará a citação do réu para comparecer à audiência de mediação e conciliação, observado o disposto no art. 694. (...) § 1º O mandado de citação conterá apenas os dados necessários à audiência e deverá estar desacompanhado de cópia da petição inicial, assegurado ao réu o direito de examinar seu conteúdo a qualquer tempo.

[48] No tema, confira-se: MAZZEI, Rodrigo; GONÇALVES, Tiago Figueiredo. Comentários ao art. 695. In *Código de Processo Civil Comentado*. Helder Moroni Câmara (coord). São Paulo: Almedina, 2016, p. 853.

[49] Acerca da Defensoria Pública no CPC/15, de forma sintética, confira-se: MAZZEI, Rodrigo; MERÇON--VARGAS, Sarah. Comentários aos artigos 165-175. In Novo Código de Processo Civil anotado e comparado. Simone Diogo Carvalho Figueiredo (coord.). São Paulo: Saraiva, 2015, p. 223-225.

O dispositivo tem causado polêmica, pois impediria o exercício da advocacia para muitos advogados em grande número de processos[50], configurando mais um desestímulo à atuação como mediador/conciliador. A justificativa para tal dispositivo ser inserido no CPC/15 seria de evitar que o advogado atuante como conciliador/mediador obtivesse tratamento ou informações privilegiadas no juízo, de modo a ser favorecido em outros processos. Todavia, tal raciocínio não pode prevalecer, pois se vale de lógica contrária ao princípio da moralidade, tanto dos advogados, quanto dos servidores e magistrados.

Em verdade, deve haver um impedimento para o advogado que atua como mediador ou conciliador, porém adstrito às causas em que figurem as partes do conflito mediado ou conciliado. Nesse sentido, o CPC/15 prevê que "o conciliador e o mediador ficam impedidos, pelo prazo de 1 (um) ano, contado do término da última audiência em que atuaram, de assessorar, representar ou patrocinar qualquer das partes" (art. 172). A Lei de Mediação, publicada em junho de 2015, não prevê o impedimento do advogado perante o juízo, reproduzindo, no art. 6º, o teor do art. 172 do CPC/15.

Desta forma, diante da infeliz regra prevista no CPC/15, faz-se necessário um pequeno esforço interpretativo. Considerando ser a Lei de Mediação posterior e especial em relação ao novo código, deve prevalecer o regramento por ela estabelecido – ou seja, apenas o impedimento relativo às partes da mediação/ conciliação, e não em relação ao juízo. Assim, a interpretação sistemática do ordenamento jurídico parece ser a mais adequada à realidade e às peculiaridades da prática forense, de modo a garantir a atuação dos profissionais de direito tanto como advogados, quanto como mediadores e conciliadores judiciais.

Note-se que tal mudança de comportamento não deve ficar restrita apenas aos advogados e defensores públicos. Com efeito, já com as noções do novo sistema, que prestigia a autocomposição, o Conselho Nacional do Ministério Público (CNMP) editou a Resolução nº 118/2014, que dispõe sobre a Política Nacional de Incentivo à Autocomposição no âmbito do Ministério Público[51]. A referida resolução determina não só a orientação para que os agentes ministeriais busquem os meios consensuais, mas também a realização de cursos e preparações técnicas para capacitarem tais profissionais quanto a tais métodos.

A Resolução nº 118/2014, contudo, somente terá algum tipo de valor prático se os membros do Ministério Público estiverem abertos a trabalhar com os regramentos que envolvam a autocomposição, em especial a conciliação e mediação,

---

[50] Em comarcas de vara única, por exemplo, ter-se-ia o contexto de um advogado não poder advogar de modo algum, caso atuasse como mediador ou conciliador judicial.

[51] Sobre o Ministério Público no CPC/15, com comentários breves, confira-se: MAZZEI, Rodrigo; MERÇON-VARGAS, Sarah. Comentários aos artigos 165-175. In Novo Código de Processo Civil anotado e comparado. Simone Diogo Carvalho Figueiredo (coord.). São Paulo: Saraiva, 2015, p. 215-220.

pois a postura inquisitória – vulgarmente encravada em participes da classe – colocará por terra a pretensão (correta e positiva) lançada pelo CNMP. Observe--se que, ainda que com colorido diferente da conciliação e mediação, o Termo de Ajustamento de Conduta (TAC)[52] pode ser lançado como meio de resolução consensual dos conflitos. Contudo, em hipótese alguma, o TAC não devendo ser apresentado como modo de *pressão* para que determinadas questões sejam *resolvidas* no âmbito extrajudicial, sob pena de ajuizamento de ações pelo Ministério Público, já que tal postura contamina, dentre outros princípios, o da autonomia da vontade.

Em suma, a Resolução nº 118/2014 do CNMP somente terá algum desiderato positivo se os membros do Ministério Público, tais como os advogados e Defensores Públicos, compreenderem que a postura a ser adotada pelo profissional do direito no ambiente de solução consensual dos litígios é totalmente diversa da que assumem nos litígios judiciais. Trata-se, pois, de postura que requer uma reconfiguração do que se desenhou para a classe, justificado, na nossa visão, não apenas o treinamento dos profissionais, mas desejável especialização voltada aos caminhos da autocomposição e das soluções não judiciais dos conflitos.

Espera-se, portanto, que sejam afastados os obstáculos à atuação dos profissionais do direito perante mediações e conciliações. Ainda mais, almeja-se a implementação de medidas incentivadoras, desde os anos de graduação, até os cursos de capacitação profissional a serem promovidos pela OAB, pelo Ministério Público, pela Defensoria Pública e outras entidades que devem se responsabilizar pela construção de uma cultura da composição.

5. O Juiz

Finalmente, a outra figura a ser analisada no presente ensaio consiste no magistrado. Tal como dito anteriormente, a ordem do estudo foi proposital: no contexto da solução adequada dos conflitos, o procedimento deve ser orientado para as partes, e não para o juiz. Isso porque, na via adjudicatória, o procedimento deve ser guiado pelo juiz, vez que ele detém a responsabilidade e a competência para elaborar a decisão final a ser outorgada às partes. Na via consensual, diferentemente, o procedimento busca o diálogo e o consenso, cabendo ao juiz um papel diferenciado.

Deve-se notar que se fala em "diferenciado" e não "menor" ou "pior". O magistrado continua a exercer papel essencial perante o processo, porém numa perspectiva mais gerencial. Nesse sentido, o já mencionado art. 3º do CPC/15, em seu §3º, incumbe também ao juiz o dever de estimular os métodos de solução consensual dos conflitos, sendo reforçado pelos art. 139 e 359 do código, *in verbis*:

---

[52] Sobre o TAC, confira-se art. 5º, § 6º, da Lei da Ação Civil Pública (Lei n. 7.347/85, com as alterações da Lei n. 8.078/90), o art. 211 do Estatuto da Criança e do Adolescente – ECA (Lei n. 8.069/90) e art. 113 do Código de Defesa do Consumidor – CDC (Lei n. 8.078/90).

Art. 139. O juiz dirigirá o processo conforme as disposições deste Código, incumbindo-lhe:

(...)

V – promover, a qualquer tempo, a autocomposição, preferencialmente com auxílio de conciliadores e mediadores judiciais. (grifo nosso)

Art. 359. Instalada a audiência, o juiz tentará conciliar as partes, independentemente do emprego anterior de outros métodos de solução consensual de conflitos, como a mediação e a arbitragem.

Como se percebe da leitura dos dispositivos, o juiz continua a ser o responsável por dirigir o processo. Contudo, também deve estar atento, durante todo o procedimento, para a abertura de oportunidades para que a autocomposição possa ser tentada. Fez-se questão de analisar os dois artigos em sequência para se destacar a utilização do auxílio de profissionais capacitados para a conciliação e/ou mediação.

Ocorre que os métodos adequados, como analisado previamente, devem ser regidos pela confidencialidade, bem como pela independência e neutralidade do terceiro imparcial. Caso o juiz atue como mediador ou conciliador das partes e a tentativa reste frustrada, beira o impossível manter a neutralidade e a confidencialidade, diante das manifestações dos sujeitos do conflito. Isso porque, ainda que o magistrado busque ao máximo manter sua imparcialidade e garantir a isonomia entre as partes, poderá ficar contaminado pelas informações que ouviu, pelas atitudes que presenciou, pelas emoções que captou, o que pode comprometer tanto seu julgamento final, quanto uma futura tentativa de autocomposição[53].

Assim, nas passagens em que o código fala em promover e tentar a autocomposição entre as partes, deve-se interpretar no sentido de caber ao juiz identificar a possibilidade de se chegar a algum tipo de *acordo*. Verificando tal oportunidade, deverá o juiz encaminhar as partes para audiência (conciliação) e/ou sessão (mediação) com o profissional capacitado, para que então a autocomposição seja tentada, respeitando-se os princípios da neutralidade e da confidencialidade[54].

---

[53] Sobre o tema, Fernanda Tartuce: "(...) a preservação do sigilo visa assegurar que, caso não alcançado um acordo na tentativa de autocomposição, os envolvidos não sejam prejudicados por terem participado e exposto eventuais fatos desfavoráveis. Assim, é essencial que o juiz não seja o condutor o meio consensual também porque, se infrutífera a via consensual, ele precisará julgar a demanda (...)". *Mediação no Novo CPC: questionamentos reflexivos*. In Novas Tendências do Processo Civil: estudos sobre o projeto do novo Código de Processo Civil. Org.: Freire, Alexandre; Medina, José Miguel Garcia; Didier Jr, Fredie; Dantas, Bruno; Nunes, Dierle; Miranda de Oliveira, Pedro (no prelo). Disponível em www.fernandatartuce. br/artigosdaprofessora.

[54] No sentido, Humberto Theodoro Júnior: "Não basta, outrossim, prever simplesmente, como faz nosso Código de Processo Civil, que haverá sempre uma audiência de conciliação. O mais importante é que o conciliador seja preparado, técnica e psicologicamente, para promover a solução consensual

Ainda, o §2º do art. 173 do CPC/15 atribui ao juiz o poder para aplicar sanção de afastamento ao mediador ou conciliador judicial com atuação inadequada. Também nesta hipótese, atua o juiz como um gestor, responsável por fiscalizar e garantir o bom andamento do procedimento autocompositivo. Por se tratar de decisão e aplicação de sanção, deverá o magistrado fundamentar o ato decisório, informando o fato ao tribunal, para determinar instauração do devido processo administrativo.[55]

Importante destacar que, para ser possível a execução de tais tarefas, faz-se imprescindível que o magistrado tenha pleno conhecimento sobre os métodos adequados de resolução de conflito. Afinal, será necessário conhecer em que situações quais meios são mais indicados, para encaminhar as partes ao profissional capacitado, bem como qual postura deve esperar do mediador/conciliador, para cogitar aplicação de afastamento de atividades. Logo, também o juiz deve receber treinamento e capacitação sobre o tema.

Percebe-se, portanto, que o juiz deve adotar postura diferenciada perante os processos, no que tange aos meios adequados de resolução de conflitos. Mantém-se, ainda assim, com papel de fundamental importância, devendo apresentar conhecimento e sensibilidade para verificar as oportunidades de acordo, bem como as situações de necessária punição.

O magistrado não poderá negar que o CPC/15 trabalha com um *sistema multiportas*, que permite a solução não conflituosa das questões postas a sua apreciação, qualquer que seja a fase processual (art. 3º, § 3º), cuja trilha pode seguir em paralelo ao caminho para uma decisão judicial (art. 154, parágrafo único). Há de absorver que laborar com a autocomposição reclama capacitação específica, que na maioria das vezes não é feita com os magistrados, razão pela qual deverá a missão ser prioritariamente designada aos especialistas, auxiliares da justiça (conciliadores e mediadores), consoante se extrai do arts. 139, V, e 334, § 1º do CPC/15.

Em arremate, o magistrado deve compreender que a decisão final (por exemplo, uma sentença) não é o único fim que se busca no processo judicial, sendo, inclusive, na maioria das vezes, solução que causa traumas e não pacifica a questão nervosa que lhe é posta, culminado com o prolongamento da pendenga (com o manejo de diversos tipos de impugnação, inclusive, muitas vezes, por aquele que supostamente foi beneficiado com a decisão judicial). A solução consensual,

---

e, para tanto, tudo aconselha que não seja o próprio juiz togado, isto é, a aquele a quem toca julgar contenciosamente o conflito." Celeridade e efetividade da prestação jurisdicional. Insuficiência da reforma das leis processuais. *Revista Páginas de Direito*, Porto Alegre, ano 8, nº 835, 21 de setembro de 2008. Disponível em: <http://www.abdpc.org.br/artigos/artigo51.htm>.

[55] No tema, confira-se: MAZZEI, Rodrigo; MERÇON-VARGAS, Sarah. Comentários aos artigos 165-175. In Novo Código de Processo Civil anotado e comparado. Simone Diogo Carvalho Figueiredo (coord.). São Paulo: Saraiva, 2015, p. 213-214.

com efetiva participação das partes e observados os princípios basilares da autocomposição, é, sem dúvida, muito mais pacífica, alcançando a eficiência (art. 8º) do CPC/15, um dos faróis na nova codificação.

6. Breve Fechamento

A existência dos métodos adequados de resolução de conflitos não configura novidade. Ao contrário, já são previstos no ordenamento jurídico brasileiro há tempos e em leis variadas. Todavia, nas últimas duas décadas, ganharam especial destaque, como um dos desdobramentos do acesso à Justiça e da efetividade.

Nesse contexto, o CPC/15 foi elaborado e sancionado com a intenção de consolidar os meios autocompositivos como mecanismos primordiais no tratamento da litigiosidade observada no Brasil. Há, com tal norte, no ventre da codificação de 2015 um sistema *multiportas*, que pode ser extraído facilmente a partir da leitura completa do seu art. 3º.

Contemporaneamente, a Lei de Mediação (Lei 13.140/2015) corrobora os esforços legislativos no mesmo sentido, devendo ser interpretada de maneira dialógica com o novo código e com os demais atos normativos – legais ou infralegais – que contribuam para a melhor implementação dos métodos adequados de resolução de conflitos.

Contudo, o esforço não pode ser meramente legislativo ou interpretativo: uma vez estabelecidas novas diretrizes na lei, imprescindível que os atores processuais se engajem na mudança de comportamento quanto aos conflitos. Nesse sentido, incumbe especialmente a mediadores, conciliadores, procuradores, ministério público e juízes desvencilharem-se dos vícios combativos do processo judicial, em prol de um paradigma colaborativo.

Os cidadãos, que incorporam o papel de partes, devem assumir o protagonismo na efetivação de direitos. Para isso, devem envidar esforços para participar ativamente da construção do procedimento de resolução de conflitos e, por via de consequência, empoderar-se como indivíduos pertencentes a uma sociedade civilizada, capaz de resolver seus próprios desentendimentos.

Acima de tudo, cabe a todos – atores diretos ou indiretos do processo, servidores ou "clientes" do Judiciário – compreender que a busca do processo não deve ser apenas por justiça, numa concepção de ganha/perde, mas sim pela pacificação. Afinal, apenas com a mudança de postura perante os conflitos é que se pode cogitar a construção de uma cultura baseada no diálogo.

Referências

BRASIL, Ordem dos Advogados do. *Código de Ética e Disciplina*. Disponível em <http://www.oab.org.br/content/pdf/legislacaooab/codigodeetica.pdf>, acesso em 04 de maio de 2016.

FRADE, Catarina. A resolução alternativa de litígios e o acesso à justiça: A mediação do sobreendividamento. *Revista Crítica de Ciências Sociais (on line)*,65, Maio 2003: 107-128, disponível em <http://rccs.revues.org/1184>, acesso em 04 de maio de 2016.

JÚNIOR, Humberto Theodoro. Celeridade e efetividade da prestação jurisdicional. Insuficiência da reforma das leis processuais. *Revista Páginas de Direito*. Porto Alegre, ano 8, nº 835, 21 de setembro de 2008. Disponível em: <http://www.abdpc.org.br/artigos/artigo51.htm>, acesso em 04 de maio de 2016.

JUSTIÇA, Conselho Nacional de. *Justiça em números 2014*. Disponível em < ftp://ftp.cnj.jus.br/Justica_em_Numeros/relatorio_jn2014.pdf>, acesso em 04 de maio de 2016.

_____. *Pesquisa de Instrutores Certificados pelo CNJ*. Disponível em < http://www.cnj.jus.br/programas-e-acoes/conciliacao-mediacao/pesquisa-de-instrutores>, acesso em em 04 de maio de 2016.

LUCENA FILHO, Humberto Lima de. A cultura da litigância e o Poder Judiciário: noções sobre as práticas demandistas a partir da Justiça Brasileira. In: Conselho Nacional de Pesquisa e Pós-Graduação em Direito – CONPEDI. (Org.). Anais do XXI Encontro Nacional do Conselho de Pesquisa e Pós-Graduação em Direito – 'Sistema Jurídico e Direitos fundamentais Individuais e Coletivos'. 56 ed.Florianópolis: Fundação Boiteux, 2012, v. 21, p. 34-64.

MAZZEI, Rodrigo. Breve Olhar Sobre os Temas de Processo Civil a Partir das Linhas Mestras de René Girard. *Revista Brasileira de Direito Processual*. Belo Horizonte: 2013, v. 21, n. 83 jul/set, p. 13-26.

MAZZEI, Rodrigo; CHAGAS, Bárbara S. R.. Os negócios jurídicos processuais e a arbitragem. In: Antonio do Passo Cabral; Pedro Henrique Nogueira. (Org.). *Negócios processuais*. 1 ed.Salvador: Juspodivm, 2015, v. , p. 521-539.

MAZZEI, Rodrigo; GONÇALVES, Tiago Figueiredo. In *Código de Processo Civil Comentado*. Lenio Luiz Streck, Leonardo Carneiro da Cunha e Dierle Nunes (org). São Paulo: Saraiva, 2016.

------- In *Código de Processo Civil Comentado*. Helder Moroni Câmara (coord). São Paulo: Almedina, 2016.

MAZZEI, Rodrigo; MERÇON-VARGAS, Sarah. In Novo Código de Processo Civil anotado e comparado. Simone Diogo Carvalho Figueiredo (coord.). São Paulo: Saraiva, 2015.

MIRANDA NETTO, Fernando Gama de; SOARES, Irineu Carvalho de Oliveira. Princípios procedimentais da mediação no novo Código de Processo Civil. In ALMEIDA, Diogo Assumpção Rezende de; PANTOJA, Fernanda Medina; PELAJO, Samantha. *A mediação no novo Código de Processo Civil*. Rio de Janeiro: Forense, 2015, p. 109-119.

NADER, Laura. *Harmonia Coerciva: A Economia Política dos Modelos Jurídicos*. Disponível em <http://www.anpocs.org.br/portal/publicacoes/rbcs_00_26/rbcs26_02.htm>, acesso em 04 de maio de 2016.

NEAPI, Direito UFES. *Tabela Comparativa – Mediação x Conciliação x Arbitragem*. Disponível em http://www.direito.ufes.br/sites/direito.ufes.br/files/field/anexo/Tabela%20Comparativa%20%E2%80%93%20Media%C3%A7%C3%A3o%20x%20Concilia%C3%A7%C3%A3o%20x%20Arbitragem.pdf>, acesso em 04 de maio de 2016.

PÚBLICO, Conselho Nacional do Ministério. *Resolução nº 118, de 1º de dezembro de 2014*. Disponível em < http://www.cnmp.mp.br/portal/images/Normas/Resolucoes/

Resolu%C3%A7%C3%A3o_n%C2%BA_118_autocomposi%C3%A7%C3%A3o.pdf>, acesso em 05 de fevereiro de 2015.

ROSA, Karin Regina Rick. *Adequada atribuição de competência aos notários*. In CAHALI, Francisco José; FILHO, Antônio Herance; ROSA, Karin Regina Rick; FERREIRA, Paulo Roberto Gaiger. *Escrituras públicas – Separação, divórcio, inventário e partilha consensuais: análise civil, processual civil, tributária e notarial* – São Paulo: Editora Revista dos Tribunais, 2007.

SÃO PAULO, Tribunal de Justiça de. *Sancionado Projeto de Lei que Institui Abono e Regulamenta Trabalho de Mediação e Conciliação*. Disponível em < http://www.tjsp.jus.br/institucional/canaiscomunicacao/noticias/Noticia.aspx?Id=26353>, acesso em 04 de maio de 2016.

TARTUCE, Fernanda. *Mediação no Novo CPC: questionamentos reflexivos*. In Novas Tendências do Processo Civil: estudos sobre o projeto do novo Código de Processo Civil. Org.: Freire, Alexandre; Medina, José Miguel Garcia; Didier Jr, Fredie; Dantas, Bruno; Nunes, Dierle; Miranda de Oliveira, Pedro (no prelo). Disponível em <www.fernandatartuce.com.br/artigosdaprofessora>, acesso em 04 de maio de 2016.

Por uma Reflexão sobre a Teoria Quinaria da Ação, no Processo Civil Brasileiro Reformado

MIRNA CIANCI

O atual retrato do processo civil brasileiro conduz a uma reflexão acerca do sistema processual, que, na busca da efetividade alçada a nível constitucional introduziu modificações pontuais e, muitas vezes, despreocupadas com a unidade do contexto legal.

Nesse cenário, avulta a importância do papel do intérprete, de modo a evitar que a aplicação incoerente das novas regras possa afastar esse elo entre o processo na sua moderna versão instrumental e a justa composição e satisfação do litígio, bem como a preservação dos princípios processuais constitucionais.

Adapta-se ao tema a lição de Luiz Gonzaga Modesto de Paula, ao afirmar que "em razão da proibição da denegação da justiça, a antinomia no sistema acaba sendo resolvida pelo órgão judicante, muito embora seja mantida no mesmo sistema, já que somente pode ser eliminada pela ação legislativa".[1]

Há que se buscar, portanto, a unidade sistemática vinculada à teleologia do quadro em que se insere a norma. Sistema, na lição de Maria Helena Diniz[2] significa *nexo*. A respeito, conclui a Autora que "o direito não é um sistema jurídico, mas uma realidade que pode ser estudada de modo sistemático pela ciência do direito. É indubitável que a tarefa mais importante do jurista consiste em apre-

---

[1] Luiz Gonzaga Modesto de Paula . A Lacuna e a Antinomia no Direito Tributário, *RT 539:25-33*. A lição tem inspiração em Kelsen, ao mencionar que "o que órgão aplicador do Direito, na hipótese de um conflito entre duas normas jurídicas gerais, pode, porém, fazer, é apenas: decidir-se, num ato de vontade, pela aplicação de uma ou outra das duas normas, pelo que permanece, porém, a existir o conflito entre ambas as normas jurídicas gerais" (KELSEN, Hans, Teoria *Geral das Normas*, SP:Sergio Antonio Fabris Editor, 1986, p. 284).

[2] DINIZ, Maria Helena, *Conflito de Normas*, São Paulo:Saraiva 2003, p. 8

sentar o direito sob uma forma sistemática, para facilitar seu conteúdo e manejo pelos que o aplicam".

Os elementos do sistema interligam-se nesse liame, no conjunto normativo, revelando o princípio da unidade, de modo a representar um quadro coerente e atento à segurança jurídica.

Constata-se uma evolução das formas instrumentais que eram antes concebidas nos campos de cognição e de execução, amoldados em compartimentos estanques, nominados em função da classificação das ações em declaratórias, constitutivas e condenatórias. Pontes de Miranda[3], e com inspiração no direito alemão, trouxe ainda um novo enfoque, mediante inclusão de duas novas categorias de ações: a mandamental e a executiva.

Na sequência desta abordagem, o que se verifica na tese de Ovídio Baptista é que acaba por localizar o conceito de ação unicamente na execução, não obstante, de fato, essa fase configure o exercício efetivo da jurisdição. Mas aí teremos as técnicas de satisfação material do *ius imperium* que resulta da atividade cognitiva.

O tema, todavia, tem sido equivocadamente reduzido ao terreno das classificações. Já quando sua abordagem leve em conta a carga da sentença, haverá de ser a eficácia do provimento judicial o vetor das observações que se seguirem. Ou seja, na medida em que o direito processual seja tomado em seu aspecto teleológico instrumental, não se pode deixar à margem que o mesmo existe para a realização do direito material.

Carlos Alberto Alvaro de Oliveira menciona a respeito que a classificação das tutelas jurisdicionais de modo nenhum pode ser confundida com a das sentenças de procedência, porque as classificações destas levam em conta exclusivamente eficácia e não efeitos, quando, em sua opinião, deveriam englobar ambos, eficácia e efeitos substanciais produzidos na esfera jurídica das partes.[4]

Forçoso discordar dessa abrangência. Barbosa Moreira, com costumeira lucidez aborda o tema da autonomia da ação executiva prevenindo:

---

[3] *Tratado das Ações*, atualizado por Vilson Rodrigues Alves, Campinas:Bookseller, 1999, p. 131. Para o Autor, "as classificações usuais das ações e sentenças feitas pela doutrina são classificações das respectivas ações de direito material que constituem a substância dos respectivos processos onde elas se encontrem. A classificação das ações não diz respeito à relação processual e sim à lide, nada tem a ver com a forma de processo, e sim com o seu conteúdo. Quando se diz que as ações – e as respectivas sentenças de procedência – podem ser declaratórias, constitutivas ou condenatórias, está-se a indicar a ação de direito material afirmada existente pelo autor, em sua petição inicial, e que na perspectiva da relação processual concreta em que elas se apresentam, não serão mais simples hipóteses de trabalho com que o magistrado se depara", concluindo que há uma duplicação de ações: uma dirigida contra o obrigado, outra endereçada contra o Estado, para que este, por meio do juiz, pratique a ação cuja realização privada, pelo titular do direito, o próprio Estado proibiu.

[4] Direito Material, Processo e Tutela Jurisdicional. *Polêmica sobre a Ação*, PA:Livraria do Advogado Editora, 2006, p. 319.

(..) De quem a proclame, todavia, cabe esperar que proponha conceito nítido de sentença executiva, a cuja luz, segundo critério invariável (por exemplo, de acordo com o conteúdo ou então de acordo com os efeitos), seja possível distingui-la com precisão, de cada uma das outras espécies de sentenças. Só com essa condição é que se legitimará a proposta. Fora daí, corre-se o risco de falar (e discutir) acerca de algo que não se sabe bem o que é – aventura das mais temerárias.[5]

Na classificação processual, o critério distintivo normalmente aceito pela doutrina é o provimento jurisdicional invocado, isto é, o pedido imediato.[6] Isso porque o pedido mediato – o bem da vida – diz respeito à classificação material e com esta o processo mantém ponto de contato, *não por classificação*, mas por seu caráter instrumental, capaz de gerar técnicas (*rectius* meios executórios) suficientes à satisfação do direito.

Justifica-se a instrumentalidade do processo na medida em que se verificam peculiaridades da situação litigiosa, à qual equivalem os meios a que terá a seu dispor. E esses meios haverão de guardar dependência – (*rectius*, adequação) – com o tipo de direito envolvido, ou serão ineficazes, revelando-se aí o ponto de contato entre o direito processual e o material. Há tipicidade nas tutelas, não nas técnicas (meios)[7].

---

[5] Barbosa Moreira, José Carlos. *Sentença Executiva? Estudos em homenagem à Professora Ada Pellegrini Grinover*, São Paulo: Editora DPJ, 2005, p.626, Coord: Yarshell, Flavio Luiz e Zanoide de Moraes, Mauricio , p. 626.

[6] Yarshell, Flávio Luiz. *Tutela Jurisdicional*, São Paulo: Editora DPJ, 2006, p. 59. O Autor discorre longamente sobre a tipicidade das ações. Admite, mais adiante (p. 104) que o pedido mediato poderá, em combinação com o imediato, ter utilidade para a compreensão da tipicidade das ações, como o que somente podemos concordar na medida do contato que se admite entre ambas, em razão do caráter instrumental, mas não como critério de classificação. Carlos Alberto Alvaro de Oliveira observa que, em face do monopólio estatal da jurisdição inexistem pretensões materiais condenatórias, constitutivas, mandamentais ou executivas. O que existe, segundo afirma, é a pretensão "processual" à condenação, à constitutividade, etc.. (*Polêmica, ob.cit.*, p. 311).

[7] Muritiba, Sérgio (*Ação Executiva Lato Sensu e Mandamental*, São Paulo: RT, 2005, p. 37) estabelece um adequado meio-termo na controvérsia que instalou-se na doutrina, acerca de tais classificações. Afirma o Autor "ser mais acertado adotarmos um posicionamento eclético, quanto à eleição do critério a ser erigido para a classificação das ações e sentenças: nem um autonomismo desvairado, no qual o direito material restaria sujeito a um modelo padrão universal de tutela jurisdicional, insensível à realidade por aquele ditada; nem mesmo um rigoroso tipicismo, ao exemplo do sistema romano da *legis actiones*". Prossegue afirmando que "na verdade, acreditamos que o critério para a classificação das sentenças é processual quando visualizamos que estas são como modelos criados para produzir certos efeitos típicos. Desta maneira, procede o direito processual, porque tem pretensão de sistematização, de controle, enfim, porque é técnica destinada à obtenção de resultados certos. Por isso, pressupõe os tipos mais ou menos uniformes de pretensões materiais e cria categorias que as viabilizem." Por outro lado, prossegue o Autor, "em razão dos tipos de sentenças terem sido elaborados para viabilização de certos tipos de direito, são estes que lhe fornecem adequação. (..) É o direito substancial que especifica o agir, transferindo-lhe o conteúdo de direito substancial afirmado".

Claro está que o processo de conhecimento, porque visa à definição do direito, requer atos e rito distintos daqueles exigidos para a execução, onde se cuida da realização coativa do direito declarado, assim como em relação ao processo cautelar, que busca a segurança do interesse em lide. Há adequação teleológica também quando o procedimento é adaptado aos valores preponderantes em cada caso.[8]

Afirma Marinoni[9], a respeito, muito embora diversamente do que aqui se defende, localize ele na cognição o que, na verdade, reside na execução, que:"não há dúvida que, se um direito não pode ser tutelado por meio de cognição plena, a ele deve ser deferido um procedimento especial." Prossegue, mais adiante:

> (..) Como é óbvio, não se pretende que o juiz deve pensar o processo civil segundo seus próprios critérios. O que se deseja evidenciar é que o juiz tem o dever de interpretar a legislação processual à luz dos valores da Constituição Federal. Como esse dever gera o de pensar o procedimento em conformidade com as necessidades do direito material e da realidade social, é imprescindível ao juiz compreender as tutelas devidas ao direito material e perceber as diversas necessidades da vida das pessoas. [10]

---

[8] Abordagem interessante do tema, por Fredie Didier Jr., Sobre dois importantes (e esquecidos) princípios do processo: adequação e adaptabilidade do procedimento – (Disponível em <http://jus2.uol.com.br/doutrina/texto.asp?id=2986> :Acesso em: 11.09.2007)- "Três são, basicamente, os critérios objetivos de que se vale o legislador para adequar a tutela jurisdicional pelo procedimento: um, a natureza do direito material, cuja importância e relevância impõem uma modalidade de tutela mais efetiva; o segundo, a forma como se apresenta o direito material no processo; o terceiro, a situação processual da urgência. São exemplos do primeiro critério as possessórias, os alimentos, a busca e apreensão em alienação fiduciária, a liminar em ação civil pública etc. Do segundo critério, exsurgem o mandado de segurança, ação monitória e a tutela antecipada genérica do art. 273, CPC (*art. 294 do CPC/2015*), recentemente implementada no direito brasileiro. São exemplos de tutela de urgência os procedimentos especiais de alimentos, mandado de segurança preventivo etc. Imaginar, por exemplo, que o procedimento ordinário seria capaz de resolver os ingentes problemas da tutela dos direitos difusos é, no mínimo, demonstração de ingenuidade. O nosso código foi concebido para a tutela de direitos individuais ("Tício versus Caio", segundo expressão de MANCUSO) e patrimoniais, tendo pouca utilidade para a tutela de direitos personalíssimos ou coletivos. Não por outro motivo que pululam –e pululam – procedimentos especiais e alterações no rito comum, de modo a que melhor se declarem e efetivem estes direitos, antigamente órfãos da tutela adequada."

[9] MARINONI, Luiz Guilherme. *Técnica processual e tutela dos direitos,* São Paulo: RT, 2006, p. 196. Araken de Assis (*Manual do Processo de Execução*, São Paulo: RT, 11ª edição, p. 111) considera a respeito que o livro do "processo de execução" do CPC contém itinerários exteriores que revelam princípios "evidentemente calibrados à natureza da respectiva prestação jurisdicional" Sérgio Muritiba (*Ação Executiva Lato Sensu e Ação Mandamental*, SP:RT 2006., *p. 106)* ressalta que "nesse contexto, mais uma vez exaltamos que as técnicas executivas "lato sensu" e mandamental ajustam-se à sociedade pós-moderna, pois dispensam o litigante vitorioso da árdua tarefa da instauração do processo de execução e possibilitam a entrega da tutela jurisdicional de forma mais ágil e eficiente. Basta, por hora, mencionar que, além da dispensa de formação de nova relação processual de natureza executiva, tais técnicas rejeitam a propositura dos chamados embargos do devedor, que, como sabemos, têm sua justificativa arrimada nesses ultrapassados ideais utópicos de segurança e certeza."

[10] *Técnica, Ob.cit.,* p. 225.

Portanto, o grau de eficácia das sentenças – que é o modo como vamos agora adequar o tema – diz respeito diretamente ao caráter instrumental das decisões. Há a respeito argumento inafastável: Suponha-se, para tanto, determinada sentença, dita mandamental (por classificação), em que não seja eficiente o meio executório, de modo a propiciar a sua alteração posterior. Colhe tal situação o preceito do artigo 809 do CPC/2015 , ao dispor sobre "frustração do meio executório", capaz de transformar a execução, nas hipóteses: de a coisa (a) não ser encontrada; (b) não ser entregue; (c) ter se deteriorado; (d) não for reclamada do terceiro adquirente, caso em que permite ao credor desistir de reclamar o bem na posse de terceiro.

Segundo doutrina e jurisprudência prevalecentes, a modificação do pleito é admissível em qualquer fase, desde que comprovada a impossibilidade superveniente. Trata-se das denominadas "providências que assegurem o resultado prático equivalente ao do adimplemento", que permitem ao juiz alterar o *modus procedendi* da sentença, pois os meios executórios não fazem coisa julgada.

De fato, atinente às ações executivas, conquanto a sentença possa desde logo fixar as medidas coercitivas a serem tomadas em caso de descumprimento, a respeito não se opera a coisa julgada, podendo o juiz alterar, de ofício e a qualquer tempo, acrescendo ou substituindo tais imposições por outras, capazes e suficientes à efetividade perseguida.

Medina[11] bem demonstra o acerto dessa conclusão ao afirmar:

A condenação, funcionalmente, existe para possibilitar o acesso do demandante ao processo de execução, sendo que esta função não decorre, necessariamente, de uma exigência do direito material, mas do sistema processual. Assim considerada, a função desempenhada pela condenação pode ser encampada por outros instrumentos processuais que possibilitem acesso às vias executivas.

Tome-se como exemplo ainda a ação de alimentos, cuja prestação se dá por meio de desconto em folha, sem necessidade do processo de execução subsequente, portanto. Se o réu deixar de trabalhar com vínculo empregatício, e sendo necessário o emprego da execução para o recebimento da pensão alimentícia, considera-se modificado o provimento que deu origem à execução?

---

[11] MEDINA, José Miguel Garcia. *Execução civil*, São Paulo: RT, 2004, p. 397. (*in* WAMBIER, Teresa Arruda Alvim e MEDINA, José Miguel Garcia, *O Dogma da Coisa Julgada*, São Paulo: RT,2003, p. 148 e p. 158 e ss) abordam o tema, referindo-se à "atipicidade" que encerra o artigo 461 parágrafo 5º do CPC (*atual art. 536, 1º do CPC/2015*), que dispõe ao juiz as "medidas necessárias" para a realização da tutela específica, de modo que inexiste a respeito a predeterminação. Afirmam inclusive que pode o juiz modificar o valor da multa (art. 644, *atual art. 814 do CPC/2015*), substituí-la ou ordenar a cumulação, concluindo "daí porque não se pode falar em ocorrência de coisa julgada".

Como afirmar então, desde logo, seja a sentença mandamental, condenatória ou executiva, se ao depois, os meios executórios revelarem natureza diversa? Ou seja, como considerar mandamental uma sentença que, em seguida, revela-se executiva, por antecipada frustração dos meios executórios? Tudo conduz a considerar que a situação resolve-se no âmbito da efetivação da sentença e não no da cognição.

Calamandrei censura também esse critério porque busca identificar a condenação não no que ela é, mas no que prepara. Ou seja, baseia a definição num elemento situado fora da situação a definir.

Resulta daí a impropriedade de apressadamente situar no terreno das classificações o que, de fato, diz respeito à eficácia mutável das sentenças, tendo em conta o caráter teleologicamente instrumental do processo, apto a dar atendimento ao direito material.

Ajusta-se ao tema o sincretismo adotado pela atual reforma processual, tendente a abolir a autonomia da execução, que suscitou calorosos debates doutrinários, todos partindo da célebre doutrina de Liebman[12], segundo o qual, por razões históricas, mais precisamente a *actio iudicati* romana, a efetivação da sentença sempre teve como regra o destaque em relação à cognição.

Em nosso direito, conquanto detectada a doutrina de uma classificação quinaria das ações, trazida do direito alemão pela obra clássica de Pontes de Miranda[13], o tema ganhou relevo a partir do incremento da atividade executiva inaugurado pela Lei 8.952/94, que deu nova redação ao artigo 461 do CPC/1973, mantida no atual diploma, art.497 do CPC/2015 , sendo que até esse momento a execução, em relação à cognição, situava-se em compartimento estanque, em regra.

---

[12] LIEBMAN, Enrico Túlio. *Processo de Execução* – São Paulo: Bestbook Editora, 2003, p. 65.

[13] Essa idéia se materializou com a evolução das formas instrumentais que eram antes concebidas nos campos de cognição e de execução, amoldados em compartimentos estanques, nominados em função da classificação das ações em declaratórias, constitutivas e condenatórias. Pontes de Miranda, e com inspiração no direito alemão, trouxe ainda um novo enfoque, mediante inclusão de duas novas categorias de ações: a mandamental e a executiva. PONTES DE MIRANDA, Francisco Cavalcanti. *Tratado das Ações,* atualizado por Vilson Rodrigues Alves, Campinas: Bookseller, 1999, p. 131. Para o Autor, "as classificações usuais das ações e sentenças feitas pela doutrina são classificações das respectivas ações de direito material que constituem a substância dos respectivos processos onde elas se encontrem. A classificação das ações não diz respeito à relação processual e sim à lide, nada tem a ver com a forma de processo, e sim com o seu conteúdo. Quando se diz que as ações – e as respectivas sentenças de procedência – podem ser declaratórias, constitutivas ou condenatórias, está-se a indicar a ação de direito material afirmada existente pelo autor, em sua petição inicial, e que na perspectiva da relação processual concreta em que elas se apresentam, não serão mais simples hipóteses de trabalho com que o magistrado se depara", concluindo que há uma duplicação de ações: uma dirigida contra o obrigado, outra endereçada contra o Estado, para que este, por meio do juiz, pratique a ação cuja realização privada, pelo titular do direito, o próprio Estado proibiu.

POR UMA REFLEXÃO SOBRE A TEORIA QUINARIA DA AÇÃO, NO PROCESSO CIVIL...

Antes, embora já consagradas as tutelas relativas a obrigações de dar, fazer ou não fazer, eram elas despidas de meios executivos eficientes, de modo que, na prática, acabavam por resultar inoperantes[14], dada a adoção da incoercibilidade, resultado de histórica doutrina inspiradora do direito processual pátrio.

E essa dicotomia entre a cognição e a execução foi muito difundida no direito alemão, nas lições de Rosenberg e Schwab.[15] As principais objeções à unificação, na teoria encampada por Liebman têm por fundamento o fato de a execução ter seus próprios pressupostos processuais, partes, objeto, o juiz competente poder ser pessoa diferente da que processou e julgou a causa, as partes poderem ser outras que não as do processo de cognição (..).[16]

Com o advento do reconhecimento da unidade procedimental, essa autonomia tão brilhantemente defendida pelo Mestre peninsular ganhou nova fisionomia na busca da efetividade, de modo a garantir a eficiente e célere prestação jurisdicional, que, na linguagem das reformas, adotou o sincretismo entre a cognição e a execução.

Não fere a preservada autonomia admitir que, em casos tais, a atividade executiva seja exercida sem a instauração do processo de execução, porque inexiste essa incindibilidade que, na verdade, tem natureza circunstancial, concebida que foi nas legislações européias em outro momento histórico, inconciliável com a modernidade estampada na busca da efetividade instrumental[17], tratando-se, portanto, de questão de política legislativa.

---

[14] Evaristo Aragão dos Santos (*Execução Civil – Aspectos polêmicos* – coordenado por João Batista Lopes e Leonardo José Carneiro da Cunha – São Paulo: Dialética, 2005, p. 137) afirma a respeito que "o legislador de 1973 encampou o tradicional princípio da incoercibilidade para o adimplemento de obrigações (*"nemo ad factum praecise cogi potest"*), citando o pensamento de Liebman, para quem "a obrigação é, em si mesma, incoercível, uma vez que o direito não pode, de modo algum, constranger o devedor a ter, quando não queira, o comportamento ao qual é obrigado."

[15] Trazidos à colação por Medina (*Execução Civil, ob.cit.,*, p. 273): "o processo de execução e o de conhecimento são, no direito moderno, dois processos autônomos, independentes um do outro."

[16] Enrico Túlio Liebman (*Ob.cit., Processo de Execução*, ps. 70/1): "a ação executória é ação nova nascida da sentença condenatória; o pedido que promove a execução e, portanto o objeto desta também é diferente, visando a realização da sanção, tal como indicada no título executório, e não decisão de um conflito de pedidos contraditórios."

[17] Evaristo Aragão dos Santos (*ob.cit.*, p. 127) traz a relevo que "A estrutura funcional da atividade jurisdicional executiva como concebida pelo legislador de 1973 tem seu embrião da ideologia do liberalismo pós-Revolução Francesa. Talvez o principal vetor de orientação da classe dominante daquela época, inspirada nas idéias de Montesquieu e outros autores, tenha sido a divisão tripartite dos poderes do Estado, com a qual convivemos até hoje. Dentre outros objetivos, essa divisão foi proposta como forma de assegurar que a atuação do Judiciário, a partir daí, se restringisse apenas a aplicar a lei elaborada pelo Legislativo, já que a vontade do legislador era a vontade do povo. O objetivo foi de restringir, sensivelmente, os poderes de atuação dos magistrados, até então vistos como aristocracia de togas. Restringiu-se assim a atividade jurisdiciona em relação à liberdade do juiz tanto na interpretação como na aplicação da lei ao caso concreto", o que interessa diretamente à restrição dos poderes de coerção

Aqui cabe a lição de Marinoni[18]:

> A importância da distinção entre coerção e sub-rogação está na necessidade de se inserir no sistema dos arts. 461, 461-A do CPC (*de 1973, atual art. 497 e 498 do CPC/2015*) e 84 do CDC a diferença entre sentenças que são executivas em razão do que existe no plano de direito material e sentenças que dispensam a ação de execução por uma questão de política processual, relacionada apenas com a necessidade de se dar maior poder de execução ao juiz.

Ou isso, ou restaria sem explicação a opção do legislador, de subtrair à incidência da norma, a execução de sentença judicial contra a Fazenda Pública. Supõe-se que considerou a existência de regras constitucionais a respeito do sistema de pagamento da dívida pública e ainda ser o erário suficiente e apto a responder à satisfação do crédito, de modo que sendo a reforma teleologicamente voltada à maior efetividade da execução, no sentido de evitar a final insatisfação, dispensável a incidência de regras tais que visem a assegurar, de algum modo, o pagamento do débito.

E deveria ser, por isso, de diferente classificação (por natureza) aquela sentença condenatória proferida contra a Fazenda Pública em relação às emitidas contra os demais contemplados na norma? Por certo que não.

A figura do executado, ou seja, o fato de não tratar-se de pessoa jurídica de direito público, por exemplo, terá o condão de dispensar a instauração do pro-

---

do juiz e sua limitação. Barbosa Moreira (*ob.cit., Estudos em homenagem a Ada Pellegrini Grinover, p. 629*) afirma que "a lei é livre de esbater ou apagar as fronteiras entre as referidas séries de atos, dispensar a propositura formal de ação nova a quem queira fazer realizar a segunda série, outorgar ao mesmo órgão jurisdicional o poder de passar motu próprio de uma série à subseqüente, intercalar atos típicos de uma a atos típicos de outra, antecipar à formulação da norma concreta providências tendentes à modificação do estado de fato (..) combinar, misturar, aglutinar, inventar mil esquemas variáveis de arrumação, sem que disso resulte conseqüência alguma no plano da natureza dos atos: o que era cognição continuará sendo cognição, o que era execução não deixará de ser execução."

[18] *Técnica Processual e Tutela dos Direitos, ob.cit.*, p. 134. Vale retornar ao tema da classificação das ações, onde adotamos o critério híbrido de Muritiba: "na verdade, acreditamos que o critério para a classificação das sentenças é processual quando visualizamos que estas são como modelos criados para produzir certos efeitos típicos. Desta maneira, procede o direito processual, porque tem pretensão de sistematização, de controle, enfim, porque é técnica destinada à obtenção de resultados certos. Por isso, pressupõe os tipos mais ou menos uniformes de pretensões materiais e cria categorias que as viabilizem."(*ob. cit.*, 2005, p. 37). Tal deflui também da lição de Medina (*Execução Civil, ob.cit.*, p. 284), para quem "o sistema que adota o princípio da autonomia pode conceber esta inter-relação de diversos modos. Por exemplo, o ordenamento jurídico pode vedar, de modo absoluto, que se realizem atividades executivas não precedidas de um processo de conhecimento. De modo inverso, tal como ocorre no direito brasileiro, pode a norma jurídica atribuir eficácia executiva a outros fatos não-judiciais, qualificando-os como título executivo. Semelhantemente, como já se observou, a possibilidade de resistência do executado e os efeitos de tal oposição também comporta graus."

cesso de execução autônomo para as hipóteses previstas na norma. A inovação processual trazida pela Lei 11.232, de 22.12.2005 e mantida no atual ordenamento, nada mais representa, portanto, do que a confirmação desse argumento, uma vez que introduziu em nosso ordenamento a figura do "cumprimento de sentença", a extirpar a necessidade de processo para a execução da sentença ali contemplada.

A nova reforma teve por objetivo atender os anseios de efetividade e, em especial, prestigiar o caráter de instrumentalidade do processo e o princípio de acesso à Justiça, tão prejudicados com a morosidade do Judiciário, capaz de reduzir direitos a meras aspirações intangíveis. Muritiba[19], muito oportuno, anota que "a sociedade pós-moderna exige resultados rápidos. O próprio direito subjetivo é um fenômeno efêmero, capaz de perder a sua significância se a tutela jurisdicional for postergada."

Não há, partindo das premissas examinadas, como admitir a conclusão de parte da doutrina[20], que afasta a natureza executiva da eficácia do provimento, uma vez que o juiz não poderá determinar a realização de atos executivos na sentença, senão a requerimento do credor. O que não poderá o juiz é inaugurar a fase executiva da demanda, como de resto já não lhe era lícito fazer nas ações ditas "executivas".

A lição de Teresa Wambier e Medina[21] responde com perfeição a esse argumento, ao mencionar que "distingue-se, no entanto, daquelas ações pelo fato de determinar, na própria sentença, a realização de atos executivos. A concretização de tais atos executivos, no entanto, não ocorrem na própria sentença, mas no mesmo processo em que ela foi proferida".

Isso porque essa distinção pragmática inexiste: nas ações ditas "mandamentais" e nas "executivas" (que nada mais são do que condenatórias, com eficácias diferenciadas), a instauração dos meios executivos também depende de iniciativa da parte; não será de modo próprio que irá o juiz, que decretou o despejo, ordenar e fornecer meios para que se expeça o competente mandado e *concretizar* a sentença, se não houver requerimento do autor da demanda, direito disponível.

Há ainda que se dar relevo às particularidades da ação "executiva", a qual privilegia a posição do credor (CPC/2015, artigo 797), cabendo a este "requerer" a execução. Merecem trato de convivência tais normas com a aplicação subsidiária do artigo 2º do diploma processual civil de 2015, onde se verifica a necessidade de uma interpretação sistemática, levando em conta a possibilidade de desistência (CPC/2015, artigo 775) e as imposições de conduta ao executado (CPC/2015, art. 774), com o que, respeitado o princípio da menor onerosidade

---

[19] *Ob.cit.*, p. 106.
[20] Luiz Rodrigues Wambier – *Sentença civil – liquidação e cumprimento*, São Paulo: RT, 2006, p. 40.
[21] *Dogma, Ob. Cit.*, p. 148.

(CPC/2015, art. 805) o impulso oficial na demanda executória será efetivado à vista dos interesses do credor.

Adequada a inovação a esse tipo de provimento, do qual não guarda distância, uma vez que, aqui e lá, sempre serão necessárias medidas executivas para a efetivação do direito[22]. O que ocorre, no caso do cumprimento de sentença, é a *adequação* dessas medidas executivas à natureza do provimento, capaz de atingir indiscriminadamente o patrimônio do devedor. Recorde-se que mesmo nas execuções específicas pode haver conversão de procedimento, se frustrados os meios de execução, pelo equivalente obrigacional ou pecuniário, como antes mencionado.

Araken de Assis não admite esse entendimento, considerando que "qualquer que seja o tratamento legislativo, variando os pendores legislativos ao sabor de múltiplas circunstâncias, algumas pouco científicas, a diferença funcional sempre se fará presente."[23] Prossegue afirmando que, a despeito de ter sido dispensada a citação do executado, há novo processo. Argumenta que a citação sequer se anuncia como pressuposto de existência, de modo que não obsta o desenvolvimento do processo, já instaurado na fase de cognição, concluindo tratar-se do que denomina *"cumulação sucessiva"* de ações em *simultaneo processu*, com função processual diferente e autônoma.

Essa afirmação decorre do posicionamento adotado pelo mesmo Autor em outra obra[24], para quem a natureza de executividade decorre das sentenças têm em mira valor identificado, com força executiva imediata. Seria "diferida" a execução, quando atinge a esfera patrimonial do devedor, de modo que se torna necessário o controle pleno do meio executório. Conclui então:

> O efeito executivo caracterizado pela execução diferida a outro processo, cria o título e preside o nascimento da ação executiva regulada no Livro II do vigente CPC (*de 1973*), argumentando a respeito que a satisfação do autor vitorioso não decorre do juízo positivo acerca de sua razão, e conseqüentemente procedência da demanda ajuizada. Ela depende da prática de atos materiais tendentes a outorgar ao vitorioso o bem da vida, ação na qual preponderam os atos satisfativos e executivos.

---

[22] . Interessante a abordagem de Barbosa Moreira. Afirma o Autor que "decretado simplesmente o despejo, que valor desloca-se *ipso facto*, do patrimônio do réu para o do autor? Nem sequer se há supor que o objeto da locação passe, como um passe de mágica, das mãos do locatário para as mãos do locador. Isto virá apenas a acontecer, de modo bastante prosaico e nada espetacular, no momento em que o locatário, voluntariamente, entregar a coisa ao locador, ou naquele em que se cumprir o mandado de evacuando: antes não..." (ob.cit., p. 627) Acrescenta a seguir que "é por meio dessa atividade jurisdicional complementar que se modifica o estado de fato – algo que à sentença, insista-se à exaustão – de maneira alguma é dado operar *ex marte proprio*" (*Sentença Executiva? Ob. Cit.*, p. 131). Evaristo Aragão dos Santos com propriedade afirma que "nenhuma relação é capaz, por si própria, de produzir efeitos fora do mundo jurídico" (*ob.cit.*, p. 129), com o que sempre exigirá atividade complementar, a ser realizada pelo Judiciário.

[23] Assis, Araken de. *Cumprimento de sentença* – Rio de Janeiro: Forense 2006, p. 173.

[24] Assis, Araken de. *Manual, ob.cit.*, p. 93.

A lição segue clássica doutrina representada por Ovídio Baptista da Silva[25] que defendeu a divisão em categorias real e pessoal, para designar afetas às ações executivas apenas aquelas que contivessem pretensões materiais de natureza real, dando relevo ao liame existente entre o titular do direito real e a coisa, possibilitando que da sentença possa vingar imediatamente a prática de atos materiais tendentes ao apossamento.

Tal entendimento não resiste, todavia, a exemplos de pretensões obrigacionais, capazes de igualmente serem albergadas por demandas executivas, ou seja, tanto nas ações obrigacionais, como nas reais, de obtenção ou entrega do bem, estará a demanda provida dessa executividade, nos moldes do atual ordenamento processual.[26]

Concluindo, a classificação ternária melhor se amolda aos conceitos aqui defendidos, mantendo na esfera da cognição a categorização das ações.

---

[25] SILVA, Ovídio Baptista. *Curso de Processo Civil*, São Paulo: RT, 2000, p. 19 e ss. .

[26] O artigo 461-A do CPC (*atual art. 498 do CPC/2015*) prevê a ação que parte da doutrina denomina como "executiva *lato sensu*" para as pretensões contendo obrigação de entrega de coisa certa, qualquer que seja o vínculo – real ou obrigacional. Marinoni bem destaca a respeito que "se é verdade que a pretensão fundada em violação de direito real deve abrir oportunidade à ação executiva, é também correto dizer que essa ação será igualmente bastante para os casos em que se exige a restituição de coisa em virtude de desconstituição da relação obrigacional que dava sustentação à posse". (*Ob.cit., Técnica*, p. 487) . Carnelutti bem destacou que "enquanto o direito de crédito tenha por objeto uma "species", não se apresenta nos atos executivos nenhuma diferença saliente entre o caso de simples execução (de um direito real) e o da expropriação (para um direito de crédito). A execução se efetua <u>sempre</u> tirando ao obrigado o bem que devia não tomar ou deixar tomar para consigná-lo ao titular do direito" Sistema de derecho procesal civil. Tradução de Niceto Alcalá-Zamora y Castillo e Santiago Sentis Melendo. Buenos Aires: Argentina, vol. I, p. 305.

NEGÓCIOS JURÍDICOS PROCESSUAIS

Negócios jurídicos processuais atípicos no CPC-2015

FREDIE DIDIER JR.

1. Negócios jurídicos processuais: noções gerais, espécies e classificação

Negócio processual é o fato jurídico voluntário, em cujo suporte fático se confere ao sujeito o poder de regular, dentro dos limites fixados no próprio ordenamento jurídico, certas situações jurídicas processuais[1] ou alterar o procedimento.

Sob esse ponto de vista, o negócio jurídico é fonte de norma jurídica processual e, assim, vincula o órgão julgador, que, em um Estado de Direito, deve observar e fazer cumprir as normas jurídicas *válidas*, inclusive as convencionais[2]. O estudo das *fontes da norma jurídica processual* não será completo, caso ignore o negócio jurídico processual.

Há diversos exemplos de negócios processuais: a eleição negocial do foro (art. 63, CPC), o negócio tácito de que a causa tramite em juízo relativamente incompetente (art. 65, CPC), o calendário processual (art. 191, §§1º e 2º, CPC), a renúncia ao prazo (art. 225, CPC), o acordo para a suspensão do processo (art. 313, II, CPC), organização consensual do processo (art. 357, §2º), o adiamento negociado da audiência (art. 362, I, CPC), a convenção sobre ônus da prova (art. 373, §§3º e 4º, CPC), a escolha consensual do perito (art. 471, CPC), o acordo de escolha do arbitramento como técnica de liquidação (art. 509, I, CPC), a desistência do recurso (art. 999, CPC), o pacto de mediação prévia obrigatória (art. 2º, §1º, Lei n. 13.140/2015) etc. Todos são negócios processuais *típicos*.

---

[1] DIDIER JR., Fredie; NOGUEIRA, Pedro Henrique Pedrosa. *Teoria dos fatos jurídicos processuais.* 2ª ed. Salvador: Editora JusPodivm, 2012, p. 59-60.

[2] CABRAL, Antonio do Passo. *Convenções processuais: entre publicismo e privatismo.* Tese de Livre-docência. São Paulo: Universidade de São Paulo, Faculdade de Direito, 2015, p. 240.

ASPECTOS POLÊMICOS DO NOVO CÓDIGO DE PROCESSO CIVIL

Bem pensadas as coisas, na própria petição inicial há pelo menos o negócio jurídico processual[3] de *escolha do procedimento* a ser seguido, visualizado com mais facilidade quando o autor pode optar entre diversos procedimentos, como entre o mandado de segurança e o procedimento comum.

Há negócios processuais *relativos ao objeto litigioso do processo*, como o reconhecimento da procedência do pedido, e há negócios processuais que têm por *objeto o próprio processo*, em sua estrutura, como o acordo para suspensão convencional do procedimento. O negócio que tem por objeto o próprio processo pode servir para a redefinição das situações jurídicas processuais (ônus, direitos, deveres processuais) ou para a reestruturação do procedimento.

Há a possibilidade de celebração de negócios processuais *atípicos*, lastreados na cláusula geral de negociação sobre o processo, prevista no art. 190, CPC, a principal concretização do princípio do respeito ao autorregramento processual. Ao art. 190 do CPC se dedica um item específico, mais à frente.

Note, ainda, que é possível visualizar negócios processuais *unilaterais* (que se perfazem pela manifestação de apenas uma vontade), como a *desistência* e a *renúncia*, e negócios *bilaterais* (que se perfazem pela manifestação de duas vontades), como é o caso da *eleição negocial do foro* e da *suspensão convencional do andamento do processo*. Não deveria haver maiores dúvidas a respeito do tema. Parece claro que, se a *renúncia* é um negócio jurídico, como reputa a doutrina de maneira generalizada[4], não atribuir a mesma natureza jurídica à *renúncia do direito de recorrer*, por exemplo, seria incoerência que não se pode admitir. O art. 200 do CPC[5] deixa clara a possibilidade de negócios unilaterais e bilaterais.

Os negócios jurídicos *bilaterais* costumam ser divididos em *contratos*, quando as vontades dizem respeito a interesses contrapostos, e *acordos* ou *convenções*, quando as vontades se unem para um interesse comum[6]. Não se nega a possibilidade teó-

---

[3] Vai ainda mais além Paula Costa e Silva, com argumentos muito bons, que aproxima o *acto postulativo* do ato negocial. Defende que é ato que delimita o objeto do processo e que traduz o que a parte "quer" do tribunal. Traduz manifestação de vontade, com escolha dos efeitos desejados, sendo que o tribunal fica adstrito ao que lhe foi pedido (SILVA, Paula Costa e. *Acto e Processo*, cit., p. 318 ss.). A ideia parece correta e a ela aderimos. Em *sentido diverso*, entendendo que a postulação é um ato jurídico em sentido estrito, OLIVEIRA, Bruno Silveira de. *O juízo de identificação de demandas e de recursos no processo civil*. São Paulo: Saraiva, 2011, p. 119.

[4] Na doutrina, por exemplo, GOMES, Orlando. *Introdução ao Direito Civil*. 17ª ed. Rio de Janeiro: Forense, 2000, p. 297 e segs.

[5] Art. 200 do CPC: "Os atos das partes consistentes em declarações unilaterais ou bilaterais de vontade produzem imediatamente a constituição, modificação ou extinção de direitos processuais".

[6] Por exemplo, GOMES, Orlando. *Introdução ao Direito Civil*. 17ª ed. Rio de Janeiro: Forense, 2000, p. 297 e segs.; BETTI, Emilio. *Teoria geral do negócio jurídico*. Fernando de Miranda (trad.). Coimbra: Coimbra Editora, 1969, t. 2, p. 198.

rica de um *contrato processual*[7], mas é certo que são mais abundantes os exemplos de *acordos* ou *convenções processuais*[8].

Há também negócios *plurilaterais*, formados pela vontade de mais de dois sujeitos, como a sucessão processual voluntária (art. 109, CPC). É o que acontece, também, com os negócios processuais celebrados com a participação do juiz. Os negócios *plurilaterais* podem ser *típicos*, como o calendário processual (art. 191, CPC) e a organização compartilhada do processo (art. 357, §3º, CPC), ou *atípicos*, como o acordo para realização de sustentação oral, o acordo para ampliação do tempo de sustentação oral, o julgamento antecipado do mérito convencional, as convenções sobre prova ou a redução convencional de prazos processuais[9].

Há negócios *expressos*, como o foro de eleição, e negócios *tácitos*, como o consentimento tácito do cônjuge para a propositura de ação real imobiliária, o consentimento tácito para a sucessão processual voluntária (art. 109, §1º, CPC), a recusa tácita à proposta de autocomposição formulada pela outra parte (art. 154, par. ún., CPC), a renúncia tácita à convenção de arbitragem (art. 337, §6º, CPC) e a aceitação tácita da decisão (art. 1.000, CPC).

Negócios tácitos tanto podem ser celebrados com comportamentos *comissivos*, como é o caso da prática de ato incompatível com a vontade de recorrer (aceitação da decisão), ou *omissivos*, como a não alegação de convenção de arbitragem. Há, então, *omissões processuais negociais*. Nem toda omissão processual é, então, um *ato-fato processual*. O silêncio da *parte* pode, em certas circunstâncias, *normalmente tipicamente previstas*, ser uma manifestação de sua vontade[10].

---

[7] Um exemplo de contrato processual no Direito brasileiro é a "colaboração premiada" – vulgarmente chamada de "delação premiada" – prevista na Lei 12.850/2013, para o processo penal. Aceitamos uma colaboração premiada atípica como negócio jurídico no processo de improbidade administrativa. Sobre o tema, especificamente, DINO, Nicolao. "A colaboração premiada na improbidade administrativa: possibilidade e repercussão probatória". *A prova no enfrentamento à macrocriminalidade*. Daniel de Resende Salgado e Ronaldo Pinheiro de Queiroz (coord.). Salvador: Editora Jus Podivm, 2015, p. 439-460; CABRAL, Antonio do Passo. "A Resolução n. 118 do Conselho Nacional do Ministério Público e as convenções processuais". *Negócios processuais*. Antonio do Passo Cabral e Pedro Henrique Pedrosa Nogueira (coord.). Salvador: Editora Jus Podivm, 2015, p. 545-546.

[8] Barbosa Moreira já havia percebido a circunstância, sugerindo, inclusive, a designação "convenção processual" (MOREIRA, José Carlos Barbosa. "Convenções das partes sobre matéria processual". *Temas de direito processual – terceira série*. São Paulo: Saraiva, 1984, p. 89).

[9] Consoante o enunciado n. 21 do Fórum Permanente de Processualistas Civis: "São admissíveis os seguintes negócios, dentre outros: acordo para realização de sustentação oral, acordo para ampliação do tempo de sustentação oral, julgamento antecipado do mérito convencional, convenção sobre prova, redução de prazos processuais".

[10] Bem a propósito, o art. 111 do Código Civil, aplicável ao direito processual civil: "O silêncio importa anuência, quando as circunstâncias ou os usos o autorizarem, e não for necessária a declaração de vontade expressa". Sobre a eficácia negocial do silêncio, DIDIER JR., Fredie; BOMFIM, Daniela. "Exercício tardio de situações jurídicas ativas. O silêncio como fato jurídico extintivo: renúncia tácita e suppressio". *Pareceres*. Salvador: Editora JusPodivm, 2014, p. 266 e segs.

ASPECTOS POLÊMICOS DO NOVO CÓDIGO DE PROCESSO CIVIL

Há *negócios jurídicos processuais* que precisam ser homologados pelo juiz, como é o caso da *desistência do processo* (art. 200, par. ún., CPC), e outros que não precisam dessa chancela, como o negócio tácito sobre a modificação da competência relativa ou a desistência do recurso[11]. A necessidade de homologação judicial não descaracteriza o ato como *negócio*[12], assim como não deixa de ser negócio jurídico o acordo de divórcio em que há filhos incapazes, apenas porque se submete à homologação judicial. A autonomia privada pode ser mais ou menos regulada, mais ou menos submetida a controle, mas isso não desnatura o ato como negócio[13]. Todo efeito jurídico é, obviamente, consequência da incidência de uma norma sobre um fato jurídico; ora a lei confere à autonomia privada mais liberdade para a produção de eficácia jurídica, ora essa liberdade é mais restrita[14].

A regra é a dispensa da necessidade de homologação judicial do negócio processual. Negócios processuais que tenham por objeto as situações jurídicas processuais dispensam, invariavelmente, a homologação judicial. Negócios processuais que tenham por objeto mudanças no procedimento podem sujeitar-se a homologação, embora nem sempre isso ocorra; é o que acontece, por exemplo, com a desistência (art. 200, par. ún., CPC) e a organização consensual do processo (art. 357, §2º, CPC).

O relevante para caracterizar um ato como *negócio jurídico* é a circunstância de a vontade estar direcionada não apenas à prática do ato, mas, também, à produção de um determinado efeito jurídico; no negócio jurídico, há escolha do regramento jurídico para uma determinada situação.[15]

Há quem não admita a existência de *negócios jurídicos processuais*, posicionamento que, com o CPC-2015, ao que parece, será simplesmente *contra legem*. Note que os argumentos contrários à existência foram rebatidos ao longo da exposição, além de terem sido apresentados inúmeros exemplos, espalhados por toda a legislação. A discussão sobre a existência dessa categoria processual, ao menos no direito brasileiro, parece, agora, obsoleta e inócua[16].

---

[11] MOREIRA, José Carlos Barbosa. *Comentários ao Código de Processo Civil*. 11ª ed. Rio de Janeiro: Forense, 2005, v. 5, p. 333.

[12] Percebeu o ponto, mais uma vez, MOREIRA, José Carlos Barbosa. "Convenções das partes sobre matéria processual", cit., p. 90.

[13] "Não se poderia reconhecer à autonomia da vontade, no campo processual, atuação tão ampla como a que se lhe abre o terreno privatístico". (MOREIRA, José Carlos Barbosa. "Convenções das partes sobre matéria processual", cit., p. 91.)

[14] Com posicionamento semelhante, BRAGA, Paula Sarno. "Primeiras Reflexões sobre uma Teoria do Fato Jurídico Processual", cit., p. 312 ss.

[15] MELLO, Marcos Bernardes de. *Teoria do Fato Jurídico (Plano da Existência)*. 10ª ed. São Paulo: Saraiva, 2000, p. 166.

[16] Para registro histórico, convém mencionar alguns autores que entendiam não existir a categoria do negócio jurídico processual ao tempo do CPC-1973: DENTI, Vittorio. "Negozio processuale". *Enciclopedia*

2. Negócios jurídicos processuais atípicos
2.1. A cláusula geral de negociação sobre o processo. O princípio da atipicidade da negociação sobre o processo

O *caput* do art. 190 do CPC[17] é uma cláusula geral, da qual se extrai o *subprincípio da atipicidade da negociação processual. Subprincípio,* porque serve à concretização do princípio de respeito ao autorregramento da vontade no processo[18].

Dessa cláusula geral podem advir diversas espécies de negócios processuais *atípicos*[19]. Embora o legislador tenha usado o verbo "convencionar" no *caput* e no parágrafo único, a cláusula geral permite *negócios processuais,* gênero de que as convenções são espécies, conforme visto.

O negócio processual *atípico* tem por objeto as situações jurídicas processuais – ônus, faculdades, deveres e poderes ("poderes", neste caso, significa qualquer situação jurídica ativa, o que inclui direitos subjetivos, direitos potestativos e poderes propriamente ditos). O negócio processual atípico também pode ter por objeto o ato processual – redefinição de sua forma ou da ordem de encadeamento dos atos, por exemplos[20].

Não se trata de negócio sobre o direito litigioso – essa é a autocomposição, já bastante conhecida. No caso, *negocia-se sobre o processo, alterando suas regras,*[21] *e não*

---

del diritto. Milano: Giuffrè Editore, v. XXVIII, p. 145; LIEBMAN, Enrico Tullio. *Manual de Direito Processual Civil.* 2ª ed. Cândido Dinamarco (trad.). Rio de Janeiro: Forense, 1985, v. 1, p. 226-227; DINAMARCO, Cândido Rangel. *Instituições de Direito Processual Civil.* São Paulo: Malheiros, 2001, v. 2, p.472; ROCHA, José Albuquerque. *Teoria Geral do Processo.* São Paulo: Atlas, 2003, p. 242; MITIDIERO, Daniel Francisco. *Comentários ao Código de Processo Civil.* São Paulo: Memória Jurídica, 2005, t. 2, p. 15-16; KOMATSU, Roque. *Da Invalidade no Processo Civil.* São Paulo: RT, 1991, p. 141; GRECO FILHO, Vicente. *Direito Processual Civil Brasileiro.* 18ª ed. São Paulo: Saraiva, 2007, v. 2, p. 6.

[17] Art. 190 do CPC: "Versando o processo sobre direitos que admitam autocomposição, é lícito às partes plenamente capazes estipular mudanças no procedimento para ajustá-lo às especificidades da causa e convencionar sobre os seus ônus, poderes, faculdades e deveres processuais, antes ou durante o processo. Parágrafo único. De ofício ou a requerimento, o juiz controlará a validade das convenções previstas neste artigo, recusando-lhes aplicação somente nos casos de nulidade ou de inserção abusiva em contrato de adesão ou em que alguma parte se encontre em manifesta situação de vulnerabilidade".

[18] DIDIER JR., Fredie. "Princípio do respeito ao autorregramento da vontade no Processo Civil". *Negócios processuais.* Antonio Cabral e Pedro Henrique Pedrosa Nogueira (coord.). Salvador: Editora Jus Podivm, 2015.

[19] Não admitindo negócios processuais atípicos, com base no direito italiano, GIUSSANI, Andrea. "Autonomia privata e pressuposti processuali: note per un inventario". *Revista de Processo.* São Paulo: RT, 2012, n. 211, p. 110.

[20] A propósito, os enunciados n. 257 e 258 do Fórum Permanente de Processualistas Civis: 257. "O art. 190 autoriza que as partes tanto estipulem mudanças do procedimento quanto convencionem sobre os seus ônus, poderes, faculdades e deveres processuais". 258. "As partes podem convencionar sobre seus ônus, poderes, faculdades e deveres processuais, ainda que essa convenção não importe ajustes às especificidades da causa".

[21] Por isso, houve quem preferisse designar o fenômeno de *flexibilização procedimental voluntária,* GAJARDONI, Fernando Fonseca. *Flexibilização procedimental.* São Paulo: Atlas, 2008, p. 215.

sobre o objeto litigioso do processo. São negócios que derrogam normas processuais – *Normdisposition*, conforme designação de Gerhard Wagner[22].

Segue lista com alguns exemplos de negócios processuais *atípicos* permitidos pelo art. 190: acordo de impenhorabilidade, acordo de instância única[23], acordo de ampliação ou redução de prazos, acordo para superação de preclusão[24], acordo de substituição de bem penhorado, acordo de rateio de despesas processuais, dispensa consensual de assistente técnico, acordo para retirar o efeito suspensivo da apelação, acordo para não promover execução provisória[25], acordo para dispensa de caução em execução provisória[26], acordo para limitar número de testemunhas, acordo para autorizar intervenção de terceiro fora das hipóteses

---

[22] Citado por CAPONI, Remo. "Autonomia privata e processo civile: gli accordi processuali". *Civil Procedure Review*, v. 1, n. 2, 2010, p. 45. Disponível em: <http://www.civilprocedurereview.com/busca/ baixa_arquivo.php?id=19m>. Acesso em: 16 abr. 2014; "Autonomia privata e processo civil: os acordos processuais". Pedro Gomes de Queiroz (trad.) *Revista de Processo*. São Paulo: RT, 2014, n. 228, p. 363.

[23] O art. 681º, 1, do CPC português permite expressamente o acordo de instância única: "1 – É lícito às partes renunciar aos recursos; mas a renúncia antecipada só produz efeito se provier de ambas as partes". O art. 41, par. 2, do CPC francês, também. Sobre o acordo de instância única, CADIET, Loïc. "Los acuerdos procesales en derecho francés: situación actual de la contractualización del proceso y de la justicia en Francia". *Civil Procedure Review*, v. 3, n. 3, p. 20. Disponível em: <www.civilprocedurereview. com>. Acesso em: 21 abr. 2014; NOGUEIRA, Pedro Henrique Pedrosa. "A cláusula geral do acordo de procedimento no Projeto do Novo CPC (PL 8.046/2010)". In: FREIRE, Alexandre; DANTAS, Bruno; NUNES, Dierle; DIDIER JR., Fredie; MEDINA, José Miguel Garcia; FUX, Luiz; CAMARGO, Luiz Henrique Volpe; OLIVEIRA, Pedro Miranda de (org.). *Novas Tendências do Processo Civil – estudos sobre o projeto do Novo Código de Processo Civil*. Salvador: Editora JusPodivm, 2013, p. 25.

[24] CAPONI, Remo. "Autonomia privata e processo civile: gli accordi processuali". *Civil Procedure Review*, v. 1, n. 2, 2010, p. 50. Disponível em: <http://www.civilprocedurereview.com/busca/baixa_arquivo. php?id=19m>. Acesso em: 16 abr. 2014; "Autonomia privata e processo civil: os acordos processuais". Pedro Gomes de Queiroz (trad.) *Revista de Processo*. São Paulo: RT, 2014, n. 228, p. 367.

[25] Consoante o enunciado n. 19 do Fórum Permanente de Processualistas Civis: "São admissíveis os seguintes negócios processuais, dentre outros: pacto de impenhorabilidade, acordo de ampliação de prazos das partes de qualquer natureza, acordo de rateio de despesas processuais, dispensa consensual de assistente técnico, acordo para retirar o efeito suspensivo de recurso, acordo para não promover execução provisória; pacto de mediação ou conciliação extrajudicial prévia obrigatória, inclusive com a correlata previsão de exclusão da audiência de conciliação ou de mediação prevista no art. 334; pacto de exclusão contratual da audiência de conciliação ou de mediação prevista no art. 334; pacto de disponibilização prévia de documentação (pacto de *disclosure*), inclusive com estipulação de sanção negocial, sem prejuízo de medidas coercitivas, mandamentais, sub-rogatórias ou indutivas; previsão de meios alternativos de comunicação das partes entre si.". Já o enunciado n. 490 do mesmo Fórum Permanente de Processualistas Civis traz outro rol de negócios atípicos admitidos com base no art. 190 do CPC: "São admissíveis os seguintes negócios processuais, entre outros: pacto de inexecução parcial ou total de multa coercitiva; pacto de alteração de ordem de penhora; pré-indicação de bem penhorável preferencial (art. 848, II); pré-fixação de indenização por dano processual prevista nos arts. 81, §3º, 520, inc. I, 297, parágrafo único (cláusula penal processual); negócio de anuência prévia para aditamento ou alteração do pedido ou da causa de pedir até o saneamento (art. 329, inc. II)".

[26] Consoante o enunciado n. 262 do Fórum Permanente de Processualistas Civis: "É admissível negócio processual para dispensar caução no cumprimento provisório de sentença".

legais, acordo para decisão por equidade ou baseada em direito estrangeiro ou consuetudinário[27], acordo para tornar ilícita uma prova etc.

É possível acordo sobre pressupostos processuais. Não há incompatibilidade teórica entre negócio processual e pressuposto processual. Tudo dependerá do exame do direito positivo. Há, por exemplo, expressa permissão de acordo sobre competência relativa e acordo sobre foro de eleição internacional (art. 25, CPC). O consentimento do cônjuge para a propositura de ação real imobiliária pelo outro cônjuge é negócio processual sobre um pressuposto processual: a capacidade processual. Há possibilidade de legitimação extraordinária convencional[28]. Nada impede, também, que as partes acordem no sentido de ignorar a coisa julgada (pressuposto processual negativo) anterior e pedir nova decisão sobre o tema: se as partes são capazes e a questão admite autocomposição, não há razão para impedir – note que a parte vencedora poderia renunciar ao direito reconhecido por sentença transitada em julgado[29].

2.2. Regras gerais da negociação processual.

Do art. 190 do CPC decorrem as regras gerais para a negociação processual. O negócio processual obriga os sucessores de quem o celebrou[30].

Há um conjunto de normas que disciplinam a negociação sobre o processo. Esse conjunto pode ser considerado um microssistema. O art. 190 e o art. 200 do CPC são o núcleo de microssistema e devem ser interpretados conjuntamente, pois restabelecem o modelo dogmático da negociação sobre o processo no direito processual civil brasileiro. Nesse sentido, o enunciado n. 261 do Fórum Perma-

---

[27] Aplica-se, por analogia, o art. 2º da Lei n. 9.307/1996: "A arbitragem poderá ser de direito ou de equidade, a critério das partes. § 1º Poderão as partes escolher, livremente, as regras de direito que serão aplicadas na arbitragem, desde que não haja violação aos bons costumes e à ordem pública. § 2º Poderão, também, as partes convencionar que a arbitragem se realize com base nos princípios gerais de direito, nos usos e costumes e nas regras internacionais de comércio". Nesse sentido, GRECO, Leonardo. "Os atos de disposição processual – primeiras reflexões", cit., p. 21. Também assim, art. 114 do CPC italiano, que prevê o acordo de julgamento por equidade como um negócio típico: "Il giudice, sia in primo grado che in apelo, decide il mérito della causa secondo equità quando esso riguarda diritti disponibili dele parti e queste gliene fanno concorde richiesta". No CPC francês, há previsão expressa de acordo de direito aplicável ao caso (art. 12, parágrafo 3) e de decisão por equidade (art. 12, parágrafo 4; sobre o acordo de equidade no direito francês, CADIET, Loïc. "Los acuerdos procesales en derecho francés: situación actual de la contractualización del proceso y de la justicia en Francia". *Civil Procedure Review*, v. 3, n. 3, p. 21-22. Disponível em: <www.civilprocedurereview.com>. Acesso em: 21 abr. 2014.

[28] DIDIER JR., Fredie. "Fonte normativa da legitimação extraordinária no novo Código de Processo Civil: a legitimação extraordinária de origem negocial". Revista de Processo. São Paulo: RT, 2014, v. 232.

[29] Não admitindo esse acordo processual (ignorar coisa julgada anterior), GIUSSANI, Andrea. "Autonomia privata e pressuposti processuali: note per un inventario". *Revista de Processo*. São Paulo: RT, 2012, n. 211, p. 108.

[30] Enunciado n. 115 do Fórum Permanente de Processualistas Civis: "O negócio jurídico celebrado nos termos do art. 190 obriga herdeiros e sucessores".

nente de Processualistas Civis: "O art. 200 aplica-se tanto aos negócios unilaterais quanto aos bilaterais, incluindo as convenções processuais do art.190".

Observados os pressupostos específicos dos negócios processuais *típicos*, os pressupostos gerais, neste item examinados, devem ser também preenchidos.

2.3. Negócios processuais celebrados pelas partes com o juiz

Embora o *caput* do art. 190 do CPC mencione apenas os negócios processuais atípicos celebrados pelas partes, não há razão alguma para não se permitir negociação processual atípica que inclua o órgão jurisdicional[31].

Seja porque há exemplos de negócios processuais plurilaterais típicos envolvendo o juiz, como já examinado, o que significa que não é estranha ao sistema essa figura; seja porque não há qualquer prejuízo (ao contrário, a participação do juiz significa fiscalização imediata da validade do negócio), seja porque poder negociar *sem* a interferência do juiz é mais do que poder negociar *com* a participação do juiz.

Um bom exemplo de negócio processual atípico celebrado pelas partes e pelo juiz é a execução negociada de sentença que determina a implantação de política pública[32].

2.4. Momento de celebração

Os negócios processuais podem ser celebrados antes ou durante a litispendência. O *caput* do art. 190 é expresso ao permitir essa possibilidade. Ratifica-se, então, o que se disse acima: o negócio jurídico é processual se repercutir em processo atual ou futuro.

Assim, é possível inserir uma cláusula negocial processual num outro contrato qualquer, já regulando eventual processo futuro que diga respeito àquela negociação. O parágrafo único do art. 190, aliás, expressamente menciona a possibilidade de negócio processual inserido em contrato de adesão. Um bom exemplo de negócio processual inserido em outro negócio (de adesão ou não) é o pacto de mediação obrigatória: as partes decidem que, antes de ir ao Judiciário, devem submeter-se a uma câmara de mediação.

---

[31] Em sentido contrário, não admitindo a possibilidade de o juiz ser considerado sujeito de uma convenção processual, CABRAL, Antonio do Passo. *Convenções processuais: entre publicismo e privatismo*. Tese de Livre-docência. São Paulo: Universidade de São Paulo, Faculdade de Direito, 2015, p. 236-239; YARSHELL, Flávio Luiz. "Convenções das partes em matéria processual: rumo a uma nova era?" In: CABRAL, Antonio do Passo; NOGUEIRA, Pedro Henrique Pedrosa (coord.). *Negócios processuais*. Salvador: Editora Jus Podivm, 2015, p. 79.

[32] COSTA, Eduardo José da Fonseca. "A 'execução negociada' de políticas públicas em juízo". *Revista de Processo*. São Paulo: RT, 2012, n. 212; DIDIER JR., Fredie; ZANETI JR., Hermes. *Curso de direito processual civil*. 9ª ed. Salvador: Editora JusPodivm, 2014, v. 4, p. 367-368.

Enquanto houver litispendência, será possível negociar sobre o processo. Tudo vai depender do objeto da negociação. Um acordo para divisão de tempo na sustentação oral, por exemplo, pode ser celebrado um pouco antes do início da sessão de julgamento no tribunal.

Ambiente propício para a celebração de acordos processuais é a audiência de saneamento e organização do processo (art. 357, §3º, CPC). Nesse momento, as partes podem, por exemplo, acordar para alterar ou ampliar o objeto litigioso, dispensar perito ou celebrar o negócio de organização consensual do processo (art. 357, §2º, CPC)[33].

2.5. Requisitos de validade
2.5.1. Generalidades

Como qualquer negócio jurídico, os negócios jurídicos processuais passam pelo plano da validade dos atos jurídicos. Também como qualquer negócio jurídico, o negócio jurídico processual pode ser invalidado apenas parcialmente (enunciado n. 134 do Fórum Permanente de Processualistas Civis).

A convenção processual é autônoma em relação ao negócio principal em que estiver inserida. A invalidade do negócio principal não implicará, necessariamente, a invalidade da convenção processual. Essa regra, existente para a convenção de arbitragem (art. 8º, Lei n. 9.307/1996), estende-se a todas as demais convenções processuais, por analogia[34].

Assim, para serem válidos, os negócios processuais devem: *a)* ser celebrados por pessoas capazes; *b)* possuir objeto lícito; *c)* observar forma prevista ou não proibida por lei (arts. 104, 166 e 167, Código Civil). O desrespeito a qualquer desses requisitos implica *nulidade* do negócio processual, reconhecível *ex officio* nos termos do parágrafo único do art. 190. A decretação de invalidade processual deve obedecer ao sistema das invalidades processuais, o que significa dizer que não haverá nulidade sem prejuízo[35].

---

[33] HOFFMAN, Paulo. *Saneamento compartilhado.* São Paulo: Quartier Latin, 2011, p. 198-199; NOGUEIRA, Pedro Henrique Pedrosa. "A cláusula geral do acordo de procedimento no Projeto do Novo CPC (PL 8.046/2010)", cit., p. 26.

[34] Nesse sentido, enunciado n. 409 do Fórum Permanente de Processualistas Civis: "A convenção processual é autônoma em relação ao negócio em que estiver inserta, de tal sorte que a invalidade deste não implica necessariamente a invalidade da convenção processual".

[35] ALMEIDA, Diogo Assumpção Rezende. *Das Convenções Processuais no Processo Civil.* Tese (Doutorado em Direito Processual) – Faculdade de Direito, Universidade do Estado do Rio de Janeiro, Rio de Janeiro, 2014, p. 124. Também assim, o Enunciado n. 16 do Fórum Permanente de Processualistas Civis: "O controle dos requisitos objetivos e subjetivos de validade da convenção de procedimento deve ser conjugado com a regra segundo a qual não há invalidade do ato sem prejuízo".

2.5.2. Capacidade

O *caput* do art. 190 do CPC exige que as partes sejam plenamente capazes para que possam celebrar os negócios processuais atípicos, mas não esclarece a que capacidade se refere.

Observe que o negócio pode ter sido celebrado antes do processo; assim, pode ter sido formado antes de as partes do negócio se tornarem partes do processo.

É a *capacidade processual* o requisito de validade exigido para a prática dos negócios processuais atípicos permitidos pelo art. 190 do CPC. No caso, exige-se a *capacidade processual negocial*,[36] que pressupõe a capacidade processual, mas não se limita a ela, pois a vulnerabilidade é caso de *incapacidade processual negocial*, como será visto adiante, que a princípio não atinge a *capacidade processual geral* – um consumidor é processualmente capaz, embora possa ser um *incapaz processual negocial*.

A observação é importante, pois o sujeito pode ser incapaz civil e capaz processual, como, por exemplo, o menor com dezesseis anos, que tem capacidade processual para a ação popular, embora não tenha plena capacidade civil. Embora normalmente quem tenha capacidade civil tenha capacidade processual, isso pode não acontecer. *Como se trata de negócios jurídicos processuais, nada mais justo que se exija capacidade processual para celebrá-los.*

Incapazes não podem celebrar negócios processuais sozinhos. Mas se estiver devidamente representado, não há qualquer impedimento para que o incapaz celebre um negócio processual. De fato, não há sentido em impedir negócio processual celebrado pelo espólio (incapaz processual) ou por um menor, sobretudo quando se sabe que, extrajudicialmente, suprida a incapacidade pela representação, há para esses sujeitos mínimas limitações para a negociação.

Não há qualquer impedimento na celebração de convenções processuais pelo Poder Público[37]: se pode optar pela arbitragem (art. 1º, §§1º e 2º, Lei n. 9.307/1996), tanto mais poderia celebrar convenções processuais. Eventual invalidade, no caso, recairia sobre o objeto, mas, não, sobre a capacidade.

O CPC prevê expressamente a possibilidade de acordo ou tratado internacional dispensar a *caução às custas* (art. 83, §1º, I, CPC). É um claro negócio jurídico processual, celebrado pela União. O art. 75, §4º, CPC, expressamente prevê um

---

[36] GRECO, Leonardo. "Os atos de disposição processual – primeiras reflexões", cit., p. 13. Diogo Rezende de Almeida vai nessa linha, com uma sutil diferença: para ele, nos negócios celebrados *antes* do processo, a capacidade exigida é a do direito material (ALMEIDA, Diogo Assumpção Rezende. *Das Convenções Processuais no Processo Civil*, cit., p. 120-121). Para nós, porque visa a produzir efeitos em um processo, ainda que futuro, a capacidade exigida é a processual. Uma pessoa casada não pode regular uma futura ação real imobiliária sem a participação do seu cônjuge, por exemplo: embora *materialmente* capaz, ela sofre restrição em sua capacidade processual (art. 73, CPC; art. 1.647, Código Civil).

[37] Assim, enunciado n. 256 do Fórum Permanente de Processualistas Civis: "A Fazenda Pública pode celebrar negócio processual".

NEGÓCIOS JURÍDICOS PROCESSUAIS ATÍPICOS NO CPC-2015

negócio jurídico processual celebrado entre o Estado e o Distrito Federal, para cooperação entre as procuradorias jurídicas.

É preciso também registrar que o Ministério Público pode celebrar negócios processuais, sobretudo na condição de parte – basta dar como exemplo a possibilidade de o Ministério Público inserir, em termos de ajustamento de conduta, convenções processuais[38].

O parágrafo único do art. 190 traz hipótese específica de *incapacidade processual negocial*: a incapacidade pela situação de vulnerabilidade. Há vulnerabilidade quando houver desequilíbrio entre os sujeitos na relação jurídica, fazendo com que a negociação não se aperfeiçoe em igualdades de condições[39].

O juridicamente incapaz presume-se vulnerável. Mas há quem seja juridicamente capaz *e* vulnerável. As posições jurídicas de consumidor e de trabalhador costumam ser apontadas como posições vulneráveis, nada obstante envolvam sujeitos capazes. Nesses casos, a vulnerabilidade precisa ser constatada *in concreto*: será preciso demonstrar que a vulnerabilidade atingiu a formação do negócio jurídico, desequilibrando-o. Não por acaso o parágrafo único do art. 190 diz que o órgão jurisdicional somente reputará nulo o negócio quando se constatar a "manifesta situação de vulnerabilidade".

Um indício de vulnerabilidade é o fato de a parte não estar acompanhada de assessoramento técnico-jurídico[40]. Esse fato não autoriza, por si, que

---

[38] Assim, enunciado n. 253 do Fórum Permanente de Processualistas Civis: "O Ministério Público pode celebrar negócio processual quando atua como parte". O Conselho Nacional do Ministério Público regulamentou e estimulou a celebração de convenções processuais pelo Ministério Público, nos arts. 15-17 da Resolução n. 118/2014: "Art. 15. As convenções processuais são recomendadas toda vez que o procedimento deva ser adaptado ou flexibilizado para permitir a adequada e efetiva tutela jurisdicional aos interesses materiais subjacentes, bem assim para resguardar âmbito de proteção dos direitos fundamentais processuais. Art. 16. Segundo a lei processual, poderá o membro do Ministério Público, em qualquer fase da investigação ou durante o processo, celebrar acordos visando constituir, modificar ou extinguir situações jurídicas processuais. Art. 17. As convenções processuais devem ser celebradas de maneira dialogal e colaborativa, com o objetivo de restaurar o convívio social e a efetiva pacificação dos relacionamentos por intermédio da harmonização entre os envolvidos, podendo ser documentadas como cláusulas de termo de ajustamento de conduta".

[39] O dispositivo decorreu da influência do pensamento de Leonardo Greco sobre a paridade de armas na negociação processual (GRECO, Leonardo. "Os atos de disposição processual – primeiras reflexões". *Revista Eletrônica de Direito Processual*, 2007, v. 1, p. 11. Disponível em: <www.redp.com.br>).

[40] "Como se sabe, não são raros os contratos em que não há assistência de advogado para uma ou ambas as partes contraentes. Uma cláusula que estabeleça modificação em questões técnicas do processo pode, muito bem, passar despercebida por um leigo e mesmo por empresários versados em negócios empresariais (mas não no processo e, mais ainda, nos detalhes procedimentais). Nesses casos, a não-participação de advogado quando da lavratura do negócio pode significar a incapacidade do contraente de prever as consequências da sua manifestação de vontade. A vulnerabilidade técnica, nesse caso, especificamente quanto ao processo e suas previsões, pode significar a necessidade de não-aplicação do negócio, no ponto". (ABREU, Rafael Sirangelo de. "A igualdade e os negócios processuais" In: CABRAL,

se presuma a vulnerabilidade da parte, mas indiscutivelmente é uma pista para ela[41].

Assim, nada impede, em tese, a celebração de negócios processuais no contexto do processo consumerista ou trabalhista. Caberá ao órgão jurisdicional, em tais situações, verificar se a negociação foi feita em condições de igualdade; se não, recusará eficácia ao negócio. Note que o parágrafo único do art. 190 concretiza as disposições do art. 7º e do art. 139, I, CPC, que impõem ao juiz o dever de zelar pela igualdade das partes.

O art. 105 do CPC traz uma lista de atos para os quais o advogado necessita de poder especial; lá, há muitos atos negociais. Sempre que um negócio processual puder resultar em uma das situações previstas no art. 105 do CPC, há necessidade que o advogado tenha poder especial para praticá-lo em nome da parte.

2.5.3. Objeto

O objeto do negócio é o ponto mais sensível e indefinido na dogmática da negociação processual atípica. É preciso criar padrões dogmáticos seguros para o exame da licitude do objeto dos negócios processuais.

Seguem algumas diretrizes gerais, que não exaurem a dogmática em torno do assunto.

a) A primeira diretriz é a adoção do critério proposto por Peter Schlosser, para avaliar o consenso das partes sobre o processo civil: *in dubio pro libertate*[42].

Ressalvada alguma regra que imponha uma interpretação restritiva (art. 114 do Código Civil, p. ex.), na dúvida deve admitir-se o negócio processual.

b) A negociação atípica somente pode realizar-se em causas que admitam solução por autocomposição. Trata-se de requisito objetivo expresso previsto no *caput* do art. 190 do CPC.

Embora o negócio processual ora estudado não se refira ao objeto litigioso do processo, é certo que a negociação sobre as situações jurídicas processuais ou sobre a estrutura do procedimento pode acabar afetando a solução do mérito da causa. Um negócio sobre prova, por exemplo, pode dificultar as chances de êxito de uma das partes. Esse reflexo que o negócio processual possa vir a causar na resolução do direito litigioso justifica a proibição de sua celebração em processos cujo objeto não admita autocomposição.

Antonio do Passo; NOGUEIRA, Pedro Henrique Pedrosa (coord.). *Negócios processuais.* Salvador: Editora Jus Podivm, 2015, p. 208).

[41] Enunciado n. 18 do Fórum Permanente de Processualistas Civis: "Há indício de vulnerabilidade quando a parte celebra acordo de procedimento sem assistência técnico-jurídica".

[42] Citado por CAPONI, Remo. "Autonomia privata e processo civile: gli accordi processuali". *Civil Procedure Review*, v. 1, n. 2, 2010, p. 44. Disponível em: <http://www.civilprocedurereview.com/busca/baixa_arquivo.php?id=19m>. Acesso em: 16 abr. 2014; "Autonomia privada e processo civil: os acordos processuais". Pedro Gomes de Queiroz (trad.) *Revista de Processo*. São Paulo: RT, 2014, n. 228, p. 362.

Mas é preciso que se deixe claro um ponto: o direito em litígio pode ser indisponível, mas admitir solução por autocomposição. É o que acontece com os direitos coletivos[43] e o direito aos alimentos. Assim, "a indisponibilidade do direito material não impede, por si só, a celebração de negócio jurídico processual" (Enunciado n. 135 do Fórum Permanente de Processualistas Civis). Por isso o texto legal fala em "direito que admita autocomposição" e não "direito indisponível".

c) Tudo o quanto se sabe sobre a licitude do objeto do negócio jurídico privado aplica-se ao negócio processual.

Assim, somente é possível negociar comportamentos lícitos. São nulos, por exemplo, o negócio processual em que uma parte aceite ser torturada no depoimento pessoal e o negócio em que as partes aceitem ser julgadas com base em provas de fé (carta psicografada, por exemplo). No primeiro caso, o objeto do negócio é a prática de um crime; no segundo, o objeto do negócio vincula o Estado-juiz, que é laico, a decidir com base em premissa religiosa, o que é inconstitucional (art. 19, I, CF/1988).

Não é possível negociar para não haver representação processual por advogado. Se as partes não têm capacidade postulatória, elas não podem negociar para se autoatribuir essa capacidade[44].

Também é nulo o negócio processual simulado (art. 167 do Código Civil) ou em fraude à lei (art. 166, VI, Código Civil). Aplica-se, no caso, o art. 142 do CPC, que impõe ao juiz o dever de proferir decisão que obste o propósito das partes, sempre que constatar a simulação processual ou a fraude à lei. Simulação processual não é apenas a propositura de um processo simulado ("lide simulada", no jargão forense); há simulação processual também quando se celebra negócio processual simulado; pode haver fraude à lei também em negócios processuais.

O art. 142 do CPC, embora existente desde a época do CPC-1973 (art. 129), deve ter a sua importância redimensionada pela doutrina e pela jurisprudência, em razão da introdução da cláusula geral de negociação sobre o processo do art. 190[45].

d) Sempre que *regular expressamente* um negócio processual, a lei delimitará os contornos de seu objeto.

---

[43] Enunciado n. 258 do Fórum Permanente de Processualistas Civis: "É admissível a celebração de convenção processual coletiva". Certamente, será muito frequente a inserção de convenções processuais em convenções coletivas de trabalho ou de consumo, por exemplo.

[44] YARSHELL, Flávio Luiz. "Convenções das partes em matéria processual: rumo a uma nova era?" In: CABRAL, Antonio do Passo; NOGUEIRA, Pedro Henrique Pedrosa (coord.). *Negócios processuais*. Salvador: Editora Jus Podivm, 2015, p. 76.

[45] Encampando essa ideia, o enunciado n. 410 do Fórum Permanente de Processualistas Civis: "Aplica-se o Art. 142 do CPC ao controle de validade dos negócios jurídicos processuais".

Acordo sobre competência, por exemplo, é expressamente regulado (art. 63 do CPC) e o seu objeto, claramente definido: somente a competência relativa pode ser negociada. Assim, acordo sobre competência em razão da matéria, da função e da pessoa não pode ser objeto de negócio processual. Acordo de supressão de primeira instância é exemplo de acordo sobre competência funcional: acorda-se para que a causa não tramite perante o juiz e vá direto ao tribunal, que passaria a ter competência funcional originária, e não derivada; esse acordo é proibido[46].

e) Sempre que a matéria for de reserva legal, a negociação processual em torno dela é ilícita.

Os recursos, por exemplo, observam a regra da taxatividade: somente há os recursos previstos em lei, em rol taxativo (art. 994, CPC). Assim, não se pode criar recurso por negócio processual (um recurso ordinário para o STF diretamente contra decisão de primeira instância, por exemplo) nem se pode alterar regra de cabimento de recurso (agravo de instrumento em hipótese não prevista em lei, por exemplo). Em ambos os casos, no final das contas, se estaria negociando sobre competência funcional, que é absoluta; o art. 63 do CPC somente permite acordo de competência relativa.

f) Não se admite negócio processual que tenha por objeto afastar regra processual que sirva à proteção de direito indisponível. Trata-se de negócios processuais celebrados em ambiente propício, mas com objeto ilícito, porque relativo ao afastamento de alguma regra processual cogente, criada para a proteção de alguma finalidade pública. É ilícito, por exemplo, negócio processual para afastar a intimação obrigatória do Ministério Público[47], nos casos em que a lei a reputa obrigatória (art. 178, CPC).

Pelo mesmo motivo, não se admite acordo de segredo de justiça[48]. Perante o *juízo estatal*, o processo é público, ressalvadas exceções constitucionais, dentre as quais não se inclui o acordo entre as partes. Trata-se de imperativo constitucional decorrente da Constituição Federal (art. 5º, LX; art. 93, IX e X). Caso desejem um processo sigiloso, as partes deverão optar pela arbitragem.

g) É possível inserir negócio processual em contrato de adesão, mas ele não pode ser abusivo. Não pode, por exemplo, onerar excessivamente uma das partes. Se abusivo, será nulo. Generaliza-se aqui o raciocínio desenvolvido para o foro

---

[46] Enunciado n. 20 do Fórum Permanente de Processualistas Civis: "Não são admissíveis os seguintes negócios bilaterais, dentre outros: acordo para modificação da competência absoluta, acordo para supressão da primeira instância, acordo para afastar motivos de impedimento do juiz, acordo para criação de novas espécies recursais, acordo para ampliação das hipóteses de cabimento de recursos".

[47] GRECO, Leonardo. "Os atos de disposição processual – primeiras reflexões". *Revista Eletrônica de Direito Processual*, 2007, v. 1, p. 11. Disponível em: <www.redp.com.br>. Nesse sentido, enunciado n. 254 do Fórum Permanente de Processualistas Civis: "É inválida a convenção para excluir a intervenção do Ministério Público como fiscal da ordem jurídica".

[48] Diferentemente do que acontece em França, onde este acordo é permitido (art. 435, CPC francês).

de eleição e para a distribuição convencional do ônus da prova, negócios processuais típicos. É por isso que o parágrafo único do art. 190 fala em nulidade por "inserção abusiva em contrato de adesão".

h) No negócio processual atípico, as partes podem definir outros deveres e sanções, distintos do rol legal de deveres e sanções processuais, para o caso de seu descumprimento[49].

2.5.4. Forma

A forma do negócio processual atípico é livre[50].

A consagração da atipicidade da negociação processual liberta a forma com o que o negócio jurídico se apresenta. Assim, é possível negócio processual oral ou escrito, expresso ou tácito, apresentado por documento formado extrajudicialmente ou em mesa de audiência etc.

Há, porém, casos excepcionais (foro de eleição e convenção de arbitragem, p. ex.), em que a lei exige forma escrita.

2.6. Anulabilidade.

Além de nulo, o negócio processual pode ser anulável. Vícios de vontade podem contaminar negócios processuais[51]. Convenção processual celebrada após coação ou em erro pode ser anulada, por exemplo. A anulação do negócio processual, nesses casos, depende de provocação do interessado (art. 177 do Código Civil).

2.7. Eficácia e revogabilidade

Há negócios processuais que dependem de homologação judicial (desistência da demanda, art. 200, par. ún.; organização consensual do processo, art. 357, §2º). Nesses casos, somente produzirão efeitos após a homologação. A necessidade de homologação de um negócio processual deve vir prevista em lei[52]. Quando isso

---

[49] Enunciado n. 17 do Fórum Permanente de Processualistas Civis: "As partes podem, no negócio processual, estabelecer outros deveres e sanções para o caso do descumprimento da convenção".

[50] GODINHO, Robson Renault. *Convenções sobre o ônus da prova – estudo sobre a divisão de trabalho entre as partes e os juízes no processo civil brasileiro.* Tese de doutoramento. São Paulo: PUC, 2013, p. 165; ALMEIDA, Diogo Assumpção Rezende. *Das Convenções Processuais no Processo Civil,* cit., p. 123-124. Há versões comerciais de ambas as teses: GODINHO, Robson. *Negócios processuais sobre o ônus da prova no novo Código de Processo Civil.* São Paulo: RT, 2015; ALMEIDA, Diogo Assumpção Rezende. *A contratualização do processo.* São Paulo: LTr, 2015.

[51] Entendimento encampado no enunciado n. 132 do Fórum Permanente de Processualistas Civis: "Além dos defeitos processuais, os vícios da vontade e os vícios sociais podem dar ensejo à invalidação dos negócios jurídicos atípicos do art. 190". Assim, também, mais recentemente, YARSHELL, Flávio Luiz. "Convenções das partes em matéria processual: rumo a uma nova era?" In: CABRAL, Antonio do Passo; NOGUEIRA, Pedro Henrique Pedrosa (coord.). *Negócios processuais.* Salvador: Editora Jus Podivm, 2015, p. 77.

[52] Enunciado n. 133 do Fórum Permanente de Processualistas Civis: "Salvo nos casos expressamente previstos em lei, os negócios processuais do *caput* do art. 190 não dependem de homologação judicial".

ASPECTOS POLÊMICOS DO NOVO CÓDIGO DE PROCESSO CIVIL

acontece, a homologação judicial é uma condição legal de eficácia do negócio jurídico processual[53].

O negócio processual atípico baseado no art. 190 segue, porém, a regra geral do *caput* do art. 200 do CPC: produzem efeitos *imediatamente*, salvo se as partes, expressamente, houverem modulado a eficácia do negócio, com a inserção de uma condição ou de um termo[54]. Leonardo Greco traz exemplo interessante: as partes dispensam a prova testemunhal, caso a perícia esclareça determinado fato[55].

A regra é a seguinte: não possuindo defeito, o juiz não pode recusar aplicação ao negócio processual.

A princípio, a decisão do juiz que não homologa ou que recusa aplicação a negócio processual não pode ser impugnada por agravo de instrumento. Sucede que o inciso III do art. 1.015 prevê o cabimento de agravo de instrumento contra decisão que rejeita a alegação de convenção de arbitragem. Essa decisão pode significar recusa de aplicação de uma convenção processual, que é a convenção de arbitragem. Parece ser possível, por isso, extrair, a partir desse caso, por analogia, a recorribilidade por agravo de instrumento da decisão interlocutória que não homologue ou recuse eficácia a um negócio processual. O rol das hipóteses de agravo de instrumento, embora taxativo, pode ser interpretado por analogia. Imagine o absurdo da interpretação em sentido contrário: o juiz não homologa a desistência e o ato não pode ser recorrido imediatamente; o processo prosseguiria contra a vontade do autor.

Aplica-se aos negócios processuais *bilaterais*, ainda, a regra da irrevogabilidade da declaração de vontade[56]. Salvo previsão legal ou negocial expressa[57], o negócio processual atípico celebrado com base no art. 190 do CPC é irrevogável.

Obviamente, é possível o distrato processual, pois as mesmas vontades que geraram o negócio são aptas a desfazê-lo[58]. Mas se o negócio processual for do tipo que precisa de homologação judicial para produzir efeitos, o respectivo distrato também dependerá dessa homologação[59].

---

[53] Enunciado n. 260 do Fórum Permanente de Processualistas Civis: "A homologação, pelo juiz, da convenção processual, quando prevista em lei, corresponde a uma condição de eficácia do negócio".

[54] DIDIER JR., Fredie; NOGUEIRA, Pedro Henrique Pedrosa. *Teoria dos fatos jurídicos processuais.* 2ª ed. Salvador: Editora JusPodivm, 2012, p. 151-152.

[55] GRECO, Leonardo. "Os atos de disposição processual – primeiras reflexões". *Revista Eletrônica de Direito Processual,* 2007, v. 1, p. 12. Disponível em: <www.redp.com.br>.

[56] ALMEIDA, Diogo Assumpção Rezende. *Das Convenções Processuais no Processo Civil.* Tese (Doutorado em Direito Processual) – Faculdade de Direito, Universidade do Estado do Rio de Janeiro, Rio de Janeiro, 2014, p. 178 e segs.

[57] ALMEIDA, Diogo Assumpção Rezende. *Das Convenções Processuais no Processo Civil,* cit., p. 179.

[58] Nesse sentido, enunciado n. 411 do Fórum Permanente de Processualistas Civis: "O negócio processual pode ser distratado".

[59] Nesse sentido, enunciado n. 495 do Fórum Permanente de Processualistas Civis: "O distrato do negócio processual homologado por exigência legal depende de homologação".

2.8. Onerosidade excessiva, resolução e revisão

A onerosidade excessiva superveniente à elaboração de um negócio jurídico de execução diferida pode servir como fundamento para a sua resolução (art. 478, Código Civil) ou revisão (art. 479, Código Civil).

As regras servem às convenções processuais – sobretudo àquelas celebradas antes da instauração do processo.

Rafael Abreu fornece um bom exemplo: convenção processual sobre custos do processo; sucede que, no momento de incidência da convenção, a situação econômica do convenente é bem diferente daquela do momento da celebração do negócio, tornando a convenção excessivamente onerosa[60].

3. Inadimplemento e ônus da alegação

O inadimplemento da prestação de um negócio processual celebrado pelas partes é fato que tem de ser alegado pela parte adversária; caso não o faça no primeiro momento que lhe couber falar, considera-se que houve novação tácita e, assim, preclusão do direito de alegar o inadimplemento. *Não pode o juiz, de ofício, conhecer do inadimplemento do negócio processual, salvo se houver expressa autorização negocial (no próprio negócio as partes aceitam o conhecimento de ofício do inadimplemento) ou legislativa nesse sentido*[61].

Essa é a regra geral que se extrai do sistema, a partir de outras regras previstas para negócios típicos: a não alegação do foro de eleição, pelo réu, que significa revogação tácita dessa cláusula contratual (art. 65, CPC); a não alegação da convenção de arbitragem implica renúncia tácita à jurisdição estatal (art. 337, §6º, CPC).

Um exemplo, para ilustrar, com um negócio atípico.

Imagine-se o acordo de instância única: as partes negociam que ninguém recorrerá. Se, por acaso, uma das partes recorrer, o órgão jurisdicional não pode deixar de admitir o recurso por esse motivo; cabe à parte recorrida alegar e provar o inadimplemento, sob pena de preclusão. O não-cabimento do recurso em razão do negócio jurídico processual não pode ser conhecido de ofício pelo juiz.

3.1. Efetivação

O inadimplemento da prestação de um negócio processual autoriza que se peça a execução da prestação devida ou a implantação da situação jurídica pactuada. Essa execução, diferentemente do que ocorre com a execução de negócios jurí-

---

[60] ABREU, Rafael Sirangelo de. "A igualdade e os negócios processuais" In: CABRAL, Antonio do Passo; NOGUEIRA, Pedro Henrique Pedrosa (coord.). *Negócios processuais*. Salvador: Editora Jus Podivm, 2015, p. 207.

[61] A propósito, enunciado n. 252 do Fórum Permanente de Processualistas Civis: "O descumprimento de uma convenção processual válida é matéria cujo conhecimento depende de requerimento".

dicos não processuais, dá-se no bojo do próprio processo, sem necessidade de ajuizamento de uma ação executiva.

Por simples petição, a parte lesada pelo inadimplemento pede ao juiz "que exija da parte contrária o respeito ao pactuado ou simplesmente ponha em prática a nova sistemática processual firmada na convenção"[62].

É o que acontece, por exemplo, quando se requer a inadmissibilidade de um recurso interposto por parte que havia aceitado a decisão ou quando o juiz decide com base na regra de ônus da prova que foi pactuada, mesmo contra a vontade da parte[63].

3.2. Princípio da boa-fé e negociação processual

Durante toda a fase de negociação processual (tratativas, celebração e execução), vige o princípio da boa-fé processual (art. 5º, CPC; art. 422, Código Civil). Isso vale tanto para os negócios típicos quanto para os atípicos[64].

3.3. Interpretação

Os negócios processuais, típicos e atípicos, devem ser interpretados de acordo com as normas gerais de interpretação dos negócios jurídicos previstas no Código Civil – que, em verdade, são normas gerais para interpretação de qualquer negócio jurídico:

a) art. 112 do Código Civil: nas declarações de vontade se atenderá mais à intenção nelas consubstanciada do que ao sentido literal da linguagem[65];

b) art. 113 do Código Civil: os negócios jurídicos devem ser interpretados conforme a boa-fé e os usos do lugar de sua celebração[66];

c) art. 114 do Código Civil: os negócios jurídicos *benéficos* (aqueles em que apenas uma das partes se obriga, enquanto a outra se beneficia) e a *renúncia* interpretam-se estritamente[67];

---

[62] ALMEIDA, Diogo Assumpção Rezende. *Das Convenções Processuais no Processo Civil*, cit., p. 179.

[63] ALMEIDA, Diogo Assumpção Rezende. *Das Convenções Processuais no Processo Civil*, cit., p. 179.

[64] Assim, enunciado n. 407 do Fórum Permanente de Processualistas Civis: "Nos negócios processuais, as partes e o juiz são obrigados a guardar nas tratativas, na conclusão e na execução do negócio o princípio da boa-fé".

[65] Encampando essa ideia, defendida desde a 17ª ed. deste volume, o enunciado n. 404 do Fórum Permanente de Processualistas Civis: "Nos negócios processuais, atender-se-á mais à intenção consubstanciada na manifestação de vontade do que ao sentido literal da linguagem".

[66] Encampando essa ideia, defendida desde a 17ª ed. deste volume, o enunciado n. 405 do Fórum Permanente de Processualistas Civis: "Os negócios jurídicos processuais devem ser interpretados conforme a boa-fé e os usos do lugar de sua celebração".

[67] Encampando essa ideia, defendida desde a 17ª ed. deste volume, o enunciado n. 406 do Fórum Permanente de Processualistas Civis: "Os negócios jurídicos processuais benéficos e a renúncia a direitos processuais interpretam-se estritamente".

d) art. 423 do Código Civil: quando houver no contrato de adesão cláusulas ambíguas ou contraditórias, dever-se-á adotar a interpretação mais favorável ao aderente; a regra é importante, pois, como vimos, é permitida a inserção de negócio processual em contrato de adesão[68].

3.4. Negócios processuais coletivos e negócios processuais que dizem respeito a processos indeterminados

Admitem-se *negócios processuais coletivos*[69]-[70]. Basta pensar em um acordo coletivo trabalhista, em que os sindicatos disciplinem aspectos do futuro dissídio coletivo trabalhista. Trata-se de negócio que visa disciplinar futuro processo coletivo.

Para que tais convenções processuais coletivas sejam celebradas, é preciso que haja legitimação negocial coletiva por parte do ente que a celebre. Aplica-se, aqui, por analogia, o regramento das convenções coletivas de trabalho e convenções coletivas de consumo (art. 107, CDC).

Há também negócios que dizem respeito a processos indeterminados.

Há exemplos de acordos celebrados entre órgãos do Poder Judiciário e alguns litigantes habituais (Caixa Econômica Federal, p. ex.), no sentido de regular o modo como devem ser citados (sobretudo regulando a citação por meio eletrônico) e até a quantidade de citações novas por semana. Tratados internacionais podem disciplinar regras processuais de cooperação internacional – tratados são negócios jurídicos e podem ser fonte de norma processual.

Também não parece haver impedimento para convenções processuais envolvendo a Ordem dos Advogados do Brasil e órgãos do Poder Judiciário para, por exemplo, estipular um calendário de implantação de processo eletrônico ou

---

[68] Encampando essa ideia, defendida desde a 17ª ed. deste volume, o enunciado n. 408 do Fórum Permanente de Processualistas Civis: "Quando houver no contrato de adesão negócio jurídico processual com previsões ambíguas ou contraditórias, dever-se-á adotar a interpretação mais favorável ao aderente".

[69] Enunciado n. 255 do Fórum Permanente de Processualistas Civis: "É admissível a celebração de convenção processual coletiva". Certamente, será muito frequente a inserção de convenções processuais em convenções coletivas de trabalho ou de consumo, por exemplo. Além disso, a Resolução n. 118 do Conselho Nacional do Ministério Público regula, expressamente, as convenções processuais celebradas pelo Ministério Público em termos de ajustamento de conduta, instrumento negocial para a solução de litígios coletivos.

[70] "(...) alguns exemplos interessantes que constituem objeto dos acordos coletivos processuais na França: (a) as conclusões finais das partes devem anunciar claramente as razões de fato e de direito; (b) comunicação entre tribunal e advogado por via eletrônica; (c) acordo para perícias firmado entre tribunal, ordem dos advogados e associação de peritos, para regulamentar a produção da prova e uniformizar critérios de fixação de honorários; (d) instituição de comissão mista de estudo para acompanhar processos e estudar as eventuais disfunções e apresentar propostas de alterações". (ANDRADE, Érico. "As novas perspectivas do gerenciamento e da 'contratualização' do processo", cit., p. 190.) Sobre o assunto, CADIET, Loïc. "Los acuerdos procesales en derecho francés: situación actual de la contractualización del proceso y de la justicia en Francia", cit., p. 30-35. Disponível em: <www.civilprocedurereview.com>. Acesso em: 21 abr. 2014.

outros instrumentos de gestão da administração da Justiça. Na medida em que interfiram no andamento de um processo, esses negócios serão processuais.

Outro bom exemplo é a possibilidade de os Estados e o Distrito Federal ajustarem compromisso recíproco para prática de ato processual por seus procuradores em favor de outro ente federado, mediante convênio firmado pelas respectivas procuradorias (art. 75, §4º, CPC). Parece bem razoável a interpretação elástica do dispositivo, até mesmo em razão do art. 190 do CPC, no sentido de a permissão estender-se também aos entes da administração indireta, como as autarquias e empresas estatais[71].

3.5. Direito intertemporal

Há duas dúvidas de direito intertemporal que merecem exame destacado.

a) Negócio jurídico processual atípico celebrado antes do início da vigência do CPC-2015 pode produzir efeitos?

Para quem defende que negócios processuais atípicos eram permitidos nos termos do art. 158 do CPC-1973, o problema não existe: o CPC-2015 apenas ratifica o que já se permitia. Esta é a nossa posição.

Para quem defende que negócios processuais atípicos somente são permitidos a partir do CPC-2015, o problema ganha vulto. Nesse caso, o negócio atípico celebrado ao tempo do CPC-1973 pode produzir efeitos a partir do início da vigência do CPC-2015. Essa posição foi encampada pelo enunciado n. 493 do Fórum Permanente de Processualistas Civis: "O negócio processual celebrado ao tempo do CPC-1973 é aplicável após o início da vigência do CPC-2015".

b) Negócio jurídico processual típico, previsto no CPC-2015, mas celebrado antes do início da vigência do CPC-2015, pode produzir efeitos?

O CPC-2015, como visto, previu alguns negócios processuais típicos novos (escolha consensual do perito, art. 471, p. ex.). Uma escolha consensual do perito celebrada na vigência do CPC-1973 poderia produzir efeitos após o início da vigência do CPC-2015?

Novamente, para quem defende que negócios processuais atípicos eram permitidos nos termos do art. 158 do CPC-1973, o problema não existe: a escolha consensual do perito seria considerada como negócio atípico, se celebrada ao tempo do CPC-1973. Esta é a nossa posição.

Para quem entende que esse negócio somente pode ser celebrado a partir do CPC-2015, e com observância aos respectivos pressupostos, é possível aceitá-lo, reconhecendo-lhe efeitos a partir do início da vigência do CPC-2015, numa espécie de *convalidação, pela lei, do negócio jurídico.*

---

[71] Acolhendo a ideia, o enunciado n. 383 do Fórum Permanente de Processualistas Civis: "As autarquias e fundações de direito público estaduais e distritais também poderão ajustar compromisso recíproco para prática de ato processual por seus procuradores em favor de outro ente federado, mediante convênio firmado pelas respectivas procuradorias".

O negócio jurídico processual: um novo capítulo no Direito das Garantias – o exemplo da propriedade fiduciária

Marco Paulo Denucci Di Spirito

1. Introdução

Quando se fala em garantias, vêm à mente institutos clássicos positivados no Código Civil como a fiança (art. 827 a 839), a hipoteca (arts. 1.473 a 1.505), o penhor (1.431 a 1.472) ou a compra e venda com reserva de domínio (arts. 521 a 528). Leis especiais também preveem garantias como o aval, restrito aos títulos de crédito (*e.g.*, arts. 30 a 32, LUG; arts. 29 a 32, Lei 7.357/1985), ou aquelas definidas para a locação de imóveis urbanos, a exemplo da caução, do seguro de fiança locatícia e da cessão fiduciária de quotas de fundo de investimento (art. 37, Lei 8.245/1991).

Por outro lado, em sede de direito privado prevalece a mais ampla abertura para a definição de garantias, segundo estabelecido pelas partes. Assim, além das garantias típicas existem as garantias atípicas.

O ordenamento jurídico brasileiro apresenta importantes mecanismos para amparar as garantias erigidas de acordo com a autonomia privada. Entretanto, faltava para esta seara uma engrenagem de grande relevância do ponto de vista da eficácia: o suporte em técnicas processuais. De nada adiantaria franquear às partes a prerrogativa de adequar garantias segundo o programa contratual convenientemente estabelecido se, ao cabo, eventual conflito terminasse num procedimento judicial formatado, indiferente às peculiaridades do pacto, sem qualquer aptidão para aplicar, efetivamente, todos os mecanismos previstos de antemão para solucionar intercorrências futuras. É saliente a incoerência de um contexto como esse, pois, de um lado, o direito material permite a eleição de garantias atípicas, ou a reconfiguração de garantias típicas, enquanto que, de outro, o direito processual acaba servindo como um "filtro" desses mecanismos de segurança.

É como se o processo civil "mandasse às favas"[1] o direito material e tudo que dele deflui, incluindo as garantias contratuais.

O Código de Processo Civil de 2015, todavia, acrescenta, em seu art. 190, uma cláusula geral que permite o estabelecimento de negócios jurídicos processuais atípicos e que possui considerável potencial de alterar o descrito quadro de indiferença às garantias contratuais.

Os negócios jurídicos processuais podem ser brevemente definidos como pactos[2] firmados com o escopo de regular aspectos ou módulos procedimentais[3] que deverão ser observados no processo pelas partes e pelo julgador, tais como disposições legais.[4] Significa dizer que por meio da cláusula geral em foco as partes são dotadas de "poderes para promover adaptações no procedimento"[5], de sorte a normatizar parcela do exercício da jurisdição.[6]

Conforme será analisado oportunamente, o negócio jurídico processual abre no país um novo capítulo para o Direito das Garantias, ao permitir a definição de técnicas, vinculativas às partes e ao julgador, para a implementação dos mecanismos de segurança que compuseram a equação contratual.

Dessa forma, após uma breve apresentação do negócio jurídico processual de acordo com o novo CPC, serão expostos fragmentos de uma teoria geral das garantias, para a devida compreensão de que o novel instituto sobreveio para completar o regime de mecanismos de segurança do crédito no direito privado. Na medida do possível, em virtude dos limites inerentes a um trabalho dessa natureza, serão explorados os fundamentos jurídicos do negócio jurídico processual

---

[1] Segundo o Dicionário de locuções e expresses da língua portuguesa, "mandar às favas" significa demonstrar pouco apreço a alguém ou algo, livrar-se de um serviço que aborrece. (ROCHA, Carlos Alberto de Macedo; ROCHA, Carlos Eduardo Penna de M. *Dicionário de locuções e expresões da língua portuguesa*. Rio de Janeiro: Ed. Lexikon, 2011, p. 276). Esse significado é destacado para frisar algo muito comum na prática processual civil da atualidade, norteada por um senso de padronização que de fato tolhe e filtra direitos, como se o ordenamento jurídico permitisse a revogação ou o desprezo ao próprio direito material por meio do processo.

[2] Refere-se aos negócios jurídicos bilaterais, que consistem no objeto central do presente trabalho.

[3] ALMEIDA, Diogo Assumpção Rezende de. *As convenções processuais na experiência francesa e o no Novo CPC*. In: DIDIER JR., Fredie; CABRAL, Antonio do Passo; NOGUEIRA, Pedro Henrique (Coord.). Negócios Processuais. Salvador: Ed. JusPodivm, 2015, p. 257. CADIET, Loïc. *La qualification juridique des accords processuels*. In: DIDIER JR., Fredie; CABRAL, Antonio do Passo; NOGUEIRA, Pedro Henrique (Coord.). *Negócios Processuais*. Salvador: Ed. JusPodivm, 2015, p. 101. CUNHA, Leonardo Carneiro da. *Negócios processuais no Processo Civil Brasileiro. In*: DIDIER JR., Fredie; CABRAL, Antonio do Passo; NOGUEIRA, Pedro Henrique (Coord.). Negócios Processuais. Salvador: Ed. JusPodivm, 2015, p. 57.

[4] KERN, Christoph A. *Procedural contracts in Germany. In*: DIDIER JR., Fredie; CABRAL, Antonio do Passo; NOGUEIRA, Pedro Henrique (Coord.). Negócios Processuais. Salvador: Ed. JusPodivm, 2015, p. 184.

[5] REDONDO, Bruno Garcia. *Negócios processuais: necessidade de rompimento com o sistema do CPC/1973 para a adequada compreensão da inovação do CPC/2015. In*: DIDIER JR., Fredie; CABRAL, Antonio do Passo; NOGUEIRA, Pedro Henrique (Coord.). Negócios Processuais. Salvador: Ed. JusPodivm, 2015, p. 272.

[6] ALMEIDA, Diogo Assumpção. *Op. cit.*, p. 258.

conjugado às garantias processuais. Para exemplificar a potencialidade do negócio jurídico processual ao Direito das Garantias, será explorado o benefício do art. 190 do CPC/2015 para a propriedade fiduciária (arts. 1.361 a 1.368-B, CC), designadamente na sua vertente de alienação fiduciária paritária, garantia essa que se transformou em letra morta exatamente pela falta de técnicas processuais de implementação, lacuna que agora pode ser colmatada pelo negócio jurídico processual. A partir do exemplo da propriedade fiduciária será demonstrado como que técnicas processuais eleitas pelas partes por via do negócio jurídico processual, com destaque para a técnica da venda antecipada, podem servir às garantias contratuais. Ainda, ao longo do texto serão demonstrados os benefícios do negócio jurídico processual para a tutela adequada e eficaz dos direitos.

2. A cláusula geral do art. 190, CPC/2015

O CPC/2015, assim como o CPC/1973, apresenta vários negócios jurídicos processuais típicos, a exemplo do acordo de eleição de foro, da convenção para suspensão do processo, da convenção de arbitragem ou da transação judicial.[7]

Paralelamente a essas espécies pontualmente estabelecidas, o CPC/2015 institui, em seu art. 190, uma verdadeira "cláusula geral de atipicidade dos negócios processuais"[8], "a mais importante concretização do princípio do respeito ao autorregramento da vontade no processo civil"[9]. Nos termos desta, em se tratando de direitos que admitam autocomposição é lícito às partes plenamente capazes convencionarem modulações sobre procedimento, ônus, poderes, faculdades e deveres processuais, antes ou durante o processo.

Ao contrário do negócio previsto no art. 191, que versa sobre o calendário para a prática de atos processuais, a cláusula processual do art. 190 autoriza a criação de pactos processuais independentemente de homologação judicial. Principalmente quando se considera a conjugação deste último com o art. 200, segundo o qual as declarações unilaterais ou bilaterais de vontade das partes produzem imediatamente a constituição, modificação ou extinção de direitos processuais.[10]

Por se tratar de uma cláusula geral[11], o art. 190 abre espaço para negócios jurídicos processuais atípicos, "sem sujeição a uma bitola rígida prefixada".[12]

---

[7] Uma listagem mais completa pode ser obtida em CUNHA, Leonardo Carneiro da. *Op. cit*, p. 42, 43.

[8] REDONDO, Bruno Garcia. *Op. cit*, p. 273.

[9] DIDIER JR., Fredie. *Curso de processo civil: introdução ao direito processual civil, parte geral e processo de conhecimento*, vol. 1. Salvador: Ed. Jus Podivm, 2015, p. 135.

[10] NOGUEIRA, Pedro Henrique Pedrosa. *Sobre os acordos de procedimento no Processo Civil Brasileiro. In:* DIDIER JR., Fredie; CABRAL, Antonio do Passo; NOGUEIRA, Pedro Henrique (Coord.). Negócios Processuais. Salvador: Ed. JusPodivm, 2015, p. 90.

[11] "A técnica legislativa moderna se faz por meio de conceitos legais indeterminados e cláusulas gerais, que dão mobilidade ao sistema, flexibilizando a rigidez dos institutos jurídicos e dos regramentos do direito positivo." (NERY JÚNIOR, Nelson; NERY, Rosa Maria de Andrade. *Código Civil Comentado*. São

ASPECTOS POLÊMICOS DO NOVO CÓDIGO DE PROCESSO CIVIL

Neste ponto, o CPC/2015 opta pelo autorregramento da vontade no processo civil[13] e pela denominada "comunidade de trabalho" (*Arbeitsgemeinschaft*) entre juiz e partes[14], na esteira do processo cooperativo/comparticipativo.[15] Abre, assim, caminho para a democratização processual, numa ótica policêntrica, que rechaça qualquer concepção de protagonismo judicial[16].

O negócio jurídico processual também é comemorado por permitir uma adaptação às singularidades da causa[17]. Este entendimento é acertado desde que se faça uma importante ponderação: antes de atender às peculiaridades do direito material em abstrato, o negócio jurídico processual na verdade serve ao programa contratual convenientemente definido, tendo em vista exatamente a possibilidade de as partes prefigurarem as consequências processuais que prevalecerão de forma vinculante. "No negócio jurídico, há escolha do regramento jurídico para uma determinada situação."[18] Esse ponto destaca a preponderância do direito fundamental de liberdade e do autorregramento da vontade. Dessa forma, o ajustamento mencionado no art. 190, *caput*, é aquele que atende à equação contratual, desautorizando qualquer interferência sobre as conveniências previamente eleitas. Cuida-se, assim, de um âmbito insindicável por parte do julgador. Uma vez que o negócio jurídico processual permite planejar, de antemão, aspectos do desdobramento judicial de eventual controvérsia, ele apresenta-se como novo instrumental no capítulo das garantias e destaca-se como pilar da segurança jurídica[19]. Cabem, aqui, os apontamentos de Fernando Araújo:

Paulo: Ed. Revista dos Tribunais, 2011, p. 196). Sobre o tema cláusulas gerais, *vide* MARTINS-COSTA, Judith. *A boa-fé no Direito Privado*. São Paulo: Ed. Revista dos Tribunais, 2000, p. 273 e ss.

[12] RIBEIRO, Joaquim de Sousa. *O problema do contrato – as cláusulas contratuais gerais e o princípio da liberdade contratual*. Coimbra: Ed. Almedina, 2003, p. 559.

[13] DIDIER JR., Fredie. *Princípio do respeito ao autorregramento da vontade no Processo Civil. In*: DIDIER JR., Fredie; CABRAL, Antonio do Passo; NOGUEIRA, Pedro Henrique (Coord.). Negócios Processuais. Salvador: Ed. JusPodivm, 2015, p. 19 e ss.

[14] THEODORO JÚNIOR, Humberto; NUNES, Dierle; BAHIA, Alexandre Melo Franco; PEDRON, Flávio Quinaud. *Novo CPC – fundamentos e sistematização*. Rio de Janeiro: Ed. Forense, 2015, p. 67.

[15] CUNHA, Leonardo Carneiro da. *Op. cit*, p. 49. THEODORO JÚNIOR, Humberto; NUNES, Dierle; BAHIA, Alexandre Melo Franco; PEDRON, Flávio Quinaud. *Op. cit*, p. 67.

[16] THEODORO JÚNIOR, Humberto; NUNES, Dierle; BAHIA, Alexandre Melo Franco; PEDRON, Flávio Quinaud. *Op. cit*, p. 67.

[17] CABRAL, Trícia Navarro Xavier. *Reflexo das convenções em matéria processual nos atos judiciais. In*: DIDIER JR., Fredie; CABRAL, Antonio do Passo; NOGUEIRA, Pedro Henrique (Coord.). Negócios Processuais. Salvador: Ed. JusPodivm, 2015, p. 222, 238.

[18] DIDIER JR., Fredie. *Op. cit.*, p. 377.

[19] Segundo Humberto Ávila, "a segurança jurídica garante o direito de o particular, com exatidão, conhecer, hoje, o Direito de amanhã, antecipando o conteúdo da decisão futura que irá qualificar juridicamente o ato de hoje praticado." (ÁVILA, Humberto. *Segurança Jurídica: entre permanência, mudança e realização no direito tributário*. São Paulo: Malheiros Editores, 2012, p. 131).

O NEGÓCIO JURÍDICO PROCESSUAL: UM NOVO CAPÍTULO NO DIREITO DAS GARANTIAS...

"Não convém perder de vista, por outro lado, que a ideia básica de contrato é a promoção, em estabilidade, de um programa combinado de condutas, e que essa estabilidade constitui, por ela mesma, um incentivo: isso recomenda que os contratos sejam o mais completos possível, por forma a evitar-se as 'clareiras' dentro das quais se manifestam o oportunismo e os efeitos da assimetria informativa, potenciados por ambientes dominados pela heterogeneidade dos sujeitos e pelo caráter das preferências não-reveladas (...)".[20]

A mudança de ótica, pois, requer seja compreendido que por meio de pactos de procedimento pessoas livres definem o desdobramento de eventuais intercorrências, afastando a ótica do *Nanny State*[21] que faz incidir formatados e inadequados enquadramentos processuais. É nesse sentido que o negócio jurídico processual deve ser apreciado pela lente das tutelas diferenciadas.

Bem se vê, pois, que o negócio jurídico processual representa uma inovação que possui o potencial de promover uma efetiva revolução do ponto de vista da cultura processual no país[22].

Consiste em objetivo central deste trabalho demonstrar que o negócio jurídico processual, tal como instituído pelo CPC/2015, apresenta-se como um novo capítulo no Direito das Garantias. Para se chegar a essa conclusão, todavia, faz-se necessário compreender as garantias por uma análise teórica geral, bem como entender o negócio jurídico processual pelo ângulo das tutelas diferenciadas, o que se fará a partir dos tópicos seguintes.

3. Fragmentos de uma teoria geral das garantias contratuais
O Direito das Garantias é tema ainda pouco debatido e na literatura jurídica brasileira carece de sistematização[23].

Sobre o assunto, merece destaque o livro "Garantias das Obrigações", do jurista português Luís Manuel Teles de Menezes Leitão. Logo no início desta

---

[20] ARAÚJO, Fernando. *Teoria Económica do Contrato*. Coimbra: Ed. Almedina, 2007, p. 185, 186. Entre as "clareiras" mencionadas pelo citado mestre encontra-se a ausência de técnicas processuais idôneas previstas de antemão na equação contratual, que agora poderá ser suprida por meio do negócio jurídico processual.

[21] Segundo Bruno Garcia Redondo, "deve-se reconhecer que os titulares de determinadas situações processuais são as próprias partes, e não o juiz e o Estado." (REDONDO, Bruno Garcia. *Op. cit*, p. 275).

[22] Cuida-se de uma verdadeira mudança paradigmática no processo civil brasileiro, cabendo as seguintes considerações de Thomas Kuhn: "Rather it is a reconstruction of the field from new fundamentals, a reconstruction that changes some of the field's most elementary theoretical generalizations as well as many of its paradigm methods and applications." (KUHN, Thomas S. *The Structure of Scientific Revolutions: 50th Anniversary Edition*. Chicago: The University of Chicago Press, 2012, p. 85).

[23] Fábio Rocha Pinto e Silva alude à "insuficiência da atual sistematização brasileira das garantias". (SILVA, Fábio Rocha Pinto e. *Garantias imobiliárias em contratos empresariais: hipoteca e alienação fiduciária*. São Paulo: Ed. Almedina, 2014, p. 69).

imprescindível obra, o autor elucida que as garantias são especialmente sensíveis à prática contratual, realidade essa que deve ser levada em conta para qualquer tentativa de conceituação:

> "O conceito de garantia não aparece definido em qualquer texto legislativo, o que tem sido explicado pelo facto de não constituir verdadeiramente um conceito técnico-jurídico, mas antes uma expressão da prática jurídica, que expressa o resultado ou o fim específico de assegurar a realização dos direitos do credor, indicando a lei apenas formas específicas de obtenção desse objectivo."[24]

Em que pese estarem diretamente relacionadas à evolução da prática, as garantias podem ser delimitadas pelos seus objetivos de reduzir riscos[25], de promover algum "reforço suplementar de segurança"[26], com vistas ao efetivo cumprimento do pactuado.

É fato que muitos trabalhos nacionais prestam-se a explicar a conhecida classificação de garantias em pessoais e reais. Contudo, esta dicotomia não abarca satisfatoriamente o fenômeno:

> "Apesar da correção da bipartição tradicional, desde sempre houve figuras que a ela não se podiam reconduzir, como os privilégios gerais ou a separação de patrimónios, tendo a evolução da prática vindo ainda a admitir outros casos especiais de garantia, como a transmissão da propriedade com esse fim ou as garantias especiais sobre certos direitos."[27]

É o que também se colhe dos ensinamentos de Vera Maria Jacob de Fradera:

> "(...) as clássicas garantias fidejussórias, fiança e aval, não esgotam todas as hipóteses possíveis de prestação de garantia, do tipo pessoal, admitindo-se, neste âmbito, contratos inominados e atípicos".[28]

Muitas tentativas de classificação das garantias falham exatamente por desconsiderar a abertura inerente ao direito privado para o autorregramento da vontade, que permite o estabelecimento de garantias atípicas não reconduzíveis às tipologias de garantia pessoal ou real.

---

[24] LEITÃO, Luís Manuel Teles de Menezes. *Garantias das Obrigações*. Coimbra: Edições Almedina, 2008, p. 14.

[25] LEITÃO, Luís Manuel Teles de Menezes. *Op. cit.*, p. 96.

[26] *Idem*, p. 95.

[27] *Idem*, p. 15.

[28] FRADERA, Vera Maria Jacob de. *Os contratos autônomos de garantia. In*: Revista Ajuris, vol. 53, nov 1991. Porto Alegre, p. 242.

Dessa forma, Luís Manuel Teles de Menezes Leitão propõe a classificação entre: *i)* garantias pessoais; *ii)* garantias reais; *iii)* utilização da propriedade como garantia; *iv)* garantias especiais sobre direitos; *v)* garantias especiais sobre universalidades; *vi)* garantias especiais atípicas.[29]

Não obstante o título da citada obra, o jurista português elucida que "as modernas concepções sobre o conceito e a estrutura da obrigação abandonaram a ideia de incluir a garantia no conceito de obrigação."[30]

Nessa linha, Luís Manuel Teles de Menezes Leitão esclarece que podem ser tidos na qualidade de garantias mecanismos como a declaração de nulidade, a ação sub-rogatória, a impugnação pauliana, o arresto[31], a solidariedade passiva[32] ou a penhora[33]. O citado autor acolhe enquanto tal até mesmo a exceção do contrato não cumprido, porquanto desempenha "a *exceptio* não apenas uma função coercitiva, mas também uma função de garantia."[34] Assim, garantias que decorrem diretamente da lei também merecem ser integradas nesta sistematização[35]. Sem adiantar as conclusões que serão desenvolvidas, percebe-se que na esteira deste sentido amplo é possível o enquadramento do negócio jurídico processual como um novo capítulo do Direito das Garantias.

Os limites deste trabalho não permitem uma classificação metódica das garantias contratuais. Pretende-se apenas demonstrar a necessidade de refletir sobre o conceito de garantias e, principalmente, avaliar sua estrutura e seus alicerces normativos.

O ponto de partida para esse enfoque, portanto, é a liberdade contratual (art. 3º, I; art. 5º, *caput*, CF/88; art. 421, CC). Sem embargo da "multiplicidade de posições jurídico-ideológicas quanto ao sentido e a função da liberdade contratual"[36], é necessário compreendê-la na vertente do autorregramento da vontade. Ensina Fredie Didier Jr.:

---

[29] Leitão, Luís Manuel Teles de Menezes. *Op. cit.*, p. 16.

[30] *Idem*, p. 14.

[31] *Idem*, p. 20.

[32] *Idem*, p. 157.

[33] *Idem*, p. 247. Segundo o mesmo mestre, "a faculdade que a lei atribui ao credor de executar o patrimônio do devedor, principal tutela jurídica de que goza o direito de crédito, representa uma forma de assegurar ao credor a realização do seu direito, e nesse sentido constitui naturalmente uma garantia." (*Idem*, p. 60).

[34] *Idem*, p. 314.

[35] Tenha-se, como exemplo, as garantias que decorrem do sistema tutelar do consumidor. "Ao perceber o problema, a jurisprudência, nos diversos países, deu novo perfil ao instituto da garantia, estabelecendo a responsabilidade agravada do vendedor profissional ou fabricante. Tal foi o caso da jurisprudência francesa e norte-americana, que se valeram da ampliação do conceito de garantia para abranger situações que não eram originariamente cobertas pelas garantias contratuais." (Amaral Júnior, Alberto do. *A responsabilidade pelos vícios dos produtos no Código de Defesa do Consumidor. In:* Revista de Direito do Consumidor, vol. 2, abr 1992. São Paulo: Ed. Revista dos Tribunais, p. 104).

[36] Ribeiro, Joaquim de Sousa. *Op. cit*, p. 268. Segundo Fredie Didier Jr., "o direito fundamental à liberdade possui conteúdo complexo" (Didier Jr., Fredie. *Op. cit.*, p. 132).

"No conteúdo eficacial do direito fundamental à liberdade está o direito ao autorregramento: o direito que todo sujeito tem de regular juridicamente os seus interesses, de poder definir o que reputa melhor ou mais adequado para a sua existência, o direito de regular a própria existência, de construir o próprio caminho e de fazer escolhas. Autonomia privada ou autorregramento da vontade é um dos pilares da liberdade e dimensão inafastável da dignidade da pessoa humana."[37]

Para o objeto do presente trabalho, importa considerar que o sistema das garantias contratuais "resulta do princípio da autonomia privada"[38].

A liberdade contratual, consubstanciada na autorregulamentação dos próprios interesses[39], abrange a faculdade de contratar e não contratar, a liberdade de escolha da pessoa com quem contratar, a liberdade de fixar o conteúdo do contrato.[40] Haroldo Malheiros Duclerc Verçosa minudencia tais prerrogativas:

"(i) realizar ou não o contrato; (ii) escolher a outra parte; (iii) escolher o instrumento jurídico adequado; (iv) escolher o conteúdo do contrato; (v) escolher a forma do contrato, caso não determinada pela lei; (vi) escolher o modo para a transmissão da declaração contratual; e (vii) escolher a modalidade de conclusão do contrato."[41]

Não se pode esquecer, ainda, conforme destaca Paula Forgioni, que a liberdade de contratar está diretamente relacionada ao princípio constitucional da livre iniciativa[42], que por sua vez se desdobra nos seguintes conteúdos:

"a) liberdade de comércio e indústria (não-ingerência do Estado no domínio econômico): a.1) faculdade de criar e explorar uma atividade econômica a título privado – liberdade pública; a.2) não-sujeição a qualquer restrição estatal senão em virtude de lei – liberdade pública; b) liberdade de concorrência: b.1) faculdade de conquistar a clientela, desde que não através de concorrência desleal – liberdade privada; b.2) proibição de formas de atuação que deteriam a concorrência – liberdade privada; b.3)

---

[37] DIDIER JR., Fredie. *Op. cit.*, p. 132.

[38] LEITÃO, Luís Manuel Teles de Menezes. *Op. cit.*, p 141.

[39] VERÇOSA, Haroldo Malheiros Duclerc. *Curso de Direito Comercial – fundamentos da Teoria Geral dos Contratos*, Vol. 4, Tomo I. São Paulo: Malheiros Editores, 2011, p. 62. Paula Forgioni também se refere à "autodeterminação e auto-regulamentação dos seus próprios interesses". (FORGIONI, Paula A. *A evolução do direito comercial brasileiro: da mercancia ao mercado*. São Paulo: Ed. Revista dos Tribunais, 2009, p. 214).

[40] THEODORO JÚNIOR, Humberto. *O contrato e seus princípios*. Rio de Janeiro: Ed. Aide, 1999, p. 14, 15. De acordo com os ensinamentos de Joaquim de Sousa Ribeiro: "Ponderar e decidir entre alternativas, medindo benefícios e sacrifícios, ganhos e perdas, é algo a que as pessoas, na esfera da autonomia privada, são inelutavelmente chamadas." (RIBEIRO, Joaquim de Sousa. *Constitucionalização do Direito. In*: Direito dos Contratos – Estudos. Coimbra: Coimbra Editora, 2007, p. 25).

[41] VERÇOSA, Haroldo Malheiros Duclerc. *Op. cit.*, p. 65.

[42] FORGIONI, Paula A. *Op. cit.*, p. 210. De acordo com a mesma autora, "sem a liberdade contratual, o sistema de mercado não se sustentaria." (FORGIONI, Paula A. *Op. cit.*, p. 211).

neutralidade do Estado diante do fenômeno concorrencial, em igualdade de condições dos concorrentes – liberdade pública."[43]

É evidente que no direito de escolher o conteúdo do contrato encontra-se inserido o de construir a garantia contratual que convém às partes. Por isso, estudiosos do tema abandonam qualquer apego à "ideia de tipicidade nas garantias"[44], de sorte que os mais abalizados trabalhos reconhecem que negócios diversos, com o escopo de garantias das obrigações, podem "ser criados por lei ou pela vontade das partes."[45] Enrico Gabrielli e Carlos de Cores Helguerra anotam que em matéria de garantias deve-se sempre favorecer a liberdade contratual.[46] Vera Maria Jacob de Fradera é precisa ao pontuar que "as prestações de garantia não se submetem a *numerus clausus* nem a nomenclatura exaustiva."[47] Cabem, portanto, as seguintes lições de Arruda Alvim:

> "(...) o direito contratual brasileiro preconiza a liberdade das partes e autonomia contratual, que podem contratar o que lhes aprouver, havendo no Código Civil preceito que permite, inclusive, contratos atípicos (art. 425 do CC brasileiro). Não existe, no direito brasileiro, vinculação das partes à denominação legal atribuída ao contrato, sobretudo quando celebrado entre partes privadas e com objeto patrimonial disponível.
>
> São livres as partes para estabelecerem as estipulações que entenderem convenientes, vinculando-se e reciprocamente obrigando-se com fundamento em negócios – ou atos – jurídicos das mais variadas espécies e com os mais variados conteúdos. A autonomia da vontade tem fundamento no topo da hierarquia normativa do sistema."[48]

Se é correto afirmar que o sistema das garantias contratuais erige-se sobre a autorregulamentação dos interesses privados, de outro ângulo é necessário levar em consideração que existem garantias tipificadas no ordenamento jurídico por meio de regimes normativos que, em menor ou maior grau, são insuscetíveis de modulação pela vontade.

---

[43] GRAU, Eros Roberto; FORGIONI, Paula. *O Estado, a empresa e o contrato*. São Paulo: Malheiros Editores, 2005, p. 193.

[44] LEITÃO, Luís Manuel Teles de Menezes. *Op. cit.*, p. 46.

[45] SILVA, Fábio Rocha Pinto e. *Op. cit.*, p. 70.

[46] GABRIELLI, Enrico; HELGUERRA, Carlos de Cores. *El nuevo derecho de las garantías reales: Estudio comparado de las recientes tendencias en materia de garantías reales mobiliarias*. Madrid: Editorial Reus, 2008, p. 309.

[47] FRADERA, Vera Maria Jacob de. *Op. cit.*, p. 242.

[48] ALVIM, Arruda. *Constituto possessório na compra e venda de navio*. In: Soluções práticas, vol. 3. São Paulo: Ed. Revista dos Tribunais, 2011, p. 243.

Dessa forma, um estudo geral das garantias deve ser teoricamente erigido a partir de um esforço de desfragmentação máxima dos instrumentos presentes no ordenamento jurídico aptos a assegurar o cumprimento dos contratos. Em outra dicção, antes de qualquer preocupação com classificações, é necessário pensar na estrutura das garantias. Alcançando-se os "átomos" e "moléculas" basilares disponibilizados juridicamente para este mister é que se faz possível pensar um Direito das Garantias para a realidade brasileira.

Portanto, impende considerar que o ordenamento jurídico dispõe de instrumentos típicos e atípicos que podem operar como garantias contratuais.

A título de instrumento tipificado tenha-se em conta o exemplo da hipoteca. Cuida-se de uma garantia expressamente prevista no Código Civil que se estrutura sobre um regime jurídico complexo. A hipoteca já é disponibilizada à parte interessada como um "pacote normativo" que não comporta integral desfragmentação de acordo com as conveniências privadas. Por isso, ao invés de um "átomo", a hipoteca pode ser comparada a uma "molécula". Veja-se que para a hipoteca o ordenamento jurídico especifica previamente o seu objeto, em regra bens imóveis (art. 1.473, CC). Enquanto garantia real, a hipoteca não pode ser concebida fora do registro (art. 1.492, CC). Esses e outros são elementos inerentes à hipoteca, o que constitui o seu regime jurídico. Eles conformam uma equação irredutível.

Todavia, as garantias atípicas não são limitadas por regimes jurídicos marcados por tal complexidade. Ou seja, não estão cingidas a regimes que equacionam inúmeras variáveis. O fundamento maior das garantias atípicas é a liberdade contratual, concretizada na autorregulamentação dos interesses privados, que permite o emprego de ilimitados elementos autônomos, como peças à disposição para a montagem de uma máquina.

O contraponto entre garantias típicas e atípicas é importante para que se isole ou delimite os instrumentos normativos que podem ser empregados para assegurar o cumprimento dos contratos. Quando se alude à desfragmentação, está-se a tratar da necessidade de encontrar as linhas normativas irredutíveis que se apresentam como peças fundamentais do sistema, seja na condição de "átomos" ou de "moléculas", conforme a ilustração em tela. Na medida em que são identificadas essas peças-chave, pode-se avaliar acerca da possibilidade de sua combinação, de acordo com a liberdade contratual, para a construção de garantias adequadas a cada contrato. Há todo um trabalho por fazer na doutrina nacional em torno desta temática, sobretudo após o advento da cláusula geral de negócio jurídico processual.

Esse método de investigação para o Direito das Garantias conduz à conclusão de que no ordenamento jurídico brasileiro existem linhas normativas irredutíveis ou insuscetíveis de modulação pela vontade das partes. É o que se verifica, por exemplo, com as garantias reais, cuja criação é tarefa reservada ao legislador. As partes não podem convencionar uma nova espécie de direito real com a pretensão de registrá-lo perante a serventia imobiliária, embora exista, hoje, no ordenamento nacional, ampla possibilidade de registros de processos no fólio real, o que será detidamente abordado adiante.

O contraponto entre garantias típicas e atípicas, na condição de método de estudo das garantias contratuais também é importante porque aquelas possuem uma função didática. Quer-se dizer, com isso, que o caminho aberto pelo direito privado para a construção de garantias atípicas faz com que as garantias típicas sejam estudadas enquanto modelos, na condição de parâmetros que podem ser copiados ou que servem de inspiração para a regulamentação particular de outras espécies. É o que se verifica, aliás, na interface entre contratos típicos e atípicos. Exatamente por isso, Luís Manuel Teles de Menezes Leitão, em trecho já destacado acima, anota que com relação às garantias a lei apenas indica formas específicas de obtenção do seu objetivo maior, que é o cumprimento dos contratos.

A tendência de os particulares copiarem as técnicas exitosas por meio de contratos atípicos e de garantias atípicas, aproveitando o que há de útil, afastando o que não convém e aprimorando mecanismos, na esteira da dinâmica social, não despreza um enfoque analítico que opera a desfragmentação das estruturas irredutíveis relativas aos instrumentos tipificados. Este tipo de isolamento, em busca das estruturas fundamentais, mostra que também as garantias típicas são fragmentadas, ao menos do ponto de vista da avaliação crítica, para melhor compreensão de seus elementos constituintes, que fazem daquele mecanismo algo prático e eficiente. Portanto, pelo viés das garantias atípicas é inevitável um estudo "atomístico" dos elementos das garantias.

Panoramicamente pode-se afirmar que as garantias constituem-se de objeto, pessoas responsáveis, meios, formas, regimes e técnicas.

Toda garantia possui um objeto, sobre o qual recai, em última instância, a satisfação do crédito. Dessa forma, existem garantias que incidem sobre direitos, bens ou universalidades (arts. 90, 91, CC).

Como ensina Francisco Amaral, "direitos podem ser objetos de outros direitos"[49]. Essa maleabilidade do sistema é uma das principais ferramentas de que se vale a autonomia privada para adaptar disposições contratuais às necessidades concretas. Garantias especiais incidentes sobre direitos de crédito[50], por exemplo, abrem um leque de várias possibilidades para a arquitetura contratual.

Verifica-se, na atualidade, uma tendência de ampliar garantias lastreadas em bens, em substituição às tradicionais garantias reais.[51] Face a crescente partici-

---

[49] AMARAL, Francisco. *Direito Civil – introdução.* Rio de Janeiro: Ed. Renovar, 2006, p. 310.
[50] LEITÃO, Luís Manuel Teles de Menezes. *Op. cit.,* p. 15.
[51] *Idem,* p. 253.

pação da autonomia privada na criação de garantias atípicas, "a tendência actual é ainda para uma maior alteração dos quadros tradicionais em matéria do Direito das Garantias."[52]

Sobre os responsáveis, é de se notar que garantias podem ser arcadas por uma das partes ou por pessoas que não participaram do contrato principal. É comum o estabelecimento de mecanismos que importem na "afectação de uma coisa do devedor ou de terceiro"[53].

No que concerne aos meios, tenha-se que garantias podem ser lastreadas em títulos de crédito, instrumentos bancários, consignação de rendimentos[54] ou outros mecanismos que coadjuvam na célere implementação do direito material.

Nessa seara também são empregadas formas ou formalidades[55] que proporcionam segurança ao credor e neste particular o exemplo maior radica no sistema registral promovido pelas serventias cartoriais. Lado outro, não se pode descurar que no direito empresarial vige o princípio da simplicidade das formas[56] ou do informalismo[57], que garante em grande parte o sucesso de garantias atípicas.

Pelo ângulo do regime jurídico deve-se considerar que o êxito de determinada garantia pode residir na tessitura normativa que organiza o seu modo de ser e dita a sua performance. Neste aspecto relevam convenções eminentemente jurídicas, a exemplo da acessoriedade[58] ou autonomia da garantia em face do contrato principal[59], da separação ou afetação de patrimônios[60]. O aval, por exemplo, é caracterizado pela peculiar autonomia da declaração cambial. Já a hipoteca destaca-se pelo regime de excussão da garantia. As garantias atípicas também devem ser erigidas sobre regime cuidadosamente arquitetado, de sorte a permitir efeitos práticos satisfatórios.

Questão diretamente relacionada ao regime diz respeito às técnicas jurídicas que estão por detrás da cada garantia. Note-se, por exemplo, que o êxito da alienação fiduciária está em parte na técnica de venda célere da *res*, que pode se dar pela via extrajudicial ou judicial, aliada à técnica processual da busca e apreensão, em se tratando de bem móvel. O negócio jurídico processual, objeto específico deste trabalho, opera como uma caixa de ferramentas ao permitir a construção da técnica processual adequada para cada contrato, em prol da operacionalização das garantias.

---

[52] *Idem*, p. 27.

[53] *Idem*, 2008, p. 15.

[54] *Idem*, p. 29.

[55] *Idem*, p. 15.

[56] TOMAZETTE, Marlon. *Curso de Direito Empresarial*, Volume I. São Paulo: Ed. Atlas, 2008, p. 33.

[57] VERÇOSA, Haroldo Malheiros Duclerc. *Curso de Direito Comercial*, Volume 1. São Paulo: Malheiros Editores, 2008, p. 75.

[58] LEITÃO, Luís Manuel Teles de Menezes. *Op. cit.*, p. 155.

[59] *Idem*, p. 145.

[60] *Idem*, p. 21.

Uma adequada teoria geral deve se pautar pela conjugação desses fatores, que estão na base de todas as garantias.

Para além da análise estrutural, o estudo da matéria requer atenção sobre os cuidados necessários à otimização das garantias, conforme apontado por Fábio Rocha Pinto e Silva, ao citar a doutrina de Laurent Aynès e Pierre Crocq:

> "Laurent Aynès e Pierre Crocq elaboraram um interessante conceito que seria a garantia ideal. Segundo tais autores, a garantia ideal deve ter quatro qualidades, devendo ser: (i) de constituição simples e pouco onerosa, para não aumentar o custo do crédito; (ii) adequada à dívida garantida – nem em excesso, nem insuficiente –, a fim de evitar o abuso de garantias que desperdiça o crédito do devedor; (iii) eficaz, ou seja, conferir ao credor a certeza de que será pago, na hipótese de o devedor inadimplir a obrigação garantida; e (iv) de execução simples, a fim de evitar demoras e custos inúteis. De maneira concisa, podemos dizer que a garantia deve ser de constituição simples, adequada, material e processualmente eficaz."[61]

Como visto, as garantias objetivam o cumprimento do pactuado. Nesta altura da análise já se faz possível aprofundar a avaliação desse aspecto teleológico.

A doutrina civilista tem se aplicado à tarefa de conectar uma sanção para cada regra prevista no ordenamento, haja vista a inutilidade de um preceito primário sem o reforço do preceito secundário. É ilustrativa, neste sentido, a seguinte manifestação de Humberto Theodoro Júnior:

> "Embora sejam possíveis a análise e atuação do Direito sem a presença do elemento coação, o certo é que, diante das violações que as regras jurídicas sofrem, o que de mais característico ocorre é precisamente a reação de força estatal para coagir o infrator a se submeter ao seu ordenamento.
>
> Não pode, assim, o Direito prescindir de um mecanismo prático para que a observância do ordenamento jurídico não se confunda com um simples anseio ético diante da recalcitrância de indivíduos rebeldes e indisciplinados.
>
> Por isso, as regras do Direito são elaboradas de tal forma que, ao mesmo tempo, indiquem o preceito – onde se traça o comportamento obrigatório – e a sanção, que é a medida repressiva a que estará sujeito o eventual infrator."[62]

A preocupação em tela não deixou de ser pertinente. A verdade é que no atual paradigma da modernidade líquida[63] os contratos parecem firmados para

---

[61] SILVA, Fábio Rocha Pinto e. *Op. cit.*, p. 73.

[62] THEODORO JÚNIOR, Humberto. *Contrato de consórcio – garantias e exequibilidade. In*: Revista dos Tribunais, vol. 641, mar 1989. São Paulo: Ed. Revista dos Tribunais, p. 7.

[63] A modernidade líquida, na conceituação de Zygmunt Bauman, diz respeito a "uma condição em que as organizações sociais (estruturas que limitam as escolhas individuais, instituições, que asseguram a

resvalar no incumprimento. Nesse contexto, é insuficiente a existência legal de uma específica sanção, de modo que as garantias despontam como instrumentos quase obrigatórios, mesmo nos contratos paritários.

Paula Forgioni elucida a importância das garantias para os contratos empresariais:

> "o fluxo de relações econômicas exige a garantia da execução dos contratos, ou seja, que não seja dada guarida ao comportamento oportunista da parte que rompe o negócio após a sua celebração."[64]

Por outro lado, para os contratos em geral o efetivo cumprimento sempre representou preocupação de primeira ordem, ainda que tal se concretize por meio da busca de bens do devedor pela via derradeira da execução processual, uma vez que "esse patrimônio é a garantia comum dos credores, ou garantia geral das obrigações"[65].

Impende reconhecer que as garantias possuem os mesmos objetivos das denominadas sanções civis, explicados por Humberto Theodoro Júnior com suporte na doutrina de Liebman:

> "No âmbito civil, todavia, a sanção tem outro feitio e outro objetivo. Com ela, o ordenamento jurídico visa a conseguir para a vítima, à custa do patrimônio do infrator, o mesmo resultado (ou outro que seja equivalente) que teria obtido com o cumprimento voluntário da obrigação.
>
> Sanção civil, portanto, segundo a definição de Liebman, 'é o restabelecimento da ordem jurídica através da satisfação integral do direito violado, conseguido com todos os meios ao alcance dos órgãos judiciários'."[66]

Assim como se verifica para as sanções civis, as garantias contratuais também cumprem o importante papel de "restabelecimento da ordem jurídica através da satisfação". Isso demonstra, no mínimo, que o Direito das Garantias deve estar no foco de nações que se pressupõem sérias e comprometidas em suster seu ordenamento jurídico, para que os direitos não se apresentem apenas como promessas vazias. Numa nação como a brasileira, em que o descumprimento de contratos

---

repetição de rotinas, padrões de comportamento aceitável) não podem mais manter sua forma por muito tempo (nem se espera que o façam), pois se decompõem e se dissolvem mais rápido que o tempo que leva para moldá-las e, uma vez reorganizadas, para que se estabeleçam." (BAUMAN, Zygmunt. *Tempos Líquidos*. Rio de Janeiro: Ed. Zahar, 2007, p. 7).

[64] FORGIONI, Paula A. *Op. cit.*, p. 211.

[65] NORONHA, Fernando. *A alienação fiduciária em garantia e o leasing financeiro como supergarantias das obrigações. In*: Doutrinas Essenciais Obrigações e Contratos, vol. 5. São Paulo: Ed. Revista dos Tribunais, 2011, p. 739.

[66] THEODORO JÚNIOR, Humberto. *Op. cit.*, p. 8.

O NEGÓCIO JURÍDICO PROCESSUAL: UM NOVO CAPÍTULO NO DIREITO DAS GARANTIAS...

é cada vez mais incorporado como um traço cultural, é óbvio que as garantias devem ser incentivadas e utilizadas em larga escala[67].

De acordo com Hermes Marcelo Huck, toda a teoria que se tem desenvolvido para o estudo das garantias contratuais funda-se "no evento do não cumprimento do contrato".[68] Luiz Gastão Paes de Barros Leães anota que o objetivo da garantia é "a eliminação de um risco que pesa sobre o credor."[69] No mesmo sentido, Vera Maria Jacob de Fradera pondera que "como corolário do aumento do risco, surge a necessidade de aumento da garantia."[70]

Compreendida essa finalidade última e analisados, embora perfunctoriamente, seus fundamentos e estruturas normativas, pode-se afirmar que as garantias são instrumentos estabelecidos pelas partes, em concretização da autorregulamentação dos seus próprios interesses, com vistas ao cumprimento dos contratos. Para que seja considerada como tal, basta que a disposição contratual desempenhe a "função de garantia", para empregar a expressão de Luís Manuel Teles de Menezes Leitão.[71]

A importância do estudo das garantias está em compreender *i)* sua função; *ii)* seus fundamentos; *iii)* sua estrutura; *iv)* seus limites jurídicos, na esteira da autonomia privada. Para o tema em apreço – os negócios jurídicos processuais –, importa entender que a técnica jurídica, conforme demonstrado, é um dos elementos constituintes da estrutura das garantias. O negócio jurídico processual se amolda perfeitamente a esse sistema, já que atua no sentido de permitir a construção de técnicas processuais para a melhor concretização das garantias. Percebe-se, pois, que o art. 190 do CPC/2015 veio para reformular consideravelmente o Direito das Garantias. As técnicas legais que estão na base das garantias pedem técnicas processuais, o que será abordado detidamente no tópico seguinte.

---

[67] De acordo com Nagib Slaibi Filho, "a despeito do caráter acessório da garantia locatícia, se torna a mesma relevante neste início do século XXI não só porque os contratantes geralmente só se encontram e se conhecem quando da formação do contrato, como também pela dificuldade do locador em obter a coisa em caso de falta de cumprimento das obrigações pelo inquilino". (SLAIBI FILHO, Nagib. *Das Garantias Locatícias. In:* AZEVEDO, Fábio de Oliveira; MELO, Marco Aurélio Bezerra de. Direito Imobiliário – escritos em homenagem ao Professor Ricardo Pereira Lira. São Paulo: Ed. Atlas, 2015, p. 199). O amplo emprego de garantias em contratos como o de locação aponta para uma necessidade social e demonstra que mecanismos de segurança devem ser generalizados para todos os contratos.

[68] HUCK, Hermes Marcelo. *Garantia à primeira solicitação no comércio internacional. In:* Doutrinas Essenciais de Direito Internacional, vol. 5. São Paulo: Ed. Revista dos Tribunais, 2012, p. 447.

[69] LEÃES, Luiz Gastão Paes de Barros. *O seguro-garantia sob a modalidade de antecipação de pagamentos. In:* Doutrinas Essenciais de Direito Empresarial, vol. 4. São Paulo: Ed. Revista dos Tribunais, 2011, p. 867.

[70] FRADERA, Vera Maria Jacob de. *Op. cit.* p. 240.

[71] LEITÃO, Luís Manuel Teles de Menezes. *Op. cit.*, p. 142.

4. O art. 190 do CPC/2015: tutelas diferenciadas e técnicas processuais a serviço das garantias contratuais

Para a precisa avaliação da revolução operada pelo art. 190 do CPC/2015, a sede positiva da "cláusula geral de negociação processual"[72], é necessário compreender o conteúdo do direito fundamental à tutela jurisdicional adequada, efetiva e tempestiva (art. 5º, XXXV, LV, LXXVIII, CF/88).[73]

Conforme expresso no art. 1º do CPC/2015, é imperativo que o processo civil seja interpretado e aplicado conforme os valores e as normas fundamentais estabelecidos na Constituição da República Federativa do Brasil. Dessa maneira, o conteúdo do direito fundamental à tutela jurisdicional adequada, efetiva e tempestiva é no sentido de impregnar e efetivamente balizar toda e qualquer norma relativa ao processo civil.

O conteúdo jurídico do direito fundamental em tela exige seja o processo civil brasileiro removido de sua situação de indiferença às peculiaridades do direito material e de cada hipótese concreta. É este o cerne dos adjetivos "adequada, efetiva e tempestiva".

Se num passado próximo o direito fundamental à tutela jurisdicional foi encarado apenas do ponto de vista do direito a uma resposta por parte do Poder Judiciário, sob o direito fundamental à tutela jurisdicional adequada, efetiva e tempestiva não se admite que o cidadão seja destinatário de qualquer provimento jurisdicional[74], como quem recebe ração à guisa de refeição.

Um processo que se preste a conceder tutela adequada é aquele que disponibiliza e acolhe técnicas processuais idôneas[75], capazes de responder eficientemente às exigências do direito material e do caso concreto.

---

[72] DIDIER JR., Fredie. *Op. cit.*, p. 135.

[73] MARINONI, Luiz Guilherme; ARENHART, Sérgio Cruz; MITIDIERO, Daniel. *Novo curso de processo civil: tutela dos direitos mediante procedimento comum*, volume II. São Paulo: Ed. Revista dos Tribunais, 2015, p. 40.

[74] Ou seja, "não basta uma sentença, mas sim a possibilidade de efetivação concreta da tutela buscada." (MARINONI, Luiz Guilherme. *Técnica processual e tutela dos direitos.* São Paulo: Ed. Revista dos Tribunais, 2010, p. 170). "Não basta afirmar que todos têm direito de ação quando a organização judiciária e os procedimentos não estão adequadamente predispostos para viabilizar a adequada e efetiva tutela jurisdicional dos direitos." (MARINONI, Luiz Guilherme. *Abuso de defesa e parte incontroversa da demanda.* São Paulo: Ed. Revista dos Tribunais, 2007, p. 129). "O direito de ação é exercido através do procedimento e mediante as técnicas processuais adequadas e, portanto, deles depende." (MARINONI, Luiz Guilherme; ARENHART, Sérgio Cruz; MITIDIERO, Daniel. *Novo curso de processo civil: tutela dos direitos mediante procedimentos diferenciados*, volume III. São Paulo: Ed. Revista dos Tribunais, 2015, p. 36). "Como a prestação efetiva da tutela do direito depende do provimento adequado, é claro que não há como falar em direito à tutela sem pensar em direito ao provimento que seja capaz de prestá-la." (MARINONI, Luiz Guilherme. *Op. cit.*, p. 161).

[75] "Como o direito à efetividade da tutela jurisdicional deve atender ao direito material, é natural concluir que o direito à efetividade engloba o direito à preordenação de técnicas processuais capazes de dar respostas adequadas às necessidades que dele decorrem." (MARINONI, Luiz Guilherme. *Técnica*

Em recente fase da ciência processual, o processo civil foi concebido como mecanismo neutro, abstrato e asséptico[76]. Nesse paradigma, o procedimento comum foi tido como a resposta adequada para todos os problemas emergentes do mundo da vida, eis que integrado por regras gerais que permitiriam abranger qualquer espécie de demanda.

Constatou-se, porém, a necessidade de procedimentos especiais, marcados pela presença de técnicas que se amoldariam mais adequadamente às específicas situações[77]:

> "É sabido que o procedimento comum, por ser completamente indiferente às necessidades do direito material, não é adequado à tutela das diversas situações conflitivas concretas."[78]

Nessa linha, vários procedimentos especiais surgiram no ordenamento jurídico. Podem ser citados como exemplos o mandado de segurança, a ação de busca e apreensão que atende à alienação fiduciária, a ação de prestação de contas ou a ação de desapropriação. Foi desenvolvida, assim, a ideia de tutelas diferenciadas, entendidas como aquelas que apresentam o timbre da adequação às necessidades de cada hipótese[79].

Todavia, os procedimentos especiais não se democratizaram, porquanto em grande parte se limitaram a atender aos interesses de grupos restritos, deixando ao desemparo inúmeros cidadãos que haveriam de se satisfazer apenas com os formatados caminhos do procedimento comum. Foi constatado, então, que o procedimento comum não poderia deixar de se permear pelo conteúdo jurídico do direito fundamental à tutela jurisdicional adequada, efetiva e tempestiva. Luiz Guilherme Marinoni foi o autor brasileiro que mais se destacou neste ponto, ao

---

processual e tutela dos direitos. São Paulo: Ed. Revista dos Tribunais, 2010, p. 114). "Por ser um instrumento de proteção, é evidente que o processo civil não pode deixar de se estruturar de maneira idônea à efetiva tutela dos direitos." (MARINONI, Luiz Guilherme. *Op. cit.*, p. 170). "É que o processo, diante de determinada construção legal, pode não constituir técnica capaz de efetivamente responder ao direito material. Nesse caso, como é óbvio, a técnica processual deve ser considerada inidônea à tutela dos direitos." (MARINONI, Luiz Guilherme. *Op. cit.*, p. 114).

[76] "Interessava ao máximo ao processualista a abstração, o conceitualismo e o sistematismo da ciência processual civil." (MARINONI, Luiz Guilherme; ARENHART, Sérgio Cruz; MITIDIERO, Daniel. *Op. cit.*, p. 195, 196).

[77] "(...) o que evidencia que a ideia de direito de ação, nos dias de hoje, está a quilômetros de distância da teoria da ação que se limitava a garantir uma resposta do juiz." (MARINONI, Luiz Guilherme; ARENHART, Sérgio Cruz; MITIDIERO, Daniel. *Novo curso de processo civil: tutela dos direitos mediante procedimentos diferenciados*, volume III. São Paulo: Ed. Revista dos Tribunais, 2015, p. 36).

[78] MARINONI, Luiz Guilherme. *Op. cit.*, p. 117.

[79] "É imprescindível tomar consciência das necessidades que vêm do direito material, aos quais traduzem diferentes desejos de tutela." (MARINONI, Luiz Guilherme. *Op. cit.*, p. 114).

defender que à luz do direito fundamental em comento o próprio julgador teria o dever de conformar o procedimento às necessidades de tutela derivadas do direito material:

> "Ao se afirmar que a norma relativa a um direito fundamental possui aplicabilidade imediata, deseja-se evidenciar sua força normativa. Como a essa norma não se pode atribuir função retórica, não há como supor que o direito fundamental à tutela jurisdicional efetiva somente possa se expressar em conformidade com a lei, e que assim seja dela dependente.
>
> (...)
>
> De modo que a norma do art. 5º, §1º, da CF já seria suficiente para demonstrar a tese de que o juiz não só deve interpretar a lei processual em conformidade com o direito fundamental à tutela jurisdicional efetiva, como ainda deve concretizá-la, por meio da via interpretativa, no caso de omissão ou de insuficiência da lei."[80]
>
> "O que falta, porém, é atentar para que, se a técnica processual é imprescindível para a efetividade da tutela dos direitos, não se pode supor que, diante da omissão do legislador, o juiz nada possa fazer. Isso por uma razão simples: o direito fundamental à efetividade da tutela jurisdicional não se volta apenas contra o legislador, mas também se dirige contra o Estado-juiz. Por isso, é absurdo pensar que o juiz deixa de ter de tutelar de forma efetiva os direitos somente porque o legislador deixou de editar uma norma processual mais explícita."[81]
>
> "(...) a omissão do legislador, em instituir técnica necessária para a efetividade da tutela de um direito, deve ser suprida diante do direito fundamental à tutela jurisdicional efetiva."[82]

A prática judicial brasileira, por outro lado, consideravelmente aferrada aos postulados liberais, não assimilou satisfatoriamente os notáveis trabalhos de Marinoni neste particular, talvez por pressupor que haveria um déficit de legitimidade na ideia de o julgador adaptar o procedimento às necessidades concretas de tutela.

Seja como for, o fato é que o CPC/2015 resolveu em parte o problema, por meio de um instituto que não pode ser pechado de ilegítimo, exatamente porque requer a atuação conjunta dos interessados. Está-se a referir especificamente ao negócio jurídico processual e sua cláusula geral prevista no art. 190 do CPC/2015.

O CPC/2015 atende à vertente das tutelas diferenciadas[83] com pelo menos duas inovações. A primeira consiste no disposto no art. 327, §2º, que permite

---

[80] MARINONI, Luiz Guilherme. *Op. cit.*, p. 168.
[81] MARINONI, Luiz Guilherme. *Op. cit.*, p. 171.
[82] MARINONI, Luiz Guilherme. *Op. cit.*, p. 186.
[83] "Pensando na perspectiva da tutela dos direitos, uma das perspectivas pelas quais o Novo Código pode ser sistematizado é a do binômio procedimento comum-procedimentos diferenciados. Nessa linha, as técnicas processuais adaptam-se às necessidades evidenciadas pelo direito material para sua efetiva e

a incorporação de módulos de procedimentos especiais no bojo do procedimento comum. A segunda radica na cláusula geral de negócios processuais, marcada por uma saliente distinção, porquanto ingressa pela porta da democratização processual[84], uma vez que abre às partes algo como uma "técnica de montagem de procedimentos especiais", para empregar a expressão de Érico Andrade.[85]

A cláusula geral dos negócios jurídicos processuais (art. 190, CPC/2015) foi definida em termos abertos em virtude do amadurecimento da ciência processual, que atinou para a impossibilidade de se prever procedimentos especiais abstratos que permitiriam atender satisfatoriamente às mais diversas necessidades concretas. Cabe, neste particular, as precisas considerações de Gustavo Tepedino:

> "(...) a técnica das cláusulas gerais é um reconhecimento de que ao Direito tem-se tornado árdua a tarefa de acompanhar a evolução social, apresentando-se infrutífera a tentativa de tipificar a totalidade das situações jurídicas, para não dizer ingênua."[86]

O art. 190 do CPC/2015, destarte, amolda-se perfeitamente às considerações de Luiz Guilherme Marinoni, Sérgio Cruz Arenhart e Daniel Mitidiero:

> "O legislador assim procede quando edita regras processuais abertas, ou melhor, regras processuais que expressamente afirmam a possibilidade de individualização da técnica processual ou regras processuais que se valem de conceitos carentes de preenchimento no caso concreto, deferindo a oportunidade de utilização da técnica processual desde que presente determinado pressuposto."[87]

Desse modo, para não incorrer na tentativa ingênua de prever uma ampla gama de procedimentos especiais que serviriam aos direitos materiais específicos, o

---

tempestiva tutela." (MARINONI, Luiz Guilherme; ARENHART, Sérgio Cruz; MITIDIERO, Daniel. *Op. cit.*, p. 47).

[84] "Conjunto que, no mínimo, abre o processo para uma perspectiva mais democrática na sua condução, que passa a ser não apenas unilateral, imposta pelo Estado-juiz." (ANDRADE, Érico. *As novas perspectivas do gerenciamento e da "contratualização" do processo. In*: Revista de Processo, Vol. 193, mar 2011. São Paulo: Ed. Revista dos Tribunais, p. 176). "Há, inclusive, quem defenda que tal possibilidade de flexibilização é condizente com o próprio princípio democrático, uma vez que somente consensualmente as partes podem estabelecer tais mudanças ou escolhas, o que acabaria por reforçar o papel mais ativo destas no procedimento, bem como sinalizar para uma necessidade de reinterpretar o conceito de contraditório – como anteriormente já expusemos." (THEODORO JÚNIOR, Humberto; NUNES, Dierle; BAHIA, Alexandre Melo Franco; PEDRON, Flávio Quinaud. *Op. cit*, p. 230).

[85] Importante esclarecer que a expressão em destaque foi empregada pelo citado autor em outro contexto. (ANDRADE, Érico. *O Mandado de Segurança: a Busca da Verdadeira Especialidade*. Rio de Janeiro: Lumen Juris, 2010, p. 77).

[86] TEPEDINO, Gustavo. *Problemas de Direito Civil-Constitucional*. Rio de Janeiro: Ed. Renovar, 2000, p. 15.

[87] MARINONI, Luiz Guilherme; ARENHART, Sérgio Cruz; MITIDIERO, Daniel. *Op. cit.*, p. 50.

legislador optou por delegar às partes a prerrogativa de erigir procedimentos ou módulos procedimentais para atender aos seus interesses:

> "É evidente que não é possível instituir procedimento adequado ao caso concreto, uma vez que as suas nuances são naturalmente imprevisíveis. A predisposição legislativa das técnicas processuais (procedimentos) que devem ser utilizadas conforme as necessidades de tutela do direito material não é suficiente quando se tem em mira atender às características do caso concreto."[88]

Equivale dizer que o CPC/2015 abriu às partes a possibilidade de eleger ou criar técnicas processuais. Entendido que "a tutela dos direitos no campo jurisdicional é prestada mediante o emprego de diversas técnicas processuais"[89], e considerando-se que diante das diversas necessidades no plano do direito material "as técnicas processuais devem a elas se adaptar"[90], o legislador não poderia ter sido mais feliz ao deixar para as partes a decisão sobre as técnicas reputadas convenientes, por meio do negócio jurídico processual[91].

O art. 190 do CPC/2015 consiste em verdadeira caixa de ferramentas que permitirá a construção de técnicas processuais, agora efetivamente idôneas para atender aos programas contratuais:

> "Ou seja, para viabilizar a efetividade da tutela específica do direito, o legislador editou um leque de técnicas processuais capaz de permitir a obtenção de várias modalidades de tutela do direito, conforme as mais diversas circunstâncias concretas."[92]

Essa cláusula geral, portanto, tem o condão de afastar da prática processual brasileira a conhecida e lamentável situação de "indiferença irritante"[93], para empregar a expressão de Luiz Guilherme Marinoni, Sérgio Cruz Arenhart e Daniel Mitidiero.

Importante destacar que em termos qualitativos houve um salto no que diz respeito às tutelas diferenciadas. Isso porque, se na concepção original almejava-

---

[88] MARINONI, Luiz Guilherme; ARENHART, Sérgio Cruz; MITIDIERO, Daniel. *Op. cit.*, p. 49.

[89] MARINONI, Luiz Guilherme; ARENHART, Sérgio Cruz; MITIDIERO, Daniel. *Op. cit.*, p. 39.

[90] MARINONI, Luiz Guilherme. *Op. cit.*, p. 114.

[91] "Neste sentido, o legislador pode dar à parte ou ao magistrado o poder de adotar, entre várias, a técnica processual que reputar adequada às suas necessidades, ou ainda o poder de utilizar técnica processual que dependa da demonstração de determinada circunstância capaz de ocorrer no caso concreto." (MARINONI, Luiz Guilherme; ARENHART, Sérgio Cruz; MITIDIERO, Daniel. *Op. cit.*, p. 50). De acordo com os mesmos processualistas, "Regras como essas, obviamente, permitem quase que a 'construção' de um procedimento adequado ao caso concreto". (MARINONI, Luiz Guilherme; ARENHART, Sérgio Cruz; MITIDIERO, Daniel. *Op. cit.*, p. 54).

[92] MARINONI, Luiz Guilherme; ARENHART, Sérgio Cruz; MITIDIERO, Daniel. *Op. cit.*, p. 54.

[93] MARINONI, Luiz Guilherme; ARENHART, Sérgio Cruz; MITIDIERO, Daniel. *Op. cit.*, p. 202.

-se o atendimento ao direito material em abstrato, atualmente a cláusula geral dos negócios jurídicos processuais adapta as tutelas diferenciadas às demandas mais específicas emergentes do caso concreto:

> "Note-se que se tornou possível construir o procedimento adequado não só a uma particular necessidade de tutela do direito material, mas também às circunstâncias do caso concreto. [94]"

Inegavelmente, cuida-se de um novo momento na história das tutelas diferenciadas:

> "Assim, rompe-se com a estrutura rígida dos procedimentos especiais antigos e da pretensão ao procedimento único liberal, para entregar aos protagonistas do processo a possibilidade de adequar o procedimento ao caso concreto.
>
> (...)
>
> Como é evidente, essa evolução da abordagem do procedimento, partindo do pressuposto de que o direito de ação não pode ficar na dependência de técnicas processuais ditadas de maneira uniforme para todos os casos (procedimento uniforme) ou para alguns casos específicos (procedimentos especiais), permite a constatação de que se caminha, constantemente, para a previsão de normas que abrem oportunidade à concretização das técnicas processuais em cada caso, evidenciando a possibilidade da construção da ação ou do procedimento conforme as necessidades substanciais carentes de tutela."[95]

Mais do que isso, cuida-se de instaurar um novo capítulo no Direito das Garantias. Vale lembrar que pela linha das tutelas diferenciadas procede-se a um reencontro do direito material com o direito processual[96]. O que corrobora uma

---

[94] MARINONI, Luiz Guilherme; ARENHART, Sérgio Cruz; MITIDIERO, Daniel. *Op. cit.*15, p. 54. "Quando se pensa em 'caso concreto', e assim em particularidades insuscetíveis de previsão, há que se tomar em conta uma técnica legislativa que não define, em abstrato, o instrumento processual que deve ser utilizado, mas sim aquilo que pode ser usado conforme as necessidades do caso concreto." (MARINONI, Luiz Guilherme; ARENHART, Sérgio Cruz; MITIDIERO, Daniel. *Op. cit.*, p. 50)

[95] *Idem*, p. 54.

[96] "O fato de o processo civil ser autônomo em relação ao direito material não significa que ele possa ser neutro ou indiferente às variadas situações de direito substancial. (...) Na realidade, jamais houve – ou poderia ter ocorrido – isolamento do direito processual, pois há nítida interdependência entre ele e o direito material." (MARINONI, Luiz Guilherme. *Op. cit.*, p. 43). "A tutela jurisdicional, quando pensada na perspectiva do direito material, e dessa forma como tutela jurisdicional dos direitos, exige a resposta a respeito do resultado que é proporcionado pelo processo no plano do direito material." (MARINONI, Luiz Guilherme. *Op. cit.*, p. 113). "Da predisposição de procedimentos idôneos a fornecer formas de tutelas jurisdicionais adequadas às necessidades dos casos concretos depende a existência, ou o modo da existência, do próprio direito substancial." (MARINONI, Luiz Guilherme. *Op. cit.*, p. 44). "Ademais, a proteção, mesmo no plano normativo, não pode ficar restrita a normas de direito material, pois o processo

imbricação entre as técnicas processuais e os mecanismos do direito material. Demonstrou-se, acima, que as garantias contratuais apresentam em sua estrutura técnicas jurídicas, entre as quais se inserem técnicas processuais. Retomando o exemplo da alienação fiduciária, é evidente que esta garantia não seria a mesma sem a técnica processual da busca e apreensão. Há uma vinculação incindível, ao menos do ponto de vista prático, entre garantias contratuais e processo civil, de modo que o negócio jurídico processual (art. 190, CPC/2015) hoje desempenha um papel fundamental nesta seara. Portanto, o reencontro entre processo e direito material[97], segundo a ótica das tutelas diferenciadas, afasta qualquer dúvida sobre o fato de que o negócio jurídico processual abre um novo momento para o Direito das Garantias.

Assim, as garantias também podem ser consideradas como "técnicas para uma adequada prestação da tutela jurisdicional."[98]

Foi dito que existe todo um trabalho por fazer no sentido de desenvolver técnicas processuais idôneas por iniciativa das partes, com suporte no negócio jurídico processual. O operador do Sistema de Justiça, destarte, tem diante de si o desafio de compreender e identificar as tutelas exigidas pelo direito material[99], "para que se possa pensar na técnica processual idônea para atendê-las."[100] Neste particular, apresenta grande utilidade o desenvolvimento de uma teoria geral das garantias, com destaque para o método de análise de desfragmentação das garantias típicas, isolando-se as linhas normativas irredutíveis para que se compreenda os mecanismos disponibilizados pela lei à referida "técnica de montagem de procedimentos especiais".[101]

O caminho aberto pelo CPC/2015 é vasto e promissor. Ao longo dos últimos anos o ordenamento jurídico tem sido enriquecido com o aporte de técnicas processuais tão úteis quanto factíveis, a exemplo da penhora *on-line*. Note-se: a penhora *on-line* é uma idônea técnica processual executiva[102]. As partes interessadas, a partir do CPC/2015, poderão conceber técnicas igualmente efetivas.

---

civil também se constitui em mecanismo de proteção dos direitos fundamentais, seja para evitar a violação ou o dano ao direito fundamental, seja para conferir-lhe o devido ressarcimento." (*Idem*, p.170).

[97] "(...) o discurso preocupado em evidenciar a ligação entre técnica processual e tutela dos direitos é antes de qualquer coisa um discurso engajado na retomada dos esquecidos laços entre direito e processo." (MARINONI, Luiz Guilherme; ARENHART, Sérgio Cruz; MITIDIERO, Daniel. *Op. cit.*, p. 43).

[98] MARINONI, Luiz Guilherme. *Op. cit.*, p. 113.

[99] "Considerar o processo civil um meio para a tutela dos direitos significa antes de qualquer coisa pensar primeiro nas situações de direito material que se pretende proteger por meio do exercício da ação para somente depois cogitar das técnicas processuais adequadas para sua efetiva proteção." (MARINONI, Luiz Guilherme; ARENHART, Sérgio Cruz; MITIDIERO, Daniel. *Op. cit.*, p. 43).

[100] MARINONI, Luiz Guilherme. *Op. cit.*, p. 114.

[101] ANDRADE, Érico. *Op. cit.*, p. 77.

[102] MARINONI, Luiz Guilherme; ARENHART, Sérgio Cruz; MITIDIERO, Daniel. *Op. cit.*, p. 36.

Conforme adverte Jean Carlos Fernandes, "a ausência de um sistema eficiente de execução de garantias impossibilita avanços em relação à proteção, à cobrança e à execução do crédito."[103] À preocupação deste mestre pode ser somada a de Tullio Ascarelli, no sentido de que "direito incerto é direito ineficaz, elemento perturbador das relações jurídicas e são, portanto, benéficos os esforços tendentes a torná-lo certo e eficaz."[104]

O negócio jurídico processual deve ser empregado em prol da concretização dos pactos, em atendimento ao programa contratual convenientemente definido pelas partes.

Neste particular, calha repetir a função prática das garantias contratuais, em perfeita sintonia com o processo civil, que deve ser orientado pelo mesmo viés, conforme esclarece Eduardo José da Fonseca Costa:

> "No entanto, nunca é desgastante repetir que o direito processual civil, como bem dizia Pontes de Miranda, é o ramo do direito mais rente à vida."[105]

Certamente o negócio jurídico processual, principalmente no período de transição para o novo Código de Processo Civil, será vítima do misoneísmo. Resistências dessa natureza, todavia, não podem abafar as potencialidades do negócio jurídico processual, pois, de acordo com as lições de Paula Forgioni:

> "O direito transforma-se a cada dia, pouco importando se seus observadores dão-se conta ou não. Direito e fatos são indissociáveis; a mudança de um implica a transformação do outro. O direito, nunca será demais lembrar, é um nível do todo social e, como tal, impacta e é impactado pela dimensão que regula. O direito de nosso tempo já é outro, apesar da doutrina jurídica, apesar dos juristas, apesar do ensino ministrado nas faculdades de direito."[106]

5. O exemplo da propriedade fiduciária: o negócio jurídico processual permite a operacionalização desta garantia prevista no Código Civil, pela definição de técnicas processuais adequadas e idôneas

O negócio jurídico processual, na condição de um divisor de águas para o Direito das Garantias, pode ser bem compreendido com o exemplo da propriedade fiduciária, prevista nos arts. 1.361 a 1.368-B, do Código Civil.

O que se pretende demonstrar neste tópico é que a cláusula geral do art. 190 do CPC/2015 permite a pactuação de técnicas processuais de sorte a colmatar a

---

[103] FERNANDES, Jean Carlos. *Cessão fiduciária de títulos de crédito*. Rio de Janeiro: Ed. Lumen Juris, 2009, p. 128.

[104] ASCARELLI, Tullio. *Teoria geral dos títulos de crédito*. Campinas: Ed. Mizuno, 2003, p. 27.

[105] COSTA, Eduardo José da Fonseca. *Antecipação de tutela: irreversibilidade, caução e responsabilidade objetiva. In*: Revista de Processo, vol. 115, mai 2004. São Paulo: Ed. Revista dos Tribunais, p. 63.

[106] FORGIONI, Paula A. *Op. cit.*, p. 102.

ASPECTOS POLÊMICOS DO NOVO CÓDIGO DE PROCESSO CIVIL

lacuna do procedimento adequado para a implementação da propriedade fiduciária prevista no Código Civil, também conhecida como alienação fiduciária paritária.

A alienação fiduciária foi instituída pela Lei 4.728/1965 e posteriormente aprimorada, sobretudo do ponto de vista das técnicas processuais, pelo Decreto-Lei 911/1969. A lei 9.514/1997 permitiu que este contrato fosse empregado para bens imóveis e a Lei 10.931/2004 autorizou a alienação fiduciária de direitos sobre coisas móveis e títulos de crédito.

Até o advento do Código Civil de 2002, a alienação fiduciária somente poderia ser empregada para garantir créditos de instituições financeiras e equiparadas[107]. Todavia, este Diploma, em seus arts. 1.361 a 1.368-B, previu a propriedade fiduciária em termos amplos, sem especificar perfis qualificados dos agentes que poderiam firmar negócios jurídicos dessa natureza. A melhor doutrina, assim, tem pontificado que os dispositivos em tela autorizam o negócio fiduciário por qualquer pessoa natural ou jurídica:

> "Uma das inovações relevantes do Código é a possibilidade de se utilizar a alienação fiduciária de bens móveis para garantia de quaisquer negócios jurídicos, e não apenas como garantia dos financiamentos concedidos pelas instituições financeiras ou para as hipóteses previstas de maneira restritiva pela legislação especial."[108]

> "Todavia, o art. 1.361 do Código Civil não explicita a natureza do credor em favor do qual o devedor transfere o bem, possibilitando-se, agora, a universalização do modelo do negócio fiduciário, pela extensão da posição de credor a pessoas naturais e pessoas jurídicas que não sejam constituídas sob a forma de instituições financeiras."[109]

Importante considerar que, além da apontada universalização promovida pelo Código Civil, o art. 22, §1º, da Lei 9.514/1997, com a redação atribuída pela Lei

---

[107] O emprego da alienação fiduciária para pessoas jurídicas equiparadas às instituições financeiras foi construída jurisprudencialmente por meio de notáveis estudos, com suporte no escólio de José Carlos Moreira Alves: "De outro lado, há julgados que francamente aderem à lição de Moreira Alves, proclamando que 'a lei, dispondo sobre o mercado de capitais, em nenhum dos seus dispositivos estabeleceu o privilégio das sociedades de financiamento de serem as únicas titulares do direito da alienação fiduciária em garantia. De sorte que 'qualquer pessoa é parte legítima para contratar com a garantia de alienação fiduciária', inclusive, pois, os consórcios de automóveis'." (THEODORO JÚNIOR, Humberto. *Op. cit.*, p. 14).

[108] CHALHUB, Melhim Namem. *Negócio Fiduciário*. Rio de Janeiro: Ed. Renovar, 2006, p. 131.

[109] FARIAS, Cristiano Chaves de; ROSENVALD, Nelson. *Curso de Direito Civil – direitos reais*, vol. 5. Salvador: JusPodivm, 2012, p. 542. *Vide*, ainda, ALVES, André Cordelli. *Alienação fiduciária em garantia de bens imóveis. In*: Revista de Direito Bancário e do Mercado de Capitais, vol. 56, abr 2012. São Paulo: Ed. Revista dos Tribunais, p. 181.

O NEGÓCIO JURÍDICO PROCESSUAL: UM NOVO CAPÍTULO NO DIREITO DAS GARANTIAS...

11.481/2007, estendeu a alienação fiduciária sobre bens imóveis para qualquer pessoa natural ou jurídica[110].

Passou-se, então, a distinguir a alienação fiduciária regulamentada pelo Código Civil, agora alcunhada de paritária, da alienação fiduciária voltada para negócios realizados por instituições financeiras e equiparadas, denominada de mercadológica.[111]

A distinção, também vincada pelo art. 1.368-A do Código Civil, justifica-se pelo regime jurídico delineado para cada espécie. Está-se a referir especificamente aos mecanismos processuais de tutela.

Na alienação fiduciária mercadológica as principais ações a que está legitimado o credor fiduciário, a depender de cada hipótese, são as de busca e apreensão, reintegração de posse[112], reivindicatória, de depósito ou de execução.[113]

Lado outro, para a alienação fiduciária paritária, regida pelo Código Civil, existe grande debate sobre as medidas processuais cabíveis por parte do credor. De acordo com Sílvio de Salvo Venosa,

> "Se o proprietário fiduciário não for instituição financeira, deverá valer-se dos meios processuais ordinários, não podendo se utilizar da ação de busca e apreensão, mas, a nosso ver, não se lhe frustra a ação de depósito, pois o art. 1.363 é expresso a esse respeito. Com a palavra o legislador e a jurisprudência."[114]

O grande especialista Melhim Namen Chalhub lamenta que o legislador tenha deixado de especificar um procedimento "para a realização da garantia nos contratos paritários"[115]. Lembra o mesmo mestre que antes do aprimoramento da busca e apreensão para a alienação fiduciária mercadológica surgiu grande inse-

---

[110] "Todavia, com a inserção da propriedade fiduciária no Código Civil, afigura-se que a restrição de outrora não pode mais ser acolhida, de tal sorte que qualquer pessoa física ou jurídica pode se colocar na condição de fiduciário, a exemplo do que ocorre com a alienação fiduciária de imóveis instituída pela Lei n. 9.514/973." (GONÇALVES, Carlos Roberto. *Direito civil brasileiro: direito das coisas*, vol. 5. São Paulo: Saraiva, 2012, p. 289).

[111] CHALHUB, Melhim Namem. *Op. cit.*, p. 218.

[112] "Quando incide sobre coisas imóveis, a alienação fiduciária terá similitude com a hipoteca, mas também é mais forte que esta: conforme a Lei 9.514/97, se o fiduciante não pagar a dívida, 'consolidar-se-á a propriedade em nome do fiduciário' (art. 26) e este 'promoverá público leilão para a alienação do imóvel' (art. 27). Ao fiduciário e ao adquirente do imóvel no leilão 'é assegurada ... a reintegração na posse do imóvel, que será concedida liminarmente' (art. 30). Na hipótese de insolvência do fiduciante, 'fica assegurada ao fiduciário a restituição do imóvel' (art. 32), isto é, este não tem de concorrer com os demais credores daquele." (NORONHA, Fernando. *Op. cit.*, p. 745). Igualmente, FARIAS, Cristiano Chaves de; ROSENVALD, Nelson. *Op. cit.*, p. 558.

[113] CHALHUB, Melhim Namem. *Op. cit.*, p. 217, 219.

[114] VENOSA, Sílvio de Salvo. *Código Civil interpretado*. São Paulo: Ed. Atlas, 2013, p. 1597.

[115] CHALHUB, Melhim Namem. *Op. cit.*, p. 219.

gurança quanto à garantia, o que "inibiu a utilização do contrato"[116]. Nessa linha, acrescenta:

> "A história agora se repete, de modo que a inexistência de um procedimento especial destinado às hipóteses não enquadradas na ação de busca e apreensão do Decreto-lei 911/69 pode gerar controvérsia e tornar duvidosa a eficácia da garantia fiduciária disciplinada pelo Código Civil, pois os titulares dessa garantia terão que recorrer ao procedimento comum, presumindo-se que a ausência de estrutura judicial que assegure a agilidade necessária à recuperação do crédito poderá colocar em risco a efetividade do processo." [117]

É consenso que o credor, na alienação fiduciária paritária, não poderá se valer do procedimento especial de busca e apreensão previsto no Decreto-Lei 911/1969:

> "Não se conclua, daí, que às demais entidades jurídicas e mesmo às pessoas físicas seja vedada a celebração de contrato fiduciário. Como se observou, a alienação fiduciária em garantia é uma espécie de negócio fiduciário, regulada por lei especial. Por outras palavras, é correta a realização de contrato para a transmissão de propriedade de um bem de qualquer natureza. O fiduciante permanece com a posse do bem, transferindo a propriedade resolúvel ao fiduciário.
>
> O que se proíbe aos contratantes não enquadrados na categoria das sociedades de crédito, investimento e financiamento, é o uso do procedimento legal do Decreto-lei nº 911, restrito a esta classe de pessoas jurídicas. O credor, para valer-se do instituto e consolidar seu domínio com a posse, terá de acionar o devedor com outro tipo de ação, como a de rito ordinário ou de reintegração de posse." [118]
>
> "Superou-se a divergência com a incorporação pelo CC de normas em matéria de alienação fiduciária, que passam a ter por destinatário todo e qualquer contratante. As regras da lei especial, notadamente aquelas de direito processual, continuam restritas às instituições financeiras."[119]

Melhim Namen Chalhub aponta que a solução para a tutela jurisdicional adequada, efetiva e tempestiva, em prol do credor na alienação fiduciária paritária seria *de lege ferenda*, com a especificação de um rito processual próprio. O autor sugere algo como "uma tutela específica, de urgência", a exemplo da "reintegração de posse liminar prevista na Lei nº 9.514/97, que regulamenta a alienação fiduciária de bem imóvel."[120] E arremata, com tom quase profético:

---

[116] *Idem*, p. 219.

[117] *Idem*, p. 219.

[118] RIZZARDO, Arnaldo. *Contratos*. Rio de Janeiro: Forense, 2013, p. 1328, 1329.

[119] TEPEDINO, Gustavo; BARBOZA, Heloisa Helena; MORAES, Maria Celina Bodin de. *Código Civil Interpretado – conforme a Constituição da República*, Vol. III. Rio de Janeiro: Ed. Renovar, 2011. p. 730, 731.

[120] CHALHUB, Melhim Namen. *Op. cit.*, p. 220.

"Em suma, a realização da garantia fiduciária regulamentada pelo Código Civil reclama a construção de procedimento especial até mesmo em razão das suas peculiaridades, para que possa desempenhar seu papel de acordo com as necessidades da sociedade contemporânea."[121]

Eis que o vaticínio se cumpriu, não por meio de um procedimento destinado apenas aos arts. 1.361 a 1.368-B do Código Civil. Afinal, seria o caso de pedir mais um procedimento especial? De quantos procedimentos especiais precisaremos para concretização, no país, do direito fundamental à tutela jurisdicional adequada, efetiva e tempestiva? Como é intuitivo, não existiriam leis suficientes[122]. Principalmente quando se considera que inúmeras garantias podem ser criadas pelas partes com suporte na autonomia privada. Na verdade, a solução para preencher a lacuna procedimental em tela está no art. 190 do CPC/2015, a sede positiva dos negócios jurídicos processuais atípicos. Quando se diz que as considerações em destaque foram lançadas em tom profético é porque a cláusula geral do art. 190 do CPC/2015 permite a construção de técnicas processuais adequadas às peculiaridades da alienação fiduciária paritária.

São louváveis as sugestões transcritas acima, como a de Sílvio de Salvo Venosa, que propõe o procedimento especial da ação de depósito, ou a de Arnaldo Rizzardo, que sugere a ação de reintegração de posse. Essas opções não podem ser descartadas, haja vista que direitos existem para ser cumpridos. De toda forma, deve-se reconhecer que essas medidas não fazem frente às eficientes técnicas processuais previstas no Decreto-Lei 911/1969. Conforme ressalta Fernando Gajardoni, "desde que o STF declarou a inconstitucionalidade da prisão civil de depositário infiel, o contrato e a ação de depósito (art. 627 e ss. do CC/2002) perderam seu prestígio."[123] É fato que o depósito inerente à propriedade fiduciária (art. 1.363, *caput, in fine*, CC) suscita a técnica do art. 311, III, do CPC/2015, mas esta medida, por si só, não se apresenta suficiente para outorgar ao credor toda a eficácia que o processo civil pode lhe dar, como se verá adiante pela análise de outras técnicas adicionais, a exemplo da venda antecipada. O mesmo se diga quanto à ação de reintegração de posse. Outrossim, de maneira alguma pode-se

---

[121] CHALHUB, Melhim Namem. *Op. cit.*, p. 221.

[122] Precisa a seguinte manifestação de Calmon de Passos: "Não devemos encorajar a ressurreição da crença arcaica de que para cada pretensão há um procedimento ideal, ou que seja conveniente agruparmos pretensões e tratá-las de um modo procedimental específico. Essa visão, *data venia*, cheira a um romantismo arcaico." (PASSOS, José Joaquim Calmon de. *Teoria Geral dos Procedimentos Especiais. In:* FARIAS, Cristiano Chaves de; DIDIER JR. Fredie (Coord.). Procedimentos especiais cíveis: legislação extravagante. São Paulo: Ed. Saraiva, 2003, p. 4).

[123] GAJARDONI, Fernando da Fonseca. *Novo CPC: A ressurreição da ação de depósito.* Jota. 2 mar 2015. Disponível em: <http://jota.info/novo-cpc-ressurreicao-da-acao-de-deposito>. Acesso em: 03 jun. 2015.

tolher o autorregramento da vontade das partes no sentido de eleger os mecanismos processuais mais adequados ao específico negócio jurídico.

Conforme visto, as garantias atípicas constituem-se de técnicas jurídicas, a abranger técnicas processuais. Demonstrou-se, ainda, que pela linha das garantias atípicas é possível aprender com os mecanismos eficientes tipificados na lei, para os incorporar por meio de disposições contratuais fundamentadas na liberdade contratual, tal como sempre se observou no diálogo entre contratos típicos e atípicos.

Faz-se necessário, portanto, destrinchar as técnicas processuais que asseguram o sucesso do procedimento de busca a apreensão do Decreto-Lei 911/1969, com o objetivo de avaliar se elas podem ser reproduzidas por disposições contratuais, a título de negócio jurídico processual, com espeque no art. 190 do CPC/2015.

Nessa tarefa, serão pontuados aspectos relevantes da alienação fiduciária, bem como do seu procedimento de busca e apreensão, para a consequente apresentação de mecanismos que podem se igualar em termos de técnicas processuais, com vistas à regulamentação via negócio jurídico processual.

Segundo o art. 1.361 do Código Civil, a propriedade fiduciária pode ser conceituada como aquela de natureza resolúvel que incide sobre coisa móvel infungível e que o devedor (fiduciante), com o escopo de garantia, transfere ao credor (fiduciário).

A didática recomenda que o negócio em tela seja sempre apresentado no contexto dos outros contratos que com ele se conjugam, pois se trata de garantia acessória perante um contrato principal.

Vale, então, indicar um exemplo, que será utilizado como parâmetro para todas as avaliações que seguem. Imagine-se a hipótese de uma pessoa "A", que pretende vender seu veículo e procura a pessoa jurídica "B", que atua no ramo. "B" anuncia o bem móvel à venda, em nome de "A", de modo que surge "C", interessado em comprar o automóvel. Ocorre que "C" não possui recursos suficientes[124], e opta por firmar um contrato de mútuo com "B". Obviamente, trata-se de mútuo balizado por juros legais (arts. 586 a 592, CC), já que o exemplo versa sobre a alienação fiduciária paritária, firmada entre pessoas que não consistem em instituições financeiras ou equiparadas. Dessa forma, "B" concede o empréstimo para "C", dinheiro este que será utilizado para pagar "A", o vendedor. Para se precatar quanto ao recebimento do valor adiantado, "B" condiciona o mútuo a outro contrato, na hipótese o de alienação fiduciária paritária, regido

---

[124] O mútuo pode corresponder a apenas parcela do preço de compra do bem. "Com efeito, não é raro que o valor total do mútuo seja inferior ao próprio valor do bem alienado, nos casos em que o fiduciante apenas financia parte do bem, já tendo adiantado parte do valor perante o alienante." (FARIAS, Cristiano Chaves de; ROSENVALD, Nelson. *Op. cit.*, p. 544)

pelos arts. 1.361 a 1.368-B, do Código Civil. Note-se, portanto, a conjugação de três contratos, o de compra e venda firmado entre "A" e "C" (ainda que intermediado por "B"), o de mútuo firmado entre "B" e "C" e o de alienação fiduciária firmado entre "B" e "C".

Centrando foco no contrato de alienação fiduciária paritária, tenha-se que "C", enquanto devedor fiduciante, transfere o bem adquirido de "A" para "B", o credor fiduciário. De acordo com o art. 1.361, §3º, do Código Civil, a propriedade superveniente, adquirida pelo devedor, torna eficaz, desde o arquivamento, a transferência da propriedade fiduciária. O que significa dizer que o bem não precisa ser transferido ao devedor fiduciante para posterior transferência ao credor fiduciário[125]. A partir do contrato em tela, o credor fiduciário adquire a propriedade resolúvel da coisa alienada, e o devedor fiduciante permanece com a posse imediata ou direta do bem, para que possa dele usufruir durante o período de pagamento do mútuo (art. 1.363, CC). Não se verifica, na prática, qualquer tradição real. Ou seja, o contrato de alienação fiduciária constitui exceção à regra geral, pois transfere o domínio para o credor fiduciário independentemente da tradição (art. 1.361, CC). O credor fiduciário não tem a disponibilidade física do bem e fica apenas com a posse indireta, haja vista que ocorre uma transmissão simbólica da coisa para o credor fiduciário (constituto possessório). Esse desdobramento da posse (art. 1.361, §2º, CC) e principalmente a posse direta na pessoa do devedor permite concluir que o depósito decorre automaticamente do contrato em foco, o que ademais está expresso no art. 1.363, *caput, in fine*, do Código Civil.

Na alienação fiduciária o devedor objetiva, para além da posse da *res*, a aquisição da propriedade plena, o que ocorrerá automaticamente com o pagamento integral do débito. Já ao credor não interessa a propriedade, até porque, em regra, ele não poderá permanecer com o bem, que deverá ser excutido (art. 1.364, CC). Exatamente por isso, a propriedade transferida ao credor é resolúvel, ou seja, o credor fiduciário tem o dever de remancipar a propriedade ao devedor fiduciante após a quitação.

Na vigência do contrato, a coisa ou o direito objeto da alienação fiduciária constituem patrimônio de afetação, de modo que ficam a salvo dos credores do fiduciário.

O contrato com amparo no Código Civil pode ter por objeto automóveis e neste particular não há óbice quanto à exigência de que o bem seja móvel e infungível (art. 1.361, *caput*), pois, como lembra Francisco Amaral, a infungibilidade pode decorrer tanto da natureza quanto da vontade das pessoas[126].

---

[125] É possível que o bem já pertença ao devedor, conforme prevê o Enunciado da Súmula 28 do STJ: "o contrato de alienação fiduciária em garantia pode ter por objeto bem que já integrava o patrimônio do devedor."

[126] "A fungibilidade é própria dos móveis; e a infungibilidade, dos imóveis, mas esta regra não é absoluta. (...) A fungibilidade e a infungibilidade decorrem tanto da natureza quanto da vontade das

ASPECTOS POLÊMICOS DO NOVO CÓDIGO DE PROCESSO CIVIL

No que diz respeito à constituição da propriedade fiduciária, para o caso em apreço, que versa sobre veículo[127], esta somente se verificará com o registro do contrato celebrado por instrumento público ou particular em serventia de Títulos e Documentos do domicílio do devedor, ou na repartição competente para o licenciamento (Detran) [128] (art. 1.361, §1º, CC).

Conforme visto, a alienação fiduciária possui natureza contratual, mas na doutrina brasileira tem preponderado o entendimento de que a propriedade fiduciária possui natureza real[129]. O art. 1.367, com a redação dada pela Lei 13.043/2014, parece ter resolvido a polêmica da natureza jurídica da alienação fiduciária, definindo-a como uma garantia real, ao atrair a disciplina dos arts. 1.419 a 1.430, que versam sobre as disposições gerais aplicáveis ao penhora, à hipoteca e à anticrese.

Fernando Noronha alinha a alienação fiduciária, ao lado do leasing financeiro, na classificação de supergarantias[130]. Entendemos que essa qualificação é sem propósito, mormente após o advento do art. 190 do CPC/2015, que veio

---

pessoas, inclusive do legislador. Determinado automóvel, coisa fungível, transforma-se em infungível se individualizado pela marca, ano de fabricação, cor, número de motor, acessórios instalados etc." (AMARAL, Francisco. *Direito Civil – introdução*. Rio de Janeiro: Ed. Renovar, 2006, p. 323).

[127] Em se tratando de bem imóvel, a "constituição da propriedade fiduciária somente se dará através do registro do contrato de alienação fiduciária no Ofício do Registro de Imóveis. Nesta linha, em termos de efetiva garantia, de nada adiantará o contrato de alienação fiduciária, se o mesmo não lograr o seu ingresso no fólio real do Ofício Fundiário." (ROCHA, Eduardo de Assis Brasil. *Algumas considerações sobre a alienação fiduciária de coisa móvel. In*: Revista de Direito Imobiliário, vol. 45, set. 1998. São Paulo: Ed. Revista dos Tribunais, p. 96).

[128] O STF reconheceu a repercussão geral no recurso extraordinário nº 611639/RJ, no qual se decidirá se é necessário o do bem móvel registro em cartório de títulos e documentos mesmo quando já registrado no Detran. "VEÍCULOS AUTOMOTORES – GRAVAME – OBRIGATORIEDADE DO REGISTRO EM CARTÓRIO DE TÍTULOS E DOCUMENTOS – INCONSTITUCIONALIDADE DO ARTIGO 1.361, § 1º, DO CÓDIGO CIVIL DECLARADA NA ORIGEM. Possui repercussão geral a controvérsia sobre a constitucionalidade do artigo 1.361, § 1º, do Código Civil no tocante à obrigatoriedade do registro, no cartório de títulos e documentos, do contrato de alienação fiduciária de veículos automotores, mesmo com a anotação no órgão de licenciamento." (STF, RE 611639 RJ, Relator(a): Min. Marco Aurélio, julgado em 09-12-2010, Processo Eletrônico DJe-062 Divulg 31-03-2011 Public 01-04-2011).

[129] "A propriedade fiduciária, por sua vez, é uma particular espécie de propriedade que decorre do contrato de alienação fiduciária em garantia ou do negócio fiduciário. Para Sebastião José Roque, ela é criada pelo contrato. É um direito real e apresenta as características de ser uma propriedade resolúvel e limitada." (BUFILIN, Augusto Passami. *Notas sobre o marco inicial para a propositura da ação de reintegração de posse na alienação fiduciária em garantia de coisa imóvel – comentário ao REsp 1.155.716/DF. In*: Revista dos Tribunais, vol. 921, jul 2012, p. 502). Luís Manuel Teles de Menezes Leitão entende que não se cuida de uma garantia real: "a utilização da propriedade em garantia, que ocorre na reserva de propriedade ou na alienação fiduciária em garantia, não se pode considerar como uma garantia real, na medida em que não se limita a atribuir ao credor preferência sobre um bem do devedor ou de terceiro, mas antes o investe na plena propriedade do bem, cuja utilização ele deve limitar ao fim de garantia." (LEITÃO, Luís Manuel Teles de Menezes. *Op. cit.*, p. 15).

[130] "No nosso ordenamento, a nosso ver, constituem supergarantias duas figuras jurídicas modernas, a alienação fiduciária em garantia e o leasing financeiro." (NORONHA, Fernando. *Op. cit.*, p. 742).

promover uma verdadeira democratização para as técnicas processuais que servem às garantias, motivo pelo qual este rótulo deve ser até mesmo evitado, com o escopo de afastar qualquer ideia de que grupos restritos possuem, sob um Estado Democrático de Direito, uma reserva de mercado para estabelecer amplamente contratos com garantias privilegiadas.

Por outro lado, impende reconhecer que a alienação fiduciária representa considerável acréscimo de garantias em comparação com o contrato de compra e venda, sujeito a várias vicissitudes e até manobras, principalmente quando intervêm terceiros que se arvoram em adquirentes de boa-fé. Luís Manuel Teles de Menezes Leitão bem explica a vulnerável posição do credor no contrato ordinário de compra e venda:

> "Assim, se for celebrado um contrato de compra e venda de um bem, o comprador torna-se imediatamente proprietário do bem vendido e pode voltar a aliená-lo, mesmo que este não lhe tenha sido entregue ou o preço respectivo ainda não esteja pago. Ao vendedor resta apenas a possibilidade de cobrar o preço. Este é, porém, um mero direito de crédito, que não lhe atribui qualquer preferência no pagamento, o que implica para o vendedor ter de concorrer com todos os credores comuns do comprador sobre o património deste (art. 604º, nº1). Assim, caso o comprador não possua bens suficientes para pagar a todos os seus credores, o vendedor não terá possibilidade de cobrar a totalidade do preço."[131]

Estabelecidas essas considerações gerais acerca do contrato de alienação fiduciária, pode-se passar à análise das técnicas processuais que garantem o êxito desta garantia, designadamente no que toca à busca e apreensão do Decreto-Lei 911/1969. Apenas para fins de estudo, o exemplo em tela, que versa sobre alienação fiduciária paritária, será avaliado como se estivesse a ser implementado por meio do procedimento especial do Decreto-Lei 911/1969, sabidamente reservado à alienação fiduciária mercadológica. Na sequência, serão pontuadas as técnicas processuais diferenciadas deste Diploma que poderão ser incorporadas via negócio jurídico processual para a alienação fiduciária paritária prevista no Código Civil.

Reza o art. 2º, caput, do Decreto-Lei 911/1969, com a redação que lhe foi atribuída pela Lei 13.043/2014, que na hipótese de inadimplemento ou mora – qualquer uma das duas – no que tange às obrigações derivadas do contrato de alienação fiduciária, o proprietário fiduciário poderá vender a coisa a terceiros, independentemente de leilão, hasta pública, avaliação prévia ou qualquer outra medida judicial ou extrajudicial, salvo disposição expressa em contrário prevista no contrato. A nova redação parece apontar para a prerrogativa de o credor pro-

---

[131] LEITÃO, Luís Manuel Teles de Menezes. *Op. cit.*, p. 256.

mover a venda pela via extrajudicial ou judicial, a seu critério, tal como previsto no art. 1.364 do Código Civil.

Assim, diante deste contexto, e com suporte no art. 3º do mesmo Diploma, o credor poderá providenciar em face do devedor o ajuizamento da ação de busca e apreensão do bem. Alguns requisitos, todavia, são exigidos como condição para a propositura desta demanda.

O credor deverá provar que interpelou o devedor sobre a caracterização da mora ou do inadimplemento (art. 2º, §2º, Decreto-Lei 911/1976, com a nova redação atribuída pela Lei 13.043/2014). É importante perceber que a lei consigna expressamente que "a mora decorrerá do simples vencimento do prazo para pagamento" (*dies interpellat pro homine*). A adequada leitura do texto é no sentido de que o credor tem o dever de informar ao devedor sobre a ocorrência da mora ou do inadimplemento. Ou seja, tais eventos não dependem da interpelação para existir. A notificação exigida é apenas um veículo para informar o devedor. A finalidade maior da interpelação é franquear ao devedor a possibilidade de efetuar o pagamento devido até o término do prazo referido no art. 3º, §2º, do Decreto-Lei 911/1969, segundo a redação que lhe foi atribuída pela Lei 10.931/2004. De acordo com o Enunciado da Súmula 245 do STJ, "a notificação destinada a comprovar a mora nas dívidas garantidas por alienação fiduciária dispensa a indicação do valor do débito."

Mas, cabe frisar, é necessário comprovar a notificação extrajudicial do devedor. A Lei 13.043/2014 veio facilitar essa prova, ao alterar a redação do art. 2º, §2º, Decreto-Lei 911/1976, que agora autoriza seja a medida "comprovada por carta registrada com aviso de recebimento, não se exigindo que a assinatura constante do referido aviso seja a do próprio destinatário". Existe, pois, uma nítida distinção entre a configuração da mora, ou do inadimplemento, e a comprovação da notificação[132].

A configuração da mora, ou do inadimplemento, que se dá *ex re*, acarreta no vencimento de "todas as obrigações contratuais, independentemente de aviso ou notificação judicial ou extrajudicial" (art. 2º, §3º, Decreto-Lei 911/1976).

Dessa maneira, a comprovação da notificação extrajudicial é essencial para que o credor obtenha a busca e apreensão do bem, conforme também definido

---

[132] De acordo com Cristiano Chaves de Farias e Nelson Rosenvald, "a exata perquirição da Súmula [245, STJ] exige a diferenciação entre a constituição e a comprovação da mora. Entenda-se: a constituição do devedor em mora é automática, pois o contrato prevê termo certo para pagamento. Trata-se da mora *ex re*, prevalecendo o brocardo *dies interpellat pro homine*." (FARIAS, Cristiano Chaves de; ROSENVALD, Nelson. *Op. cit.*, p. 562, 563 – adendo explicativo entre colchetes nosso). Ousamos discordar dos membros do Ministério Público apenas quanto ao fato de que não se cuida de comprovação da mora, pois não cabe provar aquilo o que decorre automaticamente da lei. O que se comprova é o dever de comunicação.

O NEGÓCIO JURÍDICO PROCESSUAL: UM NOVO CAPÍTULO NO DIREITO DAS GARANTIAS...

pelo STJ, por meio do Enunciado de sua Súmula 75: "a comprovação da mora é imprescindível à busca e apreensão do bem alienado fiduciariamente"[133].

A ação de busca e apreensão outorga ao credor a prerrogativa de recuperar liminarmente o bem (art. 3º, do Decreto-Lei 911/1969), que pode ser denominada de técnica de apreensão imediata. Para tanto, não se requer a comprovação de urgência.

O devedor possui o direito de pagar a totalidade da dívida, a abranger as prestações que se venceram antecipadamente (art. 2º, §3º, Decreto-Lei 911/1976), no prazo de até cinco dias após executada a liminar (art. 3º, §§ 2º e 1º, Decreto-Lei 911/1976), segundo os valores apresentados pelo credor fiduciário na inicial da ação de busca e apreensão, hipótese na qual o bem lhe será restituído livre do ônus.

Escoado o prazo para a purga da mora, fica o credor obrigado a vender, judicial ou extrajudicialmente, a coisa a terceiros, a aplicar o preço no pagamento de seu crédito e das despesas de cobrança, e a entregar o saldo, se houver, ao devedor (art. 1.364, CC). Em regra, o credor fiduciário não poderá ficar com a propriedade da coisa alienada em garantia[134]. O Código Civil proíbe expressamente o pacto comissório, que consiste na cláusula que autoriza o proprietário fiduciário a ficar com a coisa alienada em garantia, se a dívida não for paga no vencimento (arts. 1.365, 1.428, CC). Ao avaliar o Código Civil português, Isabel Andrade de Matos anota que

> "O pacto comissório é a convenção pela qual o credor pode fazer seus os bens que lhe tenham sido dados em garantia em caso de incumprimento do devedor. Trata-se de um instituto milenar, desde há muito proibido, que voltou à ordem do dia, mas que ainda não tinha merecido atenção por parte da doutrina nacional."[135]

Apesar da proibição do pacto comissório, o art. 1.365, parágrafo único do Código Civil autoriza que o devedor opte pela dação em pagamento, desde que após o vencimento da dúvida. O art. 1.368-B, parágrafo único, do Código Civil, com a redação que lhe foi atribuída pela Lei 13.043/2014 também autoriza a adjudicação do bem dado em garantia, que obviamente fica condicionada ao momento posterior ao vencimento da dívida, o que é imperativo para compatibilizar este dispositivo com a proibição do pacto comissório contida no art. 1.365.

---

[133] Novamente, não se cuida de comprovar a mora, que opera *ex re*, mas sim a notificação extrajudicial.

[134] NORONHA, Fernando. *Op. cit.*, p. 742.

[135] MATOS, Isabel Andrade de. *O pacto comissório: contributo para o estudo do âmbito da sua proibição*. Editora Almedina, 2006, p. 11. Segundo Luís Manuel Teles de Menezes, "em todas as garantias reais constituídas por negócio jurídico o legislador vem estabelecer expressamente a proibição do pacto comissório." (LEITÃO, Luís Manuel Teles de Menezes. *Op. cit.*, p. 273).

ASPECTOS POLÊMICOS DO NOVO CÓDIGO DE PROCESSO CIVIL

O procedimento especial de busca e apreensão é empregado não apenas porque o credor se encontra impossibilitado de promover, em exercício de autotutela, a recuperação da coisa móvel, mas também pelo fato de que a via judicial assegura o controle da venda. É verdade que o Código Civil autoriza a venda extrajudicial do bem (art. 1.364), todavia, calha convir que há neste procedimento um unilateralismo de duvidosa constitucionalidade, que mitiga consideravelmente o exercício do contraditório e da ampla defesa, em que pese o entendimento do STF pela constitucionalidade dos arts. 31 a 38 do Decreto-Lei 70/1966[136]. Cabe ressalvar, entretanto, o caso em que as partes definem de antemão as regras centrais que serão observadas no caso de venda extrajudicial, quando esta representará a fiel execução do pactuado. Para conjugar o contraditório à celeridade é que foram pensadas as técnicas diferenciadas em comento.

O art. 1.368-B, parágrafo único, do Código Civil menciona a "consolidação da propriedade" na pessoa do credor fiduciário, instituto este que deve ser compreendido no contexto das atuais normas que regulam a alienação fiduciária, consideravelmente reformuladas nos últimos anos. Esclarece Fernando Noronha que

"Na redação anterior a 2004 do Dec.-lei 911/69, a propriedade fiduciária só se consolidava no credor fiduciante depois da sentença do juiz no processo de busca e apreensão (era o que se dispunha no art. 3º, § 5º, que foi modificado devido à frequente morosidade dos processos judiciais, que fazia os bens ficarem apreendidos por longo tempo, desvalorizando-se)."[137]

Atualmente, não se faz necessário qualquer provimento jurisdicional de cunho constitutivo para caracterizar a consolidação. Significa dizer que a consolidação é automática:

"(...) a inexecução da obrigação acarreta a consolidação da propriedade pelo credor e dispara a sequela, como mecanismo de tutela do direito real de garantia. Poderá o fiduciário buscar a coisa com quem quer que se encontre, em razão da publicidade provocada pelo registro e oponibilidade *erga omnes* do direito real."[138]

Por isso, Melhim Namem Chalhub afirma que "a sentença apenas declara a consolidação"[139] Esclarece o mesmo mestre:

"A consolidação se dá pelo simples fato da não-purgação da mora, independentemente de decisão judicial e assim ocorre porque a propriedade fiduciária é uma

---

[136] *E.g.*, STF, RE 223075, Relator Min. Ilmar Galvão, Primeira Turma, julgado em 23-06-1998, DJ 06-11-1998 pp-00022 Ement Vol-01930-08 pp-01682 RTJ VOL-00175/02 pp-00800.

[137] NORONHA, Fernando. *Op. cit.*, p. 745.

[138] FARIAS, Cristiano Chaves de; ROSENVALD, Nelson. *Op. cit.*, p. 557, 558.

[139] CHALHUB, Melhim Namem. *Op. cit.*, p. 228.

propriedade resolúvel, e sua extinção ou consolidação se opera pelo simples acontecimento do evento que caracteriza a condição sob a qual foi constituída. O credor-fiduciário é titular de um direito de propriedade sob condição resolutiva e o devedor-fiduciante é titular de um direito de propriedade sob condição suspensiva; ambas as condições estão vinculadas ao pagamento da dívida, extingue-se automaticamente a propriedade fiduciária, revertendo ao devedor a propriedade plena do bem; se, ao contrário, o devedor deixar de cumprir sua obrigação de pagar, mesmo depois de oferecida oportunidade para purgação da mora, a propriedade se consolida no patrimônio do credor, livre de ônus.

De fato, sendo a condição resolutiva pactuada em termos expressos, seu efeito opera de pleno direito, independentemente de interpelação, vale dizer, verificada a condição (seja positiva, seja negativa), atua automaticamente sobre o vínculo jurídico, resolvendo-o (...) vale por si só e dispensa a intervenção do judiciário."[140]

Corrobora a consolidação automática a regra da mora *ex re* (art. 2º, §2º, Decreto-Lei 911/1976) e a regra do vencimento antecipado das prestações vincendas (art. 2º, §3º, Decreto-Lei 911/1976). Ainda, para os que a admitem, reforça a consolidação automática a possibilidade de venda extrajudicial (art. 1.364, caput, CC). Ora, não tivesse sido caracterizada a consolidação, seria impossível a venda administrativa. No caso de alienação fiduciária de bem imóvel, a consolidação também se dá extrajudicialmente, após o transcurso do prazo para a purga da mora e o registro no fólio real (art. 27 da Lei 9.514/1997).

A venda do bem é realizada logo no início da ação de busca e apreensão, nota distintiva da eficácia desta via. Por convenção, ela será denominada de técnica de venda antecipada. Vendida a coisa a terceiros, o credor aplicará o preço no pagamento de seu crédito e das despesas de cobrança e, se houver, entregará o saldo ao devedor (art. 1.364, CC).

Surge, aqui, outra medida importante, que será referida como técnica de registro do bem em nome do comprador. A Lei 13.043/2014 inseriu vários parágrafos (§§ 9º ao 15) ao art. 3º do Decreto-Lei 911/1976, que versam sobre o procedimento de registro e baixa da informação a respeito da busca e apreensão, os quais deverão ser realizados prioritariamente pela base de dados do Registro Nacional de Veículos Automotores – RENAVAM, acessada diretamente pelo magistrado. No caso, entretanto, está-se a tratar do registro do bem em nome do terceiro adquirente. Melhim Namem Chalhub entende que esse registro pode ser realizado extrajudicialmente, independentemente de qualquer determinação judicial específica[141]. Todavia, em se tratando de ação de busca e apreensão,

---

[140] *Idem*, p. 228, 229.
[141] "(...) cabendo à repartição competente a emissão de um novo certificado de registro da propriedade, seja em nome do credor ou em nome da pessoa a quem ele vendeu o bem." (...) Assim, a expedição de

ASPECTOS POLÊMICOS DO NOVO CÓDIGO DE PROCESSO CIVIL

convém que o julgador providencie a expedição de mandado determinando ao Detran o registro do veículo em nome do comprador.

Estabelece o art. 3º, §3º, com a redação que lhe foi atribuída pela Lei 10.931/2004, que o devedor fiduciante poderá apresentar resposta no prazo de quinze dias, a contar da execução da liminar de busca e apreensão. Reza o art. 3º, §4º, do mesmo Diploma, que a resposta poderá ser apresentada ainda que o devedor tenha se utilizado da faculdade de purgar a mora, caso entenda ter havido pagamento a maior e almeje a restituição (*solve et repete*). Em outra dicção, "o devedor pode apresentar resposta mesmo que tenha pago a totalidade do saldo da dívida, e pode fazê-lo no mais amplo sentido."[142]

Caso a ação de busca e apreensão seja julgada improcedente, o credor fiduciário poderá ser condenado em perdas e danos (art. 3º, §7º, Decreto-Lei 911/1976) e deverá pagar ao devedor fiduciante multa de cinquenta por cento sobre valor original do mútuo, devidamente atualizado, caso o bem já tenha sido alienado (art. 3º, §6º, Decreto-Lei 911/1976).

Do que mais importa, essas são as regras que distinguem a ação de busca e apreensão em termos de efetividade.

Dentre as técnicas processuais diferenciadas, foram destacadas as seguintes: *i)* técnica de apreensão imediata; *ii)* técnica de venda antecipada; *iii)* técnica de registro do bem em nome do comprador.

Ressalvadas as normas que decorrem do Código Civil, vez que incidem diretamente, todas as demais analisadas nas linhas anteriores podem ser incorporadas pela autonomia privada no contrato de alienação fiduciária paritária, com suporte no negócio jurídico processual do art. 190 do CPC/2015. Obviamente, alguns ajustes se fazem necessários.

Às apontadas técnicas extraídas do Decreto-Lei 911/1976, devem ser adicionadas outras, indicadas pelos números iii, iv, vi, vii, resultando no seguinte conjunto: *i)* técnica de apreensão imediata; *ii)* técnica de venda antecipada; *iii)* técnica de venda por iniciativa particular, *iv)* técnica de consignação judicial incidental; *v)* técnica de registro do bem em nome do comprador; *vi)* técnica de indicação

---

novo certificado de registro de propriedade, no caso da consolidação no credor, ou o cancelamento do gravame à vista da comprovação do pagamento da dívida, são consequências direitas desses eventos, que, numa hipótese, provoca a extinção ou, na outra hipótese, importa na consolidação. Por isso mesmo, não estão incluídos na esfera da função jurisdicional nem o ato do cancelamento do gravame, que importa na reversão da propriedade do bem ao devedor, à vista do simples comprovante de pagamento da totalidade da dívida, nem o ato de expedição de novo certificado em nome do credor ou de terceiro adquirente, à vista da comprovação da não-purgação da mora, pois os efeitos de ambas as condições – suspensiva e resolutiva – se produzem automaticamente, pela simples verificação do evento, nem necessidade de se buscar qualquer espécie de prestação jurisdicional." (CHALHUB, Melhim Namem. *Op. cit.*, p. 223, 229).
[142] *Idem*, p. 226.

O NEGÓCIO JURÍDICO PROCESSUAL: UM NOVO CAPÍTULO NO DIREITO DAS GARANTIAS...

dos valores tidos por controversos e incontroversos; *vii)* técnica de levantamento do montante incontroverso.

É o momento, portanto, de analisar as regras que devem ser pactuadas no contrato de alienação fiduciária paritária para fazer frente ao sistema especial do Decreto-Lei 911/1976.

No exercício do autorregramento da vontade as partes poderão pactuar, para o contrato de alienação fiduciária paritária, regras sobre *i)* a mora automática ou *ex re* (art. 2º, §2º, Decreto-Lei 911/1976; art. 474, CC); *ii)* a notificação extrajudicial (art. 2º, §2º, Decreto-Lei 911/1976); *iii)* o vencimento antecipado de todas as prestações (art. 2º, §3º, Decreto-Lei 911/1976); *iv)* a consolidação automática da propriedade como corolário da mora (art. 3º, §1º, Decreto-Lei 911/1976); *v)* prazo para resposta do devedor fiduciante (art. 3º, §3º, Decreto-Lei 911/1976; art. 190, CPC/2015).

Algumas dessas normas, sobretudo as técnicas processuais diferenciadas, merecem explicação detida, para que não pairem dúvidas sobre o seu enquadramento na cláusula geral do art. 190 do CPC/2015.

Cabe iniciar, assim, pela técnica da apreensão imediata. Para a alienação fiduciária mercadológica, a apreensão imediata está claramente disposta no art. 3º do Decreto-Lei 911/1976, e diz respeito ao ato de busca e apreensão do bem. Seria possível incorporar técnica de igual teor no bojo do procedimento comum, por meio de negócio jurídico processual (art. 190, CPC/2015)? A resposta é positiva.

Antes de se avaliar o pacto de procedimento específico para esta finalidade, é relevante indicar que a apreensão imediata da coisa pode ser obtida pela medida prevista no art. 311, III, do CPC/2015, sucedânea da ação de depósito prevista no CPC/1973. Está expresso no art. 1.363, *caput, in fine*, do Código Civil, que o devedor fiduciário é tido como depositário. Ou seja, o depósito consiste em pacto adjeto ou inerente à alienação fiduciária paritária. Dessa maneira, aplica-se o disposto no art. 311, III, do CPC/2015:

> "Art. 311. A tutela da evidência será concedida, independentemente da demonstração de perigo de dano ou de risco ao resultado útil do processo, quando:
>
> (...)
>
> III – se tratar de pedido reipersecutório fundado em prova documental adequada do contrato de depósito, caso em que será decretada a ordem de entrega do objeto custodiado, sob cominação de multa;"

Para tanto, servirão de prova os documentos que comprovam a alienação fiduciária, seu registro, bem como a já estudada notificação extrajudicial. Cabem, aqui, as seguintes considerações de Fernando Gajardoni:

> "Estabelece o art. 311, III, do Novo CPC que a tutela da evidência será concedida, independentemente da demonstração de perigo de dano ou de risco ao resultado útil

do processo, quando se tratar de pedido reipersecutório fundado em prova documental adequada do contrato de depósito. Nestes casos, será decretada, liminarmente, a ordem de entrega do objeto custodiado, sob cominação de multa.

(...)

Tem-se se aqui – como já se tinha na busca e apreensão do DL 911/69 e no art. 1.071 do CPC/1973 –, típico caso de tutela da evidência (ou do direito provável), a dispensar qualquer perquirição sobre risco de desvio ou destruição da coisa pelo depositário. O direito se mostra tão evidente ante a prova do depósito que, pela lógica do Sistema, não faz sentido privar o autor de tutela imediata (embora ainda dependente de confirmação na sentença final)."[143]

O art. 311, III, do CPC/2015 representa, assim, técnica de apreensão imediata positivada, medida que certamente não poderá ser descartada para atribuir alguma utilidade à propriedade fiduciária do Código Civil.

Todavia, a verdade é que as partes podem eleger a técnica da apreensão imediata da coisa independentemente da interpretação que venha a prevalecer sobre a conjugação do art. 311, III, do CPC/2015 com os arts. 1.361 a 1.368-B, do Código Civil. É que, por meio do negócio jurídico processual, as partes poderão definir a busca judicial imediata do bem objeto da alienação fiduciária, mediante a comprovação da notificação extrajudicial.

Com a pactuação da cláusula resolutiva expressa (art. 474, CC)[144], do vencimento antecipado de todas as prestações, da consolidação da propriedade automática em virtude da mora *ex re* e, ainda, face a notificação extrajudicial, a demonstrar que o direito "se encontra apropriadamente confortado pela prova específica que o instrumentaliza no plano do direito material"[145], não há porque tolerar a manutenção da coisa na posse do devedor durante o período de inadimplência.

Não existe, neste contexto, algo como um direito subjetivo do devedor fiduciante de fruir a *res* enquanto se encontra inadimplente, quando rompe o programa contratual ao qual se vinculou. O que se verifica, na grande maioria dos casos, é o uso do processo como meio de protelar a entrega da coisa, sob o pretexto de espera do derradeiro provimento jurisdicional ou mediante manipulação do "tempo da instrução probatória"[146] Nas palavras de Luiz Guilherme Marinoni, "se o autor é prejudicado esperando a coisa julgada material, o réu, ao manter o

---

[143] GAJARDONI, Fernando da Fonseca. *Op. cit.*

[144] "Nada obsta que o contrato tenha cláusula resolutiva expressa." (FIGUEIRA JÚNIOR, Joel Dias. *Ação de busca e apreensão em propriedade fiduciária*. São Paulo: Ed. Revista dos Tribunais, 2005, p. 55). Vide, ainda, FARIAS, Cristiano Chaves de; ROSENVALD, Nelson. *Op. cit.*, p. 558.

[145] MARINONI, Luiz Guilherme; ARENHART, Sérgio Cruz; MITIDIERO, Daniel. *Op. cit.*, p. 207.

[146] MARINONI, Luiz Guilherme. *Op. cit.*, p. 65.

bem na sua esfera jurídico-patrimonial durante o logo curso do processo, evidentemente é beneficiado."[147] Tal espécie de malandragem processual "faz com que o ônus do tempo do processo recaia unicamente sobre o autor, como se fosse ele o culpado pela demora da jurisdição, ou melhor, pela demora inerente à compreensão judicial dos litígios."[148] Se esta situação foi arrastada por anos na realidade brasileira, em virtude da inaptidão do procedimento comum em prestar a tutela adequada, efetiva e tempestiva, deve-se ter em conta que "a prática reiterada do errado não o transforma em certo ou razoável."[149] Se ao longo dessa praxe os operadores do Sistema de Justiça perderam a sensibilidade para o absurdo, essa fase há de encontrar termo por meio dos mecanismos que decorrem do negócio jurídico processual.

O moderno processo civil parte do princípio de que "o tempo do processo deve ser visto como um ônus, devendo ser dividido entre as partes para que a jurisdição possa se desincumbir do seu dever de prestar a tutela jurisdicional de forma isonômica."[150] Conclui-se, portanto, que é mais do que legítimo o pacto de procedimento pelo qual as partes estabelecem a recuperação imediata da coisa na hipótese de traição aos compromissos contratuais. A verdade é que, diante dessa mudança de enfoque, percebe-se que a pretensão de manter a coisa alienada fiduciariamente para se locupletar do transcurso do processo é uma medida contrária ao direito, além de desonesta e imoral.

A técnica de apreensão imediata da coisa, assim, apresenta-se como "arma poderosa contra a chicana e o desnecessário e desmoralizante retardamento dos processos."[151]

Como se verá adiante, a técnica de apreensão imediata da coisa mantém intactos os direitos do devedor fiduciante, mormente quando se considera a sua conjugação com outras medidas, como a técnica de consignação judicial incidental.

A aplicação do art. 311, III, do CPC/2015, portanto, deveria ser observada apenas de maneira supletiva, na ausência de negócio jurídico processual específico acerca da retomada imediata do bem.

É sabido que até a alteração promovida pela Lei 10.931/2004 o procedimento especial de busca e apreensão do Decreto-Lei 911/1976 não outorgava técnica especial de venda do bem antes da sentença. O novo sistema autoriza a alienação para terceiros logo no início do processo. Para a alienação fiduciária paritária também é possível a definição da técnica de venda antecipada, por meio do negócio jurídico processual.

---

[147] MARINONI, Luiz Guilherme. *Op. cit.*, p. 26.

[148] *Idem*, p. 16.

[149] *Idem*, p. 30.

[150] *Idem*, p. 12.

[151] *Idem*, p. 158.

ASPECTOS POLÊMICOS DO NOVO CÓDIGO DE PROCESSO CIVIL

Com o objetivo de evitar qualquer tumulto processual, não devem as partes optar, em caráter prioritário, pela venda por leilão judicial eletrônico ou presencial (art. 879, II, CPC/2015). Recomendável, pois, que o pacto de procedimento se espelhe na alienação por iniciativa particular (art. 879, I, CPC/2015). Assim, as partes poderão eleger, de antemão, pessoas jurídicas ou naturais idôneas que promoverão a venda. O contrato poderá prever que, na impossibilidade de atuação de qualquer agente previamente definido, a venda será realizada por outra pessoa do mercado designada pelo magistrado. É possível, ainda, que as partes prevejam a possibilidade de indicação, no momento oportuno, de intermediadores privados em número limitado para cada, quando obviamente não terá cabimento a cláusula de exclusividade corriqueira em contratos de corretagem. Dessa forma, aquele agente que lograr firmar o contrato em primeiro lugar, nos termos e condições fixados pelo julgador, comunicará o fato nos autos e a venda será tida por firmada. Várias opções podem ser construídas na linha da liberdade contratual.

Consoante o simples procedimento da alienação por iniciativa particular, o julgador fixará o prazo em que a venda deve ser efetivada, a forma de publicidade, o preço mínimo, as condições de pagamento, as garantias e, se for o caso, a comissão de corretagem (art. 880, §1º, CPC/2015). Para evitar definições discrepantes dos critérios de mercado, o negócio jurídico processual já poderá prever balizas objetivas que vincularão o magistrado. Promovida a venda pelo agente particular, a alienação será formalizada por termo nos autos, com a assinatura do juiz, do credor fiduciário, do adquirente e, quando possível, do devedor fiduciante.

A venda por iniciativa particular é modalidade que concentra a maior parte das providências necessárias no agente do mercado, externas aos autos, motivo pelo qual não se justifica qualquer temor de balbúrdia processual.

Um dos principais objetivos da técnica de venda antecipada é o de "dar celeridade à venda do bem apreendido, principalmente para evitar sua deterioração." [152] De forma alguma a venda antecipada significa autorizar o pacto comissório. Cuida-se apenas de buscar a liquidez do bem desde já, com a consequente consignação incidental.

Esta é uma medida tão legítima e necessária que Melhim Namem Chalhub advoga a possibilidade de aplicação analógica dos arts. 670 e 1.113 do CPC/1973 em caso de perigo de perda ou de deterioração do bem.

Contra a técnica de venda antecipada, estabelecida via negócio jurídico processual (art. 190, CPC/2015) não cabe a objeção de prejuízo ao devedor. Em primeiro lugar por que esta medida deve vir conjugada com a técnica de consignação incidental do montante auferido com a venda, objeto de avaliação *infra*. Dessa maneira, o valor correspondente ao bem (no exemplo concreto, ao veículo) ficará

---

[152] CHALHUB, Melhim Namem. *Op. cit.*, p. 206.

atrelado aos autos, depositado em conta específica a salvo do corrosivo índice de depreciação. Em segundo lugar, lembre-se da ocorrência da mora *ex re*, da aplicação da cláusula resolutiva expressa, do vencimento antecipado das prestações vincendas e da consolidação automática da propriedade em favor do credor fiduciário. A três, considere-se que o credor fiduciário é obrigado a transferir ao devedor fiduciante eventual saldo, após a dedução do débito e dos encargos (art. 1.364, *in fine*, CC). A quatro, a venda antecipada consiste em programa contratual previamente acatado pelo devedor-fiduciário, no exercício de sua autonomia, para a hipótese de traição dos compromissos assumidos. O devedor fiduciante, portanto, já sabe que não terá como se beneficiar de qualquer demora processual, em virtude do procedimento previamente eleito. A cinco, o contrato deverá assegurar ao devedor a purga da mora, no prazo para resposta. Logo, o devedor somente não ficará com o bem se realmente demonstrar desprezo ao pactuado. A seis, o contrato de alienação fiduciária paritária deverá, por conveniente, prever multa em desfavor do credor leviano, inspirado na norma do art. 3º, §6º, Decreto-Lei 911/1976, sem prejuízo do pagamento de perdas e danos, para a hipótese de improcedência total da ação movida pelo fiduciário.

A técnica da venda antecipada, porquanto derivada do programa contratual, não precisa corresponder aos requisitos da tutela de urgência. Como destaca Luiz Guilherme Marinoni, "o direito de ação exige que o tempo para a concessão da tutela jurisdicional seja razoável, mesmo que não exista qualquer perigo de dano."[153]

Não fossem suficientes todas as considerações expendidas acerca da idoneidade da técnica de venda antecipada, deve-se valorizar a efetividade da tutela jurisdicional, de sorte a coartar manobras protelatórias por parte do devedor. É sabido que em demandas da espécie é altíssimo o "índice de probabilidade de que o autor tenha direito" ao crédito[154]. Na prática, "esta probabilidade está associada à evidência do direito do autor e à fragilidade da defesa do réu."[155] A tutela diferenciada não pode, portanto, desprezar o fato de que "a demora sempre beneficia o réu que não tem razão."[156] Por outro lado, "ao autor não pode ser imposto o peso do tempo que serve unicamente ao réu."[157]

Para viabilizar a venda antecipada, devem as partes pactuar a técnica de registro do bem em nome do comprador. De sorte que após confirmado o negócio nos autos, o magistrado determinará o registro no nome do adquirente. No caso, o mandado será destinado à repartição de trânsito.

---

[153] MARINONI, Luiz Guilherme. *Op. cit.*, p. 33.
[154] *Idem*, p. 40.
[155] *Idem*, p. 40.
[156] *Idem*, p. 18.
[157] *Idem*, p. 108.

Dessa forma, mostra-se importante a técnica de consignação judicial inciden-tal, pela qual os valores obtidos por meio da venda antecipada ficarão consigna-dos nos autos até a decisão final ou outro evento que autorize o levantamento.

Essa medida contorna objeções meramente oportunistas por parte do fidu-ciante, uma vez que o contraditório se desenvolve enquanto depositado o valor correspondente ao bem, com registro nos autos. Note-se o potencial impacto dessa técnica no sentido de inibir defesas infundadas e protelatórias. Sabendo que o bem será vendido *initio litis*, e que ao final somente receberá os valores aquele que tiver razão, o fiduciante não vislumbrará qualquer estímulo em retardar o provimento jurisdicional final. Evita-se, pois, que o tempo do processo seja "uti-lizado como 'moeda de troca' em favor do réu."[158]. Ou seja, almeja-se

> "(...) um processo rápido e econômico de retomada do bem, o que, em última aná-lise, aumenta a certeza do credor de recuperar o que investiu e oferece ao devedor o correto incentivo para adimplir, uma vez que ele sabe que, se não cumprir pontual-mente suas obrigações, perderá o bem adquirido."[159]

Independentemente do evento do processo, o fiduciante poderá apresentar sua contestação. As técnicas processuais em destaque são compatíveis com o pro-cedimento comum, que ensejam cognição ampla nos planos horizontal e verti-cal, e de forma alguma mitigam o exercício do contraditório e da ampla defesa. Diante desses métodos de tutela diferenciada não se pode perder de vista que "o direito à defesa, assim como o direito à duração razoável do processo, são direi-tos fundamentais."[160]. O réu poderá, assim, questionar cláusulas contratuais ou critérios de cálculo, dentre outras matérias, enquanto o montante obtido com a venda da coisa permanece depositado de forma vinculada ao processo.

Por inspiração na regra do art. 330, §2º, do CPC/2015, as partes poderão ele-ger a técnica de descrição do montante controverso e do montante incontro-verso. Certamente, uma das técnicas mais interessantes e eficientes pensadas pelo legislador consiste na exigência de que a parte interessada minudencie as obrigações contratuais que pretende controverter, além de quantificar o valor incontroverso do débito. Essa regra, conforme o dispositivo em tela, é exigida do autor, quando ele objetiva a revisão de obrigação decorrente de empréstimo, de financiamento ou de alienação de bens. Nada impede, contudo, que por meio do negócio jurídico processual (art. 190, CPC/2015) as partes definam essa téc-nica para qualquer outro contrato e, ainda, que determinem a observância desse dever também para ambas as partes, incluindo aquela que venha a se apresentar

---

[158] *Idem*, p. 126.
[159] FERNANDES, Jean Carlos. *Op. cit.*, p. 128.
[160] MARINONI, Luiz Guilherme. *Op. cit.*, p. 20.

como ré. Na hipótese em apreço, ação movida pelo credor fiduciário tendo por objetivo a implementação de crédito derivado de contrato de alienação fiduciária paritária de bem móvel, é muito oportuna a estipulação do dever de apresentação de defesa séria e fundada.

Diante da democratização das técnicas processuais em sede de tutela diferenciada, não se pode mais assistir, de forma inerte, a casos em que "o direito do autor é evidente e a defesa do réu carece de seriedade".[161] A parte que pretende deduzir pretensões perante o Poder Judiciário, que é um dos pilares da República, e não um parque de diversões, tem o dever de atuar de maneira coerente e conforme a boa-fé objetiva (art. 5º; art. 322, §2º, CPC/2015). Portanto, "para abalar a credibilidade do direito do autor, o réu deverá necessariamente apresentar uma 'defesa fundada'." [162] O amadurecimento da ciência processual conduziu à conclusão de que "é abusiva a defesa que protela a realização de um direito evidenciado, (...) sem fundamento capaz de abalar a convicção decorrente da prova produzida pelo autor."[163] É preciso despertar para o problema causado pela indiferença a estas questões, cabendo a seguinte manifestação de Luiz Guilherme Marinoni:

> "Em todos os casos em que é deduzido em juízo um direito em relação ao qual falta uma contestação séria, o custo do procedimento comum se revela injustificado ou excessivo – a realização plena e antecipada do princípio do princípio do contraditório funciona no vazio e ainda apresenta o risco: *i)* de servir de estímulo para contestações ou resistências sem qualquer consistência, apresentadas pelo réu que sabe não ter razão apenas com o intuito de lucrar com o tempo necessário para a conclusão do processo; *ii)* de abarrotar, além da medida, a administração da justiça, com processos de conhecimento inúteis, aumentando o seu número, paralisando o seu desenvolvimento e de qualquer forma alongando a sua duração."[164]

É questão proeminente, no direito processual moderno, a distribuição do ônus do tempo no processo. Considere-se, por exemplo, a redação do art. 311, IV, do CPC/2015. Em sintonia com essa preocupação, a técnica em apreço deverá ser contratualmente definida no sentido de determinar ao fiduciante que minudencie as obrigações contratuais que pretende controverter, além de quantificar o valor incontroverso do débito, principalmente na hipótese de questionamento de encargos financeiros. Esse dever deverá ser definido especialmente para o caso de resposta a demandas promovidas pelo credor fiduciário, pois quando o

---

[161] *Idem*, p. 40.
[162] *Idem*, p. 121.
[163] *Idem*, p. 123.
[164] MARINONI, Luiz Guilherme. *Op. cit.*, p. 96.

devedor fiduciante se encontra no polo ativo essa regra já decorre diretamente do art. 330, §2º, CPC/2015.

Em face desse negócio jurídico processual, caso o fiduciante pretenda questionar, por exemplo, a presença de encargos interpretados como abusivos, em sua resposta deverá indicar precisamente as obrigações contratuais atacadas e deverá quantificar o valor incontroverso do débito.

A título de sanção deverá ser estipulado que na hipótese de defesa inconsistente e sem a quantificação do valor incontroverso do débito o credor fiduciário (autor) poderá levantar, de pronto, o montante consignado incidentalmente, correspondente aos valores obtidos com a venda do bem.

Conjugada a este mecanismo, deverá vir positivada a técnica de levantamento do montante incontroverso. Com suporte nesta disposição, o credor fiduciário poderá levantar, de pronto, a parcela do montante consignado nos autos não controvertida pelo devedor. Isso independentemente do julgamento antecipado parcial do mérito (art. 356, I, CPC/2015), embora as técnicas processuais em apreço não afastem a possibilidade dessa medida.[165] A técnica de levantamento do montante incontroverso não afasta a regra segundo a qual "o credor fiduciário deverá devolver ao devedor fiduciante o excedente ao valor do saldo devedor, sob pena de enriquecimento sem causa"[166].

Todas as técnicas propostas para pactuação via negócio processual correm paralelamente ao procedimento comum, não representando à este qualquer tumulto ou empecilho.

6. O negócio jurídico processual como uma das cinco linhas de atipicidades relevantes para as garantias contratuais

A fim de afastar qualquer prevenção contrária ao negócio jurídico processual como técnica de montagem de procedimentos especiais e na qualidade de importante instrumento de concretização das garantias contratuais, importa destacar que o ordenamento abre ao autorregramento privado cinco ordens de atipicidades. Cuida-se de verdadeiras válvulas de conexão com a realidade, a demonstrar que as nações civilizadas abandonaram, há muito, a pretensão de tipificar todas as situações que emergem do mundo da vida.

Com efeito, podem ser pontuadas no ordenamento jurídico cinco linhas de atipicidades, relativas: *i)* ao contrato; *ii)* às garantias; *iii)* ao negócio jurídico processual; *iv)* às medidas em sede de tutela processual; *v)* a registros imobiliários e especiais para bens móveis.

---

[165] Como ensina Luiz Guilherme Marinoni, "a duração é desrazoável quando o pedido se torna maduro para julgamento e a sua definição é adiada. Se o pedido, depois de maduro, não é desde logo definido, a demora passa a violentar o direito fundamental à duração razoável." (*Idem*, p. 46).

[166] FERNANDES, Jean Carlos. *Op. cit.*, p. 167.

A liberdade contratual (art. 421, CC), da qual deriva a autonomia privada, fonte do "poder do sujeito de criar e submeter-se a regras particulares"[167], pode ser encarada, por si, como uma linha normativa que se abre para definições atípicas, mormente em se considerando a previsão expressa de contratos atípicos prevista no art. 425 do Código Civil. Em comentário a este dispositivo, Nelson Nery Júnior e Rosa Maria de Andrade Nery esclarecem que "no direito privado vigora o princípio da atipicidade dos negócios jurídicos, vale dizer, as partes podem criar negócios jurídicos atípicos (não regulados expressamente pela lei)"[168].

Consectária desse direito é a liberdade de criar garantias contratuais, em regime de atipicidade, com fundamento na Constituição Federal (art. 1º, IV; 3º, I; 5º, caput; 5º, XIII; art. 170, I; art. 170, IV; 170, parágrafo único) e no Código Civil (arts. 421, 425).

Uma terceira linha de atipicidade, que agora se abre de maneira ampla ao autorregramento privado é o negócio jurídico processual (art. 190, CPC/2015)[169]. Como visto, a cláusula geral de negócios processuais atua como uma caixa de ferramentas para a montagem de procedimentos e de técnicas processuais adequadas.

O próprio processo civil moderno deve ser encarado como outro âmbito de inegável abertura. Em que pese a mentalidade tipificante que ainda persiste na cultura nacional, "há um erro que não se pode cometer no estudo do direito de ação: considera-lo um direito de conteúdo eficacial unitário.[170]" O processo civil, funcionalizado pela concretização dos direitos fundamentais, tem por norte principal o direito fundamental à tutela jurisdicional adequada, efetiva e tempestiva. Nessa perspectiva, "o direito fundamental de ação pode ser concebido como um direito à fixação das técnicas processuais idôneas à efetiva tutela do direito material."[171] Exatamente por isso, o processo civil atual acolhe as mais diversas providências que assegurem o resultado prático equivalente à concretização dos direitos (art. 461, CPC/1973; arts. 139, IV; 297; 380, parágrafo único; 497, 499, 536, CPC/2015; arts. 83 e 84, CDC). Quando o art. 83 do CDC estatui que são admissíveis todas as espécies de ações capazes de propiciar a "adequada e efetiva tutela", ele está a se referir a todas as medidas processuais idôneas de acordo com o apontado sentido amplo. Enfim, o processo civil não se encontra,

---

[167] NERY JÚNIOR, Nelson, NERY, Rosa Maria de Andrade. *Código Civil Comentado*. São Paulo: Ed. Revista dos Tribunais, 2011, p. 538.

[168] NERY JÚNIOR, Nelson, NERY, Rosa Maria de Andrade. *Op. cit.*, p. 560.

[169] De acordo com Fredie Didier Jr., "há a possibilidade de celebração de negócios processuais atípicos, lastreados na cláusula geral de negociação sobre o processo, prevista no art. 190, CPC, a principal concretização do princípio do respeito ao autorregramento processual". (DIDIER JR., Fredie. *Op. cit.*, p. 377).

[170] *Idem*, p. 285.

[171] MARINONI, Luiz Guilherme. *Op. cit.*, p. 207.

como outrora, indexado por medidas invariáveis indicadas por específicos *nomen juris*, e nisso radica o sentido de atipicidade em sede de tutela processual.

Por fim, uma última ordem de atipicidade favorável às garantias contratuais diz respeito à Lei 13.097/2015, designadamente seus arts. 54 a 58, bem como ao art. 792 do CPC/2015.

É sabido que para os registros de imóveis prevalece o princípio da tipicidade, segundo o qual são registráveis ou averbáveis "apenas títulos previstos em lei"[172]. O sistema brasileiro, igualmente, pauta-se pela taxatividade dos direitos reais[173]. Mesmo para os registros especiais de bens móveis, tais como os gerenciados por departamentos de trânsito (Detran), também existe uma limitação taxativa, derivada do princípio da legalidade. Por outro lado, se estes sistemas de registros perfilham regimes particulares consideravelmente rígidos, os dispositivos destacados acima promovem uma abertura no sistema, que pode ser denominada de atipicidade registral. Trata-se de uma abertura contida, mas que abarca inúmeras hipóteses, por conexão com a liberdade de pactuação inerente ao direito privado.

Significa dizer que em alguns casos a Lei 13.097/2015 e o CPC/2015 permitem averbações mesmo que não se tenha em causa um direito real ou ainda que não exista uma autorização legal de tipicidade cerrada.

Com efeito, o CPC/2015 permite a averbação para consignar qualquer uma das seguintes hipóteses: *i)* existência de processo que tem por objeto direito real ou com pretensão reipersecutória (art. 792, I, correspondente ao art. 54, I, da Lei 13.097/2015). Segundo Fredie Didier Jr., "ação reipersecutória é a ação real ou pessoal pela qual se busca a entrega/restituição de coisa certa que está em poder de terceiro."[174]; *ii)* existência de processo de execução (averbação premonitória – art. 792, II, correspondente ao art. 54, I, da Lei 13.097/2015); *iii)* existência de hipoteca judiciária ou ato de constrição judicial oriundo de processo em que se apura fraude.

Já a Lei 13.097/2015 autoriza a averbação para que se faça constar: *i)* existência de ação cujos resultados ou responsabilidade patrimonial possam reduzir o devedor à insolvência (art. 54, IV da Lei 13.097/2015, correspondente ao art. 792, IV, CPC/2015); *ii)* averbação de restrição ou indisponibilidade convencional sobre direitos registrados (art. 54, III, Lei 13.097/2015). Perceba-se que na última hipótese elencada é possível que as partes convencionem a averbação de restrição ou de indisponibilidade, inclusive por via do negócio jurídico processual. Apesar de o art. 54 da Lei 13.097/2015 já estar em vigor (*vide* art. 168, II, do

---

[172] RODRIGUES, Marcelo. *Tratado de registros públicos e direito notarial*. São Paulo: Ed. Atlas, 2014, p. 128.

[173] "Ao verificarmos a natureza dos direitos reais, deve ser realçado o numerus clausus em nosso sistema. Somente a lei pode criar direitos reais." (VENOSA, Sílvio de Salvo. *Op. cit.*, p. 1593).

[174] DIDIER JR., Fredie. *Curso de processo civil: introdução ao direito processual civil, parte geral e processo de conhecimento*, vol. 1. Salvador: Ed. Jus Podivm, 2015, p. 288.

mesmo Diploma), presume-se que as serventias cartoriais e departamentos que gerenciam registros de bens móveis vão inicialmente recusar a pretensão de averbação durante o período de adaptação à nova norma, o que no Brasil pode demorar muitos anos. Assim, deverá o credor pleitear ao magistrado a determinação da averbação no processo que objetiva implementar a garantia. O dispositivo não exige que se trate de ação de execução ou cumprimento de sentença (regulado no art. 54, II, da Lei 13.097/2015). Logo, será possível pleitear seja determinada a averbação por via de qualquer processo de conhecimento, ainda que não se trate de feito que tenha por objeto direito real ou com pretensão reipersecutória (hipótese do inciso I), desde que exista pacto neste sentido.

Está-se diante da denominada "publicidade notícia", que segundo Eduardo Sócrates Castanheira Sarmento Filho tem por escopo "informar determinados fatos e atos para conhecimento da sociedade"[175].

Averbações dessa natureza, perante serventias registrais ou departamentos de registros especiais de bens móveis consistem em importantíssimo instrumento de implementação de garantias e de tutela do credor. Conclui-se, então, que também por este ângulo o negócio jurídico processual é de considerável relevância para as garantias contratuais.

7. Uma dupla orientação democrática no CPC/2015 por meio do negócio jurídico processual: garantias contratuais para todos

A cláusula geral do negócio jurídico processual promove dois sentidos de democratização. O primeiro, já relatado preambularmente, diz respeito ao processo cooperativo/comparticipativo[176]. O segundo está vinculado à potencialidade de o art. 190 do CPC/2015 promover amplo acesso a técnicas processuais que trazem real operabilidade a garantias contratuais.

Não é exagero afirmar que garantias contratuais podem cair em desuso por falta da técnica processual adequada. É o que se tem verificado no caso da alienação fiduciária paritária, para a qual o negócio jurídico processual surge na condição de promessa de dinamização, conforme demonstrado.

Assistiu-se, nos últimos anos, ao surgimento de procedimentos especiais que tiveram por objetivo apenas satisfazer aos interesses de grupos restritos, destacadamente os economicamente favorecidos. Não se sabe a que preço estes procedimentos foram incorporados ao ordenamento jurídico, se pelo trabalho de convencimento legítimo ou por outros meios inconfessáveis. Muitas das leis

---

[175] SARMENTO FILHO, Eduardo Sócrates Castanheira. *Os fins, os efeitos e os tipos de publicidade no registro imobiliário. In*: AZEVEDO, Fábio de Oliveira; MELO, Marco Aurélio Bezerra de. Direito Imobiliário – escritos em homenagem ao Professor Ricardo Pereira Lira. São Paulo: Ed. Atlas, 2015, p. 570.

[176] CUNHA, Leonardo Carneiro da. *Op. cit*, p. 49. THEODORO JÚNIOR, Humberto; NUNES, Dierle; BAHIA, Alexandre Melo Franco; PEDRON, Flávio Quinaud. *Op. cit*, p. 67.

especiais que se encontram em vigor possuem por objetivo precípuo assegurar o cumprimento de garantias contratuais que favorecem poucos, enquanto que a maior parte dos cidadãos deve se contentar com garantias que não se implementam satisfatoriamente, por falta de técnica processual diferenciada. Aos ricos, tecnologia jurídica de ponta, aos pobres, o procedimento comum. Contudo, "os procedimentos que foram construídos para privilegiar determinados grupos econômicos e os seus direitos não têm mais lugar no atual Estado Democrático de Direito."[177] Pertinente, *mutatis mutandis*, a advertência de Fernando Gajardoni:

> "Essa diferenciação de tratamento entre credores resguardados pela garantia fiduciária ou reserva de domínio, e outros credores de obrigações de entrega, nunca me convenceu. Pese a diferença material entre as situações, não há diferença, do ponto de vista lógico, entre quem aliena fiduciariamente bem em garantia ou com reserva de domínio, e aquele que recebe coisa em depósito: todos têm a obrigação legal de entrega no caso de inadimplemento do financiamento ou do contrato de depósito. Não há justificativa jurídica, portanto, para que o processo seja eficiente e funcional para alguns credores de obrigação de entrega (geralmente instituições financeiras) e não seja para outros."[178]

Anton Menger, jurista austro-húngaro que lecionou na Universidade de Viena, em seu livro "Das Bürgerliche Recht und die besitzlosen Volksklassen. Eine Kritik des Entwurfs eines Bürgerlichen Gesetzbuches für das Deutsche Reich" (O Direito Civil e as classes populares despossuídas: uma crítica ao projeto de Código Civil para o Reich alemão), publicado em espanhol sob o título "El Derecho Civil y los Pobres", já denunciava a "extraordinária diferença segundo a qual os que têm e os que não têm podem perseguir seu direito".[179] Em que pese não nos alinharmos com a nítida orientação socialista do autor, não se pode negar a atualidade de suas críticas, sobre o fato de que "os modernos sistemas de direito privado resultam ser a obra, não já de toda uma nação, senão das classes privilegiadas".[180] No que toca às garantias contratuais, percebe-se que em regra elas são erigidas sob interesses das classes abastadas[181], ótica que "exclui perpetua-

---

[177] MARINONI, Luiz Guilherme. *Op. cit.*, p. 188. Curiosamente, em países como a Inglaterra os procedimentos destinados à implementação do *trust* não são restritos a esta garantia – "not restricted to the enforcement of obligations associated with the trust". (MOFFAT, Graham. *Trust Law*. Cambridge: Cambridge University Press, 2009, p. 13).

[178] GAJARDONI, Fernando da Fonseca. *Op. cit.*

[179] MENGER, Anton. *El Derecho Civil y los Pobres*. Madrid: Libreria General de Victoriano Suárez, 1898, p. 100.

[180] *Idem*, p. 86, 87.

[181] *Idem*, 1898, p. 100.

mente da maioria os benefícios e utilidades"[182]. Adolfo Posada, em estudo preliminar a esta obra, anota:

> "O credor, que nas relações de obrigação representa o interesse dos ricos, terá sua ação no direito, e com ela o corolário do poder coativo para fazer efetivo o rendimento econômico da dívida. O despossuído, o pobre, como não representa um interesse poderoso, uma potência viva que na tradição haja consagrado um egoísmo, se haverá sempre na luta pelo direito em condições desfavoráveis porque lhe falta o poder que o interesse juridicamente protegido supõe."[183]

Menger atribui esta cultura, em parte, a juristas educados "exclusivamente na bárbara escola de direito romano"[184]. De fato, os romanos nunca se ocuparam de questões como a universalização ou a concretização dos direitos fundamentais – que sequer conheciam–, e seu sistema jurídico foi concebido para uma elite, questão bem explicada por Christian Baldus:

> "Não somente o exercício jurídico do titular de direitos era controlado socialmente, mas também não eram frequentemente encontradas na práxis jurídica algumas situações problemáticas atuais que causam desequilíbrio e que têm origem em razões sociais. Pois em direito privado romano trata-se substancialmente de relações de direito patrimonial da classe dominante: uma classe pequena, rica, culta, cosmopolita, em suma, uma classe em muitas coisas aparentemente moderna, cujos membros em geral sabiam lidar com o próprio dinheiro."[185]

Todavia, no paradigma do Estado Democrático de Direito é de se considerar que "a legislação estabelece as mesmas regras de direito, tanto para os ricos quanto para os pobres"[186], a serem aplicadas para todos os cidadãos[187], de modo que

> "(...) a ordem jurídica deve servir a pessoas reais. Isso vale também para um mundo que se torna cada vez mais complexo e no qual a economia ganha rapidamente importância: a ordem jurídica deve existir também para aqueles muitos que estão sobrecarregados, para aqueles que não podem lidar com o seu meio social de forma tão soberana como um senador ou um cavaleiro romano o fariam."[188]

---

[182] *Idem*, 1898, p. 86.
[183] *Idem*, p. 18, 19.
[184] *Idem*, p. 112.
[185] BALDUS, Christian. *Autonomia privada romana. In*: Revista dos Tribunais, vol. 904, fev 2011. São Paulo: Ed. Revista dos Tribunais, p. 48.
[186] MENGER, Anton. *Op. cit.*, p. 103.
[187] *Idem*, p. 98.
[188] BALDUS, Christian. *Autonomia privada romana. In*: Revista dos Tribunais, vol. 904, fev 2011. São Paulo: Ed. Revista dos Tribunais, p. 53. "Não é possível desconsiderar o que se passa na vida das partes que estão

Os estudiosos do processo civil têm cada vez mais se ocupado deste tema, conforme aponta Luiz Guilherme Marinoni:

> "Proto Pisani, além de expressamente denunciar que os títulos extrajudiciais sempre privilegiaram determinados sujeitos e seus respectivos direitos, propõe o alargamento dos títulos extrajudiciais a todas as hipóteses em que um documento idôneo seja capaz de fornecer um grau de probabilidade considerado suficiente, independentemente do peso político dos sujeitos que dele poderão usufruir."[189]

A cláusula geral de negociação processual, porque atípica e genérica, responde precisamente à exigência de prestar tutela diferenciada sem privilegiar uma classe social[190] e apresenta o potencial de mudar o apontado cenário de diferenciação de tratamento, principalmente pela possibilidade de montagem de técnicas processuais para a concretização de garantias atípicas, criadas pelas partes segundo o autorregramento particular. Em suma, o art. 190 do CPC/2015, além de propiciar tutelas diferenciadas para os menos favorecidos, estende valioso instrumental para o estabelecimento de garantias adequadas e eficazes para todos.

8. Conclusões

Com o compromisso de enfrentar as questões mais relevantes, o presente trabalho pretendeu demonstrar que a cláusula geral de negócios jurídicos processuais prevista no art. 190 do CPC/2015 veio para dar um novo impulso ao Direito das Garantias.

Uma vez que permite a criação de técnicas processuais adequadas e efetivas para a arquitetura e a implementação de garantias contratuais, o negócio jurídico processual surge como novo instrumental que necessariamente deverá ser estudado com atenção pelo ângulo da Teoria Geral das Obrigações e dos Contratos.

Abre-se, pois, a perspectiva de um renovado Direito das Garantias para a realidade jurídica brasileira. Um vasto campo de estudos e de trabalhos se estende aos profissionais que atuam na área jurídica[191].

---

em juízo. O cidadão concreto, o homem das ruas, não pode ter os seus sentimentos, as suas angústias e as suas decepções desprezadas pelos responsáveis pela administração da justiça." (MARINONI, Luiz Guilherme. *Op. cit.*, p. 19).

[189] *Idem*, p. 113.

[190] *Idem*, p. 114.

[191] "As a consequence, today's 'Civil Procedure' classes need not only to understand rules focused on adjudication but also the rights and obligations of those who agree to settle cases. Further, both rules of process and courses about process need to address how court-based conciliation affects the role of the judge, the rights of the parties, and the functioning of courts. (...) scholars and teachers of Procedure need to focus on both Due Process and Contract Procedure in their work and courses." (RESNIK, Judith. *Procedure as Contract*. Yale Law School. Faculty Scholarship Series, 2005, Paper 758. Disponível em: <http://digitalcommons.law.yale.edu/fss_papers/758>. Acesso em: 03 jun. 2015.)

Pelo exemplo da propriedade fiduciária paritária, foi abordado, com técnica e consistência, a potencialidade do negócio jurídico processual para a efetividade dos direitos. À luz dessa garantia positivada no Código Civil foi avaliada a possibilidade de pactuação de técnicas processuais como a de apreensão imediata, de venda antecipada, de venda por iniciativa particular, de consignação judicial incidental, de registro imediato do bem em nome do comprador, de indicação dos valores tidos por controversos e incontroversos via contestação, de levantamento do montante incontroverso. Isso no bojo do procedimento comum. Esse casuísmo foi empregado apenas para demonstrar a ampla gama de técnicas que podem ser estabelecidas com suporte no art. 190 do CPC/2015.

Ante o fato de a cláusula geral em foco permitir negócios jurídicos processuais atípicos, fica instituído no ordenamento jurídico nacional, de forma inovadora, a possibilidade de qualquer particular definir programas contratuais com o suporte de garantias eficientes. Cuida-se de uma abertura sem precedentes, a demonstrar que garantias contratuais adequadas e operáveis não são privilégios reservados apenas a grupos detentores de poder econômico.

Tal qual caixa de ferramentas para a construção, aprimoramento ou implementação de garantias contratuais, o art. 190 do CPC/2015 aponta para a responsabilidade dos operadores do Sistema de Justiça no que diz respeito à concretização do direito fundamental à tutela jurisdicional adequada, efetiva e tempestiva, que a partir de agora possuem decisiva participação no estabelecimento de técnicas processuais idôneas.

Impossível, doravante, pensar em garantias contratuais sem considerar a participação do negócio jurídico processual.

9. Referências

ALMEIDA, Diogo Assumpção Rezende de. *As convenções processuais na experiência francesa e o no Novo CPC. In*: DIDIER JR., Fredie; CABRAL, Antonio do Passo; NOGUEIRA, Pedro Henrique (Coord.). Negócios Processuais. Salvador: Ed. JusPodivm, 2015;

ALVIM, Arruda. *Constituto possessório na compra e venda de navio. In*: Soluções práticas, vol. 3. São Paulo: Ed. Revista dos Tribunais, 2011;

AMARAL JÚNIOR, Alberto do. *A responsabilidade pelos vícios dos produtos no Código de Defesa do Consumidor. In*: Revista de Direito do Consumidor, vol. 2, abr 1992. São Paulo: Ed. Revista dos Tribunais;

AMARAL, Francisco. *Direito Civil – introdução*. Rio de Janeiro: Ed. Renovar, 2006;

ANDRADE, Érico. *As novas perspectivas do gerenciamento e da "contratualização" do processo. In*: Revista de Processo, Vol. 193, mar 2011. São Paulo: Ed. Revista dos Tribunais;

____, Érico. *O Mandado de Segurança: a Busca da Verdadeira Especialidade*. Rio de Janeiro: Lumen Juris, 2010;

ANDRÉ, Cordelli. *Alienação fiduciária em garantia de bens imóveis. In*: Revista de Direito Bancário e do Mercado de Capitais, vol. 56, abr 2012. São Paulo: Ed. Revista dos Tribunais;

ASPECTOS POLÊMICOS DO NOVO CÓDIGO DE PROCESSO CIVIL

ARAÚJO, Fernando. *Teoria Económica do Contrato*. Coimbra: Ed. Almedina, 2007;

ASCARELLI, Tullio. *Teoria geral dos títulos de crédito*. Campinas: Ed. Mizuno, 2003;

ÁVILA, Humberto. *Segurança Jurídica: entre permanência, mudança e realização no direito tributário*. São Paulo: Malheiros Editores, 2012;

BALDUS, Christian. *Autonomia privada romana*. *In*: Revista dos Tribunais, vol. 904, fev 2011. São Paulo: Ed. Revista dos Tribunais;

BAUMAN, Zygmunt. *Tempos Líquidos*. Rio de Janeiro: Ed. Zahar, 2007;

BUFILIN, Augusto Passami. *Notas sobre o marco inicial para a propositura da ação de reintegração de posse na alienação fiduciária em garantia de coisa imóvel – comentário ao REsp 1.155.716/DF*. *In*: Revista dos Tribunais, vol. 921, jul 2012;

CABRAL, Trícia Navarro Xavier. *Reflexo das convenções em matéria processual nos atos judiciais*. *In*: DIDIER JR., Fredie; CABRAL, Antonio do Passo; NOGUEIRA, Pedro Henrique (Coord.). Negócios Processuais. Salvador: Ed. JusPodivm, 2015, p. 222, 238.

CADIET, Loïc. *La qualification juridique des accords processuels*. *In*: DIDIER JR., Fredie; CABRAL, Antonio do Passo; NOGUEIRA, Pedro Henrique (Coord.). Negócios Processuais. Salvador: Ed. JusPodivm, 2015;

CHALHUB, Melhim Namem. *Negócio Fiduciário*. Rio de Janeiro: Ed. Renovar, 2006;

COSTA, Eduardo José da Fonseca. *Antecipação de tutela: irreversibilidade, caução e responsabilidade objetiva*. *In*: Revista de Processo, vol. 115, mai 2004. São Paulo: Ed. Revista dos Tribunais;

CUNHA, Leonardo Carneiro da. *Negócios processuais no Processo Civil Brasileiro*. *In*: DIDIER JR., Fredie; CABRAL, Antonio do Passo; NOGUEIRA, Pedro Henrique (Coord.). Negócios Processuais. Salvador: Ed. JusPodivm, 2015;

DIDIER JR., Fredie. *Curso de processo civil: introdução ao direito processual civil, parte geral e processo de conhecimento*, vol. 1. Salvador: Ed. Jus Podivm, 2015;

_____, Fredie. *Princípio do respeito ao autorregramento da vontade no Processo Civil*. *In*: DIDIER JR., Fredie; CABRAL, Antonio do Passo; NOGUEIRA, Pedro Henrique (Coord.). Negócios Processuais. Salvador: Ed. JusPodivm, 2015;

DROBNIG, Ulrich. *Principles of European Law – Study Group on a European Civil Code: Personal Security*. Munich: Sellier. European Law Publishers, 2007;

FARIAS, Cristiano Chaves de; ROSENVALD, Nelson. *Curso de Direito Civil – direitos reais*, vol. 5. Salvador: JusPodivm, 2012;

FERNANDES, Jean Carlos. *Cessão fiduciária de títulos de crédito*. Rio de Janeiro: Ed. Lumen Juris, 2009;

FIGUEIRA JÚNIOR, Joel Dias. *Ação de busca e apreensão em propriedade fiduciária*. São Paulo: Ed. Revista dos Tribunais, 2005;

FORGIONI, Paula A. *A evolução do direito comercial brasileiro: da mercancia ao mercado*. São Paulo: Ed. Revista dos Tribunais, 2009;

FRADERA, Vera Maria Jacob de. *Os contratos autônomos de garantia*. *In*: Revista Ajuris, vol. 53, nov 1991. Porto Alegre;

GABRIELLI, Enrico; HELGUERRA, Carlos de Cores. *El nuevo derecho de las garantías reales: Estudio comparado de las recientes tendencias en materia de garantías reales mobiliarias*. Madrid: Editorial Reus, 2008;

GAJARDONI, Fernando da Fonseca. *Novo CPC: A ressurreição da ação de depósito*. Jota. 2 mar 2015. Disponível em: <http://jota.info/novo-cpc-ressurreicao-da-acao-de-deposito>. Acesso em: 03 jun. 2015;

GONÇALVES, Carlos Roberto. *Direito civil brasileiro: direito das coisas*, vol. 5. São Paulo: Saraiva, 2012;

GRAU, Eros Roberto; FORGIONI, Paula. *O Estado, a empresa e o contrato*. São Paulo: Malheiros Editores, 2005;

HUCK, Hermes Marcelo. *Garantia à primeira solicitação no comércio internacional. In*: Doutrinas Essenciais de Direito Internacional, vol. 5. São Paulo: Ed. Revista dos Tribunais, 2012;

KERN, Christoph A. *Procedural contracts in Germany. In*: DIDIER JR., Fredie; CABRAL, Antonio do Passo; NOGUEIRA, Pedro Henrique (Coord.). Negócios Processuais. Salvador: Ed. JusPodivm, 2015;

KUHN, Thomas S. *The Structure of Scientific Revolutions: 50th Anniversary Edition*. Chicago: The University of Chicago Press, 2012;

LEÃES, Luiz Gastão Paes de Barros. *O seguro-garantia sob a modalidade de antecipação de pagamentos. In*: Doutrinas Essenciais de Direito Empresarial, vol. 4. São Paulo: Ed. Revista dos Tribunais, 2011;

LEITÃO, Luís Manuel Teles de Menezes. *Garantias das Obrigações*. Coimbra: Edições Almedina, 2008;

MARINONI, Luiz Guilherme; ARENHART, Sérgio Cruz; MITIDIERO, Daniel. *Novo curso de processo civil: tutela dos direitos mediante procedimento comum*, volume II. São Paulo: Ed. Revista dos Tribunais, 2015;

_____, Luiz Guilherme. *Abuso de defesa e parte incontroversa da demanda*. São Paulo: Ed. Revista dos Tribunais, 2007;

_____, Luiz Guilherme. *Técnica processual e tutela dos direitos*. São Paulo: Ed. Revista dos Tribunais, 2010;

_____, Luiz Guilherme. *Teoria Geral do Processo*. São Paulo: Ed. Revista dos Tribunais, 2006;

_____, Luiz Guilherme; ARENHART, Sérgio Cruz; MITIDIERO, Daniel. *Novo curso de processo civil: tutela dos direitos mediante procedimentos diferenciados*, volume III. São Paulo: Ed. Revista dos Tribunais, 2015;

MARTINS-COSTA, Judith. *A boa-fé no Direito Privado*. São Paulo: Ed. Revista dos Tribunais, 2000;

MATOS, Isabel Andrade de. *O pacto comissório: contributo para o estudo do âmbito da sua proibição*. Editora Almedina, 2006;

MENGER, Anton. *El Derecho Civil y los Pobres*. Madrid: Libreria General de Victoriano Suárez, 1898;

MOFFAT, Graham. *Trust Law*. Cambridge: Cambridge University Press, 2009, p. 13;

NERY JÚNIOR, Nelson, NERY, Rosa Maria de Andrade. *Código Civil Comentado*. São Paulo: Ed. Revista dos Tribunais, 2011;

NOGUEIRA, Pedro Henrique Pedrosa. *Sobre os acordos de procedimento no Processo Civil Brasileiro. In*: DIDIER JR., Fredie; CABRAL, Antonio do Passo; NOGUEIRA, Pedro Henrique (Coord.). Negócios Processuais. Salvador: Ed. JusPodivm, 2015;

NORONHA, Fernando. *A alienação fiduciária em garantia e o leasing financeiro como supergarantias das obrigações. In*: Doutrinas Essenciais Obrigações e Contratos, vol. 5. São Paulo: Ed. Revista dos Tribunais, 2011;

PASSOS, José Joaquim Calmon de. *Teoria Geral dos Procedimentos Especiais. In*: FARIAS, Cristiano Chaves de; DIDIER JR. Fredie (Coord.). Procedimentos especiais cíveis: legislação extravagante. São Paulo: Ed. Saraiva, 2003;

REDONDO, Bruno Garcia. *Negócios processuais: necessidade de rompimento com o sistema do CPC/1973 para a adequada compreensão da inovação do CPC/2015. In*: DIDIER JR., Fredie; CABRAL, Antonio do Passo; NOGUEIRA, Pedro Henrique (Coord.). Negócios Processuais. Salvador: Ed. JusPodivm, 2015;

RESNIK, Judith. *Procedure as Contract*. Yale Law School. Faculty Scholarship Series, 2005, Paper 758. Disponível em: <http://digitalcommons.law.yale.edu/fss_papers/758>. Acesso em: 03 jun. 2015;

RIBEIRO, Joaquim de Sousa. *Constitucionalização do Direito. In*: Direito dos Contratos – Estudos. Coimbra: Coimbra Editora, 2007;

_____, Joaquim de Sousa. *O problema do contrato – as cláusulas contratuais gerais e o princípio da liberdade contratual*. Coimbra: Ed. Almedina, 2003;

RIZZARDO, Arnaldo. *Contratos*. Rio de Janeiro: Forense, 2013;

ROCHA, Carlos Alberto de Macedo; ROCHA, Carlos Eduardo Penna de M. *Dicionário de locuções e expresões da língua portuguesa*. Rio de Janeiro: Ed. Lexikon, 2011;

ROCHA, Eduardo de Assis Brasil. *Algumas considerações sobre a alienação fiduciária de coisa móvel. In*: Revista de Direito Imobiliário, vol. 45, set. 1998. São Paulo: Ed. Revista dos Tribunais;

RODRIGUES, Marcelo. *Tratado de registros públicos e direito notarial*. São Paulo: Ed. Atlas, 2014;

SARMENTO FILHO, Eduardo Sócrates Castanheira. *Os fins, os efeitos e os tipos de publicidade no registro imobiliário. In*: AZEVEDO, Fábio de Oliveira; MELO, Marco Aurélio Bezerra de. Direito Imobiliário – escritos em homenagem ao Professor Ricardo Pereira Lira. São Paulo: Ed. Atlas, 2015;

SILVA, Fábio Rocha Pinto e. *Garantias imobiliárias em contratos empresariais: hipoteca e alienação fiduciária*. São Paulo: Ed. Almedina, 2014;

SLAIBI FILHO, Nagib. *Das Garantias Locatícias. In*: AZEVEDO, Fábio de Oliveira; MELO, Marco Aurélio Bezerra de. Direito Imobiliário – escritos em homenagem ao Professor Ricardo Pereira Lira. São Paulo: Ed. Atlas, 2015;

TEPEDINO, Gustavo. *Problemas de Direito Civil-Constitucional*. Rio de Janeiro: Ed. Renovar, 2000;

TEPEDINO, Gustavo; BARBOZA, Heloisa Helena; MORAES, Maria Celina Bodin de. *Código Civil Interpretado – conforme a constituição da república*, Vol. III. Rio de Janeiro: Ed. Renovar, 2011;

THEODORO JÚNIOR, Humberto; NUNES, Dierle; BAHIA, Alexandre Melo Franco; PEDRON, Flávio Quinaud. *Novo CPC – fundamentos e sistematização*. Rio de Janeiro: Ed. Forense, 2015;

_____, Humberto. *Contrato de consórcio – garantias e exequibilidade. In*: Revista dos Tribunais, vol. 641, mar 1989. São Paulo: Ed. Revista dos Tribunais;

_____, Humberto. *O contrato e seus princípios*. Rio de Janeiro: Ed. Aide, 1999;

TOMAZETTE, Marlon. *Curso de Direito Empresarial*, volume I. São Paulo: Ed. Atlas, 2008;

VENOSA, Sílvio de Salvo. *Código Civil interpretado*. São Paulo: Ed. Atlas, 2013;

VERÇOSA, Haroldo Malheiros Duclerc. *Curso de Direito Comercial – fundamentos da Teoria Geral dos Contratos*, vol. 4, Tomo I. São Paulo: Malheiros Editores, 2011;

_____, Haroldo Malheiros Duclerc. *Curso de Direito Comercial*, volume 1. São Paulo: Malheiros Editores, 2008.

TUTELA PROVISÓRIA

Estabilização da Tutela de Urgência[1]

ADRIANO SOARES DA COSTA

1. Segurança e estabilidade na pós-modernidade líquida processual

Marx profetizou que no capitalismo avançado nada se ossificaria, as raízes se perderiam, as tradições se dissolveriam; enfim, *tudo o que é sólido se desmancharia no ar*[2]. Se essa assertiva vale para todas as dimensões da vida social e cultural, não seria diferente com o Direito, muito menos quando debruçamos a vista sobre o direito processual civil.

Conceitos com imutabilidade, indiscutibilidade, estabilidade, irreversibilidade e que tais geram uma carga emotiva negativa em uma época para a qual tudo é urgente, rápido, relativo, superficial. Se já não vemos sequer instituições enraizadas em nossa cultura, como a família, preservada desses ventos poderosos que a tudo erode, como poderíamos imaginar que os institutos processuais – que buscavam pela certeza e intemporalidade das suas decisões a pacificação social – pudessem permanecer indenes às críticas e ao revisionismo dos nossos tempos?

Não faz muito, não poucos escreveram sobre o que denominaram de *relativização da coisa julgada*, expressão que já continha em si uma contradição insolúvel, como se continuássemos a chamar "sólido" o que adiante se liquefez. Nada obstante, processualistas de subida ciência não se deram conta de que estavam

---

[1] Texto da palestra do Simpósio sobre o Novo Código de Processo Civil, organizado pela ABDPro – Associação Brasileira de Direito Processual, 16 e 17 de março de 2016, em Ribeirão Preto/SP.

[2] Sobre o tema, BERMAN, Marshall. *Tudo que é sólido desmancha no ar*: a aventura da modernidade. São Paulo: Cia das Letras, 1986, p.19, que reproduz famosa oração de Marx: "Todas as relações fixas, enrijecidas, com seu travo de antiguidade e veneráveis preconceitos e opiniões, foram banidas; todas as novas relações se tornam antiquadas antes que cheguem a se ossificar. Tudo o que é sólido desmancha no ar, tudo o que é sagrado é profanado, e os homens finalmente são levados a enfrentar (...) as verdadeiras condições de suas vidas e suas relações com seus companheiros humanos."

pretextando simplesmente transformar o protegido pela indiscutibilidade em... discutível, como se vivêssemos o eterno retorno de que tantos nos falaram, entre eles Nietzsche.

A segurança jurídica, valor supremo do direito processual oitocentista até a última década do século XX, passou a ser postergada pela necessidade de soluções rápidas para os conflitos, senão em sua totalidade, ao menos no que houvesse de resultados práticos imediatos, essenciais para o tráfego da pós-modernidade. Para os tempos líquidos, decisões líquidas, ajustáveis à dinâmica de uma época engolida pela fugacidade das relações, dos interesses e das pessoas. Menos segurança e mais pressa; menos certeza e mais efetividade; menos cognição e mais executividade: um mundo em que *todas as novas relações se tornam antiquadas antes que cheguem a se ossificar.*

Ora, diante dessa busca crescente pelos resultados efetivos, os anos 90 do século passado passaram a assistir o início de um forte movimento de reforma do código de processo civil. Além da tentativa de simplificar os recursos, dar maior efetividade aos provimento jurisdicionais, buscou-se alcançar o que fora tentado por meio da distorção da tutela cautelar, estabelecendo a previsão da antecipação da tutela de urgência, o que na prática – sem que muitos o dissessem ou percebessem – implicava o fim do processo ordinário estruturado no código de 1973, tal qual o conhecíamos. Agora, estava franqueada a via para a obtenção de juízos sumários satisfativos *initio litis*. A ordinarização do sistema processual, que apenas admitia os juízos plenários e exaurientes, foi destruída por dentro, com a introdução dos juízos sumários e superficiais em todos os procedimentos, acaso presentes o pressuposto do *periculum in mora*. Ocorre, porém, que essa mudança normativa, com a sua imensa influência na prática do foro, não conseguiu alterar a ideologia da doutrina dominante, que continuou a pensar o processo civil com as mesmas categorias da ordinarização a que fora ele historicamente submetido, como a busca de certeza ou, no mínimo, da estabilização das decisões e das consequências jurídicas delas decorrentes.

Fica evidente na disciplina legal da tutela provisória no novo código de processo civil a permanência dessa tensão entre as exigências de soluções rápidas e satisfativas dos tempos líquidos em que vivemos e a necessidade atávica de estabilidade e indiscutibilidade com a qual pensamos os institutos processuais. De um lado, buscou-se criar uma *tutela de urgência antecedente*, dando relevo à necessidade de se atender a rapidez e satisfatividade da prestação jurisdicional; doutra banda, tentou-se domar o touro bravo dos juízos parciais e sumários, impondo-lhes uma estabilidade que contraria a sua natureza própria de ser decorrente das imposições dos fatos da vida timbrados em sua emergência e fugacidade.

A estabilização de provimentos de urgência estribados em juízos sumários é a tentativa de atribuir segurança jurídica ao que tem a emergência e a proviso-

ESTABILIZAÇÃO DA TUTELA DE URGÊNCIA

riedade em seu DNA. Se de um lado o novo código processual isolou a tutela de urgência como meio necessário à satisfação de interesses materiais relevantes, de outra mão buscou conservá-la para além da sua própria fluidez, o que fez surgir algumas interpretações que dão à tutela de urgência uma indiscutibilidade símile aos efeitos da coisa julgada material, nada obstante sem chamá-la pelo nome.

O que caracteriza o *periculum in mora* que se busca evitar é a existência de um *perigo de dano* decorrente da demora do processo ou da natureza do rito, que pode ser combatido adequadamente em razão da própria estrutura da pretensão de direito material que se pretende tutelar, possibilitando-se que, em abstrato, sejam predeterminadas técnicas pelo legislador para ofertar soluções processuais que contornem a crise advinda do perigo[3]. Aqui, há uma substancial diferença da tutela cautelar, dado que o emergir do perigo de dano irreparável ocorre em situações imprevisíveis, não havendo como sobre ele estabelecer uma cataloga-ção das suas causas, uma vez que difusas pela dinâmica da vida mesma. Com isso, não há a possibilidade de se estabelecer técnicas de proteção em abstrato, sendo a solução adequada construída em concreto, não pela natureza de eventual pre-tensão de direito material que venha a ser posta em jogo, mas para "satisfazer" a pretensão à segurança. O *periculum de damno irreparabile* é gestado pela dinâmica complexa e imprevisível da vida mesma, que o torna impossível de ser sistema-tizado pelo legislador[4]

O primeiro aspecto que devemos ter presente, portanto, ao analisarmos o ins-tituto da *estabilização da tutela de urgência* é ter em mente que nele há já e sempre uma contradição em termos, que não pode ser amplificada pelo peso da ideolo-gia racionalista da ordinariedade ainda presente na nova codificação. E a ausên-cia dessa percepção tem levado a não raros erros na interpretação do código de processo civil de 2015.

2. Dano irreparável e periculum in mora: segurança para execução e exe-cução para segurança

O *perigo de dano irreparável* decorre da necessidade de proteção de um direito substancial à segurança, que é sempre voltado a um direito que se quer asse-gurado ou conservado, e da emergencialidade que brota da vida, da erupção de situações de fato que podem tragar a sua incolumidade física ou dos seus bens; o

---

[3] Analisando esses condicionamentos ideológicos da doutrina processual, Silva, Ovídio Baptista da. *Processo e ideologia*: o paradigma racionalista. Rio de Janeiro: Forense, 2004, *passim*. Sobre a natureza volátil e imprevisível do *perigo de dano irreparável*, aqui referido,a sp. pp.118-119.

[4] Silva, Ovídio Baptista da. *Processo...*, cit., p.119: "O legislador, quando cuida de dano iminente (*damnum irreparabile*) não é capaz de presumir, *jure et de juris*, o estado de perigo, abstratamente considerado para um 'grupo especial de causas', de modo que lhe fosse possível prever legislativamente o perigo concreto de dano iminente".

455

ASPECTOS POLÊMICOS DO NOVO CÓDIGO DE PROCESSO CIVIL

periculum in mora, por sua vez, surge da pressa em que os efeitos buscados com a prestação da tutela jurídica sejam adiantados, implicando a gestão diferenciada da distribuição do ônus do tempo no processo. É certo que em ambas hipóteses o aspecto temporal é importante – mas não decisivo – para a sua caracterização, nada obstante em uma avulte o aspecto conservativo que falta na outra, cuja *realizabilidade imediata* se busca.

Essa diferença das pretensões gera tratamento diverso e reclama tutelas diferenciadas. Em um caso, a pretensão assegurativa, preventiva, é de maior monta e não se basta a si mesma: há sempre referência à situação de fato ou jurídica a ser conservada, é dizer, assegura-se para que adiante se possa eventualmente satisfazer sem as agruras do possível *damnum irreparabile*; noutro caso, porém, é a própria satisfatividade que pula à frente, não havendo o que se assegurar: há uma só pretensão que se quer de imediato e antecipadamente satisfazer, evitando ou superando a ocorrência de *periculum in mora*, agilizando-se o resultado prático que se busca com a tutela jurídica. Ali, duas pretensões: à segurança da realização e, eventualmente, a dita principal realizável; aqui uma pretensão, que se adianta para a satisfação da esfera jurídica de quem não pode esperar até que o definitivo chegue, já a realizando provisoriamente.

A diferença entre o *damnum irreparabile* e o *periculum in mora* está em que aquele provoca a necessidade de proteção contra o perigo de dano de um interesse jurídico tutelável, enquanto o perigo de atraso pertine à tutela de urgência, quando a própria causa não tolera a demora, não podendo a decisão satisfativa ser adiada (*si causa moram non ferat*)[5]. Nessas causas *quas non admittit periculum in mora*, busca-se uma solução com maior utilidade, dando-se a sua obtenção por meio dos interditos, como ocorria já no direito romano com as ações possessórias[6].

A tutela de urgência que era estranha às ações ordinárias (*non actiones ordinarias*) já era, portanto, bem conhecida dos processualistas setecentistas, como é o caso de Böehmeri[7], tendo ficado relegada durante as codificações processuais modernas, que tinham na busca da certeza e da indiscutibilidade a finalidade do processo. Como o perigo de dano irreparável gerava a pretensão à segurança e provocava medidas preventivas assegurativas, as cautelares terminaram sendo a via aberta para o resgate, na prática do foro, da tutela de urgência, através da adoção do *periculum in mora* como um dos seus pressupostos. A tutela cautelar passou a mascarar, então, o uso da técnica da antecipação da tutela, em que nada se assegurava, senão que já satisfazia por meio de adiantamento de cognição –

---

[5] Sousa, Manuel de Almeida e. *Tratado encyclopedico compendiario, pratico e systematico dos interdictos e remedios prossessorios geraes e especiaes.* Lisboa: Imprensa Oficial, 1867, p.63. SILVA, Ovídio Baptista da. *Do processo cautelar.* 2ª ed., Porto Alegre: Lejur, 1986, pp. 24-25.

[6] Böehmeri, Justus Henning. *Doctrina de Actionibus.* Bonnae: Rommerskirchen, 1733, p.199.

[7] Böehmeri, Justus Henning. *Doctrina de...*, cit., p.199.

ESTABILIZAÇÃO DA TUTELA DE URGÊNCIA

nessa fase – sumária. Então, ao invés da proteção contra a *anomalia circunstancial* causada pelo perigo de dano irreparável, usou-se as cautelares inominada para a proteção do atraso do procedimento em razão da *própria natureza da causa* que reivindicava um tratamento sumário, é dizer, sem natureza cautelar[8].

Essa distinção entre perigo de dano irreparável e *periculum in mora* é importante para distinguir a razão da tutela cautelar e da tutela de urgência, respectivamente. A cautelaridade tem por conteúdo a pretensão à segurança, que aponta para uma situação jurídica ou situação de fato que necessita de proteção preventiva e asseurativa, não tendo ela por finalidade resolver a necessidade de imediata e urgente satisfação do direito substancial afirmado em juízo, é dizer, da *res in iudicium deducta*. A antecipação dos efeitos da tutela, de outro lado, decorre da própria causa, é dizer, da própria pretensão que se quer imediatamente satisfeita com encurtamento, aceleração ou sumarização do procedimento e da própria cognição[9].

É erro palmar o dizer-se que os provimentos cautelares seriam *sempre* provisórios (*rectius*, temporários), enquanto os provimentos de urgência, provisórios tendentes à definitividade. Há cautelares definitivas. As obras de conservação da coisa litigiosa têm natureza cautelar, posto sejam definitivas, como também as vistorias, as antecipações de prova, etc.[10] Retomarei adiante essa distinção, apenas desde já alertando da sua importância para o conceito de *estabilização* da tutela de urgência.

A distinção entre a tutela cautelar e a tutela de urgência quanto à finalidade está em que a cautelaridade assegura, enquanto a tutela de urgência satisfaz. A pretensão à segurança aponta, notem bem, para uma situação que reclama asseguração, de modo que ela para "exatamente onde a pretensão principal ainda continua"[11]. A *satisfatividade* é a pedra de toque que separa uma da outra tutela. Na segurança para execução, acautela-se; na execução para a segurança, satisfaz-se.

---

[8] SILVA, Ovídio Baptista da. *Do processo...*, cit., p.25; Idem. *Processo e...*, cit., pp. 120-121.

[9] CALAMANDREI, Piero. *Introducción al estudio sistemático de las providencias cautelares.* Buenos Aires: Librería El Foro, 1997, com a sua autoridade, terminou contribuindo para a confusão que se instaurou na doutrina, de que não se livrou no novo código de processo civil, em por como pressuposto das medidas cautelares o *periculum in mora*. Ao ver as ações cautelares como ancilares a uma ação principal e dela dependentes, sustentou que as medidas cautelares possuem natureza interinal ou provisória, que elas, realmente, não possuem. Não por outra razão, entabulou notável confusão entre a tutela cautelar e a tutela de urgência, analisando uma a partir da natureza da outra, afirmando que o dano marginal que poderia decorrer do retardamento da providência definitiva, dada a lentidão do procedimento ordinário, seria o que caracterizaria a tutela cautelar (vide p.42);vale dizer, justamente a motivação para a antecipação satisfativa da tutela pretendida.

[10] Com usual acerto, MIRANDA, F. C. Pontes de. *Comentários ao código de processo civil.* Tomo XII. Rio de Janeiro: Forense, 1976, pp.31-32. Incidindo no erro da doutrina, SILVA, Ovídio Baptista da. *Do processo...*, cit., p.72, *passim.*

[11] MIRANDA, F. C. Pontes de. *Comentários...*, tomo XII, cit., p. 23.

3. Definitividade e provisoriedade; indiscutibilidade e impreclusividade

A doutrina processual, sobretudo depois da obra de Calamandrei, passou a ver a provisoriedade como um caráter definidor relevante da tutela cautelar. Afinal, ao processualista peninsular não passou desapercebida a provisoriedade daqueles provimentos que Chiovenda denominou de *declaração com prevalente função executiva*, nada obstante compreendessem, um e outro, que aí haveria uma cognição sumária decorrente da particular certeza do direito[12]. No processo cautelar, não, porque a sua função seria preventiva em face do processo principal a que ele se referia.

Seja como for, um aspecto que Calamandrei chamou a atenção foi para o papel do tempo nas decisões judiciais, distinguido a temporalidade da provisoriedade. A temporalidade refere-se ao transcurso do tempo em relação aos efeitos de um ato, que tem começo e fim. A provisoriedade, diferentemente, diz respeito ao tempo que medeia dois atos ou acontecimentos, em que o segundo substitui o primeiro. Esse caráter interinal é que qualifica a provisoriedade. Se não há essa possível substitutividade do ato por outro, ou se o ato esperado substituiu o anterior, diz-se que os seus efeitos são definitivos. A diferença entre *definitividade* e *provisoriedade*, portanto, é que aquela diz dos efeitos práticos que permanecem no tempo até que eventualmente se extingam pela mudança da situação fática a que eles se referem; a provisoriedade, diferentemente, diz de efeitos práticos que estão destinados a durar somente no tempo intermédio que precede o evento esperado ou sucessivo (efeitos interimísticos)[13].

Quero chamar a atenção para um outro ponto negligenciado acotiadamente: a definitividade e a provisoriedade se referem aos *efeitos práticos* dos provimentos judiciais, que modificam ou mantêm a situação de fato sobre a qual versa a *res in iudicium deducta*. Definitivos ou provisórios são os efeitos práticos, é dizer, aqueles que vão além do conteúdo da decisão, do *dictum*, passando do plano do pensamento para o da realização ou do ato. Insista-se neste ponto capital: são definitivos ou provisórios os efeitos práticos (não a *força*, ou seja, a eficácia prevalente): *a)* executivos (ato com anterior ou posterior ou eventual cognição), *b)* mandamentais (pensamento *mais* ato imediato *incluso*, é dizer, decorrente de plano do *dictum*; – a mediatidade é possível, mas *exclusa*, noutra relação ou noutro momento) ou *c)* constitutivos (pensamento com ato incluso)[14]. É o que há de *mudança ou manutenção da situação de fato* pelo provimento – provisório ou definitivo – que chamo de efeitos práticos, em que o *ato* prevalece sobre a *notio* ou o *dictum*.

---

[12] CALAMANDREI, Piero. *Introducción...*, cit., p.37.

[13] CALAMANDREI, Piero. *Introducción...*, cit., p.36.

[14] Esses aspectos relevantes das cargas eficaciais (força e efeito) foram isolados e tratados por MIRANDA, F. C. Pontes de. *Tratado das ações*. Tomo I, São Paulo: RT, 1970, *passim*, especialmente a tabela da p.185.

ESTABILIZAÇÃO DA TUTELA DE URGÊNCIA

Se o juiz concede ao autor a medida liminar de manutenção de posse (tutela de urgência antecipada), alegando o *periculum in mora* e a posse mansa e pacífica por menos de ano e dia, a decisão é provisória, é dizer, aguarda que, na eventualidade de o réu controverter a ação, haja a *plena cognitio* e a sentença de procedência que confirme e faça definitivo o provimento interinal. A característica normal das liminares ou provimentos de cognição sumária é a sua provisoriedade; a definitividade, no ordinário dos casos, advém do provimento em cognição plena e exauriente. Notem bem: no ordinário dos casos... – nem sempre, todavia, e no direito positivo há exemplos que o comprovam.

Há de se evitar a tese segundo a qual haveria uma relação biunívoca entre *definitividade* e *satisfatividade*, erro em que incidiu Areken de Assis[15]. Os provimentos provisórios são satisfativos, posto não sejam definitivos enquanto não se estabilizarem rigidamente após dois anos da sua concessão sem impugnação. A satisfatividade decorre dos efeitos práticos adiantados do provimento final de procedência; adianta-se constituição, mandamento ou execução, naquilo que *desde já se efetive na vida*, posto seja eventualmente modificável[16]. Deve-se, outrossim, rejeitar a afirmação de que o que emprestaria o caráter de definitividade às medidas de urgência seria "a irreversibilidade dos efeitos no plano da realidade material"[17]. Se um paciente com câncer em estágio avançado ingressa com uma ação para que lhe seja ministrado o tratamento negado pelo seu plano de saúde, pretende que (a) mande seja ministrado o tratamento, (b) seja declarado o seu direito a ter o tratamento coberto pelo plano, (c) se preceite multa elevada por descumprimento (condenação futura, exclusa), e – efeitos mínimos – (d) o constitutivo decorrente da situação jurídica resultante daquilo que se ordenou e (d) eventual execução da condenação futura, noutro processo, em caso de descumprimento. Aí temos as cinco cargas eficaciais presentes na ação de cognição plena. Dada a gravidade da sua situação de saúde, a tutela de urgência que se pede é sobretudo o resultado prático desejado na sentença de procedência: a *ordem imediatamente dada*, é dizer, o verbo e o ato de ordenar (expedição do mandado), antes da sentença terminal, porque a saúde e a vida do paciente não podem esperar a ordinariedade do rito. Preceita-se condenação futura, acaso descumprida a ordem, razão pela qual não há adiantamento, mas estabelecimento de preceito e sanção (ou isso ou, no descumprimento disso, aquilo) par ao futuro, postecipados.

---

[15] Assis, Araken. *Processo civil brasileiro*. Vol. II: Parte geral: institutos fundamentais. Tomo 2. São Paulo: RT, 2015, 365, ao falar em "caráter satisfativo (ou definitivo)".

[16] Noutra oportunidade, Assis, Araken. *Processo...* vol. II, t. 2, cit., p.380, o diz: "Entende-se por satisfação a realização prática no direito da parte, a entrega do bem da vida, proveito, vantagem ou utilidade almejada, e, não, resolução judicial dando razão a uma partes".

[17] Assis, Araken. *Processo...* vol. II, t. 2, cit., p.380.

ASPECTOS POLÊMICOS DO NOVO CÓDIGO DE PROCESSO CIVIL

Se o tratamento é ministrado e, depois, veio a ser julgada improcedente a ação, os efeitos práticos (tutela de urgência) são definitivos, posto a coisa julgada que venha a ser formada seja no sentido contrário ao que se antecipou. O que se tornou *indiscutível* foi a inexistência do direito ao tratamento (declaração negativa), posto a *definitividade* da tutela de urgência satisfativa tenha se dado, deixando de ser *provisória*. O que se adiantou da sentença de procedência esperada que foi, ao final, improcedente, neste caso, não tem como ser revertido. Nesta hipótese de *irreversibilidade*, resta ao plano de saúde a tutela ressarcitória. Aqui podemos perceber a diferença, também, entre *definitividade* e *irreversibilidade*. A tutela de urgência definitiva, porém passível de reversão pela natureza dos efeitos práticos obtidos, eventualmente poderá ser objeto de cognição exauriente que a supere (*princípio da derrotabilidade da tutela de urgência definitiva*).

Também é erro equiparar-se a *definitividade* à *res iudicata*; cinca, aliás, gravíssima. A coisa julgada material é definitiva, posto nem todo provimento definitivo gere coisa julgada. A sentença cautelar pode ser definitiva, mas não faz coisa julgada material; a estabilização da tutela de urgência é definitiva, mas não gera coisa julgada; o mandado monitório não atacado é definitivo, mas coisa julgada não faz; o provimento provisório irreversível torna-se definitivo, não *res iudicata*.

Definitividade não é o mesmo que *indiscutibilidade*[18], outro conceito fundamental para o tema de que nos ocupamos: aquela diz dos efeitos práticos da decisão, que não admitem mais mudanças, salvo se houver alteração da situação de fato ou modificação da situação jurídica com relação àquele conjunto de fatos, já agora *noutro processo com cognição plena e exauriente*; essa, por sua vez, refere-se à impossibilidade de rediscussão da mesma matéria jurídica noutra oportunidade ou noutro processo, vale dizer, pertine ao conteúdo declaratório da decisão coberto pelo selo da coisa julgada material. O contrário da definitividade é a provisoriedade; o da indiscutibilidade, a inexistência de preclusão (*impreclusividade*).

Aqui ingressamos em um tema delicado e complexo, sobre a distinção entre conteúdo e efeito da decisão judicial, essencial para delimitar os limites objetivos da coisa julgada e para a própria teoria das cargas eficaciais e da sua classificação. Agora, com o novo CPC, o tema ganha renovado interesse para a compreensão do instituto da *estabilização da tutela de urgência*.

4. Conteúdo e efeitos da sentença de procedência

A importante controvérsia entre Ovídio Baptista da Silva e José Carlos Barbosa Moreira sobre o conteúdo das sentenças de procedência e os limites objetivos da

---

[18] Ponto que foi embaralhado no pensamento de ASSIS, Araken. *Processo...* vol. II, t. 2, cit., p. 367, levando-o, por isso mesmo, a considerar que a estabilização da tutela de urgência seria o mesmo que emprestar-lhe o efeito da coisa julgada material, como veremos adiante.

ESTABILIZAÇÃO DA TUTELA DE URGÊNCIA

coisa julgada prestou uma grande contribuição à ciência do direito processual. Em artigos teóricos sucessivos, ambos travaram um diálogo raro em nossa experiência monológica do fazer dogmática jurídica, colocando luzes sobre aspectos importantíssimos negligenciados no estudo das sentenças e dos provimentos judiciais em geral.

Barbosa Moreira, pouco antes da vigência do código de processo civil de 1973, fez uma exposição sobre o estado até então da teoria da coisa julgada, buscando demonstrar que ela se identificaria com a imutabilidade do *conteúdo* da sentença de procedência, não alcançando os seus efeitos, no que reprochou a Liebman[19]. A questão a saber, então, seria o que podemos compreender como sendo o *conteúdo* da sentença que teria o selo da imutabilidade da coisa julgada. Citando Mario Vellani, em sua obra clássica *Appunti sulla natura della cosa giudicata*, Barbosa Moreira afirma a condenação seria conteúdo da sentença e a execução, seu efeito, é dizer: o que não fosse efeitos práticos da sentença seria o seu conteúdo[20].

Essa lição do jurista fluminense gerou forte reação de Ovídio Baptista da Silva[21], jurista responsável pela busca de mudança do paradigma da ordinariedade no processo civil brasileiro, que demonstrou de modo eloquente que o conteúdo da sentença é formado também por sua eficácia, nada obstante existam efeitos para além dela. Em um primeiro momento, Ovídio demonstra que Barbosa Moreira buscou superar a doutrina tradicional mas terminou apenas oferecendo argumentos em favor dela: apenas a eficácia declaratória contida nas sentenças constitutivas e condenatórias, por exemplo, é que permaneceria imodificável[22].

Em resposta, Barbosa Moreira escreveu um outro ensaio, em que buscou lapidar a sua posição e rejeitar que a imutabilidade da coisa julgada fosse apenas do provimento declaratório, sendo também do condenatório e constitutivo[23]. Nesse texto, podemos encontrar alguns aspectos que nos serão úteis adiante. O que seria marca definidora da coisa julgada, diz o processualista fluminense, não

---

[19] MOREIRA, José Carlos Barbosa. "Ainda e sempre a coisa julgada", *Direito processual civil*: ensaios e pareceres. Rio de Janeiro: Borsoi, 1971, pp. 133-146. Afirmou o notável processualista: "Por sentença imutável há de entender-se aqui a sentença cujo conteúdo não comporta modificação" (p.141-142).

[20] MOREIRA, José Carlos Barbosa. "Ainda e sempre...", cit., p.143, assevera, dando maior forma ao seu pensamento: "A imutabilidade (ainda ilimitada) do *conteúdo* da sentença não importa, é óbvio, a imutabilidade da *situação jurídica concreta* sobre a qual versou o pronunciamento judicial".

[21] SILVA, Ovídio Baptista da."Eficácias da sentença e coisa julgada". *Sentença e coisa julgada*. 2ª ed., Porto Alegre: Sérgio Antônio Fabris Editor, 1988, pp. 95-130.

[22] SILVA, Ovídio Baptista da."Eficácias...", cit., p.106: "as sentenças podem ter múltiplas eficácias e o fato de que a *imutabilidade* que protege a decisão jurisdicional, identificável com a coisa julgada material, só se refere ao efeito declaratório da sentença, jamais atingindo terceiros que não participem do processo". O que eventualmente podem atingir os terceiros são os efeitos naturais da sentença, que podem gerar efeitos reflexos.

[23] MOREIRA, José Carlos Barbosa. "Coisa julgada e declaração". *Temas de direito processual*: primeira série. 2ª ed., São Paulo: Saraiva, 1988, pp. 81-89.

seria o reconhecimento do fato representado pela modificação jurídica, senão a irrelevância da contestação que viesse a ser feita após o trânsito em julgado. A estabilidade normal da tutela jurisdicional exauriente não ficaria satisfeita como tendo produzido o resultado do processo; a coisa julgada material seria a adoção desse resultado como *indiscutível*, como *incontestável*, como *inimpugnável*[24]. A estabilidade em sentido forte, em nível elevado, não poderia ser alcançada senão pela coisa julgada material – e não por outro meio[25].

O ponto frágil da exposição de Barbosa Moreira decorre de usar o paradigma da teoria ternária das eficácias sentenciais, que exclui do conceito de eficácia decisória qualquer dos seus efeitos práticos futuros; jurisdicional seriam sempre e tão somente as decisões que possuem dose elevada de declaratoriedade, expurgando os efeitos práticos do conteúdo da sentença. Assim, os efeitos declaratórios, constitutivos e condenatórios formariam parte do conteúdo da sentença; não assim os executivos e mandamentais, que não seriam sequer jurisdicionais, impurificando-se no plano do ser, dos acontecimentos. O processualista paga pedágio à ideologia da ordinariedade e da limitação da atividade jurisdicional à atividade cognoscitiva, é dizer, a *notio* que cada decisão traz consigo embutida. É nesse sentido, então, em que se pode compreender a conclusão a que ele chega: "os efeitos da coisa julgada *não* se tornam imutáveis com o trânsito em julgado: o que se torna imutável (ou se se prefere, indiscutível) é *o próprio conteúdo* da sentença"[26].

Ovídio Baptista da Silva, em um dos textos mais importantes para o estudo da coisa julgada[27], amparado na teoria quinária das cargas eficaciais, demonstra que Barbosa Moreira e, com ele, a doutrina da classificação ternária, viam o *conteúdo* da sentença exclusivamente como *notio*, juízo, decisão no plano do discurso, pelo apreço exacerbado ao normativismo[28]. Nada obstante, lembra Ovídio, se o conteúdo da sentença seria os *efeitos* declaratórios, condenatórios e constitutivos, teríamos uma contradição lógica em chamar de *conteúdo* os efeitos que Barbosa Moreira julgou separar. Na verdade, o que o processualista fluminense pretendeu foi identificar o *conteúdo* com os efeitos *normativos* (diria Pontes de Miranda, no plano do pensamento), enquanto os *práticos* seriam os efeitos meros, alteradores de algo no mundo fenomênico, que poderiam ser modificáveis pela própria circunstância de que as situações fáticas mudam naturalmente.

É aí que Ovídio Baptista fere o ponto fundamental da confusão: o conceito de *imutabilidade* que que seria o núcleo da coisa julgada material, segundo Car-

---

[24] MOREIRA, José Carlos Barbosa. "Coisa julgada...", cit., p.84-85.
[25] MOREIRA, José Carlos Barbosa. "Coisa julgada...", cit., p.85.
[26] MOREIRA, José Carlos Barbosa. "Coisa julgada...", cit., p.89.
[27] SILVA, Ovídio Baptista da. "Conteúdo da sentença e coisa julgada". *Sentença e coisa julgada*. 2ª ed., Porto Alegre: Sérgio Antônio Fabris Editor, 1988, pp. 201-221.
[28] SILVA, Ovídio Baptista da. "Conteúdo...", cit., p.205.

ESTABILIZAÇÃO DA TUTELA DE URGÊNCIA

nelutti e Liebman. Ora, como a realidade fenomênica, fática, é sempre mutável, é evidente que os efeitos práticos mudam com ela, esvanecem ou até desaparecem. Enquanto Barbosa Moreira busca ver no *dictum* do juiz o conteúdo imutável da decisão e nos *atos de execução ou cumprimento* os efeitos propriamente da sentença, termina por esquecer-se que há efeitos no plano do enunciado que também podem ser modificáveis, pelas próprias circunstâncias vida, como ocorre no efeito constitutivo das decisões sobre alimentos, que fazem parte de relações continuativas, sem que haja ofensa à coisa julgada anterior.

Bem, a ser levada a serio a tese de Barbosa Moreira, restaria perguntar qual o efeito da sentença meramente declaratória, já que a declaração é justamente o seu conteúdo? Haveria um efeito *externo* declarativo, portanto modificável pela vontade das partes?[29] Ovídio Baptista termina por demonstrar que o erro da doutrina fundada na classificação ternária estaria em ver como efeitos da sentença apenas aqueles *externos*, com correspondência no mundo fenomênico, porque o *conteúdo* da sentença, é dizer, os seus efeitos internos, é que seriam propriamente o exercício da atividade jurisdicional e, portanto, cobertos pelo manto da imutabilidade e indiscutibilidade. O "mundo lá fora dos autos" não seria propriamente atividade jurisdicional, mas efeitos práticos da sentença, não acobertados, portanto, pela coisa julgada.

Ora, mostramos acima que toda decisão judicial contém pensamento e. normalmente, a conjugação de pensamento e ato. Esse o mérito da classificação quinária de Pontes de Miranda. O *conteúdo* da sentença é o verbo pelo qual se expressa a decisão: "declaro", "constituo", "condeno", "ordeno" e "execute-se". Todos os efeitos, exceto o declaratório, são mutáveis porque contêm ato (antes, incluso ou após). O efeito declaratório é o que dá a estabilidade forte à decisão, sendo ele que faz coisa julgada material (indiscutibilidade). Em toda condenação, em toda execução, em todo mandamento e em toda constituição, há sempre declaração conjugada, seja antes, inclusa ou depois.

É nesse diapasão que Ovídio Baptista chega ao ponto central da sua exposição: enfatiza a distinção entre eficácia e efeitos da sentença. A eficácia seria a "virtualidade operativa capaz da produção dos efeitos"[30], enquanto esses seriam a *realização* ou atualização fática ou jurídica da eficácia. A eficácia seria o efeito em potência, não ainda em ato. Então, para Ovídio Baptista, "o 'conteúdo' das sentenças, como ato jurisdicional, *é igual a soma das suas eficácias*, como virtualidades"[31]. E essas eficácias são identificadas pelo *verbo* que está à base do *dictum* da sentença. Então, o conteúdo da sentença é a eficácia identificada pelo respectivo verbo; os seus efei-

---

[29] SILVA, Ovídio Baptista da. "Conteúdo...", cit., pp. 210, 212, *passim*.
[30] SILVA, Ovídio Baptista da. "Conteúdo...", cit., p.214.
[31] SILVA, Ovídio Baptista da. "Conteúdo...", cit., p.217.

tos, a realização do que decidido, seja no mundo jurídico seja no mundo fenomênico. O efeito externo da declaração não ocorre no mundo fenomênico, mas no plano do pensamento[32]: a certificação, a certeza, da relação jurídica declarada.

A coisa julgada material é o selo de indiscutibilidade e inimpugnabilidade da eficácia declaratória de cognição plena e exauriente, seja ela a *força* da sentença, é dizer, a eficácia preponderante, seja ela *imediata* ou *mediata* na ponderação do relevo das cargas eficaciais. Declaração proferida como efeito mínimo, em cognição sumária, não faz coisa julgada material.

5. Conteúdo e efeitos dos provimentos antecipatórios em cognição sumária

A tutela de urgência *realiza, satisfaz*, com o adiantamento dos efeitos práticos[33]. Adianta-se ato, não pensamento. Quem vem a juízo alegar a existência de um estado de perigo decorrente da mora processual, do ônus do tempo a ser suportado no processo, não vem pedir que se faça um juízo de certeza (declaração), mas que se antecipem os efeitos – observe-se: os *efeitos práticos*! – que apenas seriam obtidos com a sentença de procedência em cognição plena e exauriente. Ou seja, a declaração existente nos provimentos antecipatórios é efeito mínimo, irrelevante, apenas sobre o *periculum in mora* e a seriedade das alegações, é dizer, a probabilidade de que sejam verdadeiras (= verossimilhança). Noutras falas, *nada se declara sobre o direito invocado e controvertido*, que é o objeto litigioso, apenas havendo a declaração débil, rarefeita, sobre a existência do *fumus boni iuris* ou plausibilidade de que aquelas alegações sejam firmes.

Não se adiantam declaração e condenação, porque estão no plano do enunciado; adiantam-se constituição, mandamento ou execução, porque contêm ato. É o ato que se quer como tutela de urgência, os efeitos práticos adiantados. Mas o que se adianta é em cognição sumária, como provimento interino ou provisório.

Aos pontesianos, mais familiarizados com a teoria quinária das cargas eficacias, fica mais presente a compreensão do que até aqui se disse. Para Pontes de Miranda, as sentenças possuem sempre as cinco cargas eficaciais, que ele enumerou pelo peso que teriam em cada provimento, de 1 a 5. A eficácia preponderante ou força da sentença teria peso 5; a imediata, 4; a mediata, 3; e os efeitos mínimos 2 e 1. A sentença apenas faz coisa julgada material se a declaração que

---

[32] Sobre o plano do pensamento, COSTA, Adriano Soares da. *Teoria da incidência da norma jurídica*. 2ª ed., São Paulo: Malheiros, 2009.

[33] Na tutela cautelar nada se adianta dos efeitos satisfativos da tutela jurídica; assegura-se. A liminar da ação cautelar é já a entrega de *toda* a prestação à tutela jurídica cautelar: não há antecipação ou adiantamento, mas a entrega total *sob condição*. É que as medidas cautelares têm por finalidade única e exclusiva assegurar o direito através de atuação prática que contenha ou evite o dano irreparável emergente. O que a sentença cautelar de procedência faz é apenas manter a situação fática ou jurídica – decorrente da medida liminar – temporariamente, como é da sua natureza.

ESTABILIZAÇÃO DA TUTELA DE URGÊNCIA

nela conste tenha peso 5, 4 ou 3. Se o peso for 2 ou 1, coisa julgada material não faz. Consoante mostra Pontes de Miranda, se a sentença não é decorrente de cognição completa, "a declaratividade, que tem, é suscetível de novo exame. Então, a eficácia é 2, ou 1"[34].

É certo que muitos criticaram a teoria quinária das cargas eficaciais pelo seu respectivo peso por estranharem a matematização usada por Pontes de Miranda. Hoje, porém, a dimensão do peso passou a ser fundamental e largamente usada na teoria dos princípios e na análise da aplicação do postulado da proporcionalidade. A distribuição do peso que Pontes de Miranda se empenhou em fazer, caso a caso, ação por ação, foi antecipação do que só mais recentemente se compreendeu possível: buscar racionalidade através da hierarquização das proposições prescritivas pela dimensão do peso que elas possuem na solução de um caso concreto.

É assim que Pontes de Miranda pode afirmar que as decisões de cognição incompleta são deficitárias, ou seja, "deficitárias no que havia de ser a sua força, a sua eficácia imediata e a sua eficácia mediata. A carga de eficácia declarativa, nelas, não é 3, nem 4, nem 5"[35] Sendo mínima a declaratividade, é dizer, o *dictum* que acerta o direito, "nem há coisa julgada material, nem constitutividade, nem qualquer outra eficácia, que não possa ser afastada em posterior e completa cognição".[36]

Pontes de Miranda chama a atenção para um aspecto fundamental sobre a situação no tempo das eficácias declarativa e constitutiva mediatas em relação às demais. Quem declara torna certa a situação já existente no passado. A declaração mediata, 3, é inclusa, realizando-se no próprio processo. Também ocorre o mesmo com a eficácia mediata, 3, de constituição. Por ser incluso o ato que nela se contém, a sua realização não depende de outro processo; os efeitos da criação, modificação ou extinção que proporciona ocorrem de imediato. Diferentemente, quando a condenação é mediata, só é no futuro. Diz Pontes de Miranda: "Nenhuma ação de peso de eficácia mediata condenatória tem tal eficácia quanto ao passado ou ao presente".[37] Na antiga ação cominatória, "a caução é para que arque com as consequências do seu ato o demandado que caucionou: é no futuro que ao dano se faz corresponder dano: é condenatoriedade para o futuro".[38]

Observe-se que é comum hoje que o juiz, ao ordenar que algo se faça (efeito mandamental), preceita uma multa para o caso de descumprimento. A preceitação é justamente o mandamento conjugado com condenação futura, em caso de desobediência (ou isso, ou isso outro). Essa condenatoriedade para o futuro

---

[34] MIRANDA, F. C. Pontes de. *Tratado das ações*, tomo I, cit., p.127.

[35] MIRANDA, F. C. Pontes de. *Tratado das ações*, tomo I, cit., p.127.

[36] MIRANDA, F. C. Pontes de. *Tratado das ações*, tomo I, cit., p.127.

[37] MIRANDA, F. C. Pontes de. *Tratado das ações*, tomo I, cit., p.136.

[38] MIRANDA, F. C. Pontes de. *Tratado das ações*, tomo I, cit., p.136.

demarca a mediatidade *exclusa*, peso 3, da condenação. O mesmo vale para os efeitos mediatos executivo e mandamental, também exclusos.

No caso da antecipação de tutela, não há efeitos preponderante, imediato e mediato; há apenas efeitos mínimos, todos inclusos, em decisão provisória ou interinal.

6. Indiscutibilidade ou definitividade: a estabilização dos efeitos da antecipação de tutela

O novo código de processo civil (CPC-2015) trouxe uma mudança importante no tratamento das tutelas provisórias, dividindo-as em tutela de urgência e tutela cautelar[39]. No caso da tutela de urgência, criou-se a hipótese de uma ação sumária antecedente com inversão do contraditório eventual. O autor poderá exercer a pretensão à tutela jurídica apenas para pedir a antecipação dos efeitos da tutela plenária, após expor a causa de pedir da ação plenária futura – que ocorreria no mesmo procedimento – bem como a indicação do pedido da tutela final que se quer parcialmente antecipar, demonstrando o perigo de dano ou do risco ao resultado útil do processo (art.303, *caput*, do CPC-2015).

Para que o procedimento siga o seu curso plenário, em caso de concessão do provimento antecipatório, é necessário que o réu interponha recurso. Se não houver a impugnativa aviada pelo réu, o processo é imediatamente extinto, ocorrendo o fenômeno processual da *estabilização* da tutela de urgência (art.304, *caput*, e § 1º, do CPC-2015), que alcança as partes e o próprio juiz que a concedeu. A alteração do conteúdo da tutela antecipada estabilizada apenas poderá ser feita se qualquer das partes demandar a outra com o intuito de a rever, reformar ou invalidar (art.304, § 2º, do CPC-2015). Nem mesmo o autor beneficiário da tutela antecipada estabilizada poderá requerer a sua revisão nos próprios autos; haverá, ele também, de acionar o réu, com a cópia do processo sumário antecedente, para que o juiz possa decidir.

Ao réu que não recorreu da decisão da tutela de urgência, agora estabilizada, é facultado ingressar, no prazo de dois anos, com uma ação plenária, instruída com a cópia dos autos da ação sumária antecedente, promovendo a inversão do contraditório, que só então ocorrerá. O réu da ação sumária transmuda-se em autor da ação plenária, cabendo-lhe agora o ônus da prova.

A ação plenária contra a tutela de urgência estabilizada pode ser proposta até o prazo de dois anos contados da ciência da decisão que a concedeu. Se o réu, todavia, não ingressar com essa ação plenária, *a tutela antecipada estabilizada não*

---

[39] Sobre o tema, vide: COSTA, Adriano Soares da. "Morte processual da ação cautelar?". *Tutela provisória*. (org. Eduardo José da Fonseca Costa, Mateus Costa Pereira e Roberto Campos Gouveia Filho). Salvador: JusPodivm, 2016, pp. 23-39.

ESTABILIZAÇÃO DA TUTELA DE URGÊNCIA

poderá mais ser atacada, nada obstante não faça ela coisa julgada. Noutras palavras, a estabilidade dos respectivos efeitos práticos da decisão não permite que sejam eles revistos, reformados ou invalidados (§§ 4º e 5º do art.304 do CPC-2015). É justamente aqui que reside a grande novidade sobre o trato da tutela de urgência, gerando debates, discussões e controvérsias sobre a interpretação do novo CPC: não fazendo coisa julgada material, em que consistiria a estabilização da tutela de urgência concedida em cognição sumária, sobretudo após o prazo de dois anos?

O primeiro aspecto que desde logo devemos chamar a atenção é que a estabilização da tutela de urgência não a torna indiscutível, porém a torna definitiva. *A estabilização nada mais é do que tornar definitivo o provimento de urgência originalmente provisório.* Porém, essa definitividade da situação gerada pelos efeitos práticos da decisão não tem o selo da indiscutibilidade, que é o núcleo do conceito de coisa julgada material, consoante já o dissemos.

A estabilização é a definitividade dos efeitos práticos da antecipação de tutela, que impede sejam modificados, salvo se houver decisão judicial em cognição exauriente que disponha sobre a inexistência do direito subjetivo que teria, em juízo sumário de pressuposição e plausibilidade, gerado a decisão antecipada estabilizada. Se estabilizou-se a tutela antecipada de manutenção de posse, tornando-se definitiva, nada impede que em uma ação reivindicatória, em face da declaração da existência do direito de propriedade, os efeitos executivos *lato sensu* se efetivem em favor do proprietário – com a perda da posse estabilizada pela tutela de urgência antecedente. Do mesmo modo o locatário que obtém tutela de urgência estabilizada para permanecer no imóvel sob o fundamento da inexigibilidade dos alugueres reclamados pelo locador; acaso haja ação de despejo com a declaração judicial do direito à retomada do imóvel pela não realização de benfeitorias necessárias previstas contratualmente, os efeitos executivos *lato sensu* da decisão plenária se cumprem.

A estabilização visa a proteger a paz social, o *quieta non movere*, deixando que as situações fáticas pacificadas pela tutela de urgência, não impugnadas no prazo de dois anos, tornem-se definitivas, até que sobre elas hajam mudanças em função de decisão que modifique a situação jurídica em que elas se inserem ou que eventos da vida fenomênica alterem a situação fática. Se é concedida a posse de coisa móvel em tutela antecipada estabilizada e, após certo tempo, a coisa se destruiu, o evento da vida pôs fim aos efeitos daquela decisão definitiva. Se da destruição caberá ou não ressarcimento, é outra pretensão.

Não há *indiscutibilidade* da decisão tornada definitiva que superou, pela estabilização, a sua interinidade. Sobre ela não incide o selo da coisa julgada, inclusive porque – ainda que a lei não o prescrevesse – a declaratividade que está no seu conteúdo é feito mínimo, decorrente da sumariedade da cognição. Desse modo, assente-se que *a estabilização da tutela de urgência é derrotável* tanto pela tutela plenária futura – que trate *principaliter* o que fora decidido em juízo de verossimilhança ou que sequer tenha ainda sido objeto de discussão –, quanto pelos fenômenos da vida que alterem a situação fática que ela criou ou modificou.

7. Aspectos do rito da tutela de urgência antecedente e a estabilização débil

O tratamento que o novo código de processo civil deu ao procedimento da tutela de urgência foi o da adoção da técnica do contraditório eventual, símile à técnica das ação monitória. A ação de urgência é proposta contra um *réu eventual*, formando uma relação linear entre quem a propôs, o autor, e o Estado-juiz. Havendo a concessão da tutela de urgência pleiteada, há a intimação para que o *réu eventual* a cumpra e possa dela recorrer. A relação processual continua linear, entre o autor e o Estado-juiz, posto que o *réu eventual* sofra os seus efeitos diretos em sua esfera jurídica. O *réu eventual* pode (a) recorrer da decisão, na qualidade terceiro interessado, ou (b) quedar-se inerte. Se não recorrer, aquela relação processual linear se extingue, havendo a *estabilização débil* dos efeitos da tutela antecipada. Passados dois anos sem que o *réu eventual* ingresse com a ação impugnativa da tutela de urgência estabilizada, a estabilização débil se converte em *estabilização forte*. Não haverá contraditório formado.

O *réu eventual* não é, na relação linear formada, citado para se defender; aqui, não é ele ainda parte. Há a decisão antecipatória com a intimação para que o *réu eventual* cumpra ou execute o ato que lhe foi determinado. Não há angularização da relação processual, razão pela qual não pode o *réu virtual* contestar, sob pena de intempestividade por prática do ato em momento impróprio, antes que o prazo comece a fluir. Deverá o juiz determinar o desentranhamento da contestação intempestiva dos autos, preservando aqui o rito cogente que o legislador definiu. *O recurso do réu eventual é condição de possibilidade da angularização da relação processual.* Sem a sua interposição, extingue-se o processo. Se nesse ínterim houver intempestivamente a contestação, exclui-se a peça dos autos e, vencido o prazo do recurso, extingue-se o processo sem resolução do mérito.

Se o *réu eventual* recorrer, na qualidade de terceiro interessado que sofreu os efeitos diretos da decisão antecipatória, o autor terá que, em quinze dias, aditar a ação proposta, havendo a citação do réu para audiência de conciliação ou mediação, que poderá, havendo acordo, encerrar a relação processual pela homologação judicial ou, sem o acordo, ser intimado o réu, naquela oportunidade, para contestar do prazo legal. Esse é o procedimento disposto no art.303 do CPC-2015.

Não tendo o *réu eventual* recorrido, há a estabilização débil dos efeitos práticos da decisão que deferiu a tutela de urgência, encerrando-se a relação processual linear (autor, juiz). Para que se estabeleça o contraditório, terá o *réu eventual* que ajuizar ação de impugnação da tutela antecipada, em que deduzirá a sua pretensão à tutela jurídica de cognição plenária e exauriente, *noutro processo*, em que o réu eventual passa a ser, com inversão do contraditório, autor, sendo o autor da ação de urgência, agora o réu (autor', juiz; juiz, réu')[40].

A ação plenária proposta pelo *réu eventual*, agora autor', inverte o contraditório, tem cognição plena e pretende a declaração negativa da pretensão deduzida pelo réu', como autor da ação sumária linear (ação de urgência), extinguindo os efeitos práticos da tutela antecipada estabilizada debilmente. Há, pois, o fracionamento da ação ordinária em duas ações: a sumária e a plenária com inversão do contraditório. Na ação sumária, a tutela de urgência é feita em cognição superficial com base no *periculum in mora* e na plausibilidade do direito invocado; na plenária, para que se obtenha o processo justo e se respeite o contraditório, o *réu eventual* pode deduzir a sua pretensão amplamente[41].

Enquanto não vencido o prazo de dois anos para a proposição de ação de impugnação da tutela de urgência, os efeitos práticos do provimento antecipado provisório estão debilmente estabilizados. Após os dois anos, sem que a ação tenha sido proposta, o provimento antecipado passa a ser definitivo e os efeitos práticos, estabilizados (estabilidade forte).

---

[40] SILVA, Ovídio Baptista da. *Processo...*, cit., p.157, sobre o contraditório eventual, assevera: "Fracionaremos a primitiva ação, provavelmente *plenária*, em duas, sendo uma delas *sumária*. Ao desmembrar-se em duas a primitiva demanda única, o princípio provoca a inversão do ônus da iniciativa do contraditório Quem obtém vantagem no *sumário*, fica dispensado de promover o *plenário*. Nele, o demandado tem sua defesa limitada a determinadas questões, cortando-se *verticalmente* uma parcela da primitiva lide *plenária*, como ocorre nas possessórias". E, no ponto que nos interessa mais de perto, diz-nos o processualista gaúcho: "No contraditório *eventual*, o demandado, na lide sumária, não se defende. O que seria matéria de contestação torna-se conteúdo da 'demanda inversa' correspondente, cabendo-lhe, assim, o encargo de iniciar, como autor, o contraditório em demanda posterior".

[41] MANDRIOLI, crisanto e CARRATA, Antonio. *Diritto processuale civile*. Vol. IV, 24ª ed., Turim: Giappichelli, 2015, p.395. Também, SILVA, Ovídio Baptista da. *Processo...*, cit., p.158: "é a própria demanda originária que se fraciona, fazendo com que certas questões litigiosas sejam relegadas para tratamento posterior, a ter lugar, não mais numa fase subsequente da 'mesma ação', mas em demanda plenária independente, na *eventualidade* de que o sucumbente se disponha a iniciar, como autor, o contraditório".

8. Posições doutrinárias sobre o tema em face do CPC-2015: uma aproximação dialógica

Da compreensão do conceito de estabilidade dos efeitos da tutela antecipada derivará muitas consequências práticas, razão pela qual o tema é da maior importância. Dissemos aqui que a estabilização dos efeitos práticos da tutela de urgência torna definitiva a decisão provisória (*rectius*, torna definitivos os efeitos práticos da decisão provisória). Não se estabilizam o efeito declaratório rarefeito ou o eventual efeito constitutivo volátil, ambos existentes, eventualmente, com carga mínima na decisão de antecipação de tutela. Como salientamos, a discutibilidade ou indiscutibilidade do conteúdo da decisão antecipatória nada tem a ver com a provisoriedade ou definitividade dos seus efeitos práticos. Toda antecipação de tutela é derrotável (princípio da derrotabilidade da tutela de urgência), mesmo estabilizada, não fazendo coisa julgada material (= indiscutibilidade do conteúdo declaratório da sentença plenária de procedência).

Em um texto em que expõem as primeiras impressões sobre a estabilização da tutela, processualistas pontesianos do maior quilate entenderam de modo diverso, sustentando, ao menos nessa meditação inicial sobre o novo código de processo civil, que a estabilização geraria a imutabilidade da decisão, embora podendo ser rediscutido o que fora objeto do *dictum* em cognição sumária[42]. O exemplo que ofertam para explicar na prática essa posição poderá nos ajudar em nossa reflexão. Suponhamos a concessão de tutela antecipada para (a) autorizar ao autor o desfazimento de um muro com probabilidade de ter sido indevidamente construído e, em virtude disso, (b) condenar o réu a ressarcir o autor pelos custos da demolição. Estabilizada essa decisão e transcorrido dois anos, "não se pode mais alterar a eficácia autorizativa da demolição do muro (algo que, em termos práticos, implica dizer que o muro não pode ser refeito). No entanto, a alegação do direito a demolir pode ser reprocessualizada para, sendo tida por improcedente, condenar o autor a indenizar o réu por eventuais danos causados pela demolição"[43].

---

[42] GOUVEIA FILHO, Roberto Campos, COSTA, Eduardo José da Fonseca e PEIXOTO, Ravi. "Estabilização da tutela antecipada". *Justificando*, ago.2015, http://justificando.com/2015/10/16/a- estabilizacao-e-a-imutabilidade-das-eficacias-antecipadas/, baixado em 13 de março de 2016: "A estabilidade tem a ver não com a perpetuação no tempo da eficácia da medida, mas sim com os níveis de exigência para rediscutir aquilo que foi decidido". E, mais adiante, afirmando mais enfaticamente esse entendimento: "O que se tem é um fenômeno novo, com características próprias – a imutabilidade das eficácias antecipadas".

[43] GOUVEIA FILHO, Roberto Campos *et al.* "Estabilização...". Esse texto merece muitos elogios: era um texto de primeiras impressões, porém um dos poucos que se preocupou em sair da cômoda argumentação abstrata, conceitual, fazendo análise de exemplos como campo de análise da resiliência das teses propostas. Roberto Campos Gouveia Filho é dos processualista que mais dominam o pensamento de Pontes de Miranda, buscando utilizar as lições do jurista alagoano sem delas sair, mas se propondo a ir diante, como devem fazer os discípulos que não são vassalos, mas pensadores sérios. Desconheço quem,

Nesse exemplo, teríamos antecipados dois efeitos: o mandamental para demolir e o condenatório para ressarcir o custo da demolição. O efeito mandamental, como efeito prático que é, pode ser antecipado; a condenação, todavia, não. Para que se condene é necessário que haja cognição plena e exauriente sobre do direito à demolição do muro, não possível na ação de urgência, que apenas visa o adiantamento do resultado prático perseguido na sentença de procedência. Para que haja o *cum damno* é necessário que haja o prévio acertamento da existência do dano. A danação à base da condenação é dependente de contraditório e ampla defesa. Quando ao efeito mandamental de desfazimento do muro, entenderam os autores que a estabilização da tutela de urgência antecedente tornaria a decisão imutável, não podendo haver sobre ela modificação futura.

Admitamos que apenas depois de dois anos tenha surgido para o *réu eventual* o interesse de reconstruir o muro (*e. g.*, porque o local ficou perigoso com a expansão urbana, ou porque passou a ter interesse em criar gado naquela propriedade rural, ou porque aquela servidão de passagem causava a desvalorização do imóvel, etc.). O que estará em jogo na questão de fundo não é propriamente o direito de construir ou destruir o muro, mas o direito de propriedade ou, talvez, apenas a proteção da posse legítima. Pode haver a necessidade de demarcação da terra, definindo corretamente a sua extensão, o que implica em eventual mudança na extensão da propriedade dos confrontantes. Ora, o direito subjetivo que venha a ser invocado pelo *réu eventual* – que réu não foi! – em ação própria que tenha carga elevada mandamental ou executiva e declaratória, acaso julgada procedente, faz coisa julgada material e os seus efeitos são totais. A destruição do muro, efeito definitivo daquela decisão estabilizada, não é imutável; a cognição plena e exauriente da pretensão reivindicatória, ou demarcatória, ou possessória, tem eficácia total e efetiva. A única decisão definitiva que é imutável é aquela que gerou a irreversibilidade dos efeitos práticos produzidos, como no exemplo do tratamento de câncer, que citei anteriormente.

Marinoni, Arenhart e Mitieiro não se deixaram impressionar com a necessidade da ação exauriente no biênio para afastar a estabilidade débil, depois convertida em estabilidade firme (definitividade), rejeitando a identificação da estabilização com a coisa julgada. Atentaram para a fundamentalidade do pleno exercício do direito de defesa e do contraditório, que não podem ser excluídos para a formação da coisa julgada material[44], nada obstante não tenham descido

---

tenha na nova geração de processualistas, se dedicado tanto à obra processual pontesiana, com tão ricas e boas contribuições doutrinárias.

[44] Marinoni, Luiz Guilherme, Arenhart, Sérgio Cruz e Mitidiero, Daniel. *Novo curso de processo civil.* 1ª ed. em ebook da 1ª ed. impressa. São Paulo: RT, 2015, parte II, cap. 5: "Isso quer dizer a estabilização da tutela antecipada antecedente não pode lograr a autoridade da coisa julgada – que é peculiar aos procedimentos de cognição exauriente. Passado o prazo de dois anos, continua sendo possível o

à análise das cargas eficaciais das decisões, de modo que a solução foi mais de índole constitucional em abstrato, sem explicar em que se fundaria a diferença e por que meios.

A falta de análise das cargas eficácias das sentenças de procedência e das decisões antecipatórias tem prestado desserviço à compreensão do papel desempenhado pela estabilização dos seus efeitos práticos. De um modo geral, os estudos sobre o tema são mais consequencialistas, olhando a inovação do novo código processual civil preso à literalidade do texto legal e sem atenção ao vasto saber acumulado sobre o conceito de coisa julgada material, classificação das sentenças por suas cargas eficaciais e análise do papel que cada uma das cinco eficácias da sentença de procedência desempenha no plano da pensamento e no plano fenomênico.

A decisão que antecipa tutela não desce ao mérito; a cognição que nela há é mínima, apenas para verificar se há probabilidade de ser ela, ao final do contraditório, acolhida e se está presente o *periculum in mora* em razão do rito. O juiz aqui age como aquele aviador que espargiu sobre a plantação agrotóxicos para debelar as pragas que se diziam existir; não sujou os seus pés verificando detalhadamente onde a praga se fazia presente e precisava ser tratada. Em sobrevoo, aplicou o remédio que se pediu, mas apenas após uma análise detida da plantação poderá realmente saber se a aplicação foi correta ou precisaria ser corrigida. Após aplicado remédio e debelada aquela praga, a plantação ficou estabilizada. Mas nada impede que outra praga a destrua, porque não há controle sobre os fatos da vida mesma.

É assim no direito processual: os efeitos práticos da tutela antecipada estabilizada duram enquanto a situação de fato que os gerou persistir e se outra decisão, com cognição plenária sobre situação jurídica específica, não cortar cerce os efeitos práticos em confronto com a força da coisa julgada material. Naquele exemplo do muro demolido, imagine que o proprietário ingressasse com uma ação reivindicatória daquele imóvel; negar à sentença de procedência dessa ação a eficácia preponderante executiva *lato sensu*, convertendo-a em uma ação ressarcitória, seria destruir *a)* o instituto da propriedade e do poder de disposição a ela inerente, *b)* a força da coisa julgada material e a sua prevalência sobre juízos de cognição sumária, e *c)* a estrutura das cargas eficaciais da ação reivindicatória, reduzindo o direito real ao direito obrigacional, com a universalização da tutela ressarcitória[45].

---

exaurimento da cognição até que os prazos previstos no direito material para a estabilização das situações jurídicas atuem sobre a esfera jurídica das partes (por exemplo, a prescrição, a decadência e a *supressio*)."

[45] Esses aspectos cruciais da teoria processual têm sido negligenciados no trato desse assunto. Basta ver a resenha que REDONDO, Bruno Garcia. "Estabilização, modificação e negociação da tutela de urgência antecipada antecedente: principais controvérsias". *Revista de processo*. São Paulo: RT, a.40, (224) jun.

ESTABILIZAÇÃO DA TUTELA DE URGÊNCIA

9. Conclusão

A nossa preocupação nesse artigo foi a de situar o tema da estabilização da tutela de urgência na tradição teórica de elevada qualidade que se acumulou sobre a coisa julgada e a classificação das cargas eficaciais da sentença. A estabilização é uma solução da legislação brasileira, mas não é uma jabuticaba: trata-se de uma construção que faz o casamento do procedimento da tutela de urgência recentemente introduzido na Itália com o *référé* franceses[46]. Nada obstante, com a aproximação teórica desse instituto através das lentes da teoria processual acumulada nos últimos séculos, não teríamos tantas opiniões e abordagens desencontradas.

Os aspectos procedimentais da tutela antecipada antecedente, que mereceriam uma atenção mais acurada, ficarão para outro estudo. Aqui, a minha pretensão era demonstrar que a estabilização dos efeitos práticos da tutela antecipada é torná-la definitiva, nada obstante derrotável pela tutela exauriente que eventualmente venha a impor efeitos práticos que lhe deem efetividade.

Agradeço o diálogo constante que tendo tido com Roberto Campos Gouveia Filho, que tem sido um interlocutor diferenciado, com os seus questionamentos sempre incisivos e com finura intelectual. A ele dedico esse estudo.

Referências

ASSIS, Araken. *Processo civil brasileiro*. Vol. II: Parte geral: institutos fundamentais. Tomo 2. São Paulo: RT, 2015.

BERMAN, Marshall. *Tudo que é sólido desmancha no ar*: a aventura da modernidade. São Paulo: Cia das Letras, 1986.

BÖEHMERI, Justus Henning. *Doctrina de Actionibus*. Bonnae: Rommerskirchen, 1733.

CALAMANDREI, Piero. *Introducción al estudio sistemático de las providencias cautelares*. Buenos Aires: Librería El Foro, 1997.

COSTA, Adriano Soares da. *Teoria da incidência da norma jurídica*. 2ª ed., São Paulo: Malheiros, 2009.

COSTA, Adriano Soares da. "Morte processual da ação cautelar?". *Tutela provisória*. (org. Eduardo José da Fonseca Costa, Mateus Costa Pereira e Roberto Campos Gouveia Filho). Salvador: JusPodivm, 2016.

GOUVEIA FILHO, Roberto Campos, COSTA, Eduardo José da Fonseca e PEIXOTO, Ravi. "Estabilização da tutela antecipada". *Justificando*, ago.2015, http://justificando. com/2015/10/16/a-estabilizacao-e-a-imutabilidade-das-eficacias-antecipadas/, baixado em 13 de março de 2016.

2015, pp.167-194. O desprezo pela tradição da teoria processual, com prejuízos enormes à análise desse tema delicado, foi apontado por PEREIRA, Mateus Costa. "Tutela provisória de urgência: premissas doutrinárias questionáveis + negligência da historicidade = equívocos legislativos". *Grandes temas do Novo CPC*. Vol. 6: tutela provisória. (Coord.) PEREIRA, Mateus, GOUVEIA, Roberto Campos, COSTA, Eduardo José da Fonseca. Salvador: Juspodivm, 2015, pp.257 ss.

[46] Vide o estudo de PAIM, Gustavo Bohrer. "O *référé* francês". *Revista de processo*. São Paulo: RT, a. 37, vol. 203, ja. 2012, pp.99 ss.

MANDRIOLI, crisanto e CARRATA, Antonio. *Diritto processuale civile*. Vol. IV, 24ª ed., Turim: Giappichelli, 2015.

MARINONI, Luiz Guilherme, ARENHART, Sérgio Cruz e MITIDIERO, Daniel. *Novo curso de processo civil*. 1ª ed. em ebook da 1ª ed. impressa. São Paulo: RT, 2015.

MOREIRA, José Carlos Barbosa. "Ainda e sempre a coisa julgada". *Direito processual civil: ensaios e pareceres*. Rio de Janeiro: Borsoi, 1971.

MOREIRA, José Carlos Barbosa. "Coisa julgada e declaração". *Temas de direito processual*: primeira série. 2ª ed., São Paulo: Saraiva, 1988.

MIRANDA, F. C. Pontes de. *Comentários ao código de processo civil*. Tomo XII. Rio de Janeiro: Forense, 1976.

MIRANDA, F. C. Pontes de. *Tratado das ações*. Tomo I, São Paulo: RT, 1970.

PAIM, Gustavo Bohrer. "O référé francês". *Revista de processo*. São Paulo: RT, a. 37, vol. 203, ja. 2012.

PEREIRA, Mateus Costa. "Tutela provisória de urgência: premissas doutrinárias questionáveis + negligência da historicidade = equívocos legislativos". *Grandes temas do Novo CPC*. Vol. 6: tutela provisória. (Coord.) PEREIRA, Mateus, GOUVEIA, Roberto Campos, COSTA, Eduardo José da Fonseca. Salvador: Juspodivm, 2015.

REDONDO, Bruno Garcia. "Estabilização, modificação e negociação da tutela de urgência antecipada antecedente: principais controvérsias". *Revista de processo*. São Paulo: RT, a.40, (224) jun. 2015, pp.167-194.

SOUSA, Manuel de Almeida e. *Tratado encyclopedico compendiario, pratico e systematico dos interdictos e remedios prossessorios geraes e especiaes*. Lisboa: Imprensa Oficial, 1867.

SILVA, Ovídio Baptista da. *Do processo cautelar*. 2ª ed., Porto Alegre: Lejur, 1986.

SILVA, Ovídio Baptista da. *Processo e ideologia*: o paradigma racionalista. Rio de Janeiro: Forense, 2004

SILVA, Ovídio Baptista da. "Conteúdo da sentença e coisa julgada". *Sentença e coisa julgada*. 2ª ed., Porto Alegre: Sérgio Antônio Fabris Editor, 1988.

SILVA, Ovídio Baptista da."Eficácias da sentença e coisa julgada". *Sentença e coisa julgada*. 2ª ed., Porto Alegre: Sérgio Antônio Fabris Editor, 1988.

A Estabilização da Tutela Antecipada no Novo Código de Processo Civil

CRISTIANE DRUVE TAVARES FAGUNDES

1. Notas introdutórias

O tema sobre o qual nos propusemos a tratar é uma das grandes inovações constantes do Novo Código de Processo Civil[1]. Instituto que, até então, não guarda qualquer similar na legislação brasileira na seara das tutelas de urgência, e precisa ter seus contornos legislativos analisados pela doutrina pátria.

Dentro deste contexto de integral novidade, as controvérsias são inúmeras, desde seu objeto, passando pelo procedimento para sua obtenção e meios para obstar sua ocorrência, chegando a seus efeitos e forma de desestabilização.

O mister da doutrina é árduo e será com as engrenagens da formação jurisprudencial já em andamento que se terá conhecimento de como o Poder Judiciário formará sua convicção acerca do instituto. Por enquanto, aos estudiosos do Direito cabe tentar extrair do instituto o potencial pacificador que o legislador pretendeu lhe atribuir.

Dessa sorte, é com esse intuito que o presente estudo visa a contribuir com o estudo da estabilização da tutela antecipada, detectando possíveis focos de problemas, buscando lhes fornecer solução compatível com a novel legislação.

2. As tutelas de urgência no Novo CPC

O NCPC inova de forma substancial no tratamento dispensado às tutelas de urgência.

O Código de Processo Civil de 1973[2] em sua redação original, tratava da urgência em apenas uma de suas modalidades: a cautelar. Ou seja, da forma ori-

---

[1] Doravante, adotar-se-á a abreviatura NCPC para designar a expressão "Novo Código de Processo Civil".
[2] Doravante denominado CPC/1973.

ginariamente concebida pelo legislador de 1973, o processo cautelar – ao lado dos processos de conhecimento e execução –processava-se em bojo procedimental apartado do dito processo principal, apresentando como objetivo principal justamente a garantia deste mesmo processo principal[3].

Posteriormente, por meio da Lei 8952/1994, foi alterada a redação do artigo 273 do CPC/1973, inserindo a tutela antecipada no sistema de forma ordinarizada[4]. Sem necessidade de um bojo procedimental apartado, a tutela antecipada passou a poder ser concedida incidentalmente em um processo já proposto, com a finalidade de que fosse antecipado um ou alguns efeitos que somente seriam obtidos ao final.

O CPC/1973 traça requisitos diferentes para a tutela cautelar e tutela antecipada, fixando para a primeira os necessários *periculum in mora* e *fumus boni iuris*, enquanto que, para a segunda, requisitos mais rígidos, quais sejam, o fundado receio de dano irreparável ou de difícil reparação e a prova inequívoca da verossimilhança da alegação[5].

Por sua vez, o NCPC altera significativamente a estrutura das tutelas de urgência.

Primeiramente, não mais se prevê o processo cautelar como uma modalidade autônoma dos demais processos. Não mais existe, sob a égide da novel legislação, a clássica tripartição de processos (conhecimento, execução e cautelar). Foi extinto, portanto, o Livro III do CPC/1973 que disciplinava minuciosamente o processo cautelar.

Assim, as tutelas de urgência são disciplinadas no contexto das *tutelas provisórias*, localizadas na Parte Geral, Livro V, artigos 294 a 311, do NCPC. O Livro V é dividido em três títulos: (i) disposições gerais; (ii) tutela de urgência; e (iii) tutela da evidência.

Buscando uma simplificação procedimental, optou o legislador do NCPC por prever a possibilidade de concessão de tutelas provisórias, que podem fundamentar-se em urgência ou evidência. Por seu turno, as tutelas de urgência são subdivididas em antecipadas e cautelares (art. 294, *caput* e parágrafo único, NCPC).

É relevante que se diga que foram unificados os requisitos para a concessão das tutelas cautelar e antecipada. É assim que se prevê que a tutela de urgência – seja

---

[3] Trata-se, por óbvio, de uma narrativa superficial da versão original do CPC/1973, vez que sempre se entendeu haver medidas que, embora previstas como cautelares, não ostentavam tal natureza jurídica. Pode-se citar, a título ilustrativo, a ação de busca e apreensão de menor.

[4] Diz-se que se tratou de inserção da tutela antecipada de forma ordinarizada pelo fato de que já havia no sistema medidas com natureza jurídica tipicamente antecipada, como, por exemplo, a liminar em reintegração de posse prevista no artigo 928, CPC/1973. O que fez o artigo 273, portanto, foi possibilitar a antecipação dos efeitos da tutela em qualquer procedimento.

[5] Para maiores detalhes sobre a evolução normativa das tutelas de urgência no direito brasileiro, vide o nosso *Responsabilidade objetiva por dano processual*. São Paulo: Lumen Juris, 2015, especialmente páginas 157-167.

ela cautelar ou antecipada –"*será concedida quando houver elementos que evidenciem a probabilidade do direito e o perigo de dano ou o risco ao resultado útil do processo*" (art. 300, NCPC).Em nosso sentir, andou bem o legislador ao não mais traçar distinções quanto aos requisitos das tutelas cautelar e antecipada, prestigiando, assim, a efetividade em se buscar seja estancado o risco ao direito do jurisdicionado em detrimento de eventuais filigranas jurídicas de menor relevância[6].

De toda sorte, as tutelas de urgência podem ser concedidas em caráter antecedente ou incidental. Incidentalmente não há qualquer alteração quanto ao que se tem à luz do CPC/1973. Por simples petição ou mesmo no bojo da petição inicial apresentada de forma completa, pode-se requerer tutela cautelar ou antecipada.

Relevantes são as alterações no que diz respeito às tutelas de urgência requeridas em caráter antecedente. Isto porque o NCPC disciplina procedimentalmente tanto a tutela antecipada (arts. 303 e 304) quanto a tutela cautelar (arts. 305 a 310), estabelecendo grandes diferenciais a depender da tutela requerida.

Quando se estiver diante de tutela cautelar a ser requerida em caráter antecedente, a petição inicial deve indicar a lide e seu fundamento, a exposição sumária do direito que se objetiva assegurar e o perigo de dano ou o risco ao resultado útil do processo (art. 305, *caput*, NCPC).O réu é citado para, no prazo de 5 (cinco) dias, contestar o pedido e indicar provas (art. 306, NCPC). Contestado o pedido, observar-se-á o procedimento comum. Se a contestação não for apresentada, os fatos alegados pelo autor presumir-se-ão aceitos pelo réu como ocorridos (art. 307, NCPC).

Após efetivada a tutela cautelar, o pedido principal deve ser formulado pelo autor no prazo de 30 (trinta) dias, caso em que será apresentado nos mesmos autos em que deduzido o pedido de tutela cautelar.Apresentado o pedido principal, as partes serão intimadas para a audiência de conciliação ou de mediação, adentrando, nesta oportunidade, o procedimento comum (art. 308, *caput* e § 3º, NCPC).

É importante que se diga que o"*indeferimento da tutela cautelar não obsta a que a parte formule o pedido principal, nem influi no julgamento desse, salvo se o motivo do indeferimento for o reconhecimento de decadência ou de prescrição*" (art. 310, NCPC).

Por outro turno, quando se tratar de tutela antecipada, há previsão de procedimento inteiramente diferenciado.

Assim, quando a urgência for contemporânea à propositura da ação, a petição inicial pode ser apresentada de forma simplificada, limitando-se ao requerimento da tutela antecipada e à indicação do pedido de tutela final, com a exposição da

---

[6] Analisamos em detalhes a questão no nosso "Estudo comparado da responsabilidade civil decorrente da cassação de tutelas de urgência no CPC atual e no Projeto do CPC *In: O futuro do Processo Civil no Brasil: uma análise crítica ao Projeto do Novo CPC*. Belo Horizonte: Fórum, 2011, p. 72-102", artigo a que remetemos o leitor para aprofundamento da matéria.

lide, do direito que se busca realizar e do perigo de dano ou do risco ao resultado útil do processo (art. 303, *caput*, NCPC).

É relevante pontuar que o autor deve necessariamente indicar na petição inicial que pretende valer-se do benefício previsto neste artigo (art. 303, § 5º, NCPC), justamente para que se diferencie uma eventual atecnia do profissional que redigiu a petição inicial – a gerar eventual inépcia da inicial – deste requerimento de tutela antecipada requerida em caráter antecedente realmente simplificado permitido por lei.

Uma vez concedida a tutela antecipada requerida na forma antecipada, o autor deve, em 15 (quinze) dias ou em outro prazo fixado pelo juiz, aditar a petição inicial, com a complementação de sua argumentação, a juntada de novos documentos e a confirmação do pedido de tutela final. O aditamento deverá ser realizado nos mesmos autos, sem incidência de novas custas processuais (art. 303, § 3º, NCPC).Se o autor não realizar o aditamento, o processo será extinto sem resolução do mérito (art. 303, § 1º, I e § 2º, NCPC). Deve, ainda, ser o réu citado e intimado para a audiência de conciliação ou de mediação na forma do art. 334, NCPC (art. 303, § 1º, II, NCPC).

Por fim, caso entenda que não há elementos para a concessão de tutela antecipada, o juiz determinará a emenda da petição inicial em até 5 (cinco) dias, sob pena de extinção sem resolução de mérito(art. 303, § 6º, NCPC).

É justamente dentro deste contexto que se coloca toda a problemática objeto do presente estudo. Isto porque a tutela antecipada, concedida com a roupagem dada pelo artigo 303, NCPC, torna-se estável, na hipótese de, da decisão que a conceder, não for interposto o respectivo recurso (art. 304, *caput*, NCPC).

Passa-se, portanto, a analisar a previsão legislativa da estabilização da tutela antecipada, que – é de se alertar desde já – deve ser lida necessariamente em conjunto com o procedimento previsto para a tutela antecipada concedida em caráter antecedente.

3. Contornos conceituais e objeto da estabilização

Conforme mencionado anteriormente, a estabilização da tutela antecipada trata-se de instituto efetivamente inovador no direito brasileiro. Guarda, no entanto,forte inspiraçãoem outras figuras do direito francês, belga e italiano.

JOSÉ ROBERTO DOS SANTOS BEDAQUE, versando sobre as figuras existentes no direito francês e belga, assim preceitua:

> "A référé-provision torna-se definitiva se as partes, após a satisfação do direito, não manifestarem interesse no prosseguimento do processo. Isso faz com que boa parte dos processos termine com tal decisão, pois o réu somente irá tomar a iniciativa de pleitear a sentença de mérito se estiver seguro quanto ao direito de reaver o que pagara injustamente.

A ESTABILIZAÇÃO DA TUTELA ANTECIPADA NO NOVO CÓDIGO DE PROCESSO CIVIL

Na Bélgica, o sistema da tutela concedida antes de iniciado o processo cognitivo é semelhante (code judiciaire, art. 584), o mesmo ocorrendo com a medida incidente (art. 19)"[7].

No entanto, como informa DANIEL MITIDIERO, "a eficácia que procurou outorgar à decisão estável depois de transcorrido em branco o prazo previsto para o exaurimento da cognição, contudo, não tem paralelo no direito francês e no direito italiano"[8].

No Brasil, por meio do Projeto de Lei nº 186/2005, fruto de uma proposta do Instituto Brasileiro de Direito Processual, buscou-se alterar a estrutura do artigo 273 do CPC/1973, no sentido de prever a estabilização da tutela antecipada. Naquele projeto, possibilitava-se a estabilização tanto da tutela antecipada concedida em caráter antecedente (art. 273-B), quanto em caráter incidental (art. 273-C) e havia a previsão de formação de coisa julgada, se não fosse intentada ação visando à quebra da estabilização. Como bem sintetiza JOSÉ ROBERTO DOS SANTOS BEDAQUE, a ideia da proposta era a seguinte: "deferida a tutela antecipada, incidentalmente ou em procedimento prévio, e se omitindo as partes quanto ao prosseguimento do processo ou à propositura da demanda cognitiva, a decisão transitará em julgado"[9]. Foi esse o ponto mais questionado à época, por se entender que a coisa julgada seria incompatível com juízos provisórios. Referida proposta, conforme cediço, não vingou.

O fato é que se trata de instituto efetivamente inovador na seara das tutelas de urgência, representando uma quebra do mito da necessária ordinarização do procedimento, em atenção a questões de cunho prático[10].Isto porque as partes se contentam com uma situação fática estabilizada. JOSÉ ROBERTO DOS SANTOS BEDAQUE, aliás,afirma que "existem decisões dessa natureza que acabam representando a solução definitiva do conflito de interesses, (...) porque as partes conformam-se com o resultado e não provocam a atividade cognitiva plena"[11].

---

[7] Estabilização das tutelas de urgência. *In: Estudos em homenagem à Professora Ada Pellegrini Grinover.* (YARSHELL; Flávio Luiz; MORAES, Maurício Zanoide de (coord)). São Paulo: DPJ Editora, 2005, p. 673.

[8] *Breves comentários ao Novo Código de Processo Civil.* (WAMBIER; Teresa Arruda Alvim; DIDIER JR., Fredie; TALAMINI, Eduardo; DANTAS, Bruno (coord)). São Paulo: Revista dos Tribunais, 2015, p. 789.

[9] Estabilização das tutelas de urgência. *In: Estudos em homenagem à Professora Ada Pellegrini Grinover.* (YARSHELL, Flávio Luiz; MORAES, Maurício Zanoide de (coord)). São Paulo: DPJ Editora, 2005, p. 660.

[10] *"O processo principal passa a ser dispensável, em caso de não apresentação de recurso pelo réu. Quebra-se o mito da necessária ordinarização do procedimento em homenagem à prática e à efetividade do direito"* (ANTÔNIO DE MOURACAVALCANTI NETO. *Estabilização da tutela antecipada antecedente: tentativa de sistematização.* Texto inédito, gentilmente cedido pelo autor).

[11] Estabilização das tutelas de urgência. *In: Estudos em homenagem à Professora Ada Pellegrini Grinover.* (YARSHELL; Flávio Luiz; MORAES, Maurício Zanoide de (coord)). São Paulo: DPJ Editora, 2005, p. 664.

O que seria simplesmente provisório passa a ficar estabilizado. Figura, portanto, inovadora no direito brasileiro, no que tange às tutelas de urgência[12].

Basicamente, pode-se buscar conceituar referido instituto como aquele que visa a que sejam dados contornos estáveis a uma decisão proferida a título provisório.

Trata-se de instituto previsto no artigo 304, NCPC, que expressamente preceitua que "A tutela antecipada, concedida nos termos do art. 303, torna-se estável se da decisão que a conceder não for interposto o respectivo recurso"[13]. Assim, afirmar que determinada tutela antecipada restou estabilizadasignifica dizer que ela "conservará seus efeitos enquanto não revista, reformada ou invalidada por decisão de mérito" proferida em ação própria para tanto(art. 304, § 3º)[14].

Outrossim, FREDIE DIDIER JR., RAFAEL ALEXANDRIA DE OLIVEIRA e PAULA SARNO BRAGA traçam como objetivos da estabilização: "i) afastar o perigo da demora com a tutela de urgência; ii) oferecer resultados efetivos e imediatos diante da inércia do réu"[15].

Ultrapassada a tentativa de conceituação do instituto, deve-se enfrentar uma primeira questão extremamente controvertida envolvendo o tema: qual é o objeto da estabilização? Ou, em outras palavras, que tipo de provimento é apto a gerar efeitos estáveis, nos moldes previstos no artigo 304, NCPC?

Em nosso sentir, apenas a tutela antecipada concedida em caráter antecedente pode ser objeto de estabilização. Com essa afirmação, via de consequência, excluímos da possibilidade de ver seus efeitos estabilizados a tutela cautelar (antecedente ou incidental) e a tutela antecipada concedida em caráter incidental. E assim é por três motivos: (i) pela localização do instituto; (ii) pela letra da lei; e (iii)pela natureza jurídica do instituto, como se passa a declinar.

Primeiramente, o instituto da estabilização localiza-se no Capítulo II, do Título II, do Livro V, que é o capítulo referente à tutela antecipada requerida em caráter antecedente. Pela localização do instituto, portanto, já se poderia concluir pela limitação de sua incidência apenas às tutelas antecipadas requeridas em caráter antecedente.

---

[12] FREDIE DIDIER JR., RAFAEL ALEXANDRIA DE OLIVEIRA e PAULA SARNO BRAGA entendem o instituto como *"uma técnica de monitorização do processo civil brasileiro"*, representando *"uma generalização da técnica monitória para situações de urgência e para a tutela satisfativa, na medida em que viabiliza a obtenção de resultados práticos a partir da inércia do réu"* (Curso de direito processual civil, v. 2: teoria da prova, direito probatório, decisão, precedente, coisa julgada e tutela provisória. 10 ed. Salvador: JusPodivm, 2015, p. 604).

[13] O procedimento para obtenção da estabilização é objeto do item 4, *infra*.

[14] Os efeitos da estabilização são objeto do item 6, enquanto que a desestabilização é objeto do item 7, *infra*.

[15] *Curso de direito processual civil*, v. 2: teoria da prova, direito probatório, decisão, precedente, coisa julgada e tutela provisória. 10 ed. Salvador: JusPodivm, 2015, p. 606.

Ademais, a letra do dispositivo que prevê a estabilização é clara no sentido de que se tornará estável "a tutela antecipada, concedida nos termos do artigo 303", NCPC, se não se interpuser recurso da decisão concessiva.

Ou seja, nos termos do artigo 303, NCPC, o requerente da tutela antecipada antecedente poderá limitar sua petição inicial ao requerimento da tutela antecipada e à indicação do pedido de tutela final. Expressamente deverá informar ao juiz que pretende se valer desse benefício. Apreciado o pedido pelo juiz e sendo a tutela antecipada concedida, deverá o réu necessariamente recorrer[16], sob pena de incidir na consequência jurídica prevista em lei: estabilização da tutela antecipada. Esse é o arcabouço previsto pela novel legislação para que ocorra a estabilização. E, de forma expressa, atribuiu-se tal consequência jurídica à "tutela antecipada, concedida nos termos do artigo 303".

Pela previsão expressa do dispositivo em comento, não há possibilidade de se estender tal previsão para qualquer outro provimento jurisdicional.

Ainda que assim não fosse, também a natureza jurídicado instituto conduz à mesma conclusão. Isto porque apenas as tutelas de cunho satisfativo têm aptidão para perpetuar no tempo; as assecuratórias, não, o que afasta a possibilidade de sua extensão para as cautelares.

Fredie Didier Jr., Rafael Alexandria de Oliveira e Paula Sarno Braga entendem no mesmo sentido ora defendido, expondo que "é preciso que o autor tenha requerido a concessão da tutela provisória satisfativa (tutela antecipada) em caráter antecedente. Somente ela tem aptidão para estabilizar-se nos termos do art. 304 do CPC"[17].

Em idêntico sentido, Luiz Guilherme Marinoni, Sérgio Cruzarenhart e Daniel Mitidiero doutrinam que:

> "Apenas a tutela provisória satisfativa fundada na urgência pode ser autonomizada e estabilizada. A tutela de evidência não pode ser autonomizada e, por conseguinte, estabilizada. A tutela cautelar, embora possa ser autonomizada, não pode ser estabilizada – dada obviamente a referibilidade que lhe é inerente."[18]

Por fim, entendemos igualmente como incompatível a estabilização com a tutela antecipada requerida em caráter incidental. Apesar de a natureza jurídica, por óbvio, ser a mesma, não vislumbramos possibilidade de adaptar o arcabouço exigido para a estabilização (concessão de tutela antecipada nos termos do artigo 303 aliada à inércia do réu em recorrer). Os procedimentos são inequivocamente

---

[16] O meio para obstar a estabilização é objeto do item 5, *infra*.

[17] *Curso de direito processual civil*, v. 2: teoria da prova, direito probatório, decisão, precedente, coisa julgada e tutela provisória. 10 ed. Salvador: JusPodivm, 2015, p. 606.

[18] *Novo Código de Processo Civil Comentado*. São Paulo: Revista dos Tribunais, 2015, p. 316.

muito diferentes para a concessão da tutela antecipada em caráter antecedente e incidental, não havendo possibilidade de compatilizá-los para fins de se chegar à viabilidade de estabilização da tutela concedida em caráter incidental.

Há, no entanto, quem defenda que a estabilização também é cabível para a tutela antecipada concedida de forma incidental. Segundo TERESA ARRUDA ALVIMWAMBIER, MARIA LÚCIA LINS CONCEIÇÃO, LEONARDO FERRES DA SILVA RIBEIRO e ROGÉRIO LICASTRO TORRES DE MELLO, *"a melhor interpretação, segundo pensamos, é aquela que confere a maior eficácia possível ao instituto, admitindo--se, assim, a estabilização mesmo no caso da tutela antecipada deferida incidentemente"*[19]-[20].

Conclui-se, portanto, que a estabilização pretende sejam dados contornos estáveis a uma decisão proferida a título provisório, sendo que, conforme entendemos, limita-se tal possibilidade às tutelas antecipadas concedidas em caráter antecedente.

Passa-se, pois, a analisar o procedimento por meio do qual a estabilização da tutela antecipada pode ser alcançada, bem como a enfrentar as controvérsias existentes na questão.

4. Procedimento e requisitos para obtenção da estabilização: a estabilização como consequência jurídica

Cumpre analisar minuciosamente o dispositivo-base da estabilização da tutela antecipada, qual seja, artigo 304, NCPC, sempre em conjunto com o artigo 303, NCPC, que lhe compõe o suporte fático.

Nos termos do *caput* do dispositivo em comento, *"A tutela antecipada, concedida nos termos do art. 303, torna-se estável se da decisão que a conceder não for interposto o respectivo recurso"*. Neste caso, ou seja, se não apresentado o devido recurso da decisão concessiva da tutela antecipada, o processo será extinto (§ 1º).

Parece-nos, portanto, restar claro que são dois os requisitos exigidos em lei para que se conclua como estabilizados os efeitos da tutela requerida: (i) concessão da tutela antecipada requerida em caráter antecedente (art. 303, NCPC); (ii) não interposição do respectivo recurso da decisão concessiva da tutela antecipada.

Como já exposto anteriormente, o artigo 303, NCPC prevê a possibilidade de que a petição inicial seja limitada ao requerimento da tutela antecipada e à indicação do pedido de tutela final, com a exposição da lide, do direito e do perigo de dano ou do risco ao resultado útil do processo. Deve, ainda, o Autor indicar expressamente que pretende se valer do benefício previsto neste dispositivo (§ 5º). Deverá, ainda, para que se entenda como preenchido o primeiro requisito,

---

[19] *Primeiros Comentários ao Novo Código de Processo Civil artigo por artigo.* São Paulo: Revista dos Tribunais, 2015, p. 511-512.

[20] No mesmo sentido, ANTÔNIO DE MOURACAVALCANTI NETO. *Estabilização da tutela antecipada antecedente: tentativa de sistematização.* Texto inédito, gentilmente cedido pelo autor.

ser concedida a tutela antecipada. Será, então, o réu citado da ação e intimado da decisão concessiva (§ 1º, II).

Assim, concedida a tutela antecipada nos termos do artigo 303, NCPC, estará preenchido o primeiro requisito para a estabilização.

O segundo requisito fica por conta da inércia do réu. Se o requerido, devidamente intimado da concessão da tutela antecipada (art. 303, NCPC), não interpuser o respectivo recurso (art. 304, NCPC), a tutela antecipada restará estabilizada.

Ressalte-se, portanto, que, para que se estabilizem os efeitos da tutela antecipada concedida, devem estar necessariamente presentes dois requisitos: (i) concessão da tutela antecipada com base no art. 303, NCPC; (ii) ausência de recurso por parte do réu (art. 304, NCPC).

É importante salientar, portanto, que a estabilização é uma *consequência jurídica* prevista em lei. Logo, não há que se falar em requerimento pelo autor de que sejam estabilizados os efeitos da tutela antecipada concedida: presentes os requisitos legais, os efeitos da tutela antecipada estarão, inafastavelmente, conservados até eventual posterior revisão. Não há qualquer necessidade, pois, de requerimento neste sentido pelo autor. A título de comparação, pode-se pensar na formação de coisa julgada para os juízos de cognição exauriente: não há necessidade de requerimento para a formação de coisa julgada, vez que ela se forma automaticamente após o trânsito em julgado, tornando imutáveis os comandos da sentença.

Desde já, é importante fixar uma noção que será melhor desenvolvida adiante[21]: a conduta do autor – após a concessão da tutela antecipada – não entra nesse arcabouço legal e não altera o processo de incidência da lei. Assim, se o autor emendará a petição inicial ou não, etc., não altera a estabilização, que, por ser consequência jurídica, já se operou pela ocorrência de seus requisitos (concessão da tutela antecipada antecedente aliada à inércia do réu em recorrer).

Saliente-se uma vez mais: são fatos geradores da estabilização a concessão da tutela antecipada (art. 303, NCPC) ea inércia do réu (ausência de recurso).

5. Meio(s) para obstar a estabilização

Fixadas as premissas segundo as quais o instituto da estabilização pretende sejam dados contornos estáveis a uma decisão proferida a título provisório, limitando-se tal possibilidade às tutelas antecipadas concedidas em caráter antecedente e, ainda, que o arcabouço legal para sua incidência é a concessão da tutela antecipada em caráter antecedente aliada à inércia do réu em recorrer, passa-se a analisar qual(is) é(são) o(s) meio(s) para que a estabilização reste obstada. Ou seja, de qual(is) meio(s) pode valer-se o réu para que a estabilização não se produza em seu desfavor.

---

[21] Essa problemática será exaurida no item 8, *infra*, onde serão versadas questões pontuais controvertidas.

O *caput* do artigo 304, NCPC, expressamente preceitua que, ocorrerá a estabilização, *"se da decisão que a conceder não for interposto o respectivo recurso"*. Trata-se, conforme falamos anteriormente (item 4, *supra*), do segundo requisito para que se dê a estabilização: a inércia do réu em recorrer.

A questão que se coloca é a seguinte: apenas a interposição de *recurso* pelo réu obstará a estabilização ou poderá ele se valer de qualquer outro meio genérico de impugnação da decisão judicial para evitar que se estabilizem os efeitos da tutela antecipada? Contestando a inicial, estão obstados os efeitos da tutela antecipada? Apresentando pedido de reconsideração, deixará a estabilização de se operar?

Apenas a título de reconstrução histórica – e não vinculativa, é bem que se diga –, mister se faz verificar que as versões anteriores do Projeto do NCPC se utilizavam da expressão genérica "impugnação", mas vingou a versão final no sentido de que deve ser interposto *"o respectivo recurso"* para que não se estabilizem os efeitos da tutela antecipada.

Em nosso sentir, apenas a interposição de recurso *stricto sensu* tem aptidão para obstar a estabilização da tutela antecipada concedida em caráter antecedente. Recurso, conforme cediço, é vocábulo técnico que denota um dos meios existentes de impugnação de decisões judiciais. Segundo JOSÉ CARLOS BARBOSA MOREIRA, recurso é *"o remédio voluntário idôneoa ensejar, dentro do mesmo processo, a reforma, a invalidade, o esclarecimento ou a integração de decisão judicial que se impugna"*[22].

E mais: só é recurso o que a lei diz que é recurso, em atenção ao princípio da taxatividade.O princípio da taxatividade se traduz na exigência de que os recursos passíveis de serem interpostos sejam aqueles previstos em lei federal, que o faz em *numerus clausus*. Não há que se falar, portanto, em recurso que não esteja previsto em lei.

Assim, quando a lei exige a interposição de *recurso* da decisão concessiva da tutela antecipada, entendemos que tal exigência deve ser interpretada restritivamente. Questionável ou não, foi essa a expressa opção legislativa adotada.

Dessa sorte, a apresentação de qualquer outro meio de impugnação não ensejará obstáculo para a estabilização da tutela antecipada concedida em caráter antecedente. Não basta, portanto, segundo entendemos, que o réu apresente contestação, reconvenção ou pedido de reconsideração, ainda que impugne expressamente a tutela antecipada concedida, para que a estabilização reste obstada. Deverá o réu, necessariamente, interpor o devido recurso para que a consequência jurídica não se opere.

Apesar de lamentar a opção legislativa, DANIEL AMORIM ASSUMPÇÃO NEVES compartilha do entendimento ora defendido, aduzindo que *"a única con-*

---

[22] *Comentários ao Código de Processo Civil.*v. V. Rio de Janeiro: Forense, 1981, p. 265.

duta do réu para impedir a estabilização da tutela antecipada [é] a necessária interposição do agravo de instrumento"[23].

Referido posicionamento, longe de ser unânime, encontra ferrenhos opositores na doutrina pátria. Para essa parcela da doutrina, portanto, não se estabilizará a tutela antecipada na hipótese de apresentação de qualquer meio de impugnação à decisão judicial.

Neste sentido, FREDIE DIDIER JR., RAFAEL ALEXANDRIA DE OLIVEIRA e PAULA SARNO BRAGA defendem que *"é necessário que o réu não se tenha valido de recurso nem de nenhum outro meio de impugnação da decisão (ex.: suspensão de segurança ou pedido de reconsideração), desde que apresentados no prazo de que dispõe a parte para recorrer"*[24].

Com idêntico posicionamento, TERESA ARRUDA ALVIMWAMBIER, MARIA LÚCIA LINS CONCEIÇÃO, LEONARDO FERRES DA SILVA RIBEIRO e ROGÉRIO LICASTRO TORRES DE MELLO defendem que *"qualquer forma de oposição (v.g., contestação, reconvenção) deve ter o condão de evitar a extinção do processo. Basta a resistência, a manifestação do inconformismo do réu, a qual, pode se dar não só pelo recurso"*[25-26].

Com integral respeito aos entendimentos contrários, entendo que não foi esta a opção do legislador. Ademais, conforme preciso entendimento de ANTÔNIO DE MOURA CAVALCANTI NETO, a apresentação de contestação é erro grosseiro[27], vez que há previsão de que se apresente contestação apenas após a audiência de conciliação (quanto ao juízo de mérito). No que tange à tutela provisória, portanto, o réu deve recorrer.

Fixada a premissa segundo a qual apenas a interposição de recurso obstará a estabilização da tutela antecipada, uma outra questão relevante deve ser enfrentada: o artigo 304, *caput*, NCPC, preceitua que obstará a estabilização a interposição do *"respectivo recurso"*. Qual é o recurso apto a evitar a produção de estabilização?

No que diz respeito ao recurso principal, não há dúvida: nos termos do artigo 1.015, inciso I, cabe agravo de instrumento contra as decisões que versarem sobre tutelas provisórias. Ou seja, dúvidas não pairam sobre ser o recurso principal a

---

[23] *Novo Código de Processo Civil:* inovações, alterações e supressões comentadas. São Paulo: Método. 2015, p. 211.

[24] *Curso de direito processual civil*, v. 2: teoria da prova, direito probatório, decisão, precedente, coisa julgada e tutela provisória. 10 ed. Salvador: JusPodivm, 2015, p. 608.

[25] *Primeiros Comentários ao Novo Código de Processo Civil artigo por artigo*. São Paulo: Revista dos Tribunais, 2015, p. 512.

[26] No mesmo sentido, DANIEL MITIDIERO (*inBreves comentários ao Novo Código de Processo Civil.* (WAMBIER; Teresa Arruda Alvim; DIDIER JR., Fredie; TALAMINI, Eduardo; DANTAS, Bruno (coord)). São Paulo: Revista dos Tribunais, 2015, p. 789).

[27] *Estabilização da tutela antecipada antecedente: tentativa de sistematização*. Texto inédito, gentilmente cedido pelo autor.

ser interposto o agravo de instrumento. É de se questionar, no entanto, se os embargos de declaração também obstariam a estabilização.

Entendemos que a oposição de embargos de declaraçãotambém elide a estabilização, pois tal recurso é oponível em face de qualquer decisão, interrompendo o prazo para interposição do recurso principal, *in casu,* o agravo de instrumento. Logo, segundo pensamos, igualmente a oposição de embargos de declaração, que busque o esclarecimento ou a integração da decisão judicial,obstará a estabilização da tutela antecipada.

Por fim, uma última questão relevante deve ser enfrentada: para fins de elidir a estabilização da tutela antecipada, importa o resultado do recurso interposto contra a respectiva decisão concessiva? O *caput* do artigo 304, NCPC, exige apenas a *interposição* do recurso e não seu provimento. Assim, entendemos que a mera interposição do recurso obstará a estabilização dos efeitos da tutela antecipada antecedente.

6. Efeitos da estabilização

Não apresentado o devido recurso da decisão concessiva de tutela antecipada, essa modalidade de tutela provisória restará estabilizada. Cumpre, portanto, verificar os efeitos da mencionada estabilização.

Conforme já mencionado alhures, a tutela antecipada estabilizada conserva seus efeitos enquanto não revista, reformada ou invalidada por ação própria[28] (art. 304, § 3º, NCPC).Trata-se do prolongamento no tempo dos efeitos práticos da tutela antecipada. Faticamente, portanto, essa medida aparentemente satisfez o réu, que dela não recorreu. Como entende DANIEL MITIDIERO, *"a antecipação da tutela tem os seus efeitos estabilizados indefinidamente no tempo"*[29].

De forma expressa, restou previsto que *"A decisão que concede a tutela não fará coisa julgada, mas a estabilidade dos respectivos efeitos só será afastada por decisão que a revir, reformar ou invalidar, proferida em ação ajuizada por uma das partes"* (art. 304, 6º, NCPC).

Assim, evitando enfrentar o dogma segundo o qual as tutelas de caráter provisório não fazem coisa julgada, optou o novel legislador a preceituar que a tutela estabilizada conserva seus efeitos até eventual revisão por meio de uma ação ajuizada justamente para esse fim. E pontificou expressamente que não há que se falar em formação de coisa julgada.

É bem de se ver que não é apenas em virtude da expressa letra da lei que não se pode falar em coisa julgada na hipótese de estabilização da tutela antecipada.

---

[28] A ação que tem por objeto a desestabilização é objeto do item 7, *infra.*

[29] *Breves comentários ao Novo Código de Processo Civil.* (WAMBIER; Teresa Arruda Alvim; DIDIER JR., Fredie; TALAMINI, Eduardo; DANTAS, Bruno (coord)). São Paulo: Revista dos Tribunais, 2015, p. 788.

Ora, a própria natureza jurídica da tutela antecipada conduz à essa necessária conclusão, vez que tutelas provisórias não têm aptidão para formação de coisa julgada material.

Em suma, FREDIE DIDIER JR., RAFAEL ALEXANDRIA DE OLIVEIRA e PAULA SARNO BRAGA concluem que *"não se pode dizer que houve julgamento ou declaração suficiente para a coisa julgada. O juiz concedeu a tutela provisória e, diante da inércia do réu, o legislador houve por bem determinar a extinção do processo sem reso*lução do mérito, *preservando os efeitos da decisão provisória"*[30].

Assim sendo, em não se estando diante de hipótese de coisa julgada, não há que se falar em ação rescisória. Nesse sentido é o Enunciado n. 33, do Fórum Permanente de Processualistas Civis, aduzindo que *"Não cabe ação rescisória nos casos de estabilização da tutela antecipada de urgência"*.

7. Desestabilização da tutela antecipada

Consoante verificado anteriormente, a tutela antecipada estabilizada conserva seus efeitos enquanto não revista, reformada ou invalidada por decisão de mérito proferida em ação específica promovida por qualquer das partes para tal finalidade. Assim, o NCPC expressamente prevê que *"Qualquer das partes poderá demandar a outra com o intuito de rever, reformar ou invalidar a tutela antecipada estabilizada"* (art. 304, § 2º).

Trata-se, portanto, do exercício do direito de ação por qualquer das partes participantes do processo em que a tutela antecipada quedou-se estabilizada, buscando a revisão, reforma ou invalidação da respectiva decisão concessiva que não fora objeto do devido recurso.

Dessa sorte, uma vez estabilizada a tutela antecipada concedida com base no artigo 303, NCPC, poderá ser a respectiva decisão revista, reformada ou invalidada por meio de ajuizamento de uma ação específica promovida para esse fim. Deve, portanto, a parte interessada requerer o desarquivamento dos autos em que foi concedida a medida, para instruir a petição inicial da nova ação a ser proposta. O juízo em que a tutela antecipada foi concedida fica prevento para julgamento da nova ação (art. 304, § 4º, NCPC).

O direito de rever, reformar ou invalidar a tutela antecipada por meio da ação de que se trata extingue-se após 2 (dois) anos, contados da ciência da decisão que extinguiu o processo (art. 304, § 5º, NCPC). Trata-se de prazo decadencial que deve ser observado pelas partes para que a tutela antecipada estabilizada seja revista.

Questão extremamente controvertida reside em averiguar o que ocorrerá após o prazo de dois anos previsto no artigo 304, § 5º, NCPC. Isto porque, pela

---

[30] *Curso de direito processual civil*, v. 2: teoria da prova, direito probatório, decisão, precedente, coisa julgada e tutela provisória. 10 ed. Salvador: JusPodivm, 2015, p. 612.

letra da lei, ultrapassado este prazo, as partes não mais teriam direito a discutir a estabilização da antecipação de tutela, com a expressa ressalva, no entanto, de que não há formação de coisa julgada material.Há quem entenda que nada mais poderá ser feito, vez que a tutela antecipada se estabilizou definitivamente. Teria, então, adquirido contornos de coisa julgada após o prazo de dois anos para a propositura da ação revisional?

DANIEL AMORIM ASSUMPÇÃO NEVES tem entendimento peculiar para tentar resolver essa questão:

> "A única saída possível é uma interpretação ampliativa do § 2º do art. 966 do Novo CPC. Segundo o dispositivo legal, cabe ação rescisória contra decisão terminativa (ou seja, que não resolva o mérito), desde que ela impeça a nova propositura da demanda ou a admissibilidade do recurso correspondente. Apesar de se tratar de situação distinta, já que a decisão que antecipa a tutela é indiscutivelmente de mérito, pode-se alegar que a decisão terminativa também não faz coisa julgada e ainda assim pode, respeitadas determinadas exigências, ser impugnada por ação rescisória.
>
> A ausência de coisa julgada, portanto, teria deixado de ser condição *sine qua non* para a admissão de ação rescisória, o que poderia liberar o caminho para a conclusão de cabimento de tal ação contra a decisão que concede tutela antecipada estabilizada depois de dois anos de seu trânsito em julgado"[31].

LUIZ GUILHERME MARINONI, SÉRGIO CRUZARENHART e DANIEL MITIDIERO não conseguem afastar a tentativa do legislador de impor coisa julgada após o prazo de dois anos para ajuizamento da ação de revisão da tutela antecipada, posto que, pela letra da lei, teria tal provimento as características da imutabilidade e inafastabilidade. No entanto, a tal previsão, atribuem a pecha de inconstitucional. Doutrinam, pois, que:

> "a estabilização da tutela antecipada antecedente não pode adquirir a autoridade da coisa julgada – que é peculiar aos procedimentos de cognição exauriente. Passado o prazo de dois anos, continua sendo possível o exaurimento da cognição até que os prazos previstos no direito material para a estabilização das situações jurídicas atuem sobre a esfera jurídica das partes (por exemplo, a prescrição, a decadência e a *supressio*)."[32]

Particularmente, tendemos a entender que, pelo fato de não se operar a formação de coisa julgada, seja em virtude da letra da lei, seja em decorrência da própria natureza provisória da tutela antecipada, mesmo após o prazo de dois

---

[31] *Novo Código de Processo Civil:* inovações, alterações e supressões comentadas. São Paulo: Método. 2015, p. 211-212.

[32] *Novo Código de Processo Civil Comentado.* São Paulo: Revista dos Tribunais, 2015, p. 318.

anos, poder-se-ia pensar não, na propositura de uma ação com essa finalidade – cujo direito teria efetivamente decaído pelo decurso de prazo –, mas, sim, no afastamento da estabilização como decorrência natural de eventual cognição exauriente proferida em outra ação.

Neste sentido,são os apontamentos de TERESA ARRUDA ALVIMWAMBIER, MARIA LÚCIA LINS CONCEIÇÃO, LEONARDO FERRES DA SILVA RIBEIRO e ROGÉRIO LICASTRO TORRES DE MELLO sobre a questão:

> "O prazo de dois anos encerra a possibilidade de se ajuizar uma ação que reabra a discussão do processo extinto, *nos exatos limites e contornos da lide originária* na qual se deferiu a antecipação de tutela. Passado esse prazo, diante da inexistência de coisa julgada acerca da matéria, nada impede que qualquer das partes, respeitados os prazos prescricionais pertinentes, ingresse com uma nova demanda, com cognição exauriente, que diga respeito ao mesmo bem da vida discutido na ação que foi extinta. (...) Fechar essa possibilidade seria o mesmo que dar prevalência a uma decisão de cognição sumária em relação a uma decisão fruto de cognição exauriente e completa, com o que não podemos concordar."[33]

O exemplo dado pelos mencionados doutrinadores ilustra bem a hipótese: tutela antecipada estabilizada no sentido da obrigação de colocar filtros de ar em uma determinada fábrica. Se posteriormente, inclusive após os dois anos, vier a ser proposta uma ação com a matéria de fundo referente à existência ou não de emissão de poluição pela fábrica e se demonstrar a alteração no mérito da situação, o juízo exauriente superaria a cognição sumária.

Compartilhamos do referido entendimento, justamente pelo fato de que a cognição provisória não pode, segundo pensamos, se sobrepor à cognição exauriente, desde que essa seja exercida dentro dos pertinentes prazos prescricionais.

8. Questões pontuais controvertidas

Nos itens anteriores, consideramos termos enfrentado os principais pontos trazidos pela expressa letra da novel legislação no que tange à estabilização da tutela antecipada concedida em caráter antecedente. No presente item, nos propomos a enfrentar algumas questões pontuais mais controvertidas que vêm sendo discutidas pela doutrina pátria.

A primeira controvérsia advém do seguinte questionamento: o que acontece se o réu não recorre (art. 304, caput) e o autor também não adita a inicial (art. 303, § 2º)? A questão é relevante pelo fato de que ambos eventos são sanciona-

---

[33] *Primeiros Comentários ao Novo Código de Processo Civil artigo por artigo*. São Paulo: Revista dos Tribunais, 2015, p. 514.

dos com extinção do processo. O que acontece, então, com a tutela antecipada concedida em caráter antecedente?

Segundo pensamos, o artigo 303, NCPC,subsiste sem o artigo 304, NCPC, mas a recíproca não é verdadeira[34]. Assim, a tutela antecipada antecedente não se confunde com um de seus possíveis efeitos, qual seja, a estabilização.

Precisa é a lição de ANTÔNIO DE MOURA CAVALCANTI NETO:

> "Sendo assim, a partir de uma leitura conjunta dos arts. 303 e 304 do CPC pode-se afirmar com segurança que o suporte fático da estabilização é composto apenas pela concessão da tutela antecipada e pela inércia do réu. A conduta do autor não entra nesse suporte e não altera o processo de incidência da lei. O aditamento do autor é fato irrelevante para a estabilização."[35]

Assim, conforme extensamente declinado no item 4, *supra,* o suporte fático do instituto da estabilização consiste na concessão da tutela antecipada antecedente aliada à inércia do réu em apresentar o respectivo recurso. A conduta do autor, portanto, não entra nesse arcabouço e não altera o processo de subsunção da lei.

Sendo assim, a tutela antecipada vai se estabilizar, posto que seus requisitos foram preenchidos: concessão da tutela antecipada em caráter antecedente e ausência de interposição do devido recurso por parte do réu. O processo será, então, extinto, mas sem que isso interfira na estabilização que já se perpetrara em momento anterior.

FREDIE DIDIER JR., RAFAEL ALEXANDRIA DE OLIVEIRA e PAULA SARNO BRAGA comungam do mesmo entendimento, afirmando que *"deve prevalecer a estabilização da tutela antecipada – e isso em razão da abertura conferida às partes para rever, invalidar ou reformar por meio da ação prevista no § 2º do art. 304 do CPC"*[36].

Ademais, conforme precisalição de ANTÔNIO DE MOURA CAVALCANTI NETO, neste ponto é relevante a distinção entre juízo provisório (proferido em virtude da concessão da tutela antecipada) e juízo de mérito (que só será obtido se o autor emendar a petição inicial). Ao não fazê-lo, o autor abre mão do juízo de mérito quanto ao pedido principal; não o faz em relação à tutela antecipada

---

[34] MIRNA CIANCI doutrina que *"deve-se considerar que há dois procedimentos: o do art. 303, para o caso em que o réu venha a oferecer recurso, impedindo a estabilização da tutela; o do art. 304, que será utilizado nos casos em que não houver recurso, estabilizando-se a tutela antecipada"* (A estabilização da tutela antecipada como forma de desaceleração do processo (uma análise crítica). *Revista de Processo.* v. 247, São Paulo: Revista dos Tribunais, set./2015, p. 249-261).

[35] *Estabilização da tutela antecipada antecedente: tentativa de sistematização.* Texto inédito, gentilmente cedido pelo autor.

[36] *Curso de direito processual civil,* v. 2: teoria da prova, direito probatório, decisão, precedente, coisa julgada e tutela provisória. 10 ed. Salvador: JusPodivm, 2015, p. 610.

que já se encontra estabilizada, uma vez concedida a tutela e não apresentado o respectivo recurso pelo réu[37].

Uma segunda questão controvertida relevante advém da hipótese em que a tutela antecipada se estabiliza (em virtude da não apresentação de recurso pelo réu) e o autor, dentro do prazo concedido pelo juiz, emenda a inicial (art. 303, § 2º, NCPC). Nesta situação, deverá ser dado regular prosseguimento ao pedido principal. A questão reside em verificar o que ocorrerá com a tutela antecipada se, ao final, for proferida sentença de mérito em sentido contrário ao autor.

Em nosso sentir, ainda que o réu tenha se quedado inerte, a juízo exauriente irá se sobrepor ao juízo provisório proferido em sede de tutela antecipada. Não haverá, portanto, que se falar em manutenção dos efeitos da tutela antecipada se, nos próprios autos do pedido principal, restar demonstrada exaurientemente a inexistência do direito pleiteado pelo autor.

Por fim, dentre as outras inúmeras questões controvertidas que poderiam ser aventadas nesta seara, uma última será objeto de análise, qual seja, o ônus da prova na ação que pretende rever a tutela antecipada estabilizada.

Não há disposição expressa, na sistemática da estabilização da tutela antecipada, acerca de a quem compete o ônus probatório quando da ação que pretende rever a tutela estabilizada. Aplicar-se-ia a regra geral[38] e caberia o ônus probatório ao autor da ação de revisão da tutela antecipada?

Entendemos por responder negativamente a referida questão. Diante da particularidade da situação, o ônus da prova do fato constitutivo continua sendo do autor da ação antecedente. Ao réu desta ação, caberá o ônus de provar os fatos modificativos, extintivos ou impeditivos.

No mesmo sentido é o entendimento de DANIEL MITIDIERO, aduzindo que *"como simples prosseguimento da ação antecedente, o processo oriundo da ação exauriente não implica por si só inversão do ônus da prova: a prova do fato constitutivo do direito permanece sendo do autor da ação antecedente – agora réu na ação exauriente"*[39].

9. Conclusões

Por tudo o que foi objeto de análise no presente estudo, pode-se concluir que muito ainda haverá de ser pensado em torno da estabilização da tutela antecipada, para que este instituto realmente possa gerar o efeito pretendido pelo novel legislador: efetiva pacificação de situações fáticas que atendam tanto o autor quanto

---

[37] *Estabilização da tutela antecipada antecedente: tentativa de sistematização.* Texto inédito, gentilmente cedido pelo autor.

[38] "Art. 373. O ônus da prova incumbe: I – ao autor, quanto ao fato constitutivo de seu direito; II – ao réu, quanto à existência de fato impeditivo, modificativo ou extintivo do direito do autor."

[39] *inBreves comentários ao Novo Código de Processo Civil.* (WAMBIER; Teresa Arruda Alvim; DIDIER JR., Fredie; TALAMINI, Eduardo; DANTAS, Bruno (coord)). São Paulo: Revista dos Tribunais, 2015, p. 789.

o réu, sem necessidade de maiores aprofundamentos acerca do direito material que seria objeto do juízo exauriente.

Conforme mencionado, além dos estudos doutrinários, certamente também a jurisprudência contribuirá, a partir da entrada em vigor do NCPC, para a delimitação dos contornos deste novo instituto. O que se espera efetivamente é que seja bem analisado pela doutrina e bem aplicado pelo Poder Judiciário, extraindo-se dele o potencial pacificador que apresenta.

10. Referências

BEDAQUE, José Roberto dos Santos. Estabilização das tutelas de urgência.*In: Estudos em homenagem à Professora Ada Pellegrini Grinover.* (YARSHELL; Flávio Luiz; MORAES, Maurício Zanoide de (coord)). São Paulo: DPJ Editora, 2005, p. 660-683.

BUENO, Cassio Scarpinella. *Novo Código de Processo Civil anotado.* São Paulo: Saraiva, 2015.

CAVALCANTI NETO, Antônio de Moura. Estabilização da tutela antecipada antecedente: tentativa de sistematização. Texto inédito, gentilmente cedido pelo autor.

CIANCI, Mirna. A estabilização da tutela antecipada como forma de desaceleração do processo (uma análise crítica). *Revista de Processo.* V. 247, São Paulo: Revista dos Tribunais, set./2015, p. 249-261.

DIDIER JR., Fredie; BRAGA, Paula Sarno; OLIVEIRA, Rafael Alexandria de.*Curso de direito processual civil,* v. 2: teoria da prova, direito probatório, decisão, precedente, coisa julgada e tutela provisória. 10 ed. Salvador: JusPodivm, 2015.

FAGUNDES, Cristiane Druve Tavares. Estudo comparado da responsabilidade civil decorrente da cassação de tutelas de urgência no CPC atual e no Projeto do CPC *In: O futuro do Processo Civil no Brasil: uma análise crítica ao Projeto do Novo CPC.* Belo Horizonte: Fórum, 2011, p. 72-102.

____. *Responsabilidade objetiva por dano processual.* São Paulo: Lumen Juris, 2015.

MARINONI, Luiz Guilherme; ARENHART, Sérgio Cruz; MITIDIERO, Daniel. *Novo Código de Processo Civil Comentado.* São Paulo: Revista dos Tribunais, 2015.

MITIDIERO, Daniel. *Breves comentários ao Novo Código de Processo Civil.*(WAMBIER; Teresa Arruda Alvim; DIDIER JR., Fredie; TALAMINI, Eduardo; DANTAS, Bruno (coord)). São Paulo: Revista dos Tribunais, 2015, p. 786-791.

MOREIRA, José Carlos Barbosa. *Comentários ao Código de Processo Civil.*v. V. Rio de Janeiro: Forense, 1981.

NERY JUNIOR, Nelson; NERY, Rosa Maria de Andrade. *Comentários ao Código de Processo Civil.* São Paulo, Revista dos Tribunais, 2015.

NEVES, Daniel Amorim Assumpção. *Novo Código de Processo Civil:* inovações, alterações e supressões comentadas. São Paulo: Método. 2015.

WAMBIER, Teresa Arruda Alvim; CONCEIÇÃO, Maria Lúcia Lins; RIBEIRO, Leonardo Ferres da Silva; MELLO, Rogério Licastro Torres de. *Primeiros Comentários ao Novo Código de Processo Civil artigo por artigo.* São Paulo: Revista dos Tribunais, 2015.

Tutela provisória de urgência: premissas doutrinárias questionáveis e negligência da historicidade que resultam em equívocos legislativos

Mateus Costa Pereira

Introdução

Servindo-se de uma passagem de Chiovenda como epígrafe, Alfredo Buzaid abriu a Exposição de Motivos do CPC/73 refletindo a necessidade de uma nova codificação; ao mesmo tempo em que aduzia pontos positivos e negativos em reformar o código então vigente (CPC/39), consignou que o caminho adotado tinha sido indispensável à remodelação das instituições fundamentais e para alinhar o direito processual civil às conquistas modernas.[1] Uma reforma, pois, que viria em forma de novo diploma. Nada obstante, o CPC/73 foi recebido com críticas, que não as "saudosas" ao revolucionário, misoneístas, mas do pejo do acanhado, carente de ousadia;[2] com destaque à crítica ao cientificismo da nova legislação.[3]

Ainda antes de ser instituída a comissão responsável pela elaboração do anteprojeto que deu origem ao CPC/15, outra geração da doutrina refletia a – real – necessidade de um novo Código de Processo Civil; mesmo porque, após os três grandes movimentos de reforma, o Código Buzaid já havia deixado de existir; e,

---

[1] Exposição de Motivos do Código de Processo Civil, "Revisão ou Código Novo?" (Capítulo I).

[2] Por todos, cf. a censura de José da Silva Pacheco acerca do Anteprojeto: "A vala comum é o procedimento ordinário, que por ser o geral, passará, como ocorreu no passado, a predominar, a absorver e a impor-se, com toda a sua moleza. E tudo continuará na mesma: um belo código e uma justiça tarda, cara e enervante." PACHECO, José da Silva. **Evolução do processo civil brasileiro:** desde as origens até o advento do novo milênio. 2. ed. Rio de Janeiro: Renovar, 1999, p. 270.

[3] SILVA, Ovídio A. Baptista da. **Jurisdição, direito material e processo.** Rio de Janeiro: Forense, 2008, p. 138.

conquanto tivesse sido transformado num mosaico,[4] em muitos aspectos, havia sido aperfeiçoado.[5]

Malgrado os avanços, o CPC/15 também está sendo recebido com críticas, que não as misoneístas.[6] O regramento da "tutela provisória" tem sido um dos alvos favoritos. Dentre as tantas mudanças no tema, o legislador reformulou a disciplina da tutela *antecipada* satisfativa (vulgarmente conhecida por "tutela antecipada"), disciplinando-a em conjunto à tutela cautelar, sob o signo de "tutelas provisórias" (Livro V, Parte Geral do CPC/15).[7] Para tanto, além de ter pretendido amordaçar a tutela cautelar na *técnica processual* de antecipação [eventualmente, por um processo incidental (art. 294, parágrafo único)], supondo a *provisoriedade* daquilo que é *temporário*;[8] também ignorou o direito material (tutelas de direito) ao uniformizar os requisitos à concessão das *tutelas de urgência* (art. 300, *caput*).

Prestigiosa doutrina anunciou um retrocesso de aproximados cem anos na matéria.[9] No presente trabalho refletiremos alguns dos equívocos do novo texto legislativo, com ênfase na mencionada uniformização dos requisitos. Fiel ao propósito traçado, faremos um breve resgate da construção da tutela preventiva no Brasil, destacando os principais nomes da doutrina nacional que concorreram para a evolução do instituto (historicidade). Não sendo o caso de aprofundar algumas questões, objeto de trabalhos anteriores,[10] veremos alguns dos fatores – do fôlego – da crítica.

---

[4] Para ilustrar nossas palavras, Joel Dias Figueira Jr. afirma que, com o movimento reformista iniciada na década de 90, capitaneado por Sálvio de Figueiredo Teixeira, ladeado por Athos Gusmão Carneiro e Ada Pellegrini Grinover, o Código Buzaid teria se transformado no "Código Figueiredo Teixeira". **Comentários ao código de processo civil.** 2. ed. São Paulo: RT, 2007, v. 4, t. I, p. 116-117.

[5] Decerto que ainda carecia de aperfeiçoamento em alguns pontos, como é o caso da necessidade de densificação do contraditório e da fundamentação; da sistemática recursal (efeito suspensivo como regra, ampla recorribilidade das decisões); na necessidade de instituir regras sobre os precedentes etc.

[6] Por todos, cf. MARINONI, Luiz Guilherme. Novo CPC deixou pendente a garantia da razoável duração do processo. **Consultor Jurídico (Conjur).** Disponível em: <http://www.conjur.com.br/2015-abr-13/direito-civil-atual-cpc-deixou-pendente-garantia-duracao-razoavel-processo>. Acesso em: 15 abr. 2015.

[7] O livro V (Parte Geral do Código) está dividido em três títulos: Título I (Disposições gerais), Título II (Tutelas de Urgência) e Título III (Tutela da Evidência). O Título II ainda é fracionado em 03 capítulos.

[8] COSTA, Alfredo de Araújo Lopes da. **Medidas preventivas:** medidas preparatórias – medidas de conservação. 2. ed. Belo Horizonte: Bernardo Álvares Editora, 1958, p. 16. SILVA, Ovídio A. Baptista da. **Do processo cautelar.** 4. ed. Rio de Janeiro: Forense, 2009, p. 91 e ss.

[9] MARINONI, Luiz Guilherme; ARENHART, Sergio Cruz; MITIDIERO, Daniel Francisco. **Novo curso de processo civil:** tutela dos direitos mediante procedimento comum, volume II. São Paulo: RT, 2015, p. 196. Em sentido contrário, após a analisar a reforma como um todo, concluindo que a matéria recebeu uma "disciplina sistemática consistente e equilibrada", ver: GRECO, Leonardo. "A tutela da urgência e a tutela da evidência no código de processo civil de 2015." MACÊDO, Lucas Buril de; PEIXOTO, Ravi; FREIRE, Alexandre (coords.). **Doutrina Selecionada:** Procedimentos Especiais, Tutela Provisória e Direito Transitório. Salvador: Juspodivm, 2015, v. 4, p. 216.

[10] PEREIRA, Mateus Costa; GOUVEIA FILHO, Roberto Pinheiro Campos. "Ação material e tutela cautelar". In: **Teoria quinária da ação:** estudos em homenagem a Pontes de Miranda nos 30 anos do seu falecimento. Eduardo José da Fonseca Costa, Luiz Eduardo Ribeiro Mourão e Pedro Henrique

1. Escorço histórico das tutelas preventivas

Enquanto objeto cultural o direito é uma manifestação do espírito resultante de fatores históricos embebidos por ideologias predominantes nos campos científico e filosófico.[11] Nesse passo, a própria técnica processual idealizada à prestação de tutelas preventivas tem, como sói, enlaces culturais; é marcada por fatores histórico-temporais.

Dum ponto de vista moderno, a construção e o desenvolvimento da tutela cautelar e da tutela inibitória – espécies de tutelas preventivas – resultaram da assunção de que o Estado deveria atuar para prevenir um ilícito ou dano, e não apenas reprimir quando ilícito e/ou dano já tivessem se perpetrado ou consumado; que os direitos não devem ser protegidos apenas depois, senão antes de qualquer violação;[12] que o Estado, inclusive, deve reprimir a "simples" ameaça de um ato contrário ao direito.[13]

Em perspectiva histórica, sabe-se que a *universalização* da ação condenatória provocou o esvaziamento das tutelas mandamental e executiva, subordinando a tutela dos direitos à *ordinariedade* do "Processo de Conhecimento" e das sentenças condenatórias; em outras palavras, a *universalização* refreou as tutelas imperativas (mandamental e executiva), no passado exercidas pelo *praetor* romano, a quem cabia a prolação dos *interditos*, em prol da mantença e desenvolvimento das funções típicas ao *iudex*, o qual, destituído do poder de império (*ius imperium*), limitava-se a declarar o direito (*iurisdictio*).[14] Em brevíssimas linhas, esse foi o reflexo do conceito moderno de jurisdição, incorporado do direito romano *justinianeo*, o qual condicionou os demais conceitos e institutos em direito processual modelados sob a sua égide (*v.g.*, tutela preventiva).[15]

Pedrosa Nogueira (coords.). Salvador: JusPodivm, 2010, p. 563-594. Pereira, Mateus Costa. Da ainda incipiente autonomia das cautelares. **Revista dos Tribunais.** Ano 99, volume 897, julho 2010. São Paulo: Revista dos Tribunais.

[11] Sobre o tema, mormente àqueles que negligenciam as contingências históricas e temporais do Direito, indispensável a leitura das seguintes obras: Saldanha, Nelson Nogueira. **Teoria do direito e crítica histórica.** Rio de Janeiro: Freitas Bastos, 1987. Saldanha, Nelson Nogueira. **Historicismo e Culturalismo.** Rio de Janeiro: Fundarpe, 1986. SILVA, Ovídio A. Baptista da. **Processo e ideologia:** o paradigma racionalista. 2. ed. Rio de Janeiro: Forense, 2006.

[12] Pontes de Miranda, Francisco Cavalcanti. **Comentários ao Código de Processo Civil, arts. 796-889.** Rio de Janeiro: Forense, 1976, t. XII, p. 16.

[13] Marinoni, Luiz Guilherme, **Tutela inibitória:** individual e coletiva. 4. ed. São Paulo: Revista dos Tribunais, 2006, *passim*.

[14] Silva, Ovídio A. Baptista da. **Jurisdição e execução na tradição romano-canônica.** São Paulo: RT, 1996, p. 181. Silva, Ovídio A. Baptista da. **Curso de processo civil.** Rio de Janeiro: Forense, 2008, v. I, t. II, p. 16. Gomes, Fábio Luiz. **Responsabilidade objetiva e antecipação de tutela:** a superação do paradigma da modernidade. São Paulo: Revista dos Tribunais, 2006, p. 131 e ss.

[15] Silva, Ovídio A. Baptista da. "Execução obrigacional e mandamentalidade". *In*: **Instrumentos de coerção e outros temas de direito processual civil**: estudos em homenagem aos 25 anos de docência

ASPECTOS POLÊMICOS DO NOVO CÓDIGO DE PROCESSO CIVIL

Um longo e tortuoso caminho foi palmilhado ao incremento de tutelas preventivas sob o cenário ideológico então prevalecente na compreensão de jurisdição moderna patente nos países afiliados ao direito legislado;[16] longo e tortuoso e, em linhas gerais, pressupondo a apontada distinção entre a *iurisdictio* romana (processo da *actio*, perante o *iudex*) de uma suposta atividade administrativa [*interdicta, stipulationes praetoriae, restitutio ad integrum e missio in possessionem* (*praetor*)],[17] reduzindo a função da primeira à declaração de direitos (*iurisdictio ≠ ius imperium*);[18] de uma índole privatística (*iudex*) a uma publicística (*praetor*).[19] Herança que, subsistindo ao medievo, tem nítidos reflexos contemporâneos, como demonstrado por Ovídio Baptista da Silva em diferentes trabalhos.[20]

Não sendo o caso de aprofundar o tema, algo que, sobre desbordar de nossos propósitos atuais, também reclamaria um esforço específico e alentado, é importante registrar que nos países caudatários da tradição romano-canônica – sob os influxos iluministas e liberais que concorreram à Revolução Francesa –, fatores ideológicos incorporados pelo modelo de Estado da época inibiram a constru-

---

do professor Dr. Araken de Assis. José Maria Rosa Tesheiner, Mariângela Guerreiro Milhoranza e Sérgio Gilberto Porto (coords.). Rio de Janeiro: Forense, 2007, p. 601-616. CAPPELLETTI, Mauro. **Proceso, ideologias, sociedad.** Trad. Santiago Sentís Melendo e Tomás A. Banzhaf. Buenos Aires: Ediciones Juridicas Europa-America, 1974, p. 316 e ss.

[16] Moderna, aqui, atrelado à modernidade europeia, vale dizer, ao processo de dessacralização ou secularização da cultura que principiou no Renascimento e atingiu seu ápice no Iluminismo, fazendo surgir o Estado Moderno. SALDANHA Nelson Nogueira. **Estado moderno e a separação dos poderes.** São Paulo: Saraiva, 1987, p. 04; p. 33-34. E sempre com algum cuidado ao afirmar a ligação a uma determinada tradição, na medida em que, cedico, não existem modelos puros, isto é, sem ignorar o apelo didático e os problemas inerentes a toda e qualquer classificação. DAVID, René. **Os grandes sistemas do direito contemporâneo.** São Paulo: Martins Fontes, 2002, 22-23.

[17] "Em última análise, *ordenar* não era uma faculdade ou pode que se incluísse no conceito de *iurisdictio*. Esta era a razão que impedia a inclusão dos interditos no conceito de jurisdição: a emanação dos interditos representava um *ato de vontade* do pretor, mais do que o *ato de* inteligência, que pudesse corresponder a uma declaração de existência do direito". SILVA, Ovídio A. Baptista da. **Jurisdição e execução na tradição romano-canônica.** São Paulo: RT, 1996, p. 25 e ss.

[18] PIMENTEL, Alexandre Freire. "Análise histórica da teoria quinária e a alteração da preponderância eficacial-condenatória ante a superveniência do sincretismo processual". In: **Teoria quinária da ação:** estudos em homenagem a Pontes de Miranda nos 30 anos do seu falecimento. Eduardo José da Fonseca Costa, Luiz Eduardo Ribeiro Mourão e Pedro Henrique Pedrosa Nogueira (coords.). Salvador: JusPodivm, 2010, p. 19-50. Cf. ainda: SIDOU, J. M. Othon. **Processo civil comparado (histórico e contemporâneo) à luz do código de processo civil brasileiro modificado até 1996.** Rio de Janeiro: Forense Universitária, 1997, p. 24 e ss.

[19] SILVA, Ovídio A. Baptista da. **Doutrina e prática do arresto ou do embargo.** Rio de Janeiro: Forense, 1976, p. 137-140.

[20] SILVA, Ovídio A. Baptista da. "Execução obrigacional e mandamentalidade". *In*: **Instrumentos de coerção e outros temas de direito processual civil**: estudos em homenagem aos 25 anos de docência do professor Dr. Araken de Assis. José Maria Rosa Tesheiner, Mariângela Guerreiro Milhoranza e Sérgio Gilberto Porto (coords.). Rio de Janeiro: Forense, 2007, p. 601-616. Para um exame aprofundado do tema, ver sua outra obra: **Jurisdição e execução na tradição romano-canônica.** São Paulo: RT, 1996.

ção de uma tutela preventiva;[21] as liberdades públicas prometidas pelo Estado Liberal impunham a não intervenção nas relações particulares e a impossibilidade de coagir alguém a prestar um fato (*nemo ad factum praecise cogi potest*).[22] A mencionada ambiência não permitiu o desenvolvimento de técnicas processuais preocupadas com a tutela *específica* das obrigações e, pois, tanto a tutela preventiva quanto a tutela executiva: tudo se resolvia em perdas e danos.[23]

Pelo cenário descrito não é difícil perceber que os efeitos perniciosos do tempo eram indiferentes ao direito e ao processo – inclusive, os valores da certeza e da segurança jurídica, tão caros à época, eram garantidos pela igualdade em sentido formal, coibindo-se eventuais arbítrios da magistratura, visto que fora reduzida à condição de ventríloquo do legislador (*la bouche de la loi*). Se toda e qualquer violação de direitos poderia ser convertida em perdas e danos, como acenava o art. 1.142 do Código Civil napoleônico; e considerando que o Estado devia o máximo respeito às cercanias da autonomia da vontade; decerto que não havia a necessidade de tutelas preventivas, o que passou pelo banimento de tutelas imperativas mediante a separação – ideológica – dentre a natureza das atividades desempenhadas pelo *iudex* e pelo *praetor*, restringindo-se a herança dos países de tradição romano-canônica às primeiras.[24]

Na precisa lição de Marinoni, para o ordenamento jurídico que admite um processo civil voltado apenas à reparação do dano é indiferente a violação da norma que não o produza;[25] conseguintemente, em ordenamentos que tais, não haveria a necessidade de tutela no último caso. No mesmo orbe, a despeito de sua índole preventiva e de aparentar romper com este modelo teórico, a tutela

---

[21] Lembrando que no regime deposto a magistratura era oriunda da nobreza; que tinha praticado variadas arbitrariedades; e que, à época, o cargo de magistrado pertencia ao direito de propriedade, o que somente fora abolido em 1790: "Estatuto de 16-24 de agosto de 1790 sobre o sistema dos tribunais, t. II, art. 2º: 'A venda de cargos jurídicos está abolida para sempre, os juízes farão justiça livremente e serão pagos pelo Estado'". CAENAGEM, R. C. van. **Uma introdução histórica ao direito privado.** São Paulo: Martins Fontes, 2000, p. 181. Sobre o contexto da época, ver MARINONI, Luiz Guilherme. **Precedentes obrigatórios.** São Paulo: RT, 2010, p. 58 e ss. DALLARI, Dalmo de Abreu. **O poder dos juízes.** São Paulo: Saraiva, 2008, p. 15-16.

[22] CHIARLONI, Sergio. **Medidas coercitivas y tutela de los derechos.** Trad. Aldo Zela Villegas. Lima: Palestra Editores, 2005, p. 85 e ss.

[23] MARINONI, Luiz Guilherme. **Técnica processual e tutela dos direitos.** 2. ed. São Paulo: Revista dos Tribunais, 2008, p. 30 e ss. AMARAL, Guilherme Rizzo. **As astreintes e o processo civil brasileiro:** multa do art. 461 do CPC e outras. 2. ed. Porto Alegre: Livraria do Advogado, 2009, p. 33 e ss. GUERRA, Marcelo Lima. **Execução indireta.** São Paulo: RT, 1999. MEDINA, José Miguel Garcia. **Execução civil:** teoria geral e princípios fundamentais. 2. ed. São Paulo: Revista dos Tribunais, 2004, p. 444-445.

[24] Sobre essa influência no direito civil brasileiro e no direito processual civil, cf. MITIDIERO, Daniel Francisco. O processualismo e a formação do Código Buzaid. **Revista de Processo,** São Paulo, Ano XXXV, n. 183, maio 2010, p. 165-194.

[25] MARINONI, Luiz Guilherme. **Tutela inibitória:** individual e coletiva. 4. ed. São Paulo: Revista dos Tribunais, 2006, p. 62.

ASPECTOS POLÊMICOS DO NOVO CÓDIGO DE PROCESSO CIVIL

cautelar surgiu para resguardar a própria tutela condenatória (preventiva do *dano*, com vínculos patrimonialistas, como veremos adiante), o que não diminui a sua importância e utilidade – tudo isso, com o cuidado de não projetar a sombra de nossos óculos sobre as paisagens antigas;[26] e com o cuidado de perceber que outro é o cenário doutrinário no Brasil de hoje, muito embora o legislador do CPC/15 tenha patinado no assunto.

2. Tutela cautelar x tutela inibitória

2.1. Segurança-da-execução e execução-para-segurança: o contributo de Pontes de Miranda

Na doutrina de Pontes de Miranda – naquilo de relevância imediata ao presente –, ao lado da pretensão à tutela jurídica à cognição completa e a pretensão à tutela jurídica à execução, era mencionada a pretensão à tutela jurídica à segurança, também conhecida por pretensão à tutela cautelar ou ação cautelar.[27] No universo das cautelares, o jurista alagoano traçava uma distinção dentre as asseguradoras do fato (pretensão à tutela jurídica quanto ao fato, vale dizer, asseguradoras da prova)[28] e as asseguradoras da pretensão, tal como sucede no arresto, sequestro etc.[29] De capital importância, a lição ostenta atualidade – lembrando que Pontes concebia direitos, pretensões e ações, de direito material (≠ 'ação', de direito processual = remédio jurídico processual).[30]

Inicialmente, percebemos que desde seus contornos iniciais, em Pontes não é possível confundir a pretensão à segurança, ainda que fosse preparatória nos termos do art. 796 do CPC/73,[31] com a pretensão deduzida em 'ação' principal; as cargas eficaciais das sentenças não podem ser baralhadas;[32] em ambas existe

---

[26] SALDANHA, Nelson Nogueira. **Velha e nova ciência do direito:** e outros estudos de teoria jurídica. Recife: Editora Universitária, 1974, p. 22.

[27] Lembrando que a classificação das ações, em Pontes, é uma classificação das ações materiais, temática que escapa ao direito processual.

[28] Com eficácia constitutiva preponderante, não é difícil intuir porque essas cautelares não perdiam sua eficácia pela não propositura da ação principal no trintídio legal imposto pelo CPC/73.

[29] PONTES DE MIRANDA, Francisco Cavalcanti. **Tratado das ações.** Campinas: Bookseller, 1999, t. VI, p. 342-343. PONTES DE MIRANDA, Francisco Cavalcanti. **Comentários ao Código de Processo Civil, arts. 796-889.** Rio de Janeiro: Forense, 1976, t. XII, p. 14-18.

[30] **Tratado das ações.** Campinas: Bookseller, 1999, t. I, p. 123 e ss.

[31] Art. 796. O procedimento cautelar pode ser instaurado antes ou no curso do processo principal e deste é sempre dependente.

[32] Na lição de Pontes, em trecho elucidativo: "Nos processos de ações cautelares há um *minus,* e esse menos impede que a eficácia da sua sentença equivalha à eficácia da sentença no processo que se propuser *principaliter.* A pretensão à segurança pára exatamente onde a pretensão principal ainda continua; o processo preventivo atinge o seu fim antes de ser atingido o fim do processo principal; qual deva ser a eficácia suficiente da sentença isso tem por base a pretensão à tutela jurídica, e, pois, depende dela *e)* da sua especificação. A lei satisfaz-se, às vezes, com o mandamento; outras, exige a constitutividade;

um mérito próprio.[33] Se a pretensão à segurança não se confunde com a pretensão discutida em eventual 'ação' principal, a autonomia da cautelar deveria ser assumida já no plano do direito material, e não do processo – o que o processo faz, eventualmente, é lhe reconhecer uma autonomia procedimental, tal e qual realizado no art. 796, CPC/73, e não reproduzido no CPC/15.[34]

Por outro lado, a especificidade da tutela cautelar, apartando-a das demais pretensões à tutela jurídica, repousa na característica de ser tutela imediata sem caráter satisfativo, isto é, em ser "segurança-da-execução", mas não uma "execução-para-segurança".[35] Subjacente a essa distinção, a sensível contribuição de Pontes de Miranda se revelou na própria identificação da carga eficacial preponderante nas ações cautelares; para ele, como visto, mandamentais, salvante naqueloutras hipóteses de pretensões à asseguração do fato, em que assoma o lado constitutivo – a mandamentalidade, ordem ou mandamento, é uma característica fundamental das cautelares,[36] a despeito de se não ser exclusiva delas, e de ter sido "proscrita" com a jurisdição do Estado Liberal.

A pretensão à segurança dá a nota de preventividade das cautelares, muito embora nem tudo que seja preventivo tenha sentido cautelar, o que, corretamente, Calamandrei afirmara no início do séc. XX.[37] Como apontava Ovídio A. Baptista da Silva, posto que a maior parte da doutrina aceite e situe a tutela cautelar dentre as preventivas, uma barafunda doutrinária se instalou após Carnelutti ter dividido o processo cautelar em *inibitórios, restitutórios* e *antecipatórios*, obscurantismo que subsiste.[38] Em síntese, o jurista italiano imergiu a cautelar no mesmo oceano

---

etc." Mas o *minus*, prossegue o autor, não guarda relação com eventual dependência ou acessoriedade, pois ser menos, não é ser acessório. PONTES DE MIRANDA, Francisco Cavalcanti, op. ult. cit., p. 23.

[33] Neste sentido, por todos, cf. COSTA, Eduardo José da Fonseca. Sentença cautelar, cognição e coisa julgada: reflexões em homenagem à memória de Ovídio Baptista. **Revista de Processo,** São Paulo, v. 36, n. 191, p. 357–376, jan., 2011.

[34] Sobre a existência de um direito substancial de cautela, cf. SILVA, Ovídio A. Baptista da. **A ação cautelar inominada no direito brasileiro.** Rio de Janeiro: Forense, 1979. COSTA, Eduardo José da Fonseca. Sentença cautelar, cognição e coisa julgada: reflexões em homenagem à memória de Ovídio Baptista. **Revista de Processo,** São Paulo, v. 36, n. 191, p. 357–376, jan., 2011. PEREIRA, Mateus Costa; GOUVEIA FILHO, Roberto Pinheiro Campos. "Ação material e tutela cautelar". In: **Teoria quinária da ação:** estudos em homenagem a Pontes de Miranda nos 30 anos do seu falecimento. Eduardo José da Fonseca Costa, Luiz Eduardo Ribeiro Mourão e Pedro Henrique Pedrosa Nogueira (coords.). Salvador: JusPodivm, 2010; MITIDIERO, Daniel Francisco. **Antecipação da tutela:** da tutela cautelar à técnica antecipatória. São Paulo: Revista dos Tribunais, 2013, p. 41 e ss.

[35] PONTES DE MIRANDA, Francisco Cavalcanti. **Tratado das ações.** Campinas: Bookseller, 1999, t. VI, p. 343; p. 409. Continuador da doutrina de Pontes, no ponto, e sintetizando suas ideias com as expressões, cf. SILVA, Ovídio A. Baptista da. **Do processo cautelar.** 4. ed. Rio de Janeiro: Forense, 2009, p. 09.

[36] Sobre a importância da distinção eficacial, ver SILVA, Ovídio A. Baptista da. **A ação cautelar inominada no direito brasileiro...** p. 16-19.

[37] SILVA, Ovídio A. Baptista da. **A ação cautelar inominada no direito brasileiro...** p. 31.

[38] SILVA, Ovídio A. Baptista da. **Do processo cautelar.** 4. ed. Rio de Janeiro: Forense, 2009, p. 09.

da satisfatividade, confundindo, agora com Pontes, que todo "adiantamento de execução satisfaz por antecipação; a providência cautelar, não"– [39] entre outros fatores, o que pode ser atribuído à multiplicidade de cargas eficaciais presentes nas ações, negligenciada por muitos estudiosos, o que se afirma sem endosso ao pensamento matematizante.

Como vimos no primeiro item, a tutela cautelar previne o dano, ao passo que a tutela inibitória previne o ilícito; conquanto ambas sejam preventivas, a primeira é acautelatória, ao passo que a segunda é satisfativa. Assim, não "há dúvida em que, ao se acautelar, se previne, pois que se acautela; mas a separação do dote... previne sem ser medida cautelar".[40] Em outras palavras, a execução-para-segurança – aceleração do procedimento por meio de uma execução urgente (provisória) – também tem escopo preventivo, porém, no particular, a preventividade é inerente à própria satisfação antecipada do direito.[41]

2.2. Perigo de *dano* iminente x perigo da demora

Muito se discutiu acerca da real – existência e – necessidade de se distinguir perigo de dano iminente do perigo da demora; quiçá pelo núcleo comum fundado na *urgência* – o *perigo* –, para um determinado setor doutrinário não haveria sentido em discerni-los.[42] Sobre existir uma aproximação, manifestada já no fator temporal (urgência), por razões históricas e, sobretudo, técnicas, não é possível ou recomendável baralhar os termos/requisitos. Sobre ser um erro crasso do ponto de vista teórico, o baralhamento também é catastrófico do ponto de vista prático.[43]

Inicialmente, com os olhos voltados ao novo texto normativo (art. 303 do CPC/15),[44] deixemos claro que o mesmo problema não se observa com o requisito da "probabilidade do direito", na medida em que tanto o requisito da "fumaça do bom direito", quanto a antiga "verossimilhança das alegações", implicavam

---

[39] PONTES DE MIRANDA, Francisco Cavalcanti. **Tratado das ações.** Campinas: Bookseller, 1999, t. VI, p. 337.

[40] PONTES DE MIRANDA, Francisco Cavalcanti. **Comentários ao Código de Processo Civil, arts. 796-889.** Rio de Janeiro: Forense, 1976, t. XII, op. cit., p. 24.

[41] MITIDIERO, Daniel, Francisco. **Comentários ao código de processo civil.** São Paulo: Memória Jurídica, 2006, t. III, p. 45-46. Na correta lição de Fadel: "enquanto a cautelar preserva sem a preocupação de satisfazer, a tutela satisfaz sem a preocupação de preservar". FADEL, Sergio Sahione. **Antecipação da tutela no processo civil**. 2. ed. São Paulo: Dialética, 2002, p. 79.

[42] CARNEIRO, Athos Gusmão. **Da antecipação de tutela**. 6. ed. Rio de Janeiro: Forense, 2005, p. 32.

[43] Também em tom de censura, reprimindo a uniformização dos requisitos levada a efeito pelo legislador e demonstrando possíveis efeitos colaterais do ponto de vista processual, ver: TESSER, André Luiz Bauml. "As diferenças entre a tutela cautelar e a antecipação de tutela no CPC/15". *In:* MACÊDO, Lucas Buril de; PEIXOTO, Ravi; FREIRE, Alexandre (coords.). **Doutrina Selecionada:** Procedimentos Especiais, Tutela Provisória e Direito Transitório. Salvador: Juspodivm, 2015, v. 4, p. 38-41.

[44] Art. 300. A tutela de urgência será concedida quando houver elementos que evidenciem a probabilidade do direito e o perigo de dano ou o risco ao resultado útil do processo.

a necessidade de demonstração de probabilidade.[45] Em suma, o *fumus boni iuris* também expressa(va) a noção de probabilidade;[46] do ponto de vista histórico, ademais, é requisito comum aos processos ditos *sumários (summaria cognitio)*.[47] Na lição de Ovídio:

> Estabelecido, como ficou através das observações anteriores, que a categoria processual indicada como fumus boni iuris traduz um juízo de verossimilhança peculiar a qualquer espécie de summaria cognitio e que, portanto, não tem qualquer ligação específica com a tutela cautelar, de modo que se possa dizer que apenas a esta função jurisdicional aquele conceito corresponda, resulta igualmente das considerações feitas até agora que a outra categoria com que se costuma qualificar a tutela cautelar – o periculum in mora – liga-se, historicamente, a todas as técnicas de execução provisória, na medida em que se vi è pericolo di grave pregiudizio nel ritardo, como prevê o art. 642 do Código de Processo Civil italiano, o que se concede é execução antecipada e não provisão apenas cautelar.[48]

Portanto, sobre a *probabilidade* do art. 300, *caput*, CPC/15, não se trata de uma exigência tão nova quanto aparente. Todavia, sob o prisma do *perigo*, cediço não ser possível confundir a cautela com a execução provisória, o que nos remete, mais uma vez, à distinção entre segurança-da-execução e execução-para-segurança (= aceleração do procedimento ou execução urgente), temática sobre a qual trou-

---

[45] No ensejo, o legislador teve o mérito de corrigir a atecnia da expressão "verossimilhança...", na medida em que referente ao *id quod plerumque accidit*. Na lição de Taruffo, verossímil é aquilo que normalmente ocorre; só é possível afirmar que algo é verossímil com base num conhecimento preliminar sobre o evento; a verossimilhança, pois, refere-se ao passado, não apontado à probabilidade ou à verdade de enunciados de fato afirmados na petição. TARUFFO, Michele. **Uma simples verdade:** o Juiz e a construção dos fatos. São Paulo: Marcial Pons, 2012, p. 111. Mas a doutrina tinha o "cuidado" de interpretar a verossimilhança como se fosse probabilidade. Por todos, vejamos o escólio de Dinamarco: "Aproximadas as duas locuções formalmente contraditórias contidas no art. 273 do Código de Processo Civil (*prova inequívoca* e *convencer-se da verossimilhança*), chega-se ao conceito de *probabilidade*, portador de maior segurança do que mera *verossimilhança*. Probabilidade é a situação decorrente da preponderância dos motivos convergentes à aceitação de determinada proposição, sobre os motivos divergentes." DINAMARCO, Cândido Rangel. **A reforma do Código de Processo Civil.** 3. ed. São Paulo: Malheiros, 1996, p. 145.

[46] Não há como insistir no entendimento de alguns autores que tentam estabelecer uma diferenciação em graus dentre a antiga "verossimilhança da alegação" e a "fumaça do bom direito", como se o primeiro fosse mais rigoroso que o último. Daí porque, não concordamos com a posição de Carlos Augusto de Assis. "Reflexões sobre os novos rumos da tutela de urgência e da evidência no Brasil a partir da Lei 13.015/2015". *In:* MACÊDO, Lucas Buril de; PEIXOTO, Ravi; FREIRE, Alexandre (coords.). **Doutrina Selecionada:** Procedimentos Especiais, Tutela Provisória e Direito Transitório. Salvador: Juspodivm, 2015, v. 4, p. 50-52.

[47] SILVA, Ovídio A. Baptista da. **Do processo cautelar...** p. 27. SILVA, Ovídio A. Baptista da. **Curso de processo civil.** Rio de Janeiro: Forense, 2008, v. I, t. II, p. 13-17.

[48] SILVA, Ovídio A. Baptista da. **Do processo cautelar...** p. 28. SILVA, Ovídio A. Baptista da. **Curso de processo civil.** Rio de Janeiro: Forense, 2008, v. I, t. II, p. 18.

ASPECTOS POLÊMICOS DO NOVO CÓDIGO DE PROCESSO CIVIL

xemos as luzes de Pontes, potencializadas pelo magistério de Ovídio Baptista da Silva. A execução provisória é uma técnica criada à proteção da própria atividade jurisdicional, o que não ocorre com a tutela cautelar.[49] Apontada a distinção doutrinária e feito o breve resgate histórico – com o cuidado para não negligenciar a historicidade dos conceitos –, resta saber, ainda hoje, os importantes desdobramentos práticos da distinção/confusão entre os requisitos.

Ninguém discorda que a argumentação articulada à probabilidade de ocorrência de um ilícito – sua prática, repetição ou continuação – seja inconfundível aos argumentos alinhavados à probabilidade de ocorrência de um dano. Repisando os contornos conceituais entre o dano e o ilícito, a assertiva não gera desconforto a vivalma; mesmo porque, o dano é apontado como um reflexo eventual de um ato contrário ao direito.

Sucede que, quando se invoca o perigo de *dano* iminente, será preciso demonstrar que, para além do ilícito, um prejuízo – irreparável –[50] poderá seguir a ele por hipótese da situação jurídica não ser acautelada; não apenas alegar, senão provar, havendo mais dificuldade da parte neste sentido.[51] Ora, sabe-se que à demonstração de um dano é exigido mais que palavras e inferências lógicas, ao passo que à comprovação de um ilícito ou de sua simples ameaça, o módulo probatório deverá ser flexibilizado, cabendo ao magistrado, nalguns casos, perquirir apenas a existência de indícios (tutela inibitória "pura"). De toda sorte, em todas as situações de tutela inibitória, o dano estará fora da cognição.[52]

A exigência do *dano*, vale dizer, a preocupação apenas com atos danosos, tem raízes num direito de perfil patrimonialista, precipuamente voltado para a *res*. Nesse passo, sabido que o surgimento de direitos sem conteúdo patrimonial conduziu à quebra do paradigma anterior em busca de tutelas aptas à defesa desses "novos direitos", assim entendidos os direitos da personalidade, meio ambiente, saúde, educação, direitos do consumidor etc.[53] Dois exemplos para facilitar a compreensão.

---

[49] Sabido que outra era a opinião de Calamandrei. Sobre o tema, cf. SILVA, Ovídio A. Baptista da. **Do processo cautelar...** p. 85-88.

[50] Não que concordemos com a distinção entre dano reparável e irreparável para fins de tutela jurisdicional imediata, pois acreditamos que o Estado deve intervir preventivamente em qualquer das situações, sem operar graduações entre os danos que autorizem e aqueles que não. Todavia, em muitos casos, a tutela cautelar parece pressupor que a situação jurídica tenha perfil patrimonial a fim de que o dano seja prevenido; a reparabilidade, pois, está afeta a situações em que o direito tenha fundo patrimonial, algo que, cediço, ocorre em casos determinados.

[51] MARINONI, Luiz Guilherme. **Tutela inibitória:** individual e coletiva. 4. ed. São Paulo: Revista dos Tribunais, 2006, p. 56.

[52] MARINONI, Luiz Guilherme. **Tutela inibitória:** individual e coletiva. 4. ed. São Paulo: Revista dos Tribunais, 2006, p. 56.

[53] Ibid., p. 63. MARINONI, Luiz Guilherme. **Antecipação da tutela.** 8. ed. São Paulo: Revista dos Tribunais, 2004, p. 76 e ss.

Em nossa atividade profissional, certa feita nos deparamos com o caso de um jovem que, tendo leucemia, valia-se de um tratamento médico custeado pelo Estado, consistente em duas doses mensais (datas fixas) de uma determinada medicação (dosagens específicas). O período de tratamento se alongava por mais de um ano, ao fim do qual o jovem se submeteria a uma avaliação médica para verificar se seu organismo havia reagido suficientemente bem para receber um transplante de medula óssea. Em síntese, a medicação patrocinada pelo Estado era a parte inicial de um procedimento ainda mais complexo. Pois bem. De sua parte, o Estado não apenas atrasava o fornecimento da medicação, como, igualmente, não a oferecia nas dosagens adequadas ao caso. No particular, havia a necessidade de uma tutela inibitória para garantir a pontualidade do fornecimento e a correção das dosagens (repetição do ilícito). Com a situação narrada em mente, ao requerer a "tutela provisória", caberia ao autor demonstrar a ocorrência de um *dano* iminente?

Percebam que, ao fim e ao cabo, nem mesmo a medicina poderia determinar se a persistência dos atrasos iria, fatalmente, comprometer o tratamento como um todo; mesmo porque, os conhecimentos médicos não asseguravam – em grau de certeza – que o tratamento regular seria eficaz e garantiria o quadro clínico ideal ao transplante. Sem embargo, por que o legislador exigiu a alegação/prova da ocorrência de um *dano*? O ilícito, por si só, já não autorizaria a "tutela provisória"?

Como segundo exemplo, imaginemos que uma pessoa com deficiência visual se desloca ao supermercado, mas que lá chegando, a despeito de seu direito fundamental à acessibilidade comunicacional,[54] não constem informações em braile nas prateleiras, tampouco nas embalagens dos produtos (uma situação "hipotética"...) – em braile ou de outro modo que permita a uma pessoa cega ou com baixão visão fazer suas compras com independência e autonomia. Ora, a situação, por si só, configura um ilícito ao direito das pessoas com deficiência visual ou com baixa visão. Para requerer a tutela contra uma situação dessas, eventual ajustamento de conduta por parte do estabelecimento e/ou do fabricante, haveria a necessidade de afirmação e demonstração de um *dano*?[55]

E, nada obstante todos esses importantes desdobramentos, o legislador unificou os requisitos no art. 300, CPC/15, retornando às sombras, em uma temática que contava com luzes originais de nossa doutrina. Felizmente, o responsável pela redação do art. 300 não foi o mesmo do art. 497, parágrafo único, CPC/15

---

[54] Sobre o tema, cf. a Convenção sobre os Direitos das Pessoas com Deficiência (Dec. nº 6.949/09).

[55] Não ingressamos na polêmica doutrinária sobre ações "pseudo individuais". Sobre o tema, cf. WATANABE, Kazuo. "Relação entre demanda coletiva e demandas individuais." In: **Direito processual coletivo e o anteprojeto de código brasileiro de processos coletivos.** Ada Pellegrini Grinover, Aluisio Gonçalves de Castro Mendes e Kazuo Watanabe. São Paulo: RT, 2007, p. 159. VENTURI, Elton. **Processo civil coletivo.** São Paulo: Malheiros, 2007.

– o último dispositivo, corretamente, dispensou a afirmação/demonstração do dano à tutela inibitória.[56]

Logo, para que a barafunda legislativa não produza reflexos doutrinários e jurisprudenciais, indispensável que o art. 300 seja compreendido na esteira do art. 497, parágrafo único, CPC, mas sem a aparente limitação imposta pelo "caput" ("se procedente o pedido"), ratificando-se aquilo que já está assente em âmbito doutrinário: o dano está fora da cognição à prestação da tutela inibitória.[57]

2.3. Importância da tutela cautelar a despeito de seu vínculo racionalista: subsistência da cautela após as mudanças processuais

O primeiro grande movimento de reforma do CPC/73, com destaque às reformas implementadas em 1994, mormente a generalização da tutela antecipada satisfativa (art. 273) e a valorização da tutela específica (art. 461), não esvaziou o objeto da tutela cautelar – não esvaziou, e nem poderia, porque, como visto alhures, o objeto da cautela é específico: sempre que houver perigo de *dano* iminente, aliado à probabilidade do direito.[58]

É importante ter em mente que a tutela cautelar *atípica* foi desenvolvida muito antes de uma tutela inibitória *atípica*. Ademais, que o desenvolvimento da tutela inibitória perpassou a superação da confusão entre o dano e o ilícito, isto é, a ruptura da visão mercificante dos direitos; o surgimento de direitos sem expressão monetária; e a assunção de que o Estado deveria atuar, inclusive, para coibir a ameaça de um ato contrário ao direito.

Em geral a doutrina aceita que as cautelares sejam preventivas. De toda sorte, para um determinado setor doutrinário, a tutela inibitória seria genuinamente preventiva, pois cautelaridade não se confundiria à preventividade –[59] em posição estremada, colhe-se doutrina no sentido da repressividade da tutela cautelar, uma vez que pressupõe o dano.[60] Decerto que o tema exige mais meditação.

---

[56] MARINONI, Luiz Guilherme; ARENHART, Sergio Cruz; MITIDIERO, Daniel Francisco. **Novo curso de processo civil:** tutela dos direitos mediante procedimento comum, volume II. São Paulo: RT, 2015, p. 197-198.

[57] Por esse motivo, Marinoni, Arenhart e Mitidiero defendem que seja utilizada apenas a expressão "perigo na de demora", a qual seria suficientemente aberta à outorga da tutela cautelar ou inibitória. Ibid., p. 199.

[58] Aliás, a única coisa "esvaziada" com a generalização da tutela antecipada satisfativa foi o campo das "cautelares satisfativas", vale dizer, o uso do procedimento cautelar à obtenção de tutelas antecipadas satisfativas. Esse "esvaziamento" foi um consectário do aperfeiçoamento técnico.

[59] MARINONI, Luiz Guilherme. ARENHART, Sérgio Cruz. **Curso de processo civil:** processo cautelar. São Paulo: Revista dos Tribunais, 2008, v. 4, p. 38.

[60] É o caso de Mitidiero, embasando-se no pensamento de Marinoni e Arenhart, e censurando a doutrina de Ovídio. MITIDIERO, Daniel Francisco. **Antecipação da tutela:** da tutela cautelar à técnica antecipatória. São Paulo: Revista dos Tribunais, 2013, p. 36. E mais adiante, na mesma obra, Mitidiero afirma que: Ovídio Baptista, ainda, enquadra a tutela cautelar no âmbito da tutela preventiva. No entanto,

Sem embargo, a nós parece que a última postura assume que o ilícito e o dano possam acontecer, cronologicamente, em momentos bem definidos e separados, o que não se verifica em boa parte das situações da vida. Por outro lado, não podemos ignorar que atos lícitos também são aptos a causar o dano,[61] hipótese em que não se cogita a inibição.[62]

Esses breves argumentos, a serem aprofundados em estudo posterior, apontam à necessidade de uma reflexão detida do assunto; que seja perspectivada sob a égide do conteúdo e objeto da cautelar, mas também na linha da crítica ao racionalismo,[63] hermenêutica. Por outro lado, já se prestam a enunciar o deslize legislativo.

3. A "tutela provisória" do CPC/15

A provisoriedade, como qualidade de estar a ação assegurativa em relação com outra, não poderia bastar à definição das medidas de segurança, porque em todo adiantamento de cognição (declaração, condenação, constituição) ou de execução há provisoriedade (e. g., execução de títulos extrajudiciais) e não há medida de segurança. Em certas ações executivas, esse caráter de cognição provisória é elemento mesmo de subclassificação (e. g., art. 585, V). No sentido em que se emprega o adjetivo "provisórias", a respeito das medidas cautelares, as ações de cognição incompleta (superficial, parcial ou provisória) também o seriam.[64]

Além disso, seria indispensável abandonar o caráter de "tutela provisória" que o jurista [refere-se à Calamandrei] e a unanimidade da doutrina, especialmente italiana,

---

não é possível caracterizá-la dessa forma. É que a *asseguração* não visa a *evitar a prática, reiteração ou continuação de um ato ilícito*, como objetiva a tutela genuinamente preventiva. A tutela cautelar na verdade *pressupõe a efetiva ocorrência de um dano ao direito acautelado* – e por essa razão constitui forma de tutela repressiva. Não por acaso, a teorização de Ovídio Baptista não pressupõe a separação – hoje indispensável – entre ato ilícito e fato danoso" (p. 47). O mesmo autor reconhece que a tutela cautelar "assegura a possibilidade de fruição futura do direito acautelado (combate apenas o *perigo de infrutuosidade*)", que aturaria "repressivamente com intuito de simples conservação" (p. 49). Em suma, para ele a cautela seria repressiva *sui generis*: não é preventiva, tampouco satisfativa – reprime sem satisfazer (direito acautelado), conquanto seja satisfativa do direito à cautela.

[61] BAPTISTA, Silvio Neves. **Teoria geral do dano**. São Paulo: Atlas, 2003, p. 55-57.

[62] A segurança-da-execução conduz à preservação de bens sobre os quais recairá a futura atividade jurisdicional expropriatória. Nesta linha, prevenir o dano é assegurar que ele possa ser reparado pelo equivalente monetário.

[63] Na condição de um dos principais estudiosos do tema, entendemos que Ovídio se notabilizou pelas reflexões de primeira ordem (conteúdo e objeto da cautela) e, conquanto tenha legado importantíssimas reflexões doutrinárias sobre a (in)compreensão das tutelas preventivas, talvez tenha lhe faltado a crítica da própria tutela cautelar. A bem da verdade, e diante de sua opulenta obra sobre o assunto, Ovídio preparou o terreno aos seus continuadores.

[64] PONTES DE MIRANDA, Francisco Cavalcanti. **Tratado das ações.** Campinas: Bookseller, 1999, t. VI, p. 351.

atribui à tutela cautelar. A tutela cautelar não é provisória porque ela não nasce para ser substituída pela medida definitiva. Isto é próprio das antecipações de tutela.[65]

Forte no alerta de Pontes e de Ovídio, não é possível rotular a tutela cautelar como provisória; mesmo porque, provisório é o que não se faz para sempre e, cediço, as "cautelas podem ser definitivas"; as cautelas são temporárias ou temporâneas.[66] Já a doutrina que se abeberou na obra de Calamandrei, endossaria a tese da "provisoriedade" e da subordinação do tempo de vida (= eficácia) da cautela à prolação da sentença condenatória,[67] mais tarde incorporada ao Código Buzaid. A característica da *temporariedade* ainda seria redimensionada pelo magistério de Ovídio Baptista da Silva, demonstrando que sua duração está atrelada à permanência de seus requisitos autorizadores, e não ao resultado de qualquer ação "principal".[68] Outra foi a opção do legislador do CPC/15, o que passou pela própria redução do procedimento cautelar a uma simples *antecipação da tutela cautelar*, pretendo amordaçá-la, como dito no proêmio.

No ensejo, quando o legislador, impropriamente, adjetivou a tutela de *provisória*, teve em mente sua contraposição à definitividade (provisório/definitivo), o que não testifica, em absoluto, qualquer coisa sobre o conteúdo ou objeto das tutelas (de direito material),[69] isto é, ação cautelar (≠ 'ação'). Daí a assertiva que também constou do proêmio: o legislador da "tutela provisória" negligenciou o direito material, desenvolvendo uma técnica não permeável às necessidades da tutela de direito (que não é dúctil às diferentes ações de material).

3.1. A tutela cautelar e sua – ainda mais – incipiente autonomia

Não se deve dizer "processo cautelar", como seria erro falar-se de "processo real", ou do "processo de crédito". O que é cautelar, ou real, ou pessoal, é a ação, no sentido de direito material. Em vez de "procedimentos cautelares", o que há é "procedimentos de ações cautelares". Tais ações são as que têm por fito a cautela. Sempre

---

[65] SILVA, Ovídio A. Baptista da. **Jurisdição, direito material e processo.** Rio de Janeiro: Forense, 2008, p. 99.

[66] PONTES DE MIRANDA, Francisco Cavalcanti. **Comentários...** p. 24-26.

[67] *"A falta de percepção de que a tutela cautelar se destina a assegurar uma tutela do direito, não sendo, portanto, uma simples decisão marcada pela cognição sumária (provisoriedade)*, levou a doutrina a incidir no grave equívoco de subordinar o tempo de vida da tutela cautelar à sentença condenatória". MARINONI, Luiz Guilherme. ARENHART, Sérgio Cruz. **Curso de processo civil:** processo cautelar. São Paulo: Revista dos Tribunais, 2008, v. 4, p. 24.

[68] **Do processo cautelar.** 4. ed. Rio de Janeiro: Forense, 2009, p. 91 e ss.

[69] MARINONI, Luiz Guilherme; ARENHART, Sergio Cruz; MITIDIERO, Daniel Francisco. **Novo curso de processo civil:** tutela dos direitos mediante procedimento comum, volume II. São Paulo: RT, 2015, p. 196. Em sentido contrário, cf. BEDAQUE, José Roberto dos Santos. Tutela provisória. **Revista do Advogado,** São Paulo, Ano XXXV, n. 126, mai. 2015, p. 137-142.

que há medida cautelar, tem-se de saber se na verdade o fito é o acautelamento. Ao direito processual cabe dizer como se há de processar o pedido (a "ação", no sentido de direito processual) de medida cautelar.[70]

Contextualizando, qualquer discussão sobre a autonomia da ação cautelar deveria ser refletida na perspectiva do direito material, isto é, passaria pela indagação se ela, em alguns casos, pode ser bastante em si. Mas não só. A autonomia é um consectário da existência de um direito, pretensão e ação cautelar (ação de direito material); de um mérito próprio, consubstanciado pela *pretensão à segurança* (= direito substancial de cautela),[71] que também foi uma das principais contribuições pontesianas para a matéria.[72] Novamente, outro foi o caminho trilhado pelo legislador, o que se enuncia pelo rótulo de "tutela provisória".

O pensamento sistemático de cariz racionalista repercutiu, decisivamente, no processo cautelar,[73] e continua a repercutir... Assim, em Calamandrei a cautelar era tida como instrumento do instrumento (a chamada instrumentalidade ao quadrado) –[74] o que fez adeptos entre nós –,[75] ou de garantia do resultado útil, em Liebman, de uma 'ação' da qual era dependente, a 'ação' principal, fosse ela de conhecimento ou de execução. Sob o mesmo paradigma, a tutela cautelar foi direcionada para dar efetividade ao processo principal, donde emergiu a sua – suposta – nota essencial de *provisoriedade,* isto é, de proteção do processo ("instrumento do instrumento");[76] desta se originou a subordinação do tempo de vida da cautela ao tempo de vida da sentença condenatória.[77] Por oportuno, com o emblemático caso do arresto, Ovídio Baptista demonstraria o equívoco

---

[70] PONTES DE MIRANDA, Francisco Cavalcanti. **Tratado das ações.** Campinas: Bookseller, 1999, p. 338.

[71] Por todos, cf. COSTA, Eduardo José da Fonseca. Sentença cautelar, cognição e coisa julgada: reflexões em homenagem à memória de Ovídio Baptista. **Revista de Processo,** São Paulo, v. 36, n. 191, p. 357–376, jan., 2011.

[72] Conforme bem pontuado por Ovídio, quem elimina o conceito de *pretensão à segurança* não consegue admitir a existência de um direito à cautela, por quem não tenha direito (= direito acautelado). O mesmo autor enaltece a contribuição de Pontes de Miranda ao desenvolvimento da tutela cautelar. SILVA, Ovídio A. Baptista da. **Jurisdição, direito material e processo.** Rio de Janeiro: Forense, 2008, p. 97-98.

[73] PEREIRA, Mateus Costa. Da ainda incipiente autonomia das cautelares. **Revista dos Tribunais.** Ano 99, volume 897, julho 2010. São Paulo: Revista dos Tribunais.

[74] CALAMANDREI, Piero. **Introduccion al estudio sistematico de las providencias cautelares.** Trad. Santiago Sentis Melendo. Buenos Aires: Editorial Bibliografica Argentina, 1945, p. 45.

[75] **Curso de direito processual civil:** processo de execução e processo cautelar. 36. ed. Rio de Janeiro: Forense, 2004, V. 2, p. 351.

[76] SILVA, Ovídio A. Baptista da. **Curso de processo civil:** processo cautelar (tutela de urgência). 2. ed. rev. e atual. Rio de Janeiro: Forense, 2008, v. 2, p. 50.

[77] MARINONI, Luiz Guilherme. ARENHART, Sérgio Cruz. **Curso de processo civil:** processo cautelar. São Paulo: Revista dos Tribunais, 2008, v. 4, p. 24.

ASPECTOS POLÊMICOS DO NOVO CÓDIGO DE PROCESSO CIVIL

dessa teoria, propugnando que o advento da sentença condenatória em arresto não retira, senão reforça, a necessidade da medida.[78]

Enfim, o novo texto legislativo reconheceu apenas a autonomia das ações de asseguração do fato, tema para outro ensaio.[79] Por motivos que desconhecemos, rompeu com o último reduto de autonomia da cautela: a autonomia procedimental (art. 796, CPC/73); não sem alguma dose de arrogância processual, tencionou asfixiar a autonomia material.

3.2. Quebra da autonomia procedimental da tutela cautelar: institucionalização da tutela antecipada cautelar

O art. 796, CPC/73 era – é – o último reduto da autonomia cautelar; uma autonomia tão somente procedimental, pois o legislador não reconhece a existência de 'ações' cautelares que, conquanto antecedentes, não sejam preparatórias – tampouco reconhece a ação cautelar (ação material), como dantes afirmado. Repise-se, como anotava Ovídio, que poderá não ocorrer um litígio na relação jurídica cautelada, por exemplo –[80] isso sem ignorar suas sólidas premissas à defesa da autonomia.[81]

A nova redação do art. 305 segue a proposta de uma cautelar antecedente, mas de cunho preparatório, a qual, sobre vir antes, ocorre dentro do próprio procedimento principal. De tudo isso, ressai a influência do direito italiano, em que os provimentos cautelares, enquanto antecipações do mérito, em substância, em nada diferem da tutela antecipada satisfativa do art. 273 do CPC/73,[82] com a peculiaridade de integrar um procedimento anterior,[83] e não a possibilidade de serem solicitados em seu bojo.

Em suma, nosso legislador quis transformar a tutela cautelar numa simples "porção" da ação principal, quebrando sua autonomia procedimental para instituí-la no próprio procedimento "principal"; assumindo, de vez, a noção de que

---

[78] SILVA, Ovídio A. Baptista da. **Curso de processo civil:** processo cautelar (tutela de urgência). 2. ed. rev. e atual. Rio de Janeiro: Forense, 2008, v. 2, p. 58.

[79] Já escrevemos um trabalho anterior sobre a incipiência da autonomia da ação cautelar, identificando estes motivos na ideologia que está à base do Código Buzaid. É para lá que remetemos o leitor: PEREIRA, Mateus Costa. Da ainda incipiente autonomia das cautelares. **Revista dos Tribunais.** Ano 99, volume 897, julho 2.010. São Paulo: Revista dos Tribunais.

[80] **A ação cautelar inominada no direito brasileiro...** p. 27.

[81] Sobre o tema, cf. PEREIRA, Mateus Costa. Da ainda incipiente autonomia das cautelares. **Revista dos Tribunais.** Ano 99, volume 897, julho 2010. São Paulo: Revista dos Tribunais.

[82] SILVA, Ovídio A. Baptista da. **Sentença e coisa julgada:** ensaios e pareceres. 4. ed. rev. e ampl. Rio de Janeiro: Forense, 2006, p. 271-272.

[83] "A doutrina encontrou solução ao problema da tutela outorgada a quem não tivera ainda seu direito "certificado" (*accertato*) tendo-a como uma forma de tutela "emprestada", sob o compromisso de que se investigue, *na mesma relação processual*, sob o contraditório "exauriente", se esse efeito que se "emprestara" corresponde realmente à "vontade da lei". Na *mesma relação processual.*" Idem, p. 276.

a tutela cautelar seria uma tutela da Jurisdição, do processo. A opção não causa espécie. Como diria Ovídio, nosso legislador e amplo setor doutrinário sempre tratou a ação cautelar como um "pedaço" do processo principal;[84] e sendo um "pedaço", decerto, até poderia vir antes ("tutela cautelar requerida em caráter antecedente"), mas não precisaria vir fora (processo de ação cautelar).

3.3 Sobre a (des)necessidade de um livro específico ao processo cautelar

Tão logo veio a lume, o CPC/73 foi elogiado por seu aspecto sistemático, dentre outros fatores, por ter reservado um livro específico à tutela cautelar. Nessa linha, colhe-se o magistério de Barbosa Moreira, destacando ter sido o primeiro código no mundo a disciplinar o processo de ação cautelar em livro próprio (o Livro III que, para o mesmo doutrinador, seria uma das partes mais felizes da legislação),[85] nivelando a ação cautelar às ações de conhecimento e de execução,[86] por suposto, compondo uma tríade;[87] outrossim, agrupando e sistematizando as disposições acerca das cautelares constantes do CPC/39, outrora "perdidas no oceano tormentoso dos processos acessórios".[88] Tudo isso, decerto, sem negligenciar a própria ressalva de Alfredo Buzaid sobre a aglutinação de algumas medidas no rol dos procedimentos cautelares específicos – ver item 7 da Exposição de Motivos –[89], sem que as medidas ostentassem natureza acautelatória.[90]

---

[84] SILVA, Ovídio A. Baptista da. "Execução obrigacional e mandamentalidade". *In*: **Instrumentos de coerção e outros temas de direito processual civil**: estudos em homenagem aos 25 anos de docência do professor Dr. Araken de Assis. José Maria Rosa Tesheiner, Mariângela Guerreiro Milhoranza e Sérgio Gilberto Porto (coords.). Rio de Janeiro: Forense, 2007, p. 601-616.

[85] MOREIRA, José Carlos Barbosa. **Estudos sobre o novo código de processo civil**. Rio de Janeiro: 1974, p. 26.

[86] SILVA, Ovídio A. Baptista da. **A ação cautelar inominada no direito brasileiro**. Rio de Janeiro: Forense, 1979, p. 03.

[87] "[...]. O erro básico está na anteposição entre *conservação*, de um lado, e *conhecimento* e *execução* de outro, ou, se se quiser, na contraposição dessas três atividades, como se, para separá-las e classificá-las, usássemos de um critério identificador único. Até certo ponto, seria tolerável a polarização conceitual entre conhecimento e execução. Contudo, a antítese da conservação não é nem a execução e muito menos o conhecimento, e sim a *satisfação*." Ibid., p. 174.

[88] MOREIRA, José Carlos Barbosa. **Estudos sobre o novo código de processo civil**. Rio de Janeiro: 1974, p. 52. Também sobre o tema, cf. MITIDIERO, Daniel Francisco. **Antecipação da tutela:** da tutela cautelar à técnica antecipatória. São Paulo: Revista dos Tribunais, 2013, p. 85-86.

[89] Item 7 da exposição de motivos: "Ainda quanto à linguagem, cabe-nos explicar a denominação do livro III. Empregamos aí a expressão *processo cautelar*. Cautelar não figura, nos nossos dicionários, como adjetivo, mas tão-só como verbo, já em desuso. O projeto o adotou, porém, como adjetivo, a fim de qualificar um tipo de processo autônomo. Na tradição de nosso direito processual era a função cautelar distribuída, por três espécies de processos, designados por preparatórios, preventivos e incidentes. O projeto, reconhecendo-lhe caráter autônomo, reuniu os vários procedimentos preparatórios, preventivos e incidentes sob fórmula geral, não tendo encontrado melhor vocábulo que o adjetivo cautelar para designar a função que exercem. A expressão processo cautelar tem a virtude de abranger todas as medidas preventivas, conservatórias e incidentes que o projeto ordena no Livro III, e, pelo vigor e amplitude do seu significado, traduz melhor que qualquer outra palavra a tutela legal."

Por ora "suspendendo" a nossa tradição legalista, a simples existência de um livro dedicado às cautelares não quer dizer muita coisa; mesmo porque, muito embora a solução possa ter se "imposto" do ponto vista sistemático – com concessão a outros procedimentos –, do ponto de vista científico a opção legislativa não altera a natureza das coisas. Pelas razões já expostas, a ação cautelar não podia ser misturada às demais ações.

Sem embargo, na preleção de Ovídio A. Baptista da Silva, a solução encontrada pelo legislador do CPC/73 poderia ter sido outra, radical, "riscando-se todo o Capítulo II do Livro III do Código [CPC/73]", então reservado às cautelas específicas (típicas ou nominadas), e mantendo-se apenas o princípio genérico de outorga de proteção cautelar.[91] Foi o que fez o legislador do CPC/15 (art. 301).[92] Mas a ação cautelar (de direito material), como sói, continua existindo; nenhuma sobranceria menosprezadora poderá extingui-la.

4. Considerações finais

Na linha da historicidade, perlustrando os estudos de Pontes de Miranda, Ovídio Baptista da Silva, Luiz Guilherme Marinoni, Eduardo José da Fonseca Costa[93] e tantos outros, constata-se que a doutrina processual brasileira já havia construído sólidos alicerces doutrinários à (re)compreensão das tutelas preventivas e, por conseguinte, à implementação de reformas legislativas. Não sem alguma dose de perplexidade, a leitura do novo texto normativo revela que, à revelia das principais contribuições nacionais sobre o tema, outras foram as premissas doutrinárias encampadas pelo legislador.

Sendo certo que a atividade legislativa envolve opções, a escolha não é tão livre como possa parecer. Tampouco está imune da crítica. Como vimos neste

---

[90] "Como se vê, o Código de Processo Civil não ligou o *qualificativo* "cautelar" às tutelas de *natureza cautelar*. O Código confessa ter reunido procedimentos de natureza diversa – "preventivos, conservatórios e incidentes" – e utilizado para qualificá-los o nome "cautelar" à falta de outros melhores. Ou seja, o Código de Processo Civil, ao tratar da tutela cautelar, *não teve qualquer preocupação em se fundar em uma dogmática séria e adequada às necessidades de tutela do direito material*." MARINONI, Luiz Guilherme. ARENHART, Sérgio Cruz, op. cit., p. 202.

[91] "Na medida em que se enumeram determinadas ações cautelares, como é facilmente compreensível, surge a necessidade de estabelecer-se o princípio genérico de outorga da proteção cautelar, para os casos não abrangidos, na previsão legal. A solução poderia ter sido outra, radical, em que a opção excluísse qualquer enumeração de medidas cautelares específicas, riscando-se todo o Capítulo II do Livro III do Código." SILVA, Ovídio A. Baptista da. **Ação cautelar inominada.** p. 137.

[92] Art. 301. A tutela de urgência de natureza cautelar pode ser efetivada mediante arresto, sequestro, arrolamento de bens, registro de protesto contra alienação de bem e qualquer outra medida idônea para asseguração do direito.

[93] Todos citados ao longo do trabalho, com destaque à obra "O direito vivo das liminares", de Eduardo José da Fonseca Costa, que não pudemos analisar neste trabalho, em que o autor, seguindo abordagem pragmática, incomum no direito processual civil brasileiro, demonstra o descompasso entre o texto normativo (art. 273, CPC/73) e o direito vivo das liminares (realidade). A obra é de leitura indispensável.

trabalho, a opção decorreu de posições doutrinárias duvidosas, bastando figurar a tentativa de uniformização dos requisitos às "tutelas provisórias" (antecipação da tutela cautelar e antecipação da tutela satisfativa) conforme art. 300, *caput*, CPC/15.

Do ponto de vista do direito material; do ponto de vista das espécies de tutelas preventivas (inibitória e cautelar); as técnicas comungam do requisito da "probabilidade do direito. Todavia, o perigo de *dano* iminente é requisito específico da tutela cautelar, visto que a probabilidade de um dano é indiferente para a tutela inibitória, estando fora de sua cognição. A fim de que a confusão legislativa não ecoe na jurisprudência – caso o texto não venha a ser alterado antes de entrada em vigor –, em se tratando de tutela contra a ameaça de ato contrário ao direito (sua repetição ou continuação), o art. 300, *caput*, deverá ser compreendido à luz do art. 497, parágrafo único, CPC/15, dispensando-se – em qualquer momento – a afirmação/demonstração de um prejuízo.

Ao começar este trabalho aludimos à Exposição de Motivos do CPC/73 e às justificativas apresentadas de antanho para um novo código. Naquela ocasião, Alfredo Buzaid advertia que o código não propositava deitar instituições abaixo; as modificações substanciais que nele haviam sido introduzidas tinham o objetivo de simplificar a estrutura, facilitar o manejo, racionalizar o sistema e torná-lo um instrumento dúctil à administração da Justiça.[94] Com os olhos voltados à "tutela provisória" (CPC/15), arrisca-se dizer: não houve simplificação na estrutura; o manejo não foi facilitado; tampouco existiu ductibilidade. Já a preocupação em *racionalizar* fez com que o legislador mergulhasse fundo no *racionalismo...*

Referências

Amaral, Guilherme Rizzo. **As astreintes e o processo civil brasileiro:** multa do art. 461 do CPC e outras. 2. ed. Porto Alegre: Livraria do Advogado, 2009.

Assis, Carlos Augusto de. "Reflexões sobre os novos rumos da tutela de urgência e da evidência no Brasil a partir da Lei 13.015/2015". *In:* Macêdo, Lucas Buril de; Peixoto, Ravi; Freire, Alexandre (coords.). **Doutrina Selecionada:** Procedimentos Especiais, Tutela Provisória e Direito Transitório. Salvador: Juspodivm, 2015, v. 4.

Baptista, Silvio Neves. **Teoria geral do dano.** São Paulo: Atlas, 2003.

Bedaque, José Roberto dos Santos. Tutela provisória. **Revista do Advogado,** São Paulo, Ano XXXV, n. 126, mai. 2015, p. 137-142.

Caenagem, R. C. van. **Uma introdução histórica ao direito privado.** São Paulo: Martins Fontes, 2000.

Calamandrei, Piero. **Introduccion al estudio sistematico de las providencias cautelares.** Trad. Santiago Sentis Melendo. Buenos Aires: Editorial Bibliografica Argentina, 1945.

---

[94] Exposição de Motivos do Código de Processo Civil, "Revisão ou Código Novo?" (Capítulo 1).

CAPPELLETTI, Mauro. **Proceso, ideologias, sociedad.** Trad. Santiago Sentís Melendo e Tomás A. Banzhaf. Buenos Aires: Ediciones Juridicas Europa-America, 1974.

CARNEIRO, Athos Gusmão. **Da antecipação de tutela.** 6. ed. Rio de Janeiro: Forense, 2005.

CHIARLONI, Sergio. **Medidas coercitivas y tutela de los derechos.** Trad. Aldo Zela Villegas. Lima: Palestra Editores, 2005.

COSTA, Eduardo José da Fonseca. Sentença cautelar, cognição e coisa julgada: reflexões em homenagem à memória de Ovídio Baptista. **Revista de Processo,** São Paulo, v. 36, n. 191, p. 357–376, jan., 2011.

DALLARI, Dalmo de Abreu. **O poder dos juízes.** São Paulo: Saraiva, 2008.

DAVID, René. **Os grandes sistemas do direito contemporâneo.** São Paulo: Martins Fontes, 2002.

DINAMARCO, Cândido Rangel. **A reforma do Código de Processo Civil.** 3. ed. São Paulo: Malheiros, 1996.

FADEL, Sergio Sahione. **Antecipação da tutela no processo civil.** 2. ed. São Paulo: Dialética, 2002.

FIGUEIRA JR., Joel Dias. **Comentários ao código de processo civil.** 2. ed. São Paulo: RT, 2007, v. 4, t. I.

GOMES, Fábio Luiz. **Responsabilidade objetiva e antecipação de tutela:** a superação do paradigma da modernidade. São Paulo: Revista dos Tribunais, 2006.

GRECO, Leonardo. "A tutela da urgência e a tutela da evidência no código de processo civil de 2015." MACÊDO, Lucas Buril de; PEIXOTO, Ravi; FREIRE, Alexandre (coords.). **Doutrina Selecionada:** Procedimentos Especiais, Tutela Provisória e Direito Transitório. Salvador: Juspodivm, 2015, v. 4.

GUERRA, Marcelo Lima. **Execução indireta.** São Paulo: RT, 1999.

MARINONI, Luiz Guilherme. **Antecipação da tutela.** 8. ed. São Paulo: Revista dos Tribunais, 2004.

_____. Novo CPC deixou pendente a garantia da razoável duração do processo. **Consultor Jurídico (Conjur).** Disponível em: <http://www.conjur.com.br/2015-abr-13/direito-civil-atual-cpc-deixou-pendente-garantia-duracao-razoavel-processo>. Acesso em: 15 abr. 2015.

_____. **Precedentes obrigatórios.** São Paulo: RT, 2010.

_____. **Técnica processual e tutela dos direitos.** 2. ed. São Paulo: Revista dos

_____. **Tutela inibitória:** individual e coletiva. 4. ed. São Paulo: Revista dos Tribunais, 2006.

MARINONI, Luiz Guilherme. ARENHART, Sérgio Cruz. **Curso de processo civil:** processo cautelar. São Paulo: Revista dos Tribunais, 2008, v. 4.

MARINONI, Luiz Guilherme; ARENHART, Sergio Cruz; MITIDIERO, Daniel Francisco. **Novo curso de processo civil:** tutela dos direitos mediante procedimento comum, volume II. São Paulo: RT, 2015.

MEDINA, José Miguel Garcia. **Execução civil:** teoria geral e princípios fundamentais. 2. ed. São Paulo: Revista dos Tribunais, 2004.

MITIDIERO, Daniel Francisco. **Antecipação da tutela:** da tutela cautelar à técnica antecipatória. São Paulo: Revista dos Tribunais, 2013.

TUTELA PROVISÓRIA DE URGÊNCIA: PREMISSAS DOUTRINÁRIAS QUESTIONÁVEIS...

_____. **Comentários ao código de processo civil.** São Paulo: Memória Jurídica, 2006, t. III.

_____. O processualismo e a formação do Código Buzaid. **Revista de Processo,** São Paulo, Ano XXXV, n. 183, maio 2010, p. 165-194.

MOREIRA, José Carlos Barbosa. **Estudos sobre o novo código de processo civil.** Rio de Janeiro: 1974.

PACHECO, José da Silva. **Evolução do processo civil brasileiro:** desde as origens até o advento do novo milênio. 2. ed. Rio de Janeiro: Renovar, 1999.

PONTES DE MIRANDA, Francisco Cavalcanti. **Comentários ao Código de Processo Civil, arts. 796-889.** Rio de Janeiro: Forense, 1976, t. XII.

_____. **Tratado das ações.** Campinas: Bookseller, 1999, t. I.

_____. **Tratado das ações.** Campinas: Bookseller, 1999, t. VI.

PEREIRA, Mateus Costa; GOUVEIA FILHO, Roberto Pinheiro Campos. "Ação material e tutela cautelar". In: **Teoria quinária da ação:** estudos em homenagem a Pontes de Miranda nos 30 anos do seu falecimento. Eduardo José da Fonseca Costa, Luiz Eduardo Ribeiro Mourão e Pedro Henrique Pedrosa Nogueira (coords.). Salvador: JusPodivm, 2010.

PEREIRA, Mateus Costa. Da ainda incipiente autonomia das cautelares. **Revista dos Tribunais.** Ano 99, volume 897, julho 2010. São Paulo: Revista dos Tribunais.

PIMENTEL, Alexandre Freire. "Análise histórica da teoria quinária e a alteração da preponderância eficacial-condenatória ante a superveniência do sincretismo processual". In: **Teoria quinária da ação:** estudos em homenagem a Pontes de Miranda nos 30 anos do seu falecimento. Eduardo José da Fonseca Costa, Luiz Eduardo Ribeiro Mourão e Pedro Henrique Pedrosa Nogueira (coords.). Salvador: JusPodivm, 2010.

SALDANHA Nelson Nogueira. **Estado moderno e a separação dos poderes.** São Paulo: Saraiva, 1987.

_____. **Historicismo e Culturalismo.** Rio de Janeiro: Fundarpe, 1986.

_____. **Teoria do direito e crítica histórica.** Rio de Janeiro: Freitas Bastos, 1987.

_____. **Velha e nova ciência do direito:** e outros estudos de teoria jurídica. Recife: Editora Universitária, 1974.

SIDOU, J. M. Othon. **Processo civil comparado (histórico e contemporâneo) à luz do código de processo civil brasileiro modificado até 1996.** Rio de Janeiro: Forense Universitária, 1997.

SILVA, Ovídio A. Baptista da. **A ação cautelar inominada no direito brasileiro.** Rio de Janeiro: Forense, 1979.

_____. **Curso de processo civil.** Rio de Janeiro: Forense, 2008, v. 1, t. II.

_____. **Curso de processo civil:** processo cautelar (tutela de urgência). 2. ed. rev. e atual. Rio de Janeiro: Forense, 2008, v. 2.

_____. **Doutrina e prática do arresto ou do embargo.** Rio de Janeiro: Forense, 1976.

_____. **Do processo cautelar.** 4. ed. Rio de Janeiro: Forense, 2009.

_____. **Jurisdição, direito material e processo.** Rio de Janeiro: Forense, 2008,

_____. **Processo e ideologia:** o paradigma racionalista. 2. ed. Rio de Janeiro: Forense, 2006.

_____. **Sentença e coisa julgada:** ensaios e pareceres. 4. ed. rev. e ampl. Rio de Janeiro: Forense, 2006.

ASPECTOS POLÊMICOS DO NOVO CÓDIGO DE PROCESSO CIVIL

_____. "Execução obrigacional e mandamentalidade". *In*: **Instrumentos de coerção e outros temas de direito processual civil**: estudos em homenagem aos 25 anos de docência do professor Dr. Araken de Assis. José Maria Rosa Tesheiner, Mariângela Guerreiro Milhoranza e Sérgio Gilberto Porto (coords.). Rio de Janeiro: Forense, 2007, p. 601-616.

TARUFFO, Michele. **Uma simples verdade:** o Juiz e a construção dos fatos. São Paulo: Marcial Pons, 2012.

TESSER, André Luiz Bauml. "As diferenças entre a tutela cautelar e a antecipação de tutela no CPC/15". *In:* MACÊDO, Lucas Buril de; PEIXOTO, Ravi; FREIRE, Alexandre (coords.). **Doutrina Selecionada:** Procedimentos Especiais, Tutela Provisória e Direito Transitório. Salvador: Juspodivm, 2015, v. 4.

WATANABE, Kazuo. "Relação entre demanda coletiva e demandas individuais." In: **Direito processual coletivo e o anteprojeto de código brasileiro de processos coletivos.** Ada Pellegrini Grinover, Aluisio Gonçalves de Castro Mendes e Kazuo Watanabe. São Paulo: RT, 2007.

Aspectos polêmicos da estabilização da tutela

GLEDSON MARQUES DE CAMPOS
MARCOS STEFANI *(co-Autor)*

1. Introdução

A tutela provisória é certamente uma das novidades mais significativas do novo CPC. Sob a égide do CPC anterior, a tutela provisória estava disciplinada de forma esparsa.[1] O novo CPC alterou esse cenário drasticamente, destinando um capítulo exclusivamente (Livro V da parte geral) para tratar das tutelas provisórias, dividindo-as em tutela provisória de urgência (cautelar e antecipada) e tutela provisória de evidência.

Além dessa concentração (alteração topográfica), dentre outras novidades trazidas pelo novo CPC em relação à tutela provisória, podemos enumerar: (i) o livro que tratava do processo cautelar foi extinto, assim como eliminadas todas as disposições sobre as cautelares específicas; (ii) a unificação do regime da tutela provisória, que passou a ser o gênero do qual são espécies a tutela de urgência e a de evidência; (iii) a tutela cautelar e a antecipada passaram a ser espécies da tutela provisória de urgência; e (iv) a criação da tutela antecipada antecedente, com a possibilidade de sua estabilização.

O presente artigo tem por propósito abordar a tutela provisória de urgência antecipada antecedente e a possibilidade de ela restar estabilizada, bem como algumas dificuldades dessa estabilização.

2. Tutela de urgência no novo CPC

O Livro V da parte geral do novo CPC disciplina o regime das tutelas provisórias (arts. 294 a 310) e está dividido em três títulos, quais sejam: (i) o primeiro,

---

[1] Enquanto as tutelas antecipada e de evidência estavam previstas no Livro I, especificadamente no art. 273, a tutela cautelar estava prevista no Livro III.

tratando de disposições gerais sobre as tutelas provisória (de urgência e de evidência); (ii) o segundo, disciplinando a tutela provisória de urgência[2] e (iii) o terceiro, e último, versando sobre a tutela provisória de evidência.

O primeiro artigo do Livro V[3] diz que a tutela provisória pode estar fundamentada em urgência ou em evidência.

2.1. Tutela provisória de urgência

A tutela provisória de urgência pode ter natureza antecipada ou cautelar, dependendo do bem que tutela.[4] Em ambas (tutela provisória de urgência antecipada e tutela provisória de urgência cautelar), é necessária a existência de "elementos que evidenciem a probabilidade do direito e o perigo de dano ou risco ao resultado útil do processo" (novo CPC, 300).[5]

Basicamente, são duas as justificativas para a criação de dois procedimentos para espécies bastante semelhantes: (i) embora espécies do gênero tutela de urgência, a função da tutela antecipada e da cautelar continua a ser distinta, na medida em que aquela é satisfativa e esta apenas assegura a efetividade de outra espécie de tutela jurisdicional e (ii) a tutela antecipada antecedente pode ser estabilizada, enquanto a cautelar não.

O novo CPC criou a possibilidade de a tutela provisória de urgência antecedente ser requerida de forma antecedente. Agora, ao lado do procedimento para a tutela provisória de urgência (cautelar e antecipada) incidental – que já havia no CPC/73 –, há outros dois procedimentos preparatórios de tutela provisória de urgência, quais sejam: (i) tutela cautelar antecedente (arts. 305 a 310)[6] e (ii) tutela antecipada antecedente (arts. 303 a 304).

Agora, a parte autora pode, por exemplo, optar por (i) apresentar apenas a pretensão da antecipação de tutela, diferindo-se o restante para momento subsequente (aditando a inicial) ou (ii) fazer como já fazia à luz do CPC/73 e dedu-

---

[2] Esse título está dividido em três capítulos, quais sejam: o primeiro estabelece disposições gerais sobre a tutela de urgência; o segundo sobre o procedimento da tutela antecipada requerida em caráter antecedente e o último descreve o procedimento da tutela cautelar requerida em caráter antecedente.

[3] "Art. 294. A tutela provisória pode fundamentar-se em urgência ou evidência".

[4] "A tutela antecipada é uma técnica utilizada para atender demandas inaptas a aguardar a resolução judicial definitiva, porque a ausência de imediato acesso ao objeto da postulação tem aptidão de impor sobre o postulante um grave dano ou um dano de difícil reparação (antecipação de tutela satisfativa) ou, ainda, porque há imediata necessidade de conservar o bem jurídico objeto da disputa, sob pena de perda do resultado útil do processo (antecipação de tutela cautelar)". Bernardo Silva de Lima e Gabriela Expósito. "Porque tudo que é vivo, morre. Comentários sobre o regime da estabilização dos efeitos da tutela provisória de urgência no Novo CPC". *RePro* 250, p. 168.

[5] Quer parecer que o legislador igualou os requisitos para a concessão das tutelas de urgência, seja ela cautelar, seja ela de antecipação de tutela.

[6] Sob a égide do CPC/73, o autor propunha o processo cautelar e, posteriormente, o processo principal. Eram processos distintos, relações jurídicas distintas e não a cumulação de ação no mesmo processo.

ASPECTOS POLÊMICOS DA ESTABILIZAÇÃO DA TUTELA

zir toda a pretensão, inclusive a relacionada à antecipação, sem a necessidade de aditamento.

2.2. Tutela provisória de evidência

Já no que toca à tutela de evidência, prevista nos arts. 311 e seguintes, sua concessão não exige a demonstração de perigo, como ocorre nas tutelas provisórias de urgência, mas apenas a plausibilidade do direito, aliada à falta de justificativa para que ele (direito) venha a ser concedido somente ao cabo do demorado procedimento.[7]

O art. 311 do novo CPC estabelece que a tutela da evidência será concedida, independentemente da demonstração de perigo de dano ou de risco ao resultado útil do processo, quando: (i) ficar caracterizado o abuso do direito de defesa ou o manifesto propósito protelatório da parte; (ii) as alegações de fato puderem ser comprovadas apenas documentalmente e houver tese firmada em julgamento de casos repetitivos ou em súmula vinculante; (iii) se tratar de pedido reipersecutório fundado em prova documental adequada do contrato de depósito, caso em que será decretada a ordem de entrega do objeto custodiado, sob cominação de multa; ou (iv) a petição inicial for instruída com prova documental suficiente dos fatos constitutivos do direito do autor, a que o réu não oponha prova capaz de gerar dúvida razoável.

Cotejando-se os arts. 300 e 311, ambos do novo CPC, infere-se que as tutelas de urgência e de evidência, embora espécies do gênero tutelas provisórias e formas de antecipação dos efeitos de decisão, não se confundem, mesmo porque possuem fundamentos jurídicos distintos para sua concessão.

3. Tutela provisória de urgência antecipada antecedente

Como mencionado alhures, quando a tutela provisória de urgência antecipada for contemporânea à propositura da ação, o autor tem duas possibilidades: (i) propor a ação, descrevendo pormenorizadamente as causas de pedir (próxima e rêmora) e os pedidos (mediato e imediato), cumulando o pedido final com o de concessão de tutela antecipada, a exemplo do que fazia sob a égide do CPC/73 ou (ii) limitar-se a pedir a tutela antecipada, diferindo para momento posterior a complementação e o detalhamento de suas causas de pedir e pedidos (procedimento simplificado para deduzir a tutela provisória de urgência antecipada antecedente).[8]

---

[7] A concessão da tutela de evidência exige grau de plausibilidade tão elevado que se dispensa a demonstração de perigo. Segundo Luiz Fux (*Tutela de segurança e tutela de evidência*. São Paulo: Saraiva, 1996, p. 306) a tutela de evidência é aquela concedida com base em direito evidente, ou aquele que pode ser demonstrado por prova documental, como direito líquido e certo do mandado de segurança.

[8] Note-se que esse procedimento é bastante similar com o que havia, no CPC/73, para a cautelar preparatória e a ação principal, com a diferença de que, agora, não há mais a necessidade de novo

Se o autor for se valer desse procedimento simplificado, deve deixar clara sua intenção, afastando-se toda e qualquer dúvida que dela possa advir. Nessa petição, segundo o art. 303 do novo CPC, o autor deverá requerer a tutela antecipada e indicar (apontar) o pedido de tutela final, expondo a lide, o direito que busca realizar e o perigo de dano ou risco ao resultado útil do processo.

Caso o juiz entenda que os requisitos para a concessão da tutela antecipada não estão presentes, deve determinar a emenda da petição inicial, no prazo de cinco dias, sob pena de indeferimento e consequente extinção do processo sem resolução do mérito (novo CPC, 303 § 6º).

Antes de indeferir a tutela antecedente e determinar a emenda da inicial, nos termos do art. 300, § 2º do novo CPC, o juiz pode determinar a realização de audiência de justificação para que o autor complemente prova necessária para concessão da tutela antecipada. Se mesmo após a realização da audiência o juiz não estiver convencido, ele deve indeferir a tutela antecipada e determinar que o autor emende a inicial. Para essa hipótese, o autor terá total liberdade para emendar, até porque o réu nem sequer foi citado. Nessa hipótese, o autor pode, por exemplo, modificar os elementos da demanda (partes, causa de pedir e pedido), ampliar ou reduzir o requerimento de tutela antecipada.

Concedida a tutela antecipada antecedente e intimado o réu, se houver a interposição de recurso, o autor terá quinze dias para aditar a inicial,[9] complementando sua argumentação, juntando novos documentos e confirmando o pedido de tutela final.

Diferentemente do que ocorre com a emenda da inicial que se segue à rejeição da tutela antecipada, não há ampla liberdade para a emenda que se segue ao deferimento da tutela antecipada, na medida em que o art. 303, I, § 1º do novo CPC é categórico ao estabelecer que "*o autor deverá aditar a petição inicial, com a confirmação do pedido de tutela final*".

4. Contexto da estabilização da tutela antecipada

No Brasil, a ideia de estabilização da tutela antecipada remonta ao final do século XX, e mais precisamente a 1997, quando foi publicado trabalho de autoria da Ada Pellegrini Grinover.[10] Nesse trabalho, Ada Pellegrini Grinover sugeriu fosse convertida em sentença, produzindo coisa julgada, a decisão não impugnada que antecipasse os efeitos da tutela. A ideia que subjazia à sugestão estava calcada no fato de não haver motivo para o prosseguimento do processo se o réu,

---

(outro) processo, mas apenas um, aditando-se a petição para descrever toda a causa de pedir e deduzir todos os pedidos.

[9] O juiz pode conceder prazo mais elástico para a emenda, nos termos do art. 303, § 1º, I, do novo CPC.

[10] "Tutela jurisdicional diferenciada: a antecipação e sua estabilização". *Revista de Processo*. vol. 121. p. 11-37. São Paulo: Ed. RT, mar. 2005.

ou seja, o maior interessado, aquiescia com a decisão que antecipava os efeitos da tutela.

No direito estrangeiro, a estabilização está prevista no Direito Francês e Italiano há anos.

No Direito Francês, a estabilização ocorre nos *référés*. As tutelas de urgência viabilizadas por meio dos *référés*[11] são provisórias, porque inaptas a produzir coisa julgada material, mas dotadas de eficácia e executoriedade amplas para solucionar a crise de direito material, tanto que *"a decisão não será alterada se o devedor assim não requerer"*.[12]

De acordo com o Direito Francês, se a decisão satisfizer os interesses das partes, ou seja, os interesses daqueles que estão envolvidos, não há a necessidade de o processo ter continuidade, nem razoabilidade de a lei impor tal prosseguimento. Uma vez concedido o *référé* e não havendo impugnação das partes, a decisão produz efeitos até (i) se tornar definitiva, em virtude de restar prescrita a possibilidade de se iniciar discussão sobre o mérito daquilo que foi antecipado; ou (ii) ser substituída por outra decisão proferida com base em cognição exauriente.[13]

Já na Itália, a partir de 2003,[14] a tutela de urgência (cautelar e antecipada) deixou de ter regulamentação única (art. 700). Muito embora antes mesmo de 2003 já fosse – e continua sendo – perfeitamente possível traçar as diferenças entre as tutelas de urgência cautelares e antecipatórias no sistema italiano,[15] a verdade é que esse tema jamais suscitou grande interesse naquele país.

Com a reforma introduzida a partir de 2003, as tutelas de urgência (cautelar/conservativa e antecipatória) passaram a ser disciplinadas individualmente

---

[11] Os *référés* podem ser classificados em: *référé* baseado na urgência; *référé* cuja urgência é presumida e *référé* em que a urgência é dispensada (Humberto Theodoro Jr. e Érico Andrade "A autonomia e a estabilização da tutela de urgência no projeto de CPC". *Revista de Processo*. vol. 206. São Paulo, Ed. RT, p. 30-31).

[12] Horival Marques de Freitas Jr. "Breve análise sobre as recentes propostas de estabilização das medidas de urgência". *Revista de Processo*. vol. 225. São Paulo, Ed. RT, nov. 2013. p. 199 e, ainda, continua esse autor: *"assim, se o devedor não tem certeza de que conseguirá reverter a decisão en référé, optará por não promover o juízo de mérito sobre a questão, de forma a evitar que essa decisão, até então provisória, torne-se definitiva. Trata-se de uma técnica antecipatória não cautelar. E apesar de não serem suscetíveis ao trânsito em julgado, tais medidas não perdem eficácia se não iniciado o processo de fundo (mérito).Interessante observar que não há qualquer dispositivo no CPC francês exigindo que as partes iniciem o procedimento de mérito"*.

[13] Humberto Theodoro Jr. e Érico Andrade "A autonomia e a estabilização da tutela de urgência no projeto de CPC". *Revista de Processo*. vol. 206. São Paulo, Ed. RT, p. 32.

[14] Diz-se a partir porque a reforma não se deu em apenas um momento, mas foi paulatina.

[15] Na Itália, há duas modalidades de tutela de urgência – lá denominadas cautelar -: (a) aquelas meramente conservatórios das situações de fato, qualificadas pela provisoriedade do provimento e, sobretudo, pela instrumentalidade em relação ao mérito e (b) aquelas antecipatórios da satisfação do direito, as quais buscam prevenir o perigo de tardança, ou seja, de demora do provimento final (Humberto Theodoro Jr. e Érico Andrade "A autonomia e a estabilização da tutela de urgência no projeto de CPC". *Revista de Processo*. vol. 206. São Paulo, Ed. RT, p. 20).

e restou dispensada a necessidade de propositura de ação principal nas medidas antecipatórias concedidas com fulcro do art. 800 do CPC Italiano. A reforma estava calcada na ideia de que há casos em que a decisão proferida com base em cognição sumária é apta a resolver a crise de direito material, até porque o que as partes realmente buscam é a modificação no plano empírico (alteração da realidade), sendo desnecessário haver declaração acerca da relação jurídica de direito material.

5. A estabilização da tutela de urgência antecipada antecedente no novo CPC

Nos termos do art. 304, se a tutela antecipada antecedente requerida nos moldes do art. 303 do novo CPC[16] for concedida liminarmente e o réu não interpuser o respectivo recurso, ela (tutela antecipada) será estabilizada.

A possibilidade de estabilização de tutela antecipada significa rompimento de paradigma, porque dispensa a propositura de processo principal para que a relação de direito material possa ser analisada e acobertada pela definitividade. Até então – sob a égide do CPC/73 – era absolutamente excepcional a eternização de efeitos de decisão que não fosse baseada em uma declaração fundada em cognição exauriente e legitimada por amplo contraditório prévio.[17]

Assim, se houver a concessão da tutela antecipada antecedente e o réu, intimado, não impugná-la, haverá a estabilização dessa tutela e o processo será extinto.[18]

Contudo, por trás da simplicidade do procedimento da estabilização, escondem-se problemas que certamente embaraçarão sua aplicação.

Basta, por exemplo, imaginar a hipótese de o réu ser citado fictamente (hora certa ou edital). Haveria a possibilidade de estabilização da tutela? Quer parecer que não, apesar do silêncio por parte do legislador, da mesma forma que igualmente não cabe a estabilização quando (i) o réu for incapaz sem representante legal, (ii) o réu estiver preso; (iii) se tratar de direito indisponível; (iv) não for

---

[16] Ou seja, por meio de petição inicial que não traz toda a controvérsia, mas apenas aquela em que é deduzido o pedido de tutela antecipada e indicado o pedido de tutela final.

[17] Exemplo disso era o procedimento monitório em que a falta de embargos monitórios davam azo à conversão do mandado, com a formação de título executivo judicial, com todas as consequências dai decorrentes.

[18] Bruno Garcia Redondo ("Estabilização, modificação e negociação da tutela de urgência antecipada antecedente: principais controvérsias". *RePro* 244, p 171) apresenta hipóteses em que não haverá a estabilização, ainda que o réu deixe de recorrer contra a decisão que deferiu a antecipação de tutela. São elas: (i) réu citado por hora certa ou edital; (ii) réu incapaz e sem representante legal; (iii) réu preso; (iv) quando o direito for indisponível; (v) quando mesmo havendo revelia do réu, não incidissem os seus efeitos. Bruno Garcia Redondo aponta hipóteses em que, embora possível a técnica de estabilização, não haverá a extinção do processo, que deverá seguir, quais sejam: (i) quando o pedido de antecipação disser respeito apenas à parcela do mérito, não sendo o único objeto da demanda e (ii) quando o pedido de tutela for concedido apenas parcialmente.

possível operarem-se os efeitos da revelia. Contudo, nenhuma dessas hipóteses foi sequer prevista pelo legislador quando previu a estabilização dos efeitos da tutela antecipada antecedente.

Essas omissões não foram as únicas. Vejamos algumas dificuldades que a estabilização encerra.

5.1. Apenas o agravo de instrumento afasta a estabilização?

O art. 304 do novo CPC estabelece que o réu deve interpor recurso (agravo de instrumento) para evitar a estabilização da tutela antecipada concedida liminarmente.

Contudo, há quem sustente que não apenas a interposição de recurso afasta a estabilização, mas todo e qualquer ato praticado pelo réu em que fique muito clara sua irresignação.[19] Por outro lado, há quem defenda que apenas a interposição de agravo teria o condão de afastar a estabilização.[20]

Milita em favor dessa última posição o fato de que a redação do art. 304 do novo CPC foi alterada durante o processo legislativo para substituir o vocábulo "impugnação" por "recurso".

Com efeito, a versão aprovada em 2010 pelo Senado Federal referia-se à impugnação como meio de impedir a estabilização, enquanto a aprovada na Câmara em 2014 substituiu a palavra impugnação por recurso. A versão do Senado de 2014, que foi sancionada pela presidência da República em 2015, manteve a redação da Câmara de 2014, adotando posição mais restritiva.

Como quer que seja, parece que a estabilização da tutela é sanção decorrente da inércia do réu. Se ele resiste, seja por meio da contestação, seja por meio de reconvenção, seja por meio de suspensão de segurança, seja por meio de reclamação, seja, ainda, por meio de simples petição em que se contrapõe à antecipação, não há como aplicar a sanção prevista.

E ainda que se adote essa interpretação mais restritiva, vale dizer que o agravo de instrumento não é o único recurso capaz de evitar a estabilização. O réu pode, por exemplo, manejar embargos de declaração, apontando contradições, omissões ou obscuridades e, assim, evitar a estabilização.

Por fim, na hipótese de litisconsórcio unitário, não há que se falar em estabilização se um dos litisconsortes se insurge contra a decisão.

---

[19] Nesse sentido está a posição de Ada Pelegrini Grinover (vide palestra ministrada em evento realizado no escritório Trench, Rossi e Watanabe em 14 de abril de 2016). No mesmo sentido, Daniel Mitidiero. Breves comentários ao novo código de processo civil. Coordenadores Teresa Arruda Alvim Wambier et all. 2. ed. rev. e atual. São Paulo: RT, 2016, p. 834.

[20] Weber Luiz de Oliveira. "Estabilização da tutela antecipada e a teoria do fato consumado. Estabilização da estabilização?" *RePro* 242, p. 235.

5.2. Inércia do réu e inércia do autor

Segundo o novo CPC, quando a urgência for contemporânea à propositura da ação, o autor pode limitar seu pedido à antecipação, diferindo todo o demais.

Se o juiz conceder a antecipação, surgirá para o autor a obrigação de emendar a petição inicial, nos termos no art. 303 do novo CPC, devendo complementar sua argumentação, juntar documentos e ratificar o pedido final. Não realizado o aditamento, o processo deverá ser extinto, sem julgamento do mérito (303, § 2º, novo CPC).

Por sua vez, o réu será citado para integrar a relação processual (238, novo CPC) e intimado da decisão que antecipou a tutela.

Uma vez aditada a petição, o réu será mais uma vez intimado, agora para comparecer à audiência de conciliação e mediação. Para a hipótese de o réu não interpor agravo contra a decisão que antecipou a tutela, ela (decisão) fica estabilizada e o processo é extinto.

Pois bem, a questão que se coloca aqui é: e se o autor não emendar a petição inicial e o réu não agravar, haverá a extinção do processo com estabilização ou sem?

Uma leitura açodada aponta para a hipótese de o processo ser extinto sem a estabilização. Isso porque o prazo para o autor aditar a inicial sempre vencerá antes de escoado o prazo para que o réu interponha recurso, de modo que como a inércia do autor precede à do réu, o processo deverá ser extinto, sem julgamento do mérito.

O prazo de quinze dias (o juiz pode dilatá-lo) para que o autor emende a inicial tem como termo inicial o momento em que ele é intimado acerca da decisão que antecipa a tutela, o que poderá ocorrer com a intimação do seu advogado por meio da publicação da decisão ou, ainda, por meio da ciência dessa decisão. Já o réu deverá ser citado e intimado e, a partir da juntada aos autos do mandado de citação e intimação (231, I e II do novo CPC), fluirá o prazo de quinze dias para interposição de recurso.[21]

Invariavelmente, o prazo para o autor emendar a inicial vencerá antes daquele para o réu recorrer, de modo que ao autor não será dado aguardar a atitude do réu – interposição ou não de recurso – antes de emendar a inicial e apresentar sua pretensão completa, sob pena de extinção do processo.

Se assim é, o instituto da estabilização está natimorto. Se o autor emendar a inicial, apresentando a integralidade de sua pretensão e requerendo a prestação da tutela jurisdicional, independentemente da postura adotada pelo réu, o processo não poderá ser extinto com estabilização da tutela e a razão para tanto é singela:

---

[21] Aqui vale um parêntese: a redação do art. 231, I e II do novo CPC é digna de aplausos. Isso porque não raras eram as decisões que entendiam que o prazo para a interposição de agravo de instrumento contra decisão liminar que antecipava efeitos da tutela era computado a partir da intimação do réu e não da juntada aos autos do mandado de intimação e citação.

se o fizer, o Poder Judiciário estará deixando de apreciar pretensão que lhe foi trazida, limitando-se a fazê-lo de modo incompleto e, desse modo, deixando de prestar a jurisdição que prometera desde o momento em que vedou a autotutela.

A lei não pode excluir da apreciação do Judiciário lesão ou ameaça de lesão. Se a parte apresentou pedido, o Judiciário não pode deixá-lo sem análise e a decisão que antecipa a tutela estabilizada não dá tratamento adequado ao pedido do autor, mesmo porque proferida antes de esse pedido ser deduzido. Não é por outra razão que o novo CPC previu a estabilização apenas em relação ao procedimento simplificado da tutela antecipada, deixando-o de fazê-lo quando o autor deduz a tutela antecipada com seu pedido principal.

O legislador deveria ter estabelecido que a emenda da inicial somente ocorresse após a atitude do réu (irresignação contra a decisão que antecipa tutela). Para tanto, bastaria prever a intimação para responder a irresignação do réu como termo inicial para prazo de emenda da inicial.

Ter-se-ia a seguinte situação: concedida a liminar (antecipação de tutela), o autor aguardaria a atitude do réu. Se houvesse inércia, haveria estabilização, sem que o autor apresentasse seu pedido principal. Se o réu impugnasse, então surgiria para o réu o ônus de aditar a inicial, sob pena de extinção do processo.

Agora, como está, quer parecer que infelizmente a estabilização será de difícil verificação, na medida em que o autor terá emendado a inicial antes da atitude do réu (ou falta de), impossibilitando, assim, a estabilização, a não ser que o réu diga, no momento da emenda da petição inicial, que se satisfaz com a estabilização, para a hipótese de o réu não se insurgir (ou seja, diga que se contenta com a estabilização, desistindo dos demais pedidos para a hipótese de o réu não impugnar a decisão que antecipa os efeitos da tutela de modo antecedente). [22]

5.3. Extinção do processo, honorários de advogado e despesas

Segundo o § 1º do art. 304 do novo CPC, se o réu, intimado da decisão que antecipou os efeitos da tutela, permanecer inerte, a tutela se estabiliza e o processo é extinto.

Tal parágrafo não esclarece qual é a natureza da sentença, se terminativa (sem resolução do mérito) ou definitiva (com resolução do mérito). Tampouco indica se haverá fixação de honorários de sucumbência, além de reembolso de despesas processuais.

---

[22] Nem se diga que o autor poderia, no momento em que emenda a inicial, dizer que se satisfaria com a decisão que antecipou a tutela caso o réu não se insurja. Isso porque não se admite pedido condicional, devendo ser certo e determinado.

Pois bem, diante dessa ausência, há quem sustente que a extinção ocorre com[23] e sem[24] julgamento do mérito.

Quer parecer que aqueles que sustentam que a extinção ocorre sem julgamento do mérito classificam a sentença do art. 304 do novo CPC com base na hipótese prevista no inc. II do art. 485 do novo CPC. Isso porque todas as outras hipóteses do art. 485 do novo CPC estão relacionadas a questões processuais ou, ainda, a vícios processuais insuperáveis,[25] o que não é o caso da sentença do art. 304 do CPC.

Pois bem, se por um lado as hipóteses descritas no art. 304 do CPC e a do inc. II do art. 485 do novo CPC configuram sanções para a inércia das partes, por outro, as sentença proferidas com base no art. 304 e com fundamento no art. 485, II, ambos do novo CPC, produzem efeitos tão diferentes que elas (sentenças) não podem ter a mesma classificação.

Ora, os efeitos da sentença proferida com base no § 1º do art. 304 do novo CPC se prolongam no tempo, enquanto a sentença proferida com fundamento no art. 485, II do novo CPC não gera nenhum efeito (salvo o de extinção do processo), nem sequer o de impedir a repropositura da ação.[26]

E não bastasse a diferença entre os efeitos, não há como negar que a decisão que antecipou a tutela significa, ainda que com base em cognição sumária, (i) análise do direito material de que o autor se intitula titular e (ii) acolhimento integral[27] do pedido deduzido pelo autor.

O fato de essa decisão ser inapta a gerar, imediatamente, coisa julgada material não significa que a extinção seja sem julgamento do mérito.

O § 5º do art. 304 estatui que não haverá formação de coisa julgada material nos dois anos que se seguirem à data em que for proferida a sentença. O § 6º do art. 304 do novo CPC não diz que jamais haverá coisa julgada. Ali está dito que não há coisa julgada somente durante o período de dois anos previsto para a ação específica. Nada mais do que isso.

Note-se que os §§ 3º e 4 do art. 304 do novo CPC autorizam dizer que a tutela antecipada estabilizada somente pode ser modificada por meio de ação específica, a ser proposta em no máximo dois anos a partir do momento em que profe-

---

[23] Luiz Guilherme Marinoni, Sérgio Cruz Arenhart, Daniel Mitidiero. *Novo curso de processo civil*. São Paulo: Ed. RT, 2015. vol. 2, p. 216. Artur César de Souza. "Análise da tutela antecipada prevista no relatório final da Câmara dos Deputados em relação ao novo CPC; da tutela de evidência e da tutela satisfativa última parte". *RePro* 235, p. 175.

[24] Fredie Didier Jr., Paula Sarno Braga; Rafael Alexandria de Oliveira. *Curso de direito processual civil*. 10. ed. Salvador: JusPodivm, 2015. vol. 2, p. 612.

[25] Somente as hipóteses de extinção, sem julgamento do mérito, por desídia das partes em praticar ato que lhe compete e desistência da ação parecem não estar relacionadas a vícios.

[26] Apenas na hipótese de perempção resta inviabilizada a repropositura da ação.

[27] Se a antecipação não for integral, mas apenas parcial, impossível a estabilização.

ASPECTOS POLÊMICOS DA ESTABILIZAÇÃO DA TUTELA

rida a sentença. Uma vez esgotado esse prazo, fica vedada a discussão do próprio direito material, sob pena burla a esse prazo, na medida em que a discussão sobre o direito material poderia levar à modificação da tutela estabilizada.

Se assim o é, o esgotamento *in albis* do prazo bienal para a propositura dessa ação específica produz coisa julgada, porque aquele comando se torna imutável e insuscetível de discussão.

No que tange aos honorários advocatícios, se é certo que o advogado do vencedor deve ser contemplado, é igualmente certo que deve ser estimulada a opção do réu de não oferecer impugnação à decisão que antecipada efeitos da tutela, permitindo que haja estabilização. Nesse sentido, aplicável a regra de redução dos honorários advocatícios para os casos em que o réu não opõe resistência, tal como ocorre no reconhecimento da procedência do pedido com o cumprimento da obrigação (§ 4º do art. 90), cumprimento do mandado monitório (art. 701) e pagamento integral da execução calcada em título executivo extrajudicial em três dias (§ 1º do art. 827).

Assim, por interpretação teleológica, se o réu deixar de impugnar a decisão que concede tutela antecipada antecedente, haverá estabilização da tutela e a extinção do processo, sendo o réu condenado a pagar honorários advocatícios correspondentes à metade do mínimo geral, ou seja, 5% (cinco por cento).

Para a hipótese de não haver o cumprimento espontâneo, a execução da decisão que concede a tutela antecipada antecedente segue o regime previsto para o cumprimento provisório da sentença.

No que diz respeito ao reembolso de despesas, rigorosamente, deveria incidir a regra prevista no art. 701, § 1º, do novo CPC, até por uma questão de coerência com o que foi sustentado anteriormente em relação aos honorários advocatícios.

Contudo, não parece adequado eximir o réu de reembolsar as custas pagas pelo autor para, pelo menos, distribuir a ação, especialmente porque foi a recalcitrância desse mesmo réu que obrigou o autor a se valer do Judiciário para obter aquilo que deveria ter sido cumprido espontaneamente.

Como foi a atitude do réu (omissiva ou comissiva) que desencadeou a ação, nada mais lógico que ele reembolse ao autor as custas e despesas, sob pena de se tolerar que o processo cause prejuízo a quem tem razão.

6. Conclusão

Tal como sói acontecer com os novos institutos, somente com a consolidação da doutrina e da jurisprudência as dúvidas aqui colocadas serão dirimidas. Até lá, certamente veremos muito vacilo e idas e vindas.

Contudo, desde logo ficam duas sugestões: (i) altere-se o prazo para o aditamento da inicial quando concedida tutela provisória de urgência antecipada antecedente, de modo que o autor somente seja obrigado a aditá-la para a hipó-

ASPECTOS POLÊMICOS DO NOVO CÓDIGO DE PROCESSO CIVIL

tese de haver impugnação por parte do réu; e (ii) fixe a possibilidade de o juiz igualmente conceder tutela provisória de evidência antecedente,[28] na medida em que não há justificativa para que o legislador tenha dado esse tratamento tão díspar entre tutelas que são, fundamentalmente, provisórias.

7. Referências

ANDRADE, Érico e THEODORO Jr., Humberto. "A autonomia e a estabilização da tutela de urgência no projeto de CPC". *Revista de Processo*. vol. 206. São Paulo, Ed. RT, p. 13-59.

ARENHART, Sérgio Cruz; MARINONI, Luiz Guilherme e MITIDIERO, Daniel. *Novo curso de processo civil*. São Paulo: Ed. RT, 2015. vol. 2.

BRAGA, Paula Sarno; OLIVEIRA, Rafael Alexandria de; DIDIER JR., Fredie. *Curso de direito processual civil*. 10. ed. Salvador: JusPodivm, 2015. vol. 2.

EXPÓSITO, Gabriela e SILVA DE LIMA, Bernardo. "Porque tudo que é vivo, morre. Comentários sobre o regime da estabilização dos efeitos da tutela provisória de urgência no Novo CPC". *Revista de Processo* 250, São Paulo, Ed. RT, p. 167 – 187.

DIDIER JR., Fredie; BRAGA, Paula Sarno; OLIVEIRA, Rafael Alexandria de. *Curso de direito processual civil*. 10. ed. Salvador: JusPodivm, 2015. vol. 2.

FREITAS JR., Horival Marques de. "Breve análise sobre as recentes propostas de estabilização das medidas de urgência". *Revista de Processo*. vol. 225. São Paulo, Ed. RT, p. 179-219.

FUX, Luiz. *Tutela de segurança e tutela de evidência*. São Paulo: Saraiva, 1996.

GRINOVER, Ada Pellegrini. "Tutela jurisdicional diferenciada: a antecipação e sua estabilização". *Revista de Processo*. vol. 121, São Paulo, Ed. RT, p. 11-37.

LUIZ DE OLIVEIRA, Weber. "Estabilização da tutela antecipada e a teoria do fato consumado. Estabilização da estabilização?" *RePro* 242, São Paulo, Ed. RT, p. 225-250.

MARINONI, Luiz Guilherme; ARENHART, Sérgio Cruz e MITIDIERO, Daniel. *Novo curso de processo civil*. São Paulo: Ed. RT, 2015. vol. 2.

MITIDIERO, Daniel. Breves comentários ao novo código de processo civil. Coordenadores Teresa Arruda Alvim Wambier et all. 2. ed. rev. e atual. São Paulo: RT, 2016.

MITIDIERO, Daniel; MARINONI, Luiz Guilherme e ARENHART, Sérgio Cruz. *Novo curso de processo civil*. São Paulo: Ed. RT, 2015. vol. 2.

OLIVEIRA, Rafael Alexandria de; DIDIER JR., Fredie; BRAGA, Paula Sarno. *Curso de direito processual civil*. 10. ed. Salvador: JusPodivm, 2015. vol. 2.

REDONDO, Bruno Garcia. "Estabilização, modificação e negociação da tutela de urgência antecipada antecedente: principais controvérsias". *RePro* 244, p. 167-192.

SILVA DE LIMA, Bernardo e EXPÓSITO, Gabriela. "Porque tudo que é vivo, morre. Comentários sobre o regime da estabilização dos efeitos da tutela provisória de urgência no Novo CPC". *Revista de Processo* 250, São Paulo, Ed. RT, p. 167 – 187.

---

[28] Logicamente, nem todas as hipóteses do art. 311 do novo CPC possibilitam a concessão da tutela de evidência de modo antecedente, mas, pelo menos as descritas nos incs. II e III autorizam. Mais ainda, o rol do art. 311 do novo CPC não exaure as hipóteses de tutela de evidência. Basta lembrar da liminar possessória ou, ainda, da decisão que determina a expedição do mandado monitório.

SOUZA, Artur César de. "Análise da tutela antecipada prevista no relatório final da Câmara dos Deputados em relação ao novo CPC; da tutela de evidência e da tutela satisfativa última parte". *RePro* 235, São Paulo, Ed. RT, p. 151-186.

THEODORO JR., Humberto e ANDRADE, Érico. "A autonomia e a estabilização da tutela de urgência no projeto de CPC". *Revista de Processo*. vol. 206. São Paulo, Ed. RT, p. 13-59.

Notas sobre a tutela provisória no CPC

LEONARDO CARNEIRO DA CUNHA

1. Tutela jurisdicional de urgência no CPC/1973

O CPC/1973 foi estruturado de forma a que cada tipo de tutela jurisdicional fosse prestada num tipo próprio de processo. A atividade cognitiva era exercida no processo de conhecimento, enquanto o de execução destinava-se à efetivação ou satisfação de um direito previamente reconhecido. Para assegurar as situações de urgência, havia o processo cautelar.

O Livro I do CPC/1973 era dedicado ao processo de conhecimento, enquanto o processo de execução estava disciplinado no seu Livro II. O CPC/1973, em seu Livro III, tratava da cautelar como um processo autônomo. Nos termos da exposição de motivos de tal Código,

> "Na tradição de nosso direito processual era a função cautelar distribuída, por três espécies de processos, designados por preparatórios, preventivos e incidentes. O projeto, reconhecendo-lhe caráter autônomo, reuniu os vários procedimentos preparatórios, preventivos e incidentes sob fórmula geral, não tendo encontrado melhor vocábulo que o adjetivo cautelar para designar a função que exercem. A expressão processo cautelar tem a virtude de abranger todas as medidas preventivas, conservatórias e incidentes que o projeto ordena no Livro III, e, pelo vigor e amplitude do seu significado, traduz melhor que qualquer outra palavra a tutela legal."

O processo cautelar, no CPC/1973, podia ser antecedente ou incidental, a depender de ser instaurado antes ou depois do processo principal. A autonomia procedimental era uma marca do processo cautelar naquele Código, com autuação em apartado. Consolidou-se a figura do *poder geral de cautela*, além da previsão de diversos procedimentos cautelares típicos, nominados ou específicos. Daí se estabeleceu a distinção entre cautelar inominada e cautelar nominada. As cautelares nominadas estavam destacadas e disciplinadas com requisitos próprios. Quando o caso submetido à análise judicial não encontrava enquadramento em qualquer hipótese de cautelar nominada ou específica, havia de se encartar no caso geral da cautelar inominada, cujos requisitos de mérito consistiam no *fumus boni juris* e no *periculum in mora*.

Efetivamente, o Livro III do CPC/1973, relativo ao processo cautelar, dividia-se em dois capítulos. O primeiro continha disposições gerais sobre cautelares inominadas e o procedimento que deveria ser observado assim em relação a estas como aos procedimentos cautelares específicos, regulados no segundo capítulo. Os procedimentos cautelares específicos eram o *arresto*, o *sequestro*, a *caução*, a *busca e apreensão*, a *produção antecipada de provas*, os *alimentos provisionais*, o *arrolamento de bens*, o *atentado*, a *posse em nome do nascituro, protestos, notificações* e *interpelações, justificação, nunciação de obra nova* e outras medidas, como *obras e conservação em coisa litigiosa, entrega de objeto e bens de uso pessoal da mulher e dos filhos*, a *posse provisória*, a *guarda e a educação dos filhos*, o *depósito de menor* e o *afastamento temporário* de um dos cônjuges da morada do casal.

Como já acentuado, as cautelares podiam, de acordo com o CPC/1973, ser antecedentes ou incidentais. Eram antecedentes quando ajuizadas antes do processo dito principal. E, se este estivesse em curso, a cautelar só então proposta seria incidental. Intentada a cautelar antecedente e uma vez deferida a providência postulada, o autor deveria propor a demanda principal dentro de trinta dias, a contar da efetivação da medida. Se a demanda principal não fosse intentada nesse prazo, a cautelar perdia sua eficácia.

As medidas cautelares conservavam sua eficácia nesse prazo de trinta dias e na pendência do processo principal, podendo ser revogadas ou modificadas, se alteradas as circunstâncias que ensejaram sua concessão.

Era possível que o juiz concedesse a providência cautelar antecipadamente no próprio processo cautelar ou até mesmo antes da citação do réu. Se a medida cautelar perdesse sua eficácia, o autor respondia objetivamente pelos prejuízos suportados pelo réu com sua efetivação. A responsabilidade era objetiva, de sorte que não era necessária a presença de culpa ou dolo, sendo suficientes, para que se configurasse o dever de indenizar, o dano e o nexo de causalidade entre este e a efetivação da medida cautelar. O valor da indenização deveria ser liquidado nos próprios autos da ação cautelar.

A medida cautelar podia ser substituída, de ofício ou a requerimento de qualquer das partes, pela prestação de caução ou outra garantia menos gravosa para o requerido, sempre que adequada e suficiente para evitar lesão ou repará-la integralmente.

NOTAS SOBRE A TUTELA PROVISÓRIA NO CPC

A medida cautelar tinha sua eficácia cessada se a parte, como já se disse, não intentasse a ação principal no prazo de 30 (trinta) dias, contado da sua efetivação. Também cessava a eficácia da medida cautelar se não fosse executada dentro de 30 (trinta) dias ou se o juiz declarasse extinto o processo principal.

O CPC/1973 adotou a ideia de que o processo cautelar servia para proteção do resultado a ser obtido em outro processo. Na verdade, consagrou-se a ideia de Francesco Carnelutti de que haveria uma "lide única", destinando-se a cautelar a servir de apoio ou de resguardo a outro processo. Na terminologia adotada, as partes na demanda cautelar não seriam propriamente partes, tanto que não se utilizavam os termos *autor* e *réu*, mas *requerente* e *requerido*. Ademais, o inciso III do art. 801 do CPC/1973 aludia à "lide e seu fundamento", fazendo a opção clara da chamada "lide única", não tendo a cautelar como "outra lide".

O CPC/1973 foi, em 1994, alterado para, entre outras mudanças, ter nele introduzida a figura da *tutela antecipada*. Seu art. 273 passou a permitir que o juiz, a requerimento da parte, pudesse antecipar, no todo ou em parte, os efeitos da tutela jurisdicional, desde que houvesse verossimilhança nas alegações, fundada em prova inequívoca e, ainda, houvesse risco de grave lesão ou de difícil reparação ou se verificasse ser abusiva ou protelatória a defesa do réu. Além disso tudo, era preciso, para que se antecipassem os efeitos da tutela jurisdicional, que não houvesse risco de irreversibilidade do provimento final.[1]

A tutela antecipada veio a ser alterada, com a introdução de novas regras, em 2002, mediante modificação legislativa.

Em razão da necessidade de se pensar o processo na perspectiva do direito material, criou-se também a tutela antecipada específica, destinada ao cumprimento de obrigação de fazer, não fazer e de entregar coisa (CPC/1973, arts. 461 e 461-A).[2] Nesses casos, a tutela antecipada tinha fundamento no § 3º do art. 461 do CPC, de maneira que, para sua concessão, se exigia, apenas, a coexistência da *relevância do argumento* e do *justificado receio de ineficácia do provimento final*, requisitos, segundo alguns, que se equiparavam ao *fumus boni juris* e ao *periculum in mora*.[3]

O art. 461 do CPC/1973 servia, ainda, como suporte para a concessão da chamada *tutela inibitória*, cujo objetivo era *inibir, vedar, proibir* a prática de um ilícito. Desse modo, a tutela inibitória, para ser concedida, dependia da demonstração de um ilícito a ser perpetrado pelo réu ou que já se tivesse consumado, não sendo

---

[1] Sobre a irreversibilidade dos efeitos do provimento, consultar, SILVA NETO, Francisco Antônio de Barros. *A antecipação da tutela nos processos declaratórios*. Porto Alegre: SAFE, 2005. p. 134-137.

[2] Há, ainda, o disposto no art. 84 do Código de Proteção e Defesa do Consumidor. A propósito da tutela específica, em última edição ainda sob o CPC/1973: MARINONI, Luiz Guilherme. *Técnica processual e tutela dos direitos*. São Paulo: RT, 2010.

[3] ARENHART, Sérgio Cruz. *A tutela inibitória da vida privada*. São Paulo: RT, 2000. p. 119; NERY JUNIOR, Nelson; NERY, Rosa Maria Andrade. *Código de Processo Civil comentado e legislação processual civil extravagante em vigor*. 14. ed. São Paulo: RT, 2014. nota 13 ao art. 461 do CPC/1973.

necessária a demonstração, nem a comprovação, de dano, culpa ou dolo; bastava que se demonstrasse a ameaça da prática de um ato *ilícito*. Não se fazia necessária a demonstração de risco de dano ou de ineficácia do provimento final.[4]

Segundo dispunha o § 6º do art. 273 do CPC/1973, "a tutela antecipada também poderá ser concedida quando um ou mais dos pedidos cumulados, ou parcela deles, mostrar-se incontroverso". Para que se aplicasse o § 6º do art. 273 do CPC, *não* se exigia a *verossimilhança*, fundada em *prova inequívoca*. E isso porque, ao aludir à *incontrovérsia*, o juiz estaria analisando mais do que uma simples *verossimilhança*: estaria fundado num exame de *certeza*. Não se devia, igualmente, perquirir acerca da presença de perigo de dano irreparável ou de difícil reparação, não se cogitando, ademais, da ausência de risco de irreversibilidade. Não se exigia, da mesma forma, o manifesto propósito protelatório do réu. Bastava, apenas, a *incontrovérsia* e a *desnecessidade* de produção de outras provas para que se aplicasse o § 6º do art. 273 do CPC, podendo, inclusive, a decisão conter matiz irreversível. É que, sendo a decisão fundada em *incontrovérsia*, decorria de juízo de *certeza*, dando azo a uma cognição exauriente. A necessidade de não haver irreversibilidade está relacionada com a *provisoriedade* ínsita aos pronunciamentos resultantes de cognição sumária, baseados em probabilidade ou verossimilhança, o que, como se viu, não era o caso da decisão proferida com amparo no § 6º do art. 273 do CPC/1973.

Tanto assim é que, no CPC/2015, não há mais dispositivo equivalente ao § 6º do art. 273 do CPC/1973. O que há, em seu lugar, é o julgamento antecipado parcial de mérito, previsto no art. 356 do CPC/2015.

O disposto no § 7º do art. 273 do CPC/1973 assim estava redigido: "se o autor, a título de antecipação de tutela, requerer providência de natureza cautelar, poderá o juiz, quando presentes os respectivos pressupostos, deferir a medida cautelar em caráter incidental do processo ajuizado".

A doutrina que se manifestava sobre tal dispositivo entendia que havia ali a consagração de uma *fungibilidade* entre a cautelar e a tutela antecipada.

2. A distinção entre tutela cautelar e tutela antecipada

As medidas cautelares atendem à pretensão de segurança do direito, da pretensão, da prova ou da ação. A ação cautelar, que tem forte carga mandamental, provoca o exercício de uma tutela jurisdicional, destinada a atender ao direito material à segurança. A pretensão à tutela jurídica por meio de medida cautelar tem por finalidade prevenir, acautelar, assegurar.[5] Só se assegura; não se executa.

---

[4] Sobre o tema, consultar MARINONI, Luiz Guilherme. *Tutela inibitória individual e coletiva*. 5. ed. São Paulo: RT, 2012.

[5] PONTES DE MIRANDA, Francisco Cavalcanti. *Comentários ao Código de Processo Civil*. Rio de Janeiro: Forense, 1976. t. 12, p. 14.

Haveria, nas palavras de Pontes de Miranda, "segurança para execução", diferentemente da tutela satisfativa antecipada, em que há "execução para segurança".

A cautelar não se confunde com a tutela antecipada. Enquanto aquela constitui um tipo de tutela jurisdicional, esta consiste numa técnica processual, ou seja, num meio disponibilizado pelo direito processual para antecipar efeitos da tutela jurisdicional, que só seriam produzidos mais à frente, depois de proferida a sentença ou de operado o trânsito em julgado.

A tutela antecipada é técnica processual aplicada em qualquer processo, inclusive no cautelar.[6] Quando se concede uma liminar no processo cautelar, está-se a deferir uma antecipação de tutela cautelar. Os efeitos da medida cautelar, que somente seriam produzidos com a prolação da sentença de procedência, são antecipados, pois não é possível aguardar sua prolação, mesmo sendo bastante abreviado o procedimento.

Não se deve confundir a tutela cautelar com a tutela antecipada: aquela apenas *assegura* a possibilidade de fruição eventual e futura do direito acautelado, enquanto esta última possibilita a *imediata realização* do direito.[7] A cautelar não é satisfativa.

O que caracteriza a tutela cautelar é a circunstância de ser ela uma forma especial de proteção jurisdicional de *simples segurança*, equivalente a uma forma de tutela preventiva, que não seja satisfativa. A teoria da tutela cautelar está relacionada ao estudo do "processo de conhecimento". A construção da figura do "processo de conhecimento" fez excluir de seu âmbito o "processo cautelar", em virtude do pressuposto teórico que assimila e confunde "conhecimento" com *ordinariedade procedimental*. A cautelar, que era tida como um procedimento especial, passou a ser considerada um processo autônomo, pois não se compatibilizava com a ideia de *ordinariedade procedimental*.

De acordo com Ovídio Baptista da Silva, é a tutela sumária que tem por finalidade combater, de maneira *temporária*, o *perigo de infrutuosidade* da tutela jurisdicional, pressupondo a *urgência* ou o *perigo de dano*. Não é correto, por isso, atribuir à cautelar a característica da *provisoriedade*. A cautelar não é *provisória*, mas *temporária*.[8] Proferida a sentença na cautelar, há pronunciamento final, definitivo, e não provisório. A sentença cautelar não é suscetível de ser modificada ou revogada

---

[6] Na lição de Daniel Mitidiero: "A *técnica antecipatória* serve para *adequar* o processo às especificidades do direito material alegado em juízo (urgência ou evidência) a fim de que o processo seja capaz de promover a *efetividade* da tutela jurisdicional (satisfação ou asseguração de direitos)" (MITIDIERO, Daniel. *Antecipação da tutela*: da tutela cautelar à técnica antecipatória. 2. ed. São Paulo: RT, 2014. p. 55).

[7] Sobre o tema, consultar SILVA, Ovídio A. Baptista da. *Do processo cautelar*. 2. ed. Rio de Janeiro: Forense, 1999; e *Curso de processo civil*. 2. ed. São Paulo: RT, 1998; FIGUEIRA JR., Joel Dias. *Comentários ao Código de Processo Civil*. 2. ed. São Paulo: RT, 2007. v. 4, t. 1, p. 177-193.

[8] SILVA, Ovídio A. Baptista da. *Da sentença liminar à nulidade da sentença*. Rio de Janeiro: Forense, 2001. p. 73.

a qualquer tempo. Daí ser temporária, e não provisória. Cumprida sua função, seus efeitos tendem a se extinguir com a obtenção, ou não, da tutela satisfativa definitiva. A sentença cautelar não é provisória, pois não precisará ser confirmada posteriormente. Poderá, simplesmente, perder sua eficácia, que é temporária, durante enquanto persistir a situação de perigo. Por sua vez, a tutela antecipada visa evitar o *perigo de tardança* do provimento jurisdicional, resolvendo a situação litigiosa havida entre as partes de maneira *provisória*. A tutela antecipada precisará ser, num momento posterior, confirmada ou não. Por isso é *provisória*.

A cautelar tem por finalidade evitar um *perigo de dano*, enquanto a técnica antecipatória evita um *perigo na demora*. Evita-se, com a cautelar, o dano a uma situação jurídica, a uma pretensão ou a um direito. Já a técnica da antecipação de tutela é utilizada por não ser possível aguardar o desfecho do processo; a simples demora do processo, o simples decurso do tempo é insuportável, permitindo-se a antecipação dos efeitos da tutela jurisdicional para já satisfazer, provisoriamente, o direito ou a pretensão da parte.

A tutela cautelar destina-se a resguardar o direito a outra tutela do direito ou a outra situação jurídica, não tendo por finalidade o resguardo do processo. Na cautelar, há "segurança-para-execução". A tutela satisfativa, por seu turno, tem a finalidade de realizar, desde logo, um direito, sem qualquer ligação com outro direito. Há, aqui, "execução-para-segurança".

A cautelar contém um mérito próprio, pois veicula um direito substancial, que é o direito material à segurança. A cautelar serve para tutelar esse direito à segurança, tendo finalidade diversa da que se almeja com os processos de conhecimento e de execução. Há, enfim, um direito substancial de cautela. Consequentemente, a cautelar tem mérito próprio, distinto do da demanda principal.

Os provimentos antecipatórios decorrem do exercício de *cognição sumária*, pressupondo uma situação processual de urgência ou de evidência e, igualmente, uma necessidade de se conferir *efetividade* ao processo, com o deferimento de prestação jurisdicional instante e apta a eliminar o dano ou a ameaça de direito, ou, ainda, o abuso do direito de defesa.[9]

A doutrina brasileira distingue, em geral, a cautelar da tutela antecipada por considerar que aquela se identifica pela *referibilidade* que se faz ao resultado final

---

[9] O dano que rende ensejo à antecipação da tutela é aquele decorrente do próprio prolongamento do processo; a permanência do estado de insatisfação, imposta pela longa duração do processo, é a causa imediata de danos irreparáveis ou de difícil reparação, tornando inviável a *efetiva* prestação da tutela jurisdicional. É o que Italo Andolina denomina de *dano marginal por indução processual*, que é, exatamente, o dano apto a justificar a concessão do provimento antecipatório, fazendo com que se confira, desde logo, o exercício ou a satisfação do direito à parte interessada (*Cognizione ed esecuzione forzata nel sistema della tutela giurisdizionale*. Milano: Dott. A. Giuffrè, 1983. p. 15-21). Sobre o abuso do direito de defesa, consultar, MARINONI, Luiz Guilherme. *Abuso do direito de defesa e parte incontroversa da demanda*. 2. ed. São Paulo: RT, 2011.

NOTAS SOBRE A TUTELA PROVISÓRIA NO CPC

da demanda principal, servindo-lhe de garantia, e não de instrumento de satisfação imediata do direito. A cautelar, que se *refere* sempre a um processo principal, serviria de meio destinado a garantir efetividade ou utilidade ao provimento final de tal processo principal.[10] Assim, se ambas as partes estão disputando, judicialmente, um bem específico que se apresenta com risco de deterioração ou extravio, a providência para que tal bem seja apreendido e mantido sob a custódia de um depositário judicial caracteriza-se por ser uma *medida cautelar*, pois *se refere* à utilidade final do provimento de mérito: quem lograr êxito poderá dispor do bem, evitando-se a situação identificada pelo jargão popular de que se poderia "ganhar, mas não levar".

Diferente é a situação de, num provimento liminar, obter-se a *satisfação imediata* da pretensão, com a entrega do bem a quem se apresenta, aparentemente, como titular do direito. Então, naquele mesmo exemplo de haver uma disputa judicial por um bem, o provimento que defere a uma das partes a entrega imediata do bem, que poderá utilizá-lo enquanto perdurar a demanda, contém satisfação imediata. A medida, nesse caso, será antecipatória, caracterizando-se como tutela antecipada.

A providência adotada, a depender da existência de *referibilidade* ao pedido final ou da *satisfatividade* da providência, ostentará a feição de medida cautelar ou de tutela antecipada. É vedada a cautelar que tenha cariz satisfativo, destinando-se à simples conservação. Enquanto a cautelar serve para combater o *perigo de infrutuosidade*, a tutela antecipada compõe o *perigo de tardança* do provimento jurisdicional. Ambas teriam, enfim, a finalidade de eliminar riscos de danos.

Afora a *urgência*, a tutela antecipada pode ser concedida em face da *evidência* do direito postulado em juízo. Nesse caso, não importa o *perigo*, não havendo exame de qualquer *urgência*.

A cautelar e a tutela antecipada não podem ser equiparadas, nem tampouco distinguíveis pela estrutura de seus provimentos. Não é possível tratá-las no mesmo plano. Isso porque, enquanto a cautelar consiste numa tutela jurisdicional, a antecipação de tutela constitui uma técnica de julgamento. São, portanto, conceitos distintos, não sendo, aliás, adequado tratar de fungibilidade entre elas. A técnica da tutela antecipada é, na verdade, apenas um *meio* para que se realize a tutela satisfativa ou a tutela cautelar.[11] A tutela antecipada pode ser satisfativa ou cautelar. A liminar numa cautelar é um exemplo de tutela antecipada cautelar, enquanto a liminar satisfativa é uma tutela antecipada satisfativa.

---

[10] MARINONI, Luiz Guilherme. *A antecipação da tutela na reforma do processo civil.* 2. ed. São Paulo: Malheiros, 1996. n. 3.3, p. 45-46; MARINONI, Luiz Guilherme. *Efetividade do processo e tutela de urgência.* Porto Alegre: Sergio Antonio Fabris Editor, 1994. p. 51-55.

[11] MITIDIERO, Daniel. Tendências em matéria de tutela sumária: da tutela cautelar à técnica antecipatória. *Revista de Processo*, São Paulo: RT, v. 197, jul. 2011, p. 27-65.

Por isso, não é adequado afirmar que o § 7º do art. 273 do CPC/1973 teria consagrado uma fungibilidade entre a cautelar e a tutela antecipada. O que tal dispositivo estaria a autorizar é uma cumulação de pedido satisfativo com pedido cautelar. O § 7º do art. 273 do CPC/1973 estaria, então, a permitir que o juiz possa conceder a providência cautelar, desde que presentes seus requisitos, ainda que o autor tenha-a chamado de tutela antecipada.

Tanto a tutela satisfativa como a cautelar podem ser conferidas de forma *antecipada*: a tutela antecipada, como técnica que é, refere-se ao *momento* em que se concede a prestação jurisdicional e à *cognição* exercida, que é sumária. Por meio da tutela antecipada, pode-se, desde já, conceder um provimento conservativo (tutela antecipada cautelar) ou um provimento satisfativo (tutela antecipada satisfativa). Esta última pode fundar-se na *urgência* ou na *evidência*.

Na verdade, a tutela antecipada, que distribui de forma isonômica o ônus do tempo no processo, decorre tanto da alegação de *urgência* como da *evidência* do direito posto em juízo. A urgência que reclama a concessão da tutela antecipada pode concernir a um perigo de dano ou a um perigo de ilícito.

Não é só para evitar ou reprimir um dano. A tutela antecipada também pode servir para inibir, vedar, proibir a prática de um ilícito. A tutela jurisdicional que tem essa finalidade é a tutela inibitória. E, pela técnica da antecipação, a tutela inibitória pode ser igualmente antecipada. É o que se chama de *antecipação da tutela inibitória*, cuja concessão depende apenas da demonstração de um ilícito a ser perpetrado pelo réu ou que já tenha se consumado, não sendo necessária a demonstração, nem a comprovação, de dano, culpa ou dolo; basta que se demonstre a ameaça da prática de um ato ilícito. A importância da tutela inibitória é indiscutível, em virtude da necessidade de se conferir tutela preventiva às situações jurídicas de conteúdo não patrimonial. Não se avalia, nem se investiga, para obtenção da tutela inibitória, a existência de dano provável ou de dano já consumado. Não é necessária a presença do dano, nem da culpa ou do dolo. Para a obtenção da tutela inibitória antecipada, basta a demonstração de um ilícito, continuado ou repetido, ou da probabilidade de sua ocorrência.[12]

A tutela antecipada visa a realizar um direito diante do *perigo de tardança* da tutela jurisdicional final. O *perigo de dano* ou o *perigo de ilícito* pode ser prevenido ou reprimido mediante tutela antecipada.

---

[12] Na lição de Luiz Guilherme Marinoni: "A tutela inibitória, configurando-se como tutela preventiva, visa a prevenir o ilícito, culminando por apresentar-se, assim, como uma tutela anterior à sua prática, e não como uma tutela voltada para o passado, como a tradicional tutela ressarcitória. Quando se pensa em tutela inibitória, imagina-se uma tutela que tem por fim impedir a prática, a continuação ou a repetição do ilícito, e não uma tutela dirigida à reparação do dano" (MARINONI, Luiz Guilherme. *Tutela inibitória individual e coletiva*. 5. ed. São Paulo: RT, 2012. p. 32).

3. A tutela provisória no CPC
3.1. Problema terminológico

A tutela provisória está disciplina no Livro V do CPC, mais precisamente nos seus arts. 294 a 311. O termo *tutela provisória* não delimita adequadamente o objeto de que trata aquele Livro V. Ali há regras sobre tutela de urgência cautelar, tutela de urgência satisfativa e tutela de evidência.

Como já se viu, a tutela cautelar não é provisória; é temporária. Já as tutelas satisfativas, de urgência ou de evidência, são provisórias, pois devem ser confirmadas ou não na decisão final.

A tutela satisfativa de urgência ou de evidência pode ser definitiva. O juiz pode concedê-la na sentença, hipótese em que a apelação não terá efeito suspensivo (CPC, art. 1.012, § 1º, V).

Se a tutela provisória é *gênero*, o Livro V do CPC não contém todas as suas espécies, não dispondo, por exemplo, sobre o cumprimento provisório da sentença, que, previsto nos arts. 520 a 524 do CPC, destina-se a adiantar ou antecipar, de modo resolúvel, a eficácia executiva, com vistas a abreviar o processo e permitir que já se adiante a fase executiva, antes mesmo do trânsito em julgado.

O CPC adotou a expressão *tutela provisória* no lugar da *tutela antecipada*, utilizando o termo *tutela antecipada* como espécie do gênero *tutela provisória*. A tutela antecipada é uma tutela provisória, caracterizada por ser satisfativa de urgência. Por exclusão, se os textos normativos fossem lidos literalmente, a tutela de evidência não seria uma tutela antecipada e a tutela cautelar não poderia ser, propriamente, prestada por tutela antecipada.[13]

A confusão terminológica é manifesta e pode contribuir para incompreensões.

Não custa repetir que a cautelar é um tipo de tutela jurisdicional, proferida de forma *temporária*. Já a tutela antecipada é uma técnica processual por meio da qual se determina a produção de efeitos do provimento final antes do momento normalmente a ele reservado. A tutela antecipada pode ser cautelar ou satisfativa.

O antônimo de *tutela provisória* e *tutela definitiva*. Esta última relaciona-se com o resultado do processo, podendo ser cautelar ou satisfativa.

A tutela cautelar e a tutela satisfativa podem ser prestadas antecipadamente. O juiz pode conceder a tutela antecipada cautelar ou a tutela antecipada satisfa-

---

[13] Nas palavras de Robson Renault Godinho: "O novo CPC, portanto, reserva a expressão 'tutela provisória' para disciplinar a tutela jurisdicional cautelar, a técnica da antecipação da tutela e a tutela de evidência, o que já demonstra por si só infelicidade da denominação genérica" (Comentários ao art. 294. In: CABRAL, Antonio do Passo; CRAMER, Ronaldo (coords.). *Comentários ao novo Código de Processo Civil*. Rio de Janeiro: Forense, 2015. n. 2, p. 462). No mesmo sentido: COSTA, Eduardo José da Fonseca. Comentários ao art. 294. In: STRECK, Lenio Luiz; NUNES, Dierle; CUNHA, Leonardo Carneiro da (orgs.). *Comentários ao Código de Processo Civil*. Alexandre Freire (coord. exec.). São Paulo: Saraiva, 2016, no prelo.

tiva. Pode, em outras palavras, conceder a tutela provisória cautelar ou a tutela provisória satisfativa. A tutela provisória cautelar é sempre de urgência, enquanto a satisfativa pode ser de urgência ou de evidência.

Concedida a tutela provisória, sobrevirá ainda a tutela definitiva, que também pode ser cautelar ou satisfativa. Assim, concedida uma liminar cautelar (ou seja, uma tutela provisória cautelar), esta deve ser confirmada por uma sentença cautelar (ou seja, uma tutela definitiva cautelar). Deferida uma tutela antecipada (ou seja, uma tutela provisória satisfativa), esta deve ser confirmada por uma sentença satisfativa (ou seja, uma tutela definitiva satisfativa).

3.2. Tutela de urgência
3.2.1. Observação introdutória

A tutela provisória de urgência é técnica processual que, mediante cognição sumária, se destina a antecipar uma tutela jurisdicional definitiva. Seu requisito é o perigo, a urgência, o risco da demora.

A tutela de urgência pode ser cautelar ou satisfativa. Qualquer uma delas pode ser concedida em caráter antecedente ou incidental.

Já a tutela satisfativa pode ser de urgência ou de evidência. Não existe tutela cautelar de evidência; ela é só de urgência.

A tutela de urgência conserva sua eficácia na pendência do processo, mas pode, a qualquer tempo, ser revogada ou modificada, em decisão devidamente fundamentada. Aliás, o § 1º do art. 489 do CPC contém importante regra, que explicita casos em que não se considera fundamentada a sentença. Toda e qualquer decisão judicial deve ser fundamentada (CF, art. 93, IX; CPC, art. 11). Se toda e qualquer decisão há de ser motivada, não haverá fundamentação, caso se verifique uma das hipóteses descritas no § 1º do art. 489 do CPC. O dispositivo, enfim, aplica-se a toda e qualquer decisão, seja interlocutória, sentença ou acórdão, inclusive a que concede, revoga ou modifica a tutela provisória.

3.2.2. Tutela de urgência cautelar e satisfativa

A tutela de urgência, cautelar ou satisfativa, deve ser concedida quando presentes os requisitos da relevância do direito e do perigo de dano ou de risco ao resultado útil do processo.

Em qualquer caso, é preciso que haja probabilidade do direito alegado, ainda que mínima. A urgência é revelada pelo perigo de dano ou risco ao resultado útil do processo. Aliás, segundo enunciado 143 do Fórum Permanente de Processualistas Civis: "A redação do art. 300, *caput*, superou a distinção entre os requisitos da concessão para a tutela cautelar e para a tutela satisfativa de urgência, erigindo a probabilidade e o perigo na demora a requisitos comuns para a prestação de ambas as tutelas de forma antecipada".

Tanto na tutela provisória de urgência cautelar como na satisfativa devem estar presentes a probabilidade do direito alegado e o perigo de dano ou risco ao resultado útil do processo. Os riscos variam, a depender de a medida ser cautelar ou satisfativa.

A cautelar, que é medida *temporária*, visa a combater o *perigo de infrutuosidade* da tutela jurisdicional.[14] Assim, quando houver risco ao resultado útil do processo, a medida a ser deferida é cautelar. Já a tutela provisória satisfativa (chamada no CPC de tutela antecipada) visa a evitar o *perigo de tardança* do provimento jurisdicional, resolvendo a situação litigiosa havida entre as partes de maneira *provisória*. Há, neste último caso, um *perigo na demora*; o simples decurso do tempo é insuportável, permitindo-se a antecipação dos efeitos da tutela jurisdicional para já satisfazer, provisoriamente, o direito ou a pretensão da parte.

A tutela de urgência, cautelar ou satisfativa, pode ser concedida liminarmente ou após justificação prévia. Em regra, o juiz deve observar o contraditório, mas, não sendo possível aguardar, pode concedê-*la* antes mesmo da citação do réu (CPC, art. 9º, I).

Se o autor, em sua petição inicial, demonstra que a situação é de urgência e que a medida há de ser deferida liminarmente, o juiz, ao postergar a análise liminar da tutela provisória, deve justificar a necessidade de contraditório prévio.[15]

Concedida a medida liminarmente ou após justificação prévia, o juiz pode, conforme o caso, exigir do autor que preste caução idônea a ressarcir os eventuais danos que a outra parte possa vir a sofrer, caso venha a tutela provisória de urgência a ser posteriormente revogada ou modificada. Tal caução há de ser dispensada quando a parte for economicamente hipossuficiente e não puder oferecê-la (CPC, art. 300, § 1º).

A tutela de urgência satisfativa não será concedida quando houver perigo de irreversibilidade dos efeitos da decisão (CPC, art. 300, § 3º). Não se permite, em outras palavras, a antecipação dos efeitos da tutela satisfativa, quando houver risco de irreversibilidade. Tal regra, entretanto, não é absoluta.[16] Há casos em que se deve aplicar a *proporcionalidade*, pois se a denegação da medida revelar-se mais irreversível do que sua concessão, deve-se suplantar o óbice e concedê-la.[17]

---

[14] CÂMARA, Alexandre Freitas. *O novo processo civil brasileiro*. São Paulo: Atlas, 2015. p. 158.

[15] Enunciado 30 do Fórum Permanente de Processualistas Civis: "O juiz deve justificar a postergação da análise liminar da tutela provisória sempre que estabelecer a necessidade de contraditório prévio".

[16] Nesse sentido, o enunciado 419 do Fórum Permanente de Processualistas Civis: "Não é absoluta a regra que proíbe tutela provisória com efeitos irreversíveis".

[17] Nesse sentido, Robson Renault Godinho: "O caso concreto pode exigir a necessidade de sopesamento dos direitos em jogo, de modo que deve incidir um juízo de proporcionalidade" (Comentários ao art. 300. In: CABRAL, Antonio do Passo; CRAMER, Ronaldo (coords.). *Comentários ao novo Código de Processo Civil*. Rio de Janeiro: Forense, 2015. p. 474).

É preciso, então, ponderar os riscos.[18] Se a concessão é irreversível e a denegação também, cumpre examinar o que se revela *mais provável,* pois não se deve sacrificar um direito provável ameaçado pelo dano iminente em prol de um direito improvável, em razão de uma irreversibilidade. Além de sacrificar o direito improvável, o juiz deve, igualmente, sacrificar o interesse de menor relevância para o ordenamento.

3.2.3. Tutela de urgência antecedente e incidental

A tutela de urgência, cautelar ou satisfativa, pode ser requerida em caráter antecedente ou incidental.

Quando a urgência é contemporânea à propositura da demanda ou efetivamente não há como aguardar, a tutela de urgência pode ser requeria em caráter antecedente, devendo, posteriormente, ser aditada a petição inicial ou formulado o pedido principal.

A tutela de urgência requerida em caráter incidental independe do pagamento de custas, devendo ser proposta perante o próprio juízo que conduz o processo.[19] Quando antecedente, será proposta perante o juízo competente, que ficará prevento para conhecer do pedido principal.

Também pode haver tutela provisória no tribunal, seja no âmbito recursal, seja em sede de ação originária, cabendo ao relator analisar para deferi-la ou não (CPC, art. 932, II). Se for requerida em caráter antecedente, o pedido deve ser distribuído, ficando o relator prevento para o recurso ou ação. Quando requerida em caráter incidental, o pedido deve ser formulado ao relator do recurso ou da ação originária.

A tutela provisória requerida em caráter antecedente não se confunde com a tutela provisória liminar ou concedida *inaudita altera parte.* Tanto a tutela provisória requerida em caráter antecedente como a requerida em caráter incidental podem ser concedidas liminarmente ou somente depois de instaurado o contraditório. Aliás, o contraditório há de ser a regra (CPC, art. 9º, *caput*). Se, porém, não for possível aguardar a manifestação do réu ou sua citação, o juiz deve conceder a medida liminarmente (CPC, art. 9º, I). E isso independentemente de a tutela de urgência ser requerida em caráter antecedente ou incidental.

---

[18] Embora não fale em proporcionalidade expressamente, Alexandre Freitas Câmara afirma que, em certos casos, a exemplo de tutela de urgência para deferir uma intervenção cirúrgica, seria possível uma tutela de urgência satisfativa e irreversível (Câmara, Alexandre Freitas. *O novo processo civil brasileiro.* São Paulo: Atlas, 2015. p. 159).

[19] Nos termos do enunciado 29 do Fórum Permanente de Processualistas Civis: "A decisão que condicionar a apreciação da tutela provisória incidental ao recolhimento de custas ou a outra exigência não prevista em lei equivale a negá-la, sendo impugnável por agravo de instrumento".

3.3. Tutela de urgência cautelar
3.3.1. Generalidades

Como se viu no item 1 *supra*, o CPC/1973 previa as cautelares nominadas ou típicas. Havia um extenso catálogo de cautelares típicas (arresto, sequestro, caução, busca e apreensão, produção antecipada de prova, arrolamento de bens, atentado, posse em nome do nascituro etc.) que tinham requisitos próprios para sua concessão.

No sistema do CPC/2015, não há mais cautelares típicas. Há, porém, cautelares típicas previstas e reguladas em leis extravagantes, a exemplo da cautelar fiscal regulada na Lei nº 8.397, de 1992. Dentro do CPC, não há mais a dicotomia entre cautelas nominadas e inominadas ou típicas e atípicas. É possível, porém, pedir-se *arresto* para assegurar a satisfação de crédito monetário, ou pedir-se *sequestro* para resguardar o bem em disputa. Tanto isso é verdade que o art. 301 do CPC dispõe que "A tutela de urgência de natureza cautelar pode ser efetivada mediante arresto, sequestro, arrolamento de bens, registro de protesto contra alienação de bem e qualquer outra medida idônea para asseguração do direito".

O CPC generalizou, na verdade, a *atipicidade* da tutela de urgência cautelar. Presentes os requisitos genéricos para sua concessão, o juiz poderá determinar arresto, sequestro, busca e apreensão ou qualquer outra medida conservativa. Não há mais requisitos casuísticos e exigentes, devendo a medida ser concedida a partir do preenchimento dos requisitos genéricos. Apenas *in concreto*, a depender das peculiaridades do caso, é que poderá ser concedida a medida conservativa.[20]

Não há mais autonomia processual da medida cautelar. Quer isso dizer que o pedido cautelar deve vir cumulado com o pedido principal. O processo de conhecimento é apto a veicular tanto a postulação satisfativa como a cautelar. Na mesma petição inicial, o autor pode pedir a providência cautelar e a providência satisfativa. Se pedir a providência cautelar, pode postular sua antecipação, a ser deferida por provimento provisório, que deve ser confirmado no provimento definitivo.

Sendo a urgência muito grande, o pedido cautelar pode ser formulado em caráter antecedente, tal como será visto no próximo subitem.

---

[20] Na lição de Daniel Mitidiero: "O fato de o legislador não ter repetido as hipóteses de cabimento do arresto, do sequestro, do arrolamento de bens e do registro de protesto contra alienação significa que essas medidas cautelares se submetem aos requisitos comuns de toda e qualquer medida cautelar: probabilidade do direito ('fumus boni iuris') e perigo na demora ('periculum in mora'). Significa ainda que o Código vigente incorporou o significado desses termos – tal como eram compreendidos na legislação anterior" (Comentários ao art. 301. In: WAMBIER, Teresa Arruda Alvim; DIDIER JR., Fredie; TALAMINI, Eduardo; DANTAS, Bruno (coords.). *Breves comentários ao novo Código de Processo Civil*. São Paulo: RT, 2015. p. 784).

3.3.2. Tutela de urgência cautelar antecedente

A tutela de urgência cautelar antecedente está prevista nos arts. 305 a 310 do CPC. Como já registrado no subitem anterior, o autor pode, em sua petição inicial, cumular a pretensão cautelar com a pretensão satisfativa.

Se, porém, a urgência for tamanha que não dê tempo de preparar a petição inicial de modo completo e reunir todas as provas, o autor pode requerer a tutela de urgência cautelar antecedente, restringindo-se a pedir a providência cautelar em petição específica, na qual irá indicar o pedido principal e seu fundamento, a exposição sumária do direito que objetiva assegurar e o perigo de dano ou o risco ao resultado útil do processo.

Não raramente, há dificuldades em identificar se a providência postulada é cautelar ou satisfativa. Já se viu que, na tutela antecipada, se assegura o perigo de infrutuosidade, evitando-se o risco de uma pretensão material não vir a ser, futuramente, satisfeita. Por sua vez, há, na tutela de urgência satisfativa, o objetivo de impedir o perigo da demora ou da tardança, mediante o adiantamento da satisfação. Existem, como dito, dificuldades práticas, em vários casos, de identificar se se está diante de um perigo de infrutuosidade ou de perigo de tardança. Há, realmente, quem veja a sustação de protesto como medida cautelar e há quem a veja como medida satisfativa; há quem enxergue os alimentos provisionais como providência cautelar e há quem os considere providência satisfativa.

Por causa disso, se o autor requerer a tutela provisória cautelar em caráter antecedente, e o juiz entender que se trata de providência satisfativa, poderá determinar sua transformação em tutela provisória satisfativa em caráter antecedente (CPC, art. 305, parágrafo único).[21]

No procedimento da cautelar antecedente, o réu será citado para, no prazo de 5 (cinco) dias, contestar o pedido e indicar as provas que pretende produzir (CPC, art. 306). Não sendo contestado o pedido, haverá revelia, com produção de seu efeito material: os fatos alegados pelo autor presumir-se-ão aceitos pelo réu como ocorridos (CPC, art. 307, *caput*). Diversamente, se o pedido for contestação, o procedimento segue com a adoção das regras do procedimento comum (CPC, art. 307, parágrafo único).

Concedida a tutela cautelar, deverá ser efetivada. Uma vez efetivada, o pedido principal terá de ser formulado pelo autor, no prazo de 30 (trinta) dias. Não é necessária a propositura de nova demanda, nem do recolhimento de novas custas. No mesmo processo, o autor irá aditar sua petição inicial e formular o pedido principal, podendo também aditar a causa de pedir (CPC, art. 308, § 2º).

---

[21] A situação inversa também merece ser a mesma solução. Nesse sentido, aliás, o enunciado 502 do Fórum Permanente de Processualistas Civis: "Caso o juiz entenda que o pedido de tutela antecipada em caráter antecedente tenha natureza cautelar, observará o disposto no art. 305 e seguintes".

Apresentado o pedido principal, adota-se o procedimento comum, com a intimação das partes para a audiência de conciliação ou mediação, na forma do art. 334 do CPC, sem necessidade de nova citação do réu, pois o processo aí é um só. O pedido principal é formulado por aditamento da petição inicial, e não por nova petição inicial. Não há formação de novo processo; o processo é o mesmo, não sendo necessária nova citação, portanto.

3.3.3. Tutela de urgência cautelar incidental

A tutela de urgência cautelar pode ser postulada na própria petição inicial, juntamente com o pedido de providência satisfativa. Nesse caso, não haverá necessidade de aditamento posterior da petição inicial.

Também é possível que a urgência seja superveniente, somente sendo postulada a cautelar depois de o processo estar em curso.

Nessas hipóteses, a tutela de urgência cautelar é requerida em caráter incidental, sendo dirigida ao próprio juiz da causa, sem necessidade do pagamento de custas ou de qualquer outra formalidade. Não haverá, ademais, necessidade de qualquer aditamento, já que o processo está em curso, tendo sido instaurado pelo ajuizamento da petição inicial que contém o pedido de providência satisfativa. Em outras palavras, não se aplica o art. 308 do CPC ao pedido de cautelar incidental.

A tutela de urgência cautelar requerida em caráter incidental deve preencher os mesmos requisitos da probabilidade do direito e do risco ao resultado útil do processo.

3.4. Tutela de urgência satisfativa
3.4.1. Generalidades

A tutela provisória de urgência é a técnica processual destinada a antecipar efeitos do provimento satisfativo, permitindo a fruição ou satisfação do direito postulado, em razão do risco da demora do processo.

O juiz, mediante cognição sumária, verifica que há probabilidade de êxito da parte, bem como risco na demora do resultado, deferindo-se, então, à antecipação dos efeitos da tutela satisfativa, a autorizar a obtenção imediata do resultado pretendido.

A tutela provisória de urgência satisfativa pode ser requerida em caráter antecedente ou em caráter incidental. O art. 303 do CPC prevê o procedimento para a tutela provisória de urgência satisfativa em caráter antecedente. Não há qualquer disciplina específica para a requerida em caráter incidental, pois basta, em tal hipótese, a apresentação de uma simples petição num processo em andamento.

3.4.2. Tutela de urgência satisfativa antecedente
3.4.2.1. Hipótese de urgência contemporânea ao ajuizamento da demanda

Quando a parte estiver diante de extrema urgência ou quando houver, na terminologia adotada no art. 303 do CPC, uma "urgência contemporânea" ao ajuizamento da demanda, é possível ser formulado o requerimento de tutela provisória satisfativa antes mesmo do efetivo pedido da tutela final pretendida.

A extrema urgência autoriza o autor a restringir-se a pedir apenas a tutela provisória, em petição em simples. A autonomia procedimental para a realização de uma simples técnica processual está prevista na hipótese do art. 303 do CPC, sendo uma opção legislativa válida. O autor formula um requerimento antecedente, só de tutela provisória, vindo a formular o pedido final em outro momento.

Nesse caso de extrema urgência, a petição inicial pode limitar-se a requerer a tutela antecipada e a indicar o pedido de tutela final, com a exposição do direito que se busca realizar e do perigo da demora. O autor terá de indicar o valor da causa, levando em conta o pedido final a ser formulado oportunamente.

O autor, em sua petição inicial, deverá indicar que pretende valer-se desse procedimento (CPC, art. 303, § 5º). Tal indicação é fundamental e atende ao princípio da boa-fé (CPC, art. 5º) e ao da cooperação (CPC, art. 6º), cumprindo o autor, com isso, o dever de esclarecimento e permitindo que tanto o juiz como o réu saibam que ele está a valer-se do procedimento previsto no art. 303 do CPC.

O art. 303 do CPC autoriza o autor a restringir-se a pedir apenas a tutela provisória, diante da extrema urgência. Nada impede, porém, que o autor já apresente a petição inicial completa, com todos os seus elementos, mas se restringindo a pedir apenas a tutela provisória, haja vista a existência de uma urgência contemporânea à propositura da demanda. É preciso, de todo modo, que o autor esclareça, em sua petição inicial, que está se valendo do procedimento previsto no referido art. 303.

Deferida a tutela provisória satisfativa antecedente, o autor tem o ônus de aditar a petição inicial, complementando sua argumentação, juntando novos documentos e confirmando o pedido de tutela final, em 15 (quinze) dias ou em outro prazo que o juiz fixar (CPC, art. 303, § 1º, I). O aditamento, que se fará nos mesmos autos, não depende do complemento de custas; não há incidência de novas custas (CPC, art. 303, § 3º).

Não realizado o aditamento, o processo será extinto sem resolução do mérito (CPC, art. 303, § 2º).

Realizado o aditamento, o réu será citado para comparecer à audiência de mediação ou de conciliação (CPC, art. 334), a não ser que ambas as partes tenham manifestado expressamente desinteresse na autocomposição ou se trate de direito que não a admita (CPC, art. 334, § 4º). Não havendo autocomposição, o prazo para contestação terá início (CPC, art. 335).

Indeferida a tutela provisória, o juiz determinará o aditamento da petição inicial em até 5 (cinco) dias. Não realizado o aditamento, o processo será extinto sem resolução do mérito (CPC, art. 303, § 6º).

Se a petição inicial já veio completa, o autor será intimado para confirmar o pedido de tutela final, não sendo necessário aditar a petição inicial.

3.4.2.2. Estabilização da tutela de urgência
3.4.2.2.1. Observação introdutória

Requerida a tutela provisória satisfativa antecedente, a decisão que a defere pode estabilizar-se (CPC, art. 304). Há, nesse caso, uma *monitorização* do procedimento.

Embora a cognição seja sumária ou incompleta, a parte obtém, em caráter definitivo, decisão mandamental ou executiva *secundum eventum defensionis*. Em outras palavras, a decisão, fruto de cognição sumária ou incompleta, é proferida, invertendo-se o ônus da iniciativa do contraditório, em manifesta concretização da *técnica monitória*.[22]

O CPC instituiu um *microssistema* de tutela de direitos pela técnica monitória, composto pela estabilização da tutela provisória (art. 304) e pela ação monitória (arts. 700 a 702).

A estabilização ocorre na *tutela provisória de urgência satisfativa*. Tanto na estabilização como na ação monitória há obtenção adiantada de mandamento ou execução *secundum eventum defensionis*: não havendo manifestação da parte demandada, obtém-se satisfação definitiva adiantada.

Em outras palavras, a estabilização da tutela provisória de urgência (CPC, art. 304) e a ação monitória (CPC, arts. 700 a 702) formam um regime jurídico único ou um microssistema.

Na estabilização, o juiz concede uma tutela provisória satisfativa de urgência antecedente. Não havendo recurso do réu, a decisão estabiliza-se, com extinção do processo.

A estabilização somente ocorre na tutela provisória de urgência satisfativa requerida em caráter antecedente. Não há estabilização na tutela provisória cautelar,[23] nem na tutela de evidência. Também não é possível a estabilização da tutela provisória requerida em caráter incidental.

---

[22] "A estabilização da tutela antecipada representa uma generalização da técnica monitória para situações de urgência e para a tutela satisfativa, na medida em que viabiliza a obtenção de resultados práticos a partir da inércia do réu" (DIDIER JR., Fredie; BRAGA, Paula Sarno; OLIVEIRA, Rafael Alexandria de. *Curso de direito processual civil.* 10. ed. Salvador: JusPodivm, 2015. v. 2, p. 604).

[23] Nesse sentido, o enunciado 420 do Fórum Permanente de Processualistas Civis: "Não cabe estabilização de tutela cautelar".

3.4.2.2.2. Requisitos

A decisão que deferir a tutela provisória de urgência satisfativa requerida em caráter antecedente torna-se estável, se o réu não a impugnar no prazo legal. Se a medida for deferida e o réu não interpuser agravo de instrumento, o processo é extinto e produz-se a estabilização do efeito mandamental ou executivo.

Além disso, é preciso que o autor tenha, em sua petição inicial, manifestado expressa opção pelo procedimento (CPC, art. 303, § 5º). Em razão da boa-fé processual (CPC, art. 5º) e dos deveres de cooperação (CPC, art. 6º), sobretudo o de esclarecimento, o autor deve explicitar a sua escolha pelo procedimento do art. 303 do CPC. Só haverá estabilização se tal escolha for expressamente feita e anunciada na petição inicial.

Com essa opção expressa feita pelo autor, o réu terá ciência, podendo, então, saber que sua inércia provocará a estabilização da tutela provisória satisfativa de urgência.

Para Eduardo José da Fonseca Costa, a estabilização somente se produz se houver dupla inércia: (a) o autor não adita a petição inicial e (b) o réu não recorre da decisão concessiva da tutela provisória.[24] Não é necessário, porém, a inércia do autor. Na verdade, é irrelevante. Em muitos casos, é preciso, até mesmo, que o autor adite a petição inicial para evitar que o processo seja extinto sem resolução do mérito, pois seu prazo para aditamento encerra-se antes do prazo para o recurso do réu.

Na verdade, para que se estabilize a tutela provisória, é preciso que o autor manifeste a opção expressa pelo procedimento (CPC, art. 303, § 5º), o juiz defira a medida e o réu não recorra da decisão. Haver ou não aditamento da petição inicial é irrelevante.

Se o assistente simples recorrer, a tutela provisória não se estabiliza, a não ser que o réu tenha se manifestado expressamente em sentido contrário.[25]

Segundo Fredie Didier Jr., Paula Sarno Braga e Rafael Alexandria de Oliveira, a estabilização decorre da inércia total do réu. Se ele apresenta qualquer meio de impugnação, não há estabilização. Assim, se o réu apresenta pedido de suspensão de segurança ou pedido de reconsideração, desde que no prazo para recurso, a decisão não se estabiliza.[26]

---

[24] Costa, Eduardo José da Fonseca. Comentários ao art. 304. In: Streck, Lenio Luiz; Nunes, Dierle; Cunha, Leonardo Carneiro da (orgs.). *Comentários ao Código de Processo Civil*. Alexandre Freire (coord. exec.). São Paulo: Saraiva, 2016, no prelo.

[25] Nesse sentido, o enunciado 501 do Fórum Permanente de Processualistas Civis: "A tutela antecipada concedida em caráter antecedente não se estabilizará quando for interposto recurso pelo assistente simples, salvo se houver manifestação expressa do réu em sentido contrário".

[26] Didier Jr., Fredie; Braga, Paula Sarno; Oliveira, Rafael Alexandria de. *Curso de direito processual civil*. 10. ed. Salvador: JusPodivm, 2015. v. 2, p. 608. Em sentido semelhante: "[...] não apenas o agravo de instrumento pode impedir a estabilização, mas também outros meios análogos" (Macêdo, Lucas

O texto normativo refere-se a *recurso*, que é, aliás, o único meio que impede a preclusão. A estabilização decorre, portanto, da ausência de agravo de instrumento, que é o recurso cabível contra a decisão que versa sobre tutela provisória (CPC, art. 1.015, I). Qualquer outro meio de impugnação não impede a estabilização.

O procedimento do art. 303 do CPC é incompatível com a ação rescisória. Logo, não há estabilização de tutela provisória concedida na ação rescisória.[27] Nesse sentido, o enunciado 421 do Fórum Permanente de Processualistas Civis: "Não cabe estabilização de tutela antecipada em ação rescisória".

Para que haja, enfim, estabilização, é preciso que a tutela provisória seja concedida; não se estabiliza a decisão denegatória. Só se estabiliza a decisão concessiva da tutela provisória satisfativa de urgência concedida em caráter antecedente, desde que o autor expressamente opte pelo procedimento (CPC, 303, § 5º) e o réu não interponha recurso.

Se faltar algum requisito, não haverá estabilização, a não ser que as partes celebrem um negócio processual prevendo a estabilização. Nesse sentido, assim expressa o enunciado 32 do Fórum Permanente de Processualistas Civis: "Além da hipótese prevista no art. 304, é possível a estabilização expressamente negociada da tutela antecipada de urgência antecedente".

3.4.2.2.3. Custas e honorários no caso de estabilização

Conforme afirmado no subitem 3.4.2.2.1 *supra*, há um *microssistema* de tutela de direitos pela técnica monitória, formado pelas normas que tratam da ação monitória (CPC, arts. 700 a 703) e pelas que tratam da estabilização da tutela provisória satisfativa de urgência antecedente (CPC, arts. 303 e 304).

Tais normas complementam-se reciprocamente e evitando lacunas.

Assim, se o réu, no caso da tutela provisória satisfativa de urgência requerida em caráter antecedente, cumpre espontaneamente a decisão e não interpõe recurso, não estará sujeito ao pagamento de custas (CPC, art. 701, § 1º), arcando com honorários de sucumbência de apenas 5% (cinco por cento) (CPC, art. 701, *caput*).

Buril de; PEIXOTO, Ravi. Tutela provisória contra a Fazenda Pública no CPC/2015. In: ARAÚJO, José Henrique Mouta; CUNHA, Leonardo Carneiro da (coords.). *Advocacia pública*. Salvador: JusPodivm, 2015. n. 8.1, p. 226).

[27] COSTA, Eduardo José da Fonseca. Comentários ao art. 304. In: STRECK, Lenio Luiz; NUNES, Dierle; CUNHA, Leonardo Carneiro da (orgs.). *Comentários ao Código de Processo Civil*. Alexandre Freire (coord. exec.). São Paulo: Saraiva, 2016, no prelo.

3.4.2.2.4. Estabilização *versus* coisa julgada

A estabilização da tutela provisória de urgência satisfativa difere da coisa julgada; são situações diferentes. Por isso que o § 6º do art. 304 do CPC enuncia que a decisão que concede a tutela de urgência não produz coisa julgada.

Quando defere a tutela provisória de urgência, o juiz restringe-se a reconhecer a presença de seus requisitos, quais sejam, a probabilidade do direito alegada e o perigo da demora.

Não há, na decisão concessiva da tutela de urgência, declaração do direito; não há julgamento apto a formar coisa julgada. Não há reconhecimento judicial do direito do autor. O juiz, reconhecendo a presença dos requisitos para a concessão da tutela provisória, antecipa efeitos mandamentais ou executivos, os quais, não havendo recurso do réu, irão tornar-se estáveis.

O que se percebe é que há, aí, uma estabilidade diversa da coisa julgada. Nesse ponto, a estabilização da tutela de urgência diferencia-se da ação monitória, em cujo âmbito há, sim, produção de coisa julgada. Não ação monitória, expedido o mandado para cumprimento ou pagamento da obrigação, se o réu mantiver-se inerte, aquela ordem de pagamento ou cumprimento transforma-se em título executivo judicial, com produção de coisa julgada. A decisão concessiva da tutela de urgência, com a inércia do réu, torna-se estável.

3.4.2.2.5. Descabimento de ação rescisória

Como se viu, a decisão concessiva da tutela de urgência pode estabilizar-se, se o réu dela não recorrer. Tal estabilização difere da coisa julgada. Significa que a decisão que defere a tutela de urgência satisfativa requerida em caráter antecedente não produz coisa julgada. Logo, não cabe ação rescisória. Nesse sentido, o enunciado 33 do Fórum Permanente de Processualistas Civis: "Não cabe ação rescisória nos casos de estabilização da tutela antecipada de urgência".

O que cabe é, no prazo de 2 (dois) anos, contado a partir da extinção do processo, uma ação perante o próprio juízo do processo originário, destinada a rever, reformar ou invalidar a decisão concessiva da tutela de urgência (CPC, art. 304, §§ 2º e 5º).

Nessa demanda, pede-se ao juiz para aprofundar a cognição que até então fora sumária ou incompleta. Aprofundada a cognição, o juiz irá manter, reformar, modificar ou invalidar a decisão concessiva da tutela de urgência, em decisão que irá submeter-se à coisa julgada.

Tanto o autor como o réu podem propor essa ação prevista nos §§ 2º e 5º do art. 304. Escoado o prazo de 2 (dois) anos para a propositura dessa demanda, não cabe mais nada; não é cabível, nem mesmo ação rescisória depois de passado o prazo de 2 (dois) anos para seu julgamento.

3.5. Tutela de evidência
3.5.1. Tutela de evidência e tutela provisória de evidência
A evidência não é um tipo de tutela jurisdicional, mas um fato que autoriza que se conceda uma tutela jurisdicional mediante técnica específica ou diferenciada. A evidência, em outras palavras, é um pressuposto fático de uma técnica processual para a obtenção da tutela.[28]

A evidência é pressuposto que serve tanto à tutela definitiva como à provisória. A evidência serve à tutela definitiva, fundada em cognição exauriente, nos casos, por exemplo, de mandado de segurança, ação monitória. Também serve para autorizar a instauração de execução definitiva por quem disponha de título executivo.[29]

Assim como serve de técnica para a tutela definitiva, também serve à tutela provisória, fundada em cognição sumária. É o caso da tutela provisória de evidência. A evidência é o requisito para a concessão da tutela provisória, sendo dispensada a urgência.

A concessão da tutela provisória de evidência depende da prova das alegações de fato e da demonstração de probabilidade do acolhimento do pedido formulado pela parte. As afirmações de fato e de direito põem-se em estado de evidência, justificando-se a antecipação dos efeitos da tutela jurisdicional postulada, com concretização do princípio da duração razoável. O ônus do tempo do processo é melhor avaliado, beneficiando a parte que aparenta ter razão, por ser muito evidente a probabilidade de acolhimento de sua pretensão.

3.5.2. Hipóteses de tutela de evidência
O sistema processual prevê, tradicionalmente, casos de tutela provisória de evidência, como, por exemplo, a liminar em ação possessória e a expedição de mandado para pagamento ou cumprimento da obrigação na ação monitória. Em tais hipóteses, a urgência não constitui requisito para a decisão. O juiz decide com base na evidência ou na probabilidade do direito.

Além desses casos e de outros específicos, o Código de Processo Civil prevê a tutela provisória de evidência para a generalidade dos direitos, tutelados pelo procedimento comum.

As hipóteses genéricas de tutela de evidência estão previstas no art. 311 do CPC.

Duas delas já existiam no nosso sistema. Há outras duas que são efetivas novidades.

---

[28] DIDIER JR., Fredie; BRAGA, Paula Sarno; OLIVEIRA, Rafael Alexandria de. *Curso de direito processual civil.* 10. ed. Salvador: JusPodivm, 2015. v. 2, p. 617.

[29] DIDIER JR., Fredie; BRAGA, Paula Sarno; OLIVEIRA, Rafael Alexandria de. *Curso de direito processual civil.* 10. ed. Salvador: JusPodivm, 2015. v. 2, p. 618.

Já no CPC/1973 previa-se que, além da tutela de *urgência*, a tutela antecipada poderia ser concedida em face da *evidência* do direito postulado em juízo. Nesse caso, não importava o *perigo*, não havendo exame de qualquer *urgência*. Levava-se em conta a consistência das alegações das partes, aplicando-se o inciso II do art. 273 do CPC/1973. A tutela antecipada era, em tal hipótese, concedida em razão do abuso do direito de defesa ou do manifesto propósito protelatório do réu. Na linguagem da legislação francesa, a defesa, nesses casos, não é séria, devendo-se prestigiar a posição do autor que aparenta ter razão.

No CPC/2015, essa hipótese mantém-se e está prevista no inciso I do seu art. 311.

Há, na doutrina brasileira, quem entenda que essa hipótese de tutela de evidência representa uma *sanção*, tendo por finalidade *punir* o comportamento do litigante de má-fé que abusou do direito de defesa ou apresentou uma manifestação protelatória. A tutela antecipada seria, nesse caso, *sancionatória*. Por outro lado, há os que repelem essa natureza sancionatória, afirmando que se trata, na verdade, de *tutela antecipada fundada na maior probabilidade* de veracidade da posição jurídica assumida pelo autor. Bastaria, então, que a tese do autor fosse mais provável do que a do réu para que se concedesse a tutela antecipada.[30] É a *evidência* do direito do autor que permite o deferimento da medida, e não o seu comportamento irregular ou de má-fé. Sua finalidade seria promover a *igualdade substancial* entre as partes, distribuindo a carga do tempo no processo, a depender da maior ou menor probabilidade de ser fundada ou não a postulação do autor. Não haveria natureza sancionatória. Já há a sanção por ato atentatório à dignidade da jurisdição e a responsabilidade por dano processual, previstas, respectivamente, nos arts. 77, § 2º, e 81, ambos do CPC.

A hipótese do inciso III do art. 311 do CPC também não é, rigorosamente, uma novidade. O procedimento especial para ação de depósito, que estava previsto nos arts. 901 a 906 do CPC/1973, deixou de ser previsto no CPC/2015. A ação de depósito passou a submeter-se ao procedimento comum, com a possibilidade de uma tutela provisória de evidência. O pedido de cumprimento de obrigação reipersecutória (ou seja, obrigação de entregar coisa) decorrente de contrato de depósito autoriza a concessão de tutela provisória de evidência.

Já o inciso II do art. 311 do CPC prevê a tutela de evidência fundada em precedente obrigatório. Estando documentalmente provados os fatos alegados pelo

---

[30] "O que se dá, com a conduta do réu, nestes casos, é que o índice de verossimilhança do direito do autor eleva-se para um grau que se aproxima da certeza. Se o juiz já se inclinara por considerar verossímil o direito, agora, frente à conduta protelatória do réu, ou ante o exercício abusivo do direito de defesa, fortalece-se a conclusão de que o demandado realmente não dispõe de alguma contestação séria a opor ao direito do autor. Daí a legitimidade da antecipação da tutela" (Silva, Ovídio A. Baptista da. *Curso de direito processual civil*. 5. ed. São Paulo: RT, 2000. v. 1, p. 142).

autor, poderá ser concedida a tutela de evidência, se houver probabilidade de acolhimento do pedido do autor, decorrente de fundamento respaldado em tese jurídica já firmada em precedente obrigatório, mais propriamente em enunciado de súmula vinculante (CPC, art. 927, II) ou em julgamento de casos repetitivos (CPC, arts. 927, III, e 928).

Nesses casos do inciso II do art. 311 do CPC, o juiz pode, liminarmente inclusive, conceder a tutela de evidência, independentemente de haver demonstração de perigo de dano ou de risco à inutilidade do resultado final do processo. A evidência, em tais hipóteses, revela-se por ser aparentemente *indiscutível, indubitável* a pretensão da parte autora, não sendo *seriamente contestável*. Em casos assim, a tutela antecipada somente não será concedida, se a situação do autor, servidor, particular ou interessado não se ajustar à *ratio decidendi* do precedente obrigatório. Quer isso dizer que somente não será concedida a tutela antecipada, se houver a necessidade de ser feita uma distinção no caso, em razão de alguma peculiaridade que afaste a aplicação do precedente. Aliás, em casos assim, a defesa do réu deve restringir-se a demonstrar que há uma situação diferente que impõe o afastamento do precedente, ou que há fatores que não justificam mais a interpretação conferida pelo tribunal superior. Noutros termos, o réu, em casos como esse, deve demonstrar a existência de uma distinção ou a necessidade de ser superado o entendimento firmado. Não havendo tal demonstração, deve já ser julgado procedente o pedido, ou, se houver algum incidente ou outro pedido a ser apreciado.

Em casos repetitivos, pode o juiz já conceder a tutela provisória *inaudita altera parte*, para fazer aplicar o precedente do tribunal (CPC, art. 311, parágrafo único). Há quem sustente a inconstitucionalidade de tal previsão.[31] Não há, porém, inconstitucionalidade. O dispositivo concretiza a duração razoável do processo no âmbito da litigiosidade repetitiva. Ademais, existem, historicamente, tutelas de evidência liminares no sistema brasileiro, como nos casos das ações possessórias, dos embargos de terceiro e da ação monitória, sem que se considere qualquer inconstitucionalidade presente em tais situações.

Por sua vez, o inciso IV do art. 311 do CPC prevê a concessão de tutela de evidência quando "a petição inicial for instruída com prova documental suficiente dos fatos constitutivos do direito do autor, a que o réu não oponha prova capaz de gerar dúvida razoável". Nessa hipótese, o autor deve apresentar prova documental que seja suficiente para comprovar os fatos constitutivos do seu direito, sendo-lhe, por essa razão, evidente.

A evidência, que decorre da prova documental apresentada pelo autor, não deve ser desfeita por prova igualmente documental do réu. Se a prova documen-

---

[31] MACÊDO, Lucas Buril de. Antecipação da tutela por evidência e os precedentes obrigatórios. *Revista de Processo*, São Paulo: RT, v. 242, abr. 2015, p. 521-549.

tal apresentada pelo autor for suficiente para comprovar suas alegações, sem que o réu apresente qualquer dúvida razoável, haverá evidência que justifique a concessão da tutela provisória.

Essa é uma hipótese que não permite a concessão liminar da tutela de evidência. Isso porque depende da conduta do réu; ele, ao contestar, não apresenta dúvida razoável às alegações, comprovadas documentalmente, do autor.

A hipótese, na verdade, é de julgamento antecipado do mérito (CPC, art. 355, I). Estando os fatos constitutivos do direito comprovados por documentos, e não sendo necessária mais a produção de qualquer prova, é possível o julgamento antecipado do mérito, mas também é possível a tutela provisória de evidência.

Qual, então, a utilidade da tutela provisória nesse caso? Por que o juiz já não profere a sentença de uma vez? A finalidade e a utilidade da hipótese descrita no inciso IV do art. 311 do CPC relacionam-se com o afastamento do efeito suspensivo da apelação (CPC, art. 1.012, § 1º, V). O juiz pode, na sentença, quando a hipótese for de julgamento antecipado do mérito por serem suficientes os documentos apresentados, antecipar a tutela (desde que haja requerimento da parte), a fim de retirar da apelação seu efeito suspensivo.

As hipóteses de tutela de evidência estão, portanto, previstas no art. 311 do CPC, não tendo relação com a urgência nem com o risco de inutilidade da tutela definitiva.

SOBRE OS AUTORES

Adriano Soares da Costa
Advogado em Alagoas. Presidente da IBDPub – Instituição Brasileira de Direito Público. Ex-juiz de Direito. Bacharel em Direito pela Universidade Federal de Alagoas

Antônio Carvalho Filho
Mestre em Processo Civil pela Universidade de Coimbra, Especialista em Direito Internacional Público e Direitos Humanos pela Universidade de Coimbra e Instituto Ius Gentium Conimbrigae, Coordenador Científico do portal Falando de Processo (falandodeprocesso.com.br), apresentador do programa de debates sobre o CPC/15 Mesa Redonda, Professor de Direito Processual Civil nos cursos de especialização da UNISUL, CESUL e UNOESTE, Membro-Fundador e Diretor de Assuntos Institucionais da ABDPro, Membro do CEAPRO, do IPDP e do BRASILCON e Juiz de Direito.

Arlete Inês Aurelli
Doutora e Mestre em Direito Processual civil pela PUC/SP, professora de Direito Processual civil na PUC/SP e advogada em São Paulo.

Bárbara Seccato Ruis Chagas
Mestranda pela Universidade Federal do Espírito Santo (PPGDIR-UFES). Membro do Núcleo de Estudos em Arbitragem e Processo Internacional (NEAPI-UFES). Diretora temática da Escola Superior da Advocacia (OAB/ES): Métodos adequados de resolução de conflitos

Carlos Henrique Soares
Doutor e Mestre em Direito Processual (PUCMinas), Professor da PUCMinas de Direito Processual Civil, Coordenador de Pós-Graduação em Direito Processual Civil do IEC/PUCMinas, Professor de Pós-Graduação em Direito Processual

Civil, Escritor, Palestrante. Advogado e Sócio da Pena, Dylan, Soares e Carsalade – Sociedade de Advogados.

Clenderson Rodrigues da Cruz

Mestre em Direito Processual pela PUC-Minas. Especialista em Direito Processual pelo IEC PUC-Minas. Professor do Curso de Direito da Faculdade de Pará de Minas – FAPAM. Advogado.

Cristiane Druve Tavares Fagundes

Doutora, mestra e pós-graduada em Direito Processual Civil pela Pontifícia Universidade Católica de São Paulo; pós-graduada em Direito Público; Graduada em Direito pela Pontifícia Universidade Católica de Minas Gerais. Professora da pós-graduação da PUC-SP (COGEAE) e da graduação da FMU. Professora convidada da Escola Superior de Advocacia (ESA), da Fundação Armando Álvares Penteado (FAAP) e de outras instituições de ensino. Membro do IBDP (Instituto Brasileiro de Direito Processual) e do CEAPRO (Centro de Estudos Avançados de Processo). Advogada em São Paulo.

Diego Crevelin De Sousa

Especialista em Direito Processual Civil (Universidade Anhaguera-Uniderp). Membro da Associação Brasileira de Direito Processual (ABDPro).rofessor de Direito Processual Civil e Direito do Consumidor das Faculdades Integradas de Aracruz – FAACZ, ES. Advogado.

Dierle Nunes

Doutor em Direito Processual (PUC-Minas/Università degli Studi di Roma "La Sapienza"). Mestre em Direito Processual (PUC-Minas). Professor Permanente do Programa de Pós- Graduação em Direito da PUCMINAS. Professor Adjunto na PUCMINAS e na UFMG. Secretário Geral Adjunto do Instituto Brasileiro de Direito Processual (IBDP), Membro fundador da Associação Brasileira de Direito Processual Constitucional (ABDPC), Associado do Instituto dos Advogados de Minas Gerais (IAMG). Membro da Comissão de Juristas que assessorou no substitutivo do Novo Código de Processo Civil Brasileiro junto a Câmara dos Deputados. Advogado e sócio do Escritório Camara, Rodrigues, Oliveira & Nunes Advocacia (CRON Advocacia).

Flávio Quinaud Pedron

Doutor e Mestre em Direito pela UFMG. Professor Adjunto do Mestrado em Direito e da Graduação da Faculdade Guanambi (Bahia). Professor Adjunto da PUC-Minas (Graduação e Pós-graduação). Professor Adjunto do IBMEC. Advogado.

SOBRE OS AUTORES

Fredie Didier Jr.
Livre-docente (USP), Pós-doutorado (Universidade de Lisboa), Doutor (PUC/SP) e Mestre (UFBA). Professor-associado de Direito Processual Civil da Universidade Federal da Bahia. Advogado e consultor jurídico.

Glauco Gumerato Ramos
Membro dos Institutos Brasileiro (IBDP), Ibero-americano (IIDP) e Pan-americano (IPDP) de Direito Processual. Diretor de Relações Internacionais da ABDPro. Vice-Presidente para o Brasil do Instituto Pan-americano de Direito Processual. Advogado em Jundiaí.

Gledson Marques de Campos
Mestre e doutor em Processo Civil pela PUC/SP. Mestre em Direito Civil pela PUC/SP. LLM na London School of Economics and Political Science. Advogado em São Paulo

Humberto Theodoro Júnior
Doutor em Direito. Professor Titular Aposentado da Faculdade de Direito da UFMG. Desembargador Aposentado do TJMG. Membro da Academia Mineira de Letras Jurídicas, do Instituto dos Advogados de Minas Gerais, do Instituto de Direito Comparado Luso-Brasileiro, do Instituto Brasileiro de Direito Processual, do Instituto Ibero-Americano de Direito Processual, da International Association of Procedural Law e membro da Association Henri Capitant des Amis de la Culture Juridique Française- Grupo brasileiro. Advogado.

Lenio Luiz Streck
Pós-doutor pela Universidade de Lisboa. Doutor e Mestre em Direito pela Universidade Federal de Santa Catarina. Professor titular do Programa de Pós-Graduação em Direito (Mestrado e Doutorado) da UNISINOS. Professor permanente da UNESA-RJ e visitante da Faculdade de Direito da Universidade de Coimbra FDUC (Acordo Internacional Capes-Grices), do Doutorado em Direito da Universidade Javeriana de Bogotá-CO e da Faculdade de Direito da Universidade de Lisboa. Membro catedrático da Academia Brasileira de Direito Constitucional ABDConst. Procurador de Justiça aposentado. Advogado

Leonardo Carneiro da Cunha
Doutor em Direito pela PUC/SP, com pós-doutorado pela Universidade de Lisboa. Mestre em Direito pela UFPE. Professor associado da Faculdade de Direito do Recife (UFPE), nos cursos de graduação, mestrado e doutorado.

Lígia de Souza Frias

Advogada integrante do escritório Tostes & De Paula Advocacia Empresarial. Especialista em Direito Tributário pela Fundação Getúlio Vargas e em Direito Público pela FEAD.

Lucas Dias Costa Drummond

Mestre em Direito Processual pela PUC – Minas. Advogado.

Lúcio Delfino

Pós-Doutor (Unisinos) e Doutor (PUC-SP) em Direito. Diretor da Revista Brasileira de Direito Processual. Membro-fundador da Associação Brasileira de Direito Processual (ABDPro). Professor e advogado.

Maira Ramos Cerqueira

Mestranda em Direito Processual da Universidade Federal do Espírito Santo--UFES (vinculada à linha de pesquisa Processo, Constitucionalidade e tutela de Direitos Existenciais e Patrimoniais). Bolsista da CAPES. Advogada.

Marco Paulo Denucci Di Spirito

Defensor Público em Minas Gerais. Membro da Associação Brasileira de Direito Processual – ABDPro. Bacharel em Direito pela UFMG.

Marcos Stefani

Doutor e Mestre em Direito das Relações Sociais – Direitos Difusos (PUC/SP). Mestre em Processo Civil (PUC-Campinas). Especialista em Direito Civil (PUC-Minas). Professor Universitário (FACAMP – Faculdades de Campinas). Promotor de Justiça em São Paulo.

Mateus Costa Pereira

Doutor, Mestre e Bacharel em Direito pela Universidade Católica de Pernambuco (Unicap). Professor de Processo Civil e Coordenador do Núcleo de Inclusão e Acessibilidade da Unicap. Membro fundador e Diretor de Assuntos Institucionais da Associação Brasileira de Direito Processual (ABDPro). Membro da Associação Norte Nordeste de Professores de Processo (Annep) e do Conselho Editorial da RBDPro. Advogado.

Mirna Cianci

Procuradora do Estado de São Paulo. Mestre em Direito Processual Civil pela PUCSP. Coordenadora e Professora da Escola Superior da Procuradoria Geral do Estado.

Mônica Pimenta Júdice

Mestre em Direito Marítimo pela Universidade de Oslo – Noruega (UIO). Pós Graduada em Direito Tributário pelo Instituto Brasileiro de Estudos Tributários (IBET). Mestre em Direito Processual Civil na Pontifícia Universidade Católica de São Paulo (PUC/SP). Membro da Associação Brasileira de Direito Marítimo (ABDM). Membro do Instituto Panamericano de Direito Processual Civil (IPDP). Parecerista da Revista Brasileira de Direito Processual Civil (RBD-Pro). Advogada e Professora.

Rafael de Oliveira Costa

Graduado em Direito pela Faculdade de Direito da UFMG/Universidade de Wisconsin (EUA). Mestre e Doutor em Direito pela Faculdade de Direito da UFMG. Professor Visitante na Universidade da Califórnia-Berkeley (EUA). Promotor de Justiça no Estado de São Paulo.

Ricardo Marcondes Martins

Doutor em Direito Administrativo pela PUC/SP. Professor de Direito Administrativo da Faculdade de Direito da PUC/SP

Rodrigo Mazzei

Pós-doutorado (UFES-bolsa CAPES-REUNI). Doutor pela FADISP e mestre PUC/SP. Professor (graduação e mestrado) da Universidade Federal do Espírito Santo (UFES). Ex-Juiz do Tribunal Regional Eleitoral do Espírito Santo (TRE--ES) – Classe dos Juristas. Advogado.